W0011425

KARL MAY'S
GESAMMELTE WERKE

BAND 34

„ICH"

KARL-MAY-VERLAG BAMBERG

„ICH"

KARL MAYS LEBEN
UND WERK

245. TAUSEND

KARL-MAY-VERLAG BAMBERG

ISBN 3-7802-0034-1

1. Auflage 1916 bis 20. Auflage 1942 herausgegeben von Dr. E. A. Schmid,
ab 21. Auflage 1958 herausgegeben von Roland Schmid

30. unveränderte Auflage 1976

© 1958/1963/1968/1975 Karl-May-Verlag, Bamberg

Dem Bildnis Karl Mays auf dem Einband liegt die Reproduktion
eines Gemäldes von Prof. Selmar Werner zugrunde

Satz und Druck: St. Otto-Verlag, Bamberg

Vorwort zur ersten Auflage

Das vorliegende Werk, das der Unterzeichnete in seiner Eigenschaft als Leiter des Karl-May-Verlags und Verwalter von Karl Mays literarischem Nachlaß herausgibt, verfolgt verschiedene Zwecke: Es soll die unvollendet gebliebene Selbstbiographie Mays zu einem vorläufigen Abschluß bringen und dadurch denjenigen Kritikern, die zu einer verständigen und gerechten Nachprüfung von Mays Werdegang und Mays Schöpfungen bereit sind, die notwendigen Unterlagen bieten. Es soll ferner einen Einblick und zugleich eine Übersicht über des Dichters letzte Werke und letzte Pläne ermöglichen, indem es deren wesentliche Leitsätze und Gesichtspunkte an der Hand von Nachlaßaufzeichnungen zusammenstellt. Endlich soll es die vielfachen Anfragen aus Karl Mays großem Leserkreis, soweit angängig, beantworten.

Mays literarischer Nachlaß ist sehr umfangreich, und die Nachforschungen über den Dichter und seine Schriften können noch lange nicht als abgeschlossen gelten. Weitere ergänzende Mitteilungen müssen späteren Jahren und späteren Bänden vorbehalten bleiben.

Für die Richtigkeit der Angaben im erläuternden Teil übernimmt der Herausgeber die volle Verantwortung; soweit er selber auf Mutmaßungen und Teilergebnisse angewiesen war, ist dies jeweils ausdrücklich bemerkt.

R a d e b e u l , Weihnachten 1916

Dr. E. A. S c h m i d

Vorwort zur zwanzigsten Auflage

Die Gesamtauflage dieser biographischen Aufzeichnungen über den Volksschriftsteller, die gerade im Jahr der hundertsten Wiederkehr seines Geburtstages die stattliche Höhe von 100 Tausend erreicht, ist ein unanfechtbarer

Beweis dafür, daß nicht nur sein Werk lebt, sondern daß man sich mehr und mehr auch mit dem Menschen Karl May befaßt, um ihm gerechte Beurteilung angedeihen zu lassen.

Wie schon die vorherigen Auflagen, unterscheidet sich die neueste von der ersten durch wesentliche Änderungen. Wiederum wurden alle Abschnitte des Buches sorgsam geprüft und durch viele Einzelheiten ergänzt, eine Maßnahme, die auch bei weiteren Auflagen erfolgen wird.

Ich verweise ferner auf das im Laufe der Jahre entstandene aufschlußreiche Schrifttum über Karl May, womit sich ein besonderer Abschnitt beschäftigt.

Die Schar der Mitarbeiter, die mir mit Rat und Tat zur Seite steht, ist seit Gründung des Verlags immer weiter angewachsen. Aus der Reihe derer, die sich mit dem vorliegenden Band eingehend befaßten, nenne ich Ministerialdirektor Dr. Richard Jahnke (Berlin), Franz Kandolf (München), Kunstmaler Wilhelm Koch (Reichenberg, Sud.), Johannes Nixdorf (Breslau), Felix Ozlberger (Meran), Amand v. Ozoróczy (Wien), Dipl.-Ing. Ludwig Patsch (Wien), Studienrat Fritz Prüfer (Dessau) und Lehrer und Stadtbibliothekar Hans Zesewitz (Hohenstein-Ernstthal). Herrn Zesewitz möchte ich auch an dieser Stelle ganz besonders für seine Mithilfe danken, denn fast alle auf des Dichters Abkunft und seine frühen Jahre bezüglichen Zeitangaben wie auch die urkundliche Feststellung des Geburtshauses fußen auf seinen Ermittlungen. Ferner gelang es seinen unentwegten Bemühungen, daß die Stadt Hohenstein-Ernstthal im Jahre 1929 an diesem Geburtshaus eine Gedenktafel anbringen ließ sowie eine Karl-May-Straße schuf zur bleibenden Erinnerung an den Heimatdichter.

R a d e b e u l , 25. Februar 1942
100. Wiederkehr von Karl Mays Geburtstag

Dr. E. A. S c h m i d

Vorwort zur neunundzwanzigsten Auflage

Eine lange Zeit war seit der zwanzigsten Auflage dieses Buches vergangen — eine Zeit, begleitet von Umstürzen und Katastrophen, die vieles mühsam Erbaute zunichte machten —, bis im Herbst 1958 die einundzwanzigste Auflage veröffentlicht werden konnte. Es galt damals, überall neu zu beginnen, auch mit der Arbeit am Werke Karl Mays. Die Forschung war unterdessen unermüdlich beschäftigt, weitere Quellen ausfindig zu machen und zu klären; so konnten zahlreiche Erkenntnisse gewonnen und in der stark erweiterten Ausgabe dieses Buches der Öffentlichkeit vorgelegt werden. Zudem wurde dem lange gehegten Plan Rechnung getragen, die für die Karl-May-Forschung richtungweisenden Studien von Prof. Dr. Ludwig Gurlitt und Dr. Karl-Hans Strobl dem Kreis der Karl-May-Leser wieder zugänglich zu machen. Diese Arbeiten waren vorher nur einmal veröffentlicht worden und jahrzehntelang nicht mehr im Buchhandel erhältlich.

Eine solche Ausweitung brachte naturgemäß auch eine neue Disposition mit sich: Da das Buch nun ausschließlich Unterlagen zur Lebens- und Schaffensgeschichte des Dichters enthalten sollte, mußten zwangsläufig die in den früheren Auflagen abgedruckten *„Geographischen Predigten"* wegfallen; diese Erstlingsarbeit Karl Mays bildet seit 1968 ein Kernstück des Sammelbandes 72 ,*Schacht und Hütte*', worin — wie auch in Band 71 ,*Old Firehand*' — weitere Frühwerke als wichtige Quellen zusammengefaßt sind. Karl Mays *„Briefe über Kunst"*, früher ebenfalls Bestandteil des Biographiebands, fanden bereits 1956 Aufnahme in Bd. 49 ,*Lichte Höhen*'.

Bei der Wiederveröffentlichung der *„Gerechtigkeit für Karl May"* von Ludwig Gurlitt wurde auf eine Reihe von Abschnitten verzichtet, die 1958 als nicht mehr erheblich angesehen werden konnten. In den darauffolgenden Jahren zeigte sich jedoch, daß manche Feststellungen

Gurlitts inzwischen eine neue Aktualität erhielten. Dies war Anlaß für die Wiederaufnahme einer Reihe von Passagen z. B. auf den Seiten 414 f., 506 ff., 527 ff.

Die in diesem Buch enthaltenen von Karl May stammenden Texte wurden auf Grund der Urausgaben erstellt und vom Herausgeber nach den Ermittlungen der Karl-May-Forschung ergänzt, vor allem durch Mitteilung genauer Daten. Die vorliegende Neuauflage erhielt für den Text von Karl Mays Selbstbiographie ,Mein Leben und Streben' obendrein eine Nebenpaginierung innen am unteren Textrand, welche dem Textverlauf der Erstausgabe von 1910 entspricht. Die Trennstellen der einzelnen Seiten sind dabei durch / gekennzeichnet, einige Umstellungen sind analog durch // verdeutlicht. Allen Mitarbeitern, die zur Gestaltung dieses Buches beitrugen, sei an dieser Stelle für ihre Mühe gedankt.

Seit der ersten Nachkriegsausgabe des Biographiebands konnte der Karl-May-Verlag, der 1963 auf ein fünfzigjähriges erfolgreiches Wirken zurückblicken durfte, eine entscheidende Entwicklung zum Abschluß bringen: Nach vieljährigen Bemühungen gelang es 1960, den Firmensitz von Radebeul nach Bamberg zu verlegen. Im Rahmen dieser Übersiedlung war es obendrein möglich, einen großen Teil von Karl Mays Nachlaß zu erwerben und nach Bamberg zu verbringen, insbesondere auch seine umfangreiche Bibliothek und die Einrichtung seines Arbeitszimmers. Zusammen mit wertvollen völkerkundlichen Stücken und einer großen Zahl von Dokumenten und Bildern zur Lebensgeschichte und zum Werk Karl Mays wurden diese Gegenstände in Form einer neuen Gedenkstätte in Bamberg der Öffentlichkeit zugänglich gemacht. Seit 1970 fanden alle diese Erinnerungsstücke zusammen mit aus Privathand angekauften interessanten Indianistik-Sammlungen im ,Karl-May-Haus' in der E.T.A.-Hoffmann-Straße 2 als Bamberger ,Karl-May-Museum' ihren endgültigen Platz.

In der Zwischenzeit ist die Reihe der ‚Gesammelten Werke‘ weiter angewachsen. Band 73 *‚Der Habicht‘* und 74 *‚Der Verlorene Sohn‘* umfassen jene Texte der beiden Lieferungsromane *‚Der Weg zum Glück‘* (1886/87) und *‚Der verlorene Sohn‘* (1884/85), die bislang noch nicht im Rahmen der Gesamtausgabe Aufnahme fanden. Die ursprünglich für 1969 vorgesehene Veröffentlichung von Bd. 74 mußte allerdings leider zurückgestellt werden, steht aber natürlich nach wie vor auf dem Programm. Vorher gilt es jedoch, eine Reihe von Faksimile-Ausgaben früher Drucke zum Abschluß zu bringen. Gemeinsam mit dem Verlag A. Graff, Braunschweig, veröffentlicht der Karl-May-Verlag seit 1973 Reprints der illustrierten roten ‚Union-Bände‘ (Ges. Werke Bd. 35—37, 39—41). Hinzu kommen weitere für die bibliographische Forschung wichtige und interessante Texte.

Wie bereits 1916 in der ersten Auflage des vorliegenden Buches mitgeteilt wurde, bediente sich Karl May auch des Decknamens *D. Jam* (vgl. S. 355). Allerdings war später die Quelle dafür nicht mehr nachzuweisen. Ein ‚D. Jam‘ taucht Anfang der 20er Jahre überraschend in einigen tschechischen Karl-May-Ausgaben als Name des Übersetzers auf. Diese Tatsache stiftete einige Verwirrung, bis Jaroslav Moravec (1900—1974), der Prager Karl-May-Verleger der 30er und 40er Jahre, kurz vor seinem Tod in einem Brief dieses Rätsel erklärte. Er selber war der Übersetzer, der aus den Anfangsbuchstaben seines Vor- und Nachnamens jenes ‚Jam‘ gebildet hatte. Woher aber das vorangestellte ‚D.‘ rührt, konnte er leider nicht mehr berichten. Fest steht, daß Jaroslav Moravec seinen Decknamen erst Anfang der 20er Jahre benutzte, genauso aber wird ‚D. Jam‘ als Pseudonym Karl Mays in der 1916 gedruckten Erstausgabe von Band 34 „ICH“ genannt. Nach wie vor ungeklärt bleibt somit die Frage: Welche Erzählung Karl Mays erschien wann und wo unter dem hier genannten Pseudonym ‚D. Jam‘?

Leider müssen wir den Tod weiterer Mayfreunde beklagen, die sich in verschiedenster Weise Verdienste um den Dichter erwarben. Patty Frank, der Verwalter des Karl-May-Museums in Radebeul, verstarb am 23. 8. 1959 im vierundachtzigsten Lebensjahr. Ihm folgte am 19. 4. 1960 Fritz Barthel (* 1881) in die Ewigkeit, einer der ältesten Mitstreiter für Karl May, Mitbegründer der Karl-May-Jahrbücher und Autor des Buches ‚Letzte Abenteuer um Karl May‘. Am 9. 5. 1960 schloß in Wien Dipl.-Ing. Ludwig Patsch (* 1895) für immer die Augen, einer der bedeutendsten Erforscher von Mays Lebensgeschichte. Univ.-Prof. Dr. Otto Forst-Battaglia, der Verfasser einer der ersten kritischen Schriften über Karl May (‚Karl May — ein Leben, ein Traum‘, Zürich—Wien 1931), sollte die Veröffentlichung der zweiten, wesentlich erweiterten Ausgabe seiner Arbeit nicht mehr erleben; der Gelehrte verstarb am 2. 5. 1965 im sechsundsiebzigsten Lebensjahr. Sein letztes Werk erschien 1966 als Bd. 1 der Reihe ‚Beiträge zur Karl-May-Forschung‘. Lange vorher verloren wir zwei treue Mitarbeiter: Geheimrat Dr. Lorenz Krapp (1882—1947) und Franz Kandolf (1886—1949). In Ehrfurcht und Dankbarkeit bewahren wir die Erinnerung an die Freunde, denen bei aller Verschiedenheit eines gemeinsam war: die Liebe zu Karl May.

Während der langjährigen Vorbereitung zur ersten Auflage nach dem Zweiten Weltkrieg ist Dr. Euchar Albrecht Schmid (* 29. 8. 1884) am 15. Juli 1951 völlig unerwartet verstorben. Seine Witwe Katharina Schmid (* 1. 9. 1898), die seit 1959 bei ihren Söhnen in Bamberg, der Heimat ihres Mannes, wohnte und hier unermüdlich weiterwirkte, verstarb am 29. Dezember 1974.

Dem Andenken meiner Eltern ist die Neuausgabe dieses Buches gewidmet.

B a m b e r g , 29. August / 1. September 1975

R o l a n d   S c h m i d

Karl May

Meine Beichte

(28. Mai 1908)

Ihr laßt den Armen schuldig werden,
dann überlaßt ihr ihn der Pein . . .
Goethe

Ich bin der Sohn blutarmer Webersleute. Man hielt mich für begabt. Man wünschte, ich solle studieren. Aber für Gymnasium und Universität gab es keine Spur von Mitteln. Da hungerten und kümmerten meine Eltern und Geschwister jahrelang, um mir durch den Seminarbesuch zu ermöglichen, Lehrer zu werden. Ich ward es, war aber dann so arm, daß ich nicht einmal die allerbilligste Taschenuhr besaß, die Zeit des Unterrichts zu regeln. Ich lehrte an einer Fabrikschule und wohnte mit dem Buchhalter in einem Zimmer und einer Schlafstube zusammen. Er hatte beides vorher allein gehabt und zürnte mir darüber, daß er nun nicht mehr der alleinige Herr seiner Räume und Besuche war. Er war sehr wohlhabend. Er besaß zwei Uhren. Eine neue, gute, und eine alte, sehr billige, die er nicht mehr brauchte. Sie hing unbenutzt an der Wand. Ich bat ihn, mir für die Zeit des Schulunterrichtes doch diese alte zu borgen, bis ich mir eine kaufen könne. Er tat es. Ich steckte sie täglich ein, wenn ich zur Schule ging. Ich steckte sie auch einmal ein, als ich zu Weihnachten meine Eltern und Geschwister besuchte, die sich unendlich freuten, nun ausgehungert und ausgekümmert zu haben und in mir die Hoffnung auf eine bessere Zukunft erblicken zu dürfen. Es waren meine ersten Ferien als Lehrer, nicht nur äußerlich, sondern auch innerlich wahre Weihnachtsferien. Es war mir, als ob ich mich diesen armen, hoffnungsfreudigen Anverwandten als Christgeschenk zu bescheren hätte. Sie sollten ihre Ehre und Freude an mir erleben und nur Gutes von mir erfahren. Kaum war ich bei ihnen angekommen, so wurde ich von einem mir nachgeschickten Gendarm verhaftet und, weil ich mich in meinem maßlosen Entsetzen wie ein wirklicher Dieb benahm, wegen Diebstahls mit sechs Wochen Gefängnis bestraft.

Dieses Entsetzen hat mich nicht wieder verlassen; es gab mich nicht wieder frei. Es krallte sich in mir fest und fraß mich innerlich mitten auseinander. Der Gedanke an die mir widerfahrene Schande und an das Herzeleid meiner armen Eltern und Geschwister bohrte sich so tief und so vernichtend in meine Seele ein, daß sie schwer und gefährlich erkrankte. Es entwickelte sich eine jähe seelische (nicht etwa geistige) Depression, in deren Tiefe wahnsinnige Erwägungen entstanden. Ich begann nicht mich, sondern andere zu beschuldigen: den hinterlistigen, grausamen Eigentümer der Uhr, den Staatsanwalt, den Untersuchungsrichter und alle anderen Personen, die in dieser Sache gegen mich zu tun gehabt hatten. Ich sann auf Rache, und zwar auf eine fürchterliche Rache, auf etwas noch niemals Dagewesenes. Diese Rache sollte darin bestehen, daß ich, der durch die Bestrafung unter die Verbrecher Geworfene, nun wirklich auch Verbrechen beging. Nach meiner Ansicht hatte man mich dann auf dem Gewissen, und am Jüngsten Tage war Gott dann gezwungen, die ganze verruchte Schwefelbande, die mich und die Meinen so elend gemacht hatte, in die Hölle zu schleudern. Der Laie wird solche Gedanken wohl kaum für möglich halten, ich aber weiß, daß sie nicht nur möglich, sondern wirklich sind, denn ich habe es erlebt!

In der ersten Zeit sah ich noch ein, daß solche Grübeleien Irrsinn waren. Ich kämpfte gegen sie, in heißer Angst, viele Monate lang, ohne jemandem etwas davon zu sagen, doch vergeblich! Vater und Mutter merkten es dennoch. Sie baten mich unter Tränen, mich zu fassen; aber ich hatte nicht die Macht zu widerstehen. Unser Pfarrer hatte mich während der Schuljahre mit Hunderten von ‚Traktätlein‘ gefüttert und überspannt, und auf dem Seminar wurde ich für die damalige selbstgerechte, starre, salbungsvolle und muckerische Schulmeisterreligiosität dressiert, die meiner Wahnidee das beste Nährfeld bot. Das Phantom setzte sich fester; es wuchs; es gewann an Macht. Es raunte mir immerwährend zu: ,Ewige Verdammnis für die Schurken, die dich angeklagt, verurteilt und zum Verbrecher gemacht haben! So sei also einer! Und je zahlreicher und größer nun deine Verbrechen sind, um so größer ist dann auch die ewige Strafe für sie!‘ Das waren die Gedanken, gegen die ich mich in Hunderten von Tagen und Nächten vergeblich wehrte. Ich war noch nicht gefestigt gegen einen solchen Schicksalsschlag; ich war noch zu jung, zu unerfahren, zu schwach, erst 19 Jahre alt! Dazu der Sohn nicht nur der leiblichen, sondern auch der geistigen und seelischen Armut! Der Irrsinn siegte!

Erst nach Jahren kam ich wieder in den Besitz meiner Seele, nicht plötzlich, sondern nach und nach. Sie kehrte auf demselben Weg zurück, auf dem ich sie verloren hatte, auf dem Weg der Religion. Ich, der Lutheraner, wurde in den letzten Jahren meiner Detention Organist für den katholischen Gottesdienst in der Anstaltskirche. Bei den Klängen der Orgel fand ich mich wieder zu mir zurück. Und die edle, rührende Humanität und psychologische Einsicht des katholischen Anstaltskatecheten hielt meine zurückgekehrte Seele fest, aus reiner Menschlichkeit, ohne den geringsten Versuch, sie für den Papismus zu gewinnen. Darum klingt aus den Büchern, die ich nun schreibe, noch heutigentags zuweilen ein Orgelton heraus, den man für katholisch hält, obgleich er nur dem natürlichen Register der Vox humana entstammt. Als ich entlassen wurde, war ich geheilt, vollständig geheilt! Nur durch den Orgelklang und durch die psychologische Einsicht dieses einen, einzigen Menschen! Wie unendlich hoch steht die praktische Psychologie dieses einfachen Mannes, der meine Seele rettete, über der Folterpsychologie jenes sächsischen Staatsanwalts[1], der jetzt, nach vierzig Jahren, in seinem neuesten Werk mir meine Seele öffentlich vernichtet und einen literarischen und moralischen Mord an mir begeht, dessen Widerrechtlichkeit geradezu zum Himmel schreit!

Seit jener schweren, dunklen Leidenszeit halte ich ‚die Seele‘ fest. Ich beschäftige mich nur mit ihr, mit weiter nichts. Ich studiere sie an mir selbst und an jedem anderen Menschen, der mir nahekommt, mag er sein, wer er will. Ich schreibe Bücher über sie, damit man sie endlich einmal kennenlerne. Ich habe mir die schwere Aufgabe gestellt, der Monograph der ‚Menschheitsseele‘ zu werden. Deshalb durchwandere und beschreibe ich alle ihre Gebiete in Form von symbolischen ‚Reiseerzählungen‘, von denen eine jede irgendeinen interessanten Abschnitt aus dem Reiche der ‚Menschheitsseele‘ behandelt. Daß es da Leute gibt, die mich nicht verstehen *können* oder nicht verstehen *wollen*, dafür kann ich nicht; ich habe nicht auf sie geachtet.

Diejenigen, die mich nicht begreifen *wollen*, weil ich gegen ihre Vorurteile schreibe, werfen mir vor, daß ich mein ‚Ich‘ vergöttere. Sie nennen mich einen Aufschneider und wohl gar noch anderes und schlimmeres. Du lieber Gott! Kein Mensch hat so wenig Grund und Lust aufzuschneiden wie gerade ich! Das ‚Ich‘, in dem ich schreibe, das bin doch nicht ich selbst, sondern das ist die Menschheitsfrage, die ich personifiziere, um sie beantworten zu können. In meinen Büchern identifiziere ich mich mit der Menschheit, der es genau ebenso ergeht, wie es damals mir ergangen ist: sie hat ihre Seele verloren; infolgedessen ergeht sich ihr Geist in Irrtümern, die nicht eher behoben werden können, als bis ihre Seele sich wieder zurückgefunden hat. Vom Geist spricht jedermann; er gilt heutigentags alles, besonders auch in der Literatur. Aber selbst der größte und klarste Geist hat

---

[1] Siehe Erich Wulffen, ‚Psychologie des Verbrechers‘; der berühmte Kriminalpsychologe änderte später seine negative Einstellung zu May entscheidend.

seine Seele so vollständig vergessen, daß er nicht einmal mehr zu definieren vermag, wer und was sie eigentlich ist.

Darum braucht die Literatur einen einfachdenkenden Menschen, der in seinen Büchern auf alle künstlichen Geisteleien verzichtet und nur allein nach der Seele suchen geht, um sie der Menschheit zurückzugeben. Dieser einfache, auf allen Geistesruhm verzichtende Mensch, zu dessen Aufgaben unendliche Entsagung und unerschütterliche Kraft zum Dulden und Tragen gehört, bin ich. Der Weg, den ich gehe, führt nur durch Herzeleid. Ich bin ihn gegangen. Ich bin tief hinabgestiegen und habe es ausgekostet. Und seit ich nicht mehr drunten bin, habe ich die Menschheitsqual auch hier auf der Höhe kennengelernt. Denn wenn der Niedrige vom Hohen spricht, so schaut er nicht zu ihm hinauf, sondern er zieht ihn zu sich herab. Es hat sich besonders aus dem Münchmeyer-Prozeß eine Clique herausgebildet, die es sich zur Aufgabe macht, den tieferen Inhalt meiner Werke abzuleugnen, um mich der Lüge und des Schwindels bezichtigen zu können. Einige wenige einflußreiche Menschen an der Spitze sind imstande, sogar Einsichtsvolle zu täuschen. Hierzu kommt das Milieu, in dem sich der Inhalt meiner Bücher bewegt. Indem ich meine Leser durch das Reich der Menschheitsseele führe, gebe ich den Provinzen dieses Reiches bekannte geographische Namen. Das erleichtert das Verständnis ungemein, gibt aber der Böswilligkeit die Handhabe, mich zu verleumden. Wenn ich z. B. das Reich der Kunst, um es veranschaulichen zu können, nach Indien verlege und das Reich der religiösen Unduldsamkeit nach Belutschistan, so verlangen diese innerlich blinden Menschen flugs von mir, auch wirklich in Indien und Belutschistan gewesen zu sein. Wo nicht, so bin ich ein literarischer Lügner und Schwindler. An diesem Maßstab gemessen, würde Dante der größte aller Schwindler sein, denn er behauptet, nicht nur im Fegefeuer und in der Hölle, sondern sogar auch im Himmel gewesen zu sein!

Wenn ich von gewöhnlichen Menschen in dieser Weise falsch beurteilt werde, so kann mich das nicht niederdrücken. Aber wenn ich aus den ‚psychologischen‘ und ‚literarischen‘ Seitenhieben meines Untersuchungsrichters ersehe, daß solche Irrungen sich auch bei den Behörden eingeschlichen haben, so beginne ich die eigentlichen Gründe zu ahnen, warum es mir so schwer geworden ist, Vergangenes auszustreichen. Nicht dieses Vergangene an sich ist es, was mir wie Blei an den Füßen hängt, sondern in der Unkenntnis meiner Ideale, meiner Wege und Ziele, meiner vollständig neuen, fast unbegreiflichen Art und Weise liegt der eigentliche und wirkliche Grund, daß mir selbst da Widersacher erwachsen, wo andere Schutz und Hilfe finden würden. So bleibt mir eben nichts übrig, als auf die Gegenwart zu verzichten und das Verständnis erst jenseits des Todes zu suchen.

Daß ich ein ‚Vorbestrafter‘ bin, werde ich der Welt nicht verschweigen. Ich habe mit ihr abzurechnen, ehe ich sterbe. Es soll mich keine Polizeiaufsicht aus dem zeitlichen Gefängnis hinüber in die ewige Freiheit begleiten. Aber diese Generalbeichte will ich selbst ablegen, offen, ehrlich und ohne Zwang, sonst hat sie keinen Wert. Ich schreibe schon jetzt an meiner eigenen Biographie. Ich kniee täglich im Beichtstuhl. Dagegen aber, daß meine Neider und Widersacher mit ihren Lügen und Gehässigkeiten dieser meiner Beichte vorgreifen, um das ernste literarische Bild, das ich zu hinterlassen habe, zur Karikatur zu fälschen, dagegen verwahre ich mich!

Die folgenden vier Seiten zeigen eine verkleinerte Faksimile-Wiedergabe vom Anfang der 2. Fassung der ‚Beichte‘ (1.7.1908).

Meine Beichte.

Ich bin der Sohn ehrbarer Webersleute. Man hielt mich für begabt. Für Gymnasium und Universität both Gesetzen wir die Mittel nicht. Der Hungerlohn und kein Gutmachen meiner Eltern und Hoffnung zu erwerben, um es mir wenigstens zu ermöglichen, das Seminar zu besuchen und Lehrer zu werden. Ich ward es, war aber dann so arm, daß ich nicht einmal die allerbilligste Behausung besaß, den Unterricht zu vergeben. Ich beschloß nun einer Fortbildungsschule und mußte mit dem Buchhalter in einem Zimmer zusammen, so hatte es vorher allein bekommen, auch die Schlafstube. Nun kann he es nicht in der freien Weise weiterleben wie vorher. Er hatte zwei Uhren, eine neue gute, die er trug, und eine alte, billige, die er nicht mehr brauchte. Sie lag nichts bloß über dem Tisch an der Wand. Ich bat ihn, mir diese alte zu besorgen für die Zeit des Unterrichts, bis ich so weit sei, mir eine zu kaufen. Er that es. Ich steckte sie täglich ein, wenn ich zur Schule ging. Ich steckte sie auch ein, als ich nach einigen Tagen versprochen, um zu den Weihnachtsfeiertagen nach Hause zu fahren. Da wurde ich verwirrt und, weil ich mich in mein Festfahren wie ein wirklicher Dieb brauchte, wagen dies Mädchen und habe Wahre Geständnis besetzt.

Von diesem Festfahren kam ich nicht wieder frei. Es wollte sich fest und ließ mich nicht wieder los. Der Gedanke an die Schwere und an meinen neuen Festwerben bohrte sich so tief und so vernichtend in meine Seele ein, daß sie schwer und gefährlich erkrankte. Es entwickelte sich in mir eine krankhafte (nicht aber geistige) Störung, in deren Zeichen verschwimmen Gedanken nachstanden. Ich begann, nicht mich, sondern Andere zu beschädigen: den Sündenbittigen er Sc

Erst nach Jahren kam ich wieder in den Besitz meiner
Seele, nicht plötzlich, sondern nach und nach. Die Schritte auf dem
selben Weg zurück, auf dem ich sie verloren hatte, auf
dem Wege der Religion. Ich, der Liebermann, wandte in
den letzten Jahren meines Daseins ergriff für den
katholischen Gottesdienst in der Grabhaltkirche. Bei den
Klängen der Orgel fand ich mich wieder zu mir zurück.
Und die edle, verdammte Stimme hielt und stählt, sag ich, sie hier
steht das Katholischen Priestertum hielt meinen zurückgekehr-
ten Seele fest, mit meinen Menschlichkeit, aber eine geneig-
ten Vorsicht, sie für den Preis mir zu gewinnen. Darum
klingt aus den Büchern, die ich jetzt neu schreibe, zuweilen
der neue frühzeitige Regung ein dankbaren Orgelton hinein,
dem neuen für Katholisch hält, obgleich er mir dem natürlichen Register der Vox humana entstammt. Als ich
entlassen wurde, war ich geheilt, vollständig geheilt!
Nur durch den Orgelklang und nur durch die Güte dieses
einen, einzigen Menschen!

Seit jener schweren, dunklen Leidenszeit halte ich die
Seele fest. Ich beschäftige mich schriftstellerisch nur mit ihr,
mit weiter nichts. Ich studiere sie an mir selbst und an
jedem Anderen, um Bücher über sie zu schreiben, damit
man sie endlich einmal kennen lerne. Ich habe mir die
Aufgabe gestellt, der Monograph der „Menschheitsseele"
zu werden. Darum durchwandere ich alle Orte Gebiete
und zwar in Form von sogenannten „Führungszählungen"
von denen eine jede irgend einen zusammenhaltenden Abschnitt aus dem Reiche der „Menschheitsseele" behandelt.
Daß es die Leute gibt, die mich nicht verstehen oder
nicht verstehen wollen, dafür kann ich nicht; ich habe
nicht nur sie zu achten. Das „Ich", in dem ich schreibe,
das bin nicht ich, sondern das ist die Menschheitsseele,

Mein Leben und Streben

Selbstbiographie

von

Karl May.

Band I.

Die 1910 erschienene Erstausgabe der Selbstbiographie
„Mein Leben und Streben" trug den Leitspruch

Wenn dich die Welt aus ihren Toren stößt,
so gehe ruhig fort und laß das Klagen.
Sie hat durch die Verstoßung dich erlöst
und ihre Schuld an dir nun selbst zu tragen.

(Karl May „Im Reiche des silbernen Löwen")

1

Das Märchen von Sitara

Wenn man von der Erde aus drei Monate lang ge-
raden Weges nach der Sonne fliegt und dann in derselben Richtung noch drei Monate lang über die Sonne
hinaus, so kommt man an einen Stern, der Sitara heißt.
Sitara ist ein persarabisches Wort und bedeutet eben
,Stern'.

Dieser Stern hat mit unserer Erde viel, sehr viel gemein. Sein Durchmesser ist 1700 Meilen und sein Äquator 5400 Meilen lang. Er dreht sich um sich selbst und
zugleich auch um die Sonne. Die Bewegung um sich
selbst dauert genau einen Tag, die Bewegung um die
Sonne ebenso genau ein Jahr, keine Sekunde mehr
oder weniger. Seine Oberfläche besteht zu einem Teil
aus Land und zu zwei Teilen aus Wasser. Aber während man auf der Erde bekanntlich fünf Erd- oder Welt-
teile zählt, ist das Festland von Sitara in anderer, viel
einfacherer Weise gegliedert. Es hängt zusammen. Es
bildet nicht mehrere Kontinente, sondern nur einen einzigen, der in ein sehr tiefgelegenes, sümpfereiches Niederland und ein der Sonne kühn entgegenstrebendes Hoch-/
land zerfällt, die beide durch einen schmäleren, steil
aufwärtssteigenden Urwaldstreifen miteinander verbunden sind. Das Tiefland ist eben, ungesund, an giftigen
Pflanzen und reißenden Tieren reich und allen von Meer
zu Meer dahinbrausenden Stürmen preisgegeben. Man
nennt es Ardistan. Ard heißt Erde, Scholle, niedriger
Stoff, und bildlich bedeutet es das Wohlbehagen am
geistlosen Schmutz und Staub, das rücksichtslose Trachten
nach der Materie, den grausamen Vernichtungskampf gegen alles, was nicht zum eigenen Selbst gehört oder nicht
gewillt ist, ihm zu dienen. Ardistan ist also die Heimat

der niedrigen, selbstsüchtigen Daseinsformen und, was sich auf seine höheren Bewohner bezieht, das Land der *Gewalt- und Egoismusmenschen*. Das Hochland hingegen ist gebirgig, gesund, ewig jung und schön im Kuß des Sonnenstrahls, reich an Gaben der Natur und Produkten des menschlichen Fleißes, ein Garten Eden, ein Paradies. Man nennt es Dschinnistan. Dschinn heißt Genius, wohltätiger Geist, segensreiches, unirdisches Wesen, und bildlich bedeutet es den angeborenen Herzenstrieb nach Höherem, das Wohlgefallen am geistigen und seelischen Aufwärtssteigen, das fleißige Trachten nach allem, was gut und was edel ist, und vor allen Dingen die Freude am Glück des Nächsten, an der Wohlfahrt all derer, welche der Liebe und der Hilfe bedürfen. Dschinnistan ist also das Land der wie die Berge aufwärtsstrebenden Humanität und Nächstenliebe, das einst verheißene Land der *Edelmenschen*.

Tief unten herrscht über Ardistan ein Geschlecht von finster denkenden, selbstsüchtigen Tyrannen, deren oberstes Gesetz in strenger Kürze lautet: *„Du sollst der Teufel deines Nächsten sein, damit du dir selbst zum Engel werdest!"* Und hoch oben regiert schon / seit undenklicher Zeit über Dschinnistan eine Dynastie großherziger, echt königlich denkender Fürsten, deren oberstes Gesetz in beglückender Kürze lautet: *„Du sollst der Engel deines Nächsten sein, damit du nicht dir selbst zum Teufel werdest!"*

Und solange dieses Dschinnistan, dieses Land der Edelmenschen, besteht, ist ein jeder Bürger und eine jede Bürgerin verpflichtet gewesen, heimlich und ohne sich zu verraten, der Schutzengel eines resp. einer andern zu sein. Also in Dschinnistan Glück und Sonnenschein, dagegen in Ardistan ringsum eine tiefe seelische Finsternis und der heimliche, weil verbotene Jammer nach Befreiung aus dem Elend dieser Hölle! Ist es da ein Wunder, daß da unten im Tiefland eine immer größer werdende Sehnsucht nach dem Hochland entstand? Daß die fortgeschrittenen unter den dortigen Seelen sich aus der Finsternis zu befreien und zu erlösen suchen? Millionen und Abermillionen fühlen sich in den Sümpfen von Ardistan wohl. Sie sind die Miasmen gewohnt. Sie wollen es nicht anders haben. Sie würden in der reinen Luft von Dschinnistan nicht existieren können. Das sind nicht etwa nur die Ärmsten und Geringsten, sondern gerade auch die Mächtigsten, die Reichsten und Vornehmsten des Landes, die Pharisäer, die Sünder brauchen, um gerecht erscheinen zu können, die Vielbesitzenden, denen arme Leute nötig sind, um ihnen als Folie zu dienen, die Bequemen, welche Arbeiter haben müssen, um sich in Ruhe zu pflegen, und vor allen Dingen die Klugen, Pfiffigen, denen die Dummen, die Vertrauenden, die Ehrlichen unentbehrlich sind, um von ihnen ausgebeutet zu werden. Was würde aus allen diesen Bevorzugten werden, wenn es die anderen nicht mehr gäbe? Darum ist es jedermann auf das aller/strengste verboten, Ardistan zu verlassen, um sich dem Druck des dortigen Gesetzes zu entziehen. Die schärfsten Strafen aber treffen den, der es wagt, nach dem Land der Nächstenliebe und der Humanität, nach Dschinnistan zu flüchten. Die Grenze ist besetzt. Er kommt nicht durch. Er wird ergriffen und nach der ‚Geisterschmiede‘ geschafft, um dort gemartert und gepeinigt zu werden, bis er sich vom Schmerz gezwungen fühlt, Abbitte leistend in das verhaßte Joch zurückzukehren.

Denn zwischen Ardistan und Dschinnistan liegt Märdistan, jener steil aufwärtssteigende Urwaldstreifen, durch dessen Baum- und Felsenlabyrinthe der unendlich gefahrvolle und beschwerliche Weg nach oben geht. Märd ist ein persisches Wort; es bedeutet ‚Mann‘. Märdistan ist das Zwischenland, in welches sich nur ‚Männer‘ wagen dürfen; jeder andere geht unbedingt zugrunde. Der gefährlichste Teil dieses fast noch ganz unbekannten

Gebietes ist der ‚Wald von Kulub‘. Kulub ist ein arabisches Wort; es bedeutet die Mehrzahl des deutschen Wortes ‚Herz‘. Also in den Tiefen des Herzens lauern die Feinde, die man, einen nach dem anderen, zu besiegen hat, wenn man aus Ardistan nach Dschinnistan entkommen will. Und mitten in jenem Walde von Kulub ist jener Ort der Qual zu suchen, von dem es in meinem Drama ‚Babel und Bibel‘[1] heißt:

„Zu Märdistan, im Walde von Kulub,
liegt einsam, tief versteckt, die Geisterschmiede.“

„Da schmieden Geister?“

        „Nein, man schmiedet s i e !
Der Sturm bringt sie geschleppt, um Mitternacht,
wenn Wetter leuchten, Tränenfluten stürzen.
Der Haß wirft sich in grimmer Lust auf sie./
Der Neid schlägt tief ins Fleisch die Krallen ein.
Die Reue schwitzt und jammert am Gebläse.
Am Blocke steht der Schmerz, mit starrem Aug’
im rußigen Gesicht, die Hand am Hammer.
Da, jetzt, o Mensch, ergreifen dich die Zangen.
Man stößt dich in den Brand; die Bälge knarren.
Die Lohe zuckt empor, zum Dach hinaus,
und alles, was du hast und was du bist,
der Leib, der Geist, die Seele, alle Knochen,
die Sehnen, Fibern, Fasern, Fleisch und Blut,
Gedanken und Gefühle, alles, alles
wird dir verbrannt, gepeinigt und gemartert
bis in die weiße Glut —“

        „Allah, Allah!“

„Schrei nicht, o Mensch! Ich sage dir, schrei nicht!
Denn wer da schreit, ist dieser Qual nicht wert,
wird weggeworfen in den Brack und Plunder
und muß dann wieder eingeschmolzen werden.
Du aber willst zum Stahl, zur Klinge werden,
die in der Faust des Parakleten funkelt.
Sei also still! Man reißt dich aus dem Feuer —
man wirft dich auf den Amboß — hält dich fest.
Es knallt und prasselt dir in jeder Pore.

[1] Enthalten in Ges. Werke Bd. 49 ‚Lichte Höhen‘: Rede des Scheiks der Todeskarawane (I. Akt, 14. Auftritt)

Der Schmerz beginnt sein Werk, der Schmied, der Meister.
Er spuckt sich in die Fäuste, greift dann zu.
Hebt beiderhändig hoch den Riesenhammer —
die Schläge fallen. Jeder ist ein Mord,
ein Mord an dir. Du meinst, zermalmt zu werden.
Die Fetzen fliegen heiß nach allen Seiten.
Dein Ich wird dünner, kleiner, immer kleiner,
und dennoch mußt du wieder in das Feuer —
und wieder — immer wieder, bis der Schmied
den Geist erkennt, der aus der Höllenqual/
und aus dem Dunst von Ruß und Hammerschlag
ihm ruhig, dankbar froh entgegenlächelt.
Den schraubt er in den Stock und greift zur Feile.
Die kreischt und knirscht und frißt von dir hinweg,
was noch —"

          „Halt ein, halt ein! Es ist genug!"

„Es geht noch weiter, denn der Bohrer kommt!
Der schraubt sich tief —"

               „Sei still! Um Gottes willen!"

So also sieht es in Märdistan aus, und so also geht
es im Innern der ‚Geisterschmiede von Kulub' zu!
Jeder Bewohner des Sterns Sitara kennt die Sage, daß
die Seelen aller bedeutenden Menschen, die geboren werden sollen, vom Himmel herniederkommen. Engel und
Teufel warten auf sie. Die Seele, welche das Glück hat,
auf einen Engel zu treffen, wird in Dschinnistan geboren,
und alle ihre Wege sind geebnet. Die arme Seele aber,
welche einem Teufel in die Hände fällt, wird von ihm
nach Ardistan geschleppt und in ein um so tieferes Elend
geschleudert, je höher die Aufgabe ist, die ihr von oben
mitgegeben wurde. Der Teufel will, sie soll zugrunde
gehen, und ruht weder bei Tag noch bei Nacht, aus dem
zum Talent oder gar Genie Bestimmten einen möglichst
verkommenen, verlorenen Menschen zu machen. Alles
Sträuben und Aufbäumen hilft nichts; der Arme ist dem
Untergang geweiht. Und selbst wenn es ihm gelänge,
aus Ardistan zu entkommen, so würde er doch in Märdistan ergriffen und nach der Geisterschmiede geschleppt,

um so lange gefoltert und gequält zu werden, bis er den letzten Rest von Mut verliert, zu widerstreben./

Nur selten ist die Himmelskraft, die einer solchen nach Ardistan geschleuderten Seele mitgegeben wurde, so groß und so unerschöpflich, daß sie selbst die stärkste Pein der Geisterschmiede erträgt und dem Schmied und seinen Gesellen ‚aus dem Dunst von Ruß und Hammerschlag ruhig, dankbar froh entgegenlächelt'. Einer solchen Himmelstochter kann selbst dieser größte Schmerz nichts anhaben, sie ist gefeit; sie ist gerettet. Sie wird nicht vom Feuer vernichtet, sondern geläutert und gestählt. Und sind alle Schlacken von ihr abgesprungen, so hat der Schmied von ihr zu lassen, denn es ist nichts mehr an ihr, was nach Ardistan gehört. Darum kann weder Mensch noch Teufel sie mehr hindern, unter dem Zorngeschrei des ganzen Tieflandes nach Dschinnistan emporzusteigen, wo jeder Mensch der Engel seines Nächsten ist. —/

2

Meine Kindheit
(1842—1847)

Ich bin im niedrigsten, tiefsten Ardistan geboren, ein Lieblingskind der Not, der Sorge, des Kummers. Mein Vater war ein armer Weber. Meine Großväter waren beide tödlich verunglückt. Der Vater meiner Mutter daheim, der Vater meines Vaters aber im Walde. Er war zu Weihnacht nach dem Nachbardorf gegangen, um Brot zu holen. Die Nacht überraschte ihn. Er kam im tiefen Schneegestöber vom Wege ab und stürzte in die damals steile Schlucht des ‚Krähenholzes', aus der er sich nicht herausarbeiten konnte. Seine Spuren wurden verweht. Man suchte lange Zeit vergeblich nach ihm. Erst als

6–7–8

der Schnee verschwunden war, fand man seine Leiche und auch die Brote. Überhaupt ist Weihnacht für mich und die Meinen sehr oft keine frohe, sondern eine verhängnisvolle Zeit gewesen.

Geboren wurde ich am 25. Februar 1842 in dem damals sehr ärmlichen und kleinen erzgebirgischen Weberstädtchen Ernstthal, das jetzt[1] mit dem etwas größeren Hohenstein verbunden ist. Wir waren neun Personen: mein Vater, meine Mutter, die beiden Großmütter, vier/Schwestern und ich, der einzige Knabe[2]. Die Mutter meiner Mutter scheuerte für die Leute und spann Watte. Es kam vor, daß sie sich mehr als 25 Pfennig pro Tag verdiente. Da wurde sie splendid und verteilte zwei Dreierbrötchen, die nur vier Pfennige kosteten, weil sie äußerst hart und altbacken, oft auch schimmelig waren, unter uns fünf Kinder. Sie war eine gute, fleißige, schweigsame Frau, die niemals klagte. Sie starb, wie man sagte, aus Altersschwäche. Die eigentliche Ursache ihres Todes aber war wohl das, was man gegenwärtig diskret als ‚Unterernährung‘ zu bezeichnen pflegt. Über meine andere Großmutter, die Mutter meines Vaters, habe ich etwas mehr zu sagen, doch nicht hier an dieser Stelle. Meine Mutter war eine Märtyrerin, eine Heilige, immer still, unendlich fleißig, trotz unserer eigenen Armut stets opferbereit für andere, vielleicht noch ärmere Leute. Nie, niemals habe ich ein ungutes Wort aus ihrem Mund gehört. Sie war ein Segen für jeden, mit dem sie verkehrte, vor allen Dingen ein Segen für uns, ihre Kinder. Sie konnte noch so schwer leiden, kein Mensch erfuhr davon. Doch des Abends, wenn sie, die Stricknadeln emsig rührend, beim kleinen, qualmenden Öllämpchen saß und sich unbeachtet wähnte, da kam es vor, daß ihr eine Träne in das Auge trat und, um schneller, als sie gekommen war, zu verschwinden, ihr über die Wange lief.

---

1 Seit 1. 1. 1898. Vgl. hierzu den Stadtplan im Vorderdeckel.
2 Vgl. die Stammtafel der Familie May auf S. 48/49.

Mit einer Bewegung der Fingerspitze wurde die Leidesspur sofort verwischt.

Mein Vater war ein Mensch mit zwei Seelen. Die eine Seele unendlich weich, die andere tyrannisch, voll Übermaß im Zorn, unfähig, sich zu beherrschen. Er besaß hervorragende Talente, die aber alle unentwickelt geblieben waren, der großen Armut wegen. Er hatte nie eine Schule besucht, doch aus eigenem Fleiß fließend/ lesen und sehr gut schreiben gelernt. Er besaß zu allem, was nötig war, ein angeborenes Geschick. Was seine Augen sahen, das machten seine Hände nach. Obgleich nur Weber, war er doch imstande, sich Rock und Hose selbst zu schneidern und seine Stiefel selbst zu besohlen. Er schnitzte und bildhauerte gern, und was er da fertig brachte, das hatte Schick und war gar nicht so übel. Als ich eine Geige haben mußte und er kein Geld auch zu dem Bogen hatte, fertigte er schnell selbst einen. Dem fehlte es zwar ein wenig an schöner Schweifung und Eleganz, aber er genügte vollständig, seine Bestimmung zu erfüllen. Vater war gern fleißig, doch befand sich sein Fleiß stets in Eile. Wozu ein anderer Weber vierzehn Stunden brauchte, dazu brauchte er nur zehn; die übrigen vier verwendete er dann zu Dingen, die ihm lieber waren. Während dieser zehn angestrengten Stunden war nicht mit ihm auszukommen; alles hatte zu schweigen; niemand durfte sich regen. Da waren wir in steter Angst, ihn zu erzürnen. Dann wehe uns! Am Webstuhl hing ein dreifach geflochtener Strick, der blaue Striemen hinterließ, und hinter dem Ofen steckte der wohlbekannte ,birkene Hans', vor dem wir Kinder uns besonders scheuten, weil Vater es liebte, ihn vor der Züchtigung im großen ,Ofentopf' einzuweichen, um ihn elastischer und also eindringlicher zu machen. Übrigens, wenn die zehn Stunden vorüber waren, so hatten wir nichts mehr zu befürchten; wir atmeten alle auf, und Vaters andere Seele lächelte uns an. Er konnte dann geradezu herzgewinnend sein, doch hatten wir selbst in den heitersten und friedlichsten Augenblicken das Gefühl, daß wir auf vulkanischem Boden standen und von Moment zu Moment einen Ausbruch erwarten konnten. Dann bekam man den Strick oder den ,Hans' so lange, bis Vater nicht / mehr konnte. Unsere älteste Schwester, ein hochbegabtes, liebes, heiteres, fleißiges Mädchen, wurde sogar noch als Braut mit Ohrfeigen gezüchtigt, veil sie von einem Spaziergang mit ihrem Bräutigam etwas später nach Hause kam, als ihr erlaubt worden war.

Hier habe ich eine Pause zu machen, um mir eine ernste, wichtigere Bemerkung zu gestatten. Ich schreibe dieses Buch nicht etwa um meiner Gegner willen, etwa um ihnen zu antworten oder mich gegen sie zu verteidigen, sondern ich bin der Meinung, daß durch die Art und Weise, in der man mich umstürmt, jede Antwort und jede Verteidigung ausgeschlossen wird. Ich schreibe dieses Buch auch nicht für meine Freunde, denn die kennen, verstehen und begreifen mich, so daß ich nicht erst nötig habe, ihnen Aufklärung über mich zu geben. Ich schreibe es vielmehr nur *um meiner selbst willen*, um mir über mich klar zu werden und mir über das, was ich bisher tat und ferner noch zu tun gedenke, Rechenschaft abzulegen. Ich schreibe also, um zu beichten. Aber ich beichte nicht etwa den Menschen, denen es ja auch gar nicht einfällt, mir ihre Sünden einzugestehen, sondern ich beichte meinem Herrgott und mir selbst, und was diese beiden sagen, wenn ich geendet habe, wird für mich maßgebend sein. Es sind für mich also nicht gewöhnliche, sondern heilige Stunden, in denen ich die vorliegenden Bogen schreibe. Ich spreche hier nicht nur für dieses, sondern auch für jenes Leben, an das ich glaube und nach dem ich mich sehne. Indem ich hier beichte, verleihe ich mir die Gestalt und das Wesen, als das ich einst nach dem Tode existieren werde. Da kann es mir wahrlich, wahrlich gleichgültig sein, was man in diesem oder in jenem Lager zu diesem meinem Buche sagt. Ich lege es in ganz andere, in die richtigen Hände, nämlich / in die Hände des Geschicks, der alles wissenden Vorsehung, bei der es weder Gunst noch Ungunst, sondern nur allein Gerechtigkeit und Wahrheit gibt. Da läßt sich nichts verschweigen und nichts beschönigen. Da muß man alles ehrlich sagen und ehrlich bekennen, wie es war und wie es ist, erscheine es auch noch so pietätlos und tue es auch noch so weh. Man hat den Ausdruck ‚Karl-May-Problem' erfunden. Wohlan, ich nehme ihn auf und lasse ihn gelten. Dieses Problem aber wird mir keiner von all denen lösen, die meine Bücher nicht gelesen oder nicht begriffen haben und trotzdem über sie urteilen. Das Karl-May-Problem ist das Menschheitsproblem, aus dem großen, alles umfassenden Plural in den Singular, in die einzelne Individualität transponiert. Und genauso, wie dieses Menschheitsproblem zu lösen ist, ist auch das Karl-May-Problem zu lösen, anders nicht! Wer sich unfähig zeigt, das Karl-May-Rätsel in befriedigender, humaner Weise zu lösen, der mag um Gottes willen die schwachen Hände und die unzureichenden Gedanken davon lassen, über sich selbst hinauszugreifen und sich mit schwierigen Menschheitsfragen zu befassen! Der Schlüssel zu all diesen Rätseln ist längst vorhanden. Die christliche Kirche nennt ihn ‚Erbsünde'. Die Vorväter und Vormütter kennen, heißt die Kinder und Enkel begreifen, und nur der Humanität, der wahren edelmenschlichen Gesinnung ist es gegeben, in Betracht der Vorfahren wahr und ehrlich zu sein, um auch gegen die Nachkommen wahr und ehrlich sein zu können. Den Einfluß der Verstorbenen auf ihre Nachlebenden an das Tageslicht zu ziehen, ist rechts eine Seligkeit und links eine Erlösung für beide Teile, und so habe auch ich die Meinen genauso zu zeichnen, wie sie in Wirklichkeit waren, mag man dies für unkindlich halten oder nicht. / Ich habe nicht nur gegen sie und mich, sondern auch gegen meine Mitmenschen wahr zu sein. Vielleicht kann mancher aus unserem Beispiel lernen, in seinem Fall das Richtige zu tun.

Mutter hatte ganz unerwartet von einem entfernten Verwandten ein Haus geerbt und einige kleine, leinene Geldbeutel dazu. Einer dieser Geldbeutel enthielt lauter Zweipfenniger, ein anderer lauter Dreipfenniger, ein dritter lauter Groschen. In einem vierten steckte ein ganzes Schock Fünfzigpfenniger, und im fünften und letzten fanden sich zehn alte Schafhäuselsechser, zehn Achtgroschenstücke, fünf Gulden und vier Thaler vor. Das war ja ein Vermögen! Das erschien der Armut fast wie eine Million! Freilich war das Haus[1] nur drei schmale Fenster breit und sehr aus Holz gebaut, dafür aber war es drei Stockwerke hoch und hatte ganz oben unter dem First einen Taubenschlag, was bei anderen Häusern bekanntlich nicht immer der Fall zu sein pflegt. Großmutter, die Mutter meines Vaters, zog in das Parterre, wo es nur eine Stube mit zwei Fenstern und die Haustür gab. Dahinter lag ein Raum mit einer alten Wäscherolle, die für zwei Pfennige pro Stunde an andere Leute vermietet wurde. Es gab glückliche Sonnabende, an denen diese Rolle zehn, zwölf, ja sogar vierzehn Pfennige einbrachte. Das förderte die Wohlhabenheit ganz bedeutend. Im ersten Stock wohnten die Eltern mit uns. Da stand der Webstuhl mit dem Spulrad. Im zweiten Stock schliefen wir mit einer Kolonie von Mäusen und einigen größeren Nagetieren, die eigentlich im Taubenschlag wohnten und des Nachts nur kamen, uns zu besuchen. Es gab auch einen Keller, doch war er immer leer. Einmal standen einige Säcke Kartoffeln darin, die gehörten aber nicht uns, sondern einem Nach/barn, der

1 In der Niedergasse, später Bahnstraße 27. Am 26. 5. 1929 ließ die Stadtverwaltung von Hohenstein-Ernstthal daran eine Gedenktafel mit dem Bild Karl Mays anbringen, und am 2. 12. 1929 gab sie der Verlängerung der Bahnstraße den Namen Karl-May-Straße.

keinen Keller hatte. Großmutter meinte, daß es viel besser wäre, wenn der Keller ihm und die Kartoffeln uns gehörten. Der Hof war gerade so groß, daß wir fünf Kinder uns aufstellen konnten, ohne einander zu stoßen. Hieran grenzte der Garten, in dem es einen Holunderstrauch, einen Apfel-, einen Pflaumenbaum und einen Wassertümpel gab, den wir als ‚Teich' bezeichneten. Der Holunder lieferte uns den Tee zum Schwitzen, wenn wir uns erkältet hatten, hielt aber nicht sehr lange vor, denn wenn das eine sich erkältete, fingen auch alle anderen an zu husten und wollten mit ihm schwitzen. Der Apfelbaum blühte immer sehr schön und sehr reichlich; da wir aber nur zu wohl wußten, daß die Äpfel gleich nach der Blüte am besten schmekken, so war er meist schon Anfang Juni abgeerntet. Die Pflaumen aber waren uns heilig. Großmutter aß sie gar zu gern. Sie wurden täglich gezählt, und niemand wagte es, sich an ihnen zu vergreifen. Wir Kinder bekamen doch mehr, viel mehr davon, als eigentlich auf uns fiel. Was den ‚Teich' betrifft, so war er sehr reich belebt, doch leider nicht mit Fischen, sondern mit Fröschen. Die kannten wir alle einzeln, sogar an der Stimme. Es waren immer so zwischen zehn und fünfzehn. Wir fütterten sie mit Regenwürmern, Fliegen, Käfern und allerlei anderen guten Dingen, die wir aus gastronomischen oder ästhetischen Gründen nicht selbst genießen konnten, und sie waren uns auch herzlich dankbar dafür. Sie kannten uns. Sie kamen an das Ufer, wenn wir uns ihnen näherten. Einige ließen sich sogar ergreifen und streicheln. Der eigentliche Dank aber erklang uns des Abends, wenn wir am Einschlafen waren. Keine Sennerin kann sich mehr über ihre Zither freuen als wir über unsere Frösche. Wir wußten ganz genau, welcher es war, der sich hören / ließ, ob der Arthur, der Paul -oder Fritz, und wenn sie gar zu duettieren oder im Chor zu singen begannen, so sprangen wir aus den

Federn und öffneten die Fenster, um mitzuquaken, bis Mutter oder Großmutter kam und uns dahin zurückbrachte, wohin wir jetzt gehörten. Leider aber kam einst ein sogenannter Bezirksarzt in das Städtchen, um sogenannte gesundheitliche Untersuchungen anzustellen. Der hatte überall etwas auszusetzen. Dieser ebenso sonderbare wie gefühllose Mann schlug, als er unseren Garten und unseren schönen Tümpel sah, die Hände über dem Kopf zusammen und erklärte, daß dieser Pest- und Cholerapfuhl sofort verschwinden müsse. Am nächsten Tage brachte der Polizist Eberhard einen Zettel des Herrn Stadtrichters Layritz, des Inhalts, daß binnen jetzt und drei Tagen der Tümpel auszufüllen und die Froschkolonie zu töten sei, bei fünfzehn ,Guten Groschen' Strafe. Wir Kinder waren empört. Unsere Frösche umbringen! Ja, wenn der Herr Stadtrichter Layritz einer gewesen wäre, dann herzlich, herzlich gern! Wir hielten Rat, und was wir beschlossen, wurde ausgeführt. Der Tümpel wurde so weit ausgeschöpft, daß wir die Frösche fassen konnten. Sie wurden in den großen Deckelkorb getan und dann hinaus hinter das Schießhaus nach dem großen Zechenteich getragen, Großmutter voran, wir hinterher. Dort wurde jeder einzeln herausgenommen, geliebkost, gestreichelt und in das Wasser gelassen. Wieviel Seufzer dabei laut geworden, wieviel Tränen dabei geflossen und wieviel vernichtende Urteile dabei gegen den sogenannten Bezirksarzt gefällt worden sind, das ist jetzt, nach über sechzig Jahren, wohl kaum mehr festzustellen. Doch weiß ich noch ganz bestimmt, daß Großmutter, um dem ungeheuren Schmerz ein Ende zu machen, uns die Versicherung gab, ein jedes von uns werde genau nach zehn / Jahren ein dreimal größeres Haus mit einem fünfmal größeren Garten erben, in dem es einen zehnmal größeren Teich mit zwanzigmal größeren Fröschen gebe. Das brachte in unserer Stimmung eine ebenso plötzliche wie angenehme Änderung hervor. Wir wanderten mit der Großmutter und dem leeren Deckelkorb vergnügt nach Hause.

Das geschah in der Zeit, als ich nicht mehr blind war und schon laufen konnte. Ich war weder blind geboren noch mit irgendeinem vererbten, körperlichen Fehler behaftet. Vater und Mutter waren durchaus kräftige, gesunde Naturen. Sie sind bis zu ihrem Tode niemals krank gewesen. Mich atavistischer Schwachheiten zu zeihen, ist eine Böswilligkeit, die ich mir unbedingt verbitten muß. Daß ich kurz nach der Geburt sehr schwer erkrankte, das Augenlicht verlor und volle vier Jahre siechte, war nicht eine Folge der Vererbung, sondern der rein örtlichen Verhältnisse, der Armut, des Unverstandes und der verderblichen Medikasterei, der ich zum Opfer fiel. Sobald ich in die Hand eines tüchtigen Arztes kam, kehrte mir das Augenlicht wieder, und ich wurde ein höchst kräftiger und widerstandsfähiger Junge, der stark genug war, es mit jedem anderen aufzunehmen. Doch ehe ich über mich selbst berichte, habe ich noch für einige Zeit bei dem Milieu zu bleiben, in dem ich meine erste Kindheit verlebte.

Mutter hatte mit dem Haus auch die auf ihm stehenden Schulden geerbt. Die waren zu verzinsen. Hieraus ergab sich, daß wir eben nur mietfrei wohnten, und auch das nicht einmal ganz. Mutter war sparsam, Vater in seiner Weise auch. Aber wie er in allem maßlos war, in seiner Liebe, seinem Zorn, seinem Fleiß, seinem Lob, seinem Tadel, so auch hier in der Beur/teilung der kleinen Erbschaft, die nur ein Ansporn sein konnte, weiter zu sparen und das Häuschen von Schulden frei zu machen. Aber wenn er auch nicht geradezu glaubte, plötzlich reich geworden zu sein, so nahm er doch an, jetzt zu einer anderen Lebensführung übergehen zu dürfen. Er verzichtete darauf, sich sein ganzes Leben lang hinter dem Webstuhl abzurackern. Er hatte ja nun ein Haus, und er hatte Geld, viel Geld. Er konnte zu etwas anderem, Besserem greifen, was bequemer war und mehr lohnte als die Weberei. Während er schlaflos im Bette lag und darüber nachdachte, was zu ergreifen sei, hörte er die Ratten über sich im leeren Taubenschlag rumoren. Dieses Rumoren wiederholte sich von Tag zu Tag, und so entstand in der jedem Psychologen wohlbekannten Weise in ihm der Entschluß, die Ratten zu vertreiben und Tauben anzuschaffen. Er wollte Taubenhändler werden, obgleich er von diesem Fach nicht das geringste verstand. Er hatte gehört, daß da sehr viel Geld zu verdienen sei, und war der Meinung, daß er auch ohne die nötigen Sonderkenntnisse genug Intelligenz besitze, jeden Händler zu überlisten. Die Ratten wurden vertrieben und Tauben angeschafft.

Leider war diese Anschaffung nicht ohne Geldkosten zu bewerkstelligen. Mutter mußte einen ihrer Beutel opfern, vielleicht gar zwei. Sie tat es nur mit Widerstreben. Sie fand an den Tauben nicht dasselbe Wohlgefallen, das wir Kinder an ihnen fanden. Am meisten Vergnügen machte es uns, wenn wir beobachteten, wie die lieben Tierchen ihre zarten Kleider veränderten. Vater hatte zwei Paar sehr teure ‚Blaustriche' gekauft. Er brachte sie heim und zeigte sie uns. Er hoffte, wenigstens drei Taler an ihnen zu verdienen. Einige Tage später lagen die blauen Federn am Boden; sie / waren nicht echt, sondern nur angeklebt gewesen. Die kostbaren ‚Blaustriche' entpuppten sich als ganz wertlose Feldweißlinge. Vater erwarb einen sehr schönen, jungen, grauen Trommeltäuberich für einen Taler fünfzehn Gute Groschen. Nach kurzer Zeit stellte sich heraus, daß der Täuberich altersblind war. Er ging nicht aus dem Schlag; sein Wert war gleich Null. Solche und ähnliche Fälle mehrten sich. Die Folge davon war, daß Mutter noch einen dritten Beutel opfern mußte, um den Taubenhandel in besseren Schwung zu bringen. Freilich gab sich auch Vater große Mühe. Er feierte nicht. Er be-

suchte alle Märkte, alle Gasthöfe und Schankwirtschaf-
ten, um zu kaufen oder Käufer zu finden. Bald kaufte er
Erbsen; bald kaufte er Wicken, die er ‚halb geschenkt‘
erhalten hatte. Er war immer unterwegs, von einem
Dorf zum andern, von einem Bauern zum andern. Er
brachte immerfort Käse, Eier und Butter heim, die wir
gar nicht brauchten. Er hatte sie teuer gekauft, um sich
die Bauersfrauen handelsgeneigt zu machen, und wurde
sie nur mit Mühe und Verlusten wieder los. Dieses
unstete, unnütze Leben förderte nicht, sondern fraß das
Glück des Hauses; es fraß sogar auch noch die übrigen
Leinenbeutel. Mutter gab gute Worte, vergeblich. Sie
härmte sich und trug still, bis es Sünde gewesen wäre,
weiter zu tragen. Da faßte sie einen Entschluß und ging
zum Herrn Stadtrichter Layritz, der sich in diesem Fall
viel, viel vernünftiger als damals gegen unsere Frösche
zeigte. Sie stellte ihm ihre Lage vor. Sie sagte ihm, daß
sie zwar ihren Mann sehr, sehr lieb habe, aber vor allen
Dingen auch auf das Wohl ihrer Kinder achten müsse.
Sie verriet ihm, daß sie außer den bisher erwähnten
Beuteln noch einen besitze, den sie ihrem Manne noch
nicht gezeigt, sondern verheimlicht habe. Der Herr / Stadtrichter Layritz solle doch die Güte haben, ihr zu sagen,
wie sie dieses Geld anlegen könne, um sich und ihre Kinder zu sichern. Sie legte ihm den Beutel vor. Er öffnete
ihn und zählte. Es waren sechzig harte, blanke, wohl-
geputzte Taler. Darob großes Erstaunen! Der Herr Stadtrichter Layritz dachte nach; dann sagte er: „Meine liebe
Frau May, ich kenne Sie. Sie sind eine brave Frau,
und ich stehe für Sie ein. Unsere Hebamme ist alt; wir
brauchen eine jüngere. Sie gehen nach Dresden und werden für dieses Ihr Geld Hebamme. Ich werde das besorgen! Kommen Sie mit der ersten Zensur zurück, so
stellen wir Sie sofort an. Darauf gebe ich Ihnen mein
Wort. Kommen Sie aber mit einer niedrigeren Zensur,
so können wir Sie nicht brauchen. Jetzt aber gehen Sie

heim und sagen Sie Ihrem Mann, er solle sofort einmal zu mır kommen; ich hätte mit ihm zu reden!"

Das geschah. Mutter ging nach Dresden. Sie kam mit der ersten Zensur zurück, und der Herr Stadtrichter Layritz hielt Wort; sie wurde angestellt.[1] Während ihrer Abwesenheit führte Vater mit Großmutter das Haus. Das war eine schwere Zeit, eine Leidenszeit für uns alle. Die Blattern brachen aus. Wir Kinder lagen alle krank. Großmutter tat fast über Menschenkraft. Vater aber auch. Bei einer der Schwestern[2] hatte sich der blatternkranke Kopf in einen unförmigen Klumpen verwandelt. Stirn, Ohren, Augen, Nase, Mund und Kinn waren vollständig verschwunden. Der Arzt mußte durch Messerschnitte nach den Lippen suchen, um der Kranken wenigstens ein wenig Milch einflößen zu können. Sie lebt heute[3] noch, ist die heiterste von uns allen und niemals wieder krank gewesen. Man sieht noch jetzt die Narben, die ihr der Arzt geschnitten hat, als er nach dem Mund suchte./

Diese schwere Zeit war, als Mutter wiederkam, noch nicht ganz vorüber, mir aber brachte ihr Aufenthalt in Dresden großes Glück. Sie hatte sich durch ihren Fleiß und ihr stilles, tiefernstes Wesen das Wohlwollen der beiden Professoren Grenser und Haase erworben und ihnen von mir, ihrem elenden, erblindeten und seelisch doch so regsamen Knaben erzählt. Sie war aufgefordert worden, mich nach Dresden zu bringen, um mich von den beiden Herren behandeln zu lassen. Das geschah nun jetzt, und zwar mit ganz überraschendem Erfolg. Ich lernte sehen und kehrte, auch im übrigen gesundend, heim. Aber das alles hatte große, große Opfer gefordert, freilich nur für unsere armen Verhältnisse groß. Wir mußten um all der nötigen Ausgaben willen das Haus verkaufen, und das wenige, was von dem Kaufpreis

1 Am 19. 3. 1846, nachdem sie dıe Prüfung am 13. 2. bestanden hatte.
2 Christiane Wilhelmine, die spätere Frau Schöne.
3 1910! Sie starb am 30. 4. 1932.

unser war, reichte kaum zu, das Nötigste zu decken.
Wir zogen zur Miete.[1]

Und nun zu der Person, die in seelischer Beziehung
den tiefsten und größten Einfluß auf meine Entwicklung
ausgeübt hat. Während die Mutter unserer Mutter in
Hohenstein geboren war und darum von uns die
,Hohensteiner Großmutter' genannt wurde, stammte
die Mutter meines Vaters aus Ernstthal und mußte sich
darum als ,Ernstthaler Großmutter' bezeichnen lassen.
Sie war ein ganz eigenartiges, tiefgründiges, edles und,
fast möchte ich sagen, geheimnisvolles Wesen. Sie war
mir von Jugend auf ein herzliebes, beglückendes Rätsel, aus dessen Tiefen ich schöpfen durfte, ohne es jemals ausschöpfen zu können. Woher hatte sie das alles?
Sehr einfach: Sie war Seele, nichts als Seele, und die
heutige Psychologie weiß, was das zu bedeuten hat.
Sie war in der tiefsten Not geboren und im tiefsten
Leid aufgewachsen; darum sah sie alles mit hoffen-
den, sich / nach Erlösung sehnenden Augen an. Und wer
in der richtigen Weise zu hoffen und zu glauben vermag, der hat den Erdenjammer hinter sich geschoben
und vor sich nur noch Sonnenschein und Gottesfrieden
liegen. Sie war die Tochter bitterarmer Leute, hatte die
Mutter früh verloren und einen Vater zu ernähren, der
weder stehen noch liegen konnte und bis zu seinem Tode
viele Jahre lang an einen alten, ledernen Lehnstuhl gefesselt war[2]. Sie pflegte ihn mit unendlicher, zu Tränen
rührender Aufopferung. Die Armut erlaubte ihr nur das
billigste Wohnen. Das Fenster ihrer Stube zeigte nur
den Gottesacker, weiter nichts. Sie kannte alle Gräber,
und sie bedachte für sich und ihren Vater nur den einen
Weg, aus ihrer dürftigen Sterbekammer im Sarge nach

---

1 1845. Karl May wurde hinsichtlich der zeitlichen Folge der Ereignisse
von seiner Erinnerung getäuscht: der Verkauf des Hauses in der Niedergasse
wurde nicht erst durch die Behandlung seiner Blindheit notwendig, sondern
erfolgte bereits, bevor die Mutter (am 15. 8. 1845) nach Dresden ging.
2 Durch ein schweres Gichtleiden.

dem Kirchhof hinüber. Sie hatte einen Geliebten, der es brav und ehrlich mit ihr meinte; aber sie verzichtete. Sie wollte nur ganz allein dem Vater gehören, und der brave Bursche gab ihr Recht. Er sagte nichts, aber er wartete und blieb ihr treu.

Droben auf dem Oberboden stand eine alte Kiste mit noch älteren Büchern. Das waren in Leder gebundene Erbstücke verschiedenen Inhalts, sowohl geistlich als auch weltlich. Es ging die Sage, daß es in der Familie, als sie noch wohlhabend war, Geistliche, Gelehrte und weitgereiste Herren gegeben habe, an welche diese Bücher noch heute erinnerten. Vater und Tochter konnten lesen; sie hatten es beide von selbst gelernt. Des Abends, nach des Tages Last und Arbeit, wurde das Reifröckchen (kleines Öllämpchen) angebrannt, und eines von beiden las vor. In den Pausen wurde das Gelesene besprochen. Man hatte die Bücher nahezu schon zwanzigmal durch, fing aber immer / wieder von vorn an, weil sich dann immer neue Gedanken fanden, die besser, schöner und auch richtiger zu sein schienen als die früheren. Am meisten gelesen wurde ein ziemlich großer und schon sehr abgegriffener Band, dessen Titel lautete:

Der Hakawati

d. i.

der Märchenerzähler in Asia, Africa, Turkia, Arabia, Persia und India sampt eyn Anhang mit Deytung, explanatio und interpretatio auch viele Vergleychung und Figürlich seyn

von

Christianus Kretzschmann
der aus Germania war.

Gedruckt von Wilhelmus Candidus
A. D: M. D. C. V.

Dieses Buch enthielt eine Menge bedeutungsvoller orientalischer Märchen, die sich bisher in keiner anderen Märchensammlung befanden. Großmutter kannte diese Märchen alle. Sie erzählte sie gewöhnlich wörtlich gleichlautend; aber in gewissen Fällen, in denen sie es für nötig hielt, gab sie Änderungen und Anwendungen, aus denen zu ersehen war, daß sie den Geist dessen, was sie erzählte, sehr wohl kannte und ihn genau wirken ließ. Ihr Lieblingsmärchen war das Märchen von Sitara; es wurde später auch das meinige, weil es die Geographie und Ethnologie unserer Erde und ihrer Bewohner rein ethisch behandelt. Doch dies hier nur, um anzudeuten.[1]

Der Vater starb infolge einer Reihe von Blutstürzen. Die Pflege war so anstrengend, daß auch die Tochter/dem Tode nahe kam, doch überstand sie es. Nach verflossener Trauerzeit kam May, der treue Geliebte, und führte sie heim[2]. Nun endlich, endlich wirklich glücklich! Es war eine Ehe, wie Gott sie will. Zwei Kinder wurden geboren, mein Vater und vor ihm eine Schwester, die später einen schweren Fall tat und an den Folgen verkrüppelte. Man sieht, daß es an Heimsuchungen, oder sagen wir Prüfungen, bei uns nicht fehlte. Und ebenso sieht man, daß ich nichts verschweige. Es darf nicht meine Absicht sein, das Häßliche schön zu malen. Aber kurz nach der Geburt des zweiten Kindes trat jenes unglückliche Weihnachtsereignis ein, von dem ich bereits

1 Die Karl-May-Forschung bemühte sich jahrzehntelang vergeblich, dieses Buch zu finden. Aber kein einziger Hinweis darauf läßt sich an anderer Stelle als den vorstehenden Angaben Mays nachweisen. So drängte sich der Gedanke an eine mögliche Fiktion auf; die Namen von Autor und Drucker zeigen eine auffallende Ähnlichkeit mit den Namen der Ernstthaler ,Märchengroßmutter' und der Mutter Mays: Christiane Kretschmar und Wilhelmine Weise (Candidus = der Weiße!). Auch das Wort ,anzudeuten' ist in dieser Hinsicht aufschlußreich. Es dürfte sich also bei dem geheimnisvollen Buch um eine allegorische Spiegelung handeln.
2 Auch hier täuschte sich Karl May — begreiflicherweise, denn die geschilderten Ereignisse spielten sich ja lange vor seiner Geburt ab — in der Erinnerung dessen, was ihm erzählt worden war: die tatsächliche zeitliche Folge der Ereignisse weicht von seiner Darstellung in einigen Punkten ab, wie aus der Stammtafel ersichtlich ist.

erzählte. Der brave junge Mann stürzte des Nachts mit den Broten in die tiefe Schneeschlucht und erfror. Großmutter hatte mit ihren beiden Kindern an den Christtagen nichts zu essen und erfuhr erst nach langer Zeit der Qual, daß und in welch schrecklicher Weise sie den geliebten Mann verloren hatte. Hierauf kamen Jahre der Trauer und dann die schwere Zeit der napoleonischen Kriege und der Hungersnot. Es war alles verwüstet. Es gab nirgends Arbeit. Die Teuerung wuchs; der Hunger wütete. Ein armer Handwerksbursche kam, um zu betteln. Großmutter konnte ihm nichts geben. Sie hatte für sich und ihre Kinder selbst keinen einzigen Bissen Brot. Er sah ihr stilles Weinen. Das erbarmte ihn. Er ging fort und kam nach über einer Stunde wieder. Er schüttete vor ihr aus, was er bekommen hatte, Stücke Brot, ein Dutzend Kartoffeln, eine Kohlrübe, einen kleinen, sehr ehrwürdigen Käse, eine Tüte Mehl, eine Tüte Graupen, ein Scheibchen Wurst und ein winziges Eckchen Hammeltalg. Dann ging er schnell fort, um sich ihrem Dank zu entziehen. Sie hat ihn nie wieder gesehen; Einer aber kennt ihn gewiß und wird es ihm nicht ver/gessen. Dieser Eine schickte auch noch andere, bessere Hilfe. Einem abseits wohnenden Oberförster, den man als ebenso wohlhabend wie edeldenkend kannte, war die Frau gestorben. Sie hatte ihm eine sehr reichliche Anzahl Kinder hinterlassen. Er wünschte Großmutter zur Führung seiner Wirtschaft zu haben. Sie hätte in dieser Zeit der Not nur zu gern eingewilligt, erklärte aber, sich von ihren eigenen Kindern unmöglich trennen zu können, selbst wenn sie einen Platz, sie unterzubringen, hätte. Der brave Mann besann sich nicht lange. Er erklärte ihr, es sei ihm gleich, ob sechs oder acht Kinder bei ihm äßen; sie würden alle satt. Sie solle nur kommen, doch nicht ohne sie, sondern mit ihnen. Das war Rettung in der höchsten Not.

Der Aufenthalt in dem stillen, einsamen Forsthause tat

Christian Friedrich May
Weber in Hohenstein
* 9. 10. 1747 † 19. 11. 1809
getr. 10. 1. 1779 in Hohenstein
mit Johanna
Christiane Wendebaum

Karl Friedrich Kretschmar
Weber in Ernstthal
* 13. 12. 1760 † 23. 9. 1825
getr. 27. 7. 1780 in Ernstthal
mit Maria Rosine Bäumler

Christian Friedrich May
Weber in Hohenstein
* 2. 12. 1779 † 4. 2. 1818

Johanne
Christiane Kretzschmar
* 15. 9. 1780 † 19. 9. 1865

getraut 1. 5. 1803 in Ernstthal

Christiane Wilhelmine May
* 1. 10. 1803 † 30. 12. 1861
verh. mit Karl Friedrich Heidner

KARL MAYS STAMMTAFEL

Diese Tafel wurde vom Hohenstein-Ernstthaler Stadtbibliothekar, dem Lehrer Hans Zesewitz, zusammengestellt. Deutlich zeigt sich das erschütternde Elend, das Karl Mays frühe Jugend bestimmte: Von den 14 Kindern der armen Weberfamilie starben 9 in den ersten Lebensjahren. Die Vorfahrenreihe Karl Mays zeigt in den drei über die Urgroßeltern auf dieser Tafel zurückreichenden Generation vorwiegend den Beruf des Hauswebers, daneben Bergmann, Häusler, Bauer, Müller, Bäcker, Schneider, Schmied. Herkunftsorte sind in erster Linie Hohenstein, Ernstthal, Mülsen und Wolkenstein sowie andre Gemeinden der näheren Umgebung von Ernstthal.

Christian Friedrich Weise
Weber in Hohenstein
* 1763 † 8. 5. 1805
getr. 7. 1. 1787 in Hohenstein
mit Regina Dorothea Uhle

Gottlob Günther
Weber in Harthau

Christian Friedrich Weise
Weber in Hohenstein
* 4. 1. 1788 † 20. 6. 1832

Christiane Friederike Günther
* ? 3. 1788 † 30. 11. 1851

getraut 10. 1. 1813 in Ernstthal

Heinrich August May
Weber in Ernstthal
* 18. 9. 1810 † 6. 9. 1888

Christiane Wilhelmine Weise
* 11. 4. 1817 † 15. 4. 1885

getraut 1. 5. 1836 in Hohenstein

1. Heinrich
   * 22. 7. 1836 † 9. 4. 1837
2. Auguste Wilhelmine
   * 1. 12. 1837 † 27. 5. 1880
   (Frau Hoppe)
3. Christiane Friederike
   * 2. 5. 1839 † 26. 4. 1841
4. Friedrich Wilhelm
   * 15. 11. 1840 † 11. 1. 1841
   _____
5. Karl Friedrich
   * 25. 2. 1842 † 30. 3. 1912
   _____
6. Christiane Wilhelmine
   * 28. 5. 1844 † 30. 4. 1932
   (Frau Schöne)

7. Ernestine Pauline
   * 2. 6. 1847 † 29. 4. 1872
8. Karoline Wilhelmine
   * 9. 6. 1849 † 1. 12. 1945
   (Frau Selbmann)
9. Heinrich Wilhelm
   * 7. 4. 1851 † 20. 9. 1851
10. Anna Henriette
    * 16. 8. 1852 † 4. 9. 1852
11. Karl Hermann
    * 5. 5. 1854 † 15. 8. 1854
12. Karl Heinrich
    * 3. 7. 1855 † 30. 10. 1855
13. Maria Lina
    * 21. 11. 1857 † 13. 12. 1857
14. Emma Maria
    * 4. 3. 1860 † 5. 8. 1860

der Mutter und den Kindern wohl. Sie gesundeten und erstarkten in der besseren Ernährung. Der Oberförster sah, wie Großmutter sich abmühte, ihm dankbar zu sein und seine Zufriedenheit zu erringen. Sie arbeitete fast über ihre Kraft, fühlte sich aber wohl dabei. Er beobachtete das im stillen und belohnte sie dadurch, daß er ihren Kindern in jeder Beziehung dasselbe gewährte, was die seinen bekamen. Freilich war er Aristokrat und nicht ohne Stolz. Er aß mit seiner Schwiegermutter allein. Großmutter war nur Dienstbote, doch aß sie nicht in der Gesinde- sondern mit in der Kinderstube. Als er aber nach längerer Zeit einen Einblick in ihr eigenartiges Seelenleben erhielt, nahm er sich ihrer auch in innerer Beziehung an. Er erleichterte ihr die große Arbeitslast, erlaubte ihr, ihm und seiner Schwiegermutter des Abends aus ihren Büchern vorzulesen, und gestattete ihr, dann auch in seine eigenen Bücher zu schauen. Wie gern sie das tat! Und er hatte so gute, so nützliche Bücher!/

Den Kindern wurde in vernünftiger Weise Freiheit gewährt. Sie tollten im Walde herum und holten sich kräftige Glieder und rote Wangen. Der kleine May war der jüngste und kleinste von allen, aber er tat wacker mit. Und er paßte auf; er lernte und merkte. Er wollte alles wissen. Er fragte nach jedem Gegenstand, den er noch nicht kannte. Bald wußte er die Namen aller Pflanzen, aller Raupen und Würmer, aller Käfer und Schmetterlinge, die es in seinem Bereich gab. Er trachtete, ihren Charakter, ihre Eigenschaften und Gewohnheiten kennenzulernen. Diese Wißbegierde erwarb ihm die besondere Zuneigung des Oberförsters, der sich sogar herbeiließ, den Jungen mit sich gehen zu lassen. Ich muß das erwähnen, um Späteres erklärlich zu machen. Der nachherige Rückfall aus dieser sonnenklaren, hoffnungsreichen Jugendzeit in die frühere Not und Erbärmlichkeit konnte auf den Knaben nicht glücklich wirken.

In dieser Zeit war es, daß Großmutter während des

Mittagessens plötzlich vom Stuhle fiel und tot zu Boden sank. Das ganze Haus geriet in Aufregung. Der Arzt wurde geholt. Er konstatierte Herzschlag; Großmutter sei tot und nach drei Tagen zu begraben. Aber sie lebte. Doch konnte sie kein Glied bewegen, nicht einmal die Lippen oder die nicht ganz geschlossenen Augenlider. Sie sah und hörte alles, das Weinen, das Jammern um sie. Sie verstand jedes Wort, das gesprochen wurde. Sie sah und hörte den Tischler, der erschien, um ihr den Sarg anzumessen. Als er fertig war, wurde sie hineingelegt und in eine kalte Kammer gestellt. Am Begräbnistage bahrte man sie im Hausflur auf. Die Leichenträger kamen, der Pfarrer und der Kantor mit der Kurrende. Die Familie begann, Abschied von der Scheintoten zu nehmen. Man denke sich deren Qual! / Drei Tage und drei Nächte láng hatte sie sich alle mögliche Mühe gegeben, durch irgendeine Bewegung zu zeigen, daß sie noch lebe — — vergeblich! Jetzt kam der letzte Augenblick, an dem noch Rettung möglich war. Hatte man den Sarg einmal geschlossen, so gab es keine Hoffnung mehr. Sie erzählte später, daß sie sich in ihrer fürchterlichen Todesangst ganz unmenschliche Mühe gegeben habe, doch wenigstens mit dem Finger zu wackeln, als einer na‚ dem andern kam, um ihre Hand zum letztenmal zu greifen. So tat auch das jüngste Mädchen des Obe‚ sters, das besonders sehr an Großmutter gehangen Da schrie das Kind erschrocken auf: „Sie ha‚ Hand angegriffen; sie will mich festhalten!" U‚ man sah, daß die scheinbar Verstorbene ihr‚ langsamer Bewegung abwechselnd öffnete Von einem Begräbnis konnte nun selbstvers‚ mehr die Rede sein. Es wurden andere‚ Großmutter war gerettet. Aber von da a‚ bensführung noch ernster und erhobene‚ sprach nur selten von dem, was sie in‚ lichen drei Tagen auf der Schwelle z‚

Leben gedacht und empfunden hatte. Es muß schrecklich gewesen sein. Aber auch hierdurch ist ihr Glaube an Gott nur noch fester und ihr Vertrauen zu ihm nur noch tiefer geworden. Wie sie nur scheintot gewesen war, so hielt sie von nun an auch den sogenannten wirklichen Tod nur für Schein und suchte jahrelang nach dem richtigen Gedanken, dies zu erklären und zu beweisen. Ihr und diesem ihrem Scheintode habe ich es zu verdanken, daß ich überhaupt nur an das Leben glaube, nicht aber an den Tod.

Dieses Ereignis war innerlich noch nicht ganz überwunden, als Großmutter infolge der Versetzung und/ Wiederverheiratung des Oberförsters mit ihren beiden Kindern in ihre früheren Verhältnisse zurückgestoßen wurde. Sie kehrte nach Ernstthal zurück und hatte nun wieder jeden Pfennig direkt zu verdienen, den sie brauchte. Ein braver Mann, der Vogel hieß und auch Weber war, hielt um ihre Hand an. Jedermann redete ihr zu, sie müsse ihren Kindern doch einen Vater geben; das sei sie ihnen schuldig. Sie tat es und hatte es nicht zu bereuen; war aber leider schon nach kurzer Zeit wieder Witwe. Er starb und hinterließ ihr alles, was besessen hatte, die Armut und den Ruf eines braven, ...igen Mannes. Hierauf wurde es still und stiller um ...ie tat ihr Mädchen zu einer Näherin und ihren ... zu einem Weber, der ihn von früh bis abends ...rad beschäftigte. Denn daß der Junge nun wei... ...als nur ein Weber zu werden hatte, das ver... ...ganz von selbst. Die Lust dazu war ihm frei... ...seines Aufenthalts im Forsthause vollstän... ...; er hatte sich schon ganz anderes gedacht, ...iß erklärlich, daß er später, nachdem er ...bte Handwerk hineingezwungen worden ...ee kam, sich durch den Taubenhandel ... befreien. Doch tat er sowohl als Knabe ...gling seine Pflicht. Er war fleißig und

wurde ein tüchtiger Weber, dessen Ware so viel Sauber-
keit und Akkuratesse zeigte, daß jeder Unternehmer ihn
gern für sich arbeiten ließ. In seinen Freistunden aber
strich er durch Feld und Flur, um zu botanisieren und
alle die Kenntnisse festzuhalten, die er sich bei dem
Oberförster erworben hatte. Darum machte es ihm große
Freude, daß sich unter der oben erwähnten Erbschaft
unserer Mutter auch einige alte, hochinteressante Bücher
befanden, deren Inhalt ihm bei diesen seinen Freibe-
schäftigungen / von großem Nutzen war. Ich denke da
besonders an einen großen, starken Folioband[1], der
gegen tausend Seiten zählte und folgenden Titel hatte:

Kreutterbuch

Deß hochgelehrten vnnd weitberühmten Herrn D. Petri
Andreae Matthioli, Jetzt widerumb mit vielen schönen
newen Figuren / auch nützlichen Artzeneyen / vnd andern
guten Stücken / zum dritten mal auß sonderm Fleiß
gemehret / vnnd verfertigt /

Durch

Ioachimum Camerarium,

der löblichen Reichsstatt Nürnberg Medicum, Doct.

Sampt dreyen wolgeordneten nützlichen Registern
Kreutter Lateinische vnd Teutsche Namen / vnd d
die Artzeneyen / darzu dieselbigen zugebrauchen j
tendt. Beneben gnugsamem Bericht / von den D
vnd Brennöfen.

Mit besonderm Röm. Kayf. Maiest. Priui
in keinerley Format nachzudrucken
Gedruckt zu Franckfurt am Mayn
M. D. C.

Es verstand sich ganz von selbst, da
Buch sofort hernahm und fleißig durchs

1 Er befindet sich noch heute in Karl Mays Bibl
Museum Bamberg).

hielt sogar mehr, als der Titel versprach. So waren die Namen der Pflanzen oft auch französisch, englisch, russisch, böhmisch, italienisch und sogar arabisch angegeben, was später besonders mir ganz außerordentlich vorwärts half. Auch Vater ging von Seite zu Seite dieses köstlichen Buches, von Pflanze zu Pflanze. Er lernte viel, viel / mehr zu dem, was er bereits wußte. Nicht nur die Kenntnis der Gewächse an sich, sondern auch ihrer ernährenden und technischen Eigenschaften und ihrer Heilwirkungen. Die Vorfahren hatten diese Wirkungen geprüft und den Band mit sehr vielen Randbemerkungen versehen, welche sagten, wie diese Prüfungen ausgefallen waren. Dieses Buch wurde mir später eine Quelle der reinsten, nützlichsten Freuden, und ich kann wohl sagen, daß Vater mich dabei vortrefflich unterstützte.

Ein anderes dieser Bücher war eine Sammlung biblischer Holzschnitte, wahrscheinlich aus der ersten Zeit der xylographierenden Kunst. Ich besitze es, ganz ebenso wie das Kräuterbuch, noch heut. Es enthält sehr viele und ganz vortreffliche Bilder; einige fehlen leider. Das erste ist Moses, und das letzte ist das Tier aus dem elften Kapitel der Offenbarung Johannis. Das Titelblatt ist nicht mehr vorhanden. Darum weiß ich nicht, wer der Verfasser ist und aus welchem Jahre das Werk stammt.[1] ...er Großmutters Hilfsbuch, wenn sie uns die biblischen ...eschichten erzählte. Jede dieser Erzählungen war ...in Hochgenuß, und damit komme ich auf den ...rzug, den Großmutter für uns Kinder hatte, ...ihre unvergleichliche Gabe zu erzählen.

...r erzählte eigentlich nicht, sondern sie ...hnete; sie malte; sie formte. Jeder, auch

die von Besitzerhand eingetragene Jahreszahl 1743. Als ...t sich „Nürnberg und Brätz im Voigtlant, zu finden ... Creutz u. Gottl. Ludwig". Wahrscheinlich handelt es ...athand gesondert gebundenen Illustrationen aus einer der widerstrebendste Stoff gewann Gestalt und Kolorit auf ihren Lippen. Und wenn zwanzig ihr zuhörten, so hatte jeder einzelne von den zwanzig den Eindruck, daß sie das, was sie erzählte, ganz nur für ihn allein erzähle. Und das haftete; das blieb. Mochte sie aus der Bibel oder aus ihrer reichen Märchenwelt berichten, stets ergab sich am Schluß der innige Zusammenhang zwischen / Himmel und Erde, der Sieg des Guten über das Böse und die Mahnung, daß alles auf Erden nur ein Gleichnis sei, weil der Ursprung aller Wahrheit nicht im niedrigen sondern nur im höheren Leben liege. Ich bin überzeugt, daß sie das nicht bewußt und in klarer Absicht tat; dazu war sie nicht unterrichtet genug; sondern es war angeborene Gabe, war Genius, und der erreicht bekanntlich das, was er will, am sichersten, wenn man ihn weder kennt noch beobachtet. Großmutter war eine arme, ungebildete Frau, aber trotzdem eine Dichterin von Gottes Gnaden und darum eine Märchenerzählerin, die aus der Fülle dessen, was sie erzählte, Gestalten schuf, die nicht nur im Märchen, sondern auch in Wahrheit lebten.

In meiner Erinnerung tritt zuerst nicht das Märchen von Sitara, sondern das Märchen ‚von der verloren gegangenen und vergessenen Menschenseele' auf. Sie tat mir so unendlich leid, diese Seele. Ich habe mit meinen blinden, lichtlosen Kindesaugen um sie geweint. Für mich enthielt diese Erzählung die volle Wahrheit. Aber erst nach Jahren, als ich das Leben kennengelernt und mich mit dem Innern des Menschen eingehend beschäftigt hatte, erkannte ich, daß die Kenntnis der Menschenseele in Wirklichkeit verloren und vergessen wurde und daß alle unsere Psychologie bisher nicht imstande war, uns diese Kenntnis zurückzubringen. Ich habe in meiner Kindheit stundenlang still und regungslos gesessen und in die Dunkelheit meiner kranken Augen gestarrt, um nachzudenken, wohin die Verlorene und Vergessene gekommen sei. Ich wollte und wollte sie finden. Da nahm Großmutter mich auf ihren Schoß, küßte mich auf die Stirn und sagte: „Sei still, mein Junge! Gräme dich nicht um sie! Ich habe sie gefunden. Sie ist da!" / „Wo?" fragte ich. „Hier, bei mir", antwortete sie. „Du bist diese Seele, du!" „Aber ich bin doch nicht verloren", warf ich ein. „Natürlich bist du verloren. Man hat dich herabgeworfen in das ärmste, schmutzigste Ardistan. Aber man wird dich finden; denn wenn alle, alle dich vergessen haben, Gott hat dich nicht vergessen." — Ich begriff das damals nicht; ich verstand es erst später, viel, viel später. Eigentlich war in dieser meiner frühen Knabenzeit jedes lebendige Wesen nur Seele, nichts als Seele. Ich sah nichts. Es gab für mich weder Gestalten noch Formen, noch Farben, weder Orte noch Ortsveränderungen. Ich konnte die Personen und Gegenstände wohl fühlen, hören, auch riechen; aber das genügte nicht, sie mir wahr und plastisch darzustellen. Ich konnte sie mir nur denken. Wie ein Mensch, ein Hund, ein Tisch aussieht, das wußte ich nicht; ich konnte mir nur innerlich ein Bild davon machen, und dieses Bild war seelisch. Wenn jemand sprach, hörte ich nicht seinen Körper, sondern seine Seele. Nicht sein Äußeres, sondern sein Inneres trat mir näher. Es gab für mich nur Seelen, nichts als Seelen. Und so ist es geblieben, auch als ich sehen gelernt hatte, von Jugend an bis auf den heutigen Tag.

Das ist der Unterschied zwischen mir und anderen. Das ist der Schlüssel zu meinen Büchern. Das ist die Erklärung zu allem, was man an mir lobt, und zu allem, was man an mir tadelt. Nur wer blind gewesen ist und wieder sehend wurde, und nur wer eine so tief gegründete und so mächtige Innenwelt besaß, daß sie selbst dann, als er sehend wurde, für lebenslang seine ganze Außenwelt beherrschte, nur der kann sich in alles hineindenken, was ich plante, was ich tat und was ich schrieb, und nur der besitzt die Fähigkeit, mich zu kritisieren, sonst keiner!/

Ich war die ganze Zeit des Tages nicht bei den Eltern, sondern bei Großmutter. Sie war mein alles. Sie war mein Vater, meine Mutter, meine Erzieherin, mein Licht, mein Sonnenschein, der meinen Augen fehlte. Alles, was ich in mich aufnahm, leiblich und geistig; das kam von ihr. So wurde ich ihr ganz selbstverständlich ähnlich. Was sie mir erzählte, das erzählte ich ihr wieder und fügte hinzu, was meine kindliche Phantasie teils erriet und teils erschaute. Ich erzählte es den Geschwistern und auch anderen, die zu mir kamen, weil ich nicht zu ihnen konnte. Ich erzählte in Großmutters Ton, mit ihrer Sicherheit, die keinen Zweifel duldete. Das klang altklug und überzeugte. Es verlieh mir den Nimbus eines über sein Alter hinaus sehr klugen Kindes. So kamen auch Erwachsene, um mir zuzuhören, und ich wäre vielleicht zum Orakel oder zum Wunderkind verdorben worden, wenn Großmutter nicht so sehr bescheiden, wahr und klug gewesen wäre, da, wo ich in Gefahr stand, einzuspringen. Einem blinden Kind wird wenig Arbeit gegeben. Es hat mehr Zeit, zu denken und zu grübeln, als andere Kinder. Da kann es leicht klüger erscheinen, als es ist. Leider besaß Vater nicht diese kluge Bescheidenheit der Großmutter und auch nicht die schweigsame Bedachtsamkeit der Mutter. Er sprach sehr gern und übertrieb, wie wir bereits wissen, in allem, was er tat und was er sagte. So kam es, daß ich dem Schicksal, dem ich hier entging, später doch noch verfiel, dem entsetzlichen Schicksal, totgelobt zu werden.

Als ich sehen lernte, war mein Seelenleben schon derart entwickelt und in seinen späteren Grundzügen festgelegt, daß selbst die Welt des Lichtes, die sich nun vor meinen Augen öffnete, nicht die Macht besaß, den Schwerpunkt, der in meinem Innern lag, zu sich hinauszuziehen./ Ich blieb ein Kind für alle Zeit, ein um so größeres

Kind, je größer ich wurde, und zwar ein Kind, in dem die Seele derart die Oberhand besaß und noch heute besitzt, daß keine Rücksicht auf die Außenwelt und auf das materielle Leben mich jemals bestimmen kann, etwas zu unterlassen, was ich für seelisch richtig befunden habe. Und solange ich lebe, habe ich unausgesetzt die Erfahrung gemacht, daß es dem Volk genau ebenso ergeht wie mir. Es handelt am liebsten nicht aus äußerlichen Gründen, sondern aus sich selbst heraus, aus seiner Seele heraus. Die größten und schönsten Taten der Nation wurden aus ihrem Inneren heraus geboren. Und wäre der Geist eines Dichters auch noch so stark und noch so erfinderisch, so wird er es doch niemals fertig bringen, der Geschichte eines Volkes den Stoff zu einem großen, nationalen Drama aufzuzwingen, der diesem Volke nicht seelisch gegeben war. Und gründen wir hunderte von Jugendschriftenvereinen, von Jugendschriftenkommissionen und tausende von Jugend-, Schüler- und Volksbibliotheken, wir werden das Gegenteil von dem erreichen, was wir erreichen wollen, falls wir Bücher wählen, deren Bedürfnis nur in unserem Pedantismus und in unserer Methodik liegt, nicht aber in den Seelen derer, denen wir sie aufzwingen. Ich habe diese Seelen kennengelernt, habe sie studiert seit meiner Jugendzeit. Ich bin selbst eine solche Seele gewesen, bin sie sogar noch heut. Darum weiß ich, daß man dem Volk und der Jugend keine Tugendmusterbücher in die Hand geben darf, weil es eben keinen Menschen gibt, der ein Tugendmuster ist. Der Leser will Wahrheit, will Natur. Er haßt die sittlichen Haubenstöcke, die immer genauso stehen, wie man sie stellt, weder Fleisch noch Blut besitzen und genau nur das anhaben, was ihnen von der Putzmacherin Schulmoralität angezogen wird. Die Aufgabe des Jugend/schriftstellers besteht nicht darin, Gestalten zu schaffen, die in jeder Lage so überaus köstlich einwandfrei handeln, daß man ihrer unbedingt überdrüssig wird, sondern seine größte Kunst besteht darin, daß er von seinen Figuren getrost die Fehler und Dummheiten machen läßt, vor denen er die jugendlichen Leser bewahren will. Es ist tausendmal besser, er läßt seine Romanfiguren zugrunde gehen, als daß der ergrimmte Knabe hingeht, um das Böse, das nicht geschah, obgleich es der Wahrheit nach geschehen mußte, nun seinerseits aus dem Buch in das Leben zu übertragen. Hier liegt die Achse, um die sich unsere Jugend- und Volksliteratur zu drehen hat. Musterknaben und Mustermenschen sind schlechte Vorbilder; sie stoßen ab. Man zeige Negatives, aber lebenswahr und packend, so wird man Positives erreichen.

Nachdem wir zur Miete gezogen waren, wohnten wir am Marktplatz, auf dessen Mitte die Kirche stand. Dieser Platz war der Lieblingsspielplatz der Kinder. Gegen Abend versammelten sich da die älteren Schulknaben unter dem Kirchentor zum Geschichtenerzählen. Das war eine höchst exklusive Gesellschaft. Es durfte nicht jeder hin. Kam einer, den man nicht wollte, so machte man keinen ‚Sums‘; er wurde fortgeprügelt und kehrte gewiß nicht wieder. Ich aber kam nicht, und ich bat auch nicht, sondern ich wurde geholt, obgleich ich erst fünf Jahre alt war, die anderen aber dreizehn und vierzehn Jahre. Welch eine Ehre! So etwas war noch niemals dagewesen! Das hatte ich der Großmutter und ihren Erzählungen zu verdanken! Zunächst verhielt ich mich still und machte den Zuhörer, bis ich alle Erzählungen kannte die hier im Schwange waren. Man nahm mir das nicht übel, denn ich hatte erst vor kurzem sehen gelernt, hielt die Augen noch halb verbunden und wurde / von allen geschont. Dann aber, als das vorüber war, wurde ich herangezogen. Alle Tage ein anderes Märchen, eine andere Geschichte, eine andere Erzählung. Das war viel, sehr viel verlangt; aber ich leistete es, und zwar mit Vergnügen. Großmutter arbeitete mit. Was ich in der

Dämmerstunde zu erzählen hatte, das arbeiteten wir am frühen Morgen, noch ehe wir unsere Morgensuppe aßen, durch. Dann war ich, wenn ich an das Kirchtor kam, wohl vorbereitet. Unser schönes Buch ‚Der Hakawati‘ gab Stoff für lange Zeit. Hierzu kam, daß dieser Stoff sich mit der Zeit ganz außerordentlich vermehrte, doch freilich nicht im Buche, sondern in mir. Das war die sehr einfache und sehr natürliche Folge davon, daß ich nach meinem Sehendwerden die seelische Welt, die durch den Hakawati in mir entstanden war, nun in die sichtbare Welt der Farben, Formen, Körper und Flächen zu übersetzen hatte. Dadurch entstanden unzählige Variationen und Vervielfältigungen, die ich nur dadurch, daß ich sie erzählte, in feste Gestalt und Form zu bringen vermochte.

Inzwischen hatte Vater es erreicht, daß ich in die Schule gehen konnte. Das durfte man erst vom sechsten Lebensjahr an; aber meine Mutter war als Hebamme sehr oft bei dem Herrn Pastor, der ihr diesen Wunsch als Lokalschulinspektor sehr gern erfüllte, und mit dem Herrn Elementarlehrer Schulze kam Vater wöchentlich zweimal zusammen, um Skat oder Schafkopf zu spielen, und darum hielt es nicht schwer, die Erlaubnis auch von dieser Seite zu erlangen. Ich lernte sehr schnell lesen und schreiben, denn Vater und Großmutter halfen dabei, und dann, als ich das konnte, glaubte Vater die Zeit gekommen, das, was er mit mir vorhatte, zu beginnen. Es sollte sich nämlich an mir erfüllen, was sich an ihm nicht erfüllt hatte. Er hatte im Forsthause einen Blick / in bessere und menschlichere Verhältnisse tun dürfen. Und er mußte immer daran denken, daß es unter unseren Vorfahren bedeutende Männer gegeben hatte, von denen wir, ihre Nachkommen, sagen mußten, daß wir ihrer nicht würdig seien. Er hatte das werden wollen, war aber von den Verhältnissen gewaltsam niedergehalten worden. Das kränkte und das ärgerte ihn. Für sich hatte er mit diesen Verhältnissen abgeschlossen. Er mußte bleiben, was er war, ein armer, ungebildeter Professionist. Aber er übertrug seine Wünsche und Hoffnungen und alles andere nun auf mich. Und er nahm sich vor, alles Mögliche zu tun und nicht zu versäumen, aus mir den Mann zu machen, der zu werden ihm versagt gewesen war. Das kann man gewiß nur löblich von ihm nennen. Nur kam es darauf an, welchen Weg und welche Weise er meiner Erziehung gab. Er wollte, was für mich gut und glücklich war. Das konnte er nur mit guten und glücklichen Mitteln erreichen. Leider aber muß ich, ohne der Zukunft vorzugreifen, sagen, daß meine ,Kindheit jetzt, mit dem fünften Jahr, zu Ende war. Sie starb in dem Augenblick, an dem ich die Augen zum Sehen öffnete. Was diese armen Augen von da an bis heut zu sehen bekamen, war nichts als Arbeit und Arbeit, Sorge und Sorge, Leid und Leid, bis zur heutigen Qual am Marterpfahl, an dem man mich schier ohne Ende peinigt. —/

3

Keine Jugend

(1847 — 1857)

Du liebe, schöne, goldene Jugendzeit! Wie oft habe ich dich gesehen, wie oft mich über dich gefreut! Bei andern, immer nur bei andern! Bei mir warst du nicht. Um mich gingst du herum, in einem weiten, weiten Bogen. Ich bin nicht neidisch gewesen, wahrlich nicht, denn zum Neid habe ich überhaupt keinen Platz in mir; aber weh hat es doch getan, wenn ich den Sonnenschein auf dem Leben anderer liegen sah, und ich stand so im hintersten, kalten Schattenwinkel. Und ich hatte doch auch ein Herz, und ich sehnte mich doch auch nach Licht und Wärme. Aber Liebe muß sein, selbst im allerärmsten Leben, und wenn dieser Ärmste nur will, so kann er reicher als der Reiche sein. Er braucht nur in sich selbst zu suchen. Da findet er, was ihm das Geschick verweigert, und kann es hinausgeben an alle, alle, von denen er nichts bekommt. Denn wahrlich, wahrlich, es ist besser, arm und doch der Gebende zu sein, als reich und doch der immer nur Empfangende!

Hier ist es wohl am Platze, einen Irrtum, in dem man sich über mich befindet, gleich von vornherein auf-/zuklären. Man hält mich nämlich für sehr reich, sogar für einen Millionär; das bin ich aber nicht. Ich hatte bisher nur mein ,gutes Auskommen', weiter nichts. Selbst hiermit wird es höchstwahrscheinlich zu Ende sein, denn die nimmer ruhenden Angriffe gegen mich müssen endlich doch erreichen, was man mit ihnen erreichen will. Ich mache mich mit dem Gedanken vertraut, daß ich genauso sterben werde, wie ich geboren bin, nämlich als ein armer, nichts besitzender Mensch. Das tut aber nichts. Das ist rein äußerlich. Das kann an meinem inneren Menschen und seiner Zukunft gar nichts ändern.

Die Lüge, daß ich Millionär sei, daß mein Einkommen 180 000 Mark betragen habe, stammt von einem raffinierten, sehr klug vorausberechnenden Gegner, der ein scharfer Menschenkenner ist und sich keinen Augenblick bedenkt, diese Menschenkenntnis selbst gegen die Stimme des Gewissens in Gewinn und Vorteil umzusetzen[1]. Er wußte sehr wohl, was er tat, als er seine Lüge in die Zeitungen lancierte. Er erweckte dadurch den allerniedrigsten und allerschlimmsten Feind gegen mich, den Neid. Die früheren Angriffe gegen mich sind jetzt kaum der Rede wert. Aber seit man mich im Besitz von

[1] Ferdinand Avenarius und nach ihm andere. Vgl. hierzu weiter unten (S. 338) den Abschnitt über des Dichters Einkommen und Vermögen.

Millionen wähnt, geht man geradezu gnaden- und erbarmungslos gegen mich vor. Sogar in den Artikeln sonst ganz achtbarer und humaner Kritiker spielt diese Geldgehässigkeit eine Rolle. Es berührt unendlich peinlich, Leute, die sich in jedem anderen Fall als literarische Kavaliere erweisen, auf diesem ordinären Gaul herumreiten zu sehen! Ich besitze ein schuldenfreies Haus, in dem ich wohne, und ein kleines Kapital als eisernen Bestand für meine Reisen, weiter nichts. Von dem, was ich einnehme, bleibt nichts übrig. Das reicht gerade aus für meinen bescheidenen Haushalt / und für die schweren Opfer, die ich den mir aufgezwungenen Prozessen zu bringen habe. Früher konnte ich meinem Herzen Genüge tun und gegen arme Menschen, besonders gegen arme Leser meiner Bücher, mildtätig sein. Das hat nun aufgehört. Zwar werde ich infolge jener raffinierten Millionenlüge jetzt mehr als je mit Zuschriften gepeinigt, in denen man Geld von mir verlangt, aber ich kann leider nicht mehr helfen, und fast ein jeder, den ich abweisen muß, fühlt sich enttäuscht und wird zum Feind. Ich konstatiere, daß jene Gewissenlosigkeit, mich als einen steinreichen Mann zu schildern, mir mehr, viel mehr geschadet hat als alle gegnerischen Kritiken und sonstigen Feindseligkeiten zusammengenommen.

Nach dieser Abschweifung, die ich für nötig hielt, nun wieder zurück zur ‚Jugend‘ dieses angeblichen ‚Millionärs‘, der nach ganz anderen Schätzen strebt als alle, die ihn auszubeuten trachten.

Es waren damals schlimme Zeiten, zumal für die armen Bewohner jener Gegend, in der meine Heimat liegt. Dem gegenwärtigen Wohlstand ist es fast unmöglich, sich vorzustellen, wie armselig man sich am Ausgang der vierziger Jahre dort durch das Leben hungerte. Arbeitslosigkeit, Mißwachs, Teuerung und Revolution, diese vier Worte erklären alles. Es mangelte uns an fast allem, was zu des Leibes Nahrung und Notdurft gehört.

Wir baten uns von unserem Nachbarn, dem Gastwirt ,Zur Stadt Glauchau', des Mittags die Kartoffelschalen aus, um die wenigen Brocken, die vielleicht noch daran hingen, zu einer Hungersuppe zu verwenden. Wir gingen nach der ,Roten Mühle' und ließen uns einige Handvoll Beutelstaub und Spelzenabfall schenken, um irgend etwas Nahrungsmittelähnliches daraus zu machen. Wir pflückten von den Schutthaufen Melde, von den / Rainen Otterzungen und von den Zäunen wilden Lattich, um das zu kochen und mit ihm den Magen zu füllen. Die Blätter der Melde fühlen sich fettig an. Das ergab beim Kochen zwei oder drei kleine Fettäuglein, die auf dem Wasser schwammen. Wie nahrhaft und wie delikat uns das erschien! Glücklicherweise gab es unter den vielen Webern des Ortes, die arbeitslos waren, auch einige wenige Strumpfwirker, deren Geschäft nicht ganz zum Stillstehen kam. Sie webten Handschuhe, so außerordentlich billige, weiße Handschuhe, die man den Leichen anzieht, ehe sie begraben werden. Es gelang Mutter, solche Leichenhandschuhe zum Nähen zu bekommen. Da saßen wir nun alle, der Vater ausgenommen, von früh bis abends spät und stichelten drauf los. Mutter nähte die Daumen, denn das war schwer, Großmutter die Längen mit dem kleinen Finger und ich mit den Schwestern die Mittelfinger. Wenn wir sehr fleißig waren, hatten wir alle zusammen am Schluß der Woche elf oder sogar auch ·zwölf Neugroschen verdient. Welch ein Kapital! Dafür gab es für fünf Pfennige Runkelrübensirup, auf fünf Dreierbrötchen gestrichen; die wurden sehr gewissenhaft zerkleinert und verteilt. Das war zugleich Belohnung für die verflossene und Anregung für die kommende Woche.

Während wir in dieser Weise fleißig daheim arbeiteten, hatte Vater ebenso fleißig auswärts zu tun; leider aber war seine Arbeit mehr ehrend als nährend. Es galt nämlich, den König Friedrich August und die ganze sächsische Regierung vor dem Untergang zu retten. Vorher hatte man gerade das Entgegengesetzte gedacht: Der König sollte abgesetzt und die Regierung aus dem Lande gejagt werden. Das wollte man fast in ganz Sachsen; aber in Hohenstein und Ernstthal kam man sehr bald hier/von ab, und zwar aus den vortrefflichsten Gründen; es war nämlich zu gefährlich! Die lautesten Schreier hatten sich zusammengetan und einen Bäckerladen gestürmt. Da kam die heilige Hermandad und sperrte sie alle ein. Sie fühlten sich zwar einige Tage lang als politische Opfer und Märtyrer groß und mächtig, aber ihre Frauen wollten von solchem Heldentum nichts wissen; sie sträubten sich mit aller Gewalt dagegen. Sie kamen zusammen; sie gingen auseinander; sie liefen auf und ab; sie gewannen die anderen Frauen; sie politisierten; sie diplomatisierten; sie drohten; sie baten. Ruhige, vernünftige Männer gesellten sich ihnen zu. Der alte, ehrwürdige Pastor Schmidt hielt Friedensreden. Der Herr Stadtrichter Layritz auch. Der Polizist Eberhardt ging von Haus zu Haus und warnte vor den schrecklichen Folgen der Empörung; der Wachtmeister Grabner sekundierte ihm dabei. Am großen Kirchentor erzählten sich die Jungens in der Abenddämmerung nur noch vom Erschossenwerden, vom Aufgehängtwerden und ganz besonders vom Schafott, welches derart beschrieben wurde, daß jedermann, der es hörte, sich mit der Hand nach Hals und Nacken griff.

So kam es, daß die Stimmung sich ganz gründlich änderte. Von der Absetzung des Königs war keine Rede mehr. Im Gegenteil, er hatte zu bleiben, denn einen besseren als ihn konnte es nirgends geben. Von jetzt an galt es nicht mehr, ihn zu vertreiben, sondern ihn zu beschützen. Man hielt Versammlungen ab, um zu beraten, in welcher Weise dies am besten geschehe, und da allüberall von Kampf und Krieg und Sieg gesprochen wurde, so verstand es sich ganz von selbst, daß auch wir Jungens uns nicht nur in kriegerische Stimmungen, sondern auch in kriegerische Gewänder und in kriegerische Heldentaten hineinarbeiteten. Ich freilich nur von ferne, denn ich war zu klein dazu / und hatte keine Zeit; ich mußte Handschuhe nähen. Aber die anderen Buben und Mädels standen überall an den Ecken und Winkeln herum, erzählten einander, was sie daheim bei den Eltern gehört hatten, und hielten höchst wichtige Beratungen über die beste Art und Weise, die Monarchie zu erhalten und die Republik zu hintertreiben. Besonders über eine alte, böse Frau war man empört. Die war an allem schuld. Sie hieß die Anarchie und wohnte im tiefsten Wald. Aber des Nachts kam sie in die Städte, um die Häuser niederzureißen und die Scheunen anzubrennen; so eine Bestie! Glücklicherweise waren unsere Väter lauter Helden, von denen keiner sich vor irgend jemandem fürchtete, auch nicht vor dieser ruppigen Anarchie. Man beschloß die allgemeine Bewaffnung für König und Vaterland. In Ernstthal gab es schon seit alten Zeiten eine Schützen- und eine Gardekompanie. Die erstere schoß nach einem hölzernen Vogel, die letztere nach einer hölzernen Scheibe. Zu diesen beiden Kompanien sollten noch zwei oder drei andere gegründet werden, besonders auch eine polnische Sensenkompanie zum Totstechen aus der Ferne. Da stellte es sich denn heraus, daß es in unserem Städtchen eine ganz ungewöhnliche Menge von Leuten gab, die kriegerisch veranlagt waren, strategisch sowohl als auch taktisch. Man wollte keinen von ihnen missen. Man zählte sie. Es waren dreiunddreißig. Das stimmte sehr gut und rechnete sich glatt aus, nämlich: Man brauchte pro Kompanie je einen Hauptmann, einen Oberleutnant und einen Leutnant; wenn man zu den Schützen und der Garde noch neun neue Kompanien formte, so ergab das in Summa elf, und alle dreiunddreißig Offiziere waren unter Dach und Fach. Dieser Vorschlag wurde ausgeführt, wobei die Kopfzahl der einzelnen Kompanien ganz selbstver/ständlich nur klein bemessen sein konnte; aber der Tambourmajor, Herr Strumpfwirkermeister Löser, der beim Militär gestanden und darum alle dreiunddreißig Offiziere einzuexerzieren hatte, behauptete, dies sei nur vorteilhaft, denn je kleiner eine Kompanie sei, desto weniger Leute könnten im Kriege von ihr weggeschossen werden, und so blieb es bei dem, was beschlossen worden war.

Mein Vater war Hauptmann der siebenten Kompanie. Er bekam einen Säbel und eine Signalpfeife. Aber er war mit dieser Charge nicht zufrieden; er trachtete nach Höherem. Darum beschloß er, sobald er ausexerziert war, sich ganz heimlich, ohne daß irgend jemand etwas davon merkte, im ‚höheren Kommando‘ einzuüben. Und da er mich ausersah, ihm dabei behilflich zu sein, wurde ich einstweilen vom Handschuhenähen dispensiert und wanderte mit ihm tagtäglich hinaus in den Wald, wo auf einer rings von Büschen und Bäumen umgebenen Wiese unsere geheimen Evolutionen vorgenommen wurden. Vater war bald Leutnant, bald Hauptmann, bald Oberst, bald General; ich aber war die sächsische Armee. Ich wurde erst als ‚Zug‘, dann als ganze Kompanie einexerziert. Hierauf wurde ich Bataillon, Regiment, Brigade und Division. Ich mußte bald reiten, bald laufen, bald vor und bald zurück, bald nach rechts und bald nach links, bald angreifen und bald retirieren. Ich war zwar nicht auf den Kopf gefallen und hatte Lust und Liebe zur Sache. Aber ich war noch so jung und klein, und so kann man sich bei dem jähen Temperament meines Generals wohl denken, daß es mir nicht möglich war, mich in so kurzer Zeit von der einfachen, kleinen Korporalschaft bis zur vollzähligen, gewaltigen Armee zu entwickeln, ohne die Strenge der militärischen Disziplin an mir erfahren zu haben. Aber ich weinte bei keiner Strafe; ich war zu / stolz dazu. Eine sächsische Armee, welche weint, die gibt es nicht! Auch ließ der Lohn nicht auf sich warten. Als Vater Vizekommandant geworden war, sagte er zu mir: „Junge, dazu hast du viel geholfen. Ich baue dir eine Trommel. Du sollst Tambour werden!" Wie mich das freute! Und es gab Augenblicke, in denen ich wirklich der Überzeugung war, all diese Püffe, Stöße, Hiebe und Katzenköpfe nur zum Wohl und zur Rettung des Königs von Sachsen und seines Ministeriums empfangen zu haben! Wenn er das wüßte!

Die Trommel bekam ich, denn Vater hielt stets Wort. Der Klempnermeister Leistner am Markt in Hohenstein war ihm behilflich, sie zu bauen. Es war eine sehr gut gelungene Solotrommel; sie existiert noch heute. Ich bin später, als ich etwas größer war, doch auch noch als Knabe, Tambour bei der siebenten Kompanie gewesen und werde diese Trommel noch einmal zu erwähnen haben. Die elf Kompanien taten ihre Schuldigkeit. Sie exerzierten fast täglich, wozu mehr als genug Zeit vorhanden war, weil es keine Arbeit gab. Wie wir trotzdem existieren konnten und wovon wir eigentlich gelebt haben, das kann ich heute nicht mehr sagen; es kommt mir wie ein Wunder vor. Es gab auch an anderen Orten ‚Königsretter‘ Die standen miteinander in Verbindung und hatten beschlossen, sobald der Befehl dazu gegeben werde, nach Dresden aufzubrechen und für den König alles zu wagen, unter Umständen sogar das Leben. Und eines schönen Tages kam er, dieser Befehl[1]. Die Signalhörner erklangen; die Trommeln wirbelten. Aus allen Türen strömten die Helden, um sich auf dem Marktplatz zu versammeln. Der Fleischermeister Haase war Regimentsadjutant. Er hatte sich ein Pferd geborgt und saß da mitten drauf. Es war keine leichte Sache für ihn, zwischen dem Kommandanten, dem Vize/kommandanten und den Hauptleuten zu vermitteln, denn der Gaul wollte immer anders als der Reiter. Die Frau Stadt-

1 Am 3. 5. 1849 brach der Aufstand in Dresden aus; am 6. 5. marschierte der Freischarenzug von Ernstthal ab.

richter Layritz hängte eine Tischdecke und ihre Sonntagssaloppe zu den Fenstern heraus. Das war geflaggt. Wer etwas dazu hatte, der machte es ihr nach. Dadurch gewann der Marktplatz ein festlich frohes Angesicht. Man war überhaupt nur begeistert. Keine Spur von Abschiedsschmerz! Niemand hatte das Bedürfnis, von Frau und Kindern besonders Abschied zu nehmen. Lauter Jubel, dreimal hoch, vivat, hurra an allen Orten! Der Herr Kommandant hielt eine Rede. Hierauf ein grandioser Tusch der Blasinstrumente und Trommeln. Dann die Kommandorufe der einzelnen Hauptleute: „Achtung — — Augen rechts, rrrricht't euch — — Augen grrrade aus — — G'wehr bei Fuß — G'wehr auf — — G'wehr präsentiert — G'wehr über — — Rrrrechts um — — Vorwärts marsch!" Voran der Herr Adjutant auf dem geborgten Pferd, hinter ihm die Musikanten mit dem türkischen Schellenbaum, die Tamboure, sodann der Kommandant und der Vizekommandant, hierauf die Schützen, die Garde und die neun anderen Kompanien, so marschierten die Heerscharen links, rechts, links, rechts zur damaligen Hintergasse hinaus und am Zechenteich vorüber, dem wir damals unsere Frösche anvertrauten, nach Wüstenbrand, um über Chemnitz und Freiberg nach der Hauptstadt zu gelangen. Eine Menge Angehöriger marschierte hinterdrein, um den Mutigen bis an das Weichbild des Städtchens das Geleit zu geben. Ich aber stand bei meinem ganz besonderen Liebling, dem Herrn Kantor Strauch, der unser Nachbar war, an seiner Haustür, dabei die Friederike, seine Frau, die eine Schwester des Herrn Stadtrichters Layritz war. Sie hatten keine Kinder, und ich war berufen, ihnen ihre kleinen wirtschaft/lichen Angelegenheiten zu besorgen. Ihn liebte ich glühend; sie aber war mir zuwider, denn sie belohnte alle meine Wege, die ich für sie tat, nur mit angefaulten Äpfeln oder mit teigigen Birnen und erlaubte ihrem Mann nicht mehr als monatlich nur zwei

Zigarren zu rauchen, das Stück zu zwei Pfennigen. Die mußte ich ihm vom Krämer holen, weil er sich schämte, so billige selbst zu kaufen, und er rauchte sie im Hof, weil die Friederike den Tabaksgeruch nicht vertragen konnte. Auch er war heut vom Anblick unserer Truppen aufrichtig begeistert. Während er ihnen nachblickte, sagte er:

„Es ist doch etwas Großes, etwas Edles um solche Begeisterung für Gott, für König und Vaterland!"

„Aber was bringt sie ein?" fragte die Frau Kantorin.

„Das Glück bringt sie ein, das wirkliche, das wahre Glück!"

Bei diesen Worten trat er in das Haus; er liebte es nicht zu streiten. Ich ging nach unserem Hof. Da stand ein Franzäpfelbaum. Unter den setzte ich mich nieder und dachte über das nach, was der Herr Kantor gesagt hatte. Also Gott, König und Vaterland, in diesen Worten liegt das wahre Glück; das wollte und mußte ich mir merken! Später hat dann das Leben an diesen drei Worten herumgemodelt und herumgemeißelt; aber mögen sich die Formen verändert haben, das innere Wesen ist geblieben.

Von allen, die heute ausgezogen waren, um große Heldentaten zu verrichten, kam zuerst der geliehene Gaul zurück. Der Herr Adjutant hatte ihn einem Boten übergeben, der ihn heimbrachte, weil Laufen besser sei als Reiten und weil der Reiter nicht genug Geld übrig habe, das Pferd zu ersetzen, falls es im Kampf verwundet oder / gar erschossen werden sollte. Gegen Abend folgte der Webermeister Kretzschmar. Er behauptete, daß er mit seinen Plattfüßen nicht weitergekonnt habe; dies sei ein Naturfehler, den er nicht ändern könne. Als es dunkel geworden war, stellten sich noch einige andere ein, die aus triftigen Gründen entlassen worden waren und die Nachricht brachten, daß unser Armeekorps hinter Chemnitz bei Öderan biwakiere und Spione nach

Freiberg geschickt habe, das dortige Schlachtfeld auszukundschaften. Gegen Morgen kam die überraschende, aber ganz und gar nicht traurige Kunde, daß man aus Freiberg die Weisung erhalten habe, sofort wieder umzukehren, man werde gar nicht gebraucht, denn die Preußen seien in Dresden eingerückt[1], und so stehe für den König und die Regierung nicht das geringste mehr zu befürchten. Man kann sich wohl denken, daß es heute nun keine Schule und keinerlei Arbeit gab. Auch ich empörte mich gegen das Handschuhnähen. Ich riß einfach aus und gesellte mich den wackeren Buben und Mädels zu, die elf Kompanien bilden und ihren heimkehrenden Vätern entgegenziehen sollten. Dieser Plan wurde ausgeführt. Wir kampierten bei den Wüstenbrander Teichen und zogen dann, als die Erwarteten kamen, mit ihnen unter klingendem Spiel und Trommelschlag den Schießhausberg hinab, wo unsere verwaisten Frauen und Mütter standen, um uns alle, groß und klein, teils gerührt, teils lachend in Empfang zu nehmen.

Warum ich das alles so ausführlich erzähle? Des tiefen Eindrucks wegen, den es auf mich machte. Ich habe die Quellen nachzuweisen, aus denen die Ursachen meines Schicksals zusammengeflossen sind. Daß ich trotz allem, was später geschah, niemals auch nur einen einzigen Augenblick im Gottesglauben wankte und selbst dann, wenn das Schicksal mich gegen die harten Tafeln der Gesetze schleuderte, nichts von der Achtung vor diesen Gesetzen verlor, das wurzelt teils in mir selbst, teils aber auch in diesen kleinen Ereignissen der frühen Jugend, die alle mehr oder weniger bestimmend auf mich wirkten. Nie habe ich die Worte meines alten, guten Kantors vergessen, die mir nicht nur zu Fleisch und Blut, sondern zu Geist und Seele geworden sind.

Nach diesen Aufregungen kehrte das Leben in seine ruhigen, früheren Bahnen zurück. Ich nähte wieder Hand-

[1] Am 9. 5. 1849.

schuhe und ging in die Schule. Aber diese Schule genügte dem Vater nicht. Ich sollte mehr lernen als das, was der damalige Elementarunterricht bot. Meine Stimme entwickelte sich zu einem guten, volltönenden, umfangreichen Sopran. Infolgedessen nahm der Herr Kantor mich in die Kurrende auf. Ich wurde schnell treffsicher und der Öffentlichkeit gegenüber mutig. So kam es, daß mir schon nach kurzer Zeit die Kirchensoli übertragen wurden. Die Gemeinde war arm; sie hatte für teure Kirchenstücke keine Mittel übrig. Der Herr Kantor mußte sie abschreiben, und ich schrieb mit. Wo das nicht angängig war, da komponierte er selbst. Und er war Komponist! Und zwar was für einer! Aber er stammte aus dem kleinen, unbedeutenden Dörfchen Mittelbach[1] von blutarmen, ungebildeten Eltern, hatte sich durch das Musikstudium förmlich hindurchgehungert und, bis er Lehrer und Kantor wurde, nur in blauen Leinenrock und blaue Leinenhosen kleiden können und sah einen Taler für ein Vermögen an, von dem man wochenlang leben konnte. Diese Armut hatte ihn um die Selbstbewertung gebracht. Er verstand es nicht, sich geltend zu machen. Er war mit allem zufrieden. Ein ganz vorzüglicher Orgel-, Klavier- und Violinspieler, kannte er auch die kompositorische Behandlung jedes anderen Musikinstruments und hätte / es schnell zu Ruhm und Verdienst bringen können, wenn ihm mehr Selbstvertrauen und Mut zu eigen gewesen wären. Jedermann wußte: Wo in Sachsen und den angrenzenden Gegenden eine neue Orgel eingeweiht wurde, da erschien ganz sicher der Kantor Strauch aus Ernstthal, um sie kennenzulernen und einmal spielen zu können. Das war die einzige Freude, die er sich gönnte. Denn mehr werden zu wollen als nur Kantor von Ernstthal, dazu fehlte ihm außer der Beherztheit besonders auch die Erlaubnis der sehr ge-

1 Samuel Friedrich Strauch, geboren am 8. 9. 1788 in Mittelbach bei Chemnitz, bestellt zum Mädchenlehrer und Kantor zu Ernstthal am 25. 8. 1819, als Lehrer emeritiert im Jahre 1850, gestorben am 10. 2. 1860 zu Ernstthal.

strengen Frau Friederike, die ein wohlhabendes Mädchen gewesen war und darum in der Ehe als zweiunddreißigfüßiges ‚Prinzipal‘ ertönte, während dem Herrn Kantor nur die Stimme einer sanften ‚Vox humana‘ zugebilligt wurde. Sie besaß mit ihrem Bruder gemeinsam einige Obstgärten, deren Erträgnisse mit der äußersten Genauigkeit verwertet wurden, und daß ich von ihr nur angefaulte oder teigige Äpfel und Birnen bekam, das habe ich bereits erwähnt. Sie wußte das aber mit einer Miene zu geben, als ob sie ein Königreich verschenke. Für den unendlich hohen Wert ihres Mannes, sowohl als Mensch wie auch als Künstler, hatte sie nicht das geringste Verständnis. Sie war an ihre Gärten und er infolgedessen an Ernstthal gekettet. Um sein geistiges Dasein und seine seelischen Bedürfnisse kümmerte sie sich nicht. Sie öffnete keins seiner Bücher, und seine vielen Kompositionen verschwanden, sobald sie vollendet waren, tief in den staubigen Kisten, die unter dem Dach standen. Als er gestorben war, hat sie das alles als Makulatur an die Papiermühle verkauft, ohne daß ich dies verhindern konnte, denn ich war nicht daheim. Welch ein tiefes, von anderen kaum zu fassendes Elend es ist, für das ganze Leben an ein weibliches Wesen gebunden zu sein, welches nur in niederen Lüften atmet und selbst den / begabtesten, ja genialsten Mann nicht in bessere Höhen kommen läßt, das ist nicht auszusagen. Mein alter Kantor konnte dieses Elend nur darum ertragen, weil er eine ungemeine Fügsamkeit besaß und hierzu eine Gutmütigkeit, die niemals vergessen konnte, daß er ein armer Teufel, die Friederike aber ein reiches Mädchen und außerdem die Schwester des Herrn Stadtrichters gewesen war.

Später gab er mir Orgel-, Klavier- und Violinunterricht. Ich habe bereits gesagt, daß Vater den Bogen zur Violine selbst fertigte. Dieser Unterricht war ganz selbstverständlich gratis, denn die Eltern waren zu arm, ihn zu bezahlen. Damit war die gestrenge Frau Friederike gar nicht einverstanden. Der Orgelunterricht wurde in der Kirche und der Violinunterricht in der Schulstube gegeben; da konnte die Frau Kantorin keine Handhabe finden. Aber das Klavier stand in der Wohnstube, und wenn ich da klopfte, um anzufragen, so kam der Herr Kantor neunmal unter zehnmal mit dem Bescheid heraus: „Es gibt heut keinen Unterricht, lieber Karl. Meine Frau hält es nicht aus; sie hat Migräne." Manchmal hieß es auch „sie hat Vapeurs". Was das war, wußte ich nicht, doch hielt ich es für eine Steigerung dessen, was ich auch nicht wußte, nämlich der Migräne. Aber daß sich das immer nur dann einstellte, wenn ich klavierspielen kam, das wollte mir nicht gefallen. Der gute Herr Kantor glich das dadurch aus, daß er mich nach und nach, gerade wie die Gelegenheit es brachte, auch in der Harmonielehre unterwies, was die Friederike gar nicht zu erfahren brauchte, doch war das in der späteren Knabenzeit, und so weit bin ich jetzt noch nicht.

Wie mein Vater sich in allem ungeduldig zeigte, so auch in dem, was er meine ‚Erziehung' nannte. / Wohlgemerkt: mich ‚erzog' er; um die Schwestern kümmerte er sich weniger. Er hatte alle seine Hoffnungen darauf gesetzt, daß ich im Leben das erreichen werde, was von ihm nicht zu erreichen war, nämlich nicht nur eine glücklichere, sondern auch eine geistig höhere Lebensstellung. Denn das muß ich ihm nachrühmen, daß ihm zwar der Wunsch auf ein sogenanntes gutes Auskommen am nächsten stand, daß er aber den höheren Wert auf die kräftige Entwicklung der geistigen Persönlichkeit setzte. Er fühlte das im Innern mehr und deutlicher, als er es in Worten auszudrücken vermochte. Ich sollte ein gebildeter, womöglich ein hochgebildeter Mann werden, der für das allgemeine Menschheitswohl etwas zu leisten vermochte; dies war sein Herzenswunsch, wenn er ihn auch nicht gerade in diesen, sondern in anderen Worten äußerte.

Man sieht, er verlangte nicht wenig, aber das war nicht Vermessenheit von ihm, sondern er glaubte fest an das, was er wünschte, und war vollständig überzeugt, es erreichen zu können. Leider aber war er sich über die Wege, auf denen, und über die Mittel, durch welche dieses Ziel zu erreichen war, nicht klar, und er unterschätzte die gewaltigen Hindernisse, die seinem Plan entgegenstanden. Er war zu jedem, selbst zum größten Opfer bereit, aber er bedachte nicht, daß selbst das allergrößte Opfer eines armen Teufels dem Widerstand der Verhältnisse gegenüber kein Gramm, kein Quentchen wiegt. Und vor allen Dingen, er hatte keine Ahnung davon, daß ein ganz anderer Mann als er dazu gehörte, mit leitender Hand derartigen Zielen zuzusteuern. Er war der Ansicht, daß ich vor allen Dingen so viel wie möglich so schnell wie möglich zu lernen hätte, und hiernach wurde mit größter Energie gehandelt.

Ich war mit fünf Jahren in die Schule gekommen, aus der man mit vierzehn Jahren entlassen wurde. Das / Lernen fiel mir leicht. Ich holte schnell meine zwei Jahre ältere Schwester ein. Dann wurden die Schulbücher älterer Knaben gekauft. Ich mußte daheim die Aufgaben lösen, die ihnen in der Schule gestellt waren. So wurde ich sehr bald klassenfremd, für so ein kleines, weiches Menschenkind ein großes, psychologisches Übel, von dem Vater freilich so viel wie nichts verstand. Ich glaube, daß sogar nicht einmal die Lehrer ahnten, was für ein großer Fehler da begangen wurde. Sie gingen von der anspruchslosen Erwägung aus, daß ein Knabe, den man in seiner Klasse nichts mehr lehren kann, ganz einfach und trotz seiner Jugend in die nächsthöhere Klasse zu versetzen ist. Diese Herren waren alle mehr oder weniger mit meinem Vater befreundet, und so drückte sogar der Herr Lokalschulinspektor ein Auge darüber zu, daß ich als acht- oder neunjähriger Knabe schon bei den elf- und zwölfjährigen saß. In Beziehung auf meine geisti-

gen Fortschritte, zu denen in einer Elementarschule freilich nicht viel gehörte, war dies allerdings wohl richtig;
seelisch aber bedeutete es einen großen, schmerzlichen
Diebstahl, den man an mir beging. Ich bemerke hier,
daß ich sehr scharf zwischen Geist und Seele, zwischen
geistig und seelisch unterscheide. Was mir in den Klas-
sen, in die ich meinem Alter nach noch nicht gehörte,
für meinen kleinen Geist gegeben wurde, das wurde auf
der anderen Seite meiner Seele genommen. Ich saß nicht
unter Altersgenossen. Ich wurde als Eindringling betrachtet und schwebte mit meinen kleinen, warmen,
kindlichen Bedürfnissen in der Luft. Mit einem Wort,
ich war gleich von Anfang an klassenfremd gewesen und
wurde von Jahr zu Jahr klassenfremder. Die Kameraden,
welche hinter mir lagen, hatte ich verloren, ohne die, bei
denen ich mich befand, zu gewinnen. Ich bitte, ja nicht
über / dieses nur scheinbar winzige, höchst unwichtige
Knabenschicksal zu lächeln. Der Erzieher, der sich im
Reich der Menschen- und der Kindesseele auskennt, wird
keinen Augenblick zögern, es ernst, sehr ernst zu nehmen. Jeder erwachsene Mensch und noch viel mehr jedes
Kind will festen Boden unter den Füßen haben, den es
ja nicht verlieren darf. Mir aber war dieser Boden entzogen. Das, was man als ‚Jugend‘ bezeichnet, habe ich
nie gehabt. Ein echter, wirklicher Schulkamerad und
Jugendfreund ist mir nie beschieden gewesen. Die aller-
einfachste Folge davon ist, daß ich selbst noch heute, im
hohen Alter, in meiner Heimat fremd bin, ja fremder
noch als fremd. Man kennt mich dort nicht; man hat
mich dort nie verstanden, und so ist es gekommen, daß
um meine Person sich dort ein Gewebe von Sagen gesponnen hat, die ich ganz unmöglich zu unterschreiben
vermag.

Das, was ich nach Vaters Ansicht zu lernen hatte,
beschränkte sich keineswegs auf den Schulunterricht und
auf die Schularbeiten. Er holte allen möglichen soge-

nannten Lehrstoff zusammen, ohne zu einer Auswahl befähigt zu sein oder eine geordnete Reihenfolge bestimmen zu können. Er brachte alles, was er fand, herbei. Ich mußte es lesen oder gar abschreiben, weil er meinte, daß ich es dadurch besser behalten könnte. Was hatte ich da alles durchzumachen! Alte Gebetbücher, Rechenbücher, Naturgeschichten, gelehrte Abhandlungen, von denen ich kein Wort verstand. Eine Geographie Deutschlands aus dem Jahre 1802, über 500 Seiten stark, mußte ich ganz abschreiben, um mir die Ziffern leichter einzuprägen. Die stimmten natürlich längst nicht mehr! Ich saß ganze Tage und halbe Nächte lang, um mir dieses wüste, unnötige Zeug in den Kopf zu packen. Es war eine Überfütterung sondergleichen. Ich wäre / hieran wahrscheinlich zugrunde gegangen, wenn sich mein Körper nicht trotz der äußerst schmalen Kost so überaus kräftig entwickelt hätte, daß er selbst solche Anstrengungen ganz leidlich ertragen konnte.

Und es gab auch Zeiten und Stunden der Erholung. Vater pflegte nämlich keinen Spaziergang und keinen Weg über Land zu machen, ohne mich mitzunehmen. Er pflegte hieran nur eine Bedingung zu knüpfen, nämlich die, daß kein Augenblick der Schulzeit dabei versäumt wurde. Die Spaziergänge durch Wald und Hain waren wegen seiner reichen Pflanzenkenntnisse immer hochinteressant. Aber es wurde auch eingekehrt. Es gab bestimmte Tage und bestimmte Restaurationen. Da kamen der Herr Lehrer Schulze, der Herr Rektor, der reiche Wetzel, der Herr Kämmerer Thiele, der Kaufmann Vogel, der Schützenhauptmann Lippold und andere, um Kegel zu schieben oder einen Skat zu spielen. Vater war stets dabei und ich mit, denn ich mußte. Er meinte, ich gehöre zu ihm. Er sah mich nicht gern mit anderen Knaben zusammen, weil ich da ohne Aufsicht sei. Daß ich bei ihm, in der Gesellschaft erwachsener Männer, gewiß auch nicht besser aufgehoben war, dafür hatte er kein Verständnis. Ich konnte da Dinge hören und Beobachtungen machen, welche der Jugend am besten vorenthalten bleiben. Übrigens war Vater selbst in der angeregtesten Gesellschaft außerordentlich mäßig. Ich habe ihn niemals betrunken gesehen. Wenn er einkehrte, so war sein regelmäßiges Quantum ein Glas einfaches Bier für sieben Pfennig und ein Glas Kümmel oder Doppelwacholder für sechs Pfennig; davon durfte auch ich mittrinken. Bei besonderen Veranlassungen teilte er ein Stückchen Kuchen für sechs Pfennig mit mir. Niemand hat ihn jemals gewarnt, mich in solche Gesellschaften von Erwachsenen / mitzubringen, selbst der Rektor und der Pastor nicht, der sich auch zuweilen einstellte. Diese Herren wenigstens mußten doch wissen, daß ich da selbst auf erlaubten und vollständig reinen Unterhaltungsgebieten als stiller, aber sehr aufmerksamer Zuhörer in Dinge und Verhältnisse eingeweiht wurde, die mir noch jahrzehntelang fernzuliegen hatten. Ich wurde nicht frühreif, denn dieses Wort pflegt man nur auf Geschlechtliches zu beziehen, und davon bekam ich nichts zu hören, sondern etwas noch viel Schlimmeres: Ich wurde aus meiner Kindheit herausgehoben und auf den harten, schmutzigen Weg gezerrt, auf dem meine Füße das Gefühl haben mußten, als ob sie auf Glassplittern gingen. Wie wohl ich mich dann fühlte, wenn ich zu Großmutter kam und bei ihr mich in mein liebes, liebes Märchenreich flüchten konnte! Freilich war ich viel zu jung, um einzusehen, daß dieses Reich sich aus der wahrsten, festesten Wirklichkeit erhob. Für mich hatte es keine Füße; es schwebte; es konnte mir erst später, wenn ich mich zum Verständnis emporgearbeitet hatte, die Stütze bieten, die mir so nötig war.

Da kam ein Tag, an dem sich mir eine Welt offenbarte, die mich seitdem nicht wieder losgelassen hat. Es gab Theater[1]. Zwar nur ein ganz gewöhnliches, arm-

1 1851.

seliges Puppentheater, aber doch Theater. Das war im Webermeisterhaus. Erster Platz drei Groschen, zweiter Platz zwei Groschen, dritter Platz einen Groschen, Kinder die Hälfte. Ich bekam die Erlaubnis, mit Großmutter hinzugehen. Das kostete fünfzehn Pfennig für uns beide. Es wurde gegeben: ‚Das Müllerröschen oder die Schlacht bei Jena'. Meine Augen brannten; ich glühte innerlich. Puppen, Puppen, Puppen! Aber sie lebten für mich. Sie sprachen; sie liebten und haßten; sie duldeten; sie faßten große, kühne Entschlüsse; sie opferten sich auf für / König und für Vaterland. Das war es ja, was der Herr Kantor damals gesagt und bewundert hatte! Mein Herz jubelte. Als wir nach Hause gekommen waren, mußte Großmutter mir beschreiben, wie die Puppen bewegt werden.

„An einem Holzkreuz", erklärte sie mir. „Von diesem Holzkreuz gehen die Fäden hernieder, die an den Gliedern der Puppen befestigt sind. Sie bewegen sich, sobald man oben das Kreuz bewegt."

„Aber sie sprechen doch!" sagte ich.

„Nein, sondern die Person, die das Kreuz in den Händen hält, spricht. Es ist genauso wie im wirklichen Leben."

„Wie meinst du das?"

„Das verstehst du jetzt noch nicht; du wirst es aber verstehen lernen."

Ich gab keine Ruhe, bis wir die Erlaubnis erhielten, nochmals zu gehen. Es wurde gespielt ‚Doktor Faust oder Gott, Mensch und Teufel'. Es wäre ein vergebliches Beginnen, den Eindruck, den dieses Stück auf mich machte, in Worte fassen zu wollen. Das war nicht der Goethesche Faust, sondern der Faust des uralten Volksstücks, nicht ein Drama, in dem die ganze Philosophie eines großen Dichters aufgestapelt wurde und auch noch etwas mehr, sondern das war ein direkt aus der tiefsten Tiefe der Volksseele heraus zum Himmel klingender Schrei nach Erlösung aus der Qual und Angst des

Erdenlebens. Ich hörte, ich fühlte diesen Schrei, und ich schrie ihn mit, obgleich ich nur ein armer, unwissender Knabe war, damals wohl kaum neun Jahre alt. Der Goethesche Faust hätte mir, dem Kinde, gar nichts sagen können; er sagt mir, aufrichtig gestanden, selbst heute noch nicht, was er der Menschheit wahrscheinlich hat sagen wollen und sollen; / aber diese Puppen sprachen laut, fast überlaut, und was sie sagten, das war groß, unendlich groß, weil es so einfach, so unendlich einfach war: Ein Teufel, der nur dann zu Gott zurückkehren darf, wenn er den Menschen mit sich bringt! Und die Fäden, diese Fäden, die alle nach oben gehen, mitten in den Himmel hinein! Und alles, alles, was sich da unten bewegt, das hängt am Kreuz, am Schmerz, an der Qual, am Erdenleid. Was nicht an diesem Kreuze hängt, ist überflüssig, ist bewegungslos, ist für den Himmel tot! Freilich kamen mir diese letzteren Gedanken damals noch nicht, noch lange nicht; aber Großmutter sprach sich in dieser Weise, wenn auch nicht so deutlich, aus, und was ich nicht direkt vor Augen sah, das begann ich doch zu ahnen. Ich mußte als Kurrendaner Sonn- und Feiertags zweimal in die Kirche, und ich tat dies gern. Ich kann mich nicht besinnen, jemals einen dieser Gottesdienste versäumt zu haben. Aber ich bin aufrichtig genug zu sagen, daß ich trotz aller Erbauung, die ich da fand, niemals einen so unbeschreiblich tiefen Eindruck aus der Kirche mit nach Hause genommen habe wie damals aus dem Puppentheater. Seit jenem Abend ist mir das Theater bis auf den heutigen Tag als eine Stätte erschienen, durch deren Tor nichts dringen soll, was unsauber, häßlich oder unheilig ist. Als ich den Herrn Kantor fragte, wer dieses Theaterstück ausgesonnen und niedergeschrieben habe, antwortete er, das sei kein einzelner Mensch, sondern die Seele der ganzen Menschheit gewesen, und ein großer, berühmter deutscher Dichter, Wolfgang Goethe geheißen, habe daraus ein herrliches Kunstwerk gemacht, welches nicht für Puppen, sondern für lebende Menschen geschrieben sei. Da fiel ich schnell ein: „Herr Kantor, ich will auch so ein großer Dichter werden, der nicht für Puppen, sondern nur für / lebende Menschen schreibt! Wie habe ich das anzufangen?" Da sah er mich sehr lange und unter einem fast mitleidigen Lächeln an und antwortete: „Fang es an, wie du willst, mein Junge, es werden doch meist nur Puppen sein, denen du deine Arbeit und dein Dasein opferst." Diesen Bescheid habe ich freilich erst später verstehen gelernt; aber diese beiden Abende haben ohne Zweifel sehr bestimmend auf meine kleine Seele gewirkt. Gott, Mensch und Teufel sind meine Lieblingsthemata gewesen und geblieben, und der Gedanke, daß die meisten Menschen nur Puppen seien, die sich nicht von selbst bewegen, sondern bewegt werden, steht bei allem, was ich tue, im nahen Hintergrund[1]. Ob Gott, ob der Teufel oder ob ein Mensch, ein Fürst des Geistes oder ein Fürst der Waffen, das Kreuz, von dem die Fäden herunterhängen, in den Händen hält, um das Volk der Menschen zu beeinflussen, das ist niemals sofort, sondern immer nur erst später an den Folgen zu ersehen.

Kurze Zeit darauf lernte ich auch Stücke kennen, die nicht von der Volksseele, sondern von Dichtern für das Theater geschrieben worden waren, und das ist der Punkt, an dem ich auf meine Trommel zurückzukommen habe. Es ließ sich eine Schauspielertruppe für einige Zeit in Ernstthal nieder[2]. Es handelte sich also nicht um ein Puppen-, sondern um ein wirkliches Theater. Die Preise waren mehr als mäßig: Erster Platz 50 Pfennig, zweiter Platz 25 Pfennig, dritter Platz 15 Pfennig und vierter Platz 10 Pfennig, nur zum Stehen. Aber trotz dieser Billigkeit blieb täglich über die Hälfte der Sitze

---

1 Schon vor 1870 plante Karl May einen mehrbändigen Roman ‚Mensch und Teufel'. Ein Entwurf dazu ist in Bd. 49 ‚Lichte Höhen' abgedruckt.
2 Man vergleiche dazu die Erzählung ‚Die falschen Exzellenzen' in Bd. 47 der Gesammelten Werke, ‚Professor Vitzliputzli'.

leer. Die ‚Künstler' fielen in Schulden. Dem Herrn Direktor wurde himmelangst. Schon konnte er die Saalmiete nicht mehr bezahlen; da erschien ihm ein Retter, und dieser Retter war — ich. Er hatte beim Spazierengehen / meinen Vater getroffen und ihm seine Not geklagt. Beide berieten. Das Resultat war, daß Vater schleunigst nach Hause kam und zu mir sagte: „Karl, hole deine Trommel herunter; wir müssen sie putzen!" „Wozu?" fragte ich. „Du hast die Preziosa und alle ihre Zigeuner dreimal über die ganze Bühne herumzutrommeln". „Wer ist die Preziosa?" „Eine junge, schöne Zigeunerin, die eigentlich eine Grafentochter ist. Sie wurde von den Zigeunern geraubt. Jetzt kommt sie zurück und findet ihre Eltern[1]. Du bist der Tambour und bekommst blanke Knöpfe und einen Hut mit weißer Feder. Das zieht Zuschauer herbei. Es wird bekannt gemacht. Wird das ‚Haus' voll, so gibt der Herr Direktor dir fünf Neugroschen; wird es aber nicht voll, so bekommst du nichts. Morgen vormittag 11 Uhr ist Probe."   .

Es versteht sich ganz von selbst, daß ich in Wonne schwamm. Zigeunertambour! Eine Grafentochter! Blanke Knöpfe! Weiße Feder! Dreimal um die ganze Bühne herum! Fünf Neugroschen! Ich schlief in der folgenden Nacht nur wenig und stellte mich mit meiner Trommel sehr pünktlich zur Probe ein. Sie verlief gut. Ich gefiel sämtlichen Künstlerinnen und Künstlern. Die Frau Direktorin streichelte mir die Wange. Der Herr Direktor lobte mein intelligentes Gesicht, meinen Mut und mein schnelles Begriffsvermögen. Meine Rolle sei aber auch sehr leicht. Vielleicht täte ich es für vierzig Pfennig; schon mit dreißig Pfennigen sei dieses Honorar splendid zu nennen. Aber Vater war mit dabei und ging um keinen Pfennig herunter, denn er hatte meinen künstlerischen Wert erkannt und ließ nicht mit sich handeln.

1 ‚Preziosa', Schauspiel von Pius Alexander Wolff (1782—1828), wurde 1820 durch Carl Maria von Weber vertont.

Ich hatte für die fünfzig Pfennig nur einmal aufzutreten, um dem großen Zigeunerumzug voranzumarschieren. Ich stand an einer Kulisse, die Zigeuner alle hinter mir. Mir gegenüber in der / jenseitigen Kulisse stand der Regisseur, der den alten Schloßvogt Pedro spielte. Wenn der die rechte Hand emporhob, so war dies das Zeichen für mich, meinen Marsch sofort zu beginnen und nach einem dreimaligen, strammen Umgang in derselben Kulisse wieder zu verschwinden. Das war so kinderleicht; man konnte gar nicht irren. Die blanken Knöpfe bekam ich gleich nach der Probe mit. Mutter mußte sie mir anflicken. Es waren über dreißig Stück; sie gingen fast gar nicht ganz auf meine Weste. Im Laufe des Nachmittags brachte man mir den Hut mit der weißen Feder. Der wurde als Reklame zum Fenster hinausgehängt und hat seine Wirkung getan. Ich hatte mich eine Viertelstunde vor Beginn der Vorstellung einzustellen. Da wurde ich von der Frau Direktorin strahlenden Angesichts empfangen, denn der Zuschauerraum war schon jetzt derart gefüllt, daß schnell ganz vorn noch einige ‚Logen‘ eingerichtet wurden, zum Preis von zehn Neugroschen pro Platz. Auch die waren rasch verkauft. Vater, Mutter und Großmutter hatten Freiplätze bekommen. Ich war eben an diesem Tage ein höchst wertvolles Menschenkind. Diese Erkenntnis hatte sich so allgemein verbreitet, daß die Frau Direktorin sich bewogen fühlte, mir meine fünf Neugroschen, schon ehe der Vorhang zum erstenmal aufging, in die rechte Hosentasche zu stecken. Das erhöhte meine Sicherheit und meine künstlerische Begeisterung bedeutend.

Und nun waren sie da, die großen, erhabenen Augenblicke meines ersten Bühnendebüts! Der erste Akt spielte in Madrid. Da hatte ich nichts zu tun. Ich saß in der Ankleidekammer und horchte auf das, was auf der Bühne gesprochen wurde. Da wurde ich geholt. Ich schnallte die Trommel an, setzte den Federhut auf und ging nach meiner Kulisse. Don Fernando und Donna Klara / und noch irgendwer standen auf der Bühne. In der gegenüberliegenden Kulisse lehnte der Schloßvogt Pedro, der mir das Zeichen zu geben hatte. Er sah mich mit einem so energischen Schritte kommen, daß er glaubte, ich wollte gleich und direkt hinaus auf das Podium. Darum hob er schnell die rechte Hand, um dem abzuwehren. Ich aber nahm das ganz selbstverständlich für das verabredete Zeichen, obgleich die Zigeuner noch nicht hinter mir standen, begann meinen Wirbel zu schlagen und marschierte hinaus, rund um die Bühne herum. Don Fernando und Donna Klara standen vor Schreck ganz starr. „Lausbub!" schrie mir der Schloßvogt zu, als ich an ihm vorüberschritt. Er griff aus der Kulisse heraus, um mich zu fassen und zu sich hineinzuziehen, aber schon war ich an ihm vorüber. Aus allen Kulissen winkte man mir, doch aufzuhalten und hineinzukommen; ich aber bestand auf dem, was ausgemacht worden war, nämlich dreimal rund um die Bühne herum. „Lausbub!" brüllte der Schloßvogt, als ich zum zweitenmal an ihm vorüberkam, und zwar tat er das so laut, daß es trotz des Trommelwirbels auch hinaus- und über den ganzen Zuschauerraum schallte. Lautes Gelächter antwortete von dort her; ich aber begann meine dritte Runde. „Bravo, bravo!" erklangen die Beifallsrufe des Publikums.

Da kam endlich Bewegung in den erschrockenen Herrn Direktor, der den Don Fernando spielte. Er sprang auf mich zu, faßte meine beiden Arme, so daß ich stehenbleiben und die Trommelschlägel ruhen lassen mußte, und donnerte mich an:

„Junge, bist du denn ganz toll geworden? So halte doch an!"

„Nein, nicht anhalten, sondern weiter, immer weiter!" rief man im Zuschauerraum lachend.

„Ja, weiter, immer weiter!" antwortete auch ich, während / ich mich von ihm losriß. „Die Zigeuner haben zu kommen! Raus mit der Bande, raus mit der Bande!"

„Ja, raus mit der Bande, raus mit der Bande!" schrie, brüllte und johlte das Publikum.

Ich aber marschierte weiter und begann meinen Wirbel von neuem. Und da kam sie, die Bande, wenn auch nur notgedrungen, voran Vianda, die alte Zigeunermutter, und dann die anderen alle hinterdrein. Nun begann erst der eigentliche Umzug, dreimal rund um und dann zu meiner Kulisse wieder hinein. Aber damit gab sich das Publikum nicht zufrieden. Es rief: „Heraus mit der Bande, heraus!" und wir mußten den Umzug von neuem beginnen und immer wieder von neuem. Und am Schluß des Aktes mußte ich noch zweimal heraus. War das ein Gaudium! Sodann hatte ich eigentlich nichts mehr zu tun und konnte gehen, aber der Herr Direktor ließ mich nicht fort. Er schrieb mir eine kurze Ansprache auf, die ich jetzt auswendig lernen und am Schluß der Vorstellung halten sollte. Für den Fall, daß ich meine Sache gut machen würde, versprach er mir noch weitere fünfzig Pfennige. Das wirkte äußerst anregend auf mein Gedächtnis. Als das Stück zu Ende war und der Beifall zu verklingen begann, marschierte ich noch einmal trommelwirbelnd hinaus, um dann ganz vorn an der Rampe die ‚hohen Herrschaften' zu bitten, sich noch nicht gleich zu entfernen, weil die Frau Direktorin erscheinen und von Platz zu Platz gehen werde, um Abonnementbillets zu verkaufen, so billig, wie sie morgen, übermorgen und auch fernerhin unmöglich abgegeben werden könnten. Als Reminiszenz auf den Wortlaut des heutigen Beifalls hatte der Herr Direktor dem Schluß dieser Ansprache folgende Fassung gegeben: „Also rrrrein mit der Hand in den Beutel! Und rrrraus mit den Moneten, rrrraus!" / Das wurde nicht etwa übel-, sondern mit gutwilligem Lachen entgegengenommen und hatte den gewünschten Erfolg. Alle Gesichter strahlten, sowohl diejenigen der hohen Direktion als auch die aller übrigen Künstlerinnen und Künstler, das meinige nicht ausgeschlossen, denn ich bekam nicht nur meine weiteren fünf Neugroschen, sondern dazu auch noch ein Freibillet, das für den ganzen diesmaligen Aufenthalt der Truppe bei uns galt. Ich habe es auch wiederholt benutzt, und zwar für Stücke, in welche Vater mich gehen lassen konnte. Übrigens gab es bei dieser braven Truppe wohl kaum eine sittliche Gefahr für die Zuhörerschaft, denn als der Herr Direktor sich eines Tages mit am Kegelschieben beteiligte und bei dieser Gelegenheit gefragt wurde, warum er alle zärtlichen Liebesszenen so ängstlich aus seinen Stücken streiche, antwortete er: „Teils aus moralischem Pflichtgefühl und teils aus kluger Erwägung. Unsere erste und einzige Liebhaberin ist zu alt und auch zu häßlich für solche Rollen."

In den Stücken, die ich da besuchte, forschte ich nach dem Kreuz und nach den Fäden, an denen die Puppen hängen. Ich war zu jung, sie zu finden. Das blieb einer späteren Zeit vorbehalten. Auch wollte es mir nicht gelingen, den Gott, den Teufel und den Menschen herauszufinden. Das passiert mir sogar noch heute sehr häufig, obwohl diese drei Faktoren nicht nur die bedeutendsten, sondern sogar die einzigen sind, aus deren Zusammenwirken sich ein Drama aufzubauen hat. Das sage ich jetzt, als Mann, als Greis. Damals, als Kind, verstand ich nichts davon und ließ mir von der leeren, hohlen Oberflächlichkeit gewaltig imponieren, wie jedes andere größere oder kleinere Kind. Die Menschen, die solche Stücke schrieben, die auf der Bühne gegeben wurden, kamen mir wie Götter vor. Wäre ich ein so bevorzugter / Mensch, so würde ich nicht von geraubten Zigeunerinnen erzählen, sondern von meinem herrlichen Sitara-Märchen, von Ardistan und Dschinnistan, von der Geisterschmiede von Kulub, von der Erlösung aus der Erdenqual und anderen, ähnlichen Dingen! Man sieht, ich befand mich hier wieder an einem jener Punkte, an denen ich aus dem Halt, den andere Kinder haben und der auch mir so nötig war, in eine Welt emporgerissen wurde, in die ich nicht gehörte, weil sie nur von auserwählten Männern in reifen Jahren betreten werden darf. Und noch anderes kam hinzu.

Meine Eltern waren evangelisch-lutherisch. Demgemäß war ich evangelisch-lutherisch getauft worden, genoß evangelisch-lutherischen Religionsunterricht und wurde, als ich vierzehn Jahre alt geworden war, evangelisch-lutherisch konfirmiert[1]. Aber zu einer Stellungnahme gegen Andersgläubige führte das keineswegs. Wir hielten uns weder für besser noch für berufener als sie. Unser alter Pfarrer war ein lieber, menschenfreundlicher Herr, dem es gar nicht in den Sinn kam, im Bereich seines Kirchenamtes religiösen Haß zu säen. Unsere Lehrer dachten ebenso. Und die, auf die es hier am meisten ankam, nämlich Vater, Mutter und Großmutter, die waren alle drei ursprünglich tief religiös, aber von jener angeborenen, nicht angelehrten Religiosität, die sich in keinen Streit einläßt und einem jeden vor allen Dingen die Aufgabe stellt, ein guter Mensch zu sein. Ist er das, so kann er sich dann um so leichter auch als guter Christ erweisen. Ich hörte einst den Herrn Pastor mit dem Herrn Rektor über religiöse Differenzen sprechen. Da sagte der erstere: „Ein Eiferer ist niemals ein guter Diplomat." Das habe ich mir gemerkt. Ich habe bereits gesagt, daß ich an jedem Sonn- und Feiertag zweimal/ in die Kirche ging, doch ohne bigott zu sein oder mir dies gar als Verdienst anzurechnen. Ich habe täglich gebetet, in jeder Lage meines Lebens, und bete noch heute. Seit ich lebe, ist es mir keinen Augenblick lang beigekommen, an Gott, an seiner Allmacht, seiner Weisheit, Liebe und Gerechtigkeit, zu zweifeln. Ich bin auch heute

1 1856. Der Pfarrer schrieb in die Akten: ‚Befähigung vorzüglich'. Mays Konfirmationsspruch war 2. Tim. 1, 13.

noch unerschütterlich in diesem meinem felsenfesten Glauben.

Ich habe stets eine Hinneigung zum Symbolismus gehabt, und zwar nicht nur zum religiösen. Eine jede Person und eine jede Handlung, die etwas Gutes, Edles, Tiefes bedeutet, ist mir heilig. Darum machten einige religiöse Gebräuche, an denen ich mich als Knabe zu beteiligen hatte, auf mich einen ganz besonderen Eindruck. Der eine dieser Gebräuche war folgender: Die Konfirmanden, welche am Palmsonntag eingesegnet worden waren, beteiligten sich am darauffolgenden Grünen Donnerstag zum erstenmal in ihrem Leben an der heiligen Kommunion. Nur während dieser einen Abendmahlsdarreichung, sonst während des ganzen Jahres nicht, standen die ersten vier Kurrendaner je zwei und zwei zu beiden Seiten des Altars, um Handreichungen zu tun. Sie waren genau wie Pfarrer gekleidet, Priesterrock, Beffchen und weißes Halstuch. Sie standen zwischen dem Geistlichen und den paarweise herantretenden Kommunikanten und hielten schwarze, goldberänderte Schutztücher empor, damit ja nichts von der dargereichten heiligen Speise verlorengehe. Da ich sehr jung zur Kurrende gekommen war, hatte ich dieses Amtes mehrere Male zu walten, ehe ich selbst zur Einsegnung kam. Diese frommen, gottesgläubigen Augenblicke vor dem Altar wirken noch heute, nach so vielen Jahren, in mir fort.

Ein anderer dieser Gebräuche war der, daß am ersten Weihnachtsfeiertag jedes Jahr während des / Hauptgottesdienstes der erste Knabe der Kurrende die Kanzel zu besteigen hatte, um die Weissagung des Jesaias Kap. 9 Vers 2 bis 7 zu singen. Er tat dies ganz allein, mit milder, leiser Orgelbegleitung. Es gehörte Mut dazu, und es kam nicht selten vor, daß der Organist dem kleinen Sänger zu Hilfe zu kommen hatte, um ihn vor dem Steckenbleiben zu bewahren. Auch ich habe diese Weissagung gesungen, und genauso, wie die Gemeinde sie von mir hörte, so wirkt sie noch heute in mir fort und klingt von mir hinaus bis in die fernsten Kreise meiner Leser, wenn auch in anderen Worten, zwischen den Zeilen meiner Bücher. Wer als kleiner Schulknabe auf der Kanzel gestanden und mit fröhlich erhobener Stimme vor der lauschenden Gemeinde gesungen hat, daß ein helles Licht erscheine und von nun an des Friedens kein Ende sein werde, den begleitet, wenn er sich nicht absolut dagegen sträubt, jener Stern von Bethlehem durch das Leben, der selbst dann noch weiterleuchtet, wenn alle anderen Sterne verlöschen.

Wer nicht gewohnt ist, tiefer zu blicken, der wird jetzt wahrscheinlich sagen, daß ich auch hier wieder auf einen der Punkte gestoßen sei, an denen mir ein fester Halt nach dem anderen unter den Füßen hinweggenommen wurde, so daß ich schließlich seelisch ganz nur in der Luft zu schweben hatte. Es ist aber gerade das Gegenteil der Fall. Es wurde mir nichts genommen, sondern viel, sehr viel gegeben, zwar kein Halt und kein Unterschlupf in der Richtung nach der Erde zu, dafür aber ein Tau, stark und fest genug, mich an ihm emporzuretten, wenn unter mir der Abgrund sich öffnen sollte, dem ich, wie Fatalisten behaupten würden, von allem Anfang an verfallen war. Indem ich nun von diesem Abgrund zu sprechen beginne, betrete ich diejenigen Gegenden meiner sogenannten / Jugend, in welcher die Sümpfe lagen und heute noch liegen, aus denen alle die Nebel und alle die Gifte stiegen, durch die mein Leben mir zu einer ununterbrochenen, endlosen Qual geworden ist.

Dieser Abgrund heißt, damit ich ihn gleich beim richtigen Namen nenne, — — Lektüre. Ich bin ihn nicht etwa hinabgestürzt, plötzlich, jählings und unerwartet, sondern ich bin ihn hinabgestiegen, Schritt um Schritt, langsam und absichtlich, sorgsam geleitet von der Hand

meines Vaters. Freilich ahnte dieser ebensowenig wie
ich, wohin dieser Weg uns führte. Meine erste Lektüre
bildeten die Märchen, das Kräuterbuch und die Bilder-
bibel mit den Anmerkungen unserer Vorfahren. Hierauf
folgten die verschiedenen Schulbücher der Vergangenheit und Gegenwart, die es im Städtchen gab. Dann alle
möglichen anderen Bücher, die Vater sich zusammen-
borgte. Nebenbei die Bibel. Nicht etwa eine Auswahl
biblischer Geschichten, sondern die ganze, volle Bibel, die
ich als Knabe wiederholt durchgelesen habe, vom ersten
bis zum letzten Wort, mit allem, was darin steht. Vater
hielt das für gut, und keiner meiner Lehrer widersprach
ihm da, auch der Pfarrer nicht. Er duldete nicht, daß ich,
wenn auch nur scheinbar, müßig stand. Und er war
gegen alle Beteiligung an den ‚Unarten‘ anderer Knaben.
Er erzog mich, wie man Muster herausarbeitet, um sie
anderen anzupreisen. Ich mußte stets zu Hause sein, um
zu schreiben, zu lesen und zu ‚lernen‘! Vom Handschuhnähen wurde ich nach und nach befreit. Auch wenn
er ausging, brachte mir das keine Erlösung, sondern er
nahm mich mit. Wenn ich meine Altersgenossen auf dem
Markte springen, tollen, spielen und lachen sah, wagte
ich es nur selten, den Wunsch auszusprechen, mittun zu
dürfen, denn wenn Vater keine gute Laune hatte, / war
dies höchst gefährlich. Saß ich dann betrübt oder gar
mit heimlichen Tränen bei meinem Buch, so kam es vor,
daß Mutter mich leise zur Tür hinaussteckte und erbar-
mend sagte: „So geh schnell ein bißchen hinaus; aber
komm ja in zehn Minuten wieder, sonst schlägt er dich.
Ich sag, ich habe dich wohin geschickt!“ Oh, diese Mutter, diese einzig gute, arme, stille Mutter! Wer da
wissen will, wie und was ich noch heute über sie denke,
der schlage in meinen ‚Himmelsgedanken‘ die Gedichte
‚An die Mutter‘ und ‚Des Kindes Seligkeit‘ auf. Und
das dem erstgenannten folgende bezieht sich auf Großmutter, aus deren Seele die Gestalt meiner Marah Duri-

meh herausgewachsen ist, jener orientalischen Königstochter, die für mich und meine Leser als ‚Menschheitsseele‘ gilt[1].

Als ich so ziemlich alles, was sich in Hohenstein-Ernstthal von Büchern jeden Genres in Privathänden befand, zusammengelesen und auch viel, sehr viel davon abgeschrieben resp. notiert hatte, sah Vater sich nach neuen Quellen um. Es gab deren drei, nämlich die Bibliotheken des Herrn Kantors, des Herrn Rektors und des Herrn Pastors. Der Herr Kantor zeigte sich auch hier als der Vernünftigste von allen. Er sagte, Bücher zur Unterhaltung habe er nicht, sondern nur Bücher zum Lernen, und für die sei ich jetzt noch viel zu jung. Aber er gab doch eins von ihnen her, denn er meinte, für mich als Kurrendaner sei es sehr nützlich, den lateinischen Text unserer Kirchengesänge in die deutsche Sprache übersetzen zu lernen. Dieses Buch war eine lateinische Grammatik, von welcher das Titelblatt fehlte, doch auf dem nächsten Blatt stand zu lesen:

> „Ein *puer* lernen muß,
> wenn er will werden *dominus;*
> lernt er aber mit Verdruß,
> so wird er ein *asinus!*“ /

Vater war ganz entzückt über diesen Vierzeiler und meinte, ich solle nur ja dafür sorgen, daß ich kein asinus, sondern ein dominus werde. Also nun schnell und fleißig Lateinisch lernen!

Bald darauf faßten einige Ernstthaler Familien den Entschluß, im nächsten Jahr nach Amerika auszuwandern. Darum sollten ihre Kinder während dieser Frist so viel wie möglich Englisch lernen. Da verstand es sich ganz von selbst, daß ich mitzutun hatte! Und sodann

---

1 Das erste und dritte der erwähnten Gedichte sind weiter unten zu finden: Abschnitt ‚Empor ins Reich der Edelmenschen‘; die Sammlung ‚Himmelsgedanken‘ ist in Bd. 49 ‚Lichte Höhen‘ enthalten.

geriet auf irgendeine, ich weiß nicht mehr, welche Weise ein Buch in unseren Besitz, das französische Freimaurerlieder mit Text und Melodie enthielt. Es war im Jahre 1782 in Berlin gedruckt und ‚Seiner Königlichen Hoheit, Friedrich Wilhelm, Prinzen von Preußen‘ gewidmet. Darum mußte es gut und von sehr hohem Wert sein! Der Titel lautete ‚Chansons maçonniques‘, und zu der Melodie, die mir am besten gefiel, waren sieben vierzeilige Strophen zu singen, deren erste hierhergesetzt sein mag:

> „Nous vénérons de l'Arabie
> La sage et noble antiquité,
> Et la célèbre Confrérie
> Transmise à la postérité“.

Das Wort ‚Freimaurerlieder‘ reizte ganz besonders. Welch eine Wonne, in die Geheimnisse der Freimaurerei eindringen zu können! Glücklicherweise erteilte der Herr Rektor für Privatschüler auch französischen Unterricht. Er gestattete mir, in diesen ‚Cercle‘ einzutreten, und so kam es, daß ich mich jetzt mit dem Lateinischen, Englischen und Französischen zugleich zu befassen hatte.

Der Herr Rektor war in Beziehung auf das Bücherverleihen weniger zurückhaltend als der Herr Kantor. Sein Lieblingsfach war Geographie. Er besaß hunderte von geographischen und ethnographischen Werken, die er / meinem Vater alle für mich zur Verfügung stellte. Ich fiel über diesen Schatz mit wahrer Begeisterung her, und der gute Herr freute sich darüber, ohne irgendein doch so naheliegendes Bedenken zu hegen. Obgleich er auf eine Pfarrstelle reflektierte, war er in seinem Innern mehr Philosoph als Theolog und einer freieren Richtung zugeneigt. Das sprach sich aber weniger in seinen Worten, als vielmehr in den Büchern aus, die er besaß. Zu derselben Zeit öffnete mir auch der Herr Pastor seine Bibliothek. Er war ganz und gar nicht Philosoph, sondern nur und nur und nur Theolog, weiter nichts. Ich meine mit ihm nicht unseren alten, guten Pfarrer, von dem ich schon gesprochen habe, sondern dessen Nachfolger, der mir zunächst alle seine Traktätchen zu lesen gab und hierzu dann allerlei Erweckungs-, Erbauungs- und Jugendschriften von Redenbacher und anderen guten Menschen fügte. So kam es, daß ich vom Rektor z. B. eine begeisterte Schilderung der islamitischen Wohltätigkeit vor mir liegen hatte und vom Herrn Pastor daneben einen Missionsbericht, in welchem über das offensichtliche Nachlassen der christlichen Barmherzigkeit bittere Klage geführt wurde. In der Bibliothek des einen lernte ich Humboldt, Bonpland und alle jene ‚Großen‘ kennen, welche der Wissenschaft mehr als der Religion vertrauen, und in der Bibliothek des zweiten alle jene anderen ‚Großen‘, denen die religiöse Offenbarung himmelhoch über jedem wissenschaftlichen Ergebnis steht. Und dabei war ich nicht etwa ein Erwachsener, sondern ein dummer, ein ganz dummer Junge; aber noch viel törichter als ich waren die, welche mich in diese Konflikte fallen und sinken ließen, ohne zu wissen, was sie taten. Alles, was in diesen so verschiedenen Büchern stand, konnte gut, ja konnte vortrefflich sein; mir aber mußte es zum Gift werden./

Aber es kam noch Schlimmeres. Der sprachliche Privatunterricht, den ich jetzt bekam, mußte bezahlt werden, und ich war es, der sich dieses Geld auf irgendeine Weise zu verdienen hatte. Wir sahen uns um. Für eine Hohensteiner Schankwirtschaft wurde ein gewandter, ausdauernder Kegelaufsetzer gesucht. Ich meldete mich, obwohl ich keine Übung besaß, und bekam die Stelle. Da habe ich freilich Geld verdient, sehr viel Geld, aber wie! Durch welche Qualen! Und was habe ich noch außerdem dafür geopfert! Der Kegelschub war vielbesucht, zugebaut und heizbar, so daß er zur Sommer- und zur Winterzeit und bei jeder Witterung benutzt werden konnte. Es wurde täglich geschoben. Von jetzt an hatte ich keine freie Viertelstunde mehr, besonders auch keinen Sonntagnachmittag. Da ging es gleich nach der Kirche los und dauerte bis zur späten Abendstunde. Der Haupttag aber war der Montag, denn da war Wochenmarkt, an dem die Landbewohner zur Stadt kamen, um ihre Erzeugnisse zu bringen, ihre Einkäufe zu machen und — last not least — eine Partie Kegel zu schieben. Aus dieser einen aber wurden fünf, wurden zehn, wurden zwanzig, und es kam an diesen Montagen vor, daß ich mich von mittags zwölf Uhr an bis nach Mitternacht zu schinden hatte, ohne auch nur fünf Minuten ausruhen zu können. Zur Stärkung bekam ich des Nachmittags und des Abends ein Butterbrot und ein Glas abgestandenes, zusammengegossenes Bier. Es kam auch vor, daß ein mitleidiger Kegler, welcher sah, daß ich kaum mehr konnte, mir ein Glas Schnaps herausbrachte, um meine Lebensgeister anzuregen. Ich habe mich ob dieser übermäßigen Anstrengungen daheim niemals beklagt, weil ich sah, wie notwendig man das, was ich verdiente, brauchte. Der Betrag, den ich da wöchentlich zusammenbrachte, war gar / nicht unbedeutend. Ich bekam pro Stunde ein Fixum und außerdem für jedes Honneur, das geschoben wurde, einen festbestimmten Satz. Wurde nicht gespielt, sondern frei gewettet oder gar hasardiert, so bekam dieser Satz eine doppelte oder dreifache Höhe. Es hat Montage gegeben, an denen ich über zwanzig Groschen nach Hause brachte, dafür aber vor Müdigkeit die Treppe zu unserer Wohnung mehr hinaufstürzte als hinaufstieg.

Welchen Gewinn aber hatte ich in seelischer Beziehung? Nicht den geringsten, sondern nur Verlust. Es wurde zwar nur einfaches, billiges Bier, aber besonders viel Schnaps getrunken. Ich werde an anderer Stelle nachweisen, daß es sich hier nicht um Leute handelte, welche das kannten, was man unter Rücksicht oder gar Zartgefühl versteht. Man platzte mit allem, was auf die Zunge kam, ohne Scheu heraus. Man kann sich denken, was ich da alles zu hören bekam! Der langgestreckte, zugebaute Kegelschub wirkte wie ein Höhrrohr. Jedes Wort, welches da vorn bei den Spielern gesprochen wurde, klang deutlich heraus zu mir. Alles, was Großmutter und Mutter in mir aufgebaut hatten, der Herr Kantor und der Herr Rektor auch, das empörte sich gegen das, was ich hier zu hören bekam. Es war viel Schmutz und auch viel Gift dabei. Es gab da nicht jene kräftige, kerngesunde Fröhlichkeit wie z. B. bei einem oberbayrischen Kegelschieben, sondern es handelte sich um Leute, welche aus der brusttötenden Atmosphäre ihres Webstuhls direkt in die Schnapswirtschaft kamen, um sich für einige Stunden ein Vergnügen vorzutäuschen, das aber nichts weniger als ein Vergnügen war, für mich jedenfalls eine Qual, körperlich sowohl als auch seelisch.

Und doch gab es in dieser Schankwirtschaft ein noch viel schlimmeres Gift als Bier und Branntwein und ähn-/ liche böse Sachen, nämlich eine Leihbibliothek, und zwar was für eine! Niemals habe ich eine so schmutzige, innerlich und äußerlich geradezu ruppige, äußerst gefährliche Büchersammlung, wie diese war, wieder gesehen! Sie rentierte sich außerordentlich, denn sie war die einzige, die es in den beiden Städtchen gab. Hinzugekauft wurde nichts. Die einzige Veränderung, die sie erlitt, war die, daß die Einbände immer schmutziger und die Blätter immer schmieriger und abgegriffener wurden. Der Inhalt aber wurde von den Lesern immer wieder von neuem verschlungen, und ich muß der Wahrheit die Ehre geben und zu meiner Schande gestehen, daß auch ich, nachdem ich einmal gekostet hatte, dem Teufel, der in diesen Bänden steckte, gänzlich verfiel. Was für ein Teufel das war, mögen einige Titel zeigen: Rinaldo Rinaldini, der Räuberhauptmann, von Vulpius, Goethes Schwager[1]. Sallo Sallini, der edle Räuberhauptmann. Himlo Himlini, der wohltätige Räuberhauptmann. Die Räuberhöhle auf dem Monte Viso. Bellini, der bewundernswürdige Bandit. Die schöne Räuberbraut oder das Opfer des ungerechten Richters. Der Hungerturm oder die Grausamkeit der Gesetze. Bruno von Löweneck, der Pfaffenvertilger. Hans von Hunsrück oder der Raubritter als Beschützer der Armen. Emilia, die eingemauerte Nonne. Botho von Tollenfels, der Retter der Unschuldigen. Die Braut am Hochgericht. Der König als Mörder. Die Sünden des Erzbischofs usw. usw.

Wenn ich zum Kegelaufsetzen kam und noch keine Spieler da waren, gab mir der Wirt eines dieser Bücher, einstweilen darin zu lesen. Später sagte er mir, ich könne sie alle lesen, ohne dafür bezahlen zu müssen. Und ich las sie; ich verschlang sie; ich las sie drei- und viermal durch! Ich nahm sie mit nach Hause. Ich saß ganze Nächte / lang, glühenden Auges über sie gebeugt. Vater hatte nichts dagegen. Niemand warnte mich, auch die nicht, die gar wohl verpflichtet gewesen wären, mich zu warnen. Sie wußten gar wohl, was ich las; ich machte kein Hehl daraus. Und welche Wirkung das hatte! Ich ahnte nicht, was dabei in mir geschah. Was da alles in mir zusammenbrach. Daß die wenigen Stützen, die ich, der seelisch in der Luft schwebende Knabe, noch hatte, nun auch noch fielen, eine einzige ausgenommen, nämlich mein Glaube an Gott und mein Vertrauen zu ihm.

Die Psychologie ist gegenwärtig in einer Umwandlung begriffen. Man beginnt immer mehr, zwischen Geist und Seele zu unterscheiden. Man versucht, sie beide auseinander zu halten, sie scharf zu definieren, ihre Unter-

---

[1] Der ‚Rinaldo Rinaldini‘ von Christian August Vulpius (1762—1827), berühmtester Räuberroman der Trivialliteratur, erschien erstmals 1797—1800 in 3 Bänden.

schiede nachzuweisen. Man behauptet, daß der Mensch nicht Einzelwesen, sondern Drama sei. Soll ich mich dem anschließen, so darf ich das, was auf meinen kleinen, erst im Entstehen begriffenen Geist, und das, was auf meine kindliche Seele wirkte, nicht miteinander verwechseln. Die ganze Vielleserei, zu der ich bisher gezwungen gewesen war, hatte meiner Seele nichts, gar nichts gebracht; nur das winzige Geisterlein hatte die Wirkung davon gehabt, aber was für eine Wirkung! Es war zu einem kleinen, monströs dicken, wasserköpfigen Ungeheuer aufgetopft und aufgenudelt worden. Der sehr gut, ja vielleicht außergewöhnlich veranlagte Knabe hatte sich in eine unartikulierte geistige Mißgestalt verwandelt, die nichts Wirkliches besaß als nur ihre Hilflosigkeit. Und seelisch war ich ohne Heimat, ohne Jugend, hing nach oben nur an dem erwähnten starken, unzerreißbaren Tau und wurde nach unten nur dadurch an der Erde festgehalten, daß ich für König und Vaterland, Gesetz und Gerechtigkeit diejenige mehr poetische als materielle / Hochachtung empfand, die aus den Tagen stammte, an denen die elf Heldenkompanien Ernstthals sich gebildet hatten, den schwer bedrängten Monarchen Sachsens und seine Regierung vom Untergang zu erretten. Nun aber wurde mir auch dieser Halt genommen, und zwar durch die Lektüre dieser schändlichen Leihbibliothek. Alle die Räuberhauptleute, Banditen und Raubritter, von denen ich da las, waren edle Menschen. Was sie jetzt waren, das waren sie durch schlechte Menschen, besonders durch ungerechte Richter und durch die grausame Obrigkeit geworden. Sie besaßen wahre Frömmigkeit, glühende Vaterlandsliebe, eine grenzenlose Wohltätigkeit und warfen sich zum Ritter und Retter aller Armen, aller Bedrückten und Bedrängten auf. Sie zwangen die Leser zu Hochachtung und Bewunderung; alle Gegner dieser herrlichen Männer aber waren zu verachten, also besonders die Obrigkeit, der Schnippchen auf Schnippchen geschlagen wurde. Und vor allen Dingen die Fülle des Lebens, der Tätigkeit, der Bewegung, die in diesen Büchern herrschte! Auf jeder Seite geschah etwas, und zwar etwas Hochinteressantes, irgendeine große, schwere, kühne Tat, die man zu bewundern hatte. Was dagegen war in all den Büchern geschehen, die ich bisher gelesen hatte? Was geschah in den Traktätchen des Pfarrers? In seinen langweiligen, nichtssagenden Jugendschriften? Und was geschah in den sonst ganz guten und brauchbaren Büchern des Herrn Rektors? Da waren große, weite und ferne Länder beschrieben, aber es ereignete sich nichts dabei. Da wurden fremde Menschen und Völker geschildert; aber sie bewegten sich nicht, sie taten nichts. Das war alles nur Geographie, nur Geographie, weiter nichts; jede Handlung fehlte. Und nur Ethnographie, nur Ethnographie; aber die Puppen standen still. Es war kein Gott, kein Mensch und auch/kein Teufel da, das Kreuz mit den Fäden in die Hand zu nehmen und die toten Figuren zu beleben! Und es gibt doch einen, der diese Belebung ganz unbedingt verlangt, nämlich der Leser. Und auf den kommt doch alles an, weil er allein es ist, für den die Bücher geschrieben werden. Die Seele des Lesers wendet sich von jeder Bewegungslosigkeit ab, denn diese bedeutet für sie den Tod.

Welch ein Reichtum des Lebens dagegen in dieser Leihbibliothek! Und welch ein Eingehen auf die Eigenheiten und Bedürfnisse dessen, der so ein Buch in die Hände nimmt! Kaum fühlt er während des Lesens einen Wunsch, so wird dieser auch schon erfüllt. Und welche bewundernswerte, unwandelbare Gerechtigkeit gibt es da. Jeder gute ehrenhafte Mensch, mag er zehnmal Räuberhauptmann sein, wird unbedingt belohnt. Und jeder böse Mensch, jeder Sünder, mag er zehnmal König, Feldherr, Bischof oder Staatsanwalt sein, wird unbedingt bestraft. Das ist wirkliche Gerechtigkeit; das ist göttliche Gerechtigkeit! Mag Goethe noch so viel über die Herrlichkeit und Unumstößlichkeit der göttlichen und der menschlichen Gesetze dichten und schreiben, so hat er doch unrecht! Recht hat nur sein Schwager Vulpius, denn der hat den Rinaldo Rinaldini geschrieben!

Das schlimmste an dieser Lektüre war, daß sie in meine spätere Knabenzeit fiel, wo alles, was sich in meiner Seele festsetzte, für immer festgehalten wurde. Hierzu kam die mir angeborene Naivität, die ich selbst heute noch in hohem Grade besitze. Ich glaubte an das, was ich da las, und Vater, Mutter und Geschwister glaubten es mit. Nur Großmutter schüttelte den Kopf, und zwar je länger, desto mehr; sie wurde aber von uns anderen überstimmt. Es war uns in unserer Armut ein Hochgenuß, von ‚edlen' Menschen zu lesen, die immerfort Reichtümer verschenkten. / Daß sie diese Reichtümer vorher anderen gestohlen und geraubt hatten, das war ihre Sache; uns irritierte das nicht! Wenn wir lasen, wieviel bedürftige Menschen durch so einen Räuberhauptmann unterstützt und gerettet worden seien, so freuten wir uns darüber und bildeten uns ein, wie schön es wäre, wenn so ein Himlo Himlini plötzlich hier bei uns zur Tür hereinträte, zehntausend blanke Taler auf den Tisch zählte und dabei sagte; „Das ist für euern Knaben; er mag studieren und ein Dichter werden, der Theaterstücke schreibt!" Das war mir nämlich, seit ich den ‚Faust' gesehen hatte, zum Ideal geworden.

Ich muß bekennen, daß ich diese verderblichen Bücher nicht nur las, sondern auch vorlas, nämlich zunächst meinen Eltern und Geschwistern und sodann auch in anderen Familien, die ganz versessen darauf waren. Es ist gar nicht zu sagen, welchen unendlichen Schaden eine einzige solche Scharteke herbeiführen kann. Alles Positive geht verloren, und schließlich bleibt nur die traurige Negation zurück. Die Rechtsbegriffe und Rechtsanschauungen verändern sich; die Lüge wird zur Wahrheit, die Wahrheit zur Lüge. Das Gewissen stirbt. Die Unterscheidung zwischen Gut und Böse wird immer unzuverlässiger. Das führt schließlich zur Bewunderung der verbotenen Tat, die scheinbar Hilfe bringt. Damit ist man aber nicht etwa schon ganz unten im Abgrund angelangt, sondern es geht noch tiefer, immer tiefer, bis zum äußersten Verbrechertum.

Das war zur Zeit, als bestimmt werden mußte, was nach der Konfirmation aus mir zu werden hatte. Ich wollte so unendlich gern auf das Gymnasium, dann auf die Universität. Aber hierzu fehlten nicht mehr als alle Mittel. Ich mußte mit meinen Wünschen weit herunter und kam zuletzt beim Volksschullehrer an. Aber auch hierzu / waren wir zu arm. Wir sahen uns nach Hilfe um. Der Herr Kaufmann Friedrich Wilhelm Layritz, mit dem Herrn Stadtrichter gleichen Namens, aber nicht mit ihm verwandt, war ein sehr reicher und sehr frommer Mann. Man hatte ihm zwar noch keine Wohltat nachweisen können, aber er versäumte keinen Kirchgang, sprach gern von Humanität und Nächstenliebe und war unser Gevatter. Wir hatten uns nach allem erkundigt und uns einen Überschlag gemacht. Wenn wir recht arbeiteten, recht sparten, recht hungerten und ich auf dem Seminar keinen Pfennig unnütz ausgab, so bedurften wir nur eines Zuschusses von fünf bis zehn Talern pro Jahr. Das hatten wir ausgerechnet. Freilich stimmte es nicht; aber wir glaubten, daß es stimme. Meine Eltern hatten nie auch nur einen Pfennig geborgt; jetzt waren sie mir zu Liebe zu einer Anleihe entschlossen. Mutter ging zum Herrn Layritz. Er setzte sich in den Lehnstuhl, faltete die Hände und ließ sich ihr Anliegen vortragen. Sie schilderte ihm alles und bat, uns fünf Taler zu borgen, nicht gleich jetzt, sondern dann, wenn wir sie brauchten, also wenn ich die Aufnahmeprüfung bestanden haben würde. Bis dahin aber war noch lange, lange Zeit. Da antwortete er, ohne sich lange zu besinnen: „Meine liebe Frau Gevatter, es ist wahr, ich bin reich, und Sie sind arm, sehr arm. Aber Sie haben denselben Gott, den auch ich habe, und wie er mir bis hierher geholfen hat, so wird er auch Ihnen weiterhelfen. Ich habe auch Kinder wie Sie und muß für sie sorgen. Ich kann Ihnen also die fünf Taler nicht leihen. Aber gehen Sie getrost nach Hause und beten Sie recht fleißig, so wird sich ganz gewiß zur rechten Zeit jemand finden, der sie übrig hat und sie Ihnen gibt!"

Das war abends. Ich saß da und las in einem / Räuberbuch. Da kam Mutter heim und erzählte, was Herr Layritz gesagt hatte. Sie weinte, mehr aus Empörung über solche Art der Frömmigkeit als über die Abweisung selbst. Vater saß lange Zeit still; dann stand er auf und ging. Unter der Tür aber sagte er: „Einen solchen Versuch machen wir nicht mehr! Karl geht auf das Seminar, und wenn ich mir die Hände blutig arbeiten muß!" Als er fort war, saßen wir anderen noch lange Zeit traurig beisammen. Dann gingen wir schlafen. Ich schlief aber nicht, sondern ich wachte. Ich sann auf Hilfe. Ich rang nach einem Entschluß. Das Buch, in dem ich gelesen hatte, führte den Titel ‚Die Räuberhöhle an der Sierra Morena oder der Engel aller Bedrängten'. Als Vater nach Hause gekommen und dann eingeschlafen war, stieg ich aus dem Bett, schlich mich aus der Kammer und zog mich an. Dann schrieb ich einen Zettel: „Ihr sollt euch nicht die Hände blutig arbeiten; ich geh nach Spanien; ich hole Hilfe!" Diesen Zettel legte ich auf den Tisch, steckte ein Stückchen trockenes Brot in die Tasche, dazu einige Groschen von meinem Kegelgeld, stieg die Treppe hinab, öffnete die Tür, atmete da noch einmal tief und schluchzend auf, aber leise, leise, damit ja niemand es höre, und ging dann gedämpften Schrittes den Marktplatz hinab und die Niedergasse hinaus, den Lungwitzer Weg, der über Lichtenstein nach Zwickau führte, Spanien zu, nach Spanien, dem Land der edlen Räuber, der Helfer aus der Not./

78–79

4

Seminar- und Lehrerzeit

(1857 — 1861)

Keine Pflanze zieht das, was sie in ihren Zellen und in ihren Früchten aufzuspeichern hat, aus sich selbst heraus, sondern aus dem Boden, dem sie entsprossen ist, und aus der Atmosphäre, in der sie atmet. Pflanze ist in dieser Beziehung auch der Mensch. Körperlich ist er freilich nicht angewachsen, aber geistig und seelisch wurzelt er, und zwar tief, sehr tief, tiefer als mancher Baumriese in kalifornischer Erde. Darum ist kein Mensch für das, was er in seiner Entwicklungszeit tut, in vollem Maß verantwortlich zu machen. Ihm alle seine Fehler vollauf anzurechnen, würde ebenso falsch sein wie die Behauptung, daß er alle seine Vorzüge nur allein sich selbst verdanke. Nur wer den Heimatboden und die Jugendatmosphäre eines ‚Gewordenen' genau kennt und richtig zu beurteilen weiß, ist imstande, einigermaßen nachzuweisen, welche Teile eines Lebensschicksals aus den gegebenen Verhältnissen und welche Teile aus dem rein persönlichen Willen des Betreffenden geflossen sind. Es war eine der größten Grausamkeiten der Vergangenheit, jedem armen Teufel, den die Verhältnisse zur Verletzung der Gesetze / führten, zu seiner eigenen, vielleicht geringen Schuld auch noch die ganze, schwere Last dieser Verhältnisse mit aufzubürden. Es gibt leider auch heute mehr als genug Menschen, welche die Grausamkeit sogar jetzt noch begehen, ohne zu ahnen, daß sie selbst es sind, die, wenn es hier Gesetze gäbe, mit verantwortlich gemacht werden müßten. Und gewöhnlich sind es nicht etwa die Fernstehenden, sondern gerade die lieben ‚Nächsten', die Stein um Stein auf den anderen werfen, obgleich die Einflüsse, denen er unterlegen ist, besonders auch von ihnen mit ausgegangen sind. Sie tragen also an der Schuld, die sie auf ihn werfen, selbst mit Schuld.

Wenn ich es hier unternehme, die Verhältnisse, aus denen ich erwuchs, einer ungefärbten Prüfung zu unterwerfen, so geschieht das nicht etwa in der Absicht, irgendeinen Teil meiner eigenen Schuld von mir ab und auf andere zu werfen, sondern nur, um einmal durch ein laut sprechendes Beispiel zu zeigen, wie vorsichtig man sein muß, wenn man sich die Aufgabe stellt, eine menschliche Existenz nach ihrer Entstehung und Entwicklung hin genau zu untersuchen.

Hohenstein und Ernstthal waren damals zwei so nah beieinander liegende Städtchen, daß sich ihre Gäßchen stellenweise wie die Finger zweier gefalteter Hände ineinanderschoben. In Hohenstein wurde der Naturphilosoph Gotthilf Heinrich von Schubert[1] geboren, dessen Werke zunächst unter Schellingschem Einfluß entstanden, sich dann aber dem pietistisch-asketischen Mystizismus zuwandten. Seine Vaterstadt hat ihm ein Denkmal gesetzt. Aus Ernstthal stammt der verdienstvolle Philosoph und Publizist Pölitz[2], dessen Bibliothek über 30 000 Bände zählte, die er der Stadt Leipzig vermachte. Ich habe es hier weniger mit Hohenstein als vielmehr mit Ernstthal / zu tun, in dem ich, wie der Hobble-Frank sich auszudrücken pflegt, ,das erste Licht der Welt erblickte'. Die ersten und ältesten Eindrücke meiner Kindheit sind diejenigen einer beklagenswerten Armut, und zwar nicht nur in materieller, sondern auch in anderer Beziehung. Niemals in meinem Leben habe ich soviel geistige Anspruchslosigkeit beisammen gesehen wie damals. Der Bürgermeister war ein unstudierter Mann. Es gab zwar einen Nachtwächter, aber die Bewohner hatten sich reihum an der Nachtwache zu beteiligen. Die Hauptbeschäfti-

---

[1] 1780—1860.
[2] Karl Heinrich Ludwig Pölitz, 1772—1838.

gung bildete die Weberei[1]. Der Verdienst war kärglich, ja oft überkärglich zu nennen. Zu gewissen Zeiten gab es wochen-, zuweilen sogar monatelang wenig oder gar keine Arbeit. Da sah man Frauen in den Wald gehen und Körbe voll Reisig heimschleppen, um im Winter Feuerung zu haben. Des Nachts konnte man auf einsamen Pfaden Männern begegnen, die Baumstämme nach Hause trugen, die noch während der Nacht zu Feuerholz zersägt und zerhackt werden mußten, damit, wenn die Haussuchung kam, nichts gefunden werden könne. Es galt für die armen Weber, fleißig zu sein, um den Hunger abzuwehren. Am Sonnabend war Zahltag. Da trug ein jeder sein ‚Stück zu Markte'. Für jeden Fehler, der sich zeigte, gab es einen bestimmten Lohnabzug. Da brachte gar mancher weniger heim, als er erwartet hatte. Dann wurde ausgeruht. Der Abend war der Heiterkeit und — — — dem Schnaps gewidmet. Man fand sich beim Nachbar ein. Da ging die Bulle rundum. Bulle ist Abkürzung von Bouteille. In einigen Familien sang man dazu, aber was für Lieder oft! In anderen regierte die Karte. Da wurde ‚gelumpt', ‚geschafkopft' oder gar ‚getippt'. Das letztere ist ein verbotenes Glücksspiel, dem mancher den Verdienst der ganzen Woche opferte. / Man trank dazu aus einem einzigen Glas. Dieses ging von Hand zu Hand, von Mund zu Mund. Auch während der Sonntagsausgänge und überhaupt bei jedem Gang ins Freie war man mit Branntwein versehen. Da saß man im Grünen und trank. Schnaps war überall dabei; man mochte ihn nicht entbehren. Man betrachtete ihn als den einzigen Sorgenbrecher und nahm seine schlimmen Wirkungen hin, als ob sich das so ganz von selbst verstünde.

Freilich gab es auch sogenannte bessere Familien, über

***

1 Mays Roman ‚Das Buschgespenst' (Ges. Werke Bd. 64) spielt in seiner erzgebirgischen Heimat und spiegelt all die geschilderten Nöte der armen Bevölkerung.

die der Alkohol keine Macht besaß, aber die waren in ganz geringer Zahl. Patriziergeschlechter gab es in beiden Städtchen nicht. In Hohenstein wohnten einige Familien, die man höher schätzte als andere, in Ernstthal aber nicht. Die Pfarrer und die Ärzte waren die einzigen akademisch gebildeten Personen, hierzu kam vielleicht ein Rechtsanwalt, dessen Liquidationen absolut nicht das Geschick besaßen, sich in klingende Einnahmen zu verwandeln. So war die ganze Lebensführung überhaupt ungemein niedrig und der allgemeine Umgangston auf eine Note gestimmt, die man jetzt kaum mehr für möglich hält. Im persönlichen Verkehr waren Spitznamen oft gebräuchlicher als die wirklichen, richtigen Namen. Als einziges Beispiel, das ich da anführe, diene der Name Wolf. Es gab einen Weißkopfwolf, einen Rotkopfwolf, einen Daniellobwolf, einen Schlagwolf und noch eine Menge andersgenannter Wölfe. Die Häuser waren klein, die Gassen eng. Ein jeder konnte in die Fenster des anderen sehen und alles beobachten, was geschah. So wurde es fast zur Unmöglichkeit, Geheimnisse voreinander zu haben. Und da kein Mensch ohne Fehler ist, so hatte ein jeder seinen Nachbarn im Sack. Man wußte alles, aber man schwieg. Nur zuweilen, wenn man es für nötig hielt, ließ man / ein Wörtchen fallen, und das war genug. Man kam dadurch zur immerwährenden, aber stillen Hechelei, zur niedrigen Ironie, zu einem scheinbar gutmütigen Sarkasmus, der aber nichts Reelles an sich hatte. Das war ungesund und griff immer weiter um sich, ohne daß man es beachtete. Das ätzte; das wirkte wie Gift. So hatte sich aus den sonnabendlichen Kartenspielen ein lichtscheues Unternehmen gebildet, das den Zweck verfolgte, verbotenes, ja sogar falsches, betrügerisches Kartenspiel zu pflegen. Die Betreffenden kamen zusammen, um sich in der Zubereitung und im Gebrauch von falschen Karten zu üben. Sie etablierten sich in einer vor der Stadt gelegenen Wirtschaft. Sie schickten Zubringer aus, um Opfer einzufangen. Da saß man nächtelang und spielte um hohe Einsätze. Mancher kam da mit vollen Taschen und ging mit leeren fort. Dieses Treiben war im Städtchen wohlbekannt. Man erzählte sich von jedem neuem Coup, der gemacht worden war. Man sprach von den erbeuteten Summen, und man freute sich darüber, statt daß man diese Betrügereien verwarf. Man verkehrte mit den Falschspielern wie mit ehrlichen Leuten. Man leistete ihnen Vorschub. Ja, man achtete, man rühmte ihre Pfiffigkeit, und man verriet nicht das geringste von allem, was man von ihnen wußte. Daß hierdurch eigentlich das ganze Städtchen an dem Betrug gegen die herbeigeschleppten Opfer beteiligt wurde und daß jedermann, der von diesen Gaunereien wußte, sich, streng genommen, als Hehler zu betrachten hatte, das leuchtete keinem Menschen ein. Wer damals gesagt hätte, daß dies einen beklagenswerten, allgemeinen moralischen Tiefstand bedeute, der wäre wohl ausgelacht worden, oder gar noch Schlimmeres. Das allgemeine Rechtsgefühl war irregeführt. Man bewunderte die Falschspieler, wie man / die Rinaldo Rinaldini und die Himlo Himlini der alten Leihbibliothek bewunderte, deren Bände man verschlang, weil sie die einzige war, die es in den beiden Städtchen gab. Ich habe niemals gehört, daß der Bürgermeister, der Pfarrer oder ein sonst hierzu berufener Beamter einen dieser Falschspieler zu sich kommen ließ, um ihn zu ermahnen, von dem bösen Beispiel, welches der ganzen Gemeinde gegeben wurde, abzulassen. Man duldete es. Man ging schweigend darüber hinweg. Die Jugend aber, die das alles mit ansah und mit anhörte, mußte den Eindruck gewinnen, daß diese Betrügereien bewundernswerte und sehr lohnende Taten seien, und so ein Eindruck wird nie wieder verwischt. Mir wurde einst von einem Juristen gesagt, ich sei in einem Sumpf geboren worden. Ob dieser Herr wohl recht gehabt hat?

Zwei eigenartige Gewächse dieses Sumpfes waren die beiden Namen ‚Batzendorf' und die ‚Lügenschmiede'. Der erste leitet sich auf die bekannte alte süddeutsche und Schweizer Scheidemünze, Batzen genannt, zurück. Batzendorf war eine fingierte Dorfgemeinde, der jeder Einwohner Ernstthals beitreten konnte. Es war ein Jux, aber ein Jux, der häufig zum Ausarten kam. Batzendorf hatte seinen eigenen Gemeindevorstand, seinen eigenen Pfarrer, seine eigene Gemeindeverwaltung, das alles aber von der heiter sein sollenden Seite genommen. Das allerkleinste Häuschen Ernstthals, das der alten Gemüsehändlerin Dore Wendelbrück, wurde zum Batzendorfer Rathaus erhoben. Eines Morgens stand ein Turm darauf, den man aus Latten und Zigarrenkistchen gezimmert und der alten Dore auf das Dach gesetzt hatte, ohne sie zu fragen. Sie war aber sehr stolz darauf. Die Wirtin zum Meisterhaus war Dorfnachtwächter. Sie mußte die / Stunden ansagen und tuten. Jede Behörde und jede Charge war vertreten, bis tief herunter zum Kartoffel- und zum Schotenwächter, auch das alles in das Komische gezogen. Des Sonnabends war Versammlungstag. Da kam die Gemeinde zusammen, und es wurden die tollsten Sachen ausgeheckt, um dann wirklich ausgeführt zu werden: Taufen fünfzigjähriger Säuglinge, Verheiratung zweier Witwen miteinander, eine Spritzenprobe ohne Wasser, Neuwahl einer Gemeindegans, öffentliche Prüfung eines neuen Bandwurmmittels und ähnliche tolle, oft sogar sehr tolle Sachen. Der Herr Stadtrichter Layritz war alt geworden und duldete das. Der Herr Pastor war noch älter und glaubte von allem das Beste. Er sagte immer: „Nur nicht übertreiben, nur nicht übertreiben!" Damit glaubte er, seiner Pflicht genügt zu haben. Der Herr Kantor schüttelte den Kopf. Er war zu bescheiden, öffentlich mit einem Tadel hervorzutreten. Aber unter vier Augen hatte er den Mut, meinen Vater zu warnen: „Machen Sie

nicht mit, Herr Nachbar, machen Sie ja nicht mit! Es
ist nicht gut für Sie und auch nicht gut für den Karl!
Was man da treibt, ist alles weiter nichts als Persiflage,
Ironie, Verhöhnung und Verspottung von Dingen, an
deren Heiligkeit ja niemand rühren soll! Und zumal
Kinder sollen so etwas nie zu sehen und zu hören bekommen!"

Er hatte sehr, sehr recht. Dieses ‚Batzendorf‘, in
dem man nur mit Batzengeld zahlen durfte, hat eine
ganze Reihe von Jahren bestanden und manche stille,
heimliche, doch um so bösere Wirkung gehabt. Da locker-
ten sich ‚die Bande frommer Scheu‘. Da gab es wöchentlich etwas Neues. Wir Kinder verfolgten die Al-
bernheiten der Erwachsenen mit riesigem Interesse und
höhnten und persiflierten mit, freilich ohne uns dessen
bewußt / zu werden. Das ging so fort, bis ein neuer,
strammerer Zug in die Ortsverwaltung und in die Kir-
chenleitung kam und Batzendorf an sich selbst zugrunde
ging. Aber einen Nutzen hatte es keinem Menschen gebracht. Es war eine Versumpfung, in welche nicht nur
die Alten gestiegen sind, sondern wir Jungen wurden
auch mit hinein geführt und haben sehr viel von unserer Kindlichkeit drin stecken lassen müssen. Dem Unbe-
gabten schadet das weniger; in dem Begabten aber wirkt
es fort und nimmt in seinem Innern Dimensionen an,
die später, wenn sie zutage treten, nicht mehr einzudämmen sind.

Die ‚Lügenschmiede‘ war etwas neueren Datums.
Indem ich von ihr spreche, nenne ich absichtlich keine
Namen. Ich will das, was ich sage, nur gegen die Sache
selbst, nicht aber gegen Personen richten. Es gab in Ernstthal einige jüngere Leute, die außerordentlich satirisch
begabt waren. An sich sehr achtbare, liebenswürdige
Menschen, hätten sie in anderen, größeren Verhältnissen durch diese Begabung ihr Glück machen können; so
aber blieben sie unten in den kleinen Verhältnissen hän-

gen und konnten also auch nur Kleinliches und Gewöhnliches, oft sogar nur sehr Triviales leisten. Es war wirklich schade um sie!

Einer von ihnen, vielleicht der Unternehmendste und Witzigste, brachte es zum Hausbesitzer und hatte die Kühnheit, in diesem Ernstthal, wo so wenig Sinn und Mittel für Delikatessen vorhanden waren, ein Delikatessengeschäft zu errichten, aber natürlich mit Restaurationen, denn ohne diese wäre es ganz unmöglich gegangen. Diese Restauration hatte zunächst keinen besonderen Namen; aber nicht lange, so wurde ihr einer gegeben, und zwar ein sehr bezeichnender. Man nannte sie die Lügenschmiede und ihren Besitzer, den Wirt, den Lügenschmied. / Weshalb? Sowohl dem Wirt als auch seinen Stammgästen saß allen der Schalk im Nacken. Ein anderer konnte öfters dort verkehren, ohne daß er etwas davon bemerkte. Aber plötzlich brach es über ihn herein, plötzlich, ganz unerwartet und mit einer Sicherheit, der nicht zu widerstehen war. Er wurde ,gemacht', wie man es nannte. Man hatte seine schwächste Seite und seinen stärksten Nagel entdeckt und hängte an diesem irgendeine wohlausgedachte Lüge auf, die er glauben mußte, er mochte wollen oder nicht. An dieser Lüge blamierte er sich, mochte er sich noch so sehr dagegen sträuben und mochte er zehnmal und hundertmal klüger sein als alle die, welche beschlossen hatten, ihn zu Fall zu bringen. Diese Lügenschmiede wurde weithin bekannt. Tausende von Fremden kamen, um da einzukehren, und ein jeder, dem es etwa einfiel, mit dem Wirt und seinen Stammgästen anzubinden, nahm seine Backpfeife mit und zog beschämt von dannen.

Gewöhnliche Gäste kaufte man sich billig. Verlangte einer ein Glas Bier, so bekam er einen Kognak. Begehrte er einen Schnaps, so erhielt er Limonade. Wollte er einen marinierten Hering essen, so setzte man ihm Kartoffeln in der Schale und Apfelmus vor. Und keiner weigerte sich, dies zu nehmen und zu bezahlen, denn jeder wußte, die Blamage kommt dann hinterher. Bessere Gäste hatten keine so gewöhnlichen Witze zu befürchten. Die ließ man warten. „Der muß erst noch reif werden," pflegte der Lügenschmied zu sagen. Und jeder wurde reif, jeder, mochte er sein, wer oder was er wollte, ob studiert oder nicht studiert, ob hoch gestellt oder niedrig. Es gab da oft geradezu geniale Witze, immer aber mit einem Einschlag aus dem Gewöhnlichen heraus. Einem Gast, der sich rasieren lassen wollte, wurde gesagt, der Barbier/ sei nicht zu Hause, sondern er sitze grad hier neben ihm. Dieser war aber kein Barbier, sondern ein Bäckermeister. Er seifte den Betreffenden mit Anilinwasser ein und rasierte ihn, ohne daß einer der Anwesenden eine Miene dabei verzog. Der Rasierte bezahlte und ging dann vergnügt von dannen, vollständig blau im Gesicht. Er konnte sich wochenlang nicht sehen lassen, zur Strafe dafür, daß er in der Lügenschmiede behauptet hatte, er sei gescheiter als alle, ihn könne niemand foppen. Einem andern Gast wurde weisgemacht, sein Bruder sei heut' vormittag auf dem Jahrmarkt verunglückt. Er sei einem Riesenleierkasten zu nahe gekommen und mit dem rechten Bein in das Räderwerk geraten; man habe ihm infolgedessen das Bein unterhalb des Knies abnehmen müssen. Der Mann sprang erschrocken auf und rannte fort, kam aber sehr bald lachend und mit seinem vollständig gesunden Bruder zurück. Auch die Herren von der Behörde verkehrten sehr gern in der Lügenschmiede, doch nur zu Zeiten, in denen sie sich dort allein und unbeobachtet wußten. Sie ließen sich auch einen Ulk gefallen, und oft hatte der Lügenschmied es nur ihrem Einfluß zu verdanken, daß seine oft zu weit gehenden Witze ohne unangenehme Folgen blieben. Denn die Sache artete, wie alles, was unten aus dem Niedrigen stammt, nach und nach aus. Die Witze wurden gewöhnlicher; sie verloren den Reiz. Man hatte sich verausgabt. Und ein jeder, der die Lügenschmiede betrat, glaubte, Lügen machen und Unwahrheiten präsentieren zu dürfen. Der Geist ging aus. Was früher wirklicher Humor, wirkliche Schalkhaftigkeit und wirklicher Scherz und Schwank gewesen war, das wurde jetzt zur Zote, zur Zweideutigkeit, zur Unwahrheit, zur Fälschung, zur unvorsichtigen Klatscherei und Lüge. Die Lügenschmiede ist jetzt ver-/schwunden. Das Haus wurde der Erde gleichgemacht[1]. Leider aber sind die Folgen dieser unangebrachten Witzbolderei nicht auch verschwunden. Sie existieren noch heute. Sie wirken fort. Auch das war ein Sumpf, und zwar ein unter hellem Grün und winkenden Blumen verborgener Sumpf. Nicht nur die Ortsseele hat unter ihm gelitten, sondern seine Miasmen sind auch im weiten Umkreis rund über das Land gegangen, und leider, leider bin auch ich einer von denen, die sehr und schwer darunter zu leiden hatten und noch heutigen Tages leiden müssen. Daß meine Gegner es wagen konnten, den Karl May, der ich in Wirklichkeit und Wahrheit bin, in die verlogenste aller Karikaturen zu verwandeln und mich sogar als Marktweiberbandit und Räuberhauptmann durch alle Zeitungen zu schleppen, das wurde zum größten Teil durch die Lügenschmiede ermöglicht, deren Stammgäste gar nicht bedachten, was sie an mir begingen, als sie einander mit immer neuen Erfindungen über meine angeblichen Abenteuer und Missetaten traktierten. Ich komme hierauf an anderer Stelle zurück und habe hier noch ganz kurz zu sagen: Was ich über jene Falschspielergesellschaft, über ‚Batzendorf‘ und über die ‚Lügenschmiede‘ zu berichten hatte, sind nur einige kurze Einblicke in die damaligen Verhältnisse meiner Vaterstadt. Ich könnte diese Einblicke noch überaus erweitern und vertiefen, um nachzuweisen, daß es wirklich und wahrhaft ein sehr verseuchter Boden gewesen ist, in den meine Seele gezwungen war, ihre Wurzeln zu

[1] Im Jahre 1900.

schlagen, will dies aber gern und mit Vergnügen unterlassen, weil ich kürzlich zu meiner Freude gesehen habe, wieviel sich dort verändert hat. Ich hatte meine Vaterstadt schon lange Zeit gemieden und wollte sie auch ferner meiden, als ich durch eine Rechtssache gezwungen wurde, / sie noch einmal aufzusuchen. Ich wurde angenehm enttäuscht. Das meine ich nicht äußerlich, sondern innerlich. Ich habe der Städte und Orte genug gesehen; da kann mich nichts überraschen und auch nichts enttäuschen. Wie ich bei jeder Begegnung mit einem mir bisher fremden Menschen zunächst und vor allen Dingen seine Seele kennenzulernen suche, so auch die Seele eines jeden Ortes, den ich neu betrete. Und die Seele Hohenstein-Ernstthals war zwar noch die alte; das sah ich sofort; aber sie hatte sich gehoben; sie hatte sich gereinigt; sie hatte ein ganz anderes, besseres und würdigeres Aussehen bekommen. Ich hatte Gelegenheit, sie einige Tage lang beobachten zu können, und darf wohl sagen, daß mir diese Beobachtungen Freude bereiteten. Ich fand Intelligenz, wo es früher keine gegeben hatte. Ich begegnete einem regen Rechtsgefühl, das nicht so leicht wie früher irrezuleiten war. Es gab mehr Gemeindesinn, mehr Zusammenhangsgefühl. Ja, die materiellen Verhältnisse zeigten überall schon einen Aufblick hinauf in das Ideale. Der Boden, auf dem man lebte, hatte sich gehoben und zeigte die Fähigkeit, sich auch fernerhin zu veredeln. Ich begegnete alten Bekannten, aus denen in Wirklichkeit ‚etwas geworden' war. Das war mir eine Genugtuung, die ich nicht erwartet hatte. Da gab es nicht mehr jene alten, indolenten Gesichter mit dem Ausdruck unangenehmer Bauernpfiffigkeit, sondern die Züge sprachen von Einsicht und Fähigkeit, von gesunder Klugheit und überlegsamer Urteilskraft. War dies etwa nur eine Folge des Zuzugs von außen her? Gewiß nicht ausschließlich, obwohl nicht abgeleugnet werden kann, daß fremdes Blut auch im Gemeindeleben auffrischend, stärkend und verbessernd wirkt. Ich gestehe aufrichtig, daß ich seit jenem Besuch und seit jenen Be/obachtungen mit meiner Vaterstadt wieder sympathisiere und von Herzen wünsche, daß der jetzt so deutlich sichtbare Fortschritt auch nach geistigen Zielen anhalten möge. Der Beweis ist erbracht, daß die alten Zeiten vorüber sind. Man hat sich aufgerafft und steigt mit jugendlicher Energie empor; das bringt Erfolg, und mit dem Erfolg kommt auch der Segen. —

Nach diesen allgemeinen Bemerkungen kann ich nun zu mir selbst zurückkehren und zu jener Morgenfrühe, in der ich aus Ernstthal fortging, um mir bei einem edlen spanischen Räuberhauptmann Hilfe zu holen. Man glaube ja nicht, daß dies eine ,verrückte' Idee gewesen sei. Ich war geistig kerngesund. Meine Logik war zwar noch kindlich, aber doch schon wohlgeübt. Der Fehler lag daran, daß ich infolge des verschlungenen Leseschunds den Roman für das Leben hielt und darum das Leben nun einfach als Roman behandelte. Die überreiche Phantasie, mit der mich die Natur begabte, machte die Möglichkeit dieser Verwechslung zur Wirklichkeit.

Meine Reise nach Spanien dauerte nur einen Tag. In der Gegend von Zwickau wohnten Verwandte von uns. Bei ihnen kehrte ich ein. Sie nahmen mich freundlich auf und veranlaßten mich zu bleiben. Inzwischen hatte man daheim meinen Zettel gefunden und gelesen. Vater wußte, nach welcher Richtung hin Spanien liegt. Er dachte sofort an die erwähnten Verwandten und machte sich in der Überzeugung, mich sicher dort anzutreffen, sofort auf den Weg. Als er kam, saßen wir rund um den Tisch, und ich erzählte in aller Herzensaufrichtigkeit, wohin ich wollte, zu wem und auch warum. Die Verwandten waren arme, einfache, ehrliche Webersleute. Von Phantasie gab es bei ihnen keine Spur. Sie waren über mein Vorhaben einfach entsetzt. Hilfe bei / einem Räuberhauptmann suchen! Sie wußten sich zunächst keinen Rat, was sie mit mir anfangen sollten, und da war es wie eine Erlösung für sie, als sie meinen Vater hereintreten sahen. Er, der jähzornige, leicht überhitzige Mann, verhielt sich ganz anders als gewöhnlich. Seine Augen waren feucht. Er sagte mir kein einziges Wort des Zorns. Er drückte mich an sich und sagte: „Mach so etwas niemals wieder, niemals!" Dann ging er nach kurzem Ausruhen mit mir fort — wieder heim.

Der Weg betrug fünf Stunden. Wir sind in dieser Zeit still nebeneinander hergegangen; er führte mich an der Hand. Nie habe ich deutlicher gefühlt als damals, wie lieb er mich eigentlich hatte. Alles, was er vom Leben wünschte und hoffte, das konzentrierte er auf mich. Ich nahm mir heilig vor, ihn niemals wieder ein solches Leid wie das heutige an mir erleben zu lassen. Und er? Was mochten das wohl für Gedanken sein, die jetzt in ihm erklangen? Er sagte nichts. Als wir nach Hause kamen, mußte ich mich niederlegen, denn ich kleiner Kerl war zehn Stunden lang gelaufen und außerordentlich müde. Von meinem Ausflug nach Spanien wurde nie ein Wort gesprochen; aber das Kegelaufsetzen und das Lesen jener verderblichen Romane hörte auf. Als dann die Zeit gekommen war, stellte sich die nötige Hilfe ein, ohne aus dem Land der Kastanien geholt werden zu müssen. Der Herr Pastor legte ein gutes Wort für mich bei unserm Kirchenpatron, dem Grafen von Hinterglauchau, ein, und dieser gewährte mir eine Unterstützung von fünfzehn Talern pro Jahr, eine Summe, die man für mich für hinreichend hielt, das Seminar zu besuchen[1]. Zu Ostern 1856 wurde ich konfirmiert. Zu Michaelis bestand ich die Aufnahmeprüfung für das Proseminar zu Waldenburg und wurde dort aufgenommen./

1 Frau Karoline Selbmann, eine der Schwestern des Dichters, erzählte noch nach seinem Tode, wie sich die Familie auf das äußerste einschränkte, um dem Sohn und Bruder den Besuch des Seminars zu ermöglichen. Alle mußten Teile ihres Wochenverdienstes abgeben, damit des Bruders Stiefel besohlt und andere allernötigste Ausgaben bestritten werden konnten.

93

Also nicht Gymnasiast, sondern nur Seminarist! Nicht akademisches Studium, sondern nur Lehrer werden! Nur? Wie falsch! Es gibt keinen höheren Stand als den Lehrerstand, und ich dachte, fühlte und lebte mich derart in meine nunmehrige Aufgabe hinein, daß mir alles Freude machte, was sich auf sie bezog. Freilich stand diese Aufgabe nur im Vordergrund. Im Hintergrund, hoch über sie hinausragend, hob sich das über alles andere empor, was mir seit jenem Abend, an dem ich den Faust gesehen hatte, zum Ideal geworden war: Stücke für das Theater schreiben! Über das Thema Gott, Mensch und Teufel! Konnte ich das als Lehrer nicht ebenso gut wie als gewesener Akademiker? Ganz gewiß, vorausgesetzt freilich, daß die Gabe dazu nicht fehlte. Wie stolz ich war, als ich zum erstenmal die grüne Mütze trug! Wie stolz auch meine Eltern und Geschwister! Großmutter drückte mich an sich und bat:

„Denk immer an unser Märchen! Jetzt bist du noch in Ardistan; du sollst aber hinauf nach Dschinnistan. Dieser Weg wird heut beginnen. Du hast zu steigen. Kehre dich niemals an die, welche dich zurückhalten wollen!"

„Und die Geisterschmiede?" fragte ich. „Muß ich da hinein?"

„Bist du es wert, so kannst du sie nicht umgehen", antwortete sie. „Bist du es aber nicht wert, so wird dein Leben ohne Kampf und ohne Qual verlaufen."

„Ich will aber hinein; ich will!" rief ich mutig aus.

Da legte sie mir ihre Hand auf das Haupt und sagte lächelnd:

„Das steht bei Gott. Vergiß ihn nicht! Vergiß ihn nie in deinem Leben!"

Diesem Rat bin ich gehorsam gewesen, muß aber,/ wenn ich ehrlich sein will, eingestehen, daß mir das niemals schwer geworden ist. Ich kann mich nicht besinnen, daß ich je mit dem Zweifel oder gar mit dem Unglauben zu ringen gehabt hätte. Die Überzeugung, daß es einen Gott gebe, der auch über mir wachen und mich nie verlassen werde, ist, sozusagen, zu jeder Zeit ein festes, unveräußerliches Ingrediens meiner Persönlichkeit gewesen, und ich kann es mir also keineswegs als ein Verdienst anrechnen, daß ich diesem meinem lichten, schönen Kinderglauben niemals untreu geworden bin. Freilich, so ganz ohne alle innere Störung ist es auch bei mir nicht abgegangen; aber diese Störung kam von außen her und wurde nicht in der Weise aufgenommen, daß sie sich hätte festsetzen können. Sie hatte ihre Ursache in der ganz besonderen Art, in welcher die Theologie und der Religionsunterricht am Seminar behandelt wurde. Es gab täglich Morgen- und Abendandachten, an denen jeder Schüler unweigerlich teilnehmen mußte. Das war ganz richtig. Wir wurden sonn- und feiertäglich in corpore in die Kirche geführt. Das war ebenso richtig. Es gab außerdem bestimmte Feierlichkeiten für Missions- und ähnliche Zwecke. Auch das war gut und zweckentsprechend. Und es gab für sämtliche Seminarklassen einen wohldurchdachten, sehr reichlich ausfallenden Unterricht in Religions-, Bibel- und Gesangbuchslehre. Das war ganz selbstverständlich. Aber es gab bei alledem eines nicht, nämlich gerade das, was in allen religiösen Dingen die Hauptsache ist; nämlich es gab keine Liebe, keine Milde, keine Demut, keine Versöhnlichkeit. Der Unterricht war kalt, streng, hart. Es fehlte ihm jede Spur von Poesie. Anstatt zu beglücken, zu begeistern, stieß er ab. Die Religionsstunden waren diejenigen Stunden, für welche man sich am allerwenigsten zu erwärmen vermochte./ Man war immer froh, wenn der Zeiger die Zwölf erreichte. Dabei wurde dieser Unterricht von Jahr zu Jahr in genau denselben Absätzen und genau denselben Worten und Ausdrücken geführt. Was es am heutigen Datum gab, das gab es im nächsten Jahr an ganz demselben Tag unweigerlich wieder. Das ging wie eine alte Kukkucksuhr; das klang alles so sehr nach Holz, und das sah alles so aus wie gemacht, wie fabriziert. Jeder einzelne Gedanke gehörte in sein bestimmtes Dutzend und durfte sich beileibe nicht an einer anderen Stelle sehen lassen. Das ließ keine Spur von Wärme aufkommen; das tötete innerlich ab. Ich habe unter allen meinen Mitschülern keinen einzigen gekannt, der jemals ein sympathisches Wort über diese Art des Religionsunterrichts gesagt hätte. Und ich habe auch keinen gekannt, der so religiös gewesen wäre, aus freien Stücken einmal die Hände zu falten, um zu beten. Ich selbst habe stets und bei jeder Veranlassung gebetet; ich tue das auch noch heute, ohne mich zu genieren; aber damals im Seminar habe ich das geheimgehalten, weil ich das Lächeln meiner Mitschüler fürchtete.

Ich hätte gern über diese religiösen Verhältnisse geschwiegen, durfte dies aber nicht, weil ich die Aufgabe habe, alles aufrichtig zu sagen, was auf meinen inneren und äußeren Werdegang von Einfluß war. Dieses Seminar-Christentum kam mir ebenso seelenlos wie streitbar vor. Es befriedigte nicht und behauptete trotzdem, die einzige reine, wahre Lehre zu sein. Wie arm und wie gottverlassen man sich da fühlte! Die andern nahmen das gar nicht etwa als ein Unglück hin; sie waren gleichgültig; ich aber mit meiner religiösen Liebebedürftigkeit fühlte mich erkaltet und zog mich in mich selbst zurück. Ich vereinsamte auch hier, und zwar mehr, viel mehr/ als daheim. Und ich wurde hier noch klassenfremder, als ich es dort gewesen war. Das lag teils in den Verhältnissen, teils aber auch an mir selbst.

Ich wußte viel mehr als meine Mitschüler. Das darf ich sagen, ohne in den Verdacht der Prahlerei zu fallen. Denn was ich wußte, das war eben nichts weiter als nur Wust, eine regellose, ungeordnete Anhäufung von Wissensstoff, der mir nicht den geringsten Nutzen brachte, sondern mich nur beschwerte. Wenn ich ja einmal von dieser meiner unfruchtbaren Vielwisserei etwas merken ließ, sah man mich staunend an und lächelte darüber. Man fühlte instinktiv heraus, daß ich weniger beneidens- als vielmehr beklagenswert sei. Die andern, meist Lehrersöhne, hatten zwar nicht so viel gelernt, aber das, was sie gelernt hatten, lag wohlaufgespeichert und wohlgeordnet in den Kammern ihres Gedächtnisses, stets bereit, benutzt zu werden. Ich fühlte, daß ich gegen sie sehr im Nachteil stand, und sträubte mich doch, dies mir und ihnen einzugestehen. Meine stille und fleißige Hauptarbeit war, vor allen Dingen Ordnung in meinem armen Kopf zu schaffen, und das ging leider nicht so schnell, wie ich es wünschte. Das, was ich da aufbaute, fiel immer wieder ein. Es war wie ein mühsames Graben durch einen Schneehaufen hindurch, dessen Massen immer wieder nachrutschen. Und dabei gab es einen Gegensatz, der sich absolut nicht beseitigen lassen wollte. Nämlich den Gegensatz zwischen meiner außerordentlich fruchtbaren Phantasie und der Trockenheit und absoluten Poesielosigkeit des hiesigen Unterrichts. Ich war damals noch viel zu jung, als daß ich eingesehen hätte, woher diese Trockenheit kam. Man lehrte nämlich weniger das, was zu lernen war, als vielmehr die Art und Weise, in der man zu lernen / hatte. Man lehrte uns das Lernen. Hatten wir das begriffen, so war das weitere leicht. Man gab uns lauter Knochen; daher die geradezu schmerzende Trockenheit des Unterrichts. Aber aus diesen Knochen fügte man die Skelette der einzelnen Wissenschaften zusammen, deren Fleisch dann später hinzuzufügen war. Bei mir aber hatte sich bisher gerade das Umgekehrte ereignet: Ich hatte mir zwar eine Unmasse von Fleisch zusammengeschleppt, aber keinen einzigen tragenden, stützenden Knochen dazu. In meinem Wissen fehlte das feste Gerippe. Ich war in Beziehung auf das, was ich geistig besaß, eine Qualle, die weder innerlich noch äußerlich einen Halt besaß und darum auch keinen Ort, an dem sie sich daheim zu fühlen vermochte. Und das schlimmste hierbei war: das knochenlose Fleisch dieser Qualle war nicht gesund, sondern krank, schwer krank; es war von den Schundromanen des Kegelhausbesitzers vergiftet. Das begann ich jetzt erst eigentlich einzusehen und fühlte mich um so unglücklicher dabei, als ich mit keinem Menschen darüber sprechen konnte, ohne mich dadurch bloßzustellen. Gerade die Trockenheit und, ich muß wohl sagen, die Seelenlosigkeit dieses Seminarunterrichts war es, die mich zu der Erkenntnis meiner Vergiftung führte. Ich fand für die Skelette, die uns geboten wurden, damit wir sie beleben möchten, kein gesundes Fleisch in mir. Alles, was ich zusammenfügte und was ich mir innerlich aufzubauen versuchte, wurde formlos, wurde häßlich, wurde unwahr und ungesetzlich. Ich begann, Angst vor mir zu bekommen, und arbeitete unausgesetzt an meiner seelischen Gestalt herum, mich innerlich zu säubern, zu reinigen, zu ordnen und zu heben, ohne fremde Hilfe in Anspruch nehmen zu müssen, die es ja auch gar nicht gab. Ich hätte mich wohl gern einem unserer Lehrer / anvertraut, aber die waren ja alle so erhaben, so kalt, so unnahbar, und vor allen Dingen, das fühlte ich heraus, keiner von ihnen hätte mich verstanden; sie waren keine Psychologen. Sie hätten mich befremdet angesehen und einfach stehengelassen.

Hierzu kam der angeborene, unwiderstehliche Drang nach geistiger Betätigung. Ich lernte sehr leicht und hatte demzufolge viel Zeit übrig. So dichtete ich im stillen; ja, ich komponierte. Die paar Pfennig, die ich erübrigte, wurden in Schreibpapier angelegt. Aber was ich schrieb, das sollte keine Schülerarbeit werden, sondern etwas Brauchbares, etwas wirklich Gutes. Und was schrieb ich da? Ganz selbstverständlich eine Indianergeschichte! Wozu? Ganz selbstverständlich, um gedruckt zu werden! Von wem? Ganz selbstverständlich von der ‚Gartenlaube‘, die vor einigen Jahren gegründet worden war,

aber schon von jedermann gelesen wurde[1]. Da war ich
sechzehn Jahre alt. Ich schickte das Manuskript ein. Als
sich eine ganze Woche lang nichts hierauf ereignete, bat
ich um Antwort. Es kam keine. Darum schrieb ich nach
weiteren vierzehn Tagen in einem strengeren Ton, und
nach weiteren zwei Wochen verlangte ich mein Manuskript zurück, um es an eine andere Redaktion zu senden.
Es kam. Dazu ein Brief, von Ernst Keil[2] selbst geschrieben, vier große Quartseiten lang. Ich war fern davon, dies so zu schätzen, wie es zu schätzen war. Er
kanzelte mich zunächst ganz tüchtig herunter, so daß ich
mich wirklich aufrichtig schämte, denn er zählte mir
höchst gewissenhaft alle Missetaten auf, die ich, natürlich ohne es zu ahnen, in der Erzählung begangen hatte.
Gegen den Schluß hin aber milderten sich die Vorwürfe,
und am Ende reichte er mir, dem dummen Jungen, vergnügt die Hand und sagte mir, daß er nicht übermäßig
entsetzt / sein würde, wenn sich nach vier oder fünf Jahren wieder eine Indianergeschichte von mir bei ihm einstellen sollte. Er hat keine bekommen; aber daran trage
nicht ich die Schuld, sondern die Verhältnisse gestatteten
es nicht. Das war der erste literarische Erfolg, den ich
zu verzeichnen habe. Damals freilich hielt ich es für
einen absoluten Mißerfolg und fühlte mich sehr unglücklich darüber. Inzwischen verging die Zeit. Ich stieg aus
dem Proseminar in die vierte, dritte und zweite Seminar-
klasse, und in dieser zweiten Klasse war es, wo mich
jenes Schicksal überfiel, aus dem meine Gegner so übel-
klingendes Kapital geschlagen haben.

Es herrschte im Seminar der Gebrauch, daß die Angelegenheiten jeder Klasse reihum zu besorgen waren,
von jedem eine Woche lang. Darum wurde der Betreffende als ,Wochner' bezeichnet. Außerdem gab es in
der ersten Klasse einen ,Ordnungswochner' und in der

1 1853.
2 Gründer und Herausgeber der ,Gartenlaube', 1816—1878.

zweiten einen ,Lichtwochner,' welch letzterer die Beleuchtung der Klassenzimmer zu übersehen hatte. Diese Beleuchtung geschah damals mit Hilfe von Talglichtern, von denen, wenn eines niedergebrannt war, ein anderes neu aufgesteckt wurde. Der Lichtwochner hatte täglich die Säuberung der alten, wertlosen Leuchter vorzunehmen und insbesondere die Dillen von den steckengebliebenen Docht- und Talgresten zu reinigen. Diese Reste wurden entweder einfach weggeworfen oder vom Hausmann zu Stiefel- oder anderer Schmiere zusammengeschmolzen. Sie waren allgemein als wertlos anzusehen.

Es war anfangs der Weihnachtswoche, als die Reihe, Lichtwochner zu sein, an mich kam.[1] Ich besorgte diese Arbeit wie jeder andere. Am Tag vor dem Weihnachtsheiligenabend begannen unsere Ferien. Am Tage vorher kam eine meiner Schwestern, um meine Wäsche ab/zuholen und das wenige Gepäck, welches ich mit in die Ferien zu nehmen hatte. Sie tat dies stets, sooft es Ferien gab. Der Weg, den sie da von Ernstthal nach Waldenburg machte, war zwei Stunden lang. So auch jetzt. Als sie diesmal kam, war ich gerade beim Reinigen der Leuchter. Sie war traurig. Es stand nicht gut daheim. Es gab keine Arbeit und darum keinen Verdienst. Mutter pflegte, wie selbst die ärmsten Leute, für das Weihnachtsfest wenigstens einige Kuchen zu backen. Das hatte sie heuer kaum erschwingen können. Aber beschert werden konnte nichts, gar nichts, denn es fehlte das Geld dazu. Es gab keine Lichte für den Weihnachtsleuchter. Sogar die hölzernen Engel der kleineren Schwestern sollten ohne Lichte sein. Zu diesen Engeln gehörten drei kleine Lichte, das Stück für fünf oder sechs Pfennig; aber wenn diese achtzehn Pfennig zu andern, notwendigeren Dingen gebraucht wurden, so hatte man sich eben zu fügen. Das tat mir weh. Der Schwester stand das Weinen hinter den Augen. Sie sah die Talgreste, die ich soeben aus den

1 Den Seminar-Akten gemäß bereits Mitte November 1859.

Dillen und von den Leuchtern herabgekratzt hatte. „Könnte man denn daraus nicht einige Pfenniglichte machen?" fragte sie. „Ganz leicht," antwortete ich. „Man braucht dazu eine Papierröhre und einen Docht, weiter nichts. Aber brennen würde es schlecht, denn dieses Zeug ist nur noch höchstens für Schmiere zu gebrauchen." „Wenn auch, wenn auch! Wir hätten doch eine Art von Licht für die drei Engel. Wem gehört dieser Abfall?" „Eigentlich niemandem. Ich habe ihn zum Hausmann zu schaffen. Ob der ihn wegwirft oder nicht, ist seine Sache." „Also wäre es wohl nicht gestohlen, wenn wir uns ein bißchen davon mit nach Hause nähmen?" „Gestohlen? Lächerlich! Fällt keinem Menschen ein! Der ganze Schmutz ist nicht drei Pfennige / wert. Ich wickle dir ein wenig davon ein. Daraus machen wir drei kleine Weihnachtslichte."[1]

Gesagt, getan! Wir waren nicht allein. Ein anderer Seminarist stand dabei. Einer aus der ersten Klasse, also eine Klasse über mir. Es widerstrebt mir, seinen Namen zu nennen. Sein Vater war Gendarm. Dieser wackere Mitschüler sah alles mit an. Er warnte mich nicht etwa, sondern er war ganz freundlich dabei, ging fort und — zeigte mich an. Der Herr Direktor kam in eigener Person, den ‚Diebstahl' zu untersuchen. Ich gestand sehr ruhig ein, was ich getan hatte, und gab den ‚Raub', den ich begangen hatte, zurück. Ich dachte wahrhaftig nichts Arges. Er aber nannte mich einen ‚infernalischen Charakter' und rief die Lehrerkonferenz zusammen, über mich und meine Strafe zu entscheiden. Schon nach einer halben Stunde wurde sie mir verkündet. Ich war aus dem Seminar entlassen und konnte gehen, wohin es mir beliebte.[2] Ich ging gleich mit der Schwester —

1 Mays Darstellung weicht vom Bericht der Seminar-Akten ab: danach wurden „6 ganze Lichte" (an anderer Stelle: „1 Pfund Talglichter") „in seiner Lade gefunden"; die Absicht der widerrechtlichen Aneignung wurde den Seminarprotokollen zufolge allerdings von May entschieden und unwiderlegt bestritten.
2 Die Konferenzentscheidung fiel am 21./22. 12. 1859; die eigentliche Verweisung von der Anstalt aber wurde erst am 28. 1. 1860 ausgesprochen.

in die heiligen Christferien — ohne Talg für die Weihnachtsengel — es waren das sehr trübe, dunkle Weihnachtsfeiertage. Ich habe wohl überhaupt schon gesagt, daß gerade Weihnacht für mich oft eine Zeit der Trauer, nicht der Freude gewesen sei. An diesen Weihnachtstagen erloschen heilige Flammen in mir, Lichter, die mir wert gewesen waren. Ich lernte zwischen dem Christentum und seinen Bekennern unterscheiden. Ich hatte Christen kennengelernt, die unchristlicher gegen mich verfahren waren, als Juden, Türken und Heiden verfahren würden.

Glücklicherweise zeigte sich das Ministerium des Kultus und öffentlichen Unterrichts, an welches ich mich wandte, verständiger und humaner als die Seminardirektion. Ich erlangte ohne weiteres die Genehmigung, meine unter/brochenen Studien auf dem Seminar in Plauen fortzusetzen. Ich kam dort in dieselbe Klasse[1], also in die zweite, und bestand nach zurückgelegter erster Klasse das Lehrerexamen[2], worauf ich meine erste Stelle in Glauchau[3] erhielt, bald aber nach Altchemnitz kam, und zwar in eine Fabrikschule[4], deren Schüler ausschließlich aus ziemlich erwachsenen Fabrikarbeitern bestanden. Hier haben meine Bekenntnisse zu beginnen. Ich lege sie ab, ohne Scheu, der Wahrheit gemäß, als ob ich mich nicht mit mir selbst, sondern mit einer anderen, mir fremden Person beschäftigte.

Ich komme auf die Armut meiner Eltern zurück. Das Examen hatte einen Frackanzug erfordert, für unsere Verhältnisse eine kostspielige Sache. Hierzu kam, da ich als Lehrer nicht mehr wie als Schüler herumlaufen konnte, eine wenn auch noch so bescheidene Ausstattung an Wäsche und anderen notwendigen Dingen. Das konnten meine Eltern nicht bezahlen; ich mußte es auf mein

1 2. 6. 1860.
2 9. und 12. 9. 1861.
3 am 5. 10. 1861 an der Stadtschule.
4 der Firmen Solbrig und Claus.

Konto nehmen; das heißt, ich borgte es mir, um es von meinem Gehalt nach und nach abzuzahlen. Da hieß es sparsam sein und jeden Pfennig umdrehen, ehe er ausgegeben wurde! Ich beschränkte mich auf das Äußerste und verzichtete auf jede Ausgabe, die nicht absolut notwendig war. Ich besaß nicht einmal eine Uhr, die doch für einen Lehrer, der sich nach Minuten zu richten hat, fast unentbehrlich ist.

Der Fabrikherr, dessen Schule mir anvertraut worden war, hatte kontraktlich für Logis für mich zu sorgen. Er machte sich das leicht. Einer seiner Buchhalter besaß auch freies Logis, Stube mit Schlafstube. Er hatte bisher beides allein besessen; nun wurde ich zu ihm einquartiert; er mußte mit mir teilen. Hierdurch verlor er seine Selbständigkeit und seine Bequemlichkeit; ich genierte ihn an allen Ecken und Enden, und so läßt es sich gar / wohl begreifen, daß ich ihm nicht sonderlich willkommen war und ihm der Gedanke nahelag, sich auf irgendeine Weise von dieser Störung zu befreien. Im übrigen kam ich ganz gut mit ihm aus. Ich war ihm möglichst gefällig und behandelte ihn, da ich sah, daß er das wünschte, als den eigentlichen Herrn des Logis. Das verpflichtete ihn zur Gegenfreundlichkeit. Die Gelegenheit hierzu fand sich sehr bald. Er hatte von seinen Eltern eine neue Taschenuhr bekommen. Seine alte, die er nun nicht mehr brauchte, hing unbenutzt an einem Nagel an der Wand. Sie hatte einen Wert von höchstens zwanzig Mark. Er bot sie mir zum Kauf an, weil ich keine besaß; ich lehnte aber ab, denn wenn ich mir einmal eine Uhr kaufte, so sollte es eine neue, bessere sein. Freilich stand dies noch in weitem Feld, weil ich zuvor meine Schulden abzuzahlen hatte. Da machte er selbst mir den Vorschlag, seine alte Uhr, wenn ich in die Schule müsse, zu mir zu stecken, da ich doch zur Pünktlichkeit verpflichtet sei. Ich ging darauf ein und war ihm dankbar dafür. In der ersten Zeit hängte ich die Uhr, sobald ich aus der Schule zurückkehrte, sofort an den Nagel zurück. Später unterblieb das zuweilen; ich behielt sie noch stundenlang in der Tasche, denn eine so auffällige Betonung, daß sie nicht mir gehöre, kam mir nicht gewissenhaft, sondern lächerlich vor. Schließlich nahm ich sie sogar auf Ausgängen mit und hängte sie erst am Abend, nach meiner Heimkehr, an Ort und Stelle. Ein wirklich freundschaftlicher oder gar herzlicher Umgang fand nicht zwischen uns statt. Er duldete mich nur notgedrungen und ließ es mich zuweilen absichtlich merken, daß ihm die Teilung seiner Wohnung nicht behage.

Da kam Weihnacht.[1] Ich teilte ihm mit, daß ich die Feiertage bei den Eltern zubringen würde, und ver-/abschiedete mich von ihm, weil ich nach Schluß der Schule gleich abreisen wollte, ohne erst in die Wohnung zurückzukehren. Als die letzte Schulstunde vorüber war, fuhr ich nach Ernstthal, nur eine Bahnstunde lang, also gar nicht weit. Die Uhr zurückzulassen, daran hatte ich in meiner Ferienfreude nicht gedacht. Als ich bemerkte, daß sie sich in meiner Tasche befand, war mir das sehr gleichgültig. Ich war mir ja nicht der geringsten unlauteren Absicht bewußt. Dieser Abend bei den Eltern war so glücklich! Ich hatte die Schülerzeit hinter mir; ich besaß ein Amt; ich bekam Gehalt. Der Anfang zum Aufstieg war da. Morgen war Heiliger Abend. Wir begannen schon heute die Christbescherung vorzubereiten. Dabei sprach ich über meine Zukunft, über meine Ideale, die für mich alle im hellsten Weihnachtsglanz standen. Der Vater schwärmte mit. Die Mutter war stillglücklich. Großmutters alte, treue Augen strahlten. Als wir endlich zur Ruhe gegangen waren, lag ich noch lange Zeit wach im Bett und hielt Rechenschaft über mich. Meine innere Unklarheit wurde mir zum erstenmal wirklich bewußt. Ich sah die Abgründe hinter mir gähnen,

[1] 1861.

vor mir aber keinen mehr, denn mein Weg schien zwar schwer und mühevoll, aber völlig frei zu sein: Schriftsteller werden; Großes leisten, aber vorher Großes lernen! Alle inneren Fehler, welche die Folgen meiner verkehrten Erziehung waren, nach und nach hinauswerfen, damit Platz für Neues, Besseres, Richtigeres, Edles werde! In diesen Gedanken schlief ich ein, und als ich früh erwachte, war der Vormittag schon fast vorüber, und ich mußte nach dem Hohensteiner Christmarkt, um noch einige kleine Einkäufe zur Bescherung für die Schwestern zu machen. Dort traf ich einen Gendarm, der mich fragte, ob ich der Lehrer May sei. Als ich dies bejahte, forderte er / mich auf, mit ihm nach dem Rathaus zu kommen, zur Polizei, wo man eine Befragung für mich habe. Ich ging mit, vollständig ahnungslos. Ich wurde zunächst in die Wohnstube geführt, nicht in das Bureau. Da saß eine Frau und nähte. Wessen Frau, darüber bitte ich, schweigen zu dürfen. Sie war eine gute Bekannte meiner Mutter, eine Schulkameradin von ihr, und sah mich mit angstvollen Augen an. Der Gendarm gebot mir, mich niederzusetzen, und ging für kurze Zeit hinaus, seine Meldung zu machen. Das benutzte die Frau, mich hastig zu fragen:

„Sie sind arretiert![1] Wissen Sie das?"

„Nein", antwortete ich, tödlich erschrocken. „Warum?"

„Sie sollen Ihrem Mietkameraden seine Taschenuhr gestohlen haben! Wenn man sie bei Ihnen findet, bekommen Sie Gefängnis und werden als Lehrer abgesetzt!"

Mir flimmerten die Augen. Ich hatte das Gefühl, als habe mir jemand mit einer Keule über den Kopf geschlagen. Ich dachte an den gestrigen Abend, an meine Gedanken vor dem Einschlafen, und nun plötzlich Absetzung und Gefängnis!

„Aber die ist ja gar nicht gestohlen, sondern nur ge-

[1] Mays Verhaftung erfolgte in Wirklichkeit erst am 2. Weihnachtstag.

126   105–106

borgt!" stammelte ich, während ich sie aus der Tasche zog.

„Das glaubt man Ihnen nicht! Weg damit! Geben Sie sie ihm heimlich wieder, doch lassen Sie sie jetzt nicht sehen! Schnell, schnell!"

Meine Bestürzung war unbeschreiblich. Ein einziger klarer, ruhiger Gedanke hätte mich gerettet, aber er blieb aus. Ich brauchte die Uhr einfach nur vorzuzeigen. und die Wahrheit zu sagen, so war alles gut; aber ich stand vor Schreck wie im Fieber und handelte wie im Fieber. / Die Uhr verschwand, nicht wieder in der Tasche, sondern im Anzug, wohin sie nicht gehörte, und kaum war dies geschehen, so kehrte der Gendarm zurück, um mich abzuholen. Mache ich es mit dem, was nun geschah, so kurz wie möglich! Ich beging den Wahnsinn, den Besitz der Uhr in Abrede zu stellen; sie wurde aber, als man nach ihr suchte, gefunden.[1] So vernichtete mich also die Lüge, anstatt daß sie mich rettete; das tut sie ja immer; ich war ein — Dieb! Ich wurde nach Chemnitz vor den Untersuchungsrichter geschafft, brachte die Weihnachtsfeiertage anstatt bei den Eltern hinter Schloß und Riegel zu und wurde zu sechs Wochen Gefängnis verurteilt. Ob und womit ich mich verteidigt habe; ob ich zur Berufung, zur Appellation, zu irgendeinem Rechtsmittel, zu einem Gnadengesuch, zu einem Anwalt meine Zuflucht nahm, das weiß ich nicht zu sagen.[2] Jene Tage sind aus meinem Gedächtnis entschwunden, vollständig entschwunden. Ich möchte aus wichtigen psychologischen Gründen gern alles so offen und ausführlich wie möglich erzählen, kann das aber leider nicht, weil das alles infolge ganz eigenartiger,

[1] Mit dieser Darstellung stimmt ein Brief überein, den der Vater des Dichters in derselben Angelegenheit an den Superintendenten Kohl in Chemnitz geschrieben hat. Abgedruckt weiter unten im Abschnitt ‚Gerechtigkeit für Karl May!'

[2] Ja. Durch die Berufung und zwei von May und seinen Eltern eingereichte Gnadengesuche (beide abgeschlagen) verzögerte sich der Strafantritt bis zum 8. 9. 1862.

seelischer Zustände, über die ich im nächsten Kapitel
zu berichten haben werde, aus meiner Erinnerung aus-
gestrichen ist. Ich weiß nur, daß ich mich vollständig verloren hatte und daß ich mich dann in der Pflege der
Eltern und besonders der Großmutter wiederfand. Als
ich mich mühsam erholt hatte und wieder kräftig genug auf den Beinen war, bin ich nach Altchemnitz gegangen, um mein beschädigtes Gedächtnis wieder aufzufri-
schen. Es war in Beziehung auf die Örtlichkeiten vergebens; ich erkannte nichts, weder die Fabrik, noch
meine damalige Wohnung, noch irgendeine Stelle, an der
ich ganz unbedingt gewesen war. Aber plötzlich stand
er vor mir, mein Wohnungsgenosse, der Buchhalter. / Er
kam mir auf der Straße entgegen und hielt den Schritt
an, als wir uns erreichten. Den erkannte ich sofort, er
mich auch, obgleich er versicherte, daß ich ganz anders
aussehe als früher, so außerordentlich leidend. Er gab
mir die Hand und bat mich, ihm zu verzeihen. So, wie
es gekommen sei, das habe er keineswegs gewollt. Es
tue ihm unendlich leid, mir meine Karriere verdorben
zu haben! Ich sah ihn groß an. Mir meine Karriere verdorben? Hätte das überhaupt jemand gekonnt? Selbst
wenn der Staat mich nicht mehr anstellen will, gibt es
doch Privatstellen genug, die besser bezahlt werden als
diejenigen des Staates. Und meine Absicht war es ja niemals gewesen, Volks- oder gar Fabrikschullehrer zu bleiben; ich hatte ganz anderes geplant und plante das
auch noch heute. Ich ließ den Mann mitten auf der Straße stehen und entfernte mich, ohne ihm einen Vorwurf
zu machen.

Ja, ich ging fort, aber wohin?! Das ahnte ich damals
nicht. Ich habe im letzten Verlauf dieser Darstellung
gesagt, daß die Abgründe hinter mir lagen, vor mir aber
keine, und daß ich die Absicht hegte, Großes zu leisten,
vorher aber Großes zu lernen. Das erstere war falsch.
Die Abgründe lagen ganz im Gegenteil nicht hinter mir,

128

sondern vor mir. Und das Große, was ich zu lernen und zu leisten hatte, war, in diese Abgründe zu stürzen, ohne zu zerschmettern, und jenseits frei hinaufzusteigen, ohne jemals wieder zurückzufallen. Dies ist die schwerste Aufgabe, die es für einen Sterblichen gibt, und ich glaube, ich habe sie gelöst. —/

5

Im Abgrund

(1862 — 1874)

Ich komme nun zu der Zeit, die für mich und für jeden Menschenfreund die schrecklichste, für den Psychologen aber die interessanteste ist. Es liegt mir in der schreibenden Hand und in der Feder, der vorliegenden Darstellung jene psychologische oder gar kriminalpsychologische Färbung zu geben, die am besten geeignet wäre, das, was damals in mir vorgegangen ist, für den Fachmann begreiflich zu machen; aber ich schreibe hier nicht für den seelenkundigen Spezialisten, sondern für die Welt, in der meine Bücher gelesen werden, und habe mich also aller Versuche, Psychologie zu treiben, zu enthalten. Ich werde infolgedessen alle Fachausdrücke vermeiden und lieber einen bildlichen Ausdruck in Anwendung bringen als einen, der nicht allgemein verständlich ist.

Die im letzten Kapitel erzählte Begebenheit hatte wie ein Schlag auf mich gewirkt, wie ein Schlag über den Kopf, unter dessen Wucht man in sich selbst zusammenbricht. Und ich brach zusammen! Ich stand zwar wieder auf, doch nur äußerlich; innerlich blieb ich in dumpfer Betäubung liegen; wochenlang, ja monatelang. Daß es/ gerade zur Weihnachtszeit geschehen war, hatte die Wirkung verdoppelt. Ob ich mich an einen Rechtsanwalt wendete, ob ich Berufung eingelegt, appelliert oder sonst irgendein Rechtsmittel ergriffen habe, das weiß ich nicht. Ich weiß nur noch, daß ich sechs Wochen lang[1] in einer Zelle wohnte, zwei andere Männer mit mir. Sie waren Untersuchungsgefangene. Man schien mich also für ungefährlich zu halten, sonst hätte man mich nicht mit Personen zusammengesperrt, die noch nicht abgeurteilt waren. Der eine war ein Bankbeamter, der andere ein Hotelier. Weshalb sie in Untersuchung saßen, das kümmerte mich nicht. Sie zeigten sich lieb zu mir und gaben sich Mühe, mich aus dem Zustand innerlicher Versteinerung, in dem ich mich befand, emporzuheben, doch vergeblich. Ich verließ die Zelle nach Beendigung meiner Haft mit derselben Empfindungslosigkeit, in der ich sie betreten hatte. Ich ging heim zu den Eltern.

Weder dem Vater, noch der Mutter, noch der Großmutter, noch den Schwestern fiel es ein, mir Vorwürfe zu machen. Und das war geradezu entsetzlich! Als ich damals in meinem kindlichen Unverstand nach Spanien wollte und Vater mich heimholte, hatte ich mir vorgenommen, ihn niemals wieder mit ähnlichem zu betrüben, und es war so ganz anders und so viel schlimmer gekommen! Um meine Zukunft oder um eine Anstellung war es mir nicht; die hätte ich zu jeder Zeit erhalten können. Nun, da es so stand, handelte es sich für mich darum, nicht erst seitwärts abzuschweifen, sondern gleich jetzt und für immer in den Weg einzubiegen, an dessen anderem Ende die Ideale lagen, die ich seit meiner Knabenzeit im tiefsten Herzen trug. Schriftsteller werden, Dichter werden! Lernen, lernen, lernen! Am Großen, Schönen, Edlen mich emporarbeiten aus der jetzigen tiefen Niedrigkeit! Die Welt / als Bühne kennenlernen und die Menschheit, die sich auf ihr bewegt! Und am Schluß dieses schweren, arbeitsreichen Lebens für die andere Bühne schreiben, für das Theater,

[1] Vom 8. 9. bis 20. 10. 1862 in Chemnitz.

um dort die Rätsel zu lösen, die mich schon seit frühester Kindheit umfangen hatten und die ich heute zwar fühlte, aber noch lange, lange, lange nicht begriff!

Dieser sich in mir vollziehende Gedanken- oder Willensvorgang sprach sich nicht etwa klar, kurz und bündig aus, o nein, denn es herrschte jetzt in mir das strikte Gegenteil von Klarheit; es war Nacht; es gab nur wenige freie Augenblicke, in denen ich weitersah, als gerade der heutige Tag mich sehen ließ. Diese Nacht war nicht ganz dunkel; sie hatte Dämmerlicht. Und sonderbar, sie erstreckte sich nur auf die Seele, nicht auch auf den Geist. Ich war seelenkrank, aber nicht geisteskrank. Ich besaß die Fähigkeit zu jedem logischen Schluß, zur Lösung jeder mathematischen Aufgabe. Ich hatte den schärfsten Einblick in alles, was außer mir lag; aber sobald es sich mir näherte, um zu mir in Beziehung zu treten, hörte diese Einsicht auf. Ich war nicht imstande, mich selbst zu betrachten, mich selbst zu verstehen, mich selbst zu führen und zu lenken. Nur zuweilen kam ein Augenblick, der mir die Fähigkeit brachte zu wissen, was ich wollte, und dann wurde dieses Wollen festgehalten bis zum nächsten Augenblick. Es war ein Zustand, wie ich ihn noch bei keinem Menschen gesehen und in keinem Buch gelesen hatte. Und ich war mir dieses seelischen Zustandes geistig sehr wohl bewußt, besaß aber nicht die Macht, ihn zu ändern oder gar zu überwinden. Es bildete sich bei mir das Bewußtsein heraus, daß ich kein Ganzes mehr sei, sondern eine gespaltene Persönlichkeit, ganz dem neuen Lehrsatz entsprechend, nicht Einzelwesen, sondern Drama sei der Mensch. In diesem Drama gab / es verschiedene handelnde Persönlichkeiten, die sich bald gar nicht, bald aber auch sehr genau voneinander unterschieden.

Da war zunächst ich selbst, nämlich ich, der ich das alles beobachtete. Aber wer dieses Ich eigentlich war und wo es steckte, das vermochte ich nicht zu sagen. Es be-

saß große Ähnlichkeit mit meinem Vater und hatte alle
seine Fehler. Ein zweites Wesen in mir stand stets nur
in der Ferne. Es glich einer Fee, einem Engel, einer jener
reinen, beglückenden Gestalten aus Großmutters Mär-
chenbuch. Es mahnte; es warnte. Es lächelte, wenn ich
gehorchte, und es trauerte, wenn ich ungehorsam war.
Die dritte, natürlich nicht körperliche, sondern seelische
Gestalt, war mir direkt widerlich. Fatal, häßlich, höhnisch, abstoßend, stets finster und drohend; anders habe
ich sie nie gesehen, und anders habe ich sie nie gehört.
Denn ich sah sie nicht nur, sondern ich hörte sie auch;
sie sprach. Sie sprach oft ganze Tage und ganze Nächte
lang in einem fort zu mir. Und sie wollte nie das Gute,
sondern stets nur das, was bös und ungesetzlich war.
Sie war mir neu; ich hatte sie nie gesehen, sondern sah
sie erst jetzt, seit ich innerlich gespalten war. Aber wenn
sie einmal still war und ich darum Zeit fand, sie unbe-
merkt und aufmerksam zu betrachten, dann kam sie mir
so vertraut und so bekannt vor, als ob ich sie schon
tausendmal gesehen hätte. Dann wechselte ihre Gestalt,
und es wechselte auch ihr Gesicht. Bald stammte sie
aus Batzendorf, bald aus dem Kegelschub oder aus der
Lügenschmiede. Heute sah sie aus wie Rinaldo Rinaldini, morgen wie der Raubritter Kuno von der Eulen-
burg und übermorgen wie der fromme Seminardirektor,
als er vor meinem Talgpapier stand.

Diese inneren Beobachtungen machte ich nicht mit/
einemmal, sondern nach und nach. Es vergingen viele,
viele Monate, bis sie sich in mir so weit entwickelt
hatten, daß ich sie mit dem geistigen Auge fassen und
durch das Gedächtnis festhalten konnte. Und da begann
ich zu begreifen, um was es sich eigentlich handelte.
Was sich in jedem Menschen vollzieht, ohne daß er es
bemerkt oder auch nur ahnt, das vollzog sich in mir,
während ich es sah und hörte. War dies ein Vorzug,
eine Gottesgnade? Oder war ich verrückt? Dann aber je-

denfalls nicht geistig, sondern seelisch verrückt, denn ich machte diese Beobachtungen mit einer Objektivität und Kaltblütigkeit, als ob es sich nicht um mich selbst, sondern um einen ganz anderen, mir vollständig fremden Menschen handle. Und ich lebte das gewöhnliche, alltägliche Leben ganz so, wie jede gesunde Person es lebt, die von derartigen psychologischen Vorgängen nicht angefochten wird. Es kehrte mir die Kraft und der Wille zum Leben zurück. Ich arbeitete. Ich gab Unterricht in Musik und fremden Sprachen. Ich dichtete; ich komponierte. Ich bildete mir eine kleine Instrumentalkapelle, um das, was ich komponierte, einzuüben und aufzuführen. Es leben noch heute Mitglieder dieser Kapelle. Ich wurde Direktor eines Gesangvereins, mit dem ich öffentliche Konzerte gab, trotz meiner Jugend.[1] Und ich begann zu schriftstellern. Ich schrieb erst Humoresken, dann ‚Erzgebirgische Dorfgeschichten'. Ich hatte nicht die geringste Not, Verleger zu finden. Gute, pakkende Humoresken sind äußerst selten und werden hoch bezahlt. Die meinigen gingen aus einer Zeitung in die andere. Es war eine Freude, zu sehen, wie sich das so vortrefflich entwickelte. Aber diese Freude wurde in der grausamsten Weise durch eine andere Entwicklung vergällt, die sich zu gleicher Zeit und dem konform in meinem Innern vollzog. Die Spaltung dort griff weiter um sich. Jede / Empfindung, jedes Gefühl schien Form annehmen zu wollen. Es wimmelte von Gestalten in mir, die mitsorgen, mitarbeiten, mitschaffen, mitdichten und mitkomponieren wollten. Und jede dieser Gestalten sprach; ich mußte sie hören. Es war zum Wahnsinnigwerden! Wie es früher außer mir selbst nur zwei Gestalten gegeben hatte, die helle und die dunkle, so jetzt außer mir zwei Gruppen. Und je länger es dauerte, daß sie sich voneinander unterschieden, um so deutlicher erkannte ich sie. Es kämpften da zwei einander feindliche

1 Gesangverein „Lyra" in Ernstthal (um 1864).

Heerlager gegeneinander: Großmutters helle, lichte Bibel- und Märchengestalten gegen die schmutzigen Dämonen jener unglückseligen Hohensteiner Leihbibliothek. Ardistan gegen Dschinnistan. Die übererbten Gedanken des Sumpfes, in dem ich geboren wurde, gegen die beglückenden Ideen des Hochlandes, nach dem ich strebte. Die Miasmen einer vergifteten Kinder- und Jugendzeit gegen die reinen, beseligenden Wünsche und Hoffnungen, mit denen ich in die Zukunft schaute, die Lüge gegen die Wahrheit, das Laster gegen die Tugend, die eingeborene menschliche Bestie gegen die Wiedergeburt, nach der jeder Sterbliche zu streben hat, um zum Edelmenschen zu werden.

Solche inneren Kämpfe hat jeder denkende Mensch, der vorwärts strebt, durchzumachen. Bei ihm sind es Gedanken und Empfindungen, die gegeneinander streiten. Bei mir aber hatten diese Gedanken und Regungen sich zu sichtbaren und hörbaren Gestalten verdichtet. Ich sah sie bei geschlossenen Augen, und ich hörte sie, bei Tag und bei Nacht; sie störten mich aus der Arbeit; sie weckten mich aus dem Schlaf. Die dunklen waren mächtiger als die hellen; gegen ihre Zudringlichkeit gab es keinen Widerstand. In gewöhnlichen Stunden herrschte Ruhe in mir; da gab es keinen Konflikt. Sobald ich aber zu / arbeiten begann, erwachte Gestalt um Gestalt. Eine jede wollte die Arbeit so, wie sie es wünschte. Auch kam es sehr auf das Thema an, das ich behandelte. Gegen eine lustige Humoreske hatte niemand etwas. Die konnte ich ohne Streit und Störung vollenden. Bei einer ernsten Dorfgeschichte aber erhoben sich zahlreiche Stimmen für und gegen mich. In diesen Dorfgeschichten wies ich regelmäßig nach, daß Gott nicht mit sich spotten läßt, sondern genauso straft, wie man sündigt. Hiergegen empörten sich gewisse Gestalten in mir. Den größten Widerstand aber fand ich, sobald ich in meinen Arbeiten oder meiner Lektüre noch höhere Linien bestieg.

Wenn ich mir ein religiös oder ethisch oder ästhetisch hohes Thema stellte, empörte sich die dunkle Gestalt in mir mit aller Macht dagegen und bereitete mir Qualen, die ganz unaussprechlich sind. Um zu zeigen, in welcher Weise das vor sich ging und was für Qualen das waren, will ich ein erläuterndes Beispiel bringen: Ich hatte den Auftrag erhalten, eine Parodie auf ‚Des Sängers Fluch‘ von Uhland zu schreiben. Ich tat es. Die Parodie bekam den Titel ‚Des Schneiders Fluch‘. Ein Schneider verfluchte einen Schuster, sein baufälliges Häuschen und winziges Gärtchen, in dem nur zwei Stachelbeerbüsche standen.

Bei der Verfluchung des Häuschens kam es zu folgenden Zeilen:

> „Die Hypotheken lauern
> schon heut auf euern Sturz.
> Ihr hört's, verruchte Mauern,
> ich mach' es mit euch kurz!"

Diese Parodie dichtete ich, ohne innerlich dabei gestört zu sein. Gegen so niedrige Sachen gab es nicht die geringste Empörung in mir. Nur die lichte Gestalt verschwand; sie trauerte, denn mein Können reichte zu Besserem und / Edlerem aus.

Einige Zeit später hatte ich ein Lehrgedicht zu schreiben, von dem mir jetzt nur noch folgende Strophen gegenwärtig sind:

> „Wenn ihr erst selbst das Wort verstanden,
> das euer Heiland euch gelehrt,
> und es in euren eig'nen Landen
> befolgt und mit Gehorsam ehrt,
> dann einet sich zu einem Strome
> die Menschheit all von nah und fern
> und kniet anbetend in dem Dome
> der Schöpfung vor dem einen Herrn.
> Dann wird der Glaube triumphieren,
> der einen Gott und Vater kennt;
> die Namen sinken, und es führen
> die Wege all zum Firmament."

Kaum hatte ich mich hingesetzt, um die Disposition zu diesem hochstrebenden Gedicht niederzuschreiben, so trat eine seltene Klarheit in mir ein, ich sah das frohe Lächeln der lichten Gestalt, und hundert schöne, edle Gedanken eilten herbei, um von mir aufgenommen zu werden. Ich griff zur Feder. Da aber war es plötzlich, als ob ein schwarzer Vorhang in mir niederfalle. Die Klarheit war vorüber; die lichte Gestalt verschwand; die dunkle tauchte auf, höhnisch lachend, und überall, durch mein ganzes inneres Wesen, erscholl es wie mit hundert Stimmen „des Schneiders Fluch, des Schneiders Fluch, des Schneiders Fluch!" So klang es stunden- und stundenlang in mir fort, endlos, unaufhörlich und ohne die geringste Pause, nicht etwa nur in der Einbildung, sondern wirklich, wirklich. Es war, als ob diese Stimmen nicht in mir, sondern gerade vor meinem äußeren Ohr ertönten. Ich gab mir alle Mühe, sie zum Schweigen zu bringen, doch war das, solange ich die Feder in der Hand hielt und / zum Schreiben sitzen blieb, vergeblich. Auch als ich aufstand, klangen sie fort, und nur als mir der Gedanke kam, auf das Lehrgedicht zu verzichten, trat augenblicklich Schweigen ein. Da ich aber mein Versprechen, es anzufertigen, halten mußte, so griff ich bald wieder zur Feder. Sofort erklang der Stimmenchor von neuem „des Schneiders Fluch, des Schneiders Fluch!" und als ich trotzdem alle meine Gedanken auf meine Aufgabe konzentrierte, kamen die lautgebrüllten Sätze hinzu „die Hypotheken lauern, die Hypotheken lauern; ihr hört's, verruchte Mauern, ihr hört's, verruchte Mauern!" Das ging den ganzen Tag und die ganze Nacht hindurch und auch dann noch immer weiter. Kein anderer Mensch sah und hörte es; niemand ahnte, was und wie furchtbar ich litt. Jeder andere hätte das als Wahnsinn bezeichnet, ich aber nicht. Ich blieb kaltblütig und beobachtete mich. Ich setzte es trotz aller Gegenwehr durch, daß mein Gedicht zur vereinbarten Zeit fertig wurde Aber derartige Siege hatte ich immer sehr teuer zu bezahlen; ich brach dann innerlich zusammen.

Leider erstreckte sich diese gewalttätige Verhinderung meiner guten Vorsätze nicht nur auf meine Studien und Arbeiten, sondern noch viel mehr und ganz besonders auch auf meine Lebensführung, auf mein alltägliches Tun. Es war, als ob ich aus jener Zelle, in der ich sechs Wochen lang eingekerkert gewesen war, eine ganze Menge unsichtbarer Verbrecherexistenzen mit heimgebracht hätte, die es nun als ihre Aufgabe betrachteten, sich bei mir einzunisten und mich ihnen gleichgesinnt zu machen. Ich sah sie nicht, ich sah nur die finstere, höhnische Hauptgestalt aus dem heimatlichen Sumpf und den Hohensteiner Schundromanen; aber sie sprachen auf mich ein; sie beeinflußten mich. Und wenn ich mich dagegen sträubte, / so wurden sie lauter, um mich zu betäuben und so zu ermüden, daß ich die Kraft zum Widerstand verlor. Die Hauptsache war, daß ich mich rächen sollte, rächen an dem Eigentümer jener Uhr, der mich angezeigt hatte, nur um mich aus seiner Wohnung loszuwerden, rächen an der Polizei, rächen an dem Richter, rächen am Staat, an der Menschheit, überhaupt an jedermann! Ich war ein Mustermensch, weiß, rein und unschuldig wie ein Lamm. Die Welt hatte mich betrogen um meine Zukunft, um mein Lebensglück. Wodurch? Dadurch, daß ich das blieb, wozu sie mich gemacht hatte, nämlich ein Verbrecher.

Das war es, was die Versucher in meinem Innern von mir forderten. Ich wehrte mich, so gut ich's konnte, soweit meine Kräfte reichten. Ich gab allem, was ich damals schrieb, besonders meinen Dorfgeschichten, eine ethische, eine streng gesetzliche, eine königstreue Tendenz. Das tat ich, nicht nur anderen, sondern auch mir selbst zur Stütze. Aber wie schwer, wie unendlich schwer ist mir das geworden! Wenn ich nicht tat, was diese lauten Stimmen in mir verlangten, wurde ich von ihnen mit Hohngelächter, mit Flüchen und Verwünschungen überschüttet, nicht nur stundenlang, sondern halbe Tage und ganze Nächte lang. Ich bin, um diesen Stimmen zu entgehen, aus dem Bett gesprungen und hinaus in den Regen und das Schneegestöber gelaufen. Es hat mich fortgetrieben, wie weit, wie weit! Ich bin aus der Heimat fort, um mich zu retten, kein Mensch wußte, wohin, doch es zog mich wieder und immer wieder zurück. Niemand erfuhr, was in mir vorging und wie un- oder gar übermenschlich ich kämpfte, weder Vater noch Mutter noch Großmutter noch eine der Schwestern. Und noch viel weniger ein anderer, ein fremder Mensch; man hätte mich / ja doch nicht verstanden, sondern mich einfach für übergeschnappt erklärt. Ob irgend jemand an meiner Stelle das ausgehalten hätte, das weiß ich nicht, ich glaube es aber kaum. Ich war sowohl körperlich als auch geistig ein kräftiger, sogar ein sehr kräftiger Mensch, aber ich wurde dennoch müder und müder. Es kamen zunächst Tage, dann aber ganze Wochen, in denen es vollständig dunkel in mir wurde; da wußte ich kaum oder oft auch gar nicht, was ich tat. In solchen Zeiten war die lichte Gestalt in mir vollständig verschwunden. Das dunkle Wesen führte mich an der Hand. Es ging immerfort am Abgrund hin. Bald sollte ich dies, bald jenes tun, was doch verboten war. Ich wehrte mich zuletzt nur noch wie im Traum. Hätte ich den Eltern oder doch wenigstens Großmutter gesagt, wie es um mich stand, so wäre der tiefe Sturz, dem ich entgegentrieb, gewißlich unterblieben. Und er kam, nicht daheim in der Heimat, sondern in Leipzig, wohin mich eine Theaterangelegenheit führte. Dort habe ich, der ich gar nichts Derartiges brauchte, Rauchwaren[1] gekauft und bin mit ihnen verschwunden, ohne zu bezahlen. Wie ich es angefangen habe, dies fertigzubringen, das kann ich nicht mehr sagen; ich habe es wahrscheinlich auch schon damals nicht

1 Fachausdruck für veredeltes Pelzwerk.

gewußt. Denn für mich ist es sicher und gewiß, daß
ich ganz unmöglich bei klarem Bewußtsein gehandelt
haben kann[1]. Ich weiß von der darauffolgenden
Gerichtsverhandlung[2] gar nichts mehr, weder im einzelnen noch im ganzen. Ich kann mich auch nicht auf
den Wortlaut des Urteils besinnen. Ich habe bis jetzt
geglaubt, daß die Strafe vier Jahre Gefängnis betragen
habe; nach dem aber, was jetzt hierüber in den Zeitungen
steht[3], ist es noch ein Monat darüber gewesen. Doch das
ist Nebensache. Hauptsache ist, daß der Abgrund nicht
vergeblich für mich offengestanden hatte. / Ich war hinabgestürzt; ich wurde in das Landesgefängnis Zwickau
eingeliefert[4].

Ehe ich mich über diese meine Detention verbreite,
habe ich mich gegen einige Vorurteile und falsche Anschauungen zu wenden, die sich gegen alles, was mit
dem Strafvollzug zusammenhängt, richten und mit denen nun doch endlich einmal aufgeräumt werden sollte.
Ich habe manchen gebildeten Mitgefangenen in begreif-
licher, aber unberechtigter Erbitterung drohen hören, daß
er nach seiner Entlassung ein Buch über seine Gefangenschaft schreiben werde, um die ebenso schweren wie unzähligen Mängel unserer Rechtspflege und unseres Strafvollzugs aufzudecken. Ein verständiger Mann lächelt
über solche Drohungen, die zwar ausgesprochen, aber nur
höchst selten ausgeführt werden. Jeder entlassene Gefangene, der Ehrgefühl besitzt, ist froh, die Zeit der Strafe
hinter sich zu haben. Es fällt ihm nicht ein, das, was
bisher doch nur wenige wußten, nun, da es überstanden
ist, an die volle Öffentlichkeit zu bringen. Er schweigt
also. Und das ist gut, weil sein Buch, wenn er es

1 Aus einem Aktenstück ist ersichtlich, daß May bei der Verhaftung ‚regungslos und anscheinend leblos‘ gewesen war und auch durch den Polizeiarzt
anfänglich nicht zum Sprechen gebracht werden konnte.
2 Die Verhaftung erfolgte am 27. 3., die Verhandlung am 8. 6. 1865.
3 Gemeint sind die von Mays Gegnern im Jahre 1910 hervorgezerrten
alten Akten.
4 14. 6. 1865.

schriebe, gewiß beweisen würde, daß unter tausend Gefangenen kaum einer ist, der über sich und seine Bestrafung unbefangen und sachgemäß zu urteilen vermag. Ich aber glaube, mich zu dieser Sachlichkeit und Unbefangenheit emporgearbeitet zu haben; ich halte mein Urteil für wohlerwogen und richtig und fühle mich verpflichtet, hier folgende Punkte festzustellen:

Die Zeiten, in denen die Gefängnisse als ‚Verbrecherschulen' bezeichnet werden durften, sind längst vorüber. In unseren Strafanstalten geht es nicht weniger moralisch und nicht weniger human als in der Freiheit zu. Das, was man einst als ‚Verbrecherwelt' brandmarkte, gibt es nicht mehr. Die Bewohnerschaft der / heutigen Strafhäuser rekrutiert sich aus allen Ständen des Volkes. Sie setzt sich in Beziehung auf Beruf und Intelligenz aus denselben Prozentsätzen zusammen wie die der ‚Unbestraften'.

An der Tat des einzelnen ist auch die Gesamtheit schuld. Sie hat ihn um ihrer selbst willen zu ‚ent'-schuldigen.

Der deutsche Richterstand ist sich der Wahrheit dieses Satzes wohl bewußt. Ich habe keinen einzigen Richter kennengelernt, auch unter denen, welche gegen mich entschieden, dem ich einen Vorwurf machen könnte. Die zahlreichen Prozesse, zu denen meine Gegner mich förmlich zwingen, geben mir reichliche Gelegenheit, Erfahrungen zu machen, und ich muß sagen, daß ich alle diese Herren, sowohl Straf- als auch Zivilrichter, nur hochachten kann. Ich habe sogar den Fall erlebt, daß ein Dresdener Richter mir recht gab, obwohl alle seine Verwandten und Bekannten gegen mich waren und ihn in diesem Sinne zu beeinflussen suchten. Welche Genugtuung und welch ein Vertrauen zu dem ganzen Richterstand dies erweckt, das weiß nur der, der Gleiches wie ich erlebte.

In Beziehung auf den Strafvollzug kann ich dasselbe

aussprechen. Ich habe während meiner Gefangenschaft nicht einen einzigen Oberbeamten oder Aufseher kennengelernt, der mir in Beziehung auf Gerechtigkeit und Humanität Grund zu irgendeinem Tadel gegeben hätte. Ich behaupte sogar, daß die Aufseher die Strenge des Dienstes viel stärker empfinden als der Gefangene selbst. Ich habe hunderte von Malen eine Güte, eine Geduld und Langmut bewundert, die mir selbst unmöglich gewesen wäre. Das Gefängnis ist kein Konzerthaus und kein Tanzsalon, sondern eine sehr, sehr\ernste Stätte, in welcher der Mensch zur Erkenntnis seiner selbst zu kommen / hat. Der Häftling, der so verständig ist, sich dies zu sagen, wird niemals Grund zur Klage, sondern alle mögliche Hilfe finden, das, was ihm vorzuwerfen war, vergessen zu machen. Es gab Beamte, die ich herzlich lieb gewann, und ich bin vollständig überzeugt, daß ihre Erwiderung dieser meiner Zuneigung nicht etwa nur vorgetäuscht, sondern ehrlich und aufrichtig war.

Wenn die Erfolge unserer Rechtsprechung und unseres Strafvollzugs trotzdem nicht so sind, wie wir sie uns wünschen, so tragen wahrlich nicht die Richter und auch nicht die Strafanstaltsbeamten die Schuld, sondern die Ursachen sind ganz anderswo zu suchen, nämlich in der Mangelhaftigkeit der Gesetzgebung, in der törichten Selbstgerechtigkeit des lieben Nächsten, in gewissen, allzu tief eingefressenen Vorurteilen und nicht zum geringsten auch in unserer sogenannten, hochgepriesenen ‚Kriminalpsychologie‘, an die nur gewisse Fachleute glauben, nicht aber der wirkliche Menschenkenner und noch viel weniger der, um den es sich hier eigentlich handelt, nämlich der sogenannte — Verbrecher.

Dies sind die Quellen, aus denen immer wieder neue Straftaten und neue Rückfälle fließen, obgleich doch sonst alles mögliche geschieht, diese trüben Wasser einzudämmen und nach und nach zum Versiegen zu bringen. Soll ich sie mit Beispielen belegen und damit sogleich bei der letzten, der ‚Kriminalpsychologie‘, beginnen, so liegen vor mir mehrere Werke dieses hochinteressanten, äußerst strittigen Faches aufgeschlagen, deren Inhalt von Beweisen dessen, was ich behaupte, geradezu wimmelt. Einer der Herren Verfasser, ein bekannter Staatsanwalt, zeichnet sich durch seine zahlreichen Versuche aus, die Gesetzgebung und den Strafvollzug in mildere, humanere Bahnen zu lenken. Er hat sich dadurch einen Namen gemacht. Er / wird, wann und wo es sich um diese Humanisierung handelt, oft genannt und würde ein Segen auf diesem Gebiet sein, wenn er nicht als Kriminalpsychologe das wieder zerstörte, was er als Vorkämpfer der Humanität aufzubauen strebt. Ich nenne auch hier keinen Namen, denn es kommt mir nicht auf die Person, sondern auf die Sache an. Als Menschenfreund im höchsten Grade beachtenswert, kann er als ‚Seelenforscher‘ in fast noch höherem Grade unbedachtsam und grausam sein. Indem er seine öffentlichen Behauptungen mit Beweisen zu belegen versucht, läßt er sich so weit hinreißen, Personen, die vor dreißig und noch mehr Jahren bestraft worden sind, nun aber sich in mühsam errungener, öffentlicher Stellung befinden, mit in seine ‚psychiatrischen‘ Betrachtungen zu ziehen und sie in seinen Schriften derart kenntlich zu machen, daß jedermann weiß, wen er meint[1]. Von einem Rechtsanwalt hierüber zur Rede gestellt, antwortete er, daß er als Wissenschaftler hierzu berechtigt sei; es gebe einen Paragraphen, der ihm das erlaube. Ich unterlasse es, kritische Bemerkungen hieran zu knüpfen. Aber selbst wenn es wahr wäre, daß es einen solchen Paragraphen gibt, wer zwingt den Herrn Staatsanwalt, einem derartigen Paragraphen zuliebe gegen seine eigene, sonstige Humanität zu handeln und Menschen, die ihm nie etwas zuleide taten und deren Schutz ihm als dem

---

[1] Karl May erzählt hier, was ihm selber widerfuhr. Vgl. Erich Wulffen, Psychologie des Verbrechers Bd. II, S. 173, Groß-Lichterfelde-Ost o. J. (1908).

Vertreter des Staates obzuliegen hatte, bei lebendigem Leibe mit dem Messer zu zerschneiden? Falls dieser Paragraph in Wirklichkeit vorhanden ist, so wird es für den Reichstag höchste Zeit, ihn einer ernsten Prüfung zu unterwerfen. Wenn jeder einstige Strafgefangene, mag er sich noch so hoch emporgearbeitet haben, durch das Gesetz gezwungen ist, es sich gefallen zu lassen, daß die Herren Kriminalpsychologen ihn öffentlich an den wissen/schaftlichen Pranger stellen, so darf man sich gewiß nicht darüber wundern, daß sich in der Kriminalität keine Neigung zur Besserung zeigt. Ich werde im Verlauf meiner Darstellungen auf diesen Punkt zurückkommen müssen.

Was die Mangelhaftigkeit der Gesetzgebung betrifft, so brauche ich hier nur auf die völlige Schutzlosigkeit der Vorbestraften gewissen Rechtsanwälten gegenüber hinzuweisen. Der größte Schurke kann durch seinen Anwalt in den Besitz der diskreten Akten dessen gelangen, den er verderben will; das wird dann veröffentlicht, und der arme Teufel ist verloren! A. ist ein Schuft; B. ist ein Ehrenmann, aber leider vorbestraft. A. hat die Absicht, B. zu vernichten. Er braucht ihn bloß zu beleidigen und sich von ihm verklagen zu lassen. Er verlangt dann als Beschuldigter, daß die Strafakten des Klägers vorgelegt werden. Das geschieht. Sie werden in öffentlicher Verhandlung vorgelesen. A. bekommt zehn Mark Beleidigungsstrafe; B. aber ist in die frühere Verachtung und in das frühere Elend zurückgeworfen und wird nun darauf schwören, daß für den einmal Bestraften alle Vorsätze, sich zu ‚bessern‘, nutzlos sind. Wenn er nun rückfällig wird, ist es gewiß kein Wunder. Es gibt leider nicht wenige Rechtsanwälte, die ganz ohne Bedenken zu dem höchst unfairen Mittel greifen, die Prozesse, die in sachlicher Weise nicht zu gewinnen sind, in persönlich gehässiger, rücksichtsloser Weise zu führen. Auch ich selbst habe es mit solchen

Gegnern zu tun gehabt, aber immer gesehen, daß unsere Richter sich durch derartigen Schmutz niemals beeinflussen lassen. Ich bin überzeugt, daß gerade diese Herren es mit Freuden begrüßen würden, wenn endlich jene gesetzlichen Bestimmungen in Wegfall kämen, durch die es, wie bereits gesagt, jedem Schurken ermöglicht ist, längst Vergangenes und längst Gesühntes / wieder aufzudecken. Dann würde die bedeutende Zahl der sogenannten Erbitterungsrückfälle wohl bald auch in Wegfall kommen.

Daß ich die törichte Selbstgerechtigkeit des ‚lieben Nächsten' anführte, geschah mit vollstem Recht. Sie ist und bleibt die Hauptursache der Mißstände, die hier zu besprechen sind. Ich will keineswegs behaupten, daß dies auf einem ethischen Mangel beruhe. Ich meine vielmehr, es liegen alte Vorurteile vor, die sich so tief eingefressen haben, daß man sie gar nicht mehr als Vorurteile erkennt, sondern für Wahrheiten hält, an denen niemand zu rütteln vermag. Der ‚Verbrecher' war einst vogelfrei; er ist es auch noch heute. Ein jeder hackt auf ihn ein; ist es nicht offen, so geschieht es doch heimlich. Er suche Arbeit, er suche Hilfe, er suche Recht, so wird er jedem anderen nachgesetzt. Es gibt im Leben hundert und aber hundert Punkte, von denen aus er als minderwertiger Mensch betrachtet und behandelt wird, und es bedarf von seiner Seite einer ungewöhnlichen Seelenruhe und einer seltenen Willenskraft, dies immer wieder und immer weiter zu ertragen, ohne sich auf die alte Bahn zurückwerfen zu lassen. Die größte Gefahr für ihn liegt darin, daß ihm von dem lieben Nächsten das Ehrgefühl nach und nach abgestumpft oder gar getötet wird. Läßt er es so weit kommen, so ist er verloren, und die Kriminalität gibt ihr entweder erbittertes oder vollständig gleichgültig gewordenes Opfer nie wieder her. Dies wird und kann gar nicht anders werden, solange an dem alten, ebenso unsinnigen wie grausamen Vorurteil festgehalten wird, daß jeder bestrafte Mensch für die ganze Zeit seines Lebens als ‚Verbrecher' zu betrachten sei. Kürzlich kam in Charlottenburg der Fall vor, daß jemand, der vor über vierzig Jahren bestraft worden war, sich seitdem / aber gut geführt hatte, von einem übelwollenden Menschen als ‚geborener Verbrecher' bezeichnet wurde. Der Beleidigte verklagte den Beleidiger, doch dieser wurde freigesprochen. Heißt das nicht, einen armen Menschen, der sich mit äußerster Willenskraft aus dem Abgrund emporgearbeitet und vierzig Jahre lang oben bewährt hat, mit brutaler Gewalt wieder hinunterwerfen[1]?

Da unten lag auch ich. Indem ich hierüber weiter berichte, ist es keineswegs meine Absicht, dies in der Weise zu tun, wie aufregungsbedürftige, sensationslüsterne Leser es wünschen. Es ist mehr als genug, wenn man solche Dinge nur einmal erlebt. Ist man gezwungen, sie zum zweitenmal zu erleben, indem man sie für andere niederschreibt, so besitzt man gewiß die Berechtigung, sich so kurz wie möglich zu fassen. Von dieser Berechtigung mache ich hiermit Gebrauch.

Ich fand bei meiner Einlieferung in die Strafanstalt[2] eine ernste, aber keineswegs verletzende Aufnahme. Wer höflich ist, sich den Hausgesetzen fügt und nicht dummerweise immerfort seine Unschuld beteuert, wird nie über Härte zu klagen haben. Was die Beschäftigung betrifft, die man für mich auswählte, so wurde ich der Schreibstube zugeteilt. Man kann hieraus ersehen, wie fürsorglich die Verhältnisse der Gefangenen von der Direktion berücksichtigt werden. Leider aber hatte diese Fürsorge in meinem Fall nicht den erwarteten Erfolg. Nämlich ich versagte als Schreiber so vollständig, daß

1 Auch hier erzählt Karl May sein eigenes Geschick: Am 12. 4. 1910 fand in Berlin-Charlottenburg die Verhandlung gegen den Journalisten Rudolf Lebius statt, der Karl May in einem Brief als ‚geborenen Verbrecher' bezeichnet hatte.
2 Schloß Osterstein in Zwickau.

ich als unbrauchbar befunden wurde. Ich hatte als Neu-
eingetretener das Leichteste zu tun, was es gab; aber
auch das brachte ich nicht fertig. Das fiel auf. Man
sagte sich, daß es mit mir eine ganz besondere Bewandtnis haben müsse, denn schreiben mußte ich doch können!
Ich wurde Gegenstand besonderer Beachtung. Man gab
mir andere Arbeit, / und zwar die anständigste Hand-
arbeit, die man hatte. Ich kam in den Saal der Portefeuillearbeiter und wurde Mitglied einer Riege, in welcher feine Geld- und Zigarrentaschen gefertigt wurden.
Diese Riege bestand mit mir aus vier Personen, nämlich
einem Kaufmann aus Prag, einem Lehrer aus Leipzig,
und was der vierte war, das konnte ich nicht erfahren;
er sprach niemals davon. Diese drei Mitarbeiter waren
liebe, gute Menschen. Sie arbeiteten schon seit längerer
Zeit zusammen, standen bei den Vorgesetzten in gutem
Ansehen und gaben sich alle mögliche Mühe, mir die
Lehrzeit und überhaupt die schwere Zeit so leicht wie
möglich zu machen. Nie ist ein unschönes oder gar verbotenes Wort zwischen uns gefallen. Unser Arbeitssaal
faßte siebzig bis achtzig Menschen. Ich habe unter ihnen
nicht einen einzigen bemerkt, dessen Verhalten an die
Behauptung erinnert hätte, daß das Gefängnis die hohe
Schule der Verbrecher sei. Im Gegenteil! Jeder einzelne
war unausgesetzt bemüht, einen möglichst guten Eindruck auf seine Vorgesetzten und Mitgefangenen zu machen. Vom Schmieden schlimmer Pläne für die Zukunft
habe ich während meiner ganzen Gefangenschaft niemals etwas gehört. Hätte irgendeiner gewagt, so etwas
zu verlautbaren, so wäre er, wenn nicht angezeigt, so
doch auf das energischste zurückgewiesen worden.

Der Aufseher dieses Saals oder, wie es dort genannt
wurde, dieser Visitation hieß Göhler. Ich nenne seinen
Namen mit großer, aufrichtiger Dankbarkeit. Er hatte
mich zu beobachten und kam, obwohl er von Psychologie nicht das geringste verstand, nur infolge seiner

Humanität und seiner reichen Erfahrung meinem inneren Wesen derart auf die Spur, daß seine Berichte über mich, wie sich später herausstellte, die Wahrheit fast erreichten. / Er hatte, wie wohl alle diese Aufseher, früher beim Militär gestanden, und zwar bei der Kapelle, als erster Pistonbläser. Darum war ihm das Musik- und Bläserkorps der Gefangenen anvertraut. Er gab des Sonntags in den Visitationen und Gefängnishöfen Konzerte, die er sehr gut dirigierte. Auch hatte er bei Kirchenmusik die Sänger mit seiner Instrumentalmusik zu begleiten. Leider aber besaß weder er noch der Katechet, dem das Kirchenkorps unterstand, die nötigen theoretischen Kenntnisse, die Stücke, welche gegeben werden sollten, für die vorhandenen Kräfte umzuarbeiten oder, wie der fachmännische Ausdruck heißt, zu arrangieren. Darum hatten beide Herren schon längst nach einem Gefangenen gesucht, der diese Lücke auszufüllen vermochte; es war aber keiner vorhanden gewesen.

Jetzt nun kam Aufseher Göhler infolge seiner Beobachtung meines seelischen Zustandes auf die Idee, mich in sein Bläserkorps aufzunehmen, um zu sehen, ob das vielleicht von guter Wirkung auf mich sei. Er fragte bei der Direktion an und bekam die Erlaubnis. Dann fragte er mich, und ich sagte ganz selbstverständlich auch nicht nein. Ich trat in die Kapelle ein. Es war gerade nur das Althorn frei. Ich hatte noch nie ein Althorn in den Händen gehabt, blies aber schon bald ganz wacker mit. Der Aufseher freute sich darüber. Er freute sich noch mehr, als er erfuhr, daß ich Kompositionslehre getrieben habe und Musikstücke arrangieren könne. Er meldete das sofort dem Katecheten, und dieser nahm mich unter die Kirchensänger auf. Nun war ich also Mitglied sowohl des Bläser- als auch des Kirchenchors und beschäftigte mich damit, die vorhandenen Musikstücke durchzusehen und neue zu arrangieren. Die Konzerte und Aufführungen bekamen jetzt ein ganz anderes Gepräge. /

Ich muß erwähnen, daß diese musikalischen Arbeiten nur Nebenarbeiten waren. Ich wurde durch sie keineswegs von dem Arbeitspensum entbunden, das jeder Gefangene pro Tag zu liefern hat, wenn er vermeiden will, sich Unannehmlichkeiten auszusetzen. Dieses Pensum ist nicht zu hoch gestellt; ein jeder Arbeitswillige kann es liefern. Wer geschickt ist, der liefert es sogar in wenigen Stunden. Darum blieb mir reichlich genug Zeit für meine kompositorische Beschäftigung übrig, die ich nicht aufgab, auch als ich aus der Visitation der Portefeuillearbeiter versetzt worden war. Es wurde mir nämlich mein inniger Wunsch erfüllt, isoliert zu werden.

Ich hatte gleich bei meiner Einlieferung gebeten, eine Zelle für mich allein zu bekommen; die Erfüllung dieses Wunsches war aber nicht angängig gewesen. Erst nun, da man über mich zu einem psychologisch abgeschlossenen Resultat kam, wurde ich in das Isolierhaus versetzt und unmittelbar neben dem Arbeitsraum des Inspektors einquartiert. Er war ein hochgebildeter, sehr pflichtbewußter und humaner Herr, dessen besonderer Schreiber ich wurde. Das war eine Stelle, die es bis dahin noch nicht gegeben hatte. Ich mache hier auf den psychologisch bedeutungsvollen Umstand aufmerksam, daß ich zur Zeit meiner Einlieferung vollständig unfähig gewesen war, Schreiber zu sein, nun aber für fähig gehalten wurde, eine Schreiberstelle zu bekleiden, die große geistige Um- und Einsicht erforderte und die höchste Vertrauensstelle war, die es in der ganzen Anstalt gab. Mein Inspektor war nämlich neben seiner Direktion des Isolierhauses noch beruflich schriftstellerisch tätig. Diese seine Tätigkeit bezog sich auf die besondere Statistik unserer Anstalt und auf das Wesen und die Aufgaben des Strafvollzugs überhaupt. Er schrieb die hierauf bezüglichen Berichte / und stand mit allen hervorragenden Männern des Strafvollzugs in lebhafter Korrespondenz.

Meine Aufgabe war, die statistischen Ziffern zu ermitteln, sie auf ihre Zuverlässigkeit zu untersuchen, sie zusammenzustellen, zu vergleichen und dann die Resultate aus ihnen zu ziehen. Das war an und für sich eine sehr schwere, anstrengende und scheinbar langweilige Beschäftigung mit leblosem Ziffernwerk; aber diese Ziffern zu Gestalten zusammenzusetzen und diesen Gestalten Leben und Seele einzuhauchen, ihnen Sprache zu verleihen, das war im höchsten Grade interessant, und ich darf wohl sagen, daß ich da viel, sehr viel gelernt habe und daß mich diese Arbeiten in stiller, einsamer Zelle in Beziehung auf Menschheitspsychologie viel weiter vorwärts gebracht haben, als ich ohne diese Gefangenschaft jemals gekommen wäre. Daß mir hierzu nur die besten und zuverlässigsten Unterlagen zu Gebote standen, versteht sich ganz von selbst. Es sind mir da ganz eigenartige Lichter aufgegangen. Ich habe da in die tiefsten Tiefen des Menschenlebens geschaut und Dinge gesehen, die andere niemals sehen werden, weil sie keine Augen dafür haben. Ich habe da erkannt, daß Großmutters Märchen die Wahrheit sagt, daß es ein Dschinnistan und ein Ardistan gibt, ein ethisches Hochland und ein ethisches Tiefland, und daß die Hauptbewegung, an der wir alle teilzunehmen haben, nicht von oben nach unten geht, sondern von unten nach oben, empor, empor zur Befreiung von der Sünde, hinauf, hinauf zur Edelmenschlichkeit. Diese Erkenntnis ist mir von größtem Segen gewesen; sie hat auch mich selbst befreit. Ich habe die in mir schreienden Stimmen, von denen ich weiter oben sprach, auch in der Zelle vernommen. Ich habe mit ihnen gekämpft und sie stets zum Schweigen gebracht. Sie kehrten zwar zurück; sie ließen / sich wieder hören, doch in immer längeren Zwischenräumen, bis ich endlich annehmen konnte, daß sie ganz und für immer stumm geworden seien.

Außerdem hatte ich die Bibliothek der Gefangenen

zu verwalten, und auch die Bibliothek der Beamten stand mir offen. Die Werke der letzteren bezogen sich nicht etwa nur auf Strafrecht und auf Strafvollzug, sondern es waren alle Wissenschaften vertreten. Ich habe diese köstlichen, inhaltsreichen Bücher nicht nur gelesen, sondern studiert und sehr viel daraus gewonnen. Und es waren nicht nur die Werke der Anstaltsbibliotheken, die mir zur Verfügung standen, sondern man zeigte sich auch gern bereit, mir Bücher von auswärts zugängig zu machen. Es war mir ein unwiderstehliches Bedürfnis, die Ruhe und Ungestörtheit der Zelle so viel wie möglich für mein geistiges Vorwärtskommen auszunutzen, und die Beamten hatten ihre Freude daran, mir hierzu in jeder, den Anstaltsgesetzen nicht widersprechenden Weise behilflich zu sein. So verwandelte sich für mich die Strafzeit in eine Studienzeit, zu der mir größere Sammlung und größere Vertiefungsmöglichkeit geboten war, als ein Hochschüler jemals in der Freiheit findet. Ich werde über diesen großen, unschätzbaren Gewinn, den die Gefangenschaft mir brachte, noch fernerhin sprechen. Noch heute bin ich ganz besonders dankbar dafür, daß es mir nicht verboten war, mir fremdsprachige Grammatiken anzuschaffen und hierdurch den eigentlichen Grund zu meinen späteren Reisearbeiten zu legen, die aber bekanntlich gar keine Reisearbeiten sind, sondern ein ganz anderes, bis jetzt unbebautes Genre bilden sollen. Doch ist es für jetzt nicht meine Absicht, mich über diese meine Studien zu verbreiten, sondern ich habe mich hier allein und ganz besonders mit dem Umstand zu befassen, daß die mir anvertraute Verwaltung der Gefangenenbibliothek mir Gelegenheit zu höchst wichtigen Beobachtungen und Erfahrungen gab, unter deren Einfluß meine schriftstellerische Tätigkeit sich zu dem gestaltete, was sie geworden ist.

Wenn ich behaupte, daß ich die literarischen Bedürfnisse, oder sagen wir die Lesebedürfnisse der Volksseele kennenlernte, so bitte ich, diese Behauptung ernstzunehmen. Man soll nicht sagen, daß jeder Volksbibliothekar und jeder Leihbibliothekar genau dieselben Erfahrungen machen könne, denn das ist nicht wahr. Ein Leser in Freiheit und ein Leser in Haft, das sind zwei ganz verschiedene Gestalten. Bei dem letzteren kann das Lesen geradezu zum seelischen Existenzbedürfnis werden. Sein Wesen wendet sich, es kehrt sich um. Die äußere Persönlichkeit hat unter der Anstaltszucht ihre Geltung aufzugeben; die innere tritt hervor. Und diese ist es, die von dem Beamten, von der Anstaltserziehung erkannt und gepackt werden muß, wenn der menschlich große, humane Zweck der Strafe erreicht werden soll, moralische Erhebung und Festigung, Aussöhnung zwischen der Gesellschaft und dem sogenannten Verbrecher, die sich beide aneinander versündigten. Dieses Hervortreten der inneren Persönlichkeit ist in der Freiheit eine Ausnahme, in der Gefangenschaft aber die Regel. Der Gefangene hat während seiner Detention auf alle seine leiblichen Sonderrechte zu verzichten. In leiblicher Beziehung ist er nicht mehr Person, sondern nur noch Sache, eine Nummer, die in den Büchern eingetragen wird und bei der man ihn auch nennt. Um so kräftiger, ja ungestümer tritt seine innere Gestalt, seine Seele hervor, um sich, ihre Rechte und Bedürfnisse geltend zu machen. Der Leib ist gezwungen, sich in die Gefängniskleidung und Gefängniskost zu fügen. Wehe, wenn man den Fehler / begeht, den gleichen Zwang auch auf die Seele ausüben zu wollen! Sie strebt mit Macht heraus aus dem Gefängniskleid, und sie verlangt mit Heißhunger nach einer Kost, an der sie ethisch gesunden und erstarken kann, um sich von den Fesseln, in denen sie bisher schmachtete, zu befreien. Man glaube mir, kein Sträfling wünscht das Böse für sich; sie alle wünschen das Gute. Im tiefsten Herzensgrunde hat jeder den Trieb, nicht nur körperlich, sondern auch moralisch frei zu sein, sogar der scheinbar Unverbesserliche. Woher aber soll diese nackte, hungrige Seele sich gut kleiden und gut nähren, nämlich gut im ethischen Sinne? Aus sich selbst heraus? Aus den sonntäglichen Anstaltspredigten? Aus den wenigen, kurzen Besuchen der Anstaltsgeistlichen und anderen Beamten? Aus dem Zusammenleben mit den Strafgefährten? Man beantworte diese Fragen, wie man will, die Hauptquelle aller Erziehung, Besserung und Emporhebung kann bei derartig gegebenen Verhältnissen nur die Bibliothek sein. Der Gefangene, der sich so führt, daß ihm das Lesen nicht verboten werden muß, bekommt pro Woche ein Buch. Der Inhalt bildet sieben Tage lang die seelische Kost für den nach Nahrung Schmachtenden. Er darf sich das Buch nicht wählen; er muß nehmen, was er bekommt. Was man ihm gibt, kann ihm zum Glück, kann ihm zum Unglück werden, kann ihm Belehrung oder Strafe sein, kann ihn zur Selbsterkenntnis und zur Einsicht bringen, ihn aber auch empören und verhärten. Einer meiner Mitgefangenen, ein geistreicher Bankier, hatte ein Dreivierteljahr lang weiter nichts als alte ,Frauendorfer Blätter' zu lesen bekommen, trockene Unterweisungen im Gartenbau, die ihn weder interessieren noch ihm irgendeinen Nutzen bringen konnten. Er trug es in steigender Erbitterung, bis ich die Bibliothek übernahm und ihm Passenderes gab. / Einen Schauspieler, der ein Feuerkopf war, hatten Jeremias Gotthelfs[1] Erzählungen derart außer sich gebracht, daß er nahe daran stand, wegen Ungebühr bestraft zu werden. Das letzte, was er hatte lesen müssen, hatte den Titel gehabt ,Wie fünf Mädchen im Branntwein jämmerlich umkommen.' Als ich ihm einen Band von Edmund Hoefer[2] gab, war er so froh, als ob ich

1 Albert Bitzius (1797—1854), ein Schweizer Theologe, veröffentlichte unter dem Pseudonym Jeremias Gotthelf viele derb mundartliche Bauernerzählungen, um das sittliche Niveau der Berner Landbevölkerung zu heben.

2 Edmund Hoefer (1819—1882) veröffentlichte seit 1844 eine Reihe von Erzählungen, in denen er die damals in Preußen herrschenden Zustände geißelte.

ihm ein Vermögen geschenkt hätte. Ein sozialdemokratischer Klempnermeister war einer langen Reihe von Erbauungsbüchern zum Opfer gefallen. Er schwor mir wütend zu, daß es schon um dieser Bücher willen keinen Herrgott geben könne. Er habe nur aus bitterer Not Bankrott gemacht; die Verfasser und Herausgeber dieser Schriften aber seien aus Selbstgerechtigkeit und Übermut bankrott und verdienten wenigstens dieselbe Gefängnisstrafe wie er.

Aus solchen Beispielen geht hervor, wie genau ich zunächst meine Bibliothek und sodann auch die Bedürfnisse ihrer Leser kennenzulernen hatte. Das war mit ernsten und schwierigen psychologischen Erwägungen verbunden und führte zu dem betrübenden Schlußresultat, daß eigentlich solche Bücher, wie wir sie brauchten, nur ganz wenige vorhanden waren. Sie fehlten nicht nur in unserer Gefängnisbibliothek, sie fehlten auch überhaupt in der Literatur.

Ich dachte an meine Knabenzeit, an die Traktätchen, die ich da gelesen, und an den Schund, der mich da vergiftet hatte; ich dachte weiter, und ich verglich. Da dämmerte in mir eine Erkenntnis auf. Sind nur die Bewohner der Strafanstalten der Freiheit beraubt? Ist nicht eigentlich jeder Mensch ein Gefangener? Stecken nicht Millionen von Menschen hinter Mauern, die man zwar nicht mit den Augen sieht, die aber doch nur allzu fühlbar vorhanden sind? Ist es nur für die Bewohner der Strafanstalten der Leib, der gebändigt werden muß, damit / der höhere, von oben stammende Teil unseres Wesens zur Geltung kommen möge? Muß nicht überhaupt bei allen Sterblichen, also bei der ganzen Menschheit, alles Niedrige gefesselt werden, damit die hierdurch die Freiheit gewinnende Seele sich zum höchsten irdischen Ideal, zur Edelmenschlichkeit, erheben kann? Und sind es nicht die Religion, die Kunst, die Literatur, die uns aus solcher Tiefe zu solcher Höhe führen sollen? Die

Literatur, der auch ich, der an die enge Zelle geschmiedete Gefangene, mit angehöre!

Auf diesem Gedankenpfad weitergehend, gelangte ich zu Betrachtungen und Schlüssen, die scheinbar höchst seltsam, im Grunde genommen aber ganz natürlich waren. Es wurde zwischen meinen vier engen Wänden hell; sie weiteten sich. Erst ahnte ich, dann sah ich, und endlich erkannte ich die zwar verborgenen aber doch innigen Zusammenhänge zwischen dem Kleinsten und dem Größten, dem Körperlichen und dem Seelischen, dem Leiblichen und dem Geistigen, dem Endlichen und dem Unendlichen. Das war der Zeitpunkt, an dem ich begann, die lieben, alten Märchen meiner Großmutter in ihrer tiefen Bedeutung zu begreifen. Ich lag nächtelang wach und dachte nach. Ich war angekettet im tiefsten, niedrigsten, verachteten Ardistan und schickte meine ganze Sehnsucht und alle meine Gedanken zum hellen, freien Dschinnistan empor. Ich stellte mir vor, die verlorengegangene Menschenseele zu sein, die niemals wiedergefunden werden kann, wenn sie sich nicht selbst wiederfindet. Dieses Wiederfinden kann nie hoch oben in Dschinnistan, sondern nur hier unten in Ardistan geschehen, im Erdenleid, in der Menschheitsqual, bei der Treberkost des Verlorenen Sohnes unserer biblischen Geschichte. Meine Phantasie begann, das, was ich suchte, in Form zu fassen, um es zu ergreifen / und festhalten zu können. Es wohnte und lebte in mir. Aber nicht nur da, sondern auch außerhalb, allüberall, in jedem anderen Menschen, auch im Menschengeschlecht, als Großes und Ganzes gedacht. Da entstand in mir meine Marah Durimeh, die große, herrliche Menschheitsseele, der ich die Gestalt meiner geliebten Großmutter gab. Da tauchte zum erstenmal mein Tatellah-Satah in mir auf, jener geheimnisvolle ,Bewahrer der großen Medizin', den meine Leser in meinem Buch ,Winnetous Erben' kennengelernt haben. Und da wurde auch der Gedanke

‚Winnetou' geboren. Wohlverstanden, nur der Gedanke, nicht aber er selbst, den ich erst später fand. Damals habe ich die psychologischen Werke der Beamtenbibliothek und alle anderen, die mir zugängig wurden — verschlungen, hätte ich beinahe gesagt; aber das würde nicht wahr sein, denn ich habe sie langsam, Wort für Wort zerlegt und jedes einzelne Wort mit einer Bedachtsamkeit in mir aufgenommen, die höchstwahrscheinlich nicht allzu häufig ist; aber ich habe das wie atemlos und mit einem Hunger, mit einem Eifer getan, als ob mein Leben, meine Seligkeit davon abhinge, mir innerlich klarzuwerden. Und als ich dann glaubte, mich auf dem richtigen Wege zu befinden, da griff ich in meine Kinderzeit zurück und holte den alten, kühnen Wunsch hervor, ‚ein Märchenerzähler zu werden, wie du, Großmutter, bist.' Ich befand mich ja an einem der größten und reichsten Fundorte alles dessen, was da zu erzählen war, im Gefängnis. Da kondensiert und verdichtet sich alles, was draußen in der Freiheit so leicht und so dünn vorüberfließt, daß man es nicht ergreifen und noch viel weniger betrachten kann. Und da erheben sich die Grundsätze, die sich draußen wie auf ebener Fläche vermischen, so bergeshoch, daß in dieser Vergrößerung alles offenbar wird, / was anderwärts in Heimlichkeit verborgen bleibt. Ich hatte sie vor mir aufgeschlagen, die anspruchsvollen, hochgelehrten Werke über Psychologie, besonders über Kriminalpsychologie. Fast jede Zeile war mir eingeprägt. Sie enthielten die Theorie, ein Konglomerat von Rätseln und Problemen. Die Praxis aber lag rund um mich her, in ebenso klarer wie erschütternder Aufrichtigkeit. Welch ein Unterschied zwischen beiden! Wo war die Wahrheit zu suchen? In den aufgeschlagenen Büchern oder in der aufgeschlagenen Wirklichkeit? In beiden! Die Wissenschaft ist wahr, und das Leben ist wahr. Die Wissenschaft irrt, und das Leben irrt. Ihre beiderseitigen Wege führen über den Irrtum zur Wahrheit: dort müssen sie sich treffen. Wo diese Wahrheit liegt und wie sie lautet, das können wir nur ahnen. Es ist nur einem einzigen Auge vergönnt, sie vorauszusehen, und das ist das Auge des — Märchens. Darum will ich Märchenerzähler sein, nichts anderes als Märchenerzähler, ganz so, wie Großmutter es war! Ich brauche nur die Augen zu öffnen, so sehe ich sie aufgespeichert, diese Hunderte und aber Hunderte von fleischgewordenen Gleichnissen und nach Erlösung trachtenden Märchen. In jeder Zelle eins und auf jedem Arbeitsschemel eins. Lauter schlafende Dornröschen, die darauf warten, von der Barmherzigkeit und Liebe wachgeküßt zu werden. Lauter in Fesseln schmachtende Seelen, in alten Schlössern, die in Gefängnisse umgewandelt sind, oder in modernen Riesenbauten, in denen die Humanität von Zelle zu Zelle, von Schemel zu Schemel geht, um aufzuwecken und frei zu machen, was des Aufwachens und der Freiheit wert sich zeigt. Ich will zwischen Wissenschaft und Leben vermitteln. Ich will Gleichnisse und Märchen erzählen, in denen tief verborgen die Wahrheit liegt, die man auf andere Weise noch nicht zu / erschauen vermag. Ich will Licht schöpfen aus dem Dunkel meines Gefängnislebens. Ich will die Strafe, die mich getroffen hat, in Freiheit für andere verwandeln. Ich will die Strenge des Gesetzes, unter der ich leide, in ein großes Mitleid mit allen denen, die gefallen sind, verkehren, in eine Liebe und Barmherzigkeit, vor der es schließlich kein ‚Verbrechen' mehr und keine ‚Verbrecher' gibt, sondern nur Kranke, Kranke, Kranke.

Aber kein Mensch darf ahnen, daß das, was ich erzähle, nur Gleichnisse und nur Märchen sind, denn wüßte man das, so würde ich nie erreichen, was ich zu erreichen gedenke. Ich muß selbst zum Märchen werden, ich selbst, mein eigenes Ich. Es wird das freilich eine Kühnheit sein, an der ich leicht zugrunde gehen kann, was aber liegt am Schicksal eines kleinen Einzelmenschen, wenn es sich um große, riesig emporstrebende Fragen der ganzen Menschheit handelt? An dem winzigen Schicksälchen eines verachteten Gefangenen, der für die Gesellschaft schon so und überhaupt verloren ist, wenn sich die Art und Weise, in der man über das ‚Verbrechen' denkt und spricht, nicht baldigst ändert!

Das war ein Gedanke, der mir ganz plötzlich kam, sich aber tief einnistete und mich nicht wieder verließ. Er gewann Macht über mich; er wurde groß. Er nahm endlich meine ganze Seele ein, und zwar wohl deshalb, weil er in sich die Erfüllung alles dessen barg, was schon von meiner Kindheit an als Wunsch und Hoffnung in mir lebte. Ich hielt ihn fest, diesen Gedanken; ich erweiterte und vertiefte ihn; ich arbeitete ihn aus. Er hatte mich, und ich hatte ihn; wir wurden beide identisch. Aber das geschah nicht schnell, sondern es brauchte eine lange, lange Zeit, und es gingen noch trübere und noch schwerere Tage dahin, als die gegenwärtigen waren, ehe ich meinen / Arbeitsplan entwickelt und derart festgelegt hatte, daß an ihm nichts mehr zu ändern war. Ich nahm mir vor, zunächst noch weiter an meinen Humoresken und erzgebirgischen Dorfgeschichten zu schreiben, um der deutschen Leserwelt bekannt zu werden und ihr zu zeigen, daß ich mich absolut nur auf gottesgläubigem Boden bewege. Dann aber wollte ich zu einem Genre greifen, das im allgemeinsten Interesse steht und die größte Eindrucksfähigkeit besitzt, nämlich zur Reiseerzählung. Diesen Erzählungen wirkliche Reisen zugrunde zu legen, war nicht absolut notwendig; sie sollten ja doch nur Gleichnisse und nur Märchen sein, allerdings außerordentlich vielsagende Gleichnisse und Märchen. Trotzdem aber waren Reisen wünschenswert, zu Studienzwecken, um die verschiedenen Milieus kennenzulernen, in denen meine Gestalten sich zu bewegen hatten. Vor allem galt es, sich tüchtig vorzubereiten, Erdkunde, Völkerkunde, Sprachkunde treiben. Ich hatte meine Sujets aus meinem eigenen Leben, aus dem Leben meiner Umgebung, meiner Heimat zu nehmen und konnte darum stets der Wahrheit gemäß behaupten, daß alles, was ich erzählte, Selbsterlebtes und Miterlebtes sei. Aber ich mußte diese Sujets hinaus in ferne Länder und zu fernen Völkern versetzen, um ihnen diejenige Wirkung zu verleihen, die sie in der heimatlichen Kleidung nicht besitzen. In die Prärie oder unter Palmen versetzt, von der Sonne des Morgenlandes bestrahlt oder von den Schneestürmen des Wilden Westens umtobt, in Gefahren schwebend, welche das stärkste Mitgefühl der Lesenden erwecken, so und nicht anders mußten alle meine Gestalten gezeichnet sein, wenn ich mit ihnen das erreichen wollte, was sie erreichen sollten. Und dazu hatte ich in allen den Ländern, die zu beschreiben waren, wenigstens theoretisch derart zu Hause zu sein, wie ein Europäer / es nur immer vermag. Es galt also zu arbeiten, schwer und angestrengt zu arbeiten, um mich vorzubereiten, und dazu war der stille ungestörte Gefängnisraum, in dem ich lebte, gerade so die richtige Stelle.

Es gibt irdische Wahrheiten, und es gibt himmlische Wahrheiten. Die irdischen Wahrheiten werden uns durch die Wissenschaft, die himmlischen durch die Offenbarung gegeben. Die Wissenschaft pflegt ihre Wahrheiten zu beweisen; was die Offenbarung behauptet, wird von der Gelehrten höchstens als glaubhaft, nicht aber als bewiesen betrachtet. So eine himmlische Wahrheit steigt an der Strahlen der Sterne zur Erde nieder und geht von Haus zu Haus, um anzuklopfen und eingelassen zu werden. Sie wird überall abgewiesen, denn sie will geglaubt sein, aber das tut man nicht, weil sie keine gelehrte Legitimation besitzt. So geht sie von Dorf zu Dorf, von Stadt zu Stadt, von Land zu Land, ohne erhört und aufgenommen zu werden. Da steigt sie am Strahl der Sterne wieder himmelan und kehrt zu dem zurück, von dem sie ausgegangen ist. Sie klagt ihm weinend ihr Leid

Er aber lächelt mild und spricht: „Weine nicht! Geh wieder zur Erde nieder und klopfe bei dem einzigen an, dessen Haus du noch nicht fandest, beim Dichter. Bitte ihn, dich in das Gewand des Märchens zu kleiden, und versuche dann dein Heil noch einmal!" Sie gehorcht. Der Dichter nimmt sie liebend auf und kleidet sie. Sie beginnt ihren Gang als Märchen nun von neuem, und wo sie anklopft, ist sie jetzt willkommen. Man öffnet ihr die Türen und die Herzen. Man lauscht mit Andacht ihren Worten; man glaubt an sie. Man bittet sie zu bleiben, denn jeder hat sie liebgewonnen. Sie aber muß weiter, immer weiter, um zu erfüllen, was ihr aufgetragen worden ist. Doch geht sie nur als Märchen; als Wahrheit/ aber bleibt sie zurück. Und wenn man sie auch nicht sieht, sie ist doch da und herrscht im Haus für alle Folgezeiten.

So, das ist das Märchen! Aber nicht das Kindermärchen, sondern das wahre, eigentliche, wirkliche Märchen, trotz seines anspruchslosen, einfachen Kleides die höchste und schwierigste aller Dichtungen, der in ihm wohnenden Seele gemäß. Und einer jener Dichter, zu denen die ewige Wahrheit kommt, um sich kleiden zu lassen, wollte ich sein! Ich weiß gar wohl, welche Kühnheit das war. Doch gestehe ich es, ohne mich zu fürchten. Die Wahrheit ist so verhaßt und das Märchen so verachtet, wie ich selbst es bin; wir passen zueinander. Das Märchen und ich, wir werden von Tausenden gelesen, ohne verstanden zu werden, weil man nicht in die Tiefe dringt. Wie man behauptet, daß das Märchen nur für Kinder sei, so bezeichnet man mich als ‚Jugendschriftsteller', der nur für unerwachsene Buben schreibe. Kurz, ich brauche mich gar nicht zu entschuldigen, daß ich so verwegen gewesen bin, nur ein Märchen- und Gleichnisschriftsteller sein zu wollen. Gleicht doch mein ‚Leben und Streben' schon an und für sich selbst einem Märchen, und sind es doch fast unzählige Fabeln und Märchen, mit denen meine Person von gegnerischer Seite umkleidet worden ist! Und wenn ich mich dagegen verwahre, so glaubt man mir ebensowenig, wie mancher dem Märchen glaubt. Aber wie jedes echte Märchen doch endlich einmal zur Wahrheit wird, so wird auch alles an mir zur Wahrheit werden, und was man mir heute nicht glaubt, das wird man morgen glauben lernen.

Also alle meine Reiseerzählungen, die ich zu schreiben beabsichtigte, sollten bildlich, sollten symbolisch sein. Sie sollten etwas sagen, was nicht auf der Oberfläche lag./ Ich wollte Neues, Beglückendes bringen, ohne meine Leser mit dem Alten, Bisherigen in Kampf und Streit zu verwickeln. Und was ich zu sagen hatte, das mußte ich suchen lassen; ich durfte es nicht offen vor die Türen legen, weil man alles, was man so billig bekommt, liegen zu lassen pflegt und nur das zu schätzen weiß, was man sich mühsam zu erringen hat. Es wäre ein unverzeihlicher Fehler gewesen, gleich von vornherein anzudeuten, daß meine Reiseerzählungen bildlich zu nehmen seien. Man hätte mich einfach nicht gelesen, und alles, was ich lösen wollte, wäre Fabel und Märchen geblieben. Der Leser mußte ganz ungeahnt finden, was ich gab; er betrachtete es dann als wohlerrungen und hielt es für das Leben fest.

Aber was war denn eigentlich das, was ich geben wollte? Das war vielerlei und nichts Alltägliches. Ich wollte Menschheitsfragen beantworten und Menschheitsrätsel lösen. Man lache mich aus; aber ich habe es gewollt; ich habe es versucht und werde es weiter versuchen. Ob ich es erreiche, kann weder ich noch ein anderer wissen. Es mag bei der Ausführung dann wohl mancher Fehler unterlaufen sein, denn ich bin ein irrender Mensch; mein Wollen aber ist gut und rein gewesen. Ich wollte ferner meine psychologischen Erfahrungen zur Veröffentlichung bringen. Ein junger Lehrer, der bestraft worden ist, seine psychologischen Erfahrungen? Ist das nicht noch lächerlicher als das Vorhergegangene? Mag man es dafür halten; ich aber habe an hundert und wieder hundert unglücklichen Menschen gesehen, daß sie nur darum in das Unglück geraten waren und nur darum darin steckenblieben, weil ihre Seelen, diese kostbarsten Wesen der ganzen irdischen Schöpfung, vollständig vernachlässigt worden waren. Der Geist ist das verzogene, einge/bildete Lieblingskind, die Seele das zurückgesetzte, hungernde und frierende Aschenbrödel. Für den Geist sind alle Schulen da, von der Abc-Schützen-Schule bis hinauf zur Universität, für die Seele aber keine einzige. Für den Geist werden Millionen Bücher geschrieben, wie viele für die Seele? Dem Menschengeiste werden tausend und aber tausend Denkmäler gesetzt; wo stehen die, welche bestimmt sind, die Menschenseele zu verherrlichen? Wohlan, sage ich mir, so will ich es sein, der für die Seele schreibt, ganz nur für sie allein, mag man darüber lächeln oder nicht! Man kennt sie nicht. Darum werden viele meine Werke entweder nicht oder falsch verstehen, aber das soll mich ja nicht hindern zu tun, was ich mir vorgenommen habe.

Das war eigentlich genug für einen Menschen; aber ich wollte nicht das allein, ich wollte noch viel mehr. Ich sah um mich herum das tiefste Menschenelend liegen; ich war für mich dessen Mittelpunkt. Und hoch über uns lag die Erlösung, lag die Edelmenschlichkeit, nach der wir emporzustreben hatten. Diese Aufgabe war aber nicht allein die unsrige, sondern sie ist allen Menschen erteilt; nur daß wir, die wir um so viel tiefer lagerten als die anderen, weit mehr und weit mühsamer aufzusteigen hatten als sie. Aus der Tiefe zur Höhe, aus Ardistan nach Dschinnistan, vom niederen Sinnenmenschen zum Edelmenschen empor. Wie das geschehen müsse, wollte ich an zwei Beispielen zeigen, an einem orientalischen und an einem amerikanischen. Ich teilte mir die Erde für diese meine besonderen Zwecke in zwei

Hälften, in eine amerikanische und eine asiatisch-afrikanische. Dort wohnt die indianische Rasse und hier die semitisch-mohammedanische. An diese beiden Rassen wollte ich meine Märchen, meine Gedanken und Erläuterungen knüpfen. Darum galt es, / mich vor allen Dingen mit den orientalischen und indianischen Sprachen und Dialekten zu beschäftigen. Der unwandelbare Allah-Glaube der einen und der hochpoetische Glaube an den ,großen, guten Geist' der anderen harmonierte mit meinem eigenen, unerschütterlichen Gottesglauben. In Amerika sollte eine männliche und in Asien eine weibliche Gestalt das Ideal bilden, an dem meine Leser ihr ethisches Wollen emporzuranken hätten. Die eine ist mein Winnetou, die andere Marah Durimeh geworden. Im Westen soll die Handlung aus dem niedrigen Leben der Savanne und Prärie nach und nach bis zu den reinen und lichten Höhen des Mount Winnetou emporsteigen. Im Osten hat sie sich aus dem Treiben der Wüste bis nach dem hohen Gipfel des Dschebel Marah Durimeh zu erheben. Darum beginnt mein erster Band mit dem Titel ,Durch die Wüste.' Die Hauptperson aller dieser Erzählungen sollte der Einheit wegen eine und dieselbe sein, ein beginnender Edelmensch, der sich nach und nach von allen Schlacken des Anima-Menschentumes reinigt. Für Amerika sollte er Old Shatterhand, für den Orient aber Kara Ben Nemsi heißen, denn daß er ein Deutscher zu sein hatte, verstand sich ganz von selbst. Er mußte als selbst erzählend, also als ,Icherzähler' dargestellt werden. Sein Ich ist keine Wirklichkeit, sondern dichterische Imagination. Doch, wenn dieses ,Ich' auch nicht selbst existiert, so soll doch alles, was von ihm erzählt wird, aus der Wirklichkeit geschöpft sein und zur Wirklichkeit werden. Dieser Old Shatterhand und dieser Kara Ben Nemsi, also dieses ,Ich' ist als jene große Menschheitsfrage gedacht, welche von Gott selbst geschaffen wurde, als er durch das Paradies ging, um zu fragen

„Adam (d. i. Mensch), wo bist du? — Edelmensch, wo bist du? Ich sehe nur gefallene, niedrige Menschen!" Diese Menschheits/frage ist seitdem durch alle Zeiten und alle Länder des Erdkreises gegangen, laut rufend und laut klagend, hat aber nie eine Antwort erhalten. Sie hat Gewaltmenschen gesehen zu Millionen und aber Millionen, die einander bekämpften, zerfleischten und vernichteten, nie aber einen Edelmenschen, der den Bewohnern von Dschinnistan glich und nach ihrem herrlichen Gesetz lebte, daß ein jeder der Engel seines Nächsten zu sein habe, um nicht an sich selbst zum Teufel zu werden. Einmal aber muß und wird die Menschheit doch so hoch gestiegen sein, daß auf die bis dahin vergebliche Frage von irgendwoher die beglückende Antwort erfolgt: „Hier bin ich. Ich bin der erste Edelmensch, und andere werden mir folgen!" So geht auch Old Shatterhand und so geht Kara Ben Nemsi durch die Länder, um nach Edelmenschen zu suchen. Und wo er keinen findet, da zeigt er durch sein eigenes edelmenschliches Verhalten, wie er sich ihn denkt. Und dieser imaginäre Old Shatterhand, dieser imaginäre Kara Ben Nemsi, dieses imaginäre ‚Ich' hat nicht imaginär zu bleiben, sondern sich zu realisieren, zu verwirklichen, und zwar in meinem Leser, der innerlich alles mit erlebt und darum gleich meinen Gestalten emporsteigt und sich veredelt. In dieser Weise trage ich meinen Teil zur Lösung der großen Aufgabe bei, daß sich der Gewaltmensch, also der niedrige Mensch, zum Edelmenschen entwickeln könne.

Als ich diese Gedanken in mir bewegte, fühlte ich gar wohl, daß ich mich durch ihre Ausführung einer Gefahr aussetzen würde, die für mich nicht gering war. Wie nun, wenn man diese Imagination nicht verstand und dieses ‚Ich' also nicht begriff? Wenn man glaubte, ich meine mich selbst? Lag es da nicht nahe, daß ein jeder, dem es an Intelligenz oder gutem Willen fehlte, zwischen Wirklichkeit und Imagination zu unterscheiden,/

mich als Lügner und Schwindler bezeichnen würde? Ja, das lag allerdings in der Möglichkeit, aber für wahrscheinlich hielt ich es nicht. Ich hatte dieses ‚Ich‘, also diesen Kara Ben Nemsi oder Old Shatterhand, ja mit allen Vorzügen auszustatten, zu denen es die Menschheit im Verlauf ihrer Entwicklung bis heute gebracht hat. Mein Held mußte die höchste Intelligenz, die tiefste Herzensbildung und die größte Geschicklichkeit in allen Leibesübungen besitzen. Daß sich das in der Wirklichkeit nicht in einem einzelnen Menschen vereinigen konnte, das verstand sich doch wohl ganz von selbst. Und wenn ich, wie ich mir vornahm, eine Reihe von dreißig bis vierzig Bänden schrieb, so war doch gewiß anzunehmen, daß kein vernünftiger Mann auf die Idee kommen würde, ein einziger Mensch könne das alles erlebt haben. Nein! Der Vorwurf, daß ich ein Lügner und Schwindler sei, war, wenigstens für denkende Leute, vollständig ausgeschlossen! So glaubte ich damals. Ja, ich war sogar fest überzeugt, obwohl ich mit dem ‚Ich‘ mich nicht selbst meinte, doch mit bestem Gewissen behaupten zu können, daß ich den Inhalt dieser Erzählungen selbst erlebt oder miterlebt habe, weil er ja aus meinem eigenen Leben oder doch aus meiner nächsten Nähe stammte. Ich hielt es für gar nicht schwer, sondern sogar für sehr leicht und vor allen Dingen auch für interessant, sich vorzustellen, daß Karl May diese Reiseerzählungen zwar niederschreibt, sie aber so verfaßt, als ob sie nicht aus seinem eigenen Kopf stammen, sondern ihm von jenem imaginären ‚Ich‘, also von der großen Menschheitsfrage, diktiert worden seien. Ob diese meine Annahme richtig war, wird bald die Folge zeigen.

Der Vorsatz, meine Gestalten teils in indianische und teils in orientalische Gewänder zu kleiden, führte mich ganz selbstverständlich zu tiefem Mitgefühl für die Schicksale der betreffenden Völkerschaften. Der als unaufhaltsam bezeichnete Untergang der roten Rasse begann, mich ununterbrochen zu beschäftigen. Und über die Undankbarkeit des Abendlandes gegenüber dem Morgenland, dem es doch seine ganze materielle und geistige Kultur verdankt, machte ich mir allerlei schwere Gedanken. Das Wohl der Menschheit will, daß zwischen beiden Friede sei, nicht länger Ausbeutung und Blutvergießen. Ich nahm mir vor, dies in meinen Büchern immerfort zu betonen und in meinen Lesern jene Liebe zur roten Rasse und für die Bewohner des Orients zu wecken, die wir als Mitmenschen ihnen schuldig sind. Man versichert mir heute, dies nicht etwa bei nur wenigen, sondern bei Hunderttausenden erreicht zu haben, und ich bin nicht abgeneigt, es zu glauben.

Und nun die Hauptfrage: Für wen sollten meine Bücher geschrieben sein? Ganz selbstverständlich für das Volk, für das ganze Volk, nicht nur für einzelne Teile, für einzelne Stände, für einzelne Altersklassen. Vor allen Dingen nicht etwa allein für die Jugend! Auf diese letzte Versicherung habe ich das größte Gewicht und den schärfsten Ton zu legen. Wäre es meine Absicht gewesen, Jugendschriftsteller sein oder werden zu wollen, so hätte ich ganz notwendigerweise auf die Ausführung aller meiner Pläne und auf die Erreichung aller meiner Ideale für immer verzichten müssen. Und dies zu tun, ist mir niemals eingefallen. Zwar hatte ich auch an die Jugend zu denken, denn sie bietet nicht nur zeitlich die erste Stufe des Volkes; sie ist es nicht nur, aus der sich das Volk immer fort und fort ergänzt, sondern sie ist es, die im Aufwärtsstreben der Menschheit den Alten und den Bequemen voranzusteigen hat, um das von unseren / Pionieren neu gesichtete Terrain zu besetzen. Aber wie sie nur einen Teil des Volkes bildet, so konnte das, was ich an sie zu richten hatte, auch nur ein Teil dessen sein, was ich für das Volk als Ganzes schrieb. Wenn ich sage, daß ich für das Volk schreiben wollte, so meine ich damit, für den Menschen überhaupt, mag er so jung oder so alt sein, wie er ist. Aber nicht jedes meiner Bücher ist für jeden Menschen. Und doch auch wieder ist es für jeden Menschen, aber nach und nach, je nachdem er sich vorwärts entwickelt, je nachdem er älter und erfahrener wird, je nachdem er fähig geworden ist, ihren Inhalt zu verstehen und zu begreifen. Meine Bücher sollen ihn durch das ganze Leben begleiten. Er soll sie als Knabe, als Jüngling, als Mann, als Greis lesen, auf jeder dieser Altersstufen das, was ihrer Höhe entsprechend ist. Das alles langsam, mit Überlegung und Bedacht. Wer meine Bücher verschlingt, und zwar wahllos verschlingt, um den ist es vielleicht schade; auf alle Fälle aber ist es noch mehr schade um sie! Wer sie mißbraucht, der soll nicht mich oder sie, sondern sich selbst zur Verantwortung ziehen. Ich erinnere da an das Rauchen, an das Essen und Trinken. Rauchen ist ein Genuß. Essen und Trinken ist unerläßlich. Aber jederzeit zu rauchen, zu essen, zu trinken, und alles, was einem geboten wird, zu rauchen und zu verzehren, würde nicht nur töricht, sondern sogar schädlich sein. Eine gute, interessante Lektüre soll man genießen, aber nicht wie ein Haifisch verschlingen! Da meine Bücher nur Gleichnisse und Märchen enthalten, versteht es sich ganz von selbst, daß man reiflich über sie nachdenken soll und daß sie nur in die Hände von Leuten gehören, die nicht nur nachdenken können, sondern auch nachdenken wollen.

Als ich damals diese Gedanken erwog und meine/ Pläne faßte, hatte ich zwar schon verschiedenes geschrieben und an die Öffentlichkeit gegeben, aber es war mir noch nicht' eingefallen, mich als Schriftsteller oder gar als Künstler zu bezeichnen. Und jeder wirkliche Schriftsteller muß doch zugleich auch Künstler sein. Ich hielt mich noch nicht einmal für einen zünftigen Lehrling, sondern nur erst für einen außerhalb der Zunft herumtastenden Anfänger, der seine ersten, kindlichen Gehversuche macht. Und doch schon so weit umfassende, weit hinausreichende Pläne! Wenn ich diese Pläne überschaute, so hätte mir eigentlich himmelangst werden sollen, denn es gehörten jedenfalls mehrere arbeitsreiche, ungestörte, glückliche Menschenleben dazu, den vor mir liegenden Stoff echt literarisch, also künstlerisch zu bewältigen. Aber es wurde mir doch nicht angst, sondern ich blieb sehr ruhig dabei. Ich fragte mich: Muß man denn Schriftsteller sein, und muß man denn Künstler sein, um solche Sachen schreiben zu dürfen? Wer will und kann es einem verbieten? Machen wir es ohne Zunft, wenn es nur richtig wird! Und machen wir es ohne Kunst, wenn es nur Wirkung hat und das erreicht, was es erreichen soll! Ob Schriftsteller und Künstler mich als ,Kollegen' gelten lassen würden, das mußte mir damals gleichgültig sein. Zwar, meinen individuellen Stolz besaß ich ebenso wie jeder andere Mensch, und von Kunst dachte ich so hoch, wie man nur denken kann. Aber diese meine Gedanken waren anders als die anderer Leute, besonders der Fachgenossen. Künstler zu sein, dünkte mich das Allerhöchste auf Erden, und es lebte tief in meinem Herzen der heiße Wunsch, diese Höhe zu erreichen, und sollte es erst noch in der letzten Stunde vor meinem Tode sein. Jener Kindheitsabend, an dem ich den ,Faust' zu sehen bekam, stand noch unvergessen in meiner Seele, und die Vorsätze, die ich an ihn geschlossen / hatte, besaßen noch ganz denselben Willen und dieselbe Macht über mich wie vorher. Für das Theater schreiben! Dramen schreiben! Dramen, in denen gezeigt wird, wie der Mensch aufsteigen soll und aufsteigen kann aus dem Erdenleid zur Daseinsfreude, aus der Sklaverei des niederen Triebs zur Seelenreinheit und zur Seelengröße. Um so etwas schreiben zu können, muß man Künstler sein, und zwar echter, wahrer Künstler. Aber was ich mir da als Kunst dachte, das war etwas ganz anderes als das, was die heutige Kritik als Kunst bezeichnet, und so blieb mir weiter nichts übrig, als alle meine Wünsche, die sich darauf bezogen, als Literat ein Künstler, und zwar ein wahrer, wertvoller Künstler sein zu dürfen, für lange, lange Jahre zurückzustellen und bis dahin zu bleiben, was ich eben war, nämlich ein unzünftiger Anfänger, der nicht die geringste Prätention besaß, ein Zunftgenosse zu werden.

Wie ich stets, seit ich lebte, abgesondert und einsam gestanden hatte, so war ich schon damals überzeugt, daß auch mein Weg als Literat einsam sein und bleiben würde, so weit mein Leben reichte. Was ich suchte, fand sich nicht im alltäglichen Leben. Was ich wollte, war etwas dem gewöhnlichen Menschen vollständig Fernliegendes. Und was ich für richtig hielt, das war höchstwahrscheinlich für andere Leute das Falsche. Zudem war ich ja ein bestrafter Mensch. Da lag es mir nahe, ganz für mich zu bleiben und keinen wertvolleren Menschen mit mir zu belästigen. In Beziehung auf Kunst war ich nicht sachverständig. Vielleicht hatten die anderen recht; ich konnte irren. Für alle Fälle aber hielt ich mein Ideal fest, am Abend meines Lebens, nach vollendeter Reife, ein großes, schönes Dichterwerk zu schaffen, eine Symphonie erlösender Gedanken, in der ich mich erkühne, Licht aus meiner Finsternis zu schöpfen, / Glück aus meinem Unglück, Freude aus meiner Qual. Dies für später, wenn mir der Tod einst seinen ersten Wink erteilt. Für jetzt aber galt es zu lernen, viel zu lernen und sich auf dieses Werk vorzubereiten, damit es nicht mißlinge. Jetzt Märchen und Gleichnisse geben, um dann am Schluß des Lebens aus ihnen die Wahrheit und die Wirklichkeit zu ziehen und auf die Bühne zu bringen!

Aber diese Gleichnisse sind nicht kurze Bilder wie z. B. die herrlichen Gleichnisse Christi, sondern lange Erzählungen, in denen viele Personen handelnd auftreten. Und ihre Zahl ist groß; sie sollen eine ganze Reihe von Bänden füllen und das Material für jene spätere große

Aufgabe bilden, mit der ich meine Tätigkeit beschließen will. Sie können also keine sorgfältig ausgeführten Gemälde sein, sondern nur Federzeichnungen, nur Skizzen, Vorübungen, Etüden, an welche nicht der Maßstab gelegt werden darf, der nur für ausgesprochene Kunstwerke gilt. Ich kann und will und darf kein kunstvollendeter Paul Heyse sein, sondern meine Aufgabe ist, aus hochgelegenen Marmor- und Alabasterbrüchen die Blöcke für spätere Kunstwerke zu brechen, deren Form ich höchstens andeuten kann, weil mir die Zeit zur Ausführung nicht zur Verfügung steht. Diese Andeutung gebe ich eben in Märchen, die meinen erzählenden Gleichnissen eingeschoben sind und die Punkte bilden, um die sich das Interesse des Lesers konzentriert. Die künstlerische Kritik braucht sich also mit meinen Reiseerzählungen nicht zu befassen, weil es gar nicht meine Absicht ist, ihnen eine künstlerische Form oder gar Vollendung zu geben. Sie haben den einfachen, schlichten Arm- oder Fußringen der Araberinnen zu gleichen, die weiter nichts sein sollen als eben nur silberne / Ringe. Der Wert liegt im Metall, nicht in der Arbeit. Der Maler, der flüchtige Skizzen zeichnet, um ein großes Gemälde vorzubereiten, würde sich gewiß über den Kritiker verwundern, der an diese Skizzen denselben Maßstab legen wollte, den er dann später an das Gemälde zu legen hat.

Soviel über die Pläne, welche damals in mir entstanden und die ich festgehalten und befolgt habe bis auf den heutigen Tag. Sie kamen nicht plötzlich, und sie kamen nicht in gesellschaftlicher Fülle, sondern langsam, einer nach dem anderen. Und sie reiften nicht eilig aus, sondern es dauerte monate- und jahrelang, ehe ich mir von dem einen Punkt bis zum nächsten klar geworden war. Ich hatte aber auch genugsam Zeit dazu. Ich legte mir eine Art von Buchhaltung[1] über diese Pläne und ihre

1 Diese Aufstellung mit dem Titel ‚Repertorium Carl May‘ wurde im Nachlaß des Dichters aufgefunden und enthält die Pläne für zahlreiche Erzählungen.

Ausführung an; ich habe sie mir heilig aufgehoben und besitze sie noch heute. Jeder Gedanke wurde in seine Teile zerlegt, und jeder dieser Teile wurde notiert. Ich stellte sogar ein Verzeichnis über die Titel und den Inhalt aller Reiseerzählungen auf, die ich bringen wollte. Ich bin zwar dann nicht genau nach diesem Verzeichnis gegangen, aber es hat mir doch viel genützt, und ich zehre noch heute von Sujets, die schon damals in mir entstanden. Auch schriftstellerte ich fleißig; ich schrieb Manuskripte, um gleich nach meiner Entlassung möglichst viel Stoff zur Veröffentlichung zu haben. Kurz, ich war begeistert für mein Vorhaben und fühlte mich, obgleich ich Gefangener war, unendlich glücklich in der Aussicht auf eine Zukunft, die, wie ich wohl hoffen durfte, keine ganz gewöhnliche zu werden versprach.

Das Schicksal schien mit meinen Vorsätzen einverstanden zu sein. Es spendete mir, als ob es mich für alles Leid entschädigen wolle, eine reiche, hochwillkommene Gabe: Ich wurde begnadigt. Die Direktion hatte für mich ein Gnadengesuch eingereicht, auf das hin ich ein volles Jahr meiner Strafzeit erlassen bekam. Ich stand in der ersten Disziplinarklasse und erhielt ein Vertrauenszeugnis ausgestellt, welches mir den Rückweg ins Leben glättete und mich aller polizeilichen Scherereien überhob. Der Kenner weiß, was das bedeutet!

Es war ein schöner, warmer Sonnentag[1], als ich die Anstalt verließ, zum Kampf gegen des Lebens Widerstand mit meinen Manuskripten bewaffnet. Ich hatte nach Hause geschrieben, um die Meinigen von meiner Heimkehr zu benachrichtigen. Wie freute ich mich auf das Wiedersehen! Angst vor Vorwürfen brauchte ich nicht zu haben; dies war ja schon längst durch Briefe geordnet. Ich wußte, daß ich willkommen war und daß man mir mit keinem Worte weh tun würde. Am meisten freute ich mich auf Großmutter. Wie mußte sie sich

[1] 2. 11. 1868.

gegrämt und gehärmt haben! Und wie gern würde sie mir ihre alte, liebe, treue Hand entgegenstrecken! Wie entzückt würde sie über meine Pläne sein! Wie sehr würde sie mir helfen, sie auszudenken und so tief wie möglich auszuschöpfen! Ich ging von Zwickau nach Ernstthal, also genau denselben Weg, den ich damals als Knabe gegangen war, um in Spanien nach Hilfe zu suchen. Es läßt sich denken, was für Gedanken mich auf diesem Weg begleiteten. Ich hatte auf jenem Heimweg mit dem Vater den Vorsatz gefaßt, ihn nie wieder durch derartiges zu betrüben; wie schlecht aber hatte ich Wort gehalten! Sollte ich heute etwa ähnliche Vorsätze fassen, für deren Erfüllung die Ohnmacht des Menschen keine Gewähr zu leisten vermag? Das ‚Märchen von Sitara‘ tauchte vor mir auf. Gehörte ich vielleicht zu denen, auf deren Seelen, wenn sie geboren werden, der Teufel wartet, um / sie in das Elend zu schleudern, so daß sie verlorengehen? Alles Sträuben und Aufbäumen hilft nichts; sie sind dem Untergang geweiht. Gilt das auch mir?

Meine Gedanken wurden trüber und trüber, je mehr ich mich der Heimat näherte. Es war, als ob mir von dort aus böse Ahnungen entgegenwehten. Meine frohe Zuversicht schien mich verlassen zu wollen; ich mußte mir Mühe geben, sie festzuhalten. Von der Lungwitzer Höhe aus schaute ich über das Städtchen hin. Da schlängelten sich vor meinen Augen die Wege, die ich damals so oft gegangen war, in heißem Kampf mit jenen fürchterlichen inneren Stimmen, die mir Tag und Nacht hindurch in einem fort die Worte ‚des Schneiders Fluch, des Schneiders Fluch, des Schneiders Fluch‘ zuriefen. Und was war das? Als ich hieran dachte, hörte ich ganz dieselbe Stimme erklingen, in mir, ganz deutlich, wie erst nur von weitem, aber sie schienen sich zu nähern, ‚des Schneiders Fluch, des Schneiders Fluch, des Schneiders Fluch!‘ Sollte und wollte sich das etwa wiederholen?

Ich erschrak, wie ich noch nie erschrocken bin, und eilte von dieser Stelle und von dieser Erinnerung fort, die Höhe hinab, durch das Städtchen hindurch, nach Hause, nach Hause, nach Hause!

Ich kam eher, als man mich erwartete. Meine Eltern wohnten noch im ersten Stock desselben Hauses. Ich stieg die Treppe empor und dann gleich noch eine zweite hinauf nach dem Bodenraum, wo Großmutter sich immer am liebsten aufgehalten hatte. Ich wollte zunächst zu ihr und dann erst zu Vater, Mutter und Geschwistern. Da sah ich die wenigen Sachen, die sie besessen hatte; sie selbst aber war nicht da. Da stand ihre Lade, mit blauen und gelben Blumen bemalt. Sie war verschlossen, der Schlüssel abgezogen. Und da stand ihre Bettstelle; sie war leer. Ich / eilte hinab in die Wohnstube. Da saßen die Eltern. Die Schwestern fehlten. Das war Zartgefühl. Sie hatten gemeint, die Eltern gingen vor. Ich grüßte gar nicht und fragte, wo Großmutter sei. „Tot — gestorben!" lautete die Antwort. „Wann?" „Schon voriges Jahr."[1] Da sank ich auf den Stuhl und legte Kopf und Arme auf den Tisch. Sie lebte nicht mehr! Man hatte es mir verschwiegen, um mich zu schonen, um mir die Gefangenschaft nicht noch zu erschweren. Das war ja recht gut gedacht; nun aber traf es mich um so wuchtiger. Sie war nicht eigentlich krank gewesen; sie war nur so hingeschwunden, vor Gram und Leid um — mich!

Es dauerte lange Zeit, ehe ich den Kopf wieder hob, um die Eltern nun zu grüßen. Sie erschraken. Sie sagten mir später, mein Gesicht habe schlimmer ausgesehen als das einer Leiche. Die Geschwister kamen hinzu. Sie freuten sich des Wiedersehens, aber sie schauten mich so sonderbar an, so scheu. Das war nichts weiter als der Reflex meines eigenen Gesichts. Ich gab mir zwar die größte Mühe, aber ich konnte den Schlag, der mich soeben ge-

1 Wieder täuscht sich May in seiner Erinnerung; „voriges Jahr" wäre 1867, tatsächlich aber starb Johanne Christiane Kretzschmar bereits am 19. 9. 1865.

troffen hatte, doch nicht ganz verbergen. Ich wollte nur
von Großmutter wissen, jetzt weiter nichts, und man
erzählte mir. Sie hatte sehr viel von mir gesprochen,
aber niemals ein Wort, das mich hätte kränken müssen,
wenn ich dabeigewesen wäre. Und sie hatte nie geklagt
oder gar geweint. Sie hatte gesagt, nun wisse sie, daß
ich eine jener Seelen sei, die bei ihrer Geburt zur falschen Stelle geschleudert werden, um dort vernichtet zu
werden. Nun sei sie überzeugt, daß ich durch die Geisterschmiede müsse, um alle irdischen Qualen über mich
ergehen zu lassen. Aber sie wisse, ich werde nicht
schreien, ich werde tragen was zu tragen ist, und mir
den Weg nach Dschinnistan erzwingen. Je näher sie dem
Tode kam, desto aus/schließlicher lebte sie nur noch ihrer
Märchenwelt und desto ausschließlicher sprach sie nur
noch von mir. An einem der letzten Tage erzählte sie,
daß der längst[1] verstorbene Herr Kantor heute nacht
bei ihr gewesen sei. Er war unser Nachbar gewesen. Die
beiden Häuser stießen aneinander. Da habe sich plötzlich
im Dunkel die Mauer auseinandergetan, und es sei hell
geworden, aber nicht von einem gewöhnlichen Licht, sondern von einem, das sie noch nie gesehen habe. Von ihm
beleuchtet, sei der Herr Kantor erschienen. Er habe genauso ausgesehen wie damals, als er noch lebte. Er sei langsam bis an ihr Bett gekommen, habe sie freundlich lächelnd gegrüßt, wie es immer seine Art und Weise war,
und dann gesagt, daß sie sich ja nicht um mich sorgen
solle; ich könne wohl stürzen wie jeder andere, nicht
aber liegenbleiben; es werde mir zwar schwer gemacht,
doch erreiche ich sicher mein Ziel. Nach diesen Worten
nickte er ihr wieder freundlich zu und ging ebenso langsam, wie er gekommen war, nach der Mauerlücke zurück. Sie schloß sich hinter ihm. Das Licht verschwand;
es wurde wieder dunkel.

Als sie das erzählt hatte, war es gewesen, als ob ein

1 1860.

Teil jenes fremden, ihr bisher unbekannten Lichtes auf ihrem Gesicht zurückgeblieben sei, und es lag auch noch dann darauf, als sie die Augen geschlossen hatte und nicht mehr atmete. Ihr Tod war ein sanfter, ein friedlicher, ein seliger gewesen; mir aber war gar nicht friedlich und gar nicht selig zumute, als man mir von ihm erzählte. Es tauchten Vorwürfe in mir auf, aber keine Vorwürfe, die nur Gedanken sind, wie bei anderen Leuten, die nicht von derselben Veranlagung sind wie ich, sondern Vorwürfe viel wesentlicherer, viel kompakterer Art. Ich sah sie in mir kommen, und ich hörte, was/ sie sagten, jedes Wort, ja wirklich, jedes Wort! Das waren nicht Gedanken, sondern Gestalten, wirkliche Wesen, die nicht die geringste Identität mit mir zu besitzen schienen und doch identisch waren. Welch ein Rätsel! Aber welch ein ungewöhnliches, furchtbar beängstigendes Rätsel! Sie glichen jenen in mir schreienden, dunklen Gestalten von früher her, mit denen ich — mein Gott, kaum hatte ich an sie gedacht, so waren sie wieder da, ganz so, wie ich damals gezwungen gewesen war, sie in meinem Innern zu sehen und zu hören. Ich vernahm ihre Stimmen so deutlich, als ob sie vor mir stünden und anstelle der Eltern und Geschwister mit mir sprächen. Und sie blieben. Sie gingen, als ich mich niederlegte, mit mir schlafen. Aber sie schliefen nicht und ließen auch mich nicht schlafen. Es begann das frühere Elend, die frühere Marter, der frühere Kampf mit unbegreiflichen Mächten, die um so gefährlicher waren, als ich absolut nicht entdecken konnte, ob sie Teile von mir waren oder nicht. Sie schienen es zu sein, denn sie kannten einen jeden meiner Gedanken, noch ehe er mir selbst zum Bewußtsein kam. Und doch konnten sie ganz unmöglich zu mir gehören, weil das, was sie wollten, fast stets das Gegenteil von meinem Willen war. Ich hatte mit meiner Vergangenheit abgeschlossen. Der vor mir liegende Teil meines Lebens sollte ein ganz anderer sein als der, welcher hinter mir lag. Diese Stimmen aber waren bemüht, mich mit aller Gewalt in die Vergangenheit zurückzuzerren. Sie verlangten wie früher, daß ich mich rächen solle Nun erst recht mich rächen, für die im Gefängnis verlorene, köstliche Zeit! Sie wurden von Tag zu Tag lauter; ich aber stemmte mich gegen sie; ich tat, als ob ich nichts, gar nichts hörte. Das war aber selbst bei der größten Kraftaufwendung nicht länger als höchstens nur einige / Tage lang auszuhalten. Indessen besuchte ich einige Verleger, um mit ihnen über die Herausgabe der im Gefängnis geschriebenen Manuskripte zu verhandeln. Hierbei stellte es sich heraus, daß während dieser meiner Abwesenheit die inneren Stimmen um so mehr verstummten, je weiter ich mich von der Heimat entfernte, und wieder um so deutlicher wurden, je mehr ich mich ihr wieder näherte. Es war, als ob diese finsteren Gestalten dort seßhaft seien und nur dann über mich herfallen könnten, wenn ich die Unvorsichtigkeit beging, mich dort einzufinden. Ich beschloß, hierauf die Probe zu machen. Ich kassierte meine Honorare ein und machte eine längere Auslandsreise.[1] Wohin, das habe ich im zweiten Band dieses Werkes zu erzählen, in welchem meinen Reisen und ihren Ergebnissen ein größerer Raum gewidmet werden soll, als ich ihnen hier gewähren könnte.[2] Während dieser Reise verschwanden diese Bilder ganz und gar; ich wurde vollständig frei von ihnen. Dafür aber stellte sich ein ganz ungewöhnlicher Drang in mir ein, nach der Heimat zurückzukehren. Es war kein gesunder, sondern ein kranker Trieb; das fühlte ich gar wohl; aber er wurde so stark, daß ich die Widerstandskraft verlor und ihm gehorchte. Ich kehrte

---

[1] Es steht fest, daß May bis Anfang November 1868 und spätestens wieder am 29. 3. 1869 in der Heimat weilte. Die Zwischenzeit liegt im Dunkel; in ihr könnte also die erwähnte Auslandsreise stattgefunden haben.

[2] Dieser von May geplante zweite Band wurde nicht mehr geschrieben, da sich gleich nach Erscheinen des ersten um die Selbstbiographie Prozesse entspannen, die die Arbeit hinauszögerten. Eineinhalb Jahre später starb Karl May.

heim, und kaum war ich dort, so stürzte sich alles, was ich beseitigt glaubte, wieder auf mich. Die Anfechtungen begannen von neuem. Ich vernahm unausgesetzt den inneren Befehl, an der menschlichen Gesellschaft Rache zu nehmen, und zwar dadurch Rache, daß ich mich an ihren Gesetzen vergriff. Ich fühlte, daß ich, falls ich diesem Befehl Gehorsam leistete, ein höchst gefährlicher Mensch sein würde, und nahm alle mir gegebene Kraft zusammen, gegen dieses entsetzliche Schicksal anzukämpfen.

Ich halte es hier für nötig zu konstatieren, daß ich/ meinen Zustand keineswegs für pathologisch hielt. Alle meine Vorfahren waren, soweit ich sie kannte, sowohl körperlich als auch geistig kerngesunde Menschen gewesen. Es gab nichts Atavistisches an mir. Was sich in dieser Beziehung mir angeheftet hatte, das war gewiß nicht von innen heraus erzeugt, sondern von außen her an mich herangetreten. Ich arbeitete fleißig, fast Tag und Nacht, wie ich überhaupt an der Arbeit stets meine größte Freude gefunden habe. Man kaufte meine Sachen gern. Ich litt also keineswegs Not, zumal ich bei den Eltern wohnte, die sich jetzt auch besser standen als früher. Ich hätte vollständig zu leben gehabt, auch wenn ich mir nichts verdiente. Bei diesen Arbeiten wiederholte sich das, was ich schon früher beschrieben habe. Wenn ich etwas Gewöhnliches schrieb, stellte sich nicht die geringste Hinderung ein. Sobald ich mir aber ein höheres Thema stellte, eine geistig, religiös oder ethisch wertvollere Aufgabe, wurden Gewalten in mir rege, die sich dagegen empörten und mich dadurch hinderten, meine Arbeit zustande zu bringen, daß sie mir, während ich schrieb, die trivialsten, blödesten oder gar verbotensten Gedanken dazwischen warfen. Ich sollte nicht empor; ich sollte unten bleiben. Hierzu gesellte sich ein alter, sehr wohlbekannter Halunke, dem niemand trauen darf, und wenn er auch noch so schmeichelt; ich meine den Durst. Der Abscheu vor Branntwein ist mir angeboren; ich genieße ihn höchstens als Arznei. Wein war mir schon des Preises wegen bisher versagt, und auch für Bier besitze ich keineswegs die Zuneigung, welche man empfinden muß, um ein Trinker zu werden. Jetzt aber fühlte ich seltsamerweise stets großen Durst, wenn ich auf meinen Spaziergängen an einem Wirtshaus vorüberging, und auch des Abends, wenn andere nicht mehr arbeiteten, trat mir das Verlangen nahe, die Feder / hinzulegen und in die Kneipe zu gehen wie sie. Ich tat es aber nicht. Vater tat es. Er konnte sein Glas einfaches Bier und sein Schnäpschen nicht gut entbehren. Ich aber hatte keine Lust dazu und blieb daheim. Das war mir nicht etwa ein Opfer und fiel mir nicht etwa schwer, o nein. Ich erzähle es nur des psychologischen Interesses wegen, weil es mir höchst sonderbar erscheint, daß dieser meiner ganzen Natur widersprechende und mir sonst vollständig fremde Durst nach Spirituosen immer nur dann auftrat, wenn jene Stimmen die Oberhand in mir hatten, sonst aber nie!

Ich hatte mich so sehr darauf gefreut, Großmutter meine Arbeitspläne vorzulegen; nun war sie tot. Ich sprach hierüber also mit den Eltern und Geschwistern. Vater hatte jetzt anderes zu denken. Er war in einer Art sozialer Mauserung begriffen und darum für mich nicht zu haben, zumal er des Abends nie daheim blieb. Auch die Schwestern hatten andere Interessen. Mein ganzer Gedankenkreis war ihnen fremd. So blieb mir nur die Mutter. Sie saß des Abends mit ihrem Strickstrumpf still am Tisch, an dem ich schrieb. Ich legte ihr so gern die Gedanken vor, mit denen ich meine Feder beschäftigte. Sie hörte mir ruhig zu. Sie nickte einverstanden. Sie lächelte ermutigend. Sie sagte ein liebes, tröstendes Wort. Sie war wie eine Heilige. Aber auch sie verstand mich nicht. Sie fühlte nur; sie ahnte. Und sie wünschte von ganzem Herzen, daß alles so werden möchte, wie ich es mir ersehnte. Und als sie sah, wie fest und unerschütterlich ich an meine Zukunft glaubte, da glaubte auch sie und war so froh, wie eine Mutter sein kann, deren Kind noch so glücklich ist, sich auf Gott, auf die Menschheit und auf sich selbst verlassen zu dürfen. Ich aber fühlte mich einsam, einsam wie immer. Denn/ auch im ganzen Ort gab es keinen einzigen Menschen, der mich hätte verstehen wollen oder gar verstehen können. Und diese Einsamkeit war mir, gerade mir, dem innerlich so schwer Angefochtenen, im höchsten Grade gefährlich. Nichts war mir nötiger als verständnisvolle Geselligkeit. Aber ich stand, wenn auch nicht äußerlich, so doch innerlich stets allein und war also den Gestalten, die mich bezwingen wollten, fast unausgesetzt und schutzlos preisgegeben. Und mitten in dieser Schutzlosigkeit wurde ich nun auch von anderen Feinden gepackt, die, obgleich sie keine inneren, sondern äußerliche waren, doch ebensowenig mit den Händen gefaßt werden konnten.

Meine Mutter hatte infolge ihres Berufs unausgesetzt in anderen Familien zu verkehren. Sie war Vertrauensperson. Man hatte sie gern. Man teilte ihr alles mit, ohne daß man sie um Verschwiegenheit zu bitten brauchte. Sie erfuhr alles, was im Städtchen und in der Umgegend geschah. Es hatte irgendwo einen Einbruch gegeben. Jedermann sprach von ihm. Der Täter war entkommen. Bald gab es wieder einen, in derselben Weise ausgeführt. Dazu kamen einige Schwindeleien, wahrscheinlich von herabgekommenen Handwerksburschen in Szene gesetzt. Ich hörte gar nicht hin, als man es erzählte, bemerkte aber nach einiger Zeit, daß Mutter noch ernster als gewöhnlich war und mich, wenn sie glaubte, unbeobachtet zu sein, so eigentümlich mitleidig betrachtete. Ich blieb anfänglich still, glaubte aber sehr bald, sie nach dem Grunde fragen zu müssen. Sie wollte nicht antworten; ich bat aber so lange, bis sie es tat. Es zirkulierte ein Gerücht, ein unfaßbares Gerücht, daß ich jener Einbrecher sei. Wem anders sollte man es zutrauen als mir, dem entlassenen Gefangenen? Ich lachte äußerlich dazu, innerlich aber war ich empört, und es gab einige schwere Nächte. Es brüllte / vom Abend bis zum Morgen in meinem Innern. Die Stimmen schrien mir zu: „Wehre dich, wie du willst, wir geben dich nicht los! Du gehörst zu uns! Wir zwingen dich, dich zu rächen! Du bist vor der Welt ein Schurke und mußt ein Schurke bleiben, wenn du Ruhe haben willst!" So klang es bei Nacht. Wenn ich am Tage arbeiten wollte, brachte ich nichts fertig. Ich konnte nicht essen. Mutter hatte es auch dem Vater gesagt. Beide baten mich, mir die Sache nicht zu Herzen zu nehmen. Sie konnten für mich eintreten. Sie wußten ja genau, daß ich in den betreffenden Zeiten nicht aus dem Haus gekommen war. Was wir erfuhren, war alles im Vertrauen gesagt. Kein Name wurde genannt. Darum gab es keinen Punkt, an dem ich zugreifen konnte, mich zu wehren.

Aber es kam schlimmer. Die heimatliche Polizei wollte mir nicht wohl. Ich war mit Vertrauenszeugnis entlassen worden und darum ihrer Aufsicht entgangen. Jetzt glaubte sie Veranlassung zu haben, sich mit mir zu beschäftigen. Es kamen einige neue Schelmenstreiche vor, deren Täter ganz unbedingt mit einer gewissen Intelligenz behaftet waren. Man glaubte, dies auf mich deuten zu müssen. Das war zu derselben Zeit, in der sich die schon erwähnte ‚Lügenschmiede' zu bilden begann. Neue Gerüchte kursierten, romantisch ausgeschmückt. Der Herr Wachtmeister erkundigte sich unter der Hand, wo ich an dem und dem Tag, zu der und der Zeit gewesen sei. Die Augen hingen an mir, wo ich mich sehen ließ; aber sobald ich diese Blicke wiedergab, schaute man schnell hinweg. Da kam ein armer Wurm, aber ein guter Kerl, ein Schulkamerad, der mich immer lieb gehabt hatte und auch jetzt noch an mir hing. Der war sprichwörtlich unbeholfen und unverzeihlich aufrichtig. Er hielt Grobsein für Menschenpflicht. Der konnte es nicht / länger aushalten. Er kam zu mir und erzählte mir auf Handschlag und Schweigepflicht alles, was gegen mich im Schwange ging. Das war so dumm und so empörend, so leichtsinnig und gewissenlos, so — so — — so — — — ich fand keine Worte, dem armen, wohlmeinenden Menschen für seine schmerzhafte Aufrichtigkeit zu danken. Aber als er mein Gesicht sah, machte er sich so schnell wie möglich von dannen.

Das war ein schwerer, ein unglückseliger Tag. Es trieb mich fort, hinaus. Ich lief im Wald herum und kam spät abends todmüde heim und legte mich nieder, ohne gegessen zu haben. Trotz der Müdigkeit fand ich keinen Schlaf. Zehn, fünfzig, ja hundert Stimmen verhöhnten mich in meinem Innern mit unaufhörlichem Gelächter. Ich sprang vom Lager auf und rannte wieder fort, in die Nacht hinein; wohin, das beachtete ich gar nicht. Es kam mir vor, als ob die inneren Gestalten aus mir herausgetreten seien und neben mir herliefen. Voran der fromme Seminardirektor, dann der Buchhalter, der mir seine Uhr nicht geborgt haben wollte, eine Rotte von Kegelschiebern, mit Kegelkugeln in den Händen, und hierauf die Raubritter, Räuber, Mönche, Nonnen, Geister und Gespenster aus der Hohensteiner Schundbibliothek. Das verfolgte mich hin und her; das jagte mich auf und ab. Das schrie und jubelte und höhnte, daß mir die Ohren gellten. Als die Sonne aufging, fand ich mich im Innern eines tiefen, steilen Steinbruchs emporkletternd. Ich hatte mich verstiegen; ich konnte nicht weiter. Da hatten sie mich fest, und da ließen sie mich nicht wieder hinab. Da klebte ich zwischen Himmel und Erde, bis die Arbeiter kamen und mich mit Hilfe einiger Leitern herunterholten. Dann ging es weiter, immer weiter, weiter, den ganzen Tag, die ganze nächste Nacht; dann brach ich zusammen / und schlief ein. Wo, das weiß ich nicht. Es war auf einem Rain, zwischen zwei eng zusammenstehenden Roggenfeldern. Ein Donner weckte mich. Es war wieder Nacht, und der Gewitterregen floß in Strömen herab. Ich eilte fort und kam an ein Rüben- feld. Ich hatte Hunger und zog eine Rübe heraus. Mit der kam ich in den Wald, kroch unter die dicht bewach- senen Bäume und aß. Hierauf schlief ich wieder ein. Aber ich schlief nicht fest; ich wachte immer wieder auf. Die Stimmen weckten mich. Sie höhnten unaufhörlich „Du bist ein Vieh geworden, frißt Rüben, Rüben, Rü- ben!" Als der Morgen anbrach, holte ich mir eine zweite Rübe, kehrte in den Wald zurück und aß. Dann suchte ich eine lichte Stelle auf und ließ mich von der Sonne bescheinen, um trocken zu werden. Die Stimmen schwie- gen hier; das gab mir Ruhe. Ich fand einen langen, wenn auch nur oberflächlichen Schlaf, während dessen Dauer ich mich immer von einer Seite auf die andere warf und von kurzen, aufregenden Traumbildern ge- quält wurde, die mir vorspiegelten, daß ich bald ein Kegel, nach dem man schob, bald ein Zigeuner aus ‚Preziosa' und bald etwas noch Schlimmeres sei. Dieser Schlaf ermüdete mich nur noch mehr, statt daß er mich stärkte. Ich entwand mich ihm, als der Abend anbrach, und verließ den Wald. Als ich unter den Bäumen her- vortrat, sah ich den Himmel blutigrot; ein Qualm stieg zu ihm auf. Sicherlich war da ein Feuer. Das war von einer ganz eigenen Wirkung auf mich. Ich wußte nicht, wo ich war; aber es zog mich fort, das Feuer zu be- trachten. Ich erreichte eine Halde, die mir bekannt vor- kam. Dort setzte ich mich auf einen Stein und starrte in die Glut. Zwar brannte ein Haus; aber das Feuer war in mir. Und der Rauch, dieser dicke, erstickende Rauch! Der war nicht da drüben beim Feuer, sondern hier bei / mir. Der hüllte mich ein, und der drang mir in die Seele. Dort ballte er sich zu Klumpen, die Arme und Beine und Augen und Gesichtszüge bekamen und sich in mir bewegten. Sie sprachen. Aber was? Ich bin mir erst später, viel später klar über die Entstehung solcher innerer Schreckgebilde geworden. Damals war ich es noch nicht, und so konnten sie die entsetzliche Wirkung äußern, gegen die meine aufs äußerste angespannten Nerven keine Widerstandskraft mehr besaßen. Ich fiel in mich zusammen, wie das brennende Haus da drüben zusammenfiel, als die Flammen niedriger und niedriger wurden und endlich erloschen. Da raffte ich mich auf und ging. In mir war auch alles erloschen. Ich war dumm, vollständig dumm. Mein Kopf war wie von einer dicken Schicht von Lehm und Häcksel umhüllt. Ich fand keinen Gedanken. Ich suchte auch gar nicht danach. Ich wankte beim Gehen. Ich lief irr. Ich torkelte weiter und weiter, bis ich endlich einen Ort erreichte, an dessen Kirchhof die Straße, auf der ich mich befand, vorüberführte. Ich lehnte mich an die Mauer des Gottesackers und weinte. Das war wohl unmännlich, aber ich hatte nicht die Kraft, es zu verhindern. Diese Tränen waren keine erlösenden. Sie brachten mir keine Erleichterung; aber sie schienen meine Augen zu reinigen und zu stärken. Ich sah plötzlich, daß es der Ernstthaler Kirchhof war, an dem ich stand. Er war mir ebenso vertraut wie die Straße, an der er lag; heute aber hatte ich weder ihn noch sie erkannt.

Der Morgen graute. Ich ging den Leichenweg hinab, über den Markt hinüber und öffnete leise die Tür unseres Hauses, stieg ebenso leise die Treppe hinauf nach der Wohnstube und setzte mich dort an den Tisch. Das tat ich ohne Absicht, ohne Willen, wie eine Puppe, die man am Faden zieht. Nach einiger Zeit öffnete sich die Schlaf/kammertür. Mutter trat heraus. Sie pflegte sehr zeitig aufzustehen, ihres Berufes wegen. Als sie mich sah, erschrak sie. Sie zog die Kammertür schnell hinter sich zu und sagte aufgeregt, aber leise:

„Um Gotteswillen! Du? Hat jemand dich kommen sehen?"

„Nein", antwortete ich.

„Wie siehst du aus! Schnell wieder fort, fort, fort!
Nach Amerika hinüber! Daß man dich nicht erwischt!
Wenn man dich wieder einsperrt, das überlebe ich
nicht!"

„Fort? Warum?" fragte ich.

„Was hast du getan; was hast du getan! Dieses
Feuer, dieses Feuer!"

„Was ist es mit dem Feuer?"

„Man hat dich gesehen! Im Steinbruch — im Wald —
auf dem Felde — und gestern auch bei dem Haus, bevor es niederbrannte!"

Das war ja entsetzlich, geradezu entsetzlich!

„Mut—ter! Mut—ter!" stotterte ich. „Glaubst du etwa, daß — — —"

„Ja, ich glaube es; ich muß es glauben, und Vater
auch", unterbrach sie mich. „Alle Leute sagen es!"

Sie stieß das hastig hervor. Sie weinte nicht, und
sie jammerte nicht; sie war so stark im Tragen innerer
Lasten. Sie fuhr in demselben Atem fort:

„Um Gottes willen, laß dich nicht erwischen, vor
allen Dingen nicht hier bei uns im Hause! Geh, geh!
Ehe die Leute aufstehen und dich sehen! Ich darf nicht
sagen, daß du hier warst; ich darf nicht wissen, wo du
bist; ich darf dich nicht länger sehen! Geh also, geh!
Wenn es verjährt ist, kommst du wieder!"

Sie huschte wieder in die Kammer hinaus, ohne mich
berührt zu haben und ohne auf ein ferneres Wort von/
mir zu warten. Ich war allein und griff mir mit beiden
Händen nach dem Kopf. Ich fühlte da ganz deutlich
die dicke Lehm- und Häckselschicht. Dieser Mensch, der
da stand, war doch nicht etwa ich? An den die eigene
Mutter nicht mehr glaubte? Wer war der Kerl, der in
einer schmutzigen, verknitterten Kleidung aussah wie
ein Vagabund? Hinaus mit ihm, hinaus! Fort, fort!

Ich habe noch so viel Verstand gehabt, den Kleider-
schrank zu öffnen und einen anderen, sauberen Anzug

anzulegen. Dann bin ich fortgegangen. Wohin? Die Erinnerung läßt mich im Stich. Ich war wieder krank
wie damals. Nicht geistig, sondern seelisch krank. Die
inneren Gestalten und Stimmen beherrschten mich vollständig. Wenn ich mir Mühe gebe, mich auf jene Zeit
zu besinnen, so ist es mir wie einem, der vor fünfzig
Jahren irgendein Theaterstück gesehen hat und nach dieser Zeit noch wissen soll, was von Augenblick zu Augenblick geschah und wie die Kulissen sich verwandelten.
Einzelne Bilder sind mir geblieben, doch so undeutlich,
daß ich nicht behaupten kann, was wahr daran ist und
was nicht. Ich habe in jener Zeit[1] den dunklen Gestalten gehorcht, die in mir wohnten und mich beherrschten. Was ich getan habe, erscheint jedem Unbefangenen unglaublich. Man beschuldigte mich, einen
Kinderwagen gestohlen zu haben! Wozu? Ein leeres
Portemonnaie mit nur drei Pfennigen Inhalt! Anderes
ist schon glaublicher und einiges direkt erwiesen. Man
hatte mich festgenommen,[2] und wo etwas geschehen war,
da transportierte man mich als ‚hoffentlichen Täter‘
hin. Das war eine hochinteressante Zeit für die Habi-
tués der Ernstthaler Lügenschmiede. Da wurde fast
täglich Neues erzählt oder Altes variiert, was ich begangen haben sollte. Jeder Vagabund, der in den Orts-
bereich dieser Märchen / kam, legte sich meinen Namen
bei, um auf meine Rechnung hin zu sündigen. Das war
selbst für einen äußerlich und innerlich Gefangenen zuviel. Ich zerbrach während eines Transports meine Fesseln und verschwand[3]. Wohin, das beabsichtige ich
im zweiten Band, in dem ich von meinen Reisen erzähle,
ausführlich zu berichten. Für jetzt ist nur dasselbe wie
früher zu erwähnen, nämlich, daß ich seelisch um so
freier wurde, je weiter ich mich von der Heimat ent-

1 Zwischen dem 29. 3. und 1. 7. 1869.
2 2. 7. 1869.
3 26. 7. 1869.

fernte, daß mich draußen in der Ferne ein unwider-
stehlicher Trieb zur Heimkehr packte und daß ich innerlich wieder um so unfreier wurde, je mehr ich mich der
Gegend meines Geburtsortes näherte. Gibt es jemanden,
der das zu ergründen vermag? Ich folgte teils jenem unbegreiflichen Zwang, teils kehrte ich freiwillig zurück,
und zwar um meiner guten Pläne und um meiner Zukunft willen. Hatte ich gesündigt, so hatte ich zu büßen;
das verstand sich ganz von selbst. Und bevor diese
Buße nicht erledigt war, konnte es für mich keine er-
sprießliche Arbeit und keine Zukunft geben. Ich kehrte
also nach fünf Monaten wieder heim, um mich dem
Gericht zu stellen, tat dies aber leider nicht stracks, wie
es richtig gewesen wäre, sondern verfiel jenen inneren
Gewalten, die sich wieder einstellten und mich hinderten
zu tun, was ich mir vorgenommen hatte. Die Folge davon war, daß ich, anstatt mich freiwillig zu stellen, ergriffen wurde[1]. Das verschärfte meine Lage derart, daß
ich die Strenge des Richters, der mein Urteil fällte, vollständig begreife. Um so weniger aber ist der Rechtsanwalt zu begreifen, der mir von Gerichts wegen als Verteidiger gestellt wurde. Er hat mich nicht verteidigt,
sondern belastet, und zwar in der schlimmsten Weise.
Er bildete sich ein, bei dieser billigen Gelegenheit Kriminalpsychologie treiben zu können oder treiben zu sollen, und doch fehlte ihm / nicht mehr als alles, was nötig
ist, um eine solche Aufgabe auch nur einigermaßen zu
lösen. Ich hätte gar wohl leugnen können, gab aber
alles, dessen man mich beschuldigte, glattweg zu. Das
tat ich, um die Sache um jeden Preis loszuwerden
und so wenig wie möglich Zeitverlust zu erleiden. Dieser Advokat war unfähig, mich oder überhaupt ein nicht
ganz alltägliches Seelenleben zu begreifen. Das Urteil lau-
te auf 4 Jahre Zuchthaus[2] und zwei Jahre Polizeiauf-

[1] 4. 1. 1870.
[2] 3. 5. 1870 bis 2. 5. 1874.

sicht[1]. So schwer es mir fällt, dies für die Öffentlichkeit niederzuschreiben, ich kann mich nicht davon entbinden, es muß so sein. Nicht mich bedauere ich, sondern meine armen, braven Eltern und Geschwister, die dafür mir noch im Grabe leid tun, daß ihr Sohn und Bruder, auf den sie so große, vielleicht nicht ganz unberechtigte Hoffnungen setzten, durch die unendliche Grausamkeit der Tatsachen und Verhältnisse gezwungen ist, derartige Geständnisse zu machen.

Es kann mir nicht einfallen, die Missetaten, die mir vorgeworfen werden, hier aufzuzählen. Mein Henker, Schinder und Abdecker zu sein, überlasse ich jener abgrundtiefen Ehrlosigkeit, die mich vor nun zehn Jahren an das Kreuz geschlagen und während dieser ganzen Zeit keinen Augenblick lang aufgehört hat, immer neue Qualen für mich zu ersinnen. Sie mag in diesen Fäkalienstoffen weiterwühlen, zum Entzücken aller jener niederen Lebewesen, denen diese Stoffe Lebensbedingung sind. Und ebensowenig bin ich gewillt, mit dieser meiner jetzigen Gefangenschaft Sensation zu treiben. Ich habe schlicht und einfach über sie zu berichten, die Wahrheit zu sagen und mich dann zu beeilen, diesem Abgrund für immer Valet zu sagen.

Meine Strafe war schwer und lang, und der auf / zwei Jahre Polizeiaufsicht lautende Zusatz konnte mir bei meiner Einlieferung[2] keineswegs als Empfehlung dienen. Ich war also auf strenge Behandlung gefaßt. Sie war ernst, aber sie tat nicht weh. Eine Anstaltsdirektion handelt ganz richtig, wenn sie sich nicht voreingenommen zeigt, sondern ruhig abwartet, ob und wie der Eingelieferte sich fügt. Nun, ich fügte mich. Freilich wurde für dieses Mal auf meinen Stand keine Rücksicht genommen. Man teilte mich derjenigen Beschäftigung zu, in der gerade Arbeiter gebraucht wurden. Ich wurde Zi-

---

[1] 3. 5. 1874 bis 2. 5. 1876.
[2] in die Gefangenenanstalt Waldheim.

garrenmacher. Ich bat, isoliert zu werden; man gestattete es mir. Ich habe vier Jahre lang dieselbe Zelle bewohnt und denke noch heute mit jener eigenartigen, dankbaren Rührung an sie zurück, die man stillen, nicht grausamen Leidensstätten schuldet. Auch die Arbeit wurde mir lieb. Sie war mir hochinteressant. Ich lernte alle Arten von Tabak kennen und alle Sorten von Zigarren fertigen, von der billigsten bis zur teuersten. Das tägliche Pensum war nicht zu hoch gestellt. Es kam auf die Sorte, auf den guten Willen und auf die Geschicklichkeit an. Als ich einmal eingeübt war, brachte ich mein Pensum spielend fertig und hatte auch noch Stunden und halbe Tage lang übrige Zeit. Diese Zeit für mich verwenden zu dürfen, war mein innigster Wunsch, und der wurde mir eher, viel eher erfüllt, als ich es für möglich hielt.

Ich betone hier ein für allemal, daß es für mich keinen Zufall gibt. Das weiß ein jeder meiner Leser. Für mich gibt es nur Fügung. So auch in diesem Falle. Die Anstaltskirche in Waldheim hatte eine protestantische und eine katholische Gemeinde. Der katholische Katechet (Anstaltslehrer) fungierte während des katholischen Gottesdienstes als Organist. Nun war er aber im Laufe der Zeit so mit neuen Pflichten und vieler Arbeit überbür-/det worden, daß er für das Orgelspiel einen Stellvertreter suchen mußte, zumal er bei Verhinderung des Geistlichen die Predigt vorzulesen hatte und also nicht auch noch die Orgel übernehmen konnte. Die Direktion billigte ihm zu, sich einen Vertreter unter den Gefangenen zu suchen. Er tat es. Es gab eine ganze Anzahl bestrafter Lehrer unter den Gefangenen. Sie wurden geprüft. Warum keiner von ihnen genommen wurde, weiß ich nicht. Sie waren alle länger da als ich, hatten also Zeit gehabt, sich das Vertrauen zu erwerben, welches zur Bekleidung einer solchen Stelle gehört. Ich aber war mit nichts weniger als guten Attesten eingeliefert, konnte der zukünftigen Polizeiaufsicht unmöglich entgehen und hatte noch keine Zeit gefunden, zu zeigen, daß ich trotzdem Vertrauen verdiente. Hier liegt die Ursache für mich, keinen Zufall, sondern eine Schickung anzunehmen. Der Katechet kam in meine Zelle, unterhielt sich eine Weile mit mir und ging dann fort, ohne mir etwas zu sagen. Einige Tage später kam auch der katholische Geistliche. Auch er entfernte sich nach kurzer Zeit, ohne daß er sich über den Grund seines Besuches äußerte. Aber am nächsten Tage wurde ich in die Kirche geführt, an die Orgel gesetzt, bekam Noten vorgelegt und mußte spielen. Die Herren Beamten saßen unten im Schiff der Kirche so, daß ich sie nicht sah. Bei mir war nur der Katechet, der mir die Aufgaben vorlegte. Ich bestand die Prüfung und mußte vor dem Direktor erscheinen, der mir eröffnete, daß ich zum Organisten bestellt sei und mich also sehr gut zu führen hätte, um dieses Vertrauens würdig zu sein. Das war der Anfang, aus dem sich so sehr viel für mich und mein Innenleben entwickelte.

Ich, der Protestant, Orgelspieler in einer katholischen Kirche! Das brachte mir zunächst einige Bewegungsfreiheiten innerhalb der Anstaltsgebäude. Man konnte mir doch keinen Aufseher mit an die Orgel stellen! Aber es brachte mir noch mehr, nämlich Achtung und diejenige Rücksichtnahme, nach der ich in Beziehung auf gewisse Äußerlichkeiten strebte. Der Aufseher unserer Visitation war ein stiller, ernster Mann, der mir sehr wohlgefiel; als er im Meldebuch las, daß ich katholischer Organist geworden sei, kam er verwundert in meine Zelle, um mich zu fragen, ob vielleicht in meinen Einlieferungsakten ein Versehen unterlaufen sei; da sei ich als evangelisch-lutherisch bezeichnet. Ich verneinte das Versehen. Da sah er mich groß an und sagte:

„Das ist noch gar nicht dagewesen! Da mußt du — — — hm, da müssen Sie sehr musikalisch sein!"

Die Gefangenen werden natürlich ‚Du‘ genannt; von jetzt an aber sagte er ‚Sie‘, und andere taten ihm das nach. Das war eine scheinbar kleine, aber trotzdem sehr wertvolle Errungenschaft, weil aus ihr vieles andere folgte. Bald stellte sich zu meiner freudigen Überraschung heraus, daß mein Aufseher der Dirigent des Bläserkorps war. Ich erzählte ihm von meiner musikalischen Beschäftigung in Zwickau. Da brachte er mir schleunigst Noten, um mir eine Probeaufgabe zu erteilen. Ich bestand auch diese Prüfung, und von nun an war dafür gesorgt, daß ich nicht gehindert wurde, in meiner freien Zeit nach meinen Zielen zu streben. Dieser Aufseher ist mir ein lieber, väterlicher Freund gewesen, und wir haben, als er später pensioniert war und nach Dresden zog, noch lange in lieber, achtungsvollster Weise miteinander verkehrt.

Der katholische Katechet hieß Kochta[1]. Er war nur Lehrer, ohne akademischen Hintergrund, aber ein Ehrenmann in jeder Beziehung, human wie selten einer und/von einer so reichen erzieherischen, psychologischen Erfahrung, daß das, was er meinte, einen viel größeren Wert für mich besaß als ganze Stöße von gelehrten Büchern. Nie sprach er über konfessionelle Dinge mit mir. Er hielt mich für einen Protestanten und machte nicht den geringsten Versuch, auf meine Glaubensanschauung einzuwirken. Und wie er sich zu mir, so verhielt ich mich zu ihm. Nie habe ich ihm eine Frage nach dem Katholizismus vorgelegt. Was ich da wissen mußte, das wußte ich bereits oder konnte es in anderer Weise erfahren. Mir war das schöne Verhältnis heilig, das nach und nach zwischen ihm und mir entstand, ohne daß sich störende Gegensätze in das rein menschliche Wohlwollen schleichen durften. Er tat seinen Kirchendienst, ich meinen Orgeldienst, aber im übrigen blieb die Religion

1 Johannes Kochta, Lehrer in Räckelwitz, Katechet in Waldheim seit 1. 7. 1866, starb am 27. 2. 1886.

zwischen uns vollständig unberührt und konnte also um so direkter und reiner auf mich wirken. Gerade dieses sein Schweigen war so beredt, denn es ließ seine Taten sprechen, und diese Taten waren die eines Edelmenschen, dessen Wirkungskreis zwar klein ist, der aber selbst das Kleinste groß zu nehmen weiß.

Ich hatte nie katholische Kirchenlieder gespielt; jetzt lernte ich sie kennen. Was für Orgel- und sonstige Musikstücke bekam ich in die Hand! Ich hatte geglaubt, Musikverständnis zu besitzen. Ich Tor! Dieser einfache Katechet gab mir Nüsse zu knacken, die mir sehr zu schaffen machten. Was Musik eigentlich ist, das begann ich erst jetzt zu ahnen, und die Musik ist nicht etwa das allergeringste Mittel, durch welches die Kirche wirkt.

Der katholische Pfarrer kam nur dann zu mir, wenn eine besondere Feststellung in Beziehung auf die Orgelbegleitung nötig war. Er sprach nur das Allernötigste, über Religion gar nicht; aber wenn er zu mir hereintrat, war es stets, als ob bei mir die Sonne zu scheinen beginne. Solche Sonnenmenschen sind selten, und doch müßte eigentlich jeder Geistliche ein Sonnenmensch sein, denn der Laie ist nur allzu sehr geneigt, die Kirche so zu betrachten und zu beurteilen, wie ihre Priester sich zu ihm stellen. Über den Unterschied zwischen dem protestantischen und dem katholischen Gottesdienst gehe ich hinweg, aber jeder vernünftige Mensch wird es für ganz naturgemäß und selbstverständlich halten, daß ich nicht vier Jahre lang an dem letzteren teilnehmen, ja sogar aktiv an ihm beteiligt sein konnte, ohne von ihm beeinflußt zu werden. Wir sind doch keine Steine, von denen alles Weiche abprallt! Und sogar dieser Stein wird warm, wenn der Sonnenstrahl ihn trifft! Und diese Gottesdienste waren ja Sonnenstrahlen! Es liegt noch heute eine unendliche Dankbarkeit für diese Wärme und diese Güte in mir, die sich meiner annahm und keinen einzigen Vorwurf für mich hatte, als alles andere gegen mich war. Ich habe sie gesegnet bis auf den heutigen Tag und werde sie segnen, solange ich lebe! Wie arm müssen doch die Menschen innerlich sein, die behaupten, daß ich katholisiere! Es ist ganz unmöglich, daß sie die Menschenseele und die in ihr liegenden Heiligtümer kennen. Übrigens habe ich über den katholischen Glauben gar nichts geschrieben, über den mohammedanischen aber ganze Bände. Der Vorwurf, daß ich islamisiere, erscheint also viel berechtigter als der, daß ich katholisiere. Warum machte man mir ihn nicht? Die Madonna ist von hundert protestantischen Malern dargestellt und von hundert protestantischen Dichtern, sogar von Goethe, behandelt worden. Warum sagt man von diesen nicht, daß sie katholisieren? Ich habe der katholischen Kirche für die hochsinnige Gastfreundlichkeit, die sie mir, dem Protestanten, vier Jahre lang erwies, / durch ein einziges Ave Maria gedankt, das ich für meinen Winnetou dichtete. Ist das ein Grund, mich der religiösen Heuchelei zu bezichtigen? Noch dazu des Geldes wegen! Ich wiederhole: Wie arm müssen diese Menschen sein, wie unendlich arm! —

Ich muß konstatieren, daß diese vier Jahre der ungestörten Einsamkeit und konzentrierten Sammlung mich sehr, sehr weit vorwärts gebracht haben. Es stand mir jedes Buch zur Verfügung, das ich für meine Studien brauchte. Ich stellte meine Arbeitspläne fertig und begann dann mit der Ausführung. Ich schrieb Manuskripte. Sobald eines fertig war, schickte ich es heim. Die Eltern vermittelten dann zwischen mir und den Verlegern. Ich schrieb diesen nicht direkt, weil sie jetzt noch nicht erfahren sollten, daß der Verfasser der Erzählungen, die sie druckten, ein Gefangener war. Einer aber erfuhr es doch, weil er persönlich zu den Eltern kam. Das war der später noch viel zu erwähnende Kolportagebuchhändler H. G. Münchmeyer[1] in Dresden. Er war Zim-

---

[1] Heinrich Gotthold Münchmeyer, 1836—1892.

mergesell gewesen, hatte bei Tanzmusiken auf dem Dorf das Klappenhorn geblasen und war dann Kolporteur geworden. In dieser Eigenschaft kam er auch nach Hohenstein-Ernstthal und lernte in einem benachbarten Dorf eine Dienstmagd kennen, die er heiratete. Das fesselte ihn an die Gegend. Er wurde da bekannt und erfuhr auch von mir. Was er da Tolles hörte, schien ihm außerordentlich passend für seine Kolportage. Er suchte meinen Vater auf und machte sich vertraut mit ihm. So kamen ihm meine Manuskripte in die Hand. Er las sie. Einiges war ihm zu hoch. Anderes aber gefiel ihm so, daß es ihn, wie er sagte, entzückte. Er bat, es drucken zu dürfen, und bekam die Erlaubnis dazu. Er wollte sofort bezahlen und legte das Geld auf den Tisch. Vater aber nahm es nicht. / Er schob es zurück und forderte ihn auf, es mir persönlich zu geben, wenn ich entlassen sei. Hierauf ging Münchmeyer sehr gern ein. Er versicherte, ich sei der Mann, den er gebrauchen könne; er werde mich nach meiner Heimkehr aufsuchen und alles Nähere mit mir besprechen.

Dies stelle ich für einstweilen fest. Es ist für manches Folgende von großer Wichtigkeit zu wissen, daß Münchmeyer nicht nur meine Vergangenheit, wie sie in Wahrheit verlief, genau kannte, sondern auch alles gehört hatte, was hinzugelogen worden war.

Was meinen seelischen Zustand betrifft, so hatte ich Ruhe, vollständige Ruhe. In den ersten vier Wochen der letzten vier Jahre war es noch vorgekommen, daß die dunklen Gestalten mich innerlich gequält und mit Zurufen belästigt hatten; das hatte aber nach und nach aufgehört und war schließlich still geworden, ohne sich wieder zu regen. Wenn ich hierüber nachdachte, ohne auf psychologische Abwege zu geraten, so kam ich zu der Einsicht, daß diese Gebilde nur so lange Einfluß besitzen, wie man in den betreffenden Anschauungen steckt. Hat man aber die letzteren überwunden, dann müssen die Schreckbilder schwinden. Und dies schien das Richtige zu sein; der Katechet war derselben Meinung. Ich hatte ihm von meinen inneren Anfechtungen nichts erzählt, wie ich in rein persönlichen und familiären Dingen überhaupt nie einen Menschen zu meinem Vertrauten mache. Aber zuweilen fiel doch ein Wort, das nicht andeuten sollte, aber doch andeutete. Er wurde aufmerksam. Einmal kam ich im Verlauf des Gesprächs darauf, von meinen dunklen Gestalten und ihren quälenden Stimmen zu sprechen; aber ich tat so, als ob ich von einem anderen spräche, nicht von mir selbst. Da lächelte er. Er wußte gar wohl, wen ich meinte.

Am nächsten Tage brachte er mir ein kleines / Buch, dessen Titel lautete: „Die sogenannte Spaltung des menschlichen Innern, ein Bild der Menschheitsspaltung überhaupt." Ich las es. Wie köstlich es war! Welche Aufklärung es gab! Nun wußte ich auf einmal, woran ich mit mir war! Nun mochten sie wiederkommen, diese Stimmen; ich hatte sie nicht mehr zu fürchten. Später, als er sich das Buch wieder holte, dankte ich ihm, der Freude entsprechend, die ich darüber empfand. Da fragte er mich: „Nicht wahr, Sie waren es selbst, von dem Sie erzählten?"

„Ja", antwortete ich.

„Haben Sie alles verstanden?"

„Nein, noch nicht."

„Dieses hier?"

Er schlug eine Stelle auf; da war zu lesen: „Wer an diesen schweren Anfechtungen leidet, der hüte sich vor der Stelle, an der er geboren wurde. Er wohne niemals längere Zeit dort. Und vor allen Dingen, wenn er einmal heiratet, so hole er sich seine Frau ja nicht von diesem Ort!"

„Nein, das verstehe ich noch nicht", gestand ich ein.

„Ich auch nicht", gab er zu. „Aber denken Sie darüber nach!"

Dieses Nachdenken, zu dem er mir riet, führte mich zu keinem Resultat. Es handelte sich um eine rein psychologische Frage. Da ist die Erfahrung die einzige wissende Lehrerin, und diese Erfahrung mußte ich machen, ehe ich es begriff, leider, leider! —/

6

Bei der Kolportage
(1875 — 1886)

Es war ausgestanden. Ich kehrte heim. Es war ein stürmischer Frühlingstag[1], es regnete und schneite. Vater kam mir entgegen. Es fiel ihm auch diesmal nicht ein, mir Vorwürfe zu machen. Er hatte meine Manuskripte gelesen und meine Briefe fast auswendig gelernt. Er wußte nun, daß er in Beziehung auf meine Zukunft nichts mehr zu befürchten hatte. Er kam bei dieser Gelegenheit auch auf Münchmeyer zu sprechen und darauf, daß dieser mich aufsuchen wolle.

„Das wird vergeblich sein", sagte ich. „Dieser Mann will Schundromane, aufregende Liebesgeschichten, weiter nichts. Solche Sachen schreibe ich nicht. Er glaubt wahrscheinlich, daß ich so ehrlos bin, ihm aus dem, was man über mich faselt, einen Kolportageroman zusammenzuflicken, der ihm allerdings viel Geld einbringen, mich aber vernichten würde. Da irrt er sich. Ich habe ganz andere Zwecke und Ziele!"

Vater gab mir recht. Als wir oberhalb der Stadt angekommen waren und sie vor uns liegen sahen, zeigte er nach dem nächsten Dorf hinüber, auf ein alleinstehendes neugebautes Haus, und fragte mich:/

„Kennst du das dort?"

[1] 2. 5. 1874.

„Ist es nicht die Stelle, wo damals das Feuer war?"

„Ja. Einige Tage nachdem du fort warst, kam es heraus, wer es angezündet hat. Es wurde mit dem Täter sehr rasch verfahren. Er ist noch eher in das Zuchthaus gemen als du. Mutter wird es dir erzählen."

„O nein! Ich will nichts wissen, gar nichts. Bitte sie, daß sie hierüber schweigen soll!"

Noch an demselben Abend erfuhr ich, daß der Ortswachtmeister in der Kneipe damit geprahlt hatte, wie scharf er mich empfangen und beaufsichtigen werde, zwei Jahre lang; er lasse mich keinen Tag aus den Augen! Er kam schon am anderen Vormittag und warf sich derart in die Brust, daß man es wirklich keinem in dieser Weise behandelten Menschen übelnehmen kann, wenn er dadurch rückfällig wird. Er behauptete, zwei Jahre lang mein Vorgesetzter zu sein, bei dem ich mich täglich zu melden hätte. Dann zog er die betreffenden Gesetzesparagraphen aus der Tasche, um mir eine Vorlesung über meine Pflichten zu halten. Ich sagte kein Wort, sondern öffnete die Tür und gab ihm einen Wink, sich zu entfernen. Als er das nicht sofort tat, tat ich es. Ich ging zum Bürgermeister und machte kurzen Prozeß. Ich forderte einen Auslandspaß, und als mir die Auskunft wurde, daß dies nicht so ohne weiteres möglich sei, war ich schon am nächsten Tage ohne Paß unterwegs.

Im Zuge saß ich in einem sonst leeren Coupé. Es ging über die Grenze. Da begann es plötzlich in mir laut zu wüten und zu toben, zu schreien und zu brüllen, wie in einem Dorfwirtshaus, in dem die Bauernknechte mit Stuhlbeinen aufeinander einschlagen. Hunderte von Gestalten und Hunderte von Stimmen waren es, von denen das kam. Früher hätte es mich entsetzt; heute aber ließ/ es mich kalt. Diese Sumpfreminiszenzen, die mich nicht hergeben wollten, hatten ihre Macht über mich verloren. Ich reagierte nicht darauf, und so sollte es nach und nach ganz von selber still werden.

Wohin diese Reise ging und wie sie verlief, soll der zweite Band berichten. Inzwischen kam Münchmeyer, um nach mir zu fragen. Ich war schon fort. Da zahlte er das Honorar und ging unverrichtetersache wieder heim. Ungefähr dreiviertel Jahr später erschien er wieder, und zwar nicht allein, sondern mit seinem Bruder. Diesmal fand er mich daheim, denn ich war wieder da, um meine ‚Geographischen Predigten‘ zu schreiben und in Druck zu geben. Sein Bruder war Schneider gewesen und dann auch Kolporteur geworden. Das Geschäft war bisher gut gegangen, sogar außerordentlich gut; nun aber stand es in Gefahr, ganz plötzlich zusammenzubrechen. Man brauchte einen Retter, und der sollte ich sein, ausgerechnet ich! Das war mir unbegreiflich, weil ich mit Münchmeyer noch nie etwas zu tun gehabt hatte, auch gar nichts mit ihm zu tun haben wollte und weder ihn, noch seine Lage kannte. Er erklärte sie mir. Er war ein klug berechnender, sehr beredter Mann, und sein Bruder sekundierte ihm in so vortrefflicher Weise, daß ich beide nicht kurzerhand abwies, sondern sie aussprechen ließ. Aber als sie das getan hatten, war ich — eingefangen, obgleich ich es nie für möglich gehalten hätte, daß ich jemals zur ‚Kolportage‘ in irgendeine Geschäftsbeziehung treten könnte.

Münchmeyer hatte es zu einer nicht unbedeutenden Druckerei mit Setzersaal, Stereotypie usw. gebracht. Was er herausgab, war allerdings die niedrigste Kolportage. Er sprach von einem sogenannten ‚Schwarzen Buch‘ mit lauter Verbrechergeschichten, von einem sogenannten ‚Venustempel‘, der eine wahre Goldgrube sei, und von einigen anderen Werken gleicher Art. Für heute aber handle es sich um ein Wochenblatt, das er unter dem Titel ‚Der Beobachter an der Elbe‘ herausgebe. Gründer und Redakteur dieses Blattes sei ein aus Berlin stammender Schriftsteller namens Otto Freytag, ein sehr geschickter, tatkräftiger, aber in geschäftlicher Beziehung höchst gefährlicher Mensch. Dieser habe sich mit ihm überworfen, sei plötzlich aus der Redaktion gelaufen, habe alle Manuskripte mitgenommen und wolle nun ein ganz ähnliches Blatt wie den ‚Beobachter an der Elbe‘ herausgeben, um ihn tot zu machen. „Wenn ich nicht sofort einen anderen Redakteur bekomme, der diesem Menschen über ist und es mit ihm aufzunehmen versteht, bin ich verloren!" schloß Münchmeyer seinen Bericht.

„Aber wie kommen Sie da gerade auf mich?" erkundigte ich mich. „Ich bin weder Redakteur noch in irgendeiner Weise bewährt!"

„Das lassen Sie meine Sorge sein! Ich habe viel von Ihnen gehört und vor allen Dingen, ich habe Ihre Manuskripte gelesen. Ich kenne mich aus. Sie sind der, den ich brauche!"

„Aber ich habe ganz andere Sachen vor, und zur Kolportage wird mich niemand bringen!"

„Weil Sie sie nicht kennen. Man kann doch auch Gutes mit ihr leisten. Was haben Sie denn vor?"

Ich erklärte ihm meine Pläne. Da fing er Feuer; er begeisterte sich für sie. Er gehörte zu jenen Leuten, die gern vom Hohen schwärmen, aber doch vom Niedrigen leben. „Das ist ja vortrefflich, ganz vortrefflich!" rief er aus. „Und das können Sie alles bei mir erreichen, am besten und schnellsten bei mir!"/

„Wieso?"

„Sie geben diese Sachen bei mir in Druck und machen diesen Freytag und sein neues Blatt damit tot!"

„Das wäre allerdings bequem. Aber wenn mir Ihr ‚Beobachter an der Elbe‘ nicht gefällt? Ich kenne ihn ja nicht."

„So lassen wir ihn eingehen, und Sie gründen ein neues Blatt an seiner Stelle!"

„Was für eins?"

„Ganz nach Ihrem Belieben, wie es für Ihre Zwecke paßt!"

Ich gestehe, daß er mich durch dieses Versprechen schon mehr als halb gewann. Das klang in Beziehung auf meine Pläne ja fast wie ein Himmelsgeschenk! Er fügte noch weitere Versprechungen hinzu, durch die er es mir leicht machte, auf seine Wünsche einzugehen. Hierzu kamen meine eigenen Erwägungen. Es wurde mir hier ganz unerwartet die prächtigste Gelegenheit geboten, den Buchdruck, die Schriftsetzerei, die Stereotypie und alles noch hierher Gehörige in bequemster Weise kennenzulernen. Das hatte für mich als Schriftsteller sehr hohen Wert und wurde mir wahrscheinlich nie wieder geboten. Das Gehalt, das Münchmeyer mir zahlen konnte,[1] war zwar nicht bedeutend, aber es flossen mir ja außerdem derartige Honorare zu, daß ich es eigentlich gar nicht brauchte.

Und ich war nicht gebunden. Er bot mir vierteljährige Kündigung an. Ich konnte also alle drei Monate gehen, wenn es mir nicht gefiel.

„Versuchen Sie es! Sagen Sie ja!" forderte er mich auf, während er mir ein Monatsgehalt hinzählte.

„Wann hätte ich anzutreten?" fragte ich.

„Spätestens übermorgen. Es eilt. Dieser Freytag darf uns nicht vorauskommen."/

„Aber Sie wissen doch, daß ich bestraft bin!"

„Ich weiß alles. Das tut aber nichts."

„Und ich stehe sogar auch unter Polizeiaufsicht!"

„Das habe ich nicht gewußt; aber auch das tut nichts. Gerade weil dies so ist, sind Sie mir der Allerliebste! Schlagen Sie ein!"

Das klang geradezu rührend. Er hielt mir die Hand hin; Vater und Mutter nickten mir bittend zu; da gab ich ihm den Handschlag; ich war — Redakteur.

Als ich nach Dresden kam[2], nahm ich mir zunächst ein möbliertes Logis, doch stellte mir Münchmeyer sehr

---

1 600 Taler jährlich.
2 8. 3. 1875.

bald mehrere Zimmer als Redaktionswohnung zur Verfügung, und ich kaufte mir die Möbel dazu. Ich fand den Verlag ganz ungemein häßlich. Das ‚Schwarze Buch‘ war geradezu empörend verbrecherisch. Der ‚Venustempel‘ zeigte sich als ein scheußliches, auf die niedrigste Sinnenlust berechnetes Unternehmen mit zotenhaften Beschreibungen und entsetzlich nackten, aufregenden Abbildungen. Beigegeben war eine Hausapotheke für Geschlechtskrankheiten, an welcher Summen verdient wurden, die mir fast unglaublich erschienen. Diese schamlosen Hefte und Bilder lagen überall umher. Die Arbeiter und Arbeiterinnen nahmen sie mit heim. Die vier Töchter Münchmeyers, damals noch im Schul- und Kindesalter, lasen und spielten mit ihnen, und als ich Frau Münchmeyer vor den Folgen warnte, antwortete sie: „Was denken Sie! Das ist unser bestes Buch! Das bringt eine Masse Geld!“ Ich nahm mir vor, dies müsse entweder anders werden oder ich würde ohne Kündigung wieder fortgehen. Was den ‚Beobachter an der Elbe‘ betrifft, dessen Redaktion ich übernommen hatte, so sah ich gleich mit dem ersten Blick, daß er verschwinden müsse. Münchmeyer war so vernünftig, dies zuzugeben. Wir ließen / das Blatt eingehen, und ich gründete drei andere an seiner Stelle, nämlich zwei anständige Unterhaltungsblätter, die ‚Deutsches Familienblatt‘ und ‚Feierstunden‘ betitelt waren, und ein Fach- und Unterhaltungsblatt für Berg-, Hütten- und Eisenarbeiter, dem ich die Überschrift ‚Schacht und Hütte‘ gab. Diese drei Blätter waren darauf berechnet, besonders die seelischen Bedürfnisse der Leser zu befriedigen und Sonnenschein in ihre Häuser und Herzen zu bringen. In Beziehung auf ‚Schacht und Hütte‘ bereiste ich Deutschland und Österreich, um die großen Firmen z. B. Hartmann, Krupp, Borsig usw. dafür zu interessieren, und da ein solches Blatt damals Bedürfnis war, so erzielte ich Erfolge, über die ich selbst erstaunte.

Unsere Auflagen stiegen so, daß Münchmeyer mir zu Weihnacht ein Klavier schenkte. Sein Konkurrent Freytag gab sich alle Mühe, hatte zwar anfänglich auch Erfolg, mußte sein Blatt aber schon nach kurzer Zeit eingehen lassen.

In dieser Zeit der Entwicklung war es, daß Münchmeyer von auswärtigen Behörden wegen der Verbreitung des ‚Venustempels‘ angezeigt wurde. Verfasser dieses Schand- und Schundwerks war eben jener Otto Freytag, der nur deshalb mit Münchmeyer gebrochen hatte, weil dieser ihn an dem Gewinn, den das Werk brachte, nicht partizipieren ließ. Das Buch enthielt eine lüstern geschriebene Abteilung über ‚die Prostitution‘, die zu Polizeianzeigen allerdings direkt herausforderte. Es wurde Münchmeyer von irgendeiner Seite verraten, von welcher, das weiß ich nicht, daß eine Haussuchung nach dem ‚Venustempel‘ stattfinden werde. Sofort begann eine fieberhafte Rührigkeit, die Verluste, die hier drohten, zu verhüten. Jedermann, dem man traute, mußte helfen; mir aber sagte man kein Wort; man schämte sich. Es lagen Tausende von gedruckten Exemplaren da. Man versteckte / ganze Stöße, die bis zur Decke reichten, hinter anderen Werken. Man füllte den Lift damit aus. Man benutzte jede verborgene Stelle. Man schaffte eine Menge der gefährdeten Bücher in die Privatwohnungen und verbarg sie sogar unter den Betten der Kinder. Das ging so schnell und gelang so gut, daß die Polizei, als sie sich einstellte, kaum eine ganz geringe Nachlese fand, und noch lange hat man sich im Münchmeyerschen Hause des Schnippchens gerühmt, welches damals der sonst so findigen Dresdener Behörde geschlagen worden sei. Ich erfuhr erst später, viel später hiervon und zog meine Konsequenzen. Meines Bleibens war hier nicht.

Ich wollte aus dem Abgrund heraus, nicht aber wieder hinunter!

Ich darf wohl sagen, daß ich in jener Zeit fleißig gewesen bin und mir ehrliche Mühe gegeben habe, die Münchmeyersche Kolportage in einen anständigen Verlag zu verwandeln. Münchmeyer befreundete sich so mit mir, daß wir wie Brüder verkehrten. Das war mir ganz lieb, solange er tat, was ich für richtig hielt. Ich begann gleich in den ersten Nummern der drei neugegründeten Blätter mit der Ausführung meiner literarischen Pläne. Ich habe bereits gesagt, daß ich in dieser Beziehung mein Augenmerk auf die Bewohner zweier Erdhälften, nämlich auf die Indianer und auf die islamitischen Völker richten wollte. Das tat ich nun hier. Ich bestimmte das ,Deutsche Familienblatt' für die Indianer und die ,Feierstunden' für den Orient. Im ersteren Blatte begann ich sofort mit ,Winnetou', nannte ihn aber einem anderen Indianerdialekt gemäß einstweilen noch Innu-woh[1]./

In ,Schacht und Hütte' aber erschienen meine oben erwähnten ,Geographischen Predigten', die mir ganz besonders ans Herz gewachsen sind und waren. Schon der Titel besagt, was ich damals wollte und auch heute noch will: Geographie und Predigten! Kenntnis der Erde und ihrer Bewohner und Aufschau nach einer lichteren Welt! Dieser Anfang meiner literarischen Laufbahn bildet die Grundlage für meinen späteren Werdegang; die ,Geographischen Predigten' enthalten die Leitgedanken zu meinen sämtlichen Werken, die ich in der Folge treulich beibehalten habe.[2]/

Ich war überzeugt, daß diese beiden Blätter eine Zu-

[1] Gemeint ist die Novelle ,Inn-nu-woh, der Indianerhäuptling'. Unmittelbar danach folgte bereits die erste echte Winnetou-Erzählung ,Old Firehand', die seit 1893 im Band ,Winnetou II' Aufnahme fand. — In den ,Feierstunden' erschien das ägyptische Abenteuer ,Leilet' (,Die Rose von Kahira'), woraus May später den am Nil spielenden Abschnitt von ,Durch die Wüste' gestaltete. Die Texte dieser und anderer Frühwerke Mays — z. B. ,Geographische Predigten' — bilden den Inhalt von Band 71 ,Old Firehand' und 72 ,Schacht und Hütte'.
[2] Dieser vorstehende Absatz stammt aus einem Flugblatt Karl Mays aus dem Jahre 1901 und wurde hier in den ihm gemäßen Zusammenhang eingefügt.

kunft hätten, und bildete mir ein, für eine ganze Reihe von Jahrgängen Redakteur bleiben zu können. Da gab es Raum und Zeit genug für das, was ich wollte. Ganz selbst/verständlich schrieb ich auch für andere Firmen, die ich wohl nicht zu nennen brauche, doch ohne die Absicht, mich bei ihnen festzusetzen. Leider stellte sich meinen guten, weit ausschauenden Absichten ganz plötzlich ein unerwartetes Hindernis entgegen, das eigentlich gar nicht bestimmt war, ein Hindernis zu sein; es sollte vielmehr eine Anerkennung, eine Förderung bedeuten. Man machte mir nämlich, um mich an die Firma zu binden, den Vorschlag, die Schwester der Frau Münchmeyer zu heiraten. Man lud, um dies zu erreichen, meinen Vater nach Dresden ein. Er durfte zwei Wochen lang als Gast bei Münchmeyers wohnen und bekam vom Vater der Frau Münchmeyer die Brüderschaft angetragen. Das bewirkte gerade das Gegenteil. Ich sagte ‚nein‘ und kündigte, denn nun verstand es sich ganz von selbst, daß ich nicht bleiben konnte, zumal es um diese Zeit war, daß ich über jenen Streich, den man der Dresdener Polizei gespielt hatte, das Nähere erfuhr. Nun hatten meine Pläne einstweilen zu schweigen, doch gab ich sie nicht auf. Als das Vierteljahr vorüber war, zog ich von Münchmeyers fort, doch nicht von Dresden. Die Trennung von der Kolportage[1] tat mir nicht im geringsten weh. Ich war wieder frei, schrieb einige notwendige Manuskripte und ging sodann auf Reisen.[2] Hierbei meine Vaterstadt berührend, wurde ich als Zeuge auf das dortige Amtsgericht geladen und erfuhr, daß Freytag, der Verfasser, und Münchmeyer, der Verleger des ‚Venustempels‘, wegen dieses Schandwerkes kürzlich bestraft worden seien. Das hatte man mir verschwiegen. Wie froh war ich, nicht in den Bezirk dieses Venustempels hineingeheiratet zu haben!

1 Vermutlich 31. März 1877.
2 Wohin den Dichter diese Reisen führten, konnte von der Forschung nicht ermittelt werden. Fest steht jedoch, daß es sich nicht um außereuropäische Reisen handelte.

Nach der Heimkehr von der soeben erwähnten Reise hatte ich Veranlassung, eine meiner Schwestern, die in Hohenstein verheiratet war, aufzusuchen. Ich wohnte/ einige Tage bei ihr und lernte da ein Mädchen kennen, das einen ganz eigenartigen Eindruck auf mich machte. Ich habe am Anfang dieses meines Buches gesagt, daß ich die sonderbare Eigentümlichkeit besitze, die Menschen mehr seelisch als körperlich vor mir zu sehen. Ob das ein Vorzug oder ein Nachteil ist, kann ich nicht entscheiden; aber infolge dieser meiner Eigenheit kommt es nicht selten vor, daß ich eine häßliche Person schön und eine schöne häßlich finde. Die interessantesten Wesen sind mir die, deren seelische Gestalt mir rätselhaft erscheint, deren Konturen ich nicht erkennen kann oder deren Kolorit ich nicht begreife. Solche Personen ziehen mich an, selbst wenn sie abstoßend wirken; ich kann nicht dafür Und mit dem Mädchen, von dem ich hier spreche, hatte es noch eine andere, ganz eigentümliche Bewandtnis. Nämlich als ich, vierzehn Jahre alt, Proseminarist in Waldenburg war, ging ich eines Novembertags von dort nach Ernstthal zu den Eltern, um meine Wäsche zu holen. Auf dem Rückwege kam ich über den Hohensteiner Markt. Da wurde gesungen. Die Kurrende stand vor einem Haus. Es war da eine Leiche, die beerdigt werden sollte. Ich kannte das Haus. Unten wohnte ein Mehlhändler und oben eine von fremdher zugezogene Persönlichkeit, die man bald als Barbier, bald als Feldscher, Chirurg oder Arzt bezeichnete. Er barbierte nicht jedermann, und es war bekannt, daß er noch weit mehr konnte als das. Sein Name war Pollmer. Er hatte eine Tochter, die man für das schönste Mädchen der beiden Städte hielt; das wußte ich. Die sollte jetzt begraben werden. Darum blieb ich stehen. Zwei Frauen, die auch zuhören und zusehen wollten, stellten sich hinter mich. Eine dritte kam hinzu, die war vom Dorf, sie fragte, was das für eine Leiche sei./

„Pollmers Tochter", antwortete eine der beiden ersten Frauen.

„Ach?! Dem Zahndoktor seine? Woran ist denn die gestorben?"

„An ihrem eigenen Kinde.[1] Besser wäre es, das arme Wurm wäre tot, sie aber lebte noch. Auf so einem Kind, an dem die Mutter stirbt, kann niemals Segen ruhen; das bringt jedermann nur Unheil."

„Was ist denn der Vater?"

„Der? Es hat ja keinen!"

„Du lieber Gott! Auch das noch? Da wäre es freilich besser, der Nickel könnte gleich mitbegraben werden!"

Jetzt hörte der Gesang auf. Man brachte den Sarg heraus. Der Leichenzug bildete sich. Droben am offenen Fenster der Wohnstube erschien eine weibliche Person, die etwas auf den Armen trug. Das war das Kind, der ‚Nickel‘, der seine eigene Mutter getötet hatte und jedermann Unheil brachte! Ich verstand von dem allem nichts. Was weiß ein vierzehnjähriger Junge von den Vorurteilen dieser Art von Menschen! Aber als der Leichenzug an mir vorüber war und ich meinen Weg fortsetzte, nahm ich etwas mit, was mich später noch oft beschäftigte, nämlich die Frage, warum man sich vor einem Kind, das keinen Vater hat und schuld am Tode seiner Mutter ist, in acht nehmen muß. Ich glaubte infolge meiner Jugend und Unerfahrenheit an das, was die alten Weiber gesagt hatten, und fühlte eine Art von Grauen, sooft ich an dieses Leichenbegängnis und an den unglückseligen ‚Nickel‘ dachte. Sobald ich später über den Hohensteiner Markt kam, schaute ich ganz unwillkürlich nach dem betreffenden Fenster in der Oberstube des Mehlhändlerhauses. Nach Verlauf einer / Reihe von Jahren sah ich einmal den Kopf eines Kindes, eines Mädchens, herausschauen. Ich blieb für einen Augenblick stehen, um das Gesicht zu betrachten. Es war nichts-

1 Emma Lina Pollmer wurde am 22. 11. 1856 in Hohenstein geboren.

sagend und hatte weder etwas Wohltuendes, noch etwas Fürchterliches an sich. Später begegnete ich einmal auf der Gasse einem stark gebauten, hochgewachsenen Manne, der ein ungefähr zwölfjähriges Mädchen an der Hand führte. Das war der alte Pollmer mit seinem ‚Nickel‘. Der Alte sah sehr ernst, das Kind aber recht munter und freundlich aus; es hatte gar nichts an sich, was verriet, ‚daß seine Mutter an ihm gestorben war‘. Dann habe ich es noch verschiedene Male gesehen, als angehenden Backfisch, bleich, lang aufgeschossen, überaus schmal, ganz uninteressant, ein vollständig gleichgültiges Wesen. Nie hätte ich gedacht, daß dieses Mädchen jemals in meinem Leben eine sei's auch nur unbedeutende Rolle spielen könnte. Und nun ich jetzt bei meiner Schwester wohnte, wurden mir bei einer ihrer Freundinnen einige junge Mädchen vorgestellt, unter denen sich auch ein ‚Fräulein Pollmer‘ befand. Das war der ‚Nickel‘; aber er sah ganz anders aus als früher. Er saß so still und bescheiden am Tisch, beschäftigte sich sehr eifrig mit einer Häkelei und sprach fast gar kein Wort. Das gefiel mir. Dieses Gesicht errötete leicht. Es hatte einen ganz eigenartigen, geheimnisvollen Augenaufschlag. Und wenn ein Wort über die Lippen kam, so klang es vorsichtig, erwägend, gar nicht wie bei anderen Mädchen, die alles geradeso herausschwatzen, wie es ihnen auf die Zunge läuft. Das gefiel mir sehr. Ich erfuhr, daß ihr Großvater, nämlich Pollmer, meine ‚Geographischen Predigten‘ gelesen hatte und sie immer wieder las. Das gefiel mir noch mehr. Sie erschien mir von ihren Freundinnen ganz verschieden. / Hinter deren Gestalten sah ich keine Spur von Geist und nur einen Hauch von Seele. Hinter der Pollmer aber lag psychologisches Land, ob Hoch- oder Niederland, ob Wüste oder Fruchtbarkeit, das konnte ich nicht unterscheiden, aber Land war da; das sah ich deutlich, und es entstand der Wunsch in mir, dieses Land kennenzulernen. Daß sie nicht aus einer wohlhabenden oder gar vornehmen Familie stammte, konnte mich nicht hindern, ich war ja selbst auch nur ein armer Webersohn und eigentlich noch viel weniger als das.

Am nächsten Tag kam ihr Großvater zu mir. Sie hatte ihm von mir erzählt und in ihm den Wunsch erweckt, mich nach der Lektüre meiner ,Predigten' nun auch persönlich kennenzulernen. Er schien von mir befriedigt zu sein, denn er forderte mich auf, nun auch ihn zu besuchen. Ich tat es. Es entwickelte sich ein Verkehr zwischen uns, der dann, als ich meinen Besuch beendet hatte und wieder nach Dresden ging, sich aus einem persönlichen in einen schriftlichen verwandelte. Aber Pollmer schrieb nicht gern. Die Briefe, die ich bekam, waren von der Hand seiner Enkeltochter. Wer hätte jemals gedacht, daß ich mit dem ,Nickel', der einem ,nur Unheil bringt', in Korrespondenz treten würde!

Ihre Zuschriften machten einen außerordentlich guten Eindruck. Sie sprach da von meinem ,schönen, hochwichtigen Beruf', von meinen ,herrlichen Aufgaben', von meinen ,edlen Zielen und Idealen'. Sie zitierte Stellen aus meinen ,Geographischen Predigten' und knüpfte Gedanken daran, deren Trefflichkeit mich erstaunte. Welch eine Veranlagung zur Schriftstellersfrau! Zwar kam es mir zuweilen so vor, als ob nur ein männlicher Verfasser, und zwar ein sehr gebildeter, solche Briefe schreiben könne, aber es war mir nicht möglich, sie eines solchen / Betruges für fähig zu halten. Meine Schwester schrieb mir auch. Sie floß vom Lobe ,Fräulein Pollmers' über und lud mich für die Weihnachtsferien ein, sie wieder zu besuchen. Ich tat es. Ich vergaß, daß gerade die Weihnachtszeit mir selten freundlich gesinnt gewesen ist und daß ich vor der Stelle, an der ich geboren wurde, gewarnt worden war. Diese Weihnacht entschied über mich, wenn ich mich auch nicht sofort verlobte. Ich hatte ja Zeit. Diese Zeit verbrachte ich meist auf Reisen, bis ich mich zu Pfingsten[1] wieder in der Heimat einstellte, um das Seelenstudium des ,Nickels', der nun ,mein Nickel' werden sollte, weiter fortzusetzen. Aber es kam nicht zu dieser Fortsetzung, sondern gleich zu einer Entscheidung, wie sie sonst nur auf der Bühne üblich zu sein pflegt. Nämlich als Pollmer erfuhr, daß ich wieder da sei, besuchte er mich und lud mich zu sich zum Mittagessen ein. Er war längst Witwer, und seine Familie bestand nur aus ihm und seiner Enkeltochter.[2] Ich wußte, daß er sich überall nur höchst lobend über mich aussprach und daß meine Vorstrafen ihn ganz und gar nicht hinderten, mich für einen guten, vertrauenswürdigen Menschen zu halten. Aber ich wußte auch, daß er sein Enkelkind für das schönste und wertvollste Wesen der ganzen Umgegend hielt und daß er ganz märchenhafte Gedanken in Beziehung auf ihre Verheiratung hatte. Er war der Ansicht, daß solche strahlenden Beautés der größte Reichtum ihrer Familie seien und nur möglichst reich und vornehm verheiratet werden dürften. Ganz selbstverständlich konnte diese seine Meinung nicht ohne Einfluß auf seine Enkeltochter geblieben sein; das bemerkte ich sehr wohl; und vielleicht war es die höchste Zeit, sie diesem Einfluß zu entziehen. Ich antwortete darum, als er mich bat, heute bei ihm zu Mittag zu essen:/

„Sehr gern, doch unter der Bedingung, daß ich nicht nur Ihretwegen, sondern auch um Ihrer Enkelin willen kommen darf."

Er horchte überrascht auf.

„Um Emmas willen?" fragte er.

„Ja."

„Wie meinen Sie das? Haben Sie Absichten auf sie? Wollen Sie sie etwa heiraten?"

[1] 20. 5. 1877.
[2] Ein 1828 geborener Sohn, Emil Eduard P., starb am 26. 1. 1878 an einem Unfall.

„Allerdings."

„Alle Wetter! Davon weiß ich kein Wort! Das ist aber doch wohl nur Ihre Absicht! Was sagt denn sie dazu?"

„Sie ist einverstanden."

Da sprang er vom Stuhl auf, wurde tiefrot im Gesicht und rief aus:

„Daraus wird nichts, nichts, nichts! Meine Enkelin ist nicht dazu geboren und nicht dazu erzogen, daß sie sich mit einem armen Teufel durch das Leben schindet! Die kann andere Männer kriegen. Die soll mir keinen Schriftsteller heiraten, der, wenn es gut geht, nur von seiner Berühmtheit und vom Hunger lebt!"

„Denken Sie dabei etwa auch mit an meine Vorstrafen?" fragte ich. „Das würde ich gelten lassen!"

„Unsinn! Das kümmert mich nicht. Es laufen Hunderttausende in der Freiheit herum, die in das Zuchthaus gehören! Nein, das ist es nicht. Ich habe ganz andere Gründe. Sie bekommen meine Enkelin nicht!"

Er rief das sehr laut aus.

„Oho!" antwortete ich.

„Oho? Hier gibt es kein Oho! Ich wiederhole Ihnen, Sie bekommen meine Enkelin nicht!"

Er stampfte bei jedem dieser Worte, um ihren Eindruck zu verstärken, mit dem Spazierstock auf den Boden. / Es juckte mir förmlich in der Hand, sie ihm auf die Achsel zu legen und ihm lachend zu sagen: „Gut, so behalten Sie sie!"

Aber dagegen bäumte sich das väterliche Erbteil in mir auf, der zähe, unbedachte Zorn, der niemals das Richtige tut.

Ich brauste nun auch auf:

„Wenn ich sie nicht bekomme, so nehme ich sie mir!"

„Versuchen Sie das!"

„Ich werde es nicht nur versuchen, sondern ich werde es tun, wirklich tun!"

Da lachte er.

„Sie werden sich nicht zu mir wagen. Ich verbitte mir von jetzt an jeden Besuch!"

„Das versteht sich ganz von selbst. Aber ich sage Ihnen im voraus: Sie werden seiner Zeit persönlich zu mir kommen und mich bitten, Sie zu besuchen. Jetzt aber leben Sie wohl!"

„Ich Sie bitten? Nie, nie, niemals!"

Er ging. Ich aber schrieb drei Zeilen und schickte sie seiner Tochter. Die lauteten: „Entscheide zwischen mir und Deinem Großvater. Wählst Du ihn, so bleib; wählst Du mich, so komm sofort nach Dresden!" Dann reiste ich ab. Sie wählte mich; sie kam. Sie verließ den, der sie erzogen hatte und dessen einziges Gut sie war. Das schmeichelte mir. Ich fühlte mich als Sieger. Ich tat sie zu einer Pfarrerswitwe[1], die zwei erwachsene, hochgebildete Töchter besaß. Durch den Umgang mit diesen Damen wurde es ihr möglich, sich alles, was sie noch nicht besaß, spielend anzueignen. Von da aus bekam sie Gelegenheit, eine selbständige Wirtschaft führen zu können. Auch ich arbeitete mit gutem, ja mit sehr gutem Erfolg. Ich wurde bekannt und bezog sehr anständige Honorare. Ich hatte mit meinen ‚Reiseerzählungen‘ begonnen, die sofort in Paris und Tours auch / in französischer Sprache erschienen[2]. Das sprach sich herum; das imponierte sogar dem ‚alten Pollmer‘. Er hörte von Kennern, daß ich im Begriff stünde, ein wohlhabender, vielleicht gar ein reicher Mann zu werden. Da schrieb er an seine Tochter. Er verzieh ihr, daß sie ihn um meinetwillen verlassen hatte, und forderte sie auf, nach Hohenstein zu kommen, ihn zu besuchen, mich aber mitzubringen. Sie erfüllte ihm diesen Wunsch, und ich begleitete sie. Aber ich ging nicht zu ihm, sondern nach Ernstthal zu meinen Eltern. Er schickte nach mir; ich

[1] 26. 5. 1877.
[2] Hier täuschte sich Karl May in der Erinnerung: die französische Übersetzungen erschienen erst ab Nov. 1881 in der Zeitschrift ‚Le Monde‘.

aber antwortete, er wisse wohl, was ich ihm vorausgesagt habe. Wenn er mich bei sich haben wolle, müsse er persönlich kommen, mich einzuladen. Und er kam!

Ich fühlte mich wieder als Sieger. Wie töricht von mir! Hier hatte nicht ich, sondern nur die Erwägung gesiegt, daß ich es wahrscheinlich zu einem Vermögen bringen würde, und es gab sogar die Gefahr für mich, daß diese Erwägung nicht allein vom Großvater getroffen worden war. Übrigens bat er sie, bis zu unserer Verheiratung bei ihm in Hohenstein zu bleiben. Ich hatte nichts dagegen und gab mein Logis in Dresden auf, um bei den Eltern in Ernstthal zu wohnen. Es war damals eine Zeit ganz eigenartiger innerer und äußerer Entwicklungen für mich. Ich schrieb und machte Reisen. Von einer dieser Reisen zurückgekehrt, erfuhr ich, kaum aus dem Zug gestiegen, daß heute nacht der ‚alte Pollmer‘ gestorben sei; der Schlag habe ihn getroffen. Ich eilte nach seiner Wohnung. Man hatte mir zuviel gesagt. Er war nicht tot; er lebte noch, konnte aber weder sprechen, noch sich bewegen. Sein Enkelkind saß in einer seitwärts liegenden Stube bei einer klingenden Beschäftigung. Sie hatte nach seinem Geld gesucht und es gefunden. Es war nicht viel; ich glaube, kaum zwei/hundert Mark. Ich zog sie davon fort, zu dem Kranken hinüber. Er erkannte mich und wollte reden, brachte es aber nur zu einem unartikulierten Lallen. Aus seinem Blick sprach eine ungeheure Angst. Da kam der behandelnde Arzt. Er hatte ihn schon gleich früh am Morgen untersucht, tat dies jetzt wieder und gab uns den Bescheid, daß alle Hoffnung vergeblich sei. Als er sich entfernt hatte, glitt die Tochter des Sterbenden[1] vor mir nieder und bat mich, sie ja nicht zu verlassen. Ich versprach es ihr und habe Wort gehalten.[2] Ich habe sogar noch mehr getan. Ich habe ihren Wunsch erfüllt, in Hohen-

1 Pollmer starb am 26. 5. 1880 in Hohenstein.
2 Heirat am 17. 8. 1880, kirchliche Trauung am 12. 9. 1880.

stein wohnen zu bleiben.[1] Wir mieteten uns eine Etage des oberen Marktes und hätten da unendlich glücklich leben können, wenn uns ein solches Glück beschieden gewesen wäre.

Ich schrieb damals schon einige Jahre lang für Pustet in Regensburg, in dessen ‚Deutschem Hausschatz'[2] meine ‚Reiseerzählungen' erschienen. Die Firma Pustet ist katholisch und der ‚Deutsche Hausschatz' ein katholisches Familienblatt. Aber diese konfessionelle Zugehörigkeit war mir höchst gleichgültig. Der Grund, warum ich dieser hochanständigen Firma treugeblieben bin, war kein konfessioneller, sondern ein rein geschäftlicher. Kommerzienrat Pustet ließ mir nämlich schon bei der zweiten, kurzen Erzählung durch seinen Redakteur Venanz Müller mitteilen, daß er bereit sei, alle meine Manuskripte zu erwerben; ich solle sie keinem anderen Verlag senden. Und zahlen werde er sofort. Bei längeren Manuskripten, die ich ihm nach und nach schicken solle, gehe er sehr gern auf Teilzahlungen ein; so viel Seiten, so viel Geld! Es wird wohl selten einen Schriftsteller geben, dem ein solches Anerbieten gemacht wird. Ich ging mit Freuden darauf ein. Rund zwanzig Jahre lang ist das Honorar,/ wenn ich das Manuskript heute zur Post sandte, genau übermorgen eingetroffen. Ich erinnere mich keines einzigen Males, daß es später gekommen wäre. Und niemals hat es in Beziehung auf das Honorar auch nur die geringste Differenz zwischen uns gegeben. Ich habe nie mehr verlangt, als vereinbart worden war, und als Pustet es mir plötzlich verdoppelte, tat er das aus eigenem, freiem Entschluß, ohne daß ich einen hierauf bezüglichen Wunsch geäußert hatte. Solchen Verlegern bleibt man treu, auch ohne nach ihrem Glauben und ihrer Konfession zu fragen.

---

1 Bis April 1883.
2 Familienzeitschrift, gegründet 1874 durch Karl und Friedrich Pustet, bestand bis 1958. Mays Mitarbeit begann mit dem 5. Jahrgang 1878/79.

Aber noch wertvoller als diese Pünktlichkeit war für mich der Umstand, daß alle meine Manuskripte vorausbestellt waren und sicher an- und aufgenommen wurden. Das machte es mir möglich, meine auf die ,Reiseerzählungen' bezüglichen Pläne nun endlich auszuführen. Es war mir nun der nötige Spaltenraum für lange Zeit hinaus sichergestellt. Durch wen ich diese Erzählungen dann später in Buchform herausgeben würde, war eine Frage, die einstweilen noch offenbleiben konnte. Es gibt feindselige Menschen, die behaupten, daß ich mich nur um des Geldes willen an diesen katholischen Verlag herangemacht hätte. Das ist eine Unwahrheit, für deren Gewissenlosigkeit und Verwerflichkeit ich keine Worte finde. Ich habe ganz das Gegenteil von dem getan, dessen man mich da beschuldigt. Ich habe dem ,Deutschen Hausschatz' und seinem Herausgeber Opfer gebracht, von deren Größe die Familie Pustet keine Ahnung hatte. Vor mir liegt ein Brief, den Professor Josef Kürschner, der bekannte, berühmte Publizist, mit dem ich sehr befreundet war, am 3. Oktober 1886 an mich schrieb. Es handelte sich um die bei Spemann in Stuttgart erscheinende Revue ,Vom Fels zum Meer', / für die ich mitgearbeitet habe. Der Brief lautet wie folgt:

Sehr geehrter Herr!

Sie haben inzwischen schon wieder für andere Unternehmungen Beiträge geliefert, während Sie mich mit dem längst Versprochenen noch immer im Stiche ließen. Das ist eigentlich nicht recht, und ich bitte Sie dringend, nun Ihr Versprechen mir gegenüber wahr zu machen. Ich will diese Gelegenheit nicht vorübergehen lassen, ohne Sie zu fragen, ob Sie nicht geneigt wären, einmal einen recht packenden, fesselnden und situationsreichen Roman zu schreiben. Ich würde Ihnen in diesem Falle ein Honorar bis zu tausend Mark pro ,Fels'-Bogen zusichern können, wenn Sie etwas Derartiges schreiben würden.

In vorzüglicher Hochachtung

Ihr ergebenster
Joseph Kürschner

Das Honorar, welches ich von Pustet bekam, war gegen diese tausend Mark so unbedeutend, daß ich mich scheue, seinen Betrag hier zu nennen. Wenn ich Pustet trotzdem vorgezogen habe, so ist das ein gewiß wohl mehr als hinreichender Beweis, daß ich für den ‚Hausschatz‘ nicht geschrieben habe, um ‚mehr Geld zu machen, als ich von anderen bekam‘. Auch meine anderen Verleger zahlten bedeutend mehr als Pustet. Das muß ich, um diesen böswilligen Ausstreuungen zu begegnen, hiermit konstatieren. Über den Inhalt dieser meiner Hausschatzerzählungen berichte ich an anderer Stelle. Ich habe mich, der Logik der Tatsachen gehorchend, von Pustet zurück zu Münchmeyer zu wenden./

Es war im Jahre 1882, als ich mit meiner Frau auf einer Erholungstour nach Dresden kam. Ich hatte ihr Münchmeyer so lebhaft geschildert, daß sie sich ein ganz richtiges Bild von ihm machen konnte, obgleich sie ihn noch nicht gesehen hatte. Sie wünschte aber sehr, ihn kennenzulernen, von dem ihr auch andere gesagt hatten, daß er ein hübscher Kerl, ein glanzvoller Unterhalter und für schöne Frauen begeistert sei. Er pflegte in dieser Jahreszeit um die Dämmerstunde in einer bestimmten Gartenrestauration[1] zu verkehren. Als ich ihr das sagte, bat sie mich, sie hinzuführen. Ich tat es, obgleich es mir widerstrebte, ihm diejenige zu zeigen, die ich seiner Schwägerin vorgezogen hatte. Ich hatte mich nicht geirrt. Er war da. Der einzige Gast im ganzen Garten. Die Freude, mich wiederzusehen, war aufrichtig; das sah man ihm an. Aber gab es nicht vielleicht auch geschäftliche Ursachen zu dieser Freude? Er hatte gar so zusammengedrückt und niedergeschlagen dagesessen, den Kopf in beide Hände gelegt. Nun aber war er plötzlich froh und munter. Er strahlte vor Vergnügen. Er machte mir in seiner Kolportageweise die unmöglichsten Komplimente, eine so schöne Frau zu haben, und meiner

1 Rengersches Gartenrestaurant.

Frau gratulierte er in denselben Ausdrücken zu dem Glück, einen so schnell berühmt gewordenen Mann zu besitzen. Er kannte meine Erfolge, übertrieb sie aber, um uns beiden zu schmeicheln. Er machte Eindruck auf meine Frau, und sie ebenso auf ihn. Er begann zu schwärmen, und er begann aufrichtig zu werden. Sie sei schön wie ein Engel, und sie solle sein Rettungsengel werden, ja, sein Rettungsengel, den er brauche in seiner jetzigen großen Not. Sie könne ihn retten, indem sie mich bitte, einen Roman für ihn zu schreiben. Und nun erzählte er:/

Als ich aus seinem Geschäft getreten war, hatte er keinen passenden Redakteur für die von mir gegründeten Blätter gefunden. Er selbst verstand nicht zu redigieren. Sie verloren sehr schnell ihren Wert; die Abonnenten fielen ab; sie gingen ein. Dabei blieb es aber nicht. Es wollte überhaupt nichts mehr gelingen. Verlust folgte auf Verlust, und jetzt stand es so, daß er die Hamletfrage Sein oder Nichtsein nicht länger von sich weisen konnte. Er habe soeben, in diesem Augenblick, darüber nachgedacht, durch wen oder was er Rettung finden könne, doch vergeblich. Da seien wir beide gekommen, gerade wie vom Himmel geschickt. Und nun wisse er, daß er gerettet werde, nämlich durch mich, durch einen Roman von mir, durch meine schöne, junge, liebe, gute Herzensfrau, die mir keine Ruhe lassen werde, bis dieser Roman in seinen Händen sei. Der Pfiffikus hatte sich durch diese derben Lobeserhebungen der Mithilfe meiner unerfahrenen Frau vollständig versichert. Er drang in mich, ihm seinen Wunsch zu erfüllen, und sie bat mit. Er stellte mir klugerweise vor, daß eigentlich nur ich schuld an seiner jetzigen schlimmen Lage sei. Vor sechs Jahren habe alles außerordentlich gut gestanden; aber daß ich seine Schwägerin nicht hätte heiraten wollen und aus der Redaktion gegangen sei, das habe alles in das Gegenteil verwandelt. Um das wiedergutzumachen, sei ich also moralisch geradezu verpflichtet, ihm jetzt unter die Arme zu greifen.

Was diesen letzteren Gedanken betraf, so fühlte ich gar wohl, daß etwas Wahres daran sei. Man hatte damals meine Bereitwilligkeit, die Schwester der Frau Münchmeyer zu heiraten, für so selbstverständlich gehalten, daß überall davon gesprochen worden war. Dadurch, daß ich den Plan zurückwies, hatte nicht nur dieses Mädchen, sondern auch die ganze Familie eine beinahe öffentliche / Zurücksetzung erlitten, an der ich zwar nicht die Schuld trug, die mich aber geneigt machte, Münchmeyer als Ersatz dafür irgendeine Liebe zu erweisen. Hierzu kam, daß wir uns nicht gezankt hatten, sondern als Freunde auseinandergegangen waren. Es konnte also wohl einen geschäftlichen, nicht aber einen persönlichen Grund geben, seinen Wunsch zurückzuweisen. Aber auch in geschäftlicher Beziehung lag kein zwingender Grund vor, mich zu weigern. Zeit hatte ich; ich brauchte sie mir nur zu nehmen. In dem Umstand, daß Münchmeyer Kolportageverleger war, lag kein Zwang für mich, ihm nun auch meinerseits nichts anderes als nur einen Schund- und Kolportageroman zu schreiben. Es konnte etwas Besseres sein, eine organische Folge von Reiseerzählungen, wie ich sie Pustet und anderen Verlegern lieferte. Tat ich das, so war damit zugleich auch meinem Lebenswerk gedient, und ich konnte das, was ich für Münchmeyer schrieb, ganz ebenso später für mich in Bänden erscheinen lassen, wie das für meine Hausschatzerzählungen bestimmt worden war.

Diese Erwägungen gingen mir durch den Kopf, während Münchmeyer und meine Frau auf mich einsprachen. Ich erklärte schließlich, daß ich mich vielleicht entschließen könne, den gewünschten Roman zu schreiben, doch nur unter der Bedingung, daß er nach einer bestimmten Zeit mit sämtlichen Rechten wieder an mich zurückfalle. Es dürfte an meinem Manuskript absolut kein Wort geändert werden; das wisse er ja von früher her. Münchmeyer erklärte, hierauf einzugehen, doch möge ich ihn mit dem Honorar nicht drücken. Er sei in Not und könne nicht viel zahlen. Später, wenn mein Roman gut einschlage, könne er das durch eine ‚feine Gratifikation‘ ausgleichen Das klang ja gut. Er bat, ihm keine Zeit zu setzen, an welcher der Roman wieder an mich zurückzufallen habe, / sondern lieber eine Abonnentenzahl, nach der, sobald sie erreicht worden sei, er aufzuhören und mir meine Rechte wiederzugeben habe. Er berechnete, daß er mit sechs- bis siebentausend Abonnenten auf seine Rechnung komme; was darüber hinausgehe, sei Verdienst. Darum schlug ich vor, im Falle, daß ich den Roman schreiben würde, solle Münchmeyer bis zum zwanzigtausendsten Abonnenten gehen dürfen, weiter nicht; dann habe er mir eine ‚feine Gratifikation‘ zu zahlen, und der Roman falle mit allen Rechten an mich zurück. Ob ich ihn dann gegen das entsprechende Honorar bei ihm oder bei einem anderen Verleger weiter erscheinen lasse, sei lediglich meine Sache. Hierauf ging Münchmeyer sofort ein, ich aber gab meine Zusage noch nicht definitiv; ich erklärte, mir die Sache erst noch reiflich überlegen und meine Entscheidung dann morgen geben zu wollen.

Münchmeyer kam schon am folgenden Morgen in unser Hotel, um sich meinen Bescheid zu holen. Ich sagte ja, halb freiwillig und halb gezwungen. Meine Frau hatte nicht nachgelassen, bis ich ihr das Versprechen gab, ihm seinen Wunsch zu erfüllen. Er bekam den Roman zu den erwähnten Bedingungen, nämlich nur bis zum zwanzigtausendsten Abonnenten. Dafür hatte er für die Nummer 35 Mark zu bezahlen und beim Schluß eine ‚feine Gratifikation‘. Er gab den Handschlag. Unser Kontrakt war also kein schriftlicher, sondern ein mündlicher. Er sagte, wir seien beide ehrliche Männer und würden einander nie betrügen. Es klinge für ihn wie eine Beleidigung, von ihm eine Unterschrift zu verlangen. Ich ging aus zwei guten Gründen hierauf ein. Nämlich erstens durften nach damaligem sächsischen Gesetz bei Mangel eines Kontraktes überhaupt nur tausend Exemplare gedruckt werden; Münchmeyer hätte sich also, wenn er unehrlich sein wollte, / nur selbst betrogen; so dachte ich. Und zweitens konnte ich mir den fehlenden schriftlichen Kontrakt sehr leicht und unauffällig durch Briefe verschaffen. Ich brauchte meine Geschäftsbriefe an Münchmeyer sehr einfach nur so einzurichten, daß seine Antworten nach und nach alles enthielten, was zwischen uns ausgemacht worden war. Das habe ich denn auch getan und seine Antworten mir heilig aufgehoben.

Er wünschte sehr, daß ich mit dem Roman sofort begänne Ich tat ihm diesen Gefallen und kehrte schleunigst nach Hohenstein zurück, um unverweilt anzufangen. Meine Frau trieb fast noch mehr als Münchmeyer selbst. Er hatte eine persönliche Vorliebe für den nichtssagenden Titel ‚Das Waldröschen'. Ich ging auch hierauf ein, hütete mich aber, ihm sonst noch irgendwelche Konzessionen zu machen. Schon nach einigen Wochen kamen günstige Nachrichten. Der Roman ‚ging'. Dieses ‚ging' ist ein Fachausdruck, der einen nicht gewöhnlichen Erfolg bedeutet. Ich bekam weder Korrektur noch Revision zu lesen, und das war mir ganz lieb, denn ich hatte keine Zeit dazu. Beleghefte gingen mir nicht zu, weil sie mich verzettelt hätten. Ich sollte meine Freiexemplare nach Vollendung des Romans gleich komplett bekommen. Damit war ich einverstanden. Freilich bekam ich dadurch keine Gelegenheit, mein Originalmanuskript mit dem Druck zu vergleichen, aber das machte mir keine Sorge. Es war ja bestimmt worden, daß kein Wort geändert werden dürfe, und ich besaß damals die Vertrauensseligkeit, dies für genügend zu halten.

Der Erfolg des ‚Waldröschens' schien nicht nur ein

guter, sondern ein ungewöhnlicher zu werden. Münchmeyer zeigte sich in seinen Briefen sehr zufrieden. Er schrieb wiederholt, daß er sich schon jetzt, nach so kurzer/ Zeit, für gerettet halte, denn er hoffe doch, daß der Roman so zugkräftig bleibe, wie er bis jetzt gewesen sei. Er regte den Gedanken an, daß wir nicht in Hohenstein bleiben, sondern nach Dresden ziehen möchten, da er mich in seiner Nähe haben wolle. Meine Frau griff diesen Gedanken mit Begeisterung auf und sorgte dafür, daß er so schnell wie möglich ausgeführt wurde[1]. Ich sträubte mich keineswegs. Hatte ich doch während der Hohensteiner Zeit mehr und mehr an jene Warnung denken müssen, die in dem Buch des Katecheten zu lesen gewesen war. Ich hatte, dieser Warnung zum Trotz, mich nicht nur an der Stelle, an der ich geboren worden war, seßhaft niedergelassen, sondern mir auch eine Frau von dort genommen. Ich war für einige Zeit geneigt gewesen, den Inhalt dieser Buchstelle als Aberglauben zu betrachten, sah sie aber gar bald wieder mit dem Auge des Psychologen an und wurde sodann durch die Schwere der Tatsachen gezwungen einzusehen, daß ein einzelner Schwimmer unbedingt leichter über trübe Gewässer hinübergelangt, als wenn er eine zweite Person mitzunehmen hat, die weder schwimmen kann noch schwimmen will. Darum war mir diese Ortsveränderung ganz recht, doch zog ich aus Vorsicht nicht nach Dresden selbst, sondern nach Blasewitz, um mir Ellbogenfreiheit zu sichern. Münchmeyer stellte sich auch da sofort ein, und zwar wöchentlich mehrere Male. Es entwickelte sich ein anfangs ganz förderlicher Verkehr zwischen ihm und uns. Ich arbeitete so, daß ich mir fast keine Ruhe gönnte. Der Roman schritt sehr schnell vorwärts, und sein Erfolg wuchs derart, daß Münchmeyer mich bat, noch einen zweiten und womöglich noch einige weitere zu schreiben. Ich ahnte nicht, daß meine Entscheidung über

1 7. 4. 1883.

diesen seinen Wunsch für mich hochwichtig war und daß sie mir, falls sie bejahend ausfallen sollte, zu / einer Quelle unsagbaren Elendes und unaussprechlicher Qual werden konnte. Ich betrachtete nur die angeblichen Vorteile, sah aber nicht die Gefahr.

Diese Gefahr entwickelte sich, wie schon einmal, aus meinen literarischen Plänen heraus. Münchmeyer hatte diese Pläne nicht vergessen; er kannte sie noch ganz gut. Er erinnerte mich jetzt an sie. Ich hatte sie damals nicht ausführen können, weil ich meine Stellung bei ihm aufgab. Jetzt aber war ich kein Angestellter, sondern ein freier Mann, der durch nichts verhindert werden konnte, das zu tun, was ihm beliebte. Und die Hauptsache, ich brauchte das, was ich schreiben wollte, nicht, wie bei Pustet, auf viele Jahrgänge auseinanderzudehnen, sondern konnte es flottweg hintereinander schreiben, um das, was jetzt als Heftroman erschien, später in Buchform herauszugeben. Das bestrickte mich. Hierzu kam das beständige Zureden meiner Frau, welche die geringen Einwände, die ich zu erheben hatte, sehr leicht zum Schweigen brachte. Kurz, ich gab meine Zustimmung, noch einige Romane zu schreiben, und zwar zu ganz denselben Bedingungen wie das ‚Waldröschen'. Diese Arbeiten hatten mir also auch nach dem zwanzigtausendsten Abonnenten mit allen Rechten wieder zuzufallen, und dann war mir eine ‚feine Gratifikation' zu zahlen. Es gab nur eine einzige Änderung, nämlich die, daß ich für diese Romane ein Honorar von fünfzig Mark pro Heft bezog, anstatt nur fünfunddreißig beim ‚Waldröschen'.

Infolge dieser Abmachungen begann für mich von jetzt an eine Zeit, an die ich heute nicht ohne Genugtuung, zugleich aber auch nicht ohne tiefe Beschämung denken kann. Ich frage nicht, ob ich mich durch diese Aufrichtigkeit blamiere; meine Pflicht ist, die Wahrheit zu sagen, weiter nichts. Es war ein fast fieberhafter Fleiß, mit dem ich / damals arbeitete[1]. Ich brauchte nicht, wie andere Schriftsteller, mühsam nach Sujets zu suchen; ich hatte mir ja reichhaltige Verzeichnisse von ihnen angelegt, in die ich nur zu greifen brauchte, um sofort zu finden, was ich suchte. Und sie alle waren schon fertig durchdacht; ich hatte nur auszuführen; ich brauchte nur zu schreiben. Und dieses tat ich mit einem Eifer, der mich weder rechts noch links schauen ließ, und gerade das, das war es, was ich wollte. Ich hatte einsehen müssen, daß es für mich kein anderes Glück im Leben gab, als nur das, welches aus der Arbeit fließt. Darum arbeitete ich, so viel, und so gern, so gern! Dieser ruhelose Fleiß ermöglichte es mir zu vergessen, daß ich mich in meinem Lebensglück geirrt hatte und noch viel, viel einsamer lebte, als es vorher jemals der Fall gewesen war. Dieses tiefe, innere Verlassensein drängte mich, um die trostlose Öde auszufüllen, zu rastlosem Fleiß und machte mich leider gleichgültig gegen die Notwendigkeit, geschäftlich vorsichtig zu sein. Es kam bei Münchmeyer so viel vor, was mich veranlassen konnte, auf der Hut zu sein, daß mehr als genug Grund vorlag, die Zukunft und Integrität alles dessen, was ich für ihn schrieb, so sicher wie möglich zu stellen. Daß ich hieran nicht dachte, war ein Fehler, den ich zwar entschuldigen, mir aber selbst heute noch nicht verzeihen kann.

Münchmeyer war Hausfreund bei uns geworden. Er hatte sich in Blasewitz eine Art Garçonlogis gemietet, um seine Sonnabende und Sonntage bequemer bei uns verbringen zu können. Er kam auch an Abenden der anderen Tage und brachte fast immer seinen Bruder, sehr oft auch andere Personen mit. Er wünschte zwar, daß ich mich dadurch ja nicht in meiner Arbeit stören lassen möge, doch konnte mich das nicht hindern, Herr meiner/ Wohnung zu bleiben und dann, als mir dies nicht mehr

[1] Vgl. die Liste der Erscheinungsjahre auf S. 355 ff.: Allein die zwischen 1882 und 1887 niedergeschriebenen fünf ‚Münchmeyer-Romane' umfassen weit mehr als 16 000 Druckseiten!

möglich erschien, diese Wohnung aufzugeben und aus Blasewitz fort, nach der Stadt zu ziehen. Meine neue Wohnung lag in einer der stillsten abgelegensten Straßen[1], und mein neuer Wirt, ein sehr energischer Schloß- und Rittergutsbesitzer, duldete keinen ruhestörenden Lärm und überhaupt keine Überflüssigkeiten in seinem Hause. Gerade das war es, was ich suchte. Ich fand da die innere und äußere Stille und die Sammlung, die ich brauchte. Münchmeyer kam noch einige Male, dann nicht mehr. Dafür aber stellten, ich wußte nicht, warum, sich Einladungen von Frau Münchmeyer ein, sie auf ihren Sonntagswanderungen durch Wald und Heide zu begleiten. Diese Wanderungen waren ihr vom Arzt geraten, der ihr tiefe Lufteinatmung verordnet hatte. Ich mußte mich wohl oder übel an ihnen beteiligen, weil dies der Wunsch meiner Frau war, deren Gründe ich leider nicht zu würdigen verstand. Sie fand sich nicht in die Abgeschiedenheit unserer jetzigen Wohnung; sie entzweite sich mit dem Wirt. Ich mußte kündigen. Wir zogen aus, nach einer Radauwohnung des amerikanischen Viertels, die über einer Kneipe lag, so daß ich nicht arbeiten konnte. Da wurde sie krank. Der Arzt riet ihr sehr frühe Spaziergänge nach dem ‚Großen Garten‘, dem weltbekannten Dresdener Park. Solchen ärztlichen Verordnungen hat man zu gehorchen. Es gab für mich keinen Grund, diese Spaziergänge zu verhindern, die morgens vier bis fünf Uhr begannen und ungefähr drei Stunden währten. Ich wußte nicht, daß Frau Münchmeyer auch nicht gesund war und daß auch sie von ihrem Arzt die Weisung erhalten hatte, frühe Morgenspaziergänge nach dem Großen Garten zu machen. Erst nach langer, sehr langer Zeit erfuhr ich, was während dieser Spaziergänge geschehen war. Meine Frau war / mir nicht nur seelisch, sondern auch geschäftlich verlorengegangen. Die beiden Damen saßen tagtäglich früh morgens

1 Mitte 1887 zog May um nach Dresden, Schnorrstraße 31.

in einer Konditorei des Großen Gartens und trieben eine Hausfrauen- und Geschäftspolitik, deren Wirkungen ich erst später verspürte. Ich machte Schluß und zog von Dresden fort[1] nach Kötzschenbroda, dem äußersten Punkt seiner Vorortsperipherie.

Schon vorher war ich mit meinem letzten Roman für Münchmeyer fertig geworden. Ich hatte ihm fünf geschrieben, in der Zeit von nur vier Jahren. Wenn man später vor Gericht behauptet hat, daß ich für Münchmeyer nicht fleißig, sondern faul gewesen sei, so bitte ich, mir einen Verfasser zu nennen, der mehr geleistet und zugleich auch noch für andere Verleger gearbeitet hat. Hiermit sei für heute mit meiner ‚Kolportagezeit‘ abgeschlossen. —/

7

Meine Werke

Wenn ich hier von meinen Werken spreche, so meine ich diejenigen meiner Bücher, mit denen sich die Kritik beschäftigt hat oder noch beschäftigt. Diejenigen, über welche die Kritik, ob mit oder ohne Absicht, geschwiegen hat, können auch hier übergangen werden. Zu diesen gehören meine Humoresken, meine Erzgebirgischen Dorfgeschichten und einige andere Sachen, die noch in den Zeitungen verborgen liegen, ohne gesammelt worden zu sein. Ich könnte hierzu auch noch meine ‚Himmelsgedanken‘[2] rechnen, die man nicht erwähnen zu wollen scheint, seit es Herrn Hermann Cardauns passierte, daß er sich mit ihnen so wundersam blamierte. Er schrieb bekanntlich: „Als lyrischen Dichter aber müssen wir uns ihn verbitten,“ obgleich sich in dieser ganzen Sammlung

---

[1] 1. 10. 1888.
[2] Enthalten in Bd. 49 der Ges. Werke ‚Lichte Höhen‘.

nicht ein einziges lyrisches Gedicht befindet! Auch meine sogenannten ‚Union- oder Spemannbände'[1] brauche ich hier nicht zu besprechen, weil man sie nirgends angegriffen hat, obgleich ich nur als Jugendschriftsteller angegriffen werde und sie die einzigen Sachen sind, die ich für die Jugend geschrieben habe. Es handelt sich also nur um die Fehsenfeldschen / ‚Reiseerzählungen' sowie um die bei Münchmeyer erschienenen ‚Schundromane', die im nächsten Kapitel behandelt werden.

Meine ‚Reiseerzählungen' haben, wie bereits erwähnt, bei den Arabern von der Wüste bis zum Dschebel Marah Durimeh und bei den Indianern von dem Urwald und der Prärie bis zum Mount Winnetou aufzusteigen. Auf diesem Wege soll der Leser vom niedrigen Anima-Menschen bis zur Erkenntnis des Edelmenschentums gelangen. Zugleich soll er erfahren, wie die Anima sich auf diesem Wege in Seele und Geist verwandelt. Darum beginnen diese Erzählungen mit dem ersten Bande in der ‚Wüste', d. i. im Nichts, in der völligen Unwissenheit über alles, was die Anima, die Seele und den Geist betrifft. Als mein Kara Ben Nemsi, das ‚Ich', die Menschheitsfrage, in diese Wüste tritt und die Augen öffnet, ist das erste, was sich sehen läßt, ein sonderbarer, kleiner Kerl, der ihm auf einem großen Pferde entgegengeritten kommt, sich einen langen berühmten Namen beilegt und gar noch behauptet, daß er Hadschi sei, obgleich er schließlich zugeben muß, daß er noch niemals in einer der heiligen Städte des Islam war, wo man sich den Ehrentitel eines Hadschi erwirbt. Man sieht, daß ich ein echt deutsches, also einheimisches psychologisches Rätsel in ein fremdes orientalisches Gewand kleide, um es interessanter machen und anschaulicher lösen zu können. Das ist es, was ich meine, wenn ich behaupte, daß alle diese Reiseerzählungen als Gleichnisse, also bildlich resp. symbolisch zu nehmen sind. Von einem Mystizismus oder dergleichen

1 Ges. Werke Bde. 35—41.

kann dabei gar keine Rede sein. Meine Bilder sind so klar, so durchsichtig, daß sich hinter ihnen gar nichts Mystisches zu verstecken vermag./

Dieser Hadschi, der sich Hadschi Halef Omar nennt und auch seinen Vater und Großvater noch als Hadschis hinten anfügt, bedeutet die menschliche Anima, die sich für die Seele oder gar für den Geist ausgibt, ohne selbst zu wissen, was man unter Seele oder Geist zu verstehen hat. Dies geschieht bei uns nicht nur im gewöhnlichen, sondern auch im gelehrten Leben alltäglich, aber man ist derart blind für diesen Fehler, daß ich eben arabische Personen und arabische Zustände herbeiziehen muß, um diese blinden Augen sehend zu machen. Ich schicke darum diesen Halef gleich in den ersten Kapiteln nach Mekka, wodurch seine Lüge zur Wahrheit wird, weil er nun wirklich Hadschi ist, und lasse ihn dann sofort seine ‚Seele' kennenlernen — Hanneh, sein Weib.

Ich hoffe, dieses Beispiel, welches ich gleich meinem ersten Bande entnehme, sagt deutlich, was ich will und wie man meine Bücher lesen muß, um ihren wirklichen Inhalt kennenzulernen. Ein zweites Beispiel mag folgen: Kara Ben Nemsi befindet sich bei dem persischen Stamm der Dschamikun. Dieser Stamm soll von dem Bund der Sillan vernichtet werden. Da schickt der Ustad, der Oberste der Dschamikun, einen Boten zum Schah, um ihn um Hilfe zu bitten. Dieser Bote hat aber den Schah noch nicht erreicht, so kommen ihm schon dessen Heerscharen entgegen, die ihm sagen, daß sie vom Schah gesandt worden seien, den Dschamikun Hilfe zu bringen. Der Schah hat also die Bitte des Ustad erhört, noch ehe sie zu ihm gelangte. Der Schah ist aber Gott, und so interpretiere ich durch diese Erzählung die christliche Lehre vom Gebete, Matth. 6,8: „Euer Vater weiß, wes ihr bedürfet, ehe ihr ihn bittet!" Übrigens ist der Ustad kein anderer als Karl May, und die Dschamikun sind das Volk seiner Leser, / das von den Sillan, den ‚Schatten', vernichtet werden soll. Ich erzähle also rein deutsche Begebenheiten im persischen Gewand und mache sie dadurch für Freund und Feind verständlich. Ist das nicht Gleichnis? Nicht bildlich? Gewiß! Und ist es etwa mystisch? Nicht im allergeringsten! Es ist so offenbar Gleichnis und so wenig mystisch, daß mir, offengestanden, ein jeder, der das erstere bestreitet und das letztere behauptet, als ein Mensch erscheint, der einen Namen verdient, den ich nicht nennen will. Wer guten Willens ist und nicht mit unbedingt feindlicher Absicht an das Lesen meiner Bücher geht, wird ohne weiteres finden, daß ihr Inhalt fast nur aus Gleichnissen besteht. Und ist er einmal zu dieser Einsicht gelangt, so bleiben ihm ganz sicher die zahlreichen Himmelsmärchen nicht verborgen, die in diesen Gleichnissen eingestreut liegen und den eigentlichen, tiefsten Inhalt meiner Reiseerzählungen zu bilden haben. Diese Märchen sind es auch, aus denen sich mein eigentliches Lebenswerk am Schluß meiner letzten Tage zu entwickeln hat.

Ist doch gleich meine erste Gestalt, nämlich Hadschi Halef Omar, ein Märchen, nämlich das Märchen von der verlorengegangenen Menschenseele, die niemals wiedergefunden werden kann, außer sie findet sich selbst. Und dieser Hadschi ist meine eigene Anima, jawohl, die Anima von Karl May! Indem ich alle Fehler des Hadschi beschreibe, schildere ich meine eigenen und lege also eine Beichte ab, wie sie so umfassend und so aufrichtig wohl noch von keinem Schriftsteller abgelegt worden ist. Ich darf also wohl behaupten, daß ich gewisse Vorwürfe, die mir von meinen Gegnern gemacht werden, keineswegs verdiene. Würden diese Gegner es einmal wagen, so offen über sich selbst zu sprechen wie ich über mich, so würde das sogenannte Karl-May-/Problem schon längst in jenes Stadium getreten sein, in das es zu treten hat, mag man wollen oder nicht. Denn dieses Karl-May-Problem ist auch ein Gleichnis. Es ist nichts anderes als jenes große, allgemeine Menschheitsproblem, an dessen Lösung schon ungezählte Millionen gearbeitet haben, ohne etwas Greifbares zu erreichen. Ganz ebenso hat man schon Jahrzehnte lang an mir herumgearbeitet, ohne es weiter zu bringen als zu der traurigen Karikatur, als die ich in den Gehirnen und in den Schriften derer lebe, die sich berufen wähnen, Probleme zu lösen, dies aber immer nur da tun, wo keine vorhanden sind.

Ich nenne ferner das Märchen von ‚Marah Durimeh‘, der Menschheitsseele, von ‚Schakara‘, der edlen, gottgesandten Frauenseele, der ich die Gestalt meiner jetzigen Frau gegeben habe. Das Märchen vom ‚erlösten Teufel‘, vom ‚eingemauerten Herrgott‘, vom ‚versteinerten Gebet‘, von den ‚verkalkten Seelen‘, von den ‚Rosensäulen des Beit-Ullah‘, vom ‚Sprung über die Vergangenheit‘, von der ‚Dschemma der Lebendigen und Toten‘, von der ‚Schlacht am Dschebel Allah‘, vom ‚Maha-Lama-See‘, vom ‚Berg der Königsgräber‘, vom ‚Mir von Dschinnistan‘, vom ‚Mir von Ardistan‘, von der ‚Stadt der Verstorbenen‘, vom ‚Dschebel Muchallis‘, von der ‚Wasserscheide von El Hadd‘ und noch viele, viele andere. Wie man bei einem geistig und seelisch so bedeutsamen, ja schweren Inhalt meine Bücher als ‚Jugendschriften‘ und mich als ‚Jugendschriftsteller‘ bezeichnen kann, würde unbegreiflich sein, wenn man nicht wüßte, daß alle, die diesen Fehler begehen, sie entweder nicht begriffen oder überhaupt nicht gelesen haben. Selbst ‚Winnetou‘, der so leicht zu lesen zu sein scheint, bedarf, wenn er sich im vierten Band[1] zum Schlusse neigt,/ eines Nachdenkens und eines Verständnisses, das doch gewiß keinem Quartaner und keinem Backfisch zuzutrauen ist! Wenn man trotzdem noch ferner bei den Ausdrücken ‚Jugendschriften‘ und ‚Jugendschriftsteller‘ bleibt, so muß ich das als einen gewollten Unfug bezeichnen, zu dem sich kein anständiger, ernster Kritiker hergeben wird.

[1] Bd. 33 der Ges. Werke ‚Winnetous Erben‘.

Gibt man aber ehrlich und der Wahrheit gemäß zu, daß meine ‚Reiseerzählungen' nicht als Jugendschriften verfaßt worden sind, so ist der jetzt landläufig gewordenen Behauptung, daß sie schädlich seien, aller Boden entzogen. Es lese sie doch nur der, dem sie nicht schädlich sind; ich zwinge ja keinen andern dazu! Weshalb und wozu die Vorwürfe alle, die man mir jetzt in hunderten von Zeitungen macht? Sieht man sich diese Vorwürfe aber genauer an, so verlieren sie allen Wert. Früher lobte man mich; jetzt tadelt man mich. Das ist so Mode geworden und wird, wie jede Mode, sich wieder in das Gegenteil verkehren. Aber diese Mode ist nicht nur Mode, sondern Mache! Selbst wenn meine Bücher jetzt von keinem Menschen mehr gelesen würden, könnte mich das doch nicht im geringsten beunruhigen, denn ich weiß, daß man sehr bald hinter diese Mache kommen und sich demgemäß verhalten wird. Ja, hätte ich meinen Lesern bloß nur Unterhaltungsfutter geliefert, so hätte ich von der Bildfläche zu verschwinden, um nie wieder aufzutauchen, und würde ganz von selbst so verständig sein, mich darein zu ergeben. Aber ich habe während meines ‚Lebens und Strebens' allzu viele und allzu große Fehler begangen, als daß ich so mir nichts, dir nichts untergehen und für immer verschwinden dürfte. Ich habe gutzumachen! Was der Sterbliche sündigt, das hat er zu büßen und zu sühnen, und wohl ihm, wenn ihm die Güte des Himmels / erlaubt, seine Schuld nicht mit über den Tod hinüberzunehmen, sondern sie schon hier zu bezahlen. Das will ich tun; das darf ich tun, und das werde ich tun! Ja, ich behaupte kühn: das habe ich schon getan! Dem irdischen Gesetz habe ich schon längst alles gegeben, was es von mir zu fordern hatte; ich bin ihm nichts mehr schuldig. Und was über diese von Menschen gestellten Paragraphen hinausgeht, das werde ich begleichen, indem ich das, was ich noch schreiben werde, dem großen Gläubiger widme, der ganz genau weiß, ob ich ihm mehr als jene andern schuldig bin, die sich besser dünken als Karl May.

Ich bin überzeugt, daß meine Sünden, soweit sie mir anzurechnen sind, nur auf persönlichem, nicht aber auf literarischem Gebiet liegen; auf letzterem bin ich mir keiner Missetaten bewußt. Was ich mit meinen ‚Reiseerzählungen‘ erreicht habe, wird erst nach meinem Tode durch tausende von Zuschriften bekannt werden, die aber selbst dann noch nur mein Biograph zu sehen bekommt; veröffentlicht werden sie nicht. Man pries diese Werke und schwärmte für sie, bis es eines Tages einem gewissenlosen Menschen einfiel, öffentlich zu behaupten, daß ich außer ihnen auch noch andere, aber ‚abgrundtief‘ unsittliche Sachen geschrieben habe. Selbst wenn dies wahr gewesen wäre, hätte das die ‚Reiseerzählungen‘ weder innerlich noch äußerlich im geringsten verändern können. Dennoch wurden sie von jenem Tage an zunächst mit Mißtrauen betrachtet, dann mehr und mehr verleumdet und endlich gar für direkt schädlich erklärt und aus den Bibliotheken gestoßen, in denen sie früher willkommen geheißen worden waren. Warum? Waren sie anders geworden? Nein! Hatten sich die bibliographischen Gepflogenheiten, die ethischen Gesetze / verändert? Nein! Waren die Bedürfnisse der Leser andere geworden? Auch nicht! Aber aus welchem Grunde denn sonst? Einfach einer Schund- und Kolportageclique wegen, die sich vorgenommen hatte, mich, wie sie sich selbst auszudrücken pflegte, ‚kaputt zu machen‘. Aber ist es denn menschenmöglich, daß eine derartige Clique einen so großen, unbegreiflichen Einfluß auf Literatur und Kritik zu gewinnen vermag? Leider ja! Ich habe im nächsten Kapitel hiervon zu erzählen. Diese Rotte scheut sich nicht, ihre eigenen Sünden und literarischen Verbrechen auf mich zu werfen und sich als rein zu gebärden! Es gibt sogenannte Kritiker, die mich wegen meiner Münchmeyer-Romane nun schon zehn Jahre lang mit allen möglichen Schmähungen besudeln, dem Verlag aber noch nicht einen einzigen, auch nicht den leisesten Vorwurf gemacht haben. Ich bezeichne das als eine Schande!

Man sagt, daß unsere Schundverleger jährlich fünfzig Millionen Mark aus dem deutschen Volke ziehen. Das ist fürchterlich, aber noch viel zu niedrig geschätzt. Ein einzelner Schundroman, der ein sogenannter Schlager ist, kann das Volk mehr als fünf und sechs Millionen kosten, und es gibt Kataloge, in denen z. B. die eine Firma Münchmeyer achtundfünfzig — man lese und staune — achtundfünfzig solcher Romane zu gleicher Zeit anpreist! Man rechne; man multipliziere! Welche Verluste! Welch eine ungeheure Summe von Gift und Unheil! Wieviel Hunderte, ja Tausende von Menschen arbeiten daran, dieses Gift zu erzeugen und zu verbreiten! Und nun schlage man in den Zeitungen, in den Journalen, in den Büchern nach, wen man für das alles verantwortlich macht, wen man an den Pranger stellt, wen man verachtet, verspottet und verhöhnt! Karl May, Karl May, immer wieder Karl May und nur und nur Karl May! Wo sieht und liest man jemals einen andern Namen als nur diesen einen? Was habe ich denn getan, daß man mich überhaupt zum Schund zählt? Wo stecken die zweitausend wirklichen Schundschriftsteller, die jahraus, jahrein rastlos dafür sorgen, daß in Deutschland und Deutsch-österreich der Schund kein Ende nimmt? Vor Gericht, in ‚wissenschaftlichen‘ Werken, bei Kommissionssitzungen, in öffentlichen Vorträgen von Schriftstellern, Redakteuren, Lehrern, Pfarrern, Professoren, Künstlern, Psychiatern, bei allen passenden und unpassenden Gelegenheiten, wo von ‚Jugendverderbnis‘ die Rede ist, da bringt man Karl May, Karl May! Er ist schuld, nur er! Er ist der Typus der Jugendvergifter! Er ist der Vater aller ruchlosen Kapitän Thürmers, Nick Carters und Buffalo Bills! Mein Gott, wissen diese Herren denn wirklich nicht, was sie tun? Wie sie sich versündigen? Wie man im Kreis derer, die es besser wissen, von ihnen spricht? Man nenne mir nur einen einzigen Fall, wo vor Gericht wirklich nachgewiesen worden ist, daß jemand durch eins meiner Bücher verdorben worden ist! Hunderte von Schundgeschichten der verderblichsten Art hat so ein Bube gelesen, dabei auch einen Band oder einige Bände von Karl May. Den kennt man, die andern aber nicht; darum muß er es sein, dessen Namen man nennt und den man als Täter bezeichnet! Allwöchentlich werden mir von Zeitungsbureaus fünfzig, sechzig und siebzig Zeitungsausschnitte geschickt, auf denen ich an Stelle der sämtlichen deutschen Schundschriftsteller und Schundverleger hingerichtet werde. Das ist unmenschlich! Ich werde mit Schande überhäuft, und vor den wirklich Schuldigen zieht man den Hut. Warum nennt man ihre Namen nicht? Warum nagelt man sie / nicht fest? Es gibt hunderte von Verlegern und Literaten, die wegen Verbreitung von unzüchtigen Schriften bestraft worden sind. Und noch größer ist die Zahl derer, die in voller Absicht Jugendschund herausgeben, nur um Geld zu machen. Warum nennt man sie nicht? Warum macht man sich zu ihrem Mitschuldigen, indem man ihre Verbrechen an der Jugend und am Volke duldet? Warum wirft man sich nicht auf sie, sondern nur auf mich, den Sündenbock für den ganzen literarischen Mob? Sehr einfach: Es ist Mache, nichts als Mache! Und es kann nichts anderes als Mache sein, weil so viel, wie man auf mich wirft, kein einzelner zu begehen vermag! Ich habe das im nächsten Kapitel des näheren zu beleuchten.

Die Anschuldigungen, die man gegen mich erhebt, sind bisher immer nur Behauptungen gewesen. Zu keiner von ihnen wurde ein wirklicher Beweis erbracht. Ich habe infolge dieser Anschuldigungen ungezählte meiner Leser brieflich oder mündlich gefragt, ob es ihnen möglich ist, mir eine der Reiseerzählungen oder eine Stelle aus ihnen zu nennen, von der man behaupten darf, daß

sie schädlich wirke. Es hat mir niemand auch nur eine
einzige derartige Zeile nennen können. Ist doch sogar
meine unerbittlichste Gegnerin, die ,Kölnische Volkszeitung', gezwungen gewesen, mir das Attest auszustellen:
„Alles für die Jugend Anstößige ist sorgfältig vermieden,
obgleich Mays Werke nicht etwa bloß für diese bestimmt
sind; viele tausend Erwachsene haben aus diesen bunten
Bildern schon Erholung und Belehrung im reichsten
Maße geschöpft!" Schon aus diesem Attest geht die
jetzige ,Mache' hervor, denn meine Bücher sind seit jener
Zeit genau dieselben geblieben, und derselbe Herr, der
dieses öffentliche Zeugnis aus/stellte, war der erste, der
dieser Mache erlag, und hat sich seitdem nicht wieder auf-
richten können.

Zur Zurückweisung der Vorwürfe, die man gegen
mich erhebt, sehe ich mich gezwungen, durch Veröffentlichung des nachfolgenden Briefes vielleicht eine Indis-
kretion zu begehen, die mir der von mir hoch und aufrichtig verehrte Herr aber wohl verzeihen wird. Doktor
Peter Rosegger schrieb mir am 2. Juli dieses Jahres aus
Krieglach:

Sehr geehrter Herr!

Meine Notiz im Heimgarten basiert auf der Charlottenbur-
ger Gerichtsverhandlung, und sobald wieder das Gericht, und
zwar zu Ihren Gunsten, entscheidet, werde ich mit größter
Freude davon Notiz nehmen.

Als Kollege geht mir Ihr Fall ja nahe, und als solcher möchte
ich mir auch erlauben, Ihnen meine Meinung zu sagen darauf
hin, in welcher Weise Sie sich am besten rechtfertigen könnten.

Ich würde an Ihrer Statt in der Polemik alles ausschalten,
was sich nicht sachlich auf die Anschuldigungen bezieht. Das,
was Sie aus Ihrer Jugendzeit selbst eingestanden haben, ist
damit wohl auch abgetan und würde Ihnen kaum ein recht-
lich denkender Mensch noch nachtragen, wenn es nicht das
Gericht tut. Daß Sie Ihre Reiseschilderungen nicht persönlich
erlebt haben, daß es nur Erzählungen in ,Ichform' sind, kann
Ihnen auch kein Literat verübeln. So bleibt nur übrig, endlich
die sachlichen Beweise zu erbringen, daß die berührten obszö-

nen Stellen nicht Sie, sondern der Verleger hineinkorrigiert hat. Was die Ihnen vorgeworfenen Plagiate betrifft, so müssen doch Sachverständige entscheiden können, inwiefern es/ Plagiate wären oder inwiefern bloß umgearbeitete Stoffe und Gedanken. Zuhanden der ersten Auflagen, dieselben mit den neuen Auflagen verglichen, müßte doch klar zu stellen sein, ob die Art, der Gedankengang und der Stil der neu eingefügten Sätze sich organisch an Ihre Art und an das Buch anschließen oder nicht. Auf solche Wirklichkeiten, meine ich, sollten Sie nun Ihre ganze Abwehr konzentrieren und ununterbrochen drängen, daß die Dinge endlich vor Gericht zur Entscheidung kommen. Alle anderen Artikel Ihrer Freunde, die nur so im Allgemeinen herumreden über die Vorzüge Ihrer Werke, die ja anerkannt sind, können für die peinliche Angelegenheit an sich keine besondere Wirkung erzielen.

Also alle Mittel in Bewegung setzen, um zu einer gerichtlichen Genugtuung zu kommen. Gelingt das nicht, so ist absolutes Schweigen das Beste, und gelingt es, so muß doch auch die Presse Ihrer jetzigen Gegner die gerichtliche Ehrenrettung anerkennen und in das Volk tragen.

Krankheit hat diesen Brief verspätet. Verzeihen Sie diese Offenheit, die aufrichtigem Wohlwollen entspringt, und seien Sie gegrüßt

von Ihrem ergebenen

Peter Rosegger

Krieglach, 2. 7. 1910.

Daß Peter Rosegger, der hochstehende, feinfühlende und human denkende geistige Aristokrat, das, was er über meine Jugendzeit sagt, als abgeschlossen und abgetan betrachtet, versteht sich ganz von selbst. In derartigen Bodensätzen und Rückständen können nur niedrige Menschen waten. Hierdurch habe ja auch ich selbst schon / längst meinen Strich gemacht und habe einen jeden, der sich mit mir beschäftigt, nach dem Maß zu beurteilen das mir hier in Roseggers Brief gegeben wird. Wer nicht verzeiht, dem wird auch nicht verziehen; das ist im Himmel und auf Erden Recht.[1]/

1 An dieser Stelle folgt in der Erstausgabe eine längere Einschaltung die zur Tagespolemik Stellung nimmt und darum gesondert stehen soll; si folgt, genauso wie der ursprüngliche Schluß dieses Kapitels, in dieser Ausgabe dem Haupttext als ,Anhang' auf S. 285.

Ich habe in allen meinen ‚Reiseerzählungen' genauso geschrieben, wie ich es mir einst vorgenommen hatte, für die Menschenseele zu schreiben, für die Seele, nur für sie allein. Und nur sie allein, für die es geschrieben ist, soll es lesen, denn nur sie allein kann mich verstehen und begreifen. Für seelenlose Leser rühre ich keine Feder. Ein Musterschriftsteller, der Mustergeschichten für Musterleser schreibt, bin ich nicht und mag es auch niemals sein und niemals werden. Haben wir es erst so weit gebracht, daß wir nur noch Musterautoren, Musterleser und Musterbücher haben, dann ist das Ende da! Ich bin so kühn zu behaupten, daß wir uns nicht die vorhandenen Musterbücher, sondern den vorhandenen Schund zum Muster zu nehmen haben, wenn wir erreichen wollen,/ was die wahren Freunde des Volkes zu erreichen streben. Schreiben wir nicht wie die Langweiligen, die man nicht liest, sondern schreiben wir wie die Schundschriftsteller, die es verstehen, Hunderttausende und Millionen Abonnenten zu machen! Aber unsere Sujets sollen edel sein, so edel, wie unsere Zwecke und Ziele. Schreibt für die große Seele! Schreibt nicht für die kleinen Geisterlein, für die ihr eure Kraft verzettelt und verkrümelt, ohne daß sie es euch danken. Denn gebt ihr euch noch so viel Mühe, ihren Beifall zu erringen, so behaupten sie doch, es besser zu können als ihr, obgleich sie gar nichts können! Und schreibt nichts Kleines, wenigstens nichts irdisch Kleines. Sondern hebt eure Augen empor zu den großen Zusammenhängen. Dort gibt es zwar auch Kleines, aber hinter und in diesem Kleinen wohnt das wahrhaft Große. Und wenn ihr dabei auch Fehler macht, so viele Fehler und so große Fehler wie Karl May, das schadet nichts. Es ist besser, auf dem Weg zur Höhe zuweilen zu stolpern und diese Höhe aber doch zu erreichen, als auf dem Weg zur Tiefe nicht zu stolpern und ihr verfallen zu sein. Oder gar erhobenen Hauptes und stolzen Schritts auf seinem eigenen Äquator immer rund-

um zu laufen und immer wieder bei sich selbst anzu-
kommen, ohne über irgendeine Höhe gestiegen zu sein.
Denn Berge müssen wir haben, Ideale, hochgelegene
Haltepunkte und Ziele.

Vielleicht habe ich allzu viele Ideale und Ziele und
laufe darum Gefahr, kein einziges von ihnen zu erreichen;
aber ich befürchte nicht, daß es so ist. Was ich will und
was ich erstrebe, das habe ich bereits gesagt; ich brauche
es nicht zu wiederholen. Und ich habe schon so viele
steile Höhen zu überwinden gehabt, daß ich mich unmöglich für einen jener armen Teufel halten kann, die immer/
auf ihrem eigenen, ebenen Äquator bleiben. Es gibt
Leute, die meinen Stil als Muster hinstellen; es gibt
andere, welche sagen, ich habe keinen Stil; und es gibt
Dritte, die behaupten, daß ich allerdings einen Stil
habe, aber einen außerordentlich schlechten. Die Wahrheit
ist, daß ich auf meinen Stil nicht im geringsten achte.
Ich schreibe nieder, was mir aus der Seele kommt, und
ich schreibe es so nieder, wie ich es in mir klingen höre.
Ich verändere nie, und ich feile nie. Mein Stil ist also
meine Seele, und nicht mein ‚Stil‘, sondern meine Seele
soll zu den Lesern reden. Auch befleißige ich mich keiner
sogenannten künstlerischen Form. Mein schriftstellerisches
Gewand wurde von keinem Schneider zugeschnitten, ge-
näht und dann gar gebügelt. Es ist Naturtuch. Ich werfe
es über und drapiere es nach Bedarf oder nach der
Stimmung, in der ich schreibe. Darum wirkt das, was ich
schreibe, direkt, nicht aber durch hübsche Äußerlichkeiten, die keinen inneren Wert besitzen. Ich will nicht
fesseln, nicht den Leser von außen festhalten, sondern
ich will eindringen, will Zutritt nehmen in seine Seele, in
sein Herz, in sein Gemüt. Da bleibe ich, denn da kann
und darf ich bleiben, weil ich weder störende Formen
noch störendes Gewand mitbringe und genauso bin, wie
mich die Seele wünscht. Daß dies das Richtige ist, das
haben mir jahrzehntelange, schöne Erfahrungen bestätigt.

Diese aufrichtige Natürlichkeit muß, kann und darf ich mir gestatten, weil ich das, was ich erreichen will, nur allein durch sie zu bewirken vermag, weil ich an meine Leser nicht andere oder gar höhere künstlerische Ansprüche stelle als an mich selbst und weil die Zeit, in der ich meinen Arbeiten auch äußerlich eine ästhetisch höhere Form zu geben habe, noch nicht gekommen ist. Jetzt skizziere ich noch, und Skizzen pflegt man zu nehmen, wie sie sind./

Es gibt, die Humoresken und Erzgebirgischen Dorfgeschichten abgerechnet, in meinen Werken keine einzige Gestalt, die ich künstlerisch durchgeführt und vollendet hätte, selbst Winnetou und Hadschi Halef Omar nicht, über die ich doch am meisten geschrieben habe. Ich bin ja mit mir selbst noch nicht fertig, bin ein Werdender. Es ist in mir noch alles in Vorwärtsbewegung, und alle meine inneren Gestalten, alle meine Sujets bewegen sich mit mir. Ich kenne mein Ziel; aber bis ich es erreicht habe, bin ich noch unterwegs, und alle meine Gedanken sind noch unterwegs. Freilich hat keiner unserer Dichter und Künstler, vor allen Dingen keiner unserer großen Klassiker, mit seinen Arbeiten gewartet, bis er innerlich reif geworden war, aber ich bin auch in dieser Beziehung als Outsider zu betrachten, werde von vielen sogar als Outlaw oder Outcast bezeichnet und darf mir darum noch lange nicht erlauben, was andere sich gestatten. Was bei andern selbstverständlich ist, das ist bei mir entweder schlecht oder lächerlich, und was bei andern als Grund der Entschuldigung, der Verzeihung gilt, das wird bei mir verschwiegen. Ich habe ein einzigesmal etwas Künstlerisches schreiben wollen, mein ,Babel und Bibel'. Was war die Folge? Es ist als ,elendes Machwerk' bezeichnet und derart mit Spott und Hohn überschüttet worden, als ob es von einem Harlekin oder Affen verfaßt worden sei. Da weicht man zurück und wartet auf seine Zeit. Und diese kommt gewiß./

8

Meine Prozesse

Jörgensen[1], den meine Leser wahrscheinlich kennen, sagt in seiner Parabel ‚Der Schatten' zum Dichter:

„Sie wissen nicht, was Sie tun, wenn Sie hier sitzen und schreiben und Ihre Seele von der Macht des Weines und der Nacht anschwillt. Sie wissen nicht, wie viele Menschenschicksale Sie durch eine einzige Zeile auf dem weißen Papier umbilden, erschaffen, verändern. Sie wissen nicht, wie manches Menschenglück Sie töten, wie manches Todesurteil Sie unterschreiben, hier, in Ihrer stillen Einsamkeit, bei der friedlichen Lampe, zwischen den Blumengläsern und der Burgunderflasche. Bedenken Sie, daß wir Andern das leben, was Ihr Dichter schreibt. Wir sind, wie Ihr uns bildet. Die Jugend dieses Reiches wiederholt wie ein Schatten Eure Dichtung. Wir sind keusch, wenn Ihr es seid; wir sind unsittlich, wenn Ihr es wollt. Die jungen Männer glauben je nach Euerm Glauben oder Eurer Verleugnung. Die jungen Mädchen sind züchtig oder leichtfertig, wie es die Weiber sind, die Ihr verherrlicht."

Jörgensen hat hier vollständig recht. Seine Ansicht ist ganz die meinige. Ja, ich gehe sogar noch weit über/ die seinige hinaus. Der Dichter und Schriftsteller hat einen weit größeren, entweder schaffenden oder zerstörenden, reinigenden oder beschmutzenden Einfluß, als die meisten Menschen ahnen. Wenn es wahr ist, was die neuere Psychologie behauptet, nämlich ‚nicht Einzelwesen, Drama ist der Mensch', so darf man die Tätigkeit des Schriftstellers unter Umständen sogar schöpferisch, anstatt nur schaffend nennen. Weil ich mir dessen wohlbewußt bin, bin ich mir auch der ungeheuren Verantwortung bewußt, die auf uns Schreibenden ruht, sobald wir zur Feder greifen. Sooft ich dieses tue, tue ich es in der aufrichtigen Absicht, als Schaffender nur Gutes, niemals aber Böses zu schaffen. Man kann sich also denken, wie er-

[1] Der Däne Johannes Jörgensen (1866—1956) wirkte durch seine melancholische Naturepik stark auf die Generation der Jahrhundertwende.

staunt ich war, als ich erfuhr, daß ich im Verlag von H. G. Münchmeyer ‚abgrundtief unsittliche‘ Bücher geschrieben haben sollte. Der Ausdruck ‚abgrundtief unsittlich‘ ist von Cardauns[1], dessen Eigenheit es bekanntlich ist, sich als Gegner in den übertriebensten Verschärfungen zu ergehen. Bei ihm ist dann alles nicht nur erwiesen, sondern ‚zur Evidenz erwiesen‘, nicht ausgesonnen, sondern ‚raffiniert ausgesonnen‘, nicht entstellt, sondern ‚bis zur Unkenntlichkeit entstellt‘. Darum genügte bei diesen Münchmeyerschen Romanen, weil sie angeblich von mir waren, das einfache Wort ‚unsittlich‘ nicht, sondern es war ganz selbstverständlich, daß sie gleich ‚abgrundtief unsittlich‘ sein mußten.

Die erste Spur von diesen meinen ‚Unsittlichkeiten‘ tauchte drüben in den Vereinigten Staaten auf. Kommerzienrat Pustet, der da drüben Filialen besitzt, schrieb mir von diesem Gerücht und wünschte, daß ich mich darüber äußerte. Das tat ich. Ich antwortete ihm, daß ich von Unsittlichkeiten nichts wisse und die Sache untersuchen lassen werde, wenn es sein müsse, sogar ge/richtlich. Das Resultat würde ich ihm dann mitteilen. Damit war für ihn die Sache abgemacht. Er war ein Ehrenmann, ein Mann von Geist und Herz, dem es niemals eingefallen wäre, durch Hintertüren zu verkehren. Wir hatten einander gern. Auf ihn fällt ganz gewiß auch nicht die geringste Spur von Schuld an der unbeschreiblich schmutzigen und widerlich leidenschaftlichen Hetze gegen mich. Weil das Gerücht aus Amerika kam, hatte ich zunächst drüben zu recherchieren. Das erforderte lange Zeit, und es war mir unmöglich, etwas Bestimmtes zu erfahren. Ich wußte nur, daß sich das Gerücht auf meine Münchmeyerschen Romane bezog, doch fand ich niemanden, der imstande war, mir die Kapitel oder Stellen zu bezeichnen, in denen die Unsittlichkeit lag. Und auf ein bloßes, vages Gerücht hin alle fünf Romane, also ungefähr achthundert

1 Siehe Nachwort des Herausgebers, S. 280.

Druckbogen nach Dingen, die ich gar nicht kannte, mühsam durchzuforschen, dazu hatte ich keine überflüssige
Zeit, und das war mir auch gar nicht zuzumuten. Wer
den Mut besaß, mich anzuklagen, der mußte die unsittlichen Stellen genau kennen und war verpflichtet, sie
mir anzugeben. Darauf wartete ich. Es meldete sich aber
keiner, der es tat. Auch Pustet tat es nicht. Wahrscheinlich kannte er die angeblichen Unsittlichkeiten ebenso
wenig wie ich. Leider war ich nach einiger Zeit gezwungen, ihm meine Mitarbeiterschaft zum zweitenmal aufzu-
sagen. Das erstemal hatte ich es getan, als Heinrich Keiter
noch lebte. Dieser hatte mir eine meiner Arbeiten ganz
bedeutend gekürzt, ohne mich um Erlaubnis zu fragen.[1]
Ich habe Korrekturen und Kürzungen nie geduldet. Der
Leser soll mich so kennenlernen, wie ich bin, mit allen
Fehlern und Schwächen, nicht aber wie der Redakteur
mich zustutzt. Darum teilte ich Pustet mit, daß er von
mir / kein Manuskript mehr zu erwarten habe. Er versuchte mich brieflich umzustimmen, doch vergeblich. Da
kam er, der alte Herr, persönlich nach Radebeul. Das war
rührend, hatte aber auch keinen Erfolg. Er schickte dann
seinen Neffen, ganz selbstverständlich mit demselben
negativen Resultat, denn sie beide waren es doch nicht,
die sich an meinen Rechten vergriffen hatten. Da kam der
Richtige, Heinrich Keiter selbst. Er versprach mir, daß
es nie wieder geschehen solle, und daraufhin nahm ich
meine Absage zurück. Man hat mir das von gewisser
Seite bis heute noch nicht vergessen. Man drückt das
folgendermaßen aus: „Heinrich Keiter hat Kotau vor
Karl May machen müssen." Ich besitze hierüber Zuschriften aus nicht gewöhnlichen Händen. Aber er trug
selbst die Schuld, nicht ich. Ich habe Heinrich Keiter
geachtet, wie jedermann ihn achtete. Ich erkenne alle
seine Verdienste an, und es tut mir noch leid, daß ich
damals gezwungen war Charakter zu zeigen. Es ging

1 vgl. weiter unten das Kapitel ‚Verfälschte Handschriften'.

nicht anders. Ich mußte die Buchform meiner ‚Reiseerzählungen' nach dem Text des ‚Hausschatzes' drucken
lassen und durfte darum nicht zugeben, daß an meinen Manuskripten herumgeändert wurde.

Später schrieb ich für Pustet meinen vierbändigen
Roman ‚Im Reiche des silbernen Löwen'[1]. Ich war gerade
bis zum Schluß des zweiten Bandes gelangt, da bekam
ich von befreundeten Redaktionen einen Waschzettel des
‚Hausschatzes' geschickt, dessen Inhalt mich veranlaßte,
meine damalige Absage zu wiederholen. Ich telegrafierte
Pustet, daß ich mitten in der Arbeit aufhören müsse und
kein Wort weiter für ihn schreiben würde. Er mußte
mir sogar das in seinen Händen befindliche, noch unge-
druckte Manuskript wieder senden, wofür ich ihm das
darauf entfallende Honorar wieder/schickte. Ich würde
hierüber kein Wort verlieren, wenn mir nicht vor
kurzer Zeit, allerdings von sehr unmaßgeblicher Seite, mit
Enthüllungen aus jener Zeit gedroht worden wäre. Ich
habe darum die Gelegenheit wahrgenommen, hier die
Wahrheit festzustellen. Und ich stelle zugleich noch weiter fest, daß ich mit Herrn Kommerzienrat Pustet niemals persönlich gebrochen habe und eine aufrichtige
Freude und Genugtuung empfand, als er nach einer
Reihe von ungefähr zehn Jahren seinen jetzigen Haus-
schatzredakteur, Herrn Königlichen Wirklichen Rat Dr.
Otto Denk, zu mir ins Hotel Leinefelder in München
sandte, um mich zu veranlassen, wieder Mitarbeiter des
‚Hausschatzes' zu werden. Ich habe ihm daraufhin den
‚Mir von Dschinnistan'[2] geschrieben.

Damit bin ich den mir gemachten Vorwürfen der
Cardaunsschen ‚abgrundtiefen Unsittlichkeit' vorausgeeilt
und kehre nun zu ihnen zurück, um dieser Angelegenheit
auf Grund und Wurzel zu gehen. Der Grund heißt
Münchmeyer, und die Wurzel heißt ebenso. Die hierher

1 Bde. 26—29 der Ges. Werke.
2 Bde. 31/32 der Ges. Werke.

gehörigen Tatsachen bilden eine über dreißig Jahre lange Kette, deren Ringe logisch, geschäftlich und juristisch innig ineinander greifen. Das meiste von ihnen ist erwiesen. Einiges liegt noch in den Akten, um an das Tageslicht gezogen zu werden. Ich bin nicht gewillt, den laufenden Prozessen vorzugreifen, und werde also nur die Punkte besprechen, über die volle Klarheit herrscht.

Ich habe bereits gesagt, daß Münchmeyer meine Vorstrafen kannte. Er wußte sogar alles, was man hinzugelogen hatte. Er wünschte sehr, daß ich einen Roman hierüber schreiben möchte; ich lehnte das aber entschieden ab. Ich habe im Kreis seiner Familie und Bekannten meine Vergangenheit nicht verheimlicht, son-/dern ganz unbefangen davon erzählt und meine Ansichten über Verbrecher und Verbrechen, Schuld, Strafe und Strafvollzug ausführlich dargelegt. Kein einziges Glied der Münchmeyerschen Familie darf behaupten, nichts davon gewußt zu haben. Auch die Arbeiter der Firma erfuhren es, Setzer, Drucker und alle andern, ebenso die mitarbeitenden Schriftsteller. „May ist bestraft; er hat gesessen", das drang bald leiser, bald lauter, aber überall durch. Es ist also grundfalsch, jetzt nun von plötzlichen ‚Enthüllungen' oder gar von meiner ‚Entlarvung' zu sprechen. Wer behauptet, er habe mich entlarvt, der lügt

Wichtig ist, daß Münchmeyer eine ausgesprochene geschäftliche Vorliebe gerade für bestrafte Mitarbeiter hatte. Geht man die Schriftsteller und Schriftstellerinnen durch, die für ihn geschrieben haben, so bilden die Bestraften einen ganz bedeutenden Prozentsatz von ihnen. Das bemerkte ich schon bald, nachdem ich bei ihm eingetreten war. Auch Walther, sein Hauptfaktotum, von dem er alles tun ließ, was niemand wissen durfte, war vorbestraft. Gleich nach meiner Übernahme der Redaktion brachte er mir einen Wiener Postbeamten, der sich an der Kasse vergriffen hatte, als Mitarbeiter. Als sich ähnliche Fälle wiederholten und ich ihn nach seinen

Gründen fragte, antwortete er: „Mit einem Schriftsteller, der bestraft worden ist, kann man machen, was man will, denn er fürchtet, daß seine Vorstrafen verraten werden." „Also auch ich?!" rief ich aus, erstaunt über diese Aufrichtigkeit. „Unsinn!" entgegnete er. „Mit Ihnen ist das etwas ganz anderes. Wir sind Freunde! Und Sie sind doch kein gewöhnlicher Mensch, der mit sich machen läßt, was man will! Selbst wenn ich Sie nicht aufrichtig lieb hätte, bei Ihnen zöge man den kürzeren!" Er gab sich Mühe, das in mir erwachte Miß-/trauen zu beseitigen, aber es wollte doch nicht ganz verschwinden und trug auch mit dazu bei, daß ich kündigte und wegen des Heiratsangebots die Redaktion aufgab. Auch später, als ich nach sechs Jahren das ‚Waldröschen' für ihn zu schreiben begann, tauchte dieses Bedenken gegen ihn wieder in mir auf. Aber die Ausnahmestellung, die er mir persönlich und geschäftlich bei sich einräumte, das Ausnahmehonorar, das er mir zahlte, und vor allen Dingen die Einwürfe, die mir meine Frau bei jeder Gelegenheit gegen mein Mißtrauen machte, das alles wirkte dahin, daß ich schließlich zu meinem früheren Vertrauen zurückkehrte.

Daß ich von meinen Münchmeyerschen Romanen keine Korrekturen zu lesen und also auch meine Manuskripte nicht mehr zurückbekam, habe ich bereits erwähnt. Ich konnte also nicht kontrollieren, ob der Druck mit meinem Originalmanuskript übereinstimmte. Doch war mir hier so bestimmt Ehrlichkeit versprochen worden, daß ich einen Betrug für ausgeschlossen hielt. Auch daß Münchmeyer später einmal behaupten könne, meine Romane mit allen Rechten nicht bloß bis zum zwanzigtausendsten Abonnenten, sondern für immer erworben zu haben, erschien mir als unmöglich, denn erstens hatte ich mir alle seine Briefe aufgehoben, in denen er alles, was wir mündlich miteinander ausgemacht hatten, nach und nach wiederholte, und zweitens hatte ich auch noch einen anderen vollgültigen **Beweis in der Hand,** daß er diese Rechte nicht für immer besaß. Er hatte nämlich den schriftlichen Versuch gemacht, diese Rechte noch nachträglich zu erwerben. Er hatte das durch einen Revers getan, den er mir durch jenes vorbestrafte Faktotum Walther schickte und zur Unterschrift vorlegen ließ. Ich wies aber diesen außerordentlich pfiffigen Boten mit seinem Revers zurück. Dieser Walther / war es auch, durch den ich auf meine Anfragen immer die schriftliche oder mündliche Versicherung bekam, daß die Zwanzigtausend noch nicht erreicht sei. Übrigens hatte ich nicht die geringste Sorge, weder um meine Rechte noch um meine ‚feinen Gratifikationen‘. Meine Rechte waren mir sicher, und Münchmeyers standen sich jetzt in pekuniärer Beziehung so, daß sie, wie ich glaubte, mehr als bloß zahlungsfähig waren. Daß er mit schlechtgehenden Romanen wieder verlor, was er an gutgehenden verdiente, und daß er sich auf Wechselreitereien eingelassen hatte, durch die seine Kapitalkraft arg geschädigt wurde, davon wußte ich nichts. Ich war also überzeugt, ruhig warten zu können und gar keine Veranlassung zu haben, verfrühte und darum beleidigende Forderungen zu stellen. Übrigens war meine Frau so vollständig gegen alles geschäftliche Drängen und Treiben, daß ich nun auch um den äußeren häuslichen Frieden besorgt sein mußte, falls ich gegen Münchmeyer nicht so nachsichtig war, wie sie wünschte. Auch behaupten die Kolportageverleger, daß es in ihrer Buchführung viel schwieriger sei und viel längere Zeit erfordere als bei anderen Verlegern, nachzuweisen, wieviel feste Abonnenten man habe. Es springen beständig welche ab, und es kommen beständig welche hinzu, darum hatte ich Geduld.

Im Jahre 1891 lernte ich meinen jetzigen Verleger F. E. Fehsenfeld, Freiburg, Breisgau, kennen[1]. Ich über-

---

[1] Friedrich Ernst Fehsenfeld (1853—1933) war Mays Verleger von 1891 bis zur Gründung des Karl-May-Verlages 1913.

gab ihm den Buchverlag der bei Pustet in Regensburg erschienenen Werke und vereinbarte mit ihm, nach diesen dann auch die Münchmeyerschen herauszugeben. Er nahm die ersten sofort in Angriff, und sie gingen ausgezeichnet. Wir waren beide überzeugt, daß wir mit den Münchmeyerschen nicht weniger Erfolg haben würden, stellten sie aber bis zur Vollendung der Pustet-/Serie zurück. Jede der beiden Serien sollte dreißig Bände umfassen. Was daran fehlte, hatte ich noch hinzuzuschreiben. Das ergab für die Pustet-Serie ungefähr zehn Bände, die ich noch zu liefern hatte. Das war eine Arbeit, die mir keine Zeit ließ, mich jetzt um meine Münchmeyerschen Sachen zu bekümmern. Darum mußte mich auch die unerwartete Nachricht, daß Münchmeyer plötzlich gestorben sei, geschäftlich vollständig gleichgültig lassen. Ich erkundigte mich nur nach seiner Nachfolge, und als ich hörte, daß seine Witwe das Geschäft im Namen der Erben weiterführe, war ich für mich beruhigt.

Da geschah etwas Überraschendes. Frau Pauline Münchmeyer schickte mir einen Boten, der den Auftrag hatte, mich auszuforschen, ob ich vielleicht geneigt sein würde, ihr einen neuen Roman zu schreiben. Dieser Bote war auch ein ‚Vorbestrafter'. Ich ließ ihn unverrichteter Sache wieder gehen, ohne über die Ursache seiner Sendung besonders nachzudenken. Ich wußte damals nicht, was ich erst viel später erfuhr, nämlich daß es mit Münchmeyers nicht so glänzend stand, wie ich dachte. Man hatte einen Familienrat gehalten und war zu dem Entschluß gelangt, durch einen neuen Roman von Karl May die Lage zu verbessern. Ich hatte weder Zeit noch Lust, ihn zu schreiben, beschloß aber für den Fall, daß man den Versuch erneuern würde, trotzdem in Verhandlungen einzutreten, um über die Erfolge meiner bisherigen Romane etwas Bestimmtes zu erfahren. Und die Wiederholung des Versuchs kam. Frau Münchmeyer stellte sich selbst und persönlich bei uns ein. Sie besuchte uns wieder-

holt. Sie bat. Sie bot sogar Vorausbezahlung des Hono-
rars. Sie schickte auch das Faktotum Walther und ließ
Briefe durch ihn schreiben. Ich gab den Bescheid, daß ich
nicht eher etwas Neues liefern könne, als / bis über das
Alte volle Klarheit geschaffen worden sei. Ich müsse unbedingt erst wissen, wie es mit der Abonnentenzahl meiner fünf Romane stehe; die Zwanzigtausend müsse doch
schon längst erreicht worden sein. Frau Münchmeyer
versprach Bescheid. Sie lud mich und meine Frau zum
Essen zu sich ein, um da diesen Bescheid zu erteilen.
Wir stellten uns ein. Sie gestand uns, daß die Zwanzigtausend erreicht seien, und zwar bei allen Romanen, nicht
nur bei einem; nur müsse es erst noch genau berechnet
werden, und das sei bei der Kolportage so ungemein
schwierig und zeitraubend. Ich möge mich also in Geduld
fassen. Was meine Rechte betreffe, so fielen diese mir
hiermit wieder zu, ich könne die Romane nun ganz für
mich verwenden. Da forderte ich sie auf, mir meine
Manuskripte zu schicken, nach denen ich setzen und drukken lassen würde. Sie sagte, die seien verbrannt; sie werde
mir an ihrer Stelle die gedruckten Romane senden und
sie vorher extra für mich in Leder binden lassen. Das
geschah. Nach kurzer Zeit kamen die Bücher durch die
Post; ich war wieder Herr meiner Werke — so glaubte
ich! Freilich war es mir unmöglich, sie sofort herauszugeben, weil die Pustetschen vorher zu erscheinen hatten.
Ich legte die Bücher also für einstweilen zurück, ohne
mich mit der Prüfung ihres Inhaltes befassen zu können.
Ich hatte meinen Zweck erreicht, und von der Abfassung eines neuen Romans war keine Rede mehr. Frau
Münchmeyer ließ nichts mehr von sich hören. Ich schrieb
das auf Rechnung des Umstandes, daß nun doch die ‚feinen Gratifikationen‘ fällig waren, deren Zahlung man
mit Schweigen zu umgehen suchte. Ich aber drängte nicht;
ich hatte mehr zu tun und brauchte das Geld nicht zur
Not. Ich will den Umstand nicht übergehen, daß meine

Frau während dieser ganzen Zeit / sich alle Mühe gab, mich von geschäftlicher Strenge gegen Frau Münchmeyer abzuhalten. Diese ihre Vorliebe für Münchmeyer und seine Witwe bildet den Hauptgrund der sonst unbegreiflichen Nachsicht, die ich übte.

Ich stand gerade im Begriff, eine längere Reise nach dem Orient[1] anzutreten, als ich erfuhr, daß Frau Münchmeyer ihr Geschäft verkaufen wolle. Ich schrieb ihr sofort einen Brief, in dem ich sie warnte, etwa meine Romane mit zu verkaufen. Ich legte ihr alles hierauf Bezügliche dar und ging zunächst nach Oberägypten. Von dort nach Kairo zurückgekehrt, fand ich Briefe vor, aus denen ich erfuhr, daß der Verkauf trotz meiner Warnung geschehen sei; der Käufer heiße Fischer. Ich zögerte nicht, an diesen Herrn zu schreiben. Er antwortete mir im Kolportageton, daß er das Münchmeyersche Geschäft nur wegen der Romane von Karl May gekauft habe. Alles andere sei nichts wert. Er werde diese meine Sachen so ausbeuten, wie es nur möglich sei, und mich, falls ich ihn daran hindere, auf Schadenersatz verklagen. Dieser Ton fiel mir auf. In dieser Weise pflegt man nur mit sehr minderwertigen Menschen zu sprechen. Ich mußte diesem mir vollständig unbekannten Herrn Fischer in einer Art geschildert worden sein, die ihn zu dieser Achtungslosigkeit verleitete. Ich forderte meine Frau auf, mir über diesen Fall sofort und so ausführlich wie möglich zu berichten. Ich gab ihr zu diesem Zweck meine Reiseroute genau an. Ich wartete in Kairo sechs Wochen, in Beirut vierzehn Tage, in Jerusalem mehrere Wochen. Ich schrieb und telegraphierte, doch vergebens; es kam kein Bericht. Endlich erhielt ich einige Zeilen, in denen sie mir sagte, daß sie in Paris gewesen sei, aber weiter nichts. Als in Massaua, der Hauptstadt von Erythräa am Roten Meer, mein arabischer Diener mir die Post brachte, quoll mir eine / Menge deutscher Zeitungen entgegen, aus denen ich,

1 Abfahrt von Dresden am 26. 3. 1899; die Reise dauerte bis August 1900.

der gar nichts Ahnende, ersah, was sich in der Heimat inzwischen gegen mich ereignet hatte. Fischer hatte meine Abwesenheit benutzt, eine illustrierte Ausgabe meiner Münchmeyerschen Romane vorzubereiten, und zwar mit derartigen Reklametrompetenstößen, daß alle Welt auf dieses Unternehmen aufmerksam werden mußte. Mein Name war genannt, obgleich ich diese Romane, nur einen ausgenommen, pseudonym geschrieben und Münchmeyer verpflichtet hatte, diese Pseudonymität auf keinen Fall zu brechen. Zugleich stellte sich heraus, daß mit den Romanen eine Umarbeitung vorgenommen werden sollte. Mir wurde himmelangst. Ich schrieb heim und beauftragte einen dortigen Freund, dem ich vollständig vertrauen konnte, sich einen Rechtsanwalt zu Hilfe zu nehmen und meine Sache bis zu meiner Heimkehr zu führen, wenn nötig sogar gerichtlich.

Dieser Freund hieß Richard Plöhn[1] und war der Besitzer der ,Sächsischen Verbandstoffabrik' in Radebeul, die er gegründet hatte. Man wird bald sehen, warum ich für kurze Zeit bei ihm verweile. Er war außerordentlich glücklich verheiratet. Seine Familie bestand nur aus ihm, seiner Frau und seiner Schwiegermutter. Wir waren so innig miteinander befreundet, daß wir einander Du nannten und, sozusagen, eine einzige Familie bildeten. Aber außer zu mir auch noch zu meiner Frau Du zu sagen, das brachte Plöhn nicht fertig. Er versicherte, daß ihm dies unmöglich sei. Frau Plöhn ist jetzt meine Frau. Es ist mir also nicht erlaubt, von ihren Eigenschaften oder gar Vorzügen zu sprechen. Die letzteren waren rein seelische. Meine damalige Frau hat nie in einem meiner Bücher gelesen. Der Zweck und Inhalt meiner Schriften war ihr ebenso unbekannt und gleichgültig wie meine Ziel und / Ideale überhaupt. Frau Plöhn aber war begeisterte Leserin von mir und besaß ein sehr ernstes und tiefes Verständnis für all mein Hoffen, Wünschen und

[1] Richard Alexander Plöhn (1853—1901).

Wollen. Ihr Mann freute sich darüber. Er sah mein Ringen, mein angestrengtes Arbeiten, oft dreimal wöchentlich die ganze Nacht hindurch, keine helfende Hand, kein warmer Blick, kein aufmunterndes Wort; ich stand innerlich allein, allein, allein, wie stets und allezeit. Das tat ihm weh. Er versuchte, durch seine Frau auf die meinige einzuwirken, damit diese mir wenigstens die störende Korrespondenz abnahm, vergeblich. Da bat er mich, seiner Frau zu erlauben, daß diese es tue; das werde für sie und ihn eine große Freude sein. Ich gestattete es den beiden guten Menschen. Von da an lag mein Briefwechsel in der Hand von Frau Plöhn. Tausenden von Leserinnen und Lesern ist über der Unterschrift von ,Emma May' geantwortet worden, ohne daß sie wußten, daß es nicht meine Frau, sondern eine schwesterliche Helferin war, die mir meine Last erleichterte. Sie arbeitete sich mehr und mehr in meine Gedankenwelt und meinen Briefwechsel ein, so daß ich ihr schließlich die ganze umfangreiche Korrespondenz getrost überlassen konnte. Ihr Mann war stolz darauf. Noch stolzer fast war ihre Mutter[1], eine einfach gewöhnte, sehr arbeitsame, praktische Frau, die gar zu gern auch mitgeholfen hätte, wenn es möglich gewesen wäre, denn auch sie besaß eine Seele, die nicht unten bleiben wollte, sondern nach oben strebte.

Also diesen Freund beauftragte ich, meine Angelegenheit so kräftig wie möglich in die Hand zu nehmen, und er tat es, so gut er konnte. Er übergab die prozessuale Durchführung einem Dresdener Rechtsanwalt und benachrichtigte die gesamte deutsche Presse davon, daß ich augenblicklich in Asien sei, nach meiner Heimkehr aber/ nicht zögern würde, mich der beabsichtigten Vergewaltigung zu erwehren. Mehr konnte für den Augenblick nicht getan werden, weil es mir unmöglich war, meine Reise abzubrechen. Von meiner Frau bekam ich keine

---

1 Wilhelmine Beibler, geb. Höhne (1837—1909).

Nachricht. Es war ihr unmöglich, sich um so ernste, geschäftliche Angelegenheiten zu bekümmern. Plöhns aber schrieben, doch konnten mich diese Briefe erst in Padang auf der Insel Sumatra erreichen. Sie lauteten aufregend. Die Presse hatte begonnen, sich mit meinen Münchmeyerschen Romanen zu beschäftigen, und zwar in einer für mich ungünstigen Weise. Es wurden Gerüchte über mich verbreitet, die teils lächerlich, teils gewissenlos waren. Man las in den Zeitungen, daß ich mich gar nicht im Orient befände, sondern mich wegen einer bösartigen Krankheit im Jodbad Tölz, Oberbayern, versteckt hielte. Hätte ich geahnt, daß das in dieser lügenhaften, gehässigen und böswilligen Weise ein ganzes Jahrzehnt weitergehen würde, so hätte ich meine Reise doch unterbrochen und wäre schleunigst nach Hause zurückgekehrt. Hätte ich das getan, so wären mir all die unmenschlichen Martern und Qualen, die ich während dieser langen Zeit ausgestanden habe, erspart geblieben. Leider aber wußte ich damals noch nicht, was mit meinen Romanen vorgegangen war und welche Leitgedanken im Münchmeyerschen Geschäft über mich kursiert hatten und heute noch kursierten. Ich glaubte, die Sache noch aus der Ferne beilegen zu können, und hielt nichts weiter für nötig als eine genaue Information, aus der sich die einzuschlagenden Schritte zu ergeben hätten. Ich schrieb also heim, daß meine Frau mit Plöhns nach Ägypten kommen möchte, wo ich in Kairo mit ihnen zusammentreffen würde. Sie kamen, aber sehr verspätet, weil Plöhn unterwegs krank geworden war. Was ich von / ihnen erfuhr, lautete keineswegs günstig und klang außerdem sehr unbestimmt. Der Rechtsanwalt stand immer noch erst bei den Vorbereitungen. Fischer hatte erklärt, sich aufs äußerste wehren zu wollen; meine Romane habe er von Frau Münchmeyer gekauft; sie seien sein wohlerworbenes, bar bezahltes Eigentum, mit dem er machen könne, was er wolle. Die Zeitungen waren gegen mich eingenommen. Meine Münchmeyerschen Romane wurden als Schundromane bezeichnet. Ich sah ein, daß ein Prozeß mit Münchmeyers nicht zu umgehen war, und fragte meine Frau nach den für mich hierzu nötigen Dokumenten.

Ich habe bereits gesagt, daß ich mir Münchmeyers Briefe aufgehoben hatte. Ihr Inhalt war für einen Prozeß gegen Münchmeyer derart beweiskräftig, daß ich ihn glattweg gewinnen mußte. Diese Briefe waren nebst anderen gleichwichtigen Sachen in einem bestimmten Schreibtischkasten aufbewahrt. Ich hatte vor meiner Abreise meine Frau auf diesen Kasten und seinen Inhalt ganz besonders aufmerksam gemacht, ihr den Zweck der Briefe ganz besonders erklärt und sie aufgefordert, dafür zu sorgen, daß ja nicht das geringste Blättchen davon verloren gehe. Als ich sie jetzt in Kairo nach diesen Dokumenten fragte, versicherte sie mir, daß sie noch genau so lägen, wie ich sie ihr übergeben hätte. Kein Mensch habe sie berührt. Das beruhigte mich, denn das bedeutete den sicher gewonnenen Prozeß. Als meine Frau mir diese Versicherung gab, stand Frau Plöhn dabei und hörte es. Sie sah sie groß an, sagte aber nichts. Das fiel mir damals nicht auf; später aber, als ich mich dieses großen, erstaunten, mißbilligenden Blicks erinnerte, wußte ich nur allzu gut, was er hatte sagen sollen. Meine Frau war nämlich eines Abends zu Frau Plöhn / gekommen und hatte ihr mitgeteilt, daß sie soeben unseren Trauschein verbrannt habe, der Vorbedeutung wegen, die sich damit verbinde. Und einige Zeit später hatte sie ihr in derselben lachenden Weise gesagt, daß sie nun auch die Dokumente aus dem Schreibtischkasten genommen und verbrannt habe; sie wolle dadurch verhüten, daß ich Münchmeyers verklage. Frau Plöhn war hierüber entsetzt gewesen, hatte aber die vollendete Tatsache nicht zu ändern vermocht. Jetzt, als sie die Versicherung meiner Frau mit anhören mußte, daß die Briefe noch unberührt vorhanden seien, gab es in ihr den ersten Riß zu jener inneren

Scheidung, die erst dann auch äußerlich zutage trat, als nichts mehr verheimlicht werden konnte. Wir reisten durch Ägypten, Palästina, Syrien über Konstantinopel, Griechenland und Italien nach Hause. Während dieser Zeit ist meine Frau auf wiederholte Anfragen immer dabei geblieben, daß die Dokumente völlig unverletzt noch in dem betreffenden Kasten lägen. Sie wurde schließlich zornig und verbat sich jede weitere Erwähnung. Aber als ich nach Hause kam und mein erster Schritt nach dem Schreibtisch war, fand ich den Kasten — leer! Hierüber zur Verantwortung gezogen, erklärte sie, daß sie die Briefe allerdings verbrannt und vernichtet habe. Sie sei stets eine Freundin der Münchmeyers gewesen und sei es auch noch heute. Sie wisse zwar, daß ich Recht hätte, aber sie dulde nicht, daß ich Münchmeyers verklage. Darum habe sie die Papiere verbrannt. Man kann sich denken, wie mir zumute war, aber ich beherrschte mich und tat, was ich schon jahrelang in solchen Fällen zu tun gewohnt war, ich war still, nahm den Hut und ging.

Inzwischen waren die Presseangriffe gegen mich immer zahlreicher und deutlicher geworden. Man beschuldigte mich, zu gleicher Zeit fromm und unsittlich geschrieben zu haben. Ich nahm die Romane her, die mir Frau Münchmeyer hatte einbinden lassen, und fand, daß man von meinen Originalmanuskripten abgewichen war und sie verändert hatte. Also darum hatte man die Manuskripte verbrannt, anstatt sie für mich aufzuheben! Ich sollte die Änderungen nicht nachweisen können! Das erste, was ich tat, war, daß ich die Presse hiervon benachrichtigte und sie bat, die gerichtliche Entscheidung abzuwarten. Sodann stellte ich schleunigst Klage. Ich wollte die Sache nicht auf dem Wege des Zivil-, sondern des Strafprozesses verfolgen, stieß dabei aber auf solchen Widerstand bei meiner Frau, daß ich darauf verzichtete. Ich befragte mich bei verschiedenen Rechtsanwälten, nicht nur in Dresden, sondern auch in Berlin und anderswo. Ich hätte so gern gleich direkt wegen der ‚abgrundtiefen Unsittlichkeiten‘, die mir vorgeworfen wurden, verklagt, doch wurde mir einstimmig versichert, daß dies unmöglich sei. Eine Klage könne nicht auf ideelle Dinge gerichtet, sondern müsse materiell begründet sein. Ich müsse vor allen Dingen beweisen, daß ich der rechtmäßige Eigentümer der betreffenden Romane sei, und also das Recht besitze, zu verklagen. Am besten sei es, die Klage auf ‚Rechnungslegung‘ zu richten.

Das geschah.

Um diese Zeit war es, daß sich der Käufer des Münchmeyerschen Geschäftes, Herr Fischer, bei mir meldete. Ich hatte keinen vernünftigen Grund, ihn abzuweisen; er wurde angenommen. Die Unterredung war hochinteressant, sowohl psychologisch als auch prozessual. Fischer machte gar kein Hehl daraus, daß er wisse, ich sei vorbestraft. Er meinte, wer solches Werg am Rocken habe, der solle sich wohl sehr hüten, zu pro/zessieren, sonst könne die Sache sehr leicht ein anderes Ende nehmen, als man denke. Meine Romane seien jetzt sein Eigentum. Man habe sie schon früher verändert, und nun lasse er sie von neuem umarbeiten, ganz so, wie es ihm gefalle. Wenn ich gegen ihn prozessiere, so könne das länger als zehn Jahre dauern; aber bis dahin sei ich längst kaputt. Er sei aber gekommen, mir die Hand zu bieten, all diesem Ärger zu entgehen. Ich solle ihm siebzigtausend Mark zahlen, so verzichte er auf meine Romane und liefere sie mir mit allen Rechten aus. Dann sei es mir leicht, die ganze Aufregung der Presse gegen mich mit einem einzigen Schlag zum Schweigen zu bringen. Er biete mir seine Hilfe dazu an. Er wisse mehr, als ich ahne. Er kenne die ganze Münchmeyerei. Man habe ihm alles gesagt. Aber unter siebzigtausend Mark könne er nicht verzichten, denn er habe hundertfünfundsiebzigtausend Mark bezahlt.

Es ist ganz selbstverständlich, daß ich auf diesen Vorschlag nicht einging. Ich erklärte ihm, daß ich keinen Pfennig geben würde und zur Klage fest entschlossen sei. Da wollte er wissen, gegen wen ich diese Klage richten würde, ob gegen ihn oder gegen Münchmeyers Witwe. Er rate mir zu letzterem, weil er mir da wahrscheinlich als Zeuge dienen könne, denn er sei mit dieser Frau keineswegs zufrieden, sondern stehe in immerwährendem Streit mit ihr. Hierauf entfernte er sich mit der Warnung, mich ja mit meinen Vorstrafen in acht zu nehmen.

Ich war gewillt, Frau Münchmeyer zu verklagen. Aber meine Frau und, wohl infolgedessen, auch mein Rechtsanwalt bestimmten mich, hiervon abzusehen. So wurde also Fischer verklagt. Aber die Witwe schien keine Lust zu haben, sich von diesem Rechtshandel aus/scheiden zu lassen. Sie trat als Nebenintervenientin bei und ist bis heute meine Gegnerin geblieben. Es gelang mir, gegen Fischer eine einstweilige Verfügung zu erreichen, die ihm verbot, meine Romane weiterzudrucken. Er durfte nur noch komplettieren. In dieser für ihn sehr heiklen Lage kam er mit meinem Rechtsanwalt ins Gespräch und klagte über den Verlust, der ihm dadurch entstehe; dieser betrage schon vierzigtausend Mark. Wenn das nicht aufhöre, müsse er sich noch ganz anders wehren als bisher und mich durch die Veröffentlichung meiner Vorstrafen in allen Zeitungen vor ganz Deutschland kaputt machen. Als mein Rechtsanwalt mir diese Drohung mitteilte, ging mir ein Licht auf; ich begann zu begreifen und fühlte mich verpflichtet, dieses Terrain zu sondieren. Es kam eine Unterredung zwischen Fischer und mir zustande, in einer separierten Weinstube, unter vier Augen. Da wurde er offenherzig. Er sagte mir alles, was er während der Verkaufsverhandlungen von Münchmeyers über mich und meine Romane erfahren hatte. Ich erfuhr den ganzen Feldzugsplan, von dem ich bisher keine Ahnung gehabt hatte. Es war ihm weisgemacht worden, ich sei vorbestraft, und zwar mit Zuchthaus, weil ich als Lehrer Umgang mit Schulmädchen gepflogen hätte. Das passe außerordentlich zu dem Vorwurf der Zeitungen, ich hätte unsittliche Romane geschrieben. Man brauche das nur zu veröffentlichen, so sei ich für immer kaputt. Ich sei jetzt ein berühmter Mann und hätte mich vor solchen Veröffentlichungen zu hüten; das wisse man ebenso gut wie ich selbst. Was ich mit Münchmeyer über meine Romane ausgemacht habe, sei gleichgültig. Münchmeyer sei tot. Es komme darauf an, wer zu schwören habe. Und daß May den Eid nicht bekomme, dafür werde man zu sorgen wissen. Seine Vorstrafen seien die beste Hilfe, / die es gebe. Man brauche ihm nur mit der Veröffentlichung zu drohen, so nehme er gewiß jeden Prozeß zurück. Es genügen zwei Zeilen an ihn, so ist er still. „Den haben wir in der Hand!"

In dieser Weise hatte man zu Fischer gesprochen, und daraufhin hatte er das Geschäft gekauft. So versicherte er mir. Daß meine Romane verändert worden seien, das wisse er. Nur wisse er nicht genau, von wem. Wahrscheinlich von Walther. Der habe ja weiter gar nichts anderes als solche Sachen zu machen und dann die Korrekturen zu lesen gehabt. Und das sei gar nicht schwer und gehe sehr schnell. Man braucht nur ein Wort zu ändern oder einige Worte hinzuzufügen, so ist die ‚Unsittlichkeit' da, ohne die es bei solchen Romanen nun einmal nicht abgehen will. Ich könne diese Änderungen sehr leicht nachweisen; ich brauche nur meine Originalmanuskripte vorzulegen.

„Aber die sind ja verbrannt!" fiel ich ein.

Das stellte Fischer aber ganz entschieden in Abrede. Er behauptete, sie seien noch da. Er könne sie mir verschaffen, aber freilich unter den jetzigen Verhältnissen nicht, wo ich sein Prozeßgegner sei und ihn mit meiner einstweiligen Verfügung zugrunde richte. Er könne nur dann mein Helfer sein und als Zeuge für mich eintreten, wenn ich diese Verfügung fallen ließe und mich mit ihm vergliche.

Diese Unterredung war für mich von unendlicher Wichtigkeit. Es galt, vorsichtig zu sein. Ich fragte mich, ob ich trauen dürfe. Waren die Originalmanuskripte wirklich noch da, so konnte ich allerdings alle gegen mich gerichteten Vorwürfe, wie Fischer gesagt hatte, mit einem Schlag verstummen machen. Aber er konnte mich täuschen wollen oder auch selbst getäuscht / worden sein. Ich durfte nicht vorschnell entscheiden; ich mußte beobachten und überlegen, zumal diese Wendung meiner Angelegenheit in eine Zeit fiel, in der mich schwere, innerliche Kämpfe derart beschäftigten, daß ich für anderes weder Zeit noch Raum zu finden vermochte. Das war die Zeit meiner Ehescheidung.

Aufrichtig gestanden, neige ich sehr zur katholischen Betrachtung der Ehe, daß diese ein Sakrament sei. Wenn ich nicht dieser Ansicht wäre, so hätte ich diesen Schritt schon längst getan und nicht erst dann, als es meine Gesundheit, mein Leben und meine ganze innere und äußere Existenz zu retten galt. Man hat mir diesen Schritt in hohem Grade übelgenommen, sehr mit Unrecht. Katholische Kritiker, die, anstatt auf sachlichem Gebiet zu bleiben, ihre Angriffe auf das persönliche hinüberspielten, haben mir in einem Atem vorgeworfen, daß ich Protestant sei und mich von meiner Frau habe scheiden lassen. Wie unlogisch! Gerade weil ich als Protestant gelte, hat kein Mensch das Recht, mir den zweiten Vorwurf zu machen. Für jeden nur einigermaßen anständigen Menschen ist die Ehescheidung eine Angelegenheit von selbstverständlicher Diskretion. Die meinige aber hat man in den Zeitungen herumgetragen, mit den widerlichsten Randglossen versehen und zu den ungeheuerlichsten Verdächtigungen ausgenutzt. Ich will das alles hier übergehen, um meine Bemerkungen, falls ich zu ihnen gezwungen werde, an anderer Stelle zu machen. Diese

Zeit war nicht nur für mich, sondern auch für Frau Plöhn beinahe tödlich, weil sie ihr den Mann raubte, den sie mit einer Aufopferung liebte, wie selten ein Mann geliebt worden ist. Ich habe bereits gesagt, daß Plöhn auf der Reise nach Ägypten krank geworden sei. Er erholte sich nur scheinbar / wieder. Das Übel repetierte, nachdem er in die Heimat zurückgekehrt war. Ein Jahr später kam der Tod. Frau Plöhn brach fast zusammen. Wäre ihre Mutter nicht gewesen, so wäre sie ihrem Mann sicher nachgestorben. Glücklicherweise bot ihr auch die Korrespondenz, die sie für mich mit meinen Lesern führte, die seelische Erleichterung und Unterstützung, deren sie bedurfte. Sie besaß zwei Zinshäuser in Dresden, die sie gern gegen ein ihr angebotenes Landgrundstück verkaufen wollte, das zu dem Dorf Niedersedlitz gehörte. Dorthin hatte Fischer seine Buchdruckerei verlegt. Auch seine Privatwohnung lag da. Frau Plöhn bat mich, sie zur Besichtigung dieses Grundstückes zu begleiten, und als wir uns nun einmal in Niedersedlitz befanden, lag der Gedanke nahe, dies Fischer wissen zu lassen. Er lud uns nach seiner Privatwohnung ein, und es entspann sich da eine Verhandlung, die am nächsten Tag zu einem Vergleich führte.

Ich will so kurz wie möglich sein. Fischer klagte darüber, daß er sich durch den Kauf des Münchmeyerschen Geschäftes zum ‚Schundverleger‘ degradiert habe; er versicherte, daß er sich heraussehne, und behauptete, daß ich ihm dazu behilflich sein könne wie kein anderer. Davon war auch ich überzeugt. Er hatte die veränderten Romane erworben, ohne daß Frau Münchmeyer das Recht besaß, sie ihm zu verkaufen. Wenn er dafür sorgte, daß ich meine Originalmanuskripte zurückerhielt, konnte er die Schundarbeiten fallen lassen und an ihrer Statt meine Originale herausgeben; da war ihm und zugleich auch mir geholfen; er war kein Schundverleger mehr, und ich konnte beweisen, daß ich nichts Unsittliches geschrieben hatte. Das war der Grundgedanke des Vergleichs, und als wir ihn unterschrieben, / war ich überzeugt, daß aller Streit behoben sei. Fischer bezeugte mir damals öffentlich in den Zeitungen, daß die unsittlichen Stellen meiner Münchmeyerromane nicht aus meiner Feder stammten, sondern von dritter Hand hineingetragen worden seien.

Leider aber erwiesen sich meine Hoffnungen als trügerisch. Fischer konnte meine Originalmanuskripte nicht bekommen; sie waren nicht mehr da; sie waren wirklich vernichtet. Es war ihm also unmöglich, sich aus einem ‚Schundverleger‘, wie er sich in einem Brief an mich bezeichnete, in einen Buchverleger zu verwandeln. Er machte zwar den Versuch, auch ohne meine Originalmanuskripte zu einem Originalroman zu kommen, um den Schund dann fallenlassen zu können, aber ich mußte ihm dabei die Hilfe, die er von mir forderte, versagen. Er verlangte nämlich von mir, daß ich den Schund aus dem Gedächtnis in seine frühere, einwandfreie Fassung zurückverändere; das aber war bei einer Fülle von ungefähr dreißigtausend engbeschriebenen Seiten ein Ding der absoluten Unmöglichkeit. Er bestand aber auf seinem Schein, auf unserem Vergleich, und obgleich er nicht leisten konnte, was er versprochen hatte, sollte ich doch alles tun, was gerade seinetwegen unmöglich war. Daraus ergab sich ein neuer Zwist und ein neues Kämpfen, das sich über seinen Tod hinaus erstreckte und erst von seinen Erben zum friedlichen Ende geführt worden ist. Diese sahen klarer als er, und sie waren ruhigen unbefangenen Gemüts. Sie waren Fachleute, nämlich Rechtsanwälte, Kaufleute, Buchdruckerei- und Buchbindereibesitzer. Sie vereinigten sich zu folgender Erklärung:

„In einem zwischen Herrn Karl May und den Erben des Herrn Adalbert Fischer anhängig / gewesenen Rechtsstreit haben die Fischerschen Erben erklärt, daß die im Verlag der Firma H. G. Münchmeyer erschienenen Romane des Schriftstellers

Karl May im Laufe der Zeit durch Einschiebungen und Abänderungen von dritter Hand eine derartige Veränderung erlitten haben, daß sie in ihrer jetzigen Form nicht mehr als von Karl May verfaßt gelten können. Herr May ist zur Veröffentlichung dieser Erklärung ermächtigt worden.

Dresden, im Oktober 1907.

Unterzeichnet ist diese Erklärung von Frau Elisabeth verw. Fischer, durch Kaufmann Arthur Schubert, Buchdruckereibesitzer Otto Fischer, Buchbindereibesitzer Alfred Sperling, Rechtsanwalt Trummler, Rechtsanwalt Bernstein, Rechtsanwalt Dr. Elb. Leichtfertige Menschen haben behauptet, daß diese Erklärung nur von Kindern und unmündigen Personen abgegeben worden sei. Man sieht auch hieraus, mit welchen Waffen man gegen mich kämpft. Für mich aber ist die Abteilung Fischer meines Münchmeyerprozesses hiermit abgetan. Die Abteilung Pauline Münchmeyer aber besteht nach wie vor. Ihr habe ich mich im folgenden nun zuzuwenden.

Ich scheue mich nicht, dieser Abteilung das Programm, welches ich von Fischer erfuhr, voranzusetzen, nämlich:

„May ist vorbestraft. Er hat das zu verheimlichen. Wir haben ihn in der Hand. Zwei Zeilen genügen, so ist er still. Wenn er uns verklagt, so machen wir ihn durch die Veröffentlichung seiner Vorstrafen in allen Zeitungen durch ganz Deutschland kaputt. Was May mit / Münchmeyer ausgemacht hat, ist gleichgültig. Hauptsache ist, wer den Eid bekommt. Und daß May ihn nicht bekommt, dafür wird man zu sorgen wissen."

Fischer hat dieses Programm nicht etwa nur privatim geäußert, sondern auch durch seine Aussage in den Akten festgelegt, und es ist im Verlauf des nun neunjährigen Rechtsstreits ununterbrochen bestätigt worden. Von dem, was Rechtsanwalt Dr. Gerlach im Namen seiner Klientin Pauline Münchmeyer alles in unrichtiger Weise behauptet oder abgeleugnet hat, will ich hier nicht sprechen. Mich aber hat er gleich von allem Anfang an als einen Menschen hingestellt, der in höchstem Grade eidesunwürdig

ist. Es ist mir unmöglich, all die beleidigenden Schimpf-
worte hier aufzuzählen, mit denen er mich nun schon seit
neun Jahren überschüttet, ohne daß ich ihn dafür bestrafen lassen kann, weil er als Anwalt unter dem Schutz
gerade jenes Paragraphen steht, der mich zwingt, von
ihm zu dulden, was sich kein anderer jemals erlaubt.
Von den Richtern wiederholt zurechtgewiesen und von
anderen Anwälten zur Rede gestellt, bleibt er dieser
seiner Spezialität doch treu. Zur Ausführung des Münchmeyerschen Programms war es zunächst nötig, zu meiner
Strafliste zu gelangen. Zu diesem Zweck wurde eine
Beleidigungsklage fingiert, die man sofort zurücknahm,
als der Zweck erreicht war. Von da an tauchten in den
Zeitungen mehr oder weniger verblümte Notizen über
meine Vergangenheit auf. ‚Ich weiß noch mehr!‘ schrieb
der eine; ‚Sie wissen wohl, was ich meine, Herr May?‘
fragte der andere. Das ‚Kaputtmachen‘ begann. Aber
der Spiritus rector, der eigentliche Täter, blieb stets
schlau hinter dem Busch; er zeigte sich nie; er wirkte
stets durch andere. Sein Arbeitsfeld ist weit über seine/
Berufspflichten hinaus ausgedehnt, sein Briefwechsel sehr
umfangreich, fast nur Karl May betreffend. Er steht mit
allen meinen literarischen Gegnern in inniger Beziehung,
und wo in einem Blatt von mir die Rede ist, da pflegt
ein Brief von ihm oder von einem seiner Vertrauten sich
einzustellen. Und man glaubt ihm fast überall. Man
glaubt ihm, wie Cardauns seinerzeit dem Lügner glaubte,
der ihm weismachte, daß ich die Münchmeyerromane
genau so geschrieben hätte, wie sie im Druck erschienen
sind.

Dieser Herr Dr. Hermann Cardauns ist von dem sehr
dunklen und sehr häßlichen Punkt, den man in der zeit-
genössischen Literaturgeschichte als Karl-May-Hetze bezeichnet, unzertrennlich. Er hat es nicht anders gewollt.
Er steht da eng vereint mit Leuten, zu denen er eigentlich
nicht gehört. Er hat auch das gewollt. Sein niederschmet-

ternder Stil, seine infallible Ausdrucksweise, seine ‚abgrundtiefen' oder ‚evidenten' Verdoppelungsworte haben Schule gemacht, besonders bei denen, die mir Stricke drehen, um mich ‚aus dem Tempel der deutschen Kunst hinauszupeitschen'. Aber alles, was er in Vorträgen und Zeitungen gegen mich zusammengesprochen und zusammengeschrieben hat, bildet nicht etwa eine feste Säule, an der niemand zu rütteln vermag, sondern einen aus lauter vagen Indizien zusammengeleimten Papierdrachen, dessen Schnur niemand mehr halten will, es sei denn Herr Cardauns selbst. Es ist gewiß sehr viel blinder Glaube dazu nötig, gleich ihm zu denken, daß meine ‚Unsittlichkeiten' auch noch in anderer Weise bewiesen werden könnten als nur durch Vorlegung meiner Originalmanuskripte. Der Wortschwall tut es nicht; auch Behauptungen bleiben ohne Erfolg, wenn sie nicht bewiesen werden. Man liest in den Cardaunsschen Aufsätzen / gegen mich zwar viel von Akten, Dokumenten und sonstigen Beweisen, die er über meine Schuld besitze; aber bis jetzt habe ich noch kein einziges Aktenstück und kein einziges Dokument zu sehen bekommen. Es scheint, dieser Herr besitzt einen älteren Münchmeyerschen Druck und eine spätere Fischersche Ausgabe und hält den ersteren für gleichlautend mit meinem Original. Es ist für mich aber wirklich unmöglich, daß einem ‚Haupt- oder Chefredakteur' solche Irrungen passieren können. Ich gebe ja gern zu, daß er keine Ahnung davon hat, wie es in einem berüchtigten Schund- und Kolportageverlag zugeht und was für Schwindel da getrieben wird, aber das ist keine Entschuldigung, sondern eine Belastung für ihn, denn wenn er das nicht weiß, so sollte er sich auch nicht gestatten, Schlüsse mit der Logik des Kolportageschmutzes zu ziehen, die man nur mit der Logik ehrenhafter Leute ziehen darf. Die ungeheuren Erfolge der umgearbeiteten Schundromane hatte Fischer nur den überlauten Trommel- und Paukenschlägen des

Herrn Cardauns zu verdanken. Selbst der unfähigste
Politikus weiß, daß man solche Dinge durch Schweigen
tötet, nicht aber durch Gongs und Tamtams. Mir aber,
der ich durch diese Tamtams, diese Vorträge und Zei-
tungsartikel erschlagen werden sollte, wurde es durch sie
unmöglich gemacht, den Schund so, wie ich wollte, gänzlich aus der Welt zu schaffen. Mein Wollen war gut; da
aber Herr Cardauns meine Gegner förderte, indem er
mich hinderte, hat er sich um die Münchmeyersche Kolportage ein Verdienst erworben, das man ihm nie vergessen wird. Er ist während der ganzen langen Zeit
bis hierher ihr treuer Champion gewesen; ob gewollt
oder ungewollt, ist in Beziehung auf die Wirkung gleich.

Der zweite, den ersten auch geistig hoch überragende/
Champion für die Münchmeyersache ist der aus der
christlichen Kirche ausgetretene Sozialdemokrat a. D. Herr
Rudolf Lebius in Charlottenburg. // Ich könnte über
diesen Herrn stundenlang berichten, von all dem Schmutz,
den er auf mich gehäuft hat, nun schon über fünf Jahre
lang. Aber ich kann nicht mehr. Ich sehne mich heraus
und beschränke mich darum hier auf das Notwendig-
ste[1]. / Auf seine vielen und fürchterlichen Artikel in den
Jahren 1904 und 1905 habe ich nur einmal bei der Staats-
anwaltschaft und zweimal beim Gericht Hilfe gesucht.
Ich habe dann zu allen seinen ferneren Angriffen geschwiegen, bis er mich durch himmelschreiende öffentliche Verleumdungen zur gerichtlichen Verteidigung zwang.
Und selbst da habe ich ihm verziehen, habe mich mit
ihm verglichen, habe gegen seine Versprechen, mich fortan in Ruhe zu lassen, meinen Strafantrag zurückgezogen,
obgleich der betreffende Richter sagte, daß Lebius eine
schwere Strafe erleiden werde, falls es zur Verhandlung

1 An dieser Stelle folgt in der Erstausgabe ein 30 Seiten langer Auszug
eines Schriftsatzes Mays an die Vierte Strafkammer des Kgl. Landgerichts III
in Berlin, der sich mit Lebius befaßt und Anlaß für das Verbot der 1. Auflage
von ‚Mein Leben und Sterben‘ wurde (s. Nachbemerkung). Er fehlt hier, da
er in der Gesamtanlage des Werkes nur einen Fremdkörper bildet, und soll
an anderer Stelle im Rahmen einer Facharbeit veröffentlicht werden.

komme. Ich habe es ertragen, daß Lebius trotz seines gerichtlichen Versprechens, mich künftig in Ruhe zu lassen, meine geschiedene Frau gegen mich verführte, ausbeutete und fast an den Bettelstab brachte. Sie wurde von ihm zu gerichtlichen Schritten gegen mich verleitet, deren Tragweite sie in ihrer Verwirrung nicht im geringsten erkannte und die sie später dann bitter bereute./

Es ist wiederholt von ihm in den Zeitungen behauptet worden, daß er ein Mensch sei, ‚der über Leichen geht‘. Meine geschiedene Frau hat anstatt ‚Mensch‘ sogar ein anderes, äußerst schlimmes Wort gebraucht, ohne daß er es gewagt hat, sie deswegen gerichtlich zu belangen. Ob dieser Vorwurf wahr ist oder zuviel sagt, das könnte ich mit vielen Beispielen belegen; ich will aber nur noch eins bringen://

Vor fünfundvierzig / Jahren kam ich mit dem Gesetz in Konflikt. Das ist so lange her, daß die betreffenden Gerichtsakten längst vernichtet worden sind, denn die Menschlichkeit verlangt, daß solche Spuren nur von einer ganz bestimmten Dauer seien, und diese Dauer ist vorüber. Wie hätte ich ahnen können, daß bei der Polizei noch Unterlagen darüber existieren? Herr Lebius hat dieses gesamte Material sowie meine Scheidungsakten veröffentlicht, um mein Ansehen endgültig zu vernichten. Das ist der fürchterlichste Schlag, der mich bisher getroffen hat, und meine Kraft ist erschöpft. Wie kann das Gesetz solche Dinge zulassen!//

Nun bleibt nur noch eine Schlußbemerkung in Beziehung auf die Münchmeyerromane übrig. Einer meiner erbittertsten Gegner schrieb, ich solle es ja niemandem weismachen, daß ein Schundverlag sittliche Romane in unsittliche verwandeln könne; das würde eine Riesenarbeit sein, der niemand gewachsen ist. Dieser Herr scheint so glücklich zu sein, dem Leben und Treiben eines Schundverlages unendlich fern zu stehen. Erstens wenn jemand der Zeit und der Mühe gewachsen ist, einen Roman zu schreiben, so muß man doch noch viel mehr der kürzeren Zeit und der geringeren Mühe gewachsen sein, diesen Roman umzuändern! Zweitens erfordert eine solche Umänderung / keineswegs so viel Zeit und Arbeit, wie mein Gegner anzunehmen scheint. Die Einfügung von einigen Worten genügt vollständig, einen ‚moralischen' Druckbogen in einen ‚unmoralischen' zu verwandeln. Drittens sind Kräfte mehr als genug für solche Umarbeitungen vorhanden, und sie besitzen eine so erstaunliche Routine darin, daß selbst der Kenner sich über die Masse, die sie bewältigen, wundert. Ich habe hierüber Beweise erbracht und werde auch noch weitere bringen. Das oft erwähnte Faktotum Walther saß bei Münchmeyers täglich von früh bis abends, nur um solche Arbeiten zu machen und dann die Korrektur zu lesen, die der Verfasser niemals zu sehen bekam. Was erst Fischer, der Käufer des Münchmeyerschen Geschäftes und dann einige Jahre später seine Erben mir über diese Umarbeitung meiner Romane materiell und gerichtlich bezeugten, ist bekannt. Hierzu hat Münchmeyers Neffe, der Obermaschinenmeister war, als Zeuge im Prozeß bestätigt, daß Münchmeyer mit seiner eigenen Hand ganze Kapitel verändert hat. Ein anderer Zeuge hat beschworen, Münchmeyer habe ihm eingestanden, daß er an meinen Romanen große, umfangreiche Änderungen vornehme, ohne es mir sagen zu dürfen. Ich verlange Vorlegung meiner Manuskripte!//

Von mir weitergehende Beweise zu fordern, hieße mich in die Zeit der Daumenschrauben und der spanischen Jungfrau zurückschleppen, wo der Ankläger keinen Beweis zu erbringen brauchte, wohl aber der Angeschuldigte gezwungen war nachzuweisen, daß er unschuldig sei. —//

Um einen kurzen Rundblick über den jetzigen Stand der Dinge zu ermöglichen, schließe ich dieses Kapitel mit einem Artikel, den das ‚Wiener Montags-Journal' am 17. Oktober dieses Jahres 1910 brachte. Er lautet:/

Karl May als Schriftsteller

(Eine Genugtuung)

Vor uns liegt eine stattliche Reihe von Bänden, die Tätigkeit eines ungemein fruchtbaren und erfolgreichen Schriftstellers. Zugleich aber auch seine Ehrenrettung. Denn nicht oft noch ist die schriftstellerische Tätigkeit eines Menschen der Grund für solch bodenlos gemeine und hinterhältige Angriffe gewesen, wie sie Karl May zur Zielscheibe hatten. Ehe wir in eine ausführliche Würdigung der so reichen Phantasie eines deutschen Romanciers eingehen, wollen wir dem Geschmähten selbst das Wort zu einer Verteidigung geben, die jetzt, nach den erfolgreichen Prozessen gegen seine hämischen und boshaften Widersacher, zugleich eine Genugtuung ist. Herr May schreibt uns:

„Die ganze sogenannte ‚Karl-May-Hetze‘ ist auf Unwahrheiten aufgebaut. Die erste dieser Unwahrheiten ist, daß ich Jugendschriftsteller sei und meine Reiseerzählungen für unerwachsene junge Leute geschrieben hätte. Die meisten dieser Erzählungen sind im ‚Deutschen Hausschatz‘ erschienen, der doch gewiß niemals eine Knabenzeitung gewesen ist. Und den später erschienenen Bänden sieht jedes ehrliche Auge sofort an, daß sie nur von geistig erwachsenen Leuten verstanden werden können. Hiermit fallen alle Vorwürfe, die man mir als angeblichem ‚Jugendverderber‘ macht, in sich selbst zusammen. Wenn die Jugend meine Bücher trotzdem liest, und zwar sehr gern, so beweist das doch nicht, daß ich sie für sie bestimmt habe, sondern daß die Jugendseele in ihnen findet, was ihr von andern vorenthalten wird.

Eine zweite Unwahrheit ist die, daß ich in diesen meinen Reiseerzählungen schwindle. Wer das behauptet, ahnt gewiß nicht, welch ein schlimmes Zeugnis er seiner/eigenen Intelligenz erteilt. Reicht doch der Scharfblick eines Tertianers aus, zu erkennen, daß alles, was ich erzähle, nur mit den Wurzeln in das reale Leben greift, im übrigen aber nach Regionen strebt, die nicht alltäglich sind. Jeder Leser, der mich begreift, weiß, daß ich Länder und Völker beschreibe, die bis heute fast nur in Märchen existierten, für uns aber nach und nach in das Reich der absoluten Wirklichkeit zu treten haben. Wenn ich das, was anderen noch ein Märchen ist, als Wirklichkeit erschaue und beschreibe, kann dies nur für unwissende oder übelwollende Menschen ein Grund sein zu behaupten, daß ich schwindle.

Früher ist es keinem Menschen eingefallen, in dieser beleidigenden Weise über mich zu urteilen. Wer mich nicht begriff, der sagte höchstens, daß meine Phantasie eine sehr ausgiebige sei. Erst als die größte aller Unwahrheiten, die es über mich gibt, verbreitet wurde, nämlich die, daß ich ‚abgrundtief unsittliche Schundromane‘ geschrieben hätte, wagte man es, in einem solchen Ton mit mir zu sprechen. Diese unwahre Behauptung ging von einer Kolportagebuchhandlung aus, in deren Interesse es lag, sie zu verbreiten, um durch meinen Namen möglichst viel Geld zu verdienen. Sie fand in Herrn Cardauns, dem damaligen Hauptredakteur der ‚Kölnischen Volkszeitung‘, den Mann, der durch seine Veröffentlichungen für diese Verbreitung mehr als reichlich sorgte und es sogar unternahm, die sogenannten ‚Beweise‘ zu liefern, daß die betreffenden Unsittlichkeiten aus keiner anderen als nur aus meiner Feder stammten. Ganz selbstverständlich konnte der wahre, unanfechtbare Beweis nur durch die Vorlegung der von mir geschriebenen Originalmanuskripte geführt werden. Jeder andere Beweis konnte nur durch absichtliche Täuschung oder Selbstbetrug ermöglicht sein und mußte sich schließlich zur Spiegelfechterei gestalten./

Welche Art des Beweises nun führte Herr Cardauns? Er brachte Behauptung über Behauptung. Er führte eine ganze Reihe von ‚inneren Gründen‘ an, hinter denen sich der Mangel an wirklichen Gründen versteckte. Er sprach von Beweisen, Belegen, untrüglichen Aktenstük-

264

ken und dergleichen. Das Wiener ‚Neuigkeits-Weltblatt' weist ihm sogar die Behauptung nach, er besitze die Originalbelege dafür, daß May unzweifelhaft schuldig sei. Jedermann mußte hierauf annehmen, daß er meine Originalmanuskripte in den Händen habe, und darum glaubte man ihm, zumal die Blätter, in denen er seine Behauptungen aufstellte, mir die Aufnahme meiner Entgegnungen beharrlich verweigerten. Er machte mit seiner Selbsttäuschung Schule: andere täuschten sich mit, bis sie mit der Zeit dann ganz von selbst zur richtigen Einsicht kamen. Heute glauben nur noch wenige seinen Ausführungen. Andere akzeptieren sie aus prozessualen und ähnlichen guten Gründen. Ob Pater Expeditus Schmidt und Pater Ansgar Pöllmann, meine beiden neuesten Gegner, wirklich an ihren Cardauns glauben, das weiß ich nicht; ich kann da nur vermuten. Was sie behaupten, gilt für mich noch lange nicht als Beweis. Aber sie fußen in allem, was sie gegen mich tun, auf altem Cardaunsschem Grund und Boden und scheinen wirklich überzeugt zu sein, daß ich nächstens unter ihren und den Anschuldigungen ihrer Verbündeten zusammenbrechen werde.

Diese Verbündeten sind: die frühere Kolporteuse Frau Pauline Münchmeyer, der Rechtsanwalt dieser Frau, Dr. Gerlach in Dresden, der nun schon seit neun Jahren unausgesetzt gegen mich im Felde liegt, und endlich der wohlbekannte Herr Rudolf Lebius in Charlottenburg, der aus der christlichen Kirche / ausgetretene Sozialist, dem ich 3000 bis 6000 Mark und dann sogar 10 000 Mark geben sollte, dafür wolle er mich in seinem Blatte loben und preisen. Ich gab ihm nichts. Da ging er zu Münchmeyers über und war seitdem der unermüdlichste meiner Gegner. Ich bemerke ausdrücklich, daß auch er Herrn Advokaten Gerlach zum Anwalt hat. Und wenn ich nun hinzufüge, daß dieser Münchmeyersche Herr Gerlach zugleich auch Anwalt und Berater von Pater Expeditus Schmidt und Pater Ansgar Pöllmann ist, so ergibt sich folgendes drastische Hetzjagdbild: Ich bin vollständig eingekreist. Rund um mich stehen Herr Cardauns, Frau Kolporteuse Münchmeyer, Herr Advokat Gerlach, Pater Schmidt, Herr Lebius und Pater Pöllmann. Sie alle sind jederzeit schußbereit. Sie leugnen zwar den gegenseitigen Verkehr, geben sich aber in ihren Prozessen gegenseitig als Zeugen und Sachverständige an und helfen einander bei der Sammlung von Beweismaterial gegen mich und bei der Anfertigung von Eingaben und Schriftsätzen für das Gericht. Der Überragendste von ihnen ist aber dieser Münchmeyersche Advokat, der alles und alle dirigiert, sogar die beiden Patres. Der unschädlichste und erfreulichste aber ist Herr Cardauns, der meines Wissens niemals zu dem Eingeständnis gebracht werden konnte, daß er meine Originalmanuskripte nicht besitze, kürzlich aber in Bonn in meiner Gegenwart vor dem beauftragten Richter als Zeuge zugeben mußte, daß er sie noch nie gesehen habe.

Ob mich die Dame Münchmeyer mit Hilfe ihrer fünf weltlichen und geistlichen Genossen zur Strecke bringen wird, ist eine schon längst entschiedene Frage. Kein Kenner der Verhältnisse stellt sie mehr auf. —"/

9

Letztes Streben

Wie meine ‚Reiseerzählungen' nur Skizzen sind, so ist auch das vorliegende Werk nur Skizze. Es kann gar nichts anderes sein, weil das, was ich erzählte, noch nicht zu Ende ist und weil eine Menge mir auferzwungener Prozesse wie drohende Revolver auf mich gerichtet sind. Außerdem verhindern mich brutale Körperschmerzen, in der Weise zu schreiben, wie ich möchte. Zehn Jahre lang täglich viermal ganze Stöße von Briefen und Zeitungen erhalten, die von Gift und Hohn und Schadenfreude überfließen, das hält kein Simson und kein Herkules aus. Geist und Seele sind stark geblieben. Es hat sich in mir nicht das geringste geändert. Mein Gottvertrauen und meine Menschenliebe sind nicht ins Wanken gekommen. Aber meinen Körper, den früher so unverwüstlich scheinenden, hat es endlich doch gepackt. Er will zusammenbrechen. Seit einem Jahr ist mir der natürliche Schlaf versagt. Will ich einmal einige Stunden ruhen, so muß ich zu künstlichen Mitteln, zu Schlafpulvern greifen, die nur betäuben, nicht aber unschädlich wirken. Auch essen kann ich nicht. Täglich nur einige Bissen, zu denen meine arme, gute Frau mich zwingt. Dafür aber Schmerzen, unaufhörliche, fürchterliche Nervenschmerzen, die des Nachts / mich emporzerren und am Tage mir die Feder hundertmal aus der Hand reißen! Mir ist, als müsse ich ohne Unterlaß brüllen, um Hilfe schreien. Ich kann nicht liegen, nicht sitzen, nicht gehen und nicht stehen, und doch muß ich das alles. Ich möchte am liebsten sterben, sterben, sterben, und doch will ich das nicht und darf ich das nicht, weil meine Zeit noch nicht zu Ende ist. Ich muß meine Aufgabe lösen.

Meine Aufgabe? Ja, meine Aufgabe! Die habe ich endlich, endlich erkannt. Ich sagte bereits: Das Karl-May-Problem ist, wie das Problem jedes anderen Sterblichen, ein Menschheitsproblem im einzelnen. Aber während die meisten Menschen nur dazu berufen sind, in ihrem kleinen, engen Kreis gewisse Phasen des großen Problems darzustellen, gibt es noch andere, denen die schwere Aufgabe wird, sein Abbild zwar auch nur im Kleinen, aber doch nicht im Einzelnen, sondern im Ganzen zu liefern. Jene vielen stellen Menschheitsteile, diese wenigen aber stellen Menschheitsbilder dar. Die vielen können ihren engen Kreis sauber halten; sie sind Dutzendmenschen; sie können sogar als Mustermenschen erscheinen.

Den wenigen aber ist die Tugend und die Sünde, die Reinheit und der Schmutz der ganzen Menschheit in gleichem Verhältnis wie dieser zugeteilt; sie können berühmte Feldherren oder rohe Mörder, große Diplomaten oder berüchtigte Schwindler, segensreiche Finanzgenies oder niedrige Taschendiebe, niemals aber Mustermenschen werden. Ihnen ist nicht das wohltuende Glück der unbewußten Mittelmäßigkeit beschieden. Ist das Leben mächtiger als sie, so werden sie zwischen Tugend und Laster, zwischen Höhe und Tiefe, zwischen Jubel und Verzweiflung hin- / und hergezerrt, bis sie über den Wolken zerstäuben oder in den Schluchten zerschellen. Sind sie stärker als das Leben und sind sie im Glück geboren, so werden sie in stolzer Ruhe ihre leuchtenden Bahnen ziehen; kamen sie aber unter den Augen der Niedrigkeit, der Armut und der Not zur Welt, so werden sie zwar ihr Ziel erreichen, weil sie es erreichen müssen, aber der Widerstand, den sie zu überwinden haben, wird grausam, wird unerbittlich sein, und ehe sie, da oben angekommen, ihren Siegesruf erschallen lassen können, werden sie ermattet zusammenbrechen, um die Augen für diese Welt zu schließen.

Eigentlich sollte ein jeder wissen, zu welcher von diesen Menschenarten er gehört, oder er sollte sich doch wenigstens verpflichtet fühlen, hierüber nachzudenken. Das habe ich getan, und ich bin zu der Überzeugung gekommen, daß ich kein billiges, ungestörtes Durchschnittsglück zu beanspruchen hatte, sondern das Menschheitselend in seinen tiefsten Tiefen kennenlernen mußte, um mich ebenso beharrlich und ebenso mühevoll aus ihm emporzuarbeiten, wie die Menschheit Ströme von Schweiß und Blut und die Zeit von Jahrtausenden braucht, sich aus dem ihrigen zu erheben. Ebenso bin ich überzeugt, daß es mir beschieden war, dabei den hartnäckigen Widerstand zu finden, der sich mir auch heute noch entgegenstellt, und daß ich mich nicht über ihn beschweren darf, weil ich ihn mir ebenso selbst bereitet habe, wie die Menschheit schneller vorwärtskommen würde, wenn sie endlich aufhören wollte, sich ihren eigenen Weg mit Hindernissen zu belegen. Man sieht, daß ich keinen anderen als nur mich selbst anklage.

Habe ich in diesem Buch einmal zu hart oder scharf gesprochen, bin ich unbillig oder unfügsam gewesen, so war dies keineswegs beabsichtigt oder gewollt, sondern die immer noch nicht ganz überwundene Anima ist es gewesen, die es mir diktierte. Solange sich der Mensch im Niedrigen bewegt, und das mußte ich in dieser meiner Lebensbeschreibung doch mehr als reichlich tun, hat das Niedrige Macht über ihn. Und ich durfte nicht unwahr sein; ich mußte so schreiben, wie das Milieu es mit sich brachte. Nun ich aber zum Schluß gelange und bessere, reinere Luft zu atmen beginne, bin ich auch reiner und freier in dem, was ich schreibe, und bekomme die Kraft zurück, alles das, was mich verbittern will, zu überwinden.

Und mich zu verbittern, war mehr als genugsam Grund vorhanden. Ich spreche da nur von den letztvergangenen zehn Jahren und den Begleiterscheinungen des Münchmeyerprozesses. Dieser wurde von meinen Gegnern durch ihren Rechtsanwalt Gerlach in einer Weise geführt, die ich vorher für vollständig unmöglich hielt. Ich ahnte nicht, in wie weitgehender Weise das Gesetz in dieser Beziehung den Anwalt schützt. Wenn es gilt, den Gegner in den Augen der Richter herabzusetzen, darf er sich erlauben, was sich sonst niemand erlauben darf. Er steht unter dem Schutz des Paragraphen 193, denn er handelt im Interesse seines Klienten. // Eines Tages, als die Zeugenaussagen für die Münchmeyersche Partei nicht günstig ausgefallen waren, sagte dieser Anwalt zum Richter: „Aber es ist doch ganz unmöglich, daß ein vorbestrafter Mensch wie May den Prozeß gewinnt!" „Das haben Sie abzuwarten", antwortete ihm der Richter. Ich stand dabei

und mußte mir die Beleidigung gefallen lassen, denn das
Gesetz erlaubte sie ihm. Das ist nun fast zehn Jahre lang
so gegangen und geht noch heut in diesem Ton und dieser Weise fort. Ein sehr hochstehender Richter[1] sagte,
hierauf bezüglich, zu meinem Rechtsanwalt. „Niemals
in meiner ganzen, langen Praxis ist mir eine Sache seelisch so nahegetreten wie die von Karl May. Was muß
dieser arme, alte Mann gelitten haben!" Er hatte getrost
hinzufügen können: „Was leidet er noch, und was
wird er noch weiter leiden!" Dieser Richter kannte meine
Vorstrafen genau; er hatte die hierüber vorhandenen
Akten studiert. Ich gewann trotzdem und trotz aller
gegnerischen Schmähungen den Prozeß in sämtlichen Instanzen, gewiß ein laut sprechender Beweis, / daß der
deutsche Richter sich durch anwaltliche Invektiven nicht
beeinflussen läßt; aber ruhig anzuhören hatte ich sie doch
und habe ich sie noch heute. Und sie wirken, wenn nicht
auf das Urteil, so doch ganz bestimmt nach anderer
Seite hin. Sie verrohen den Parteiverkehr und greifen aus
dem Verhandlungszimmer hinaus in das öffentliche und
hinein sogar in das private Leben. Man wird all die beleidigenden Ausdrücke über mich, die ich hier im
Auge habe, schon in den Zeitungen gelesen haben und
ihnen ebenso auch im Privatverkehr begegnet sein. Das
ist die notwendige Folge der Freiheiten, die jeder übelwollende, rücksichtslose Rechtsanwalt sich nehmen darf,
wenn er einsieht, daß die Roheit ihn weiter führt als
die Humanität. Er schreibt diese Roheiten in seine Schrift-
sätze und lanciert sie von da als beweiskräftiges Aktenmaterial hinaus in die Zeitungen. Oder er schickt sie
zuerst in die Zeitungen und legt sie dann in gedruckter
Form dem Gericht als Beweis vor, ohne zu sagen, daß
sie von ihm stammen. Stehen einem derartigen Anwalt
einige gleichgesinnte, von ihm gewonnene Blätter oder
Blättchen zur Seite, so ist es ihm ein leichtes, eine jede

1 Oberlandesgerichtsrat Geheimrat Dr. Mayer in Dresden.

Existenz, und stehe sie noch so fest, in kurzer Zeit zu erschüttern oder wohl gar zu vernichten. ‚In den Zeitungen von ganz Deutschland kaputtmachen', nennt man das. Und das Gesetz begünstigt dieses Treiben!//

Dem steht selbst der rechtlichste und humanste Richter machtlos gegenüber, und das war es, woran ich dachte, als ich weiter oben sagte, daß ich meine Aufgabe endlich, endlich erkannt habe. Ich bin vor nun vierzig und fünfzig Jahren unfreiwillig dahinunter gestiegen, wo die Verachteten wohnen, denen es so schwer gemacht wird, sich die ihnen geraubte Achtung / zurückzuerwerben. Ich habe sie kennengelernt, und ich weiß, daß sie nicht weniger sind als alle jene, die nur deshalb niemals stürzten, weil sie entweder niemals hoch standen oder nicht die nötige innere Freiheit besaßen, stürzen zu können. Ich will wieder zu ihnen hinab, jetzt als fast Siebzigjähriger, nicht gezwungen, sondern aus freiem Willen, aus eigenem Entschluß. Ich will ihnen sagen, was ihnen noch niemand zu sagen wagte, nämlich daß ihnen niemand helfen kann, wenn sie sich nicht selbst zu helfen wissen. Daß sie verloren sind, außer sie retten sich durch eigene Kraft. Durch engsten Zusammenschluß unter sich selbst. Ich will ihnen mein Beispiel vorhalten, mein Leben und mein Streben. Will ihnen zeigen, was aller gute Wille und alle Mühe fruchtet, wenn bei andern dieser gute Wille fehlt. Ihnen zeigen, daß ein einziger unfairer Rechtsanwalt oder dieser eine, einzige Paragraph 193 genügt, selbst die schönsten und die besten Erfolge der Willensstärke, der christlichen Liebe und der Humanität mit einem Schlag zunichte zu machen. Ich will ihnen sagen, daß es eine Sünde von der Menschheit ist, ihre Mitschuld an der Schuld der Schuldigen zu verbergen. Daß es aber auch von diesen ein Fehler ist zu verheimlichen, daß sie einst schuldig waren. Unser Leben, mein Leben, ihr Leben soll frei vor Gottes Auge liegen, besonders aber auch frei vor unserem eigenen Auge. Dann zürnen wir nicht, und dann grollen wir nicht. Denn dann sehen wir ein, warum wir fallen konnten: Wir fielen durch uns selbst. Und sehen wir das ein, so können wir uns selbst verzeihen, und wer sich selbst verzeihen darf, dem wird verziehen werden. Weg also mit der falschen Scham, und heraus mit der Offenheit! Nur das Geheimnis, in das wir uns hüllen, gibt jenem Paragraphen und jedem gewissenlosen/ Menschen die Macht, sich höher und besser zu dünken als wir und doch unser — Henker zu sein!

Es sind nur Andeutungen, die ich hier gebe. Wie alles Bisherige, so kann auch dieses einstweilen nur Skizze sein. Aber ich fühle das Bedürfnis, das, was andere Böses an mir taten, für meine Mitmenschen in Gutes zu verwandeln. Ich werde es denjenigen, die gleiches Schicksal wie ich hatten, ermöglichen, aus der unmenschlichen Hetze gegen mich diejenigen Schlüsse zu ziehen, die ihnen heilsam sind. Was nützt alle sogenannte ‚Gerechtigkeit‘, alle sogenannte ‚Milde des Gerichts‘, alle sogenannte ‚Humanisierung des Strafvollzugs‘, alle sogenannte ‚Fürsorge für entlassene Strafgefangene‘, wenn es nur eines einzigen spitzfindigen Anwalts oder eines einzigen, fragwürdigen Paragraphen bedarf, um all das Gute, das aus diesen Bestrebungen erwuchs, in einem einzigen Augenblick zu vernichten? Wie kann man von dem Gefallenen verlangen, daß er wieder aufstehe und sich bessere, wenn man es unterläßt, auch die Verhältnisse, in die man ihn zurückversetzt, zu verbessern? Ist es eine Ermunterung für ihn zu wissen, daß er trotz aller Besserung doch, solange er lebt, der Geächtete, der Unterdrückte, der Rechtlose bleiben muß und bleiben wird, weil er gezwungen ist, zu allem zu schweigen und sich alles gefallen zu lassen? Denn falls er das nicht tut, ist er verloren. Wenn er hingeht, um gegen alle, die ihn beleidigen, bestehlen und betrügen, sein gutes Recht zu suchen, schleppt man seine alten Akten herbei und stellt ihn an den Pranger. Ich erinnere daran, daß ich von einem Dresdener Staatsanwalt sogar aus nur rein ‚wissenschaftlichen' Gründen an diesen Pranger genagelt worden bin, bei lebendigem Leibe! Er konnte nicht einmal meinen Tod abwarten und behauptete, durch einen/ Gesetzesparagraphen zu dieser Vivisektion berechtigt worden zu sein. Da schaut man denen, die von Humanität sprechen, ganz unwillkürlich ins Gesicht, ob sich da nicht etwa ein sardonisches Lächeln zeigt, das verrät, wie es eigentlich steht. Und da fühlt man mit den Hunderttausenden, die hierunter leiden, das brennende Bedürfnis, einmal alle die Paragraphen, an denen der gute Wille der Menschheit scheitert, an das Tageslicht zu ziehen und dahin zu stellen, wo sie stehen müssen, um durchschaut zu werden —: vor die Öffentlichkeit, vor den Reichstag!

Hier liegt der Punkt, an dem meine Aufgabe anzusetzen hat. Es hat schon einige gegeben, die als ‚entlassene Gefangene' ihre Erfahrungen niedergeschrieben haben; aber was man da erfuhr, das war so unbedeutend, daß es der Allgemeinheit keinen Nutzen bringen konnte. Hier genügt es nicht, kleine Menschengeschicke zu zeigen, sondern schwere, gewichtige Menschenschicksale, die, auch im klassischen Sinn, wirkliche Schicksale sind Und das meinige ist ein solches. Ich fühle mich verpflichtet, und meine Aufgabe ist, es in den Dienst der Humanität zu stellen. Wie ich mir das denke, das wird man, hoffe ich, aus meinem zweiten Band ersehen.

Es gehörte zu dieser meiner Aufgabe, daß die Öffentlichkeit sich nicht nur mit dem Schriftsteller Karl May, sondern auch mit dem Menschen May befaßte und daß alles, was dem letzteren vorzuwerfen war, bis auf den letzten Tropfen ausgeschöpft werden mußte. Das eine war berechtigte Kritik; das andere war Henker-, Schinder- und Kafillerarbeit, die ich über mich ergehen lassen mußte, ohne mich durch das mir abgeforderte Geld von dieser Qual und Marter zu befreien. Das war die Geisterschmiede meines Märchens, in der man auf mich / losschlug, daß die Funken durch alle Zeitungen flogen. Sie fliegen sogar noch heut. Doch wird bald Ruhe werden. Die Zeit des Hammers ist vorüber; es kommt nur noch die Feile, und dann ist es gut. Daß all das Leid, welches über mich kam, auch meine andere, die schriftstellerische Aufgabe, beeinflussen mußte, versteht sich ganz von selbst. Auch da gab es Schlacken, und zwar mehr als genug. Auch sie mußten herunter. Es flog der Ruß, der Schmutz, der Staub, der Hammerschlag. Noch liegt das alles um mich her, doch nun wird ausgeräumt, damit das reine, edle Werk beginne.

Es war überhaupt ein großes, ein schweres und ein höchst schmerzhaftes Auf- und Ausräumen. Nicht nur in meinem Innern, sondern auch in meinem Äußern, in meiner Arbeit, meinem Beruf, meinem Haus, meiner Ehe. Alles, was mich in die Schmiede und dem Schmerz in die Arme getrieben hatte, mußte weichen. An seine Stelle trat, was rein und ehrlich war und mit nach oben strebte, aus Ardistan nach Dschinnistan, dem Land der Edelmenschen. Das gab eine Scheidung von Gut und Böse, die nur unter Kämpfen und Opfern ausgeführt werden konnte. Nun ist sie vollzogen. Die Wetter gingen vorüber. Zwar rauscht noch hier oder da ein trübes Wasser, irgendein Beleidigungsprozeß, eine Staatsanwaltschaftsanzeige, doch auch das geht bald vorbei, und dann wird Ruhe und Friede um mich sein, so daß ich endlich, endlich Zeit und Raum und Stimmung gewinne, an mein eigentliches, an mein einziges und letztes ‚Werk' zu gehen.//

Ich habe die grausame Hetze der letzten zehn Jahre ertragen, ohne mich zur Selbsthilfe reizen zu lassen, weil ich keinen Augenblick lang an Gott und seiner Liebe zu zweifeln vermag und weil mir in dieser überschweren Zeit ein Wesen zur Seite gestanden hat, dessen tapfere, hochstrebende Seele mich wie auf Engelsflügeln über alles Leid erhob, dem ich verfallen sollte, nämlich meine jetzige Frau. Wenn man berechtigt gewesen ist, Bücher über das Thema ‚Die Bestie im Weibe‘ zu schreiben, so könnte ich mich wohl verpflichtet fühlen, demgegenüber ein Buch zu veröffentlichen, das den Titel ‚Der Himmel im Weibe‘ führt.

Mit einer solchen Frau an der Seite, die mir eine / Quelle alles menschlich Reinen, menschlich Edlen und menschlich Ewigen ist, läßt sich in Beziehung auf das Erdenleid alles ertragen und in Beziehung auf die noch vor mir liegende Arbeit alles leisten, was menschenmöglich ist. Ich bin nicht mehr so fürchterlich allein. Ich habe nicht mehr immer nur aus mir selbst herauszuschöpfen, sondern es hat sich mir ein köstlich reiches seelisches Leben zugesellt, durch dessen Einfluß sich alles, was in mir zum guten Ziele führt, verdoppelt. Körperlich schwer leidend, bin ich geistig frisch und seelisch wenigstens ebenso vertrauensvoll wie in der Jugendzeit. Ich bin nicht töricht genug, mir zu verheimlichen, daß man mich als einen Ausgestoßenen betrachtet, ausgestoßen aus Kirche, Gesellschaft und Literatur. Der eine schlägt auf mich los, weil er mich für einen verkappten Katholiken oder gar Jesuiten hält; der andere greift zum Prügel, weil er meint, ich sei noch immer heimlich Protestant. Würden diese beiden es wohl fertigbringen, sich immer grad nur zu denen zu bekennen, von denen sie die meisten Prügel bekommen? Daß man mich als gesellschaftlich tot betrachtet, rührt mich nicht. Ich habe nicht den geringsten Grund, partout zu der Gesellschaft gehören zu wollen, die ich in meiner Leidenszeit gezwungen war kennenzulernen. Übrigens haben wir beide alten Leute, meine Herzensfrau und ich, in Beziehung auf das Innenleben aneinander so vollauf genug, daß wir es gar nicht fertigbringen, uns nach ‚Gesellschaft‘ zu sehnen. Und was meine literarische Ausstoßung betrifft, so kann ich mich auch mit ihr zufrieden geben. Den Weg, auf dem ich mich befinde, ist noch kein anderer gegangen; ich wäre

also auch ohne den Haß, den man auf mich richtet, gezwungen, ein Einsamer zu sein. Auch bin ich überzeugt,
daß später, wenn man mich und das, was ich / will, erst
richtig kennengelernt hat, sich manche, vielleicht sogar
viele vom großen Haufen absondern werden, um sich
mir zuzugesellen. Alte Wege können höchstens zu alten,
toten Schätzen führen. Wer aber nach neuen, lebendigen
Schätzen sucht, der soll auch neue, nicht alte Wege gehen.
Und der meinige ist neu! Das Schicksal meiner bisherigen
Arbeiten wird nur durch ihren Wert oder Unwert bestimmt, durch nichts anderes. Taugen sie etwas, so werden sie bleiben, ganz gleich, ob man sie gegenwärtig lobt
oder tadelt. Taugen sie nichts, so werden sie verschwinden, ganz gleich, ob man sie jetzt verwirft oder nicht.
Und, was die Hauptsache ist, derjenige, der über ihren
Wert oder Unwert bestimmt, bin nur ich allein. Keiner
meiner Gegner, und sei er literarisch noch so mächtig und
einflußreich, kann auch nur den geringsten Einfluß darauf
haben. Das klingt stolz und prahlerisch, ist aber wahr.
Diese Werke sind Skizzensammlungen, sind Vorübungen, sind Vorbereitungen auf Späteres. Gelingt mir dieses Spätere, so ist alles, durch was ich mich darauf vor-
bereitete, gerechtfertigt, mag man jetzt darüber denken
und schreiben, wie oder was man will.//

   Am Schluß dieser meiner Lebenserinnerungen komme
ich auf den Anfang zurück, auf mein altes, liebes Mär-
·chen von Sitara, von dem ich ausgegangen bin. Nicht
lange Zeit mehr, so wird man dieses Märchen als Wahrheit
kennenlernen, und zwar als die greifbarste, die es gibt.
Es ist die Aufgabe des begonnenen, gegenwärtigen Jahrhunderts, unsere ungeübten Augen für die große, er-
habene Symbolik des alltäglichen Lebens zu schärfen und
uns zu der be/glückenden und erhebenden Erkenntnis
zu bringen, daß es höhere und unbestreitbarere Wirklichkeiten gibt als die, mit denen der Werk- und Wochen-
tag uns beschäftigt. Die Skizzen, die ich zeichnete und

veröffentlichte, sollen der Vorbereitung zu dieser Erkenntnis dienen. Darum sind sie symbolisch geschrieben und, um verstanden zu werden, nur bildlich zu nehmen. Der Leser hat sich einfach aus seiner Alltagswelt in meine Sonntagswelt zu versetzen, und das ist doch wohl auch nicht schwerer, als Sonntags seine Werkelstube zu verlassen, um bei Glockenklang in die Kirche zu gehen.

Wie dieser Kirchgang vom irdischen Druck befreit, so will ich durch meine Erzählungen das Innere meiner Leser vom äußeren Druck befreien. Sie sollen Glocken klingen hören. Sie sollen empfinden und erleben, wie es einem Gefangenen zumute ist, vor dem die Schlösser klirren, weil der Tag gekommen ist, an dem man ihn entläßt. So leicht es ist, diese Gefangenschaft bildlich zu nehmen, so leicht ist es auch, meine Bücher zu verstehen und ihren Inhalt zu begreifen. Ich will, daß meine Leser das Leben nicht länger als ein nur materielles Dasein betrachten. Diese Anschauung ist für sie ein Gefängnis, über dessen Mauern sie nicht hinaus in das von der Sonne beschienene freie, weite Land zu schauen ver/mögen. Sie sind Gefangene, ich aber will sie befreien. Und indem ich sie zu befreien trachte, befreie ich mich selbst, denn auch ich bin nicht frei, sondern gefangen, seit langer, langer Zeit. Damals, als ich mich im Gefängnis befand, da war ich frei. Da lebte ich im Schutz der Mauern. Da meinte es ein jeder gut und ehrlich, der zu mir in die Zelle trat. Da durfte mich niemand berühren. Da war es keinem erlaubt, den Werdegang meines inneren Menschen zu stören. Kein Schurke hatte Macht über mich. Was ich besaß und was ich erwarb, das war mein sicheres, unantastbares Eigentum, bis ich — entlassen wurde, länger nicht! Denn mit dieser Entlassung verlor ich meine Freiheit und meine Menschenrechte. Was andere, die nur materiell zu reden wissen, als Freiheit bezeichnen, das ist für mich ein Gefängnis, ein Arbeitshaus, ein Zuchthaus gewesen, in dem ich nun schon sechsunddreißig Jahre lang geschmachtet habe, ohne, außer meiner jetzigen Frau, einen einzigen Menschen zu finden, mit dem ich hätte sprechen können wie damals mit dem unvergeßlichen katholischen Katecheten. Ich lebte und arbeitete nicht für mich, sondern nur für andere. Was ich erwarb, um das wurde ich betrogen. Was ich mir sparte, das stahl man mir. Ein jeder durfte mit mir machen, was ihm beliebte, denn überall fand er einen Anwalt, der seine Sache führte. Ein jeder durfte mich verdächtigen, mich beleidigen, auf mich einschlagen, denn überall gab es einen Paragraphen, der ihn schützte. Ich mußte um meines Eigentums willen sechs Jahre lang prozessieren, und als ich den Prozeß gewonnen hatte, bekam ich noch lange nichts. Nun prozessiere ich schon fast zehn Jahre lang und habe noch immer kein Resultat. Das Gesetz will / es nicht anders. Inzwischen aber bin ich wie ein Züchtling gewesen, den jeder stäupen, quälen und martern darf, wie es ihm beliebt, wenn es ihm nur gelingt, sich mit einem jener Paragraphen zu bewaffnen, die das Ideal aller ,schneidigen' Anwälte sind. Jawohl, ich bin Gefangener, Zuchthäusler, noch immer! Ein Dutzend Prozesse haben mich festgehalten, damit ich ja nicht entweichen könne, und jeder, der Geld von mir wollte, aber keines bekam, hat sich als Zuchtmeister gebärdet und auf mich eingeschlagen. Ich habe das Beste aller derer, für die ich schreibe, gewollt, ihr inneres und äußeres Heil, ihr gegenwärtiges und ihr zukünftiges Glück. Was gab man mir für diesen meinen guten Willen? Verachtung, Spott und Hohn! Als ich Zuchthäusler war, da war ich keiner. Und nun ich aber keiner bin, da bin ich einer. Warum?

Und ihr lacht darüber, daß ich bildlich schreibe? Ist für uns, die wir die Allerärmsten sind, nicht selbst die Hölle und das Fegefeuer bildlich? Wo gibt es die Hölle wenn nicht bei euch? Und wo gibt es das Fegefeuer, wenn nicht bei uns? Dieses Fegefeuer meine ich, wenn ich symbolisch von meiner ,Geisterschmiede' erzähle, deren fürchterliche Zeit ich heut oder morgen überwunden haben werde. Ich zürne euch nicht, denn ich weiß, es mußte so sein. Es war meine Aufgabe, alles Schwere zu tragen und alles Bittere durchzukosten, was es hier zu tragen und durchzukosten gibt; ich habe das nun in meiner Arbeit zu verwenden. Ich bin nicht verbittert, denn ich kenne meine Schuld. Und was andere gezwungen an mir taten, das trage ich nicht nach. Ich bitte nur um das eine: Laßt mir endlich, endlich Zeit, mit dieser meiner Arbeit zu beginnen!/

———————

Nach meines Lebens schwerem Arbeitstag
    soll Feierabend sein im heilgen Alter.
Und was ich hier vielleicht noch schauen mag,
    das sing ich euch zur Harfe und zum Psalter.
Ich habe nicht für mich bei euch gelebt;
    ich gab euch alles, was mir Gott beschieden.
Und wenn ihr mir nun Haß für Liebe gebt,
    so bin ich auch mit solchem Dank zufrieden.

Nach meines Lebens schwerem Leidenstag
    leg allen Gram ich nun in Gottes Hände.
Und was mich hier vielleicht noch treffen mag,
    das führe er in mir zum frohen Ende.
Ich hab die Schuld, die ihr auf mich gelegt,
    gewißlich nicht allein für mich getragen,
doch was dafür sich irdisch in mir regt,
    das will ich gern nur noch dem Himmel sagen.

Nach meines Lebens schwerem Prüfungstag
    wird nun wohl bald des Meisters Spruch erklingen,
doch, wie auch die Entscheidung fallen mag,
    sie kann mir nichts als nur Erlösung bringen.
Ich juble auf. Des Kerkers Schloß erklirrt;
    ich werde endlich, endlich nun entlassen.
Ade! Und wer sich weiter in mir irrt,
    der mag getrost mich auch noch weiter hassen!

Die vorliegende Selbstbiographie Karl Mays wurde 1909 begonnen und Ende 1910 abgeschlossen. Der Hauptanlaß, der den Dichter zu dieser Selbstdarstellung bewog, war die seit der Jahrhundertwende stetig angewachsene Pressehetze, die sich im Lauf der Jahre immer mehr vom Sachlichen aufs Persönliche verlagerte und schließlich zur gesellschaftlichen Achtung des ‚Vorbestraften' führte. Die Verleumdungen, die von raffinierten Gegnern in ganz Deutschland über ihn verbreitet wurden, veranlaßten den Dichter, die wahre Geschichte seines Lebens der Öffentlichkeit zu übergeben; er erhoffte sich davon eine endlich gerechte Beurteilung. Welche Selbstpeinigung und Qual es für den 68jährigen Mann bedeuten mußte, alle Schatten der Vergangenheit noch einmal lebendig werden zu lassen und jene überwundene Zeit der Schuld noch einmal zu erleben, davon kann man sich wohl unschwer einen Begriff machen. Schon der von Karl May ursprünglich geplante Titel ‚Am Marterpfahl und Pranger' weist auf die schmerzvolle Intensität dieses zweiten Erlebens hin. Später gewann der Dichter größeren Abstand zur eigenen Schöpfung: von dem zwischenzeitlich erwogenen Titel ‚Das Karl-May-Problem von Karl May' über ‚Karl May von Karl May' gelangte er dann zu der innerlich geklärten und ruhigen Überschrift ‚Mein Leben und Streben'.

Nachdem so die ersten sieben Kapitel als ein von jeglichen Tagesproblemen isoliertes Dokument entstanden waren, trat ein Ereignis ein, das den Dichter aus der mit unendlicher Anstrengung wiedererworbenen und voll Angst gehüteten Ruhe seiner inneren Welt herausriß, ein Ereignis, das schuld war an dem nun rasch einsetzenden Verfall seiner Widerstandskräfte und dann zu einem unerwartet schnellen Verlöschen führte: Sein Hauptgegner Lebius, von dem weiter unten noch die Rede sein wird, veröffentlichte — mit gehässiger Raffinesse kommentiert — das gesamte Aktenmaterial über Karl Mays Vorstrafen, seine Ehescheidung und die seither geführten Beleidigungsprozesse in einer Broschüre ‚Die Zeugen Karl May und Klara May' (Berlin-Charlottenburg 1910). Der Schmutz, der dem alten Mann hier in breitester Öffentlichkeit ins Gesicht geschleudert wurde, war geeignet, den letzten Rest seines Ansehens zu vernichten. Karl May ergriff zwar sofort die notwendigen Maßnahmen zu seiner Verteidigung, aber diese konnten die Wirkung der Lebius-Veröffentlichung nur schwächen, nicht ungeschehen machen. Der Tatbestand der Beleidigung und Verleumdung war eindeutig gegeben; daher wurde sofort eine einstweilige Verfügung gegen die Schrift erlassen, die bald darauf in dauerndes Verbot umgewandelt wurde: alle erreichbaren Exemplare wurden vernichtet.

Karl May selbst fühlte sich gezwungen, auf die öffentliche Beschimpfung ebenfalls öffentlich zu antworten. So schrieb er — noch unter dem furchtbaren Eindruck dieses Ereignisses — das 8. Kapitel seiner Selbstbiographie ('Meine Prozesse'). Dieses Kapitel ist literarisch gesehen ein bedauerlicher Mißklang in der Gesamtkomposition: es besteht zum größten Teil aus der Wiedergabe eines Schriftsatzes an die vierte Strafkammer des Königlichen Landgerichts III in Berlin, der im Rahmen einer Selbstbiographie schon durch seine juristisch-sachliche Anlage als Fremdkörper wirkt. Es enthält in der Urfassung zahlreiche unmittelbare Angriffe gegen Lebius und verliert sich in nebelhafte Tagespolemik. Das hatte zur Folge, daß auch Lebius den Vorwand für eine einstweilige Verfügung fand: Auch Karl Mays Selbstbiographie durfte nicht weiter ausgeliefert werden. Erst kurz nach des Dichters Tode (1912) erfolgte eine Neuausgabe durch Frau Klara May unter Ausschaltung aller von Lebius inkriminierten Stellen (etwa 40 Druckseiten des 8. Kapitels). Bei der dritten Auflage, herausgegeben von Dr E. A. Schmid, wurde dieses Kapitel noch weiter gekürzt, um das Aufleben alter Streitigkeiten auf jeden Fall zu vermeiden. In dieser Fassung erschien 'Mein Leben und Streben' dann in dem 1916 geschaffenen Nachlaßband 34 der Gesammelten Werke Mays ('ICH') bis zur 20. Auflage 1942.

Heute ist das Persönliche des alten Streites vergessen. Aus diesem Grund greift die vorliegende Textfassung der Selbstbiographie wieder weitestgehend auf die Urausgabe zurück, wobei nach sorgfältiger Überlegung auch aus dem vielumstrittenen 8. Kapitel wieder alle jene Stellen Aufnahme fanden, die als allgemeine Charakterisierungen nicht angreifbar sind. So lernt der Leser das einzigartige Dokument dieser Selbstbiographie so kennen, wie Karl May es niederschrieb, mit allen Schwächen, die vielleicht in den Polemiken des in die Abwehr gedrängten greisen Schriftstellers sichtbar werden.

Zwei Einschaltungen, die ebenfalls nur zu Sachfragen der Tagespolemik Stellung nehmen, wurden aus dem Text gelöst und folgen gesondert im Anschluß an dieses Nachwort.

Wenn nun noch ein Schlußwort über die Hauptgegner zu sagen übrigbleibt, so soll dies in der knappsten und kürzesten Form geschehen. Die Zeit hat ihr unbestechliches Urteil bereits gesprochen: jene sind verschwunden, Mays Name aber ist geblieben und wird weiter bleiben.

Rudolf Lebius (1868—1946), machte als Journalist um die Jahrhundertwende eine gewisse Karriere und betätigte sich schriftstellerisch; seine Arbeiten nahmen ausschließlich zu realen Tagesproblemen Stellung (er war Mitglied der damals umstrittenen Sozialdemokratie, später dann der sogenannten ‚gelben Gewerkschaften‘). Begabung ist ihm nicht abzusprechen: er stellte sich in vielen Dingen als geistvoller und scharf-intellektueller Kopf heraus. Lebius stand anfänglich Mays Schaffen mit Sympathie und Bewunderung gegenüber, machte dann dem Dichter das Angebot, für ihn gegen ein ‚Honorar‘ von 10 000 Mark die Werbetrommel zu rühren, und wurde ein erbitterter Gegner, als May diese Art von Reklame rundweg ablehnte. Seine nun folgenden May-Artikel strotzten von Beleidigungen und Verleumdungen, hinderten ihn aber nicht, zwischendurch immer wieder bei dem Dichter anzufragen, ob er sich nicht anders besonnen hätte — eine Haltung, die im Gesetz in ganz bestimmter Weise gekennzeichnet wird. May klagte nun gegen Lebius, und aus diesem Prozeß entspann sich ein erbitterter, acht Jahre dauernder Kampf, in dem es Lebius gelang, das Ansehen des vorher allgemein verehrten Schriftstellers zu untergraben. Der Höhepunkt dieser Angriffe war die oben erwähnte Veröffentlichung des gesamten Aktenmaterials über Karl May durch Lebius —, eine Methode öffentlicher Hinrichtung, die in der ganzen Literaturgeschichte wohl ihresgleichen sucht. Nach des Dichters Tode verschwand Lebius aus der Öffentlichkeit; 1946 starb er als Steuerberater in Berlin.

Hermann Cardauns (1847—1925), Chefredakteur der ‚Kölnischen Volkszeitung‘, stand Karl May anfangs ebenfalls wohlwollend gegenüber. Seine Artikel etwa aus dem Jahr 1892 sind ausschließlich positiv gehalten und zeigen, daß Cardauns unverächtliche Eigenschaften als Mensch und Kritiker besaß. Seine vorurteilslose und weitblickende Behandlung kritischer Tagesfragen erwies ihn als einen beachtlichen Gelehrten. Das änderte sich jedoch leider. Als um die Jahrhundertwende der Streit um die Münchmeyer-Romane einsetzte, war Cardauns einer der ersten, die die öffentliche Entrüstung repräsentieren wollten. Und hier zeigt er sich von einer ungünstigen Seite: als ein beachtlicher Dialektiker zwar, aber als ein recht kleiner Mensch, der weder zu verstehen versuchte, noch verzeihen wollte. Der Darstellung Karl Mays ist in diesem Sinne nichts hinzuzufügen; aber auch andere Zeitgenossen empfanden, daß er als literarischer Sittenrichter eine unglückliche Figur machte. Nach Mays Tod schwieg er und trat nur im Jahre 1917 — er hatte sich unterdessen ins Privatleben zurückgezogen — dann noch einmal mit einem Aufsatz über May hervor, der sehr gemäßigt ist und eine gewisse Sinnesänderung erkennen läßt. Hierzu sei im Auszug ein Bericht über einen Besuch bei Cardauns wiedergegeben, den Dr. E. A. Schmid im Karl-May-Jahrbuch 1926 veröffentlichte:

„Jahrelang hatte ich mich mit dem Gedanken getragen, gelegentlich eine persönliche Aussprache mit diesem sachlichsten und anständigsten aller May-Gegner herbeizuführen. Der Weltkrieg und die Nachkriegswirren ließen mich diese Absicht immer wieder vertagen, und erst am 4. Mai 1925 hatte ich Gelegenheit, den damals 78jährigen Cardauns in Bonn zu besuchen. Er war überrascht und anfänglich etwas verlegen, doch nahm die Besprechung, mit der ich übrigens keinerlei literarische Ziele verfolgte, einen guten Fortgang und Ausklang ... Cardauns hat bei dieser Aussprache seine frühere Meinung nicht verlassen, täuschte sich aber nicht über den Wiederaufstieg von Karl Mays Schöpfungen und zeigte sich zu einer gewissen Versöhnlichkeit geneigt ... Auf meine Frage, ob ihm, dem damals schon sehr schwer herzkranken Mann mein Besuch unwillkommen gewesen sei, erwiderte er: ‚O nein, durchaus nicht, die Unterhaltung war mir sogar sehr wertvoll.' — ‚So darf ich wieder zu Ihnen kommen, falls mich mein Weg abermals nach Bonn führt?' — Wenn Sie wiederkommen, betreten Sie das Haus eines Toten!' — Am 14. Juni 1925 ist Hermann Cardauns gestorben ..."

Die letzte und vielleicht zwielichtigste Gestalt unter den Hauptgegnern ist Rechtsanwalt *Oskar Gerlach (gest. 1939).* Karl May erkannte richtig, daß dieser Mann der führende Kopf der Gegnerschar war; tatsächlich hat wohl nichts dem Dichter so geschadet wie die überlegene Prozeßtechnik dieses Anwalts. Der ganze Streit ging ja zuletzt überhaupt nicht mehr um Recht oder Unrecht, sondern nur noch um Sieg oder Niederlage der Parteien; und in diesem Sinne war Gerlach ein gefährlicher Gegner, der zumindest taktisch dem Dichter und seinen Anwälten überlegen war. Das alles läßt sich aus Mays knapper Darstellung unschwer erkennen. Aber diese Darstellung bedarf einer — nicht unwichtigen — Ergänzung. Gerlach prozessierte insgesamt elf Jahre lang mit May und kannte Stärken und Schwächen seines Gegners genauer als jeder andere. May, der, um sich zu rechtfertigen, alles auf die Spitze der gerichtlichen Entscheidung trieb und in diesem ohnehin starren Prozeßwillen von einem befreundeten Anwalt gefährlich bestärkt wurde, sah anfangs nicht ein, daß eventuelle Prozeßerfolge in gar keinem Verhältnis standen zu den Schädigungen, die sein Ansehen durch das Bekanntwerden des gegnerischen Materials in der Öffentlichkeit erlitt. Später, als er dies erkannte, war es bereits zu spät: er fand sich aus dem Dschungel der Prozesse nicht mehr heraus. Gerlach aber wußte dies von Anfang an und suchte, um seiner Partei die definitive Niederlage zu ersparen, durch die Nennung der Vorstrafen den Dichter zurückzuschrecken, um ihn zum Einlenken zu bewegen. Gewiß eine recht anfechtbare Methode, aber — vielleicht — aus ehrlichem und gutem Wollen entstanden. Dies sollte sich später bestätigen. Oskar Gerlach wurde nach dem Tode des Dichters dessen überzeugter Anhänger und Verteidiger. Auch auf ihn war während der langen Jahre der Zauber, den Karl Mays Persönlichkeit ausstrahlte, nicht ohne Eindruck geblieben, und so führte — leider zu spät — vorurteilsfreies Prüfen zu Erkenntnis und Verstehen. So bleibt als letztes von einem furchtbaren Kampf die schöne Geste der Versöhnung. Oskar Gerlach schrieb am 5. 4. 1912 — zwei Tage nach Karl Mays Beisetzung — ein Gedicht, das hier als Abschluß der ‚gegnerischen Stimmen‘ folgen möge:

AN DEN TOTEN KARL MAY

Wie stürmt der Lenz! Doch unter Blumen still
schläfst du und lachst ob all der Lebensschauer.
Ich will nicht stören, nein, teilnehmen will
ich nur von fern an deiner Freunde Trauer.

Du tatst mir weh, tatst mir oft Unrecht gar;
ich kann verzeihn, vergessen sei's auf immer!
Dein Scharfblick war dies einz'ge Mal nicht klar:
Mein wahres Ich erkanntest du wohl nimmer.

Stets rein aus P f l i c h t war ich dein Widersach
— denn krankhaft falsch war all dein Prozessieren —,
doch schlug mein H e r z dir heimlich hundertfach:
Auf Wiedersehn in himmlischen Revieren!

(Karfreitag 1912)   Oskar Gerlach

Anhang[1]

1

Was die ‚Obszönitäten‘ und den Nachweis betrifft, daß sie nicht von mir stammen, so habe ich diesen Gegenstand im nächsten Kapitel zu behandeln, doch sei hier eine mir notwendig erscheinende Bemerkung vorausgeschickt. Nämlich nicht ich habe zu beweisen, daß diese unsittlichen Stellen nicht von mir stammen, sondern man hat mir zu beweisen, daß ich ihr Verfasser bin. Das ist so selbstverständlich wie richtig. Es wird keinem jetzigen Richter einfallen, mich in die Zeit der Daumenschrauben und der spanischen Jungfrau zurückzuschleppen, in welcher der Ankläger keinen Beweis zu erbringen hat, wohl aber der Angeschuldigte gezwungen war nachzuweisen, daß er unschuldig sei. Das konnte nicht anders als in den meisten Fällen unmöglich sein. Man hat mich aus prozessualen Gründen fälschlicherweise beschuldigt, für Münchmeyer das ‚Buch der Liebe‘ geschrieben zu haben. Wie kann ich beweisen, daß dies unwahr ist? Gesetzt den Fall, es wäre dem Münchmeyerschen Rechtsanwalt der wahnsinnige Gedanke gekommen, vor Gericht zu behaupten, daß Peter Rosegger den berüchtigten ‚Venustempel‘ geschrieben habe: würde Rosegger den Beweis antreten, daß dies eine Lüge sei? Oder würde er sagen, daß man die Wahrheit dieser Behauptung ihm zu beweisen habe? Ich bin überzeugt, das letztere. Und so tue auch ich. Ich verlange die Vorlegung meiner Originalmanuskripte. Einen andern Beweis kann es nicht geben.

Was nun die von Peter Rosegger erwähnten Plagiate betrifft, so hat es mit ihnen folgende Bewandtnis: / Der Benediktinermönch Pater Pöllmann hat eine Reihe von

---

[1] vgl. die Fußnote auf S. 232. Der mit ‚1‘ bezeichnete Komplex folgte em Text von S. 232 dieser Ausgabe, Komplex ‚2‘ bildete das Kapitelende n Anschluß an S. 235.

Artikeln gegen mich und meine Werke geschrieben[1] und ihnen die Drohung vorangeschickt, daß er mir mit ihnen einen Strick drehen werde, um mich aus dem Tempel der deutschen Kunst hinauszupeitschen. Er hat sich da des richtigen Bildes bedient, denn jede seiner Behauptungen, mit denen er mich hierauf überschüttete, war nichts weiter als ein Peitschenknall, spitz, scharf, hart, lieblos und tierquälerisch, darum die Leser empörend und ohne Wirkung in die Luft verklatschend. Ein leerer Knall mit der Knabenpeitsche war es auch, als er mich des Plagiats bezichtigte und sich erfolglose Mühe gab, die Wahrheit seiner Behauptung zu beweisen. Er sprach da wie ein Unwissender und konnte darum auch weiter nichts als die wohlbekannte Wirkung der Unwissenheit erreichen. Die ‚Grazer Tagespost' schreibt hierüber:

> „Pater Pöllmann, ein bekannter Herr, der sich unlängst in echt christlicher Demut selbst das schmückende Beiwort eines ‚anerkannten Kritikers' beilegte, hat die moralische Niederlage, die er in seiner Schimpfschlacht gegen den Reiseschriftsteller Karl May erlitt, sehr bald vergessen, denn er nahm erst kürzlich den Mund wieder voll usw. usw."

Ich hatte nämlich in einigen meiner allerersten, ältesten Reiseerzählungen, bei deren Abfassung ich noch nicht die nötige Erfahrung besaß, die Ereignisse, die ich schilderte, vor einem geographischen Hintergrund spielen lassen, den ich bekannten, jedermann zugänglichen Werken entnahm. Das ist nicht nur erlaubt, sondern es geschieht sehr häufig. Sich Ortsbeschreibungen anzupassen, kann niemals Diebstahl sein. Literarischer Diebstahl, also Plagiat, liegt nur dann vor, wenn man sich wesentliche Bestandteile eines Gedankenwerks aneignet und diese in der / Art verwendet, daß sie dann wesentliche Bestandteile des Werks des Plagiators bilden und dabei als seine eigenen Gedanken erscheinen. So etwas habe ich aber nie

---

[1] In der Zeitschrift „Über den Wassern", 1910. May antwortete darauf in der Wiener „Freistatt".

getan und werde es auch nie tun. Geographische Werke können, besonders wenn sie geistiges Allgemeingut geworden sind, ganz unbedenklich benutzt werden, sofern es sich nicht um das Abschreiben ganzer Druckbogen oder Seitenfolgen handelt und das Werk des Nachschriftstellers trotz des Abschreibens eine selbständige geistige Arbeit bleibt. In der Einleitung zum Voigtländerschen ‚Urheber- und Verlagsrecht' heißt es:

„Kein Mensch schafft seine Gedankenwelt allein aus sich selbst heraus. Er erbaut sie sich auf dem, was andere vor ihm oder mit ihm erdacht, gesagt, geschrieben haben. Dann erst, im besten Falle, beginnt seine ureigene Schöpfung. Selbst die am meisten schöpferische Tätigkeit, die des Dichters, steht dann am höchsten, erreicht dann ihre größten Erfolge, wenn sie die Weihe der künstlerischen Form dem gibt, was mit dem Dichter zugleich sein Volk denkt und fühlt. Und nicht einmal die Form ist ganz des Dichters Eigentum, denn die Form wird von der gebildeten Sprache geliefert, ‚die für dich dichtet und denkt', und die manchem, der sich Dichter zu sein dünkt, mehr als die Form, die ihm auch Gedanken oder deren Schein leiht. Kurz, der Schriftsteller und Künstler steht mit seinem Wissen und Können inmitten und auf der Kulturarbeit von Jahrtausenden. Goethe, auf einer einsamen Insel aufgewachsen, wäre nicht Goethe geworden. Ist aber jemand mit Geistesgaben so begnadet, daß er die Kulturarbeit der Menschen um einen Schritt hat weiter bringen können, weil er an das von den Vorfahren Geleistete anknüpfen durfte, dann ist es nicht mehr als billig, daß sein Werk zur gegebenen / Zeit wieder andern zu zwanglosem Gebrauche diene, nicht nur der Inhalt, sondern auch die Form."

So sagt der Herausgeber des Gesetzbuches, und ihm ist nicht zu widerstreiten. Ich, der ich nicht einmal begangen habe, was er hier gestattet, bin also vollständig gerechtfertigt.

Ein anderer schreibt:

„Alles ist mehr oder weniger Plagiat an errungener Kultur-, Geistes- oder Phantasieproduktion. Der Intellektadel, die obern Träger der Bildung und Kultur schöpfen ja doch alle mehr der minder aus *einem* Reservoir, welches von den Leistungen anderer, Früherer, Größerer gespeist worden ist."

In Nr. 268 der ‚Feder‘, der Halbmonatsschrift für Schriftsteller und Journalisten, steht geschrieben:

„Aus den Fingern kann sich der popularwissenschaftliche Schriftsteller nun einmal nichts saugen, und bis zu einem gewissen Grade muß deshalb auch jeder ein Plagiator sein. Wenn das eigentliche Gedankengebäude neu ist, dann ist man wohl berechtigt, passende Zierformen von schon Bestehendem zu gebrauchen. Nach Emerson ist der größte Genius zugleich auch der größte Entlehner. Es kommt da ganz auf das Wie an. Man darf das Gute nehmen, wo man es findet, wenn man einen großen Zweck damit erreichen will; aber man darf es sich nicht merken lassen; man muß mit dem Entlehnten etwas wirklich Neues hervorbringen.“

Es ist bekannt, daß Maeterlinck in einem seiner Schauspiele drei Szenen von Paul Heyse rein abgeschrieben hat. Heyse verbat sich das; Maeterlinck aber lachte ihn aus und ließ das Stück ruhig unter seinem Namen erscheinen. Ebenso bekannt ist, daß das populärste Lied aus dem Freischütz, „Wir winden dir den Jungfernkranz“, nicht von Weber, sondern von einem fast ganz unbekannten Gothaer Musikdirektor ist. Weber hörte es und nahm es in seinen Freischütz auf, ohne sich etwas aus der Gefahr zu machen, als Plagiator und Dieb bezeichnet zu werden. Shakespeare war bekanntlich der größte literarische Entwender, den wir kennen. Wenn es nach Pater Pöllmannschen Grundsätzen ginge, würden sogar verschiedene Verfasser biblischer Bücher als literarische Diebe bezeichnet werden müssen. So könnte ich noch eine ganze, lange Reihe von Beispielen weiterführen, will mich aber damit begnügen, nur noch unsern Allergrößten, den Altmeister Goethe, und den erfolgreichsten Romancier der Neuzeit, Alexandre Dumas, anzuführen. Dumas entlehnte außerordentlich viel. Er konnte ohne fremde Hilfe nicht bestehen und ging damit sehr weit über das Maß des literarisch Erlaubten hinaus. So is es bekannt, daß er die Erzählung von Edgar Poe ‚Der Goldkäfer‘ zu den spannendsten Stellen in seinem ‚Gra fen von Monte Christo' ausgebeutet hat. Und was Goethe betrifft, so zitiere ich einen kurzen Artikel, der kürzlich unter der Überschrift ‚Goethe über das Plagiat' durch die Zeitungen ging:

„Für einen Plagiator gehalten zu werden, ist heutzutage sehr leicht. Es darf ein Autor bloß versäumen, absichtlich oder unabsichtlich, die Quelle zu zitieren, der er diese oder jene Stelle entnommen hat. Einen lieben Freund hat jedermann, der den glücklich entdeckten Plagiator an den vermeintlichen Pranger stellt. Richard von Kralik ist unlängst des Plagiats beschuldigt worden, weil er — ohne seine Schuld — mangelhaft zitiert worden war. Solchen Plagiatschnüfflern möchten wir die Ansicht Goethes über das Plagiat in das Gedächtnis rufen. Der Gegenstand des Gespräches zwischen ihm und Eckermann am 18. Januar 1825 waren Lord Byrons / angebliche Plagiate. Siehe ‚Eckermanns Gespräche mit Goethe', 3. Auflage Band I, S. 133. Da sagte Goethe: ‚Byron weiß sich auch gegen dergleichen, ihn selbst betreffende unverständige Angriffe seiner eigenen Nation nicht zu helfen; er hätte sich stärker dagegen ausdrücken sollen. Was da ist, das ist mein, hätte er sagen sollen. Ob ich es aus dem Leben oder aus dem Buche genommen habe, das ist gleichviel; es kam bloß darauf an, daß ich es richtig gebrauchte! Walter Scott brauchte eine Szene aus meinem ‚Egmont', und er hatte ein Recht dazu, und weil es mit Verstand geschah, so ist er zu loben. So hat er auch den Charakter meiner ‚Mignon' in einem seiner Romane nachgebildet, ob aber mit ebenso viel Weisheit, ist eine andere Frage. Lord Byrons ‚verwandelter Teufel' ist ein fortgesetzter Mephistopheles, und das ist recht. Hätte er aus origineller Grille ausweichen wollen, so hätte er es schlechter machen müssen. So singt mein Mephistopheles ein Lied von Shakespeare, und warum sollte er das nicht? Warum sollte ich mir die Mühe geben, ein eigenes zu erfinden, wenn das von Shakespeare eben recht war und eben das sagte, was es sollte? Hat daher auch die Exposition meines ‚Faust' mit der des ‚Hiob' einige Ähnlichkeit, so ist das wiederum ganz recht, und ich bin deswegen eher zu loben als zu tadeln.'"

Soweit diese kurze Auswahl von Gewährsnamen. Was haben unsere Berühmtesten getan, ohne daß man sie beschimpft? Und was habe ich getan, daß man mich als den niedrigsten aller Betrüger und Diebe behandelt? Ich habe, ohne mir etwas dabei zu denken, einige meiner kleinen asiatischen Erzählungen mit ganz nebensächlichen geographischen und ethnographischen Arabesken verziert, / die ich in Büchern fand, welche längst der Allgemeinheit angehören. Das ist erlaubt. Das ist sogar mein gutes Recht. Was aber sagt Pater Pöllmann dazu? Er beschimpft mich öffentlich als einen Freibeuter auf schriftstellerischem Gebiete, für ewige Zeiten das Musterbeispiel eines literarischen Diebes! Emerson, der Berühmtesten und Edelsten einer in Amerika, sagt: ‚Der größte Genius ist zugleich auch der größte Entlehner.' Und Goethe sagt: ‚Was da ist, das ist mein. Ob ich es aus dem Leben oder aus dem Buche nehme, das ist gleich!' Wie hätte da wohl das entsprechende Urteil Pater Pöllmanns über diese beiden Heroen zu lauten? Sie hätten für ihn ‚für ewige Zeiten die schlimmsten aller literarischen Bestien' zu sein, stinkend vor Raubgier und Verworfenheit! Eine Kritik, die so unwissend, so unerfahren, so selbstüberhebend und so wenig maßhaltend ist wie diese hier, die bildet eine Gefahr nicht nur für die Literatur, sondern für das ganze Volk.//

2

Man kann literarische Hanswürste beseitigen, nicht aber Geistesbewegungen unterdrücken, die unbesiegbar sind. Es fällt mir nicht ein, hier Anklagen aufzustellen, denen doch keine Folge gegeben würde. Unterlassen aber darf ich es trotzdem nicht, zur Beleuchtung des hier berührten Punktes ein Beispiel anzuführen, ein einziges, / welches so deutlich spricht, daß ich ohne weiteres auf alle anderen Belege verzichten kann. Nämlich ein Verein, dessen Zweck in der Anlegung von Volksbibliotheken und Verbreitung von Büchern besteht, hat bisher jährlich mehrere tausend Bände von mir vertrieben. Plötzlich stellte er das ein, und um Auskunft gebeten, gab die Zentralstelle dieses Vereins folgende in den Zeitungen kursierende Auskunft:

‚Hierseits wird zwar von dem weitern Vertrieb der Mayschen Schriften Abstand genommen, und werden die Bücher nicht mehr durch unsere Verzeichnisse angeboten, damit wollen wir aber nicht sagen, daß der Inhalt der Mayschen Reiseerzählungen zu verwerfen ist, und wir muten auch den Vorständen unserer Vereine nicht zu, nunmehr diese Bücher aus den Bibliotheken zu entfernen. Unsere jetzige ablehnende Stellungnahme gilt nicht den Schriften, sondern der Persönlichkeit des Verfassers. Sie können also ohne Bedenken die Bände weiter ausleihen.‘

Das genügt gewiß! Meinen Büchern ist nichts anzuhaben; meine Person aber wird an den Pranger gestellt! Warum? Infolge jener ‚Mache‘ von der ich schon weiter oben sprach. Denn man glaube ja nicht, daß die ‚Karl-May-Hetze‘ oder, ein wenig anständiger ausgedrückt, das ‚Karl-May-Problem‘ eine literarische Angelegenheit sei. Es handelt sich hier keineswegs um schriftstellerische oder gar um ethische Gründe, sondern, die Sache beim richtigen Namen genannt, um eine rein persönliche Abschlachtung aus moralisch ganz niedrigen, prozessualen Gründen. Was man da von sittlichen und journalistischen Notwendigkeiten sagt, ist nichts als Spiegelfechterei, um die Wahrheit zu verstecken. Wollte man hierüber einen Roman schreiben, so könnte dieser der sensationellste aller Kolportageromane werden, und die Hauptpersonen würden / folgende sein: Der Hauptredakteur a. D. Dr. Hermann Cardauns in Bonn, die Kolporteuse a. D. Pauline Münchmeyer in Dresden, der Franziskanermönch Dr. Expeditus Schmidt in München, der aus der christlichen Kirche ausgetretene Sozialdemokrat a. D. Rudolf Lebius in Charlottenburg, der Benediktinerpater Ansgar Pöllmann in Beuron und der Rechtsanwalt der Kolporteuse Münchmeyer, Dr. Gerlach in Niederlößnitz bei Dresden. Dieser Roman würde für die Beleuchtung der gegenwärtigen Gesetzgebung höchst wichtig sein und auch über andere Verhältnisse, gesellschaftliche, geschäftliche, psychologische, überraschende Streiflichter werfen. Es würde da viel Schmutz, sehr viel Schmutz zu sehen sein, der nichts weniger als appetitlich ist, und so will ich, da ich ihn auch hier zu erwähnen und zu zeigen habe, mich bemühen, so schnell wie möglich über ihn hinwegzukommen./

Karl May

Empor ins Reich der Edelmenschen!

(22. März 1912)

Vortrag Karl Mays in Wien,
zusammengestellt von Klara May

Auf zahlreiche Bitten und Anfragen hin gebe ich hier Karl Mays letzten Vortrag wieder, nach dem flüchtigen Entwurf des Dichters und persönlichen Erinnerungen der Zuhörer zusammengestellt. Manche Gedankengänge konnten nur angedeutet werden, da Karl May frei sprach und das geschriebene Wort bei seiner eigenartigen, ungemein fortreißenden Sprechweise überhaupt nur einen schwachen Schimmer der lebendigen zweistündigen Rede selber zu geben vermag. Immerhin wird der Vortrag, den mein Mann am 22. März 1912 — acht Tage vor seinem Tode — in Wien gehalten hat, auch in dieser unvollkommenen Gestalt seine Wirkung kaum verfehlen können.

„Empor ins Reich der Edelmenschen!"

Kennst du den unergründlich tiefen See,
  in dessen Flut ich meine Ruder schlage?
Er heißt seit Anbeginn das Menschheitsweh,
  und ich, mein Freund, ich bin-die Menschheitsfrage.

Es wurde bei mir angefragt, ob ich geneigt sei, im ‚Akademischen Verband für Literatur und Musik' eine Vorlesung oder einen Vortrag über mich und meine Werke zu halten. Auf den Vortrag ging ich ein. Die Vorlesung lehnte ich ab. Warum? Öffentlich vorlesen kann man doch nur wissenschaftlich oder künstlerisch Hervorragendes. Ich aber bin trotz meiner 70 Jahre noch kein Gewordener, sondern immer erst ein Werdender, und so kann das, was Ihnen mein Vortrag bringt, nicht etwa in gebieterischer, sondern nur in bittender Weise bei Ihnen anklopfen, um freundlich eingelassen zu werden.

Ich habe den Gedanken ‚Empor ins Reich der Edelmenschen!' aus guten Gründen gewählt. Es ist das Hauptthema des großen Menschheitslebens und auch das jedes einzelnen. Die Menschheit soll empor ins Reich der Edelmenschen und jeder einzelne ebenso. Wie aber komme gerade ich dazu, Ihnen dieses Thema zu bringen? Weil es eben auch das Hauptthema meines ganzen Lebens, meiner ganzen schriftstellerischen Arbeit, das Thema jedes einzelnen meiner Bücher ist. Ich habe viel darüber nachgedacht und fühle mich verpflichtet, das Ergebnis dieser Gedanken mitzuteilen.

Wer aber bin ich, daß ich es wagen darf, meine Gedanken für so wichtig zu halten, daß ich sie mitzuteilen habe? Das will ich Ihnen aufrichtig sagen. Ich stelle mich Ihnen hiermit vor:

Ich habe, wie jeder andere Mensch, ein äußeres und ein inneres Leben. Beide sind auszugestalten, daß sie zur Persönlichkeit werden. Viele bringen es nie zur inneren Persönlichkeit, ja leider viele nicht einmal zur äußerlichen.

Meine äußerliche Persönlichkeit wird Karl May genannt und beschäftigt sich mit Schriftstellerei. Meine innere Persönlichkeit hat keinen Namen. Sie werden sie aber kennenlernen. Denn gerade sie ist es, die heute zu Ihnen spricht.

Meine äußere Persönlichkeit darf sich keiner großen Wichtigkeit rühmen. Sie würde sehr schnell abgetan sein, wenn ich nicht gezwungen wäre, von anderer Seite einige Bemerkungen über sie zu machen. Es gibt nämlich zwei grundverschiedene Karl May, einen echten und einen gefälschten, einen wirklichen und einen erfundenen, einen ernsten und einen karikierten, den man in Hunderten von Zeitungen als Luftikus und Hanswurst gezeichnet findet. Der echte wurde in Hohenstein-Ernstthal, einem kleinen erzgebirgischen Städtchen geboren, das Zerrbild aber in Dresden, in einer Clique, wo man lediglich aus prozessualen Gründen den ehrlichen Karl May zur schwindlerischen Fratze gestaltete und hinaus in die Zeitungen schickte. Da aber der Akademische Verband für Literatur und Musik nicht dieses verfälschte Bild berufen hat, hier einen Vortrag zu halten, sondern den wirklichen, unverfälschten Karl May hören will, so sei und bleibe diese Angelegenheit dem Richter überlassen, vor den allein sie gehört.

Also nicht meine äußere, sondern meine innere Persönlichkeit soll zu Ihnen sprechen: mein Herz! Das ist das Richtige! Die Seele zur Seele, das Gemüt zum Gemüt, das Herz zum Herzen. Dann werden wir uns verstehen! So bin ich aber verpflichtet, Ihnen hier meine Seele, mein Gemüt, mein Herz offen und ehrlich zu zeigen, damit Sie mich kennenlernen, nicht wie ich von falsch unterrichteter Seite beschrieben werde, sondern wie ich wirklich bin.

Wer und was aber bin ich?

Hier, aus den ,Himmelsgedanken'[1]:

Meine Legitimation

Grüß Gott, du liebes Tröpflein Tau!
   Solch einen Schmuck gibt es wohl nimmer:
Von jedem Hälmchen auf der Au
   glänzt es wie Diamantenschimmer.
Entstammst der Erde, harrest froh
   dem holden Morgenlicht entgegen,
tränkst deinen Halm und wirst ihm so
   nicht nur zur Zierde, auch zum Segen.

Kommt dann aus gold-brokatnem Tor
   die Königin des Tags gestiegen,
so strebst du sehnsuchtsvoll empor,
   dich ihren Strahlen anzuschmiegen.
Du fühlst, du bist ihr untertan,
   du kannst nicht ohne sie bestehen
und wirst gezogen himmelan,
   in ihrem Kusse aufzugehen.

---

[1] Die Gedichtsammlung ,Himmelsgedanken' ist heute in Bd. 49 der Gesammelten Werke ,Lichte Höhen' enthalten

Ein solches Tröpflein bin auch ich
  am Lebensmorgen einst gewesen,
ein Tröpflein, das den andern glich,
  nicht auserwählt, nicht auserlesen.
Ich hing nicht hoch, ich wurde nicht
  von einer Rose stolz getragen;
tief unten sah ich auf zum Licht
  und durfte kaum zu hoffen wagen.

Da stieg sie auf, so himmlisch klar,
  so gnadenreich, voll Welterbarmen,
und mich trieb es so wunderbar,
  mit ihr die Menschheit zu umarmen.
Es war, als ob ich beten müßt:
  „O komm, und stille mein Verlangen!"
Da hat die Liebe mich geküßt,
  und ich bin in ihr aufgegangen.

Und ebenfalls aus meinen ‚Himmelsgedanken':

Widmung

Ich fragte zu den Sternen
  wohl auf in stiller Nacht,
ob dort in jenen Fernen
  die Liebe mein gedacht.
Da kam ein Strahl hernieder,
  drang leuchtend in mein Herz
und nahm all meine Lieder
  zu dir, Gott, himmelwärts.

Ich fragte zu den Sternen
  wohl auf in stiller Nacht,
warum in jene Fernen
  er sie emporgebracht.
Da kam die Antwort nieder:
  „Denk nicht an irdschen Ruhm;
ich lieh dir diese Lieder,
  sie sind mein Eigentum!"

Ich fragte zu den Sternen
  wohl auf in stiller Nacht:
„Gilt dort in jenen Fernen
  auch mir die Himmelspracht?"
Da klang es tröstend nieder:
  „Du gingst von hier einst aus
und kehrst, wie deine Lieder,
  zurück ins Vaterhaus!"

Was für einen Ort aber verstehe ich unter diesem ,hier', unter diesem ,Himmel', an dem solche Sterne strahlen? Ich bin da, es Ihnen zu sagen.

Es führen drei Wege hinauf: Wissenschaft, Kunst, Religion. Wissenschaft bringt Erkenntnis, die Kunst Offenbarung; Religion bringt Erlösung.

Die Kunst ist jene Betätigung des menschlichen Geistes und der menschlichen Seele, die ins Innere des Gegenstandes eindringt, um sein Wesen zu erfassen, und dann wieder nach außen zurückkehrt, um das Äußere im Einklang mit dem Inneren darzustellen. Sie söhnt Wissenschaft und Religion miteinander aus. Sie weist nach, daß alle drei Wege endlich doch vereint nach demselben Ziel streben.

Ich bin nicht Gelehrter und nicht Priester. Ich muß mich also aller gelehrten und theologischen Streitigkeiten enthalten. Ich stehe auf dem mittleren Weg, auf dem Weg der Kunst, und spreche zu Ihnen nur als Schriftsteller, als unbefangener Laie, der nichts erstrebt als nur das eine große irdische Ziel: ,Und Friede auf Erden!'

> Tragt euer Evangelium hinaus,
>   doch ohne Kampf sei es der Welt beschieden!
> Und seht ihr irgendwo ein Gotteshaus,
>   so stehe es für euch im Völkerfrieden!
> Gebt, was ihr bringt, doch bringt nur Liebe mit;
>   das andre alles sei daheim geblieben.
> Weil Liebe einst für euch den Tod erlitt,
>   will sie durch euch nun ewig weiter lieben.
>
> Tragt euer Evangelium hinaus,
>   indem ihr's lebt und lehrt an jedem Orte!
> Und alle Welt sei euer Gotteshaus,
>   in dem ihr hell erklingt als Engelsworte!
> Gebt Liebe nur, gebt Liebe ganz allein;
>   laßt ihren Puls durch alle Länder fließen!
> Dann wird die Erde Christi Kirche sein
>   und wieder eins von Gottes Paradiesen!

Also auf dem Pfad der Kunst, der Poesie empor ins Reich der Edelmenschen!

Was ist Poesie? Ich versuche es in ‚Friede auf Erden' zu sagen. Gestatten Sie mir, Ihnen eine kurze Stelle daraus vorzulesen:

Ihr fragtet, ob dieser Sihdi jenes Gedicht ‚gemacht' habe. Es gibt freilich Tausende und aber Tausende von Gedichten, die ‚gemacht worden sind; sie werden für Gedichte ausgegeben, sehen ihnen auch ähnlich, sind aber keine. Wahre Gedichte werden nicht ‚gemacht', wenigstens nicht hier bei uns; sie entstehen in jenen Sphären, aus denen die Inspiration auf Engelsflügen niederschwebt, um dem nach oben lauschenden Poeten die Stirn zu küssen und ihm das Auge und das Ohr für eine Welt zu öffnen, die anderen verborgen bleibt. Der Dichter ist darum zugleich auch Seher. Das ist das untrüglichste Erkennungszeichen. Wer nicht Seher ist, kann auch nicht Dichter sein! Schaut in die Heilige Schrift! Wie oft beginnen die Reden der Propheten: ‚Und ich sah' oder ‚Und ich hörte eine Stimme'. Sie waren Seher; und lest nun ihre Worte, so werdet ihr erkennen, daß sie als Seher Dichter waren! Das eine ist vom andern nicht zu trennen.

Dem wahren Dichter kommt aus einer Welt, die mit der unsrigen zusammenhängt, auf leisen Schwingen schöngebor'ne Kunde. Er nimmt sie auf; er gibt sie weiter fort, und wer sie hört, der wird von ihr berührt, als sei sie ein Gedicht aus Engelsmunde. Das ist die Poesie, die aus dem Himmel stammt. Kein Geist, kein Mensch kann sie uns niederbringen. Dort oben, wo das Meer des Lichtes flammt, muß jeder Strahl in goldnen Reimen schwingen. Und steigt er nieder, nimmt er Formen an, um sich dem Menschensinn zu offenbaren, und diese Formen, sie bestehen dann für unsre Nachwelt noch nach tausend Jahren.

Diese Formen sind also tausendjährig, aber doch nicht ewig. Sie veralten, wie alles Irdische veraltet, um sich neu zu verjüngen. Wir stehen gerade jetzt in einer Zeit, die alte Formen zerbricht. Wir sehnen uns nach neuen Idealen, nach einer neuen Kunst, nach dem Drama der Zukunft, nach dem großen Meister, der da kommen soll, können aber trotzdem nicht von den alten Satzungen lassen und verrammeln mit ihnen dermaßen die Tür, daß das Neue unmöglich Raum gewinnen kann, herauszutreten. — Der Frühling ist da, und wohin man schaut, blüht und duftet und singt und klingt es der Zukunft entgegen, auch in der Kunst.

Die höchste, inhaltsreichste und mir liebste Form der Kunst, der Poesie, ist das Märchen. Ich liebe das Märchen so, daß ich ihm mein ganzes Leben und meine ganze Arbeit gewidmet habe. Ich bin Hakawati. Dieses arabische Wort bedeutet ‚Märchenerzähler‘. Wer nicht weiß, daß ich Hakawati bin, der beurteilt mich falsch, weil er mich nicht begreifen kann. Wie ich Hakawati geworden bin, das werde ich Ihnen erzählen. Vorher aber frage ich: Was ist das Märchen?

Es gibt irdische Wahrheiten und himmlische Wahrheiten. Die irdischen werden uns von der Wissenschaft gebracht. Die himmlischen steigen an den Strahlen der Sterne zu uns nieder.

Die himmlische Wahrheit kam zu den Menschen, wurde aber von ihnen fortgewiesen; man wollte sie nicht. Trauernd kehrte sie zu Gott zurück und klagte, daß man ihr keine bleibende Stätte gewähre, ja sie nicht einmal einlasse. Gott tröstete sie und sprach: Versuche es noch einmal, wähle dir einen Dichter aus und laß dich von ihm in das Gewand des Märchens kleiden, dann wird man dir Einlaß gewähren. Die Wahrheit tat, wie ihr geheißen, sie ging sich einen Dichter suchen. Als sie ihn gefunden und er sie, ins Märchengewand gehüllt, von neuem zu den Menschen sandte, wurde sie freudig aufgenommen: schien sie ihnen doch nur ein harmloses Märchen zu sein! —

Karl May fügte hieran das Märchen von Sitara aus dem vorliegenden Buch und führte dann anknüpfend weiter aus:

Was will uns das Märchen von Sitara sagen? Das werden wir sofort erfahren. Vorher aber mache ich auf ein ganz bestimmtes Wort am Beginn des Märchens aufmerksam: Nicht g e h t, sondern f l i e g t. Ja, können wir denn fliegen? Endlich, ja endlich! Aber wir können nicht nur, sondern wir s o l l e n , ja, wir m ü s s e n fliegen, wenn wir die Aufgabe dieses Jahrhunderts erfüllen, die Rätsel der Zukunft lösen wollen. Der Versuch des Menschen zu fliegen ist uralt. Aber ich meine hier weniger den körperlichen als vielmehr den geistigen Flug, obwohl beide enger zusammenhängen, als man gewöhnlich meint. Das Volk, das nach einer Truppe von leiblichen Fliegern strebt, muß schon vorher kühne und erprobte geistige Flieger gehabt haben.

Als in Frankreich die Montgolfièren und Charlièren zu steigen begannen, hatte sich vorher schon eine ganze Reihe berühmter geistiger Aeronauten in die freien Lüfte gewagt. Es kamen dann die beiden großen deutschen Meister, des Höhenflugs: Goethe und Schiller. Doch ihr Einfluß, so groß er war, vermochte die Menschen nicht vom Staub zu erheben. Man blieb deshalb auch körperlich noch an der Erde, aber man vervielfältigte die bisherigen Bewegungsweisen: man erfand die Draisine, das Einrad, Drei- und Zweirad, das Motorrad, den Kraftwagen. Vor allen Dingen die Lokomotive. Da kommen plötzlich Zeppelin, Major Parseval. Sie bauen Luftschiffe. Das Volk jubelt ihnen zu. Hierauf folgten die verwegenen Ein- und Zweidecker, die Flugzeugführer. Ihnen jauchzt man noch mehr zu.

Aber begrüßt man auch die geistigen Höhenflieger so freudig, die sich mit wenigstens ebenso großer Kühnheit hoch über die alten hergebrachten Mauern, Zäune und Schranken der Wissenschaft und Kunst erhoben? Oder spricht man da vielleicht von Lüge, von Schwindel, von Phantastereien, von literarischer Hochstapelei? Ich lasse diese Frage fallen und bitte Sie, sich einstweilen getrost meinem Flugzeug anzuvertrauen und mit mir den alten, staubigen Boden, auf dem wir stehen, zu verlassen. Wir fliegen drei Monate lang der Sonne entgegen und dann noch drei Monate lang über sie hinaus. Da treffen wir auf — den Stern Sitara? Allerdings. Aber auf wen noch? Auf die Erde. Sitara ist die Erde. Nicht geographisch, sondern geistig betrachtet. Da kann es nicht drei oder gar fünf Menschenrassen und fünf Erdteile geben, sondern nur zwei Erdteile mit einer einzigen Rasse, die aber nach gut und böse, nach hoch und niedrig Denkenden, nach auf- oder abwärts Strebenden geschieden ist. Körperbau, Hautfarbe usw. sind da gleichgültig, bestimmen nicht im geringsten den Wert oder Unwert des betreffenden Menschen. In Ardistan haben die Niedrigen, die Unedlen, in Dschinnistan die Hohen, die Edlen ihren Wohnsitz. Beide sind verbunden durch den schmalen, aufsteigenden Streifen von Märdistan, wo im Wald von Kulub der ‚See der Schmerzen‘ und die ‚Geisterschmiede‘ liegen. Das ist derselbe See, den ich in meinen Eingangsworten erwähnte:

> Kennst du den unergründlich tiefen See,
>   in dessen Flut ich meine Ruder schlage?
> Er heißt seit Anbeginn das Menschheitsweh,
>   und ich, mein Freund, ich bin die Menschheitsfrage.

Und ich setze hier fort:

> Ist dir auf ihm das kleine Boot bekannt,
>   das mir der Herr für meine Fahrt gegeben?
> Von euch wird es das Erdenleid genannt;
>   ich aber sag: Es ist das Erdenleben!

Was ist die Menschheitsfrage? Sie wurde von Gott geschaffen, als er den Menschen schuf. Dieser lebte im Paradiese von Dschinnistan. Die Früchte des Sumpflandes Ardistan waren ihm verboten. Er stieg trotzdem hinab, sie zu genießen. Kaum hatte er das getan, so sah er, daß er nackt war, entkleidet allen Adels, aller Hoheit, aller Reinheit, aller Würde. Es war nichts mehr an ihm, was ewig ist, er hatte sich den Tod erworben. Er versteckte sich. Da kam der Herr und rief: „Adam, wo bist du?" Adam heißt Mensch. Gemeint ist Edelmensch. Also: „Mensch, Edelmensch, wo bist du?" In diesem Augenblick war die Menschheitsfrage geboren. Sie verließ mit Adam das Paradies.

Gott war gnädig mit ihm, der nun in Ardistan wohnte und darum sterben mußte. Er verlieh ihm das Geschenk der Nachkommenschaft, in der er weiterleben durfte, um nach Jahrtausenden fortgesetzter Läuterung nach Dschinnistan, ins Paradies, zurückzukehren. Als Gewissensprüferin war ihm und seinen Nachkommen die Menschheitsfrage beigegeben.

Wohin sie sich immer wandten, die Menschheitsfrage ging mit. Hochragend, groß, schritt sie durchdringenden Auges durch die Jahrhunderte und Jahrtausende, durch alle Länder der Erde, durch die ganze Menschheitsgeschichte bis auf den heutigen Tag. Sie stand auf allen Schlachtfeldern der Erde, um auszurufen: „Adam, wo bist du? Wo ist die Edelmenschlichkeit? Ich sehe sie nicht." Zu jeder Zeit und überall, wo Menschen gegen Menschen sündigten, erhob sie ihre Stimme. Sie schien ewig zu sein, weil das Menschenleid kein Ende zu nehmen scheint. Und sie schien allgegenwärtig zu sein, weil das Menschheitsweh allgegenwärtig ist. Aber nicht bloß bei großen, gewaltigen Völkerschmerzen tritt sie als Klägerin heran, sondern sie steht bei jeder einzelnen Menschenseele, die irgendein Leid zu tragen hat, und flüstert bittend: „Du bist in der Geisterschmiede. Schrei nicht! Dann kommst du frei und wirst als Sieger die Qual verlassen. Bleib nicht hier unten. Werde Edelmensch! Dein Ziel ist Dschinnistan!" Woher weiß ich das?

Ich will es Ihnen erzählen: Im tiefsten, allertiefsten Ardistan wurde ich geboren. Meine Eltern waren bitterarm. Mein Vater, meine Mutter, zwei Großmütter, fünf Kinder, wir zählten neun Personen. Wir haben da fleißig gearbeitet und ebenso fleißig gehungert. Nie sind meine Eltern einem Menschen einen Pfennig schuldig geblieben. Vater war streng, doch gut. Jähzornig. Nächtelang las er. Mutter war still und lieb, unendlich lieb, und hatte trotz ihrer eigenen Not und Armut immer noch für Ärmere übrig. In meinen ‚Himmelsgedanken‘ gedenke ich ihrer in dem Gedicht:

Ich hab gefehlt, und du hast es getragen,
    so manches Mal und, ach, so lang, so schwer.
Wie das mich nun bedrückt, kann ich nicht sagen;
    o komm noch einmal, einmal zu mir her!

Du starbst ja nicht; du bist hinaufgestiegen
    zu reinen Geistern, meiner Mutter Geist.
Ich weiß, du siehst mich jetzt hier betend liegen;
    o komm, o komm, und sag, daß du verzeihst!

Komm mir im Traum; komm in der Dämmerstunde,
    wenn, Stern um Stern, der Himmel uns umarmt!
Bring mir Verzeihung und bring mir die Kunde,
    daß auch die Seligkeit sich mein erbarmt!

Der Großmutter widmete ich folgendes Gedicht:

Sie trug mich stets auf ihren Armen;
    sie lehrte mich den ersten Schritt,
und weinte ich zum Herzerbarmen,
    so weinte sie erbarmend mit.
Wenn sie des Abends mich ins Nestchen
    mit linder Segenshand gebracht,
so bat ich: „Bleibe noch ein Restchen“,
    und meinte da „die ganze Nacht“.

Und wenn ein böser Traum mich schreckte,
    so saß sie da beim kleinen Licht,
nahm weg den Schirm, der es bedeckte,
    und sah mir liebend ins Gesicht.
Ich sah in ihre Augensterne
    und tat sodann die Frage doch:
„Ich träume ohne dich nicht gerne;
    Großmütterchen, sag, wachst du noch?“

Zwar ist sie längst von mir gegangen;
    ich selbst bin alt, fast schon ein Greis,
und fühl mich doch von ihr umfangen,
    die mich noch jetzt zu segnen weiß.
Stets ist es mir, geh ich zur Ruhe,
    als setze sie sich zu mir hin,
und wenn ich etwas Wicht’ges tue,
    kommt sie mir hilfreich in den Sinn.

Sooft ich Sterne leuchten sehe,
    hell wie in meiner Jugendzeit,
hör ich ihr Wort: „Was auch geschehe,
    du und dein Glück, ihr seid gefeit."
Dann möcht ich, wie in jenen Tagen,
    zwar überflüssig, aber doch
die lieben, lieben Sterne fragen:
    „Großmütterchen, sag, wachst du noch?"

Dieser Großmutter habe ich damals versprochen:
„Großmutter, ich will ‚Hakawati' werden. Ich will von
Dschinnistan erzählen; darum muß ich aus Ardistan
hinaus!" Und ich bin Hakawati geworden, Märchenerzähler, um die Wahrheit der Zukunft, die man jetzt
von fast allen Türen weist, weil nur wenige sie erkennen, in das Gewand des Märchens zu kleiden, damit
man sich ihrer erbarme.

Ich bin trotz allen Erdenleides ein unendlich glücklicher
Mann. Habe mich aus Abgründen emporgearbeitet, werde
von Hunderten mit den Füßen wieder hinuntergestoßen
und liebe sie doch alle, alle. Ich habe meinen Beruf,
meinen Erfolg, mein glückliches, friedliches Heim, meinen unerschütterlichen Glauben an Gott und die Menschheit. Dieses große Glück möchte ich so gern auch anderen
Menschen bereiten, allen, nicht nur meinen Freunden,
sondern auch meinen Feinden. Darum lege ich dies mein
Glück und diesen meinen Sonnenschein in alles, was ich
schreibe. Aber Glück und Sonnenschein kommen von
oben. Ich mußte also hinauf, mußte fliegen. Ich tat es,
um Sonnenschein zu geben. Zunächst schrieb ich Humoresken. Ich hatte Glück damit. Ich baute mir den Aeroplan ‚Erzgebirgische Dorfgeschichten'. Die Zahl meiner
Leser wuchs. Von diesem Aeroplan sah ich weiter. Ich
baute mir also einen zweiten: ‚Reiseerzählungen'. Als
ich nun von dieser Höhe aus die Wege nach Dschinnistan
betrachtete (Wissenschaft, Kunst, Religion), sah ich, daß
alle drei nach der Geisterschmiede führten. Auf ihnen
war also das Menschheitsleid nicht zu umgehen. Aber

ich sah auch, daß man diesen Ort vermeiden kann, nämlich wenn man — f l i e g t. An hohen Bergen begann der Flug. —

Hier sprach Karl May von seinem Mount Winnetou und dem Dschebel Marah Durimeh. Er führte die Zuhörer zum ,Hohen Haus', zum Alabasterzelt, zum Schloß der Wasserscheide, er erzählte vom Schüler Winnetous. Er zeigte die emporführenden Wege, die er mit seinen Lesern ging, den einen durch die Prärie nach dem Mount Winnetou, den andern durch die Wüste nach dem Dschebel Marah Durimeh.
Dann fuhr er fort:

Ich habe Fehler gemacht. Aber wer hat hierüber zu urteilen? Doch nur Berufene, Fachgrößen. Ich brauchte keine Prüfung zu scheuen, denn diese Berufenen, Künstler, Musiker, Bildhauer, Maler, Dichter, Schriftsteller, Kunstrichter sind Fürsten im Reich der Geister. Sie haben fürstlich zu denken, zu empfinden, zu wollen und zu handeln, nicht niedrig wie in Ardistan, sondern hoch und edel wie in Dschinnistan. Diese Edelkritik kann und soll zwar einen Fehler finden und tadeln, kann aber niemals meine Feindin sein. Für die niedrige Kritik aber habe ich folgende Antwort: —

Hier trug Karl May jene Verse vor, mit denen er seine Selbstbiographie abgeschlossen hat. Dann kam er zum Schluß.
Noch einmal berührte er das Menschheitsthema, er führte aus:

Das Leben des einzelnen ist das Menschheitsleben im kleinen. Auch das meinige. Was ich selbst erstrebe, soll auch für meine Leser gelten: Empor ins Reich der Edelmenschen!
Wie ich mir als Einzelmensch dieses Empor gedacht habe, sage ich in meinen ,Himmelsgedanken':

Schon weicht das Tiefland hinter mir;
  mein Lebenspfad beginnt zu steigen.
Nun gilt mein ganzes Sehnen Dir,
  da endlich alle Zweifel schweigen.

Es ist, als ob am Horizont
  ich Bergesspitzen leuchten sähe.
So reinigt, läutert, wärmt und sonnt
  die Seele sich in Himmelsnähe.

Hinauf, hinauf! Ich raste nicht;
  ich will und will nicht unten bleiben.
Mein frömmstes, innigstes Gedicht
  will ich im Glühn der Alpen schreiben.

Dann werde ich es heimlich, still
  in einem Kirchlein niederlegen;
vielleicht gereicht's, so Gott es will,
  dem, der es finden wird, zum Segen!

Wie ich mir dieses Empor für die Menschheit im allgemeinen denke, sage ich im ‚Silbernen Löwen‘, wo ich
den Menschen folgendes zu Gott sprechen lasse:

Ich komm zu dir im Sonnenstrahl,
  o laß mir deine Rosen blühen.
In tiefer Andacht liegt das Tal
  vom Morgen- bis zum Abendglühen.

Ich sehe aus der stillen Flut
  die Berge Gottes aufwärts steigen,
und wo ein Haus auf Säulen ruht,
  soll heut sich mir der Himmel zeigen.

‚Ich komm zu dir im Sonnenstrahl‘,
  so spricht der Herr und steigt hernieder.
Die Glocken klingen übers Tal,
  und von den Bergen tönt es wider.

Brich auf, mein Herz, der Rose gleich,
  in der sich alle Düfte regen.
Es naht sich dir das Himmelreich;
  brich auf, und dufte ihm entgegen!

Beide kommen einander entgegen im Sonnenstrahl.
Gott naht sich uns nicht mehr in Donner und Blitz, sondern nur in L i e b e.

Das Menschheitsleben vollzog sich bisher nur unten in Ardistan. Ardistans Geschichte ist mit Blut geschrieben. Wir kennen dieses Ardistan und lieben es, leider. Aber glauben wir ja nicht, daß die Sehnsucht nach Dschinnistan erst von heute ist! O nein! Allen Völkern wohnte sie inne, wir finden sie bei den Heiden, in der Religion der Inder, der Chinesen, der Inkas, alle, alle zeugen von der großen Sehnsucht nach Edelmenschlichkeit. Die Gesetze Hammurabis! Wie das heutige ‚Heidentum' darüber denkt, lasse ich von einem malaiischen Priester sagen in ‚Friede auf Erden'.

> O komm, sei wieder Gast auf Erden,
> du gottgesandter Menschheits-Christ!
> Dein Stern soll nie zur Flamme werden,
> die das verzehrt, was heilig ist!
>
> Wohl mögen Könige und Weise
> sich dir mit Gold und Weihrauch nahn,
> du aber hast dich nur dem Kreise
> der armen Hirten kundgetan.
>
> Der Habsucht sei das Gold beschieden,
> der Weihrauch dem, der Weihrauch liebt;
> uns Armen aber gib den Frieden,
> den uns kein Fürst, kein Weiser gibt!

Und Israel, das Volk Gottes! Was haben wir von ihm überkommen und geerbt! Nie können wir genug dankbar sein! Was ist sein Gott für den Poeten! Welche Regeln der Menschlichkeit! Ich habe als Knabe die Weissagungen gesungen: Jesaias 9. Und es genügt mir hier das eine Wort aus dem 60. Kapitel, Vers 1: Mache dich auf, werde Licht!

Und der Islam! Ich lasse ihn in meinem ‚Babel und Bibel', wie folgt, zu Worte kommen.

Imâm (Geistlicher):
> Ich spreche hier als unser heilger Glaube,
> der im Korân zur Erde niederkam,
> um uns den Weg zum Paradies zu zeigen.
> Es gibt für uns nur diesen einen Weg.

Wir nennen ihn den heiligen Islâm,
der für die Erde K r a f t und T a p f e r k e i t,
für später G l a u b e n und E r g e b u n g fordert.
Er war verkündet schon den ersten Menschen.
Die großen Väter und Propheten alle,
von denen uns die Heilge Schrift erzählt,
versuchten, ihn zu lehren und zu wandeln;
doch, was sie fanden, war die Richtung nur:
Der Pfad an sich blieb ihnen stets verborgen.

Da kam der mächtigste der Vorverkünder,
der Wunder ohnegleichen sprechen ließ.
Ich meine Isa[1], den Marien-Sohn,
der sah den Weg, doch ging er stolz vorüber.
Er ragte hoch in die Unendlichkeit,
und seine Füße schritten über Sterne.
,Mein Reich ist nicht von dieser Welt‘, sprach er,
der weiter dachte als an Erdengröße;
dann stieg er über Grab und Tod hinaus,
hinauf zu dem, den niemand je erreicht.
Das war der messianische Verzicht
auf jedes Schollenrecht an dieser Erde,
und wer nicht stark genug ist zu entsagen,
der sei auch nicht so kühn, sich Christ zu nennen!

Für uns steht Isas Himmelreich zu hoch,
als daß wir es im Sprung erreichen möchten.
Wir gehn den Weg, der keine Flügel fordert,
den alten Weg der Väter und Propheten,
den Isa nur als Gottes Sohn vermied
und den Mohammed dann nach ihm betrat,
damit Allâh für seine Menschenkinder
nicht nur als Traumbild in den Lüften schwebe.
Der eine predigt abgeklärten Geistern;
der andre wird den Lebenden gerecht,
indem er den granitnen Sockel baut,
auf dem der Glaube festen Halt gewinnt,
um seine Hand nach oben auszustrecken.
Für Sterbliche ist Isas Himmelreich
nicht ohne festen Erdengrund zu denken.
Und dieser Untergrund ist der Islâm,
der Gottes Reich auf strenge Felsen baut,
damit der Himmel nicht zusammenbreche.

[1] Jesus

310

Und nun das Christentum! Karl May bekannte hier in herrlichen Worten seinen Gottesglauben, sein persönliches, inniges Christentum und führte aus, daß er Christ sei, in Worten und Gedanken, die ich leider nicht wiederzugeben vermag[1]. Dann kam er auf Wien zurück.

Vor kurzer Zeit fiel mir ein Buch in die Hände, es heißt: ‚Der Menschheit Hochgedanken‘ — worin ich Anklänge an die Leitsätze fand, die meinem Lebenswerk und dem Losungswort meines heutigen Vortrags ‚Empor ins Reich der Edelmenschen!‘ zugrunde liegen. Die Verfasserin lebt in Wien. Ihr Name ist Bertha von Suttner, und sie hat ihre ganze Arbeit, ihr ganzes Können in den Dienst der glückverheißenden menschlichen Hochgedanken gestellt — der Gedanken des Völkerfriedens. Lassen Sie mich einige Stellen aus dem Buch vorlesen:

‚Jetzt gilt es auch, mit Flügeln ins blaue Reich des Ideals sieghafte Rekorde zu schlagen. Fahrzeuge dazu sind die Gedanken; Gedanken, die bis über Wolken schweben — über die Dunstkreise der kleinlichen Privatinteressen, über die Niederungen der nationalen Streitigkeiten — menschliche Hochgedanken mit einem Wort. Und so schließe ich mit dem Ruf, der der Schlachtruf der neuen, höhenbewältigenden Zeit zu werden hat, dem Ruf: Empor! Empor!‘

Und eine andere Stelle desselben Buches:

‚Vor zweitausend Jahren hat ein großer, gütiger Weiser einem solchen Hochgedanken Worte geliehen: ‚Liebet euch untereinander!‘ Vergebens! Aber vor Tausenden von Jahren hat ein Ikaros versucht, sich fliegend zur Sonne zu erheben — vergebens. Und doch kann man heute fliegen. Und so wird auch jenes andere Höhenreich zu erobern sein, in das nicht unsere Körper, sondern unsere Seelen sich schwingen sollen.

---

1 Den frei gesprochenen Teil des Vortrages hat Fritz Barthel in seinem Buch ‚Letzte Abenteuer um Karl May‘ zu rekonstruieren versucht.

Wehe, wenn man noch viel länger säumt, sich zu diesem Eroberungswerk aufzuraffen. Verfolgung, Knechttung, Entrechtung und Vernichtung dürfen nicht länger als Mittel zur Erreichung sozialer und politischer Zwecke gelten. Denn zu gewaltig sind die Vernichtungsmöglichkeiten herangewachsen. Vor dem fliegenden Menschen kann man sich nicht anders schützen, als daß man ihn zum Bruder macht.‘

Nach einigen freundlichen und anerkennenden Worten für Österreich und seine Künstler, von denen ihm viele persönlich nahestanden, schloß Karl May mit einem: „Das walte Gott — Amen!“ *den letzten Vortrag seines Lebens.*

Dr. Euchar Albrecht Schmid

Karl Mays Tod und Nachlaß

(1916 — 1942)

Ergänzt und auf neuesten Stand gebracht
von Roland Schmid (1958/1968/1975)

Ich habe dich und dein Auge gesehn,
des Auges Blitz — und da war's geschehn:
Er hat mir das Herz versengt und verbrannt,
er hat mich für immer an dich gebannt.

(Dr. E. A. Schmid in Mays Gästebuch 1910)

1

Mein Weg zu Karl May

Meine Jugend fällt in die Zeit, in der Karl May überall in Deutschland, besonders aber in meiner bayerischen Heimat, geliebt und geschätzt wurde. Seine Schriften standen in den Schülerbüchereien und wurden uns von den Lehrern und Eltern empfohlen. Im Alter von neun Jahren durfte ich sie erstmals lesen und geriet dadurch in den Zauberbann, der mich noch heute, nach mehr als vier Jahrzehnten, unwandelbar festhält. Genützt haben sie mir viel, und auch mein Schulbesuch litt nicht darunter, denn ich habe mit achtzehn Jahren das Reifezeugnis erworben. Die Erfüllung meines ursprünglichen Wunsches, Nervenarzt zu werden, blieb mir versagt, und ich mußte die juristische Laufbahn einschlagen. Am Ende meiner Universitätszeit warf mich ein schweres Augenleiden aufs Krankenlager, und volle fünf Monate lag ich im Dunkel und rang mit der Erblindung. Auch damals haben mir Mays Schriften viel Gutes erwiesen und über bittere Stunden hinweggeholfen. Es ist nicht leicht zu entscheiden, ob die Liebe und die Dankbarkeit, die ich ihm und seiner Schöpfung entgegenbringe, mehr aus meiner Knabenzeit oder jener Leidenszeit stammen. Wieder gesundet, widmete ich mich der Journalistik und hatte dabei manchmal Gelegenheit, für den umstrittenen Karl May eine Lanze zu brechen. Wer meine damaligen Aufsätze über ihn kennt, wird mir aber Überschwenglichkeit und blinde Schwärmerei gewiß nicht nachsagen können.

Auch als in den weiteren Jahren die Anstürme gegen den greisen Dichter sich mehr und mehr häuften und schließlich zu der allbekannten Karl-May-Hetze ausarteten, habe ich ihm zur Seite gestanden. Wo ich konnte, suchte ich ihn zu verteidigen, ohne zu ahnen, daß ich später selbst einmal Verleger seiner Werke werden würde.

Ich habe den alten Karl May auch persönlich kennengelernt und weilte einmal zwei Wochen in Radebeul zu Besuch. Das war im August 1910, und gerade damals schrieb er unter bittersten Seelenqualen seine Selbstbiographie, während, wie er sich darin ausdrückt, ,eine Menge ihm aufgezwungener Prozesse wie drohende Revolver auf ihn gerichtet waren'. Das unendliche Leid, das den Dichter damals, anderthalb Jahre vor seinem Tod, beugte, habe ich somit in nächster Nähe miterlebt. Ich habe den greisen Mann weinen sehen, als in der Pressefehde schließlich sogar das Andenken seines unbescholtenen Vaters angetastet wurde und als man seine ebenfalls längst verstorbene Mutter herabzuwürdigen suchte, weil sie eine — Hebamme war.

Vormittags schrieb der Dichter an seinen Selbstbekenntnissen (die ich übrigens nicht in der Handschrift sondern erst später gedruckt zu Gesicht bekam); nachmittags und abends besprachen wir uns, und ich bemühte mich, ihm durch Rat und Tat zu helfen. Ich habe ihm empfohlen, frei zu bekennen, was zu bekennen war, und denke oft daran, wie er mir eines Tages beide Hände auf die Schulter legte und mit bewegter Stimme sagte: „Junger Mann, haben Sie eine Ahnung davon, wie weh es mir altem Manne tut, wenn ich von meinen — Vorstrafen sprechen muß!"

Tatsächlich hat May in der Selbstbiographie seine jugendlichen Verfehlungen und deren Sühne bekannt. Daß diese Bekenntnisse subjektiv gefärbt sind, haben sie mit allen autobiographischen Mitteilungen gemein, und keinem Seelenkenner kann dies unklar und unverständlich sein. Das Verantwortungsbewußtsein, mit dem ich die letzten Angelegenheiten des Dichters ordnete, zwingt mich zu sagen: Der Alternde täuschte sich wohl über seine ursprünglichen Absichten; er täuschte sich im guten

316

Glauben, bedrängt und verwirrt durch die unerhörte Hetze. Das Ergebnis war die Flucht in die Symbolik, die Karl May selber nie als Flucht erkannte und anerkannte, sondern die er von Anfang an im Sinn gehabt zu haben meinte. Ein Unding an sich! Doch das mindert für den Seelenkenner nicht den Wert seiner Bekenntnisse.

Was es für den aus den tiefsten Niederungen menschlichen Erdenwallens bis zur Anerkennung und Berühmtheit emporgestiegenen Dichter bedeutete, in seinem 68. Lebensjahr nochmals all das in einer Beichte vor der neugierigen und mitleidlosen Öffentlichkeit innerlich neu zu erleben, was er vor mehr als vierzig Jahren gefehlt und gebüßt hatte, dessen sind sich die May-Gegner wohl niemals bewußt geworden.

Viel habe ich während meines damaligen Radebeuler Aufenthalts beobachtet, und tiefe, wehmütige Erinnerung blieb in mir zurück. So bin ich auch ein Zeuge dafür geworden, daß Mays Frömmigkeit und Gottesfurcht wahr und echt waren. —

Im Sommer 1911 habe ich den Dichter zum letztenmal gesehen und gesprochen. Er war mit seiner Frau einige Wochen in Tirol gewesen und kam auf der Heimreise über den Bodensee auch nach Stuttgart, wo ich mit beiden im Hotel Marquardt zusammentraf.

Während jener Stuttgarter Tage geschah es, daß er mir, der ich ihm wiederum Trost und Ratschläge zu geben suchte, plötzlich sagte: „Sie sollten mein Verleger werden!" Mehr wurde nicht hierüber gesprochen, und ich glaubte auch nicht, daß dieser Gedanke jemals greifbare Formen annehmen könnte. Aber nach des Dichters Ableben erinnerte sich Frau May jener Worte, und so kam es, daß ich 1913 zur Leitung des Karl-May-Verlags berufen wurde ...

Karl May war unter den unsäglichen Drangsalen der letzten Jahre sehr gealtert, und sein vordem kräftiger Körper schien den unaufhörlichen Kämpfen nicht mehr widerstehen zu können. Doch sein Geist war rege und hell geblieben, und sein Auge leuchtete stolz und feurig. Ich wagte vorsichtig die Frage, ob denn seine Gesundheit all den Aufregungen standhalten werde, ob nicht das Herz eines Tages versagen könne. Da glitt ein leises Lächeln über seine Züge, und mit Entschiedenheit antwortete er: „Sterben!? — Jetzt? — — Nein!! Ich werde 90 Jahre alt, ich muß 90 Jahre alt werden! Ich bin noch lange nicht fertig! Ich beginne erst! Oh, was ich alles noch zu sagen, was ich noch zu schreiben habe!" —

2

Des Dichters Heimgang

Der Herbst und der Winter kamen. Mays 70. Geburtstag nahte. Zwei wichtige richterliche Entscheidungen ergingen zu seinen Gunsten. Und zu meiner Freude erhielt ich aus der Villa ‚Shatterhand' die Kunde, daß seine angegriffene Gesundheit und sein Befinden sich mit raschen Schritten bessere; ja, am 22. März 1912 gedenke er sogar in Wien einen Vortrag über seine Weltanschauung zu halten!

Der Vortrag fand statt und verlief glänzend; selbst des Dichters Widersacher konnten diesen Erfolg nicht in Abrede stellen: volle zwei Stunden lauschten nahezu 2000 Zuhörer im gewaltigen Sophiensaal den begeisterten Worten des Siebzigjährigen. Zum erstenmal wieder seit langer Zeit dämmerte ein Glücksgefühl in dem Vielbefehdeten auf. Mit neuem Mut kehrte er nach Radebeul zurück. Und acht Tage nach dem Vortrag, am 30. März, gänzlich unerwartet, nahte ihm der Tod; und ohne sich seiner Sterbestunde bewußt zu werden, ist er heimgegangen in jenes Reich, aus dem es keine Rückkehr gibt.

Er hatte sich bei dem Vortrag in Wien leicht erkältet und mußte nach der Heimfahrt im Haus bleiben, ohne aber bettlägerig zu sein. Am Samstag, dem 30. März, fühlte er sich wieder etwas kräftiger und beauftragte seine Gattin, für die kommende Woche Zimmer im schlesischen Bad Salzbrunn zu bestellen. Aus Besorgnis hielt sich seine Frau jedoch während des ganzen Tags in seiner Nähe, wenngleich sie nicht etwa einen tödlichen Ausgang der Erkrankung vermutete. Sie war die einzige, die zur Todesstunde an seiner Seite weilte. Da dieser Tag, der sein Sterbetag wurde, zugleich sein Hochzeitstag war, sprach er mancherlei mit ihr über die Vergangenheit und auch über die Zukunft. Er war heiter und trug sich mit neuen Plänen: ein Drama wollte er schreiben, das sein eigenes Leben schildern und erst lange nach seinem Ableben an die Öffentlichkeit kommen sollte. Nach Jahren erst, wenn er längst gegangen, werde man sein Wollen und Wirken begreifen.

Nachmittags verfiel er in ein eigenartiges waches Träumen und unterhielt sich, wie er das überhaupt häufig zu tun pflegte, viel mit den Gestalten seiner Phantasie.

Um sieben Uhr abends legte er sich schlafen, setzte aber seine Selbstgespräche in einem undeutlichen Murmeln fort. Gegen acht Uhr richtete er sich plötzlich im Bett auf, sah mit leuchtenden Augen, die nichts von seiner Umgebung zu fassen schienen, in die Ferne und sagte mit klarer Stimme: „Sieg, großer Sieg — Rosen — rosenrot!"

Mit unendlich freudigem, verklärtem Ausdruck sank er zurück; sein Atem wurde schwächer, bis er nach wenigen Minuten erlosch.

Entsprechend seinem vielfach geäußerten Wunsch, wurde sein Heimgang erst nach seiner Beisetzung bekanntgegeben. Diese erfolgte in aller Stille am Mittwoch, dem 3. April, mittags 12 Uhr, in seiner Gruft auf dem Friedhof von Radebeul.

3

Das Erbe

Des Dichters unerwartetes und plötzliches Ableben ließ die meisten Rechtsverhältnisse ungeklärt und in großer Wirrnis zurück. Es galt, in jeder Hinsicht Ordnung und Einheitlichkeit zu schaffen. Zu diesem Zweck wurde am 1. Juli 1913 der Karl-May-Verlag errichtet. Inhaber dieser offenen Handelsgesellschaft sind Karl Mays Witwe und Dr. jur. Euchar Albrecht Schmid, dem die Leitung des Verlags obliegt[1]. Mitbegründer war auch Mays früherer Hauptverleger Friedrich Ernst Fehsenfeld, Freiburg i. Br., der seine sämtlichen Vorräte und Verlagsrechte an Mays Werken in die Firma einbrachte; er starb am 16. September 1933 im Alter von 80 Jahren.

Soweit diese drei Personen nicht bereits sämtliche Urheberrechte Karl Mays besaßen, mußten die vorher in anderen Händen befindlichen Verlagsrechte unter großen Opfern zurückgekauft werden. Vor allem wurden die früher bei der Union-Stuttgart veröffentlichten Werke erworben und dadurch der Ausbau der bisherigen ‚Gesammelten Reiseerzählungen' zu ‚Gesammelten Werken' ermöglicht. Aber auch die Rechte an den fünf Münchmeyer-Romanen gingen durch Ablösung ins Eigentum des Karl-May-Verlags über, damit sie neu bearbeitet und der Sammlung angegliedert werden konnten.

Nicht minder wichtig war der Abschluß der unseligen Zivilprozesse, deren Ausgang man nicht absehen konnte. Es ist gelungen, sie alle ohne Ausnahme zu einem raschen und günstigen Abschluß zu bringen, wobei die Mehrzahl, darunter auch der 12 Jahre dauernde Münchmeyer-Prozeß, durch Vergleiche erledigt wurde.

1 Frau Klara May verstarb am 31. 12. 1944, Dr. E. A. Schmid am 15. 7. 1951; Erben des Karl-May-Verlags waren einerseits die Karl-May-Stiftung (vgl. S. 341), andererseits die Witwe und die Söhne Dr. E. A. Schmids; 1960 schied die Karl-May-Stiftung als Teilhaber aus (vgl. S. 352).

Schließlich galt es noch die durch Mays Testament gegebenen letzten Wünsche des Heimgegangenen in rechtliche Formen zu bringen und ihnen dadurch Dauer und Wirkung zu sichern; auch das kam nach langen Muhen lückenlos zustande.

4

Die Prozesse

Es besteht nicht die Absicht, den Rattenkönig von Rechtsfragen, der sich aus Mays großem Urheberrechtsprozeß entwickelte, jemals wieder ans Licht zu zerren, weil das endlose neue Streitigkeiten zur Folge haben könnte. Nur soweit Mays eigene in den Lebenserinnerungen niedergelegten Mitteilungen einer Ergänzung bedürfen, sei die Sachlage kurz zusammengefaßt.

In den Jahren 1882 — 1887 hatte May für den Verleger Münchmeyer in Dresden ohne Verfasserangabe fünf umfangreiche Lieferungsromane geschrieben, um die er sich später, weil ganz für den ‚Deutschen Hausschatz‘ und für Fehsenfeld beschäftigt, nicht mehr kümmerte. 1892 starb Münchmeyer; 1899 verkaufte die Witwe das Geschäft. Der Käufer machte sich sofort daran, die fünf Romane Mays in neuer Ausstattung, und zwar unter dem Namen des mittlerweile berühmt gewordenen Schriftstellers, herauszugeben. May klagte gegen den neuen Inhaber sowie gegen die Witwe Münchmeyer als Vorbesitzerin des Geschäfts.

Die erste Klage endete 1907 durch den in der Selbstbiographie abgedruckten Vergleich. Die Klage gegen die Witwe Pauline Münchmeyer forderte Schadenersatz dafür, daß sie die anonymen May-Werke widerrechtlich mitverkauft hatte, obwohl die Rechte daran Mays Eigentum waren und vereinbarungsgemäß nach Erzielung einer Auflage von je 20 000 Stück an ihn zurückfallen sollten;

321

ferner verlangte der Dichter Herausgabe seiner Urschriften, um die daran vorgenommenen textlichen Veränderungen nachweisen zu können. Und das war eben der eigentliche große ‚Münchmeyer-Prozeß‘, der insgesamt 12 Jahre dauerte. Aus ihm, der auf beiden Seiten mit immer schärferen Waffen geführt wurde, entwickelte sich eine große Schar von Nebenprozessen, und auch alle Beleidigungsfehden, die May später führen mußte, sind irgendwie auf ihn zurückzuführen; sie entstanden teilweise daraus, daß schließlich (1910) sogar die jugendlichen Verfehlungen des nunmehr 68jährigen Mannes ans Licht gezerrt und ihm in breitester Öffentlichkeit und mit maßloser Übertreibung vorgeworfen wurden. Beide Parteien flüchteten sich immer wieder zur Tagespresse, und so erwuchsen naturgemäß Streitigkeiten, die mit dem Grundprozeß gar nichts mehr zu tun hatten.

Der riesenhafte Prozeß hat sich insgesamt in fünf Instanzen abgespielt; zunächst wurde über den Grund der Klage sowohl beim Landgericht wie beim Oberlandesgericht und Reichsgericht entschieden, und zwar hat May in allen drei Instanzen restlos gesiegt. Frau Münchmeyer wurde zum Schadenersatz verurteilt; dagegen erklärte sie sich zur Herausgabe der Handschriften außerstande, weil diese vernichtet seien. Nachdem also gerichtlich endgültig festgestellt war, daß May sich mit seinen Ansprüchen im Recht befand, wurde, wie bei derartigen Prozessen stets, nochmals der Instanzenweg beschritten, indem sich jetzt die Gerichte über die Höhe der Schadenersatzansprüche zu äußern hatten. Das Landgericht, das also nunmehr als vierte Instanz bzw. als erste Instanz des zweiten Rechtsgangs urteilte, sprach May eine Entschädigung von 60 000 Mark zu. Sowohl May als Kläger wie Frau Münchmeyer als Beklagte legten gegen dieses Urteil wiederum Berufung ein, und nun begann der Prozeß in der fünften Instanz, also wieder beim Oberlandesgericht, zu spielen. In der Zeit dieser Verhandlungen (die Zahl der Zeugen und Sachverständigen war inzwischen auf 67 angewachsen) starb Karl May.

Als ich bald nach Mays Tode auch mit der Leitung der Prozesse betraut wurde, ging ich bei der Erledigung von dem Gedanken aus, daß die möglichen Prozeßerfolge in gar keinem Verhältnis zu den Nachteilen standen, die Mays Name und Ansehen durch die immerwährenden, von seinen Prozeßgegnern veranlaßten Presseangriffe erlitten; aber auch die Beweismöglichkeiten waren naturgemäß durch sein Ableben schwieriger geworden. Im Frühjahr 1913 gelang es, den zwölfjährigen Hauptprozeß May gegen Pauline Münchmeyer zu begraben; in einem Vergleich zwischen beiden Parteien erklärte sich Frau Münchmeyer zur Zahlung einer Abfindung in Höhe von 25 000 Mark bereit, was das Ende des unheilvollen Streits herbeiführte. In rascher Folge kamen auch alle übrigen Prozesse zum Abschluß[1].

Während des letzten Abschnitts des Riesenprozesses bin ich selbst, der ich damals noch nicht Karl-May-Verleger war, als sachverständiger Zeuge vernommen worden. Meine Aussage hatte ich am 12. Dezember 1912 beim Amtsgericht in Stuttgart, meinem damaligen Wohnsitz, auf Ersuchen des Oberlandesgerichts Dresden, zu leisten. Die von mir unter Eid niedergelegten Äußerungen bringe ich nachfolgend, soweit für den vorliegenden Zusammenhang von Belang, im Auszug:

... Von May autorisiert sind nachstehende im Buchhandel befindliche Werke:
a) bei Fehsenfeld, Freiburg: 33 Bde. Reiseerzählungen[2] (d. s. seine Hauptwerke), 1 Band Erzgebirgische Dorfgeschichten, 1 Drama, 1 Band Gedichte.
b) bei der Union, Stuttgart: 7 Bde. Jugendschriften[3].
c) hierzu wären noch einige Handschriften zu rechnen, die ich in Mays literarischem Nachlaß vorfand[4]: mehrere Reisenovellen, 2 Dramenfragmente, eine Anzahl von Gedichten.

1 Vgl. hierzu meine Schrift ‚Eine Lanze für Karl May‘
2 Heute Bde. 1—33 der Gesammelten Werke
3 Heute Bde. 35—41 der Gesammelten Werke
4 Vgl. weiter unten das Kapitel ‚Nachlaßschriften‘

Diese sämtlichen Werke sind sittlich rein und ethisch hochstehend. Sie haben insbesondere einen hohen erzieherischen Wert infolge ihrer Lehrhaftigkeit und kindlich-treuen Gottesverehrung. Mir sind viele Beispiele bekannt, in denen die genannten Werke bei bestimmten Personen eine nachhaltige seelische Läuterung auslösten ....

Nicht autorisiert sind die bei Münchmeyer, Dresden-Niedersedlitz, erschienenen Buchwerke Mays:

a) 8 Novellen verschiedenen Umfangs. Auch diese sind sittlich einwandfrei und stehen ungefähr in der Art der oben erwähnten Erzgebirgischen Dorfgeschichten.

b) 5 umfangreiche, vielbändige Romane: ‚Das Waldröschen‘, ‚Der Verlorene Sohn‘, ‚Deutsche Herzen, deutsche Helden‘, ‚Der Weg zum Glück‘, ‚Die Liebe des Ulanen‘. Die vier erstgenannten erschienen ursprünglich in Kolportageform 1882 bis 1887, der letztgenannte wurde erstmals in der Zeitschrift ‚Deutscher Wanderer‘ 1884 veröffentlicht.

Sie haben mit Mays Reiseerzählungen viele Ähnlichkeiten, aber auch mancherlei Unterschiede; ich möchte sie als eine Mischung Dumas-Gerstäcker bezeichnen. Zu ihrer weiteren Würdigung gestatte ich mir, einen Abschnitt aus einem von mir Anfang 1911 veröffentlichten Aufsatz anzuführen.

‚Als die unter dem Bruch des Pseudonyms erfolgte Neuausgabe erschien, begannen einzelne Kritiker Zetermordio zu schreien über die ‚Unsittlichkeit‘ dieser vorher unbekannten May-Erzeugnisse. May verteidigte sich: die verfänglichen Stellen seien von Münchmeyer während des Erscheinens in die ursprünglich sittenreinen Romane eingeschmuggelt worden; er selbst habe die Änderungen bei seiner damaligen ungemein produktiven Tätigkeit nicht sofort wahrgenommen. In dem erwähnten Zivilprozeß wurde die Tatsache erheblicher Änderungen von den beklagten Parteien zugegeben.

Glaubhaft sind Mays diesbezügliche Behauptungen vollauf, besonders für denjenigen, der in die Mache des Kolportagehandels Einblick hat.

Im übrigen sei hier noch etwas eingeschaltet. Ich selbst habe die sämtlichen in Rede stehenden Romane seit langen Jahren in Eigenbesitz und kann mir also ein Urteil darüber erlauben. Gewiß stehen diese Kolportagewerke ethisch und ästhetisch keineswegs auf der gleichen Höhe wie etwa die Reiseerzählungen; an Phantasie und kunstvoller Fabel gleichen sie ihnen, doch fehlt teilweise das Lehrhafte, auch sind sie mit offenbarer Hast und Flüchtigkeit geschrieben. Was nun die — sagen wir — nicht einwandfreien Stellen betrifft, so beschränkt sich die ganze (verhältnismäßig spärliche) Unsittlichkeit auf die berühmten „hochwogenden Busen" und auf die nicht minder berühmten „duftigen Kleider, deren durchsichtiger Schleierstoff die reizenden Formen mehr ahnen ließ als verhüllte". Selbstverständlich bin ich nicht so geschmacklos, derartigen Phrasen das Wort zu reden. Wohl aber vermesse ich mich, die ganzen ‚unsittlichen' Bände in kurzer Zeit von allen Schlacken zu säubern, indem ich einfach die schamverletzenden Busen absäble und an Stelle der ahnungsvollen Gewänder so hochanständige Kattunkleider setze, daß auch derjenige, der darauf geeicht ist, nichts mehr ahnen kann.' —

Ich setze folgendes hinzu. Falls man die oben erwähnten Kürzungen auch noch auf die durch die Kolportageform bedingten Weitschweifigkeiten ausdehnen würde, so entständen tadellose, überaus spannende Bücher, die man gut und gern in Mays Gesammelte Werke aufnehmen könnte.

Ist es nun glaubhaft, daß die (vereinzelten) nicht einwandfreien Stellen — wie sie übrigens ähnlich in Hunderten als gediegen anerkannten Literaturwerken zu finden sind! — nicht von May selbst stammen, sondern hineingefälscht wurden? Ja! Bei dem Riesenumfang dieser Werke und bei der Schnelligkeit, mit der May schreiben mußte, ist es ganz ausgeschlossen, daß er genaue Nachprüfungen vornehmen konnte. Zudem sind die Bilder der Urausgabe — im Gegensatz zu denen der späteren — so abgeschmackt und stümperhaft, daß man aus ihnen ebenfalls nicht etwa auf lüsterne Stellen schließen kann. Auch ist mir bekannt, daß andere Kolportageschriftsteller grundsätzlich keine Korrektur lesen, um nicht den Faden zu verlieren; die Kolportageverleger wissen dies und bestehen auch nicht auf dem Lesen der Korrekturen. Ferner hat mir Frau May eine ganze Serie der Waldröschen-Urausgabe in losen Korrekturbogen überreicht, die nicht einmal aufgeschnitten, geschweige korrigiert oder durchgelesen waren.

Daß Münchmeyer änderte oder ändern ließ, entspricht den Erfahrungen, die der mir persönlich bekannte erfolgreiche Schriftsteller Robert Kraft mit der gleichen Firma machte: er hatte einmal in deren Auftrag den Roman eines anderen Autors (Sir John Retcliffe) völlig umzuarbeiten, und außerdem wurde ein von ihm selbst verfaßter Roman[1] ebenfalls von dritter Hand durch erhebliche Einschiebungen verändert.

All diese Gesichtspunkte sowie auch die Prüfung auf sprachliche Eigenheiten Mays, veranlassen mich zu der Aussage, daß ich an die Verfälschung seiner Urschriften glaube. Es tritt aber noch eine weitere höchst bedeutsame Folgerung hinzu:

Sämtliche mir sonst bekannten Werke Mays, und zwar vor

1 ‚Detektiv Nobody'

allem auch diejenigen, die er vor und während der Münch-meyer-Zeit schrieb, sind gleich den eingangs erwähnten autori-sierten Buchausgaben ethisch hochstehend, sittenrein und frei von Anstößigkeiten ....

Mit diesen hervorragenden Büchern, in denen das Weib völlig ausgeschaltet ist oder nur als geschlechtsloses Wesen in Erscheinung tritt, war May seit 1879 der erklärte Liebling der Leser des ‚Deutschen Hausschatzes' geworden. Dies beweist nicht nur der Umstand, daß fast die ganzen Jahrgänge von seiner Feder gefüllt sind (er schrieb gleichzeitig noch unter dem Pseudonym E. von Linden historische Erzählungen für das Blatt), sondern dies zeigen insbesondere die Briefkästen und die redaktionellen Bemerkungen jener Jahre, die den Lesern gar nicht genug Anfragen über ihren Lieblingsschriftsteller erwidern konnten. Nur die mir persönlich bekannte unglaubliche Gutherzigkeit und Sorglosigkeit Mays können ihn damals bewogen haben, seinem Freunde Münchmeyer aus der Klemme zu helfen und dabei die Herstellung des Drucks unüberwacht zu lassen. Natürlich litt unter der ungeheuren Kolportagearbeit seine Tätigkeit für den ‚Hausschatz' ganz erheblich, und er hat in den Jahren 1883—86 nur eine einzige Erzählung für das Blatt schreiben können. Dieses geriet dadurch den Lesern gegenüber in eine ersichtliche Zwangslage und mußte fortwährend redaktionelle Versprechungen geben, die es nicht einlösen konnte, weil Mays Manuskript ausblieb. Erst als May mit Münchmeyer gebrochen hatte, 1887, konnte der ‚Hausschatz' wieder Jahr für Jahr umfangreiche Arbeiten aus Mays Feder bringen.

Diese Tatsachen bestärken mich in der Meinung, daß May, der schon längst die Entbehrlichkeit des weiblichen Elements für seine Werke erprobt hatte, sittlich reine Urschrift an Münchmeyer lieferte.

Es entsteht die Frage, wie es möglich war, daß die May-Münchmeyer-Romane, die ich, selbst in ihrer druckmäßigen Gestalt, nicht als ‚unsittlich' bezeichnen kann, zu solchem Ruf kamen.

Daran trägt die Hauptschuld der frühere Chefredakteur der ‚Kölnischen Volkszeitung', Dr. Hermann Cardauns. Dieser Mann, der einzige Gegner übrigens, der von Anfang an unterrichtet und ernst zu nehmen war, widmete sich der ‚Entlarvung' Mays mit einer Regsamkeit, die einer besseren Sache würdig gewesen wäre: er schrieb Artikel über Mays „Pornographie" (!), wobei er gar nicht bedachte, daß er selbst die beste Reklame für die von ihm verurteilten Bücher machte. Welcher Art sein Kampf war, zeigt folgende Tatsache.

1902 veröffentlichte Cardauns einen Aufsatz in den ‚Historisch-Politischen Blättern' (129. Band, Seite 517 ff., „Herr Karl May von der anderen Seite"), worin er u. a. (Seite 535) über ‚Deutsche Herzen, deutsche Helden' folgendermaßen urteilt: „… anfangs in Konstantinopel, Ägypten und Tunis spielend und hier nicht ungeschickt, wenn auch mit tollen Unmöglichkeiten und einer Dirnengeschichte von 35 Seiten ausgestattet. Später springt die Erzählung nach Amerika …

Hieraus ergibt sich, daß Cardauns an den Seiten 1—816 (es ist stets die Urausgabe zitiert) im Grunde lediglich 35 Seiten beanstandet. Diese „Dirnengeschichte" findet sich auf den Seiten 276 ff. der Urausgabe (zweite Ausgabe: Bd. I, S. 443 ff.). Es hat mit ihr nachstehende Bewandtnis.

Der spleenige Engländer Lord Eaglenest ist durch Mozarts(!) ‚Entführung aus dem Serail' derart begeistert, daß er selber eine solche Komödie in Szene zu setzen gedenkt. Er will eine Haremsdame entführen, gleichviel welche; jeglicher geschlechtliche Anreiz ist ihm dabei so fremd wie dem guten Mozart selbst. Ein Kuß ist das äußerste, wozu er sich versteigt. Und da fällt er Gaunern in die Hände, die seine Marotte benutzen, um ihn auszuplündern. Daß die dabei verwendeten Mädchen Dirnen sind, ist für den Gang der Handlung gänzlich unerheblich. Die viele Seiten lange Szene enthält nur einige wenige Stellen, die besser unterblieben wären, die man aber streichen kann, ohne das übrige ändern zu müssen, nämlich: Seite 279, Zeile 7—9; S. 280, Z. 28—29; S. 284, Z. 13; S. 295, Z. 14—22; S. 308, Z. 32—36[1]. Man streiche diese 20 Zeilen, d. i. insgesamt noch nicht eine halbe Seite, und die „Dirnengeschichte" des Herrn Cardauns ist verschwunden! Es bleibt die einwandfreie, humorvolle Schilderung einer Gaunerbande.

Cardauns fand bald Nachfolger, die auf den unglückseligen Karl May mit Keulen losschlugen und dort Superlative setzten, wo jener sich mit dem Komparativ begnügt hatte. So wurde vor einigen Jahren eine Korrespondenz in die Presse lanziert, worin eine Statistik über die im ‚Waldröschen' vorkommenden „Morde" aufgestellt ward: soviel ich mich erinnere, brachte der ‚Statistiker' mehr als 2000 zusammen, darunter viele hundert „Tötungen durch Erschießen", drei „Hinrichtungen mit genauen Einzelheiten" usw. usw. Also „ein blutrünstiger Roman"! Diese seltsame Statistik erfährt eine seltsame Beleuchtung, wenn man die „Morde" näher betrachtet. Im ‚Waldröschen' werden nämlich die historischen Kämpfe zwischen Kaiser Maximilian von Mexiko und Juarez geschil-

[1] Zu allem Überfluß handelt es sich bei 9 dieser 20 Zeilen um ein Zitat aus Goethes Gedicht ‚Der Gott und die Bajadere'!

dert, wobei mehrfach die Verluste der Schlachten registriert sind: so kommt man auf die „Tötungen durch Erschießen". Und die „genau geschilderten Hinrichtungen" sind gleichbedeutend mit der kriegsrechtlichen Füsilierung des Kaisers Maximilian und seiner zwei Generäle Miramon und Mejia!...

Was May unter dem furchtbaren Druck der jahrelangen Kämpfe leiden mußte, zeigt nicht nur seine eigene Lebensbeschreibung, sondern es tritt auch in den vielbändigen Prozeßakten immer wieder zutage. Um ein Bild hiervon zu geben, lasse ich zwei Briefe von seiner Hand folgen, die ich unter diesen Aktenstücken fand und die an einen seiner Anwälte[1] gerichtet sind. Sie waren, wie sich aus der ganzen Art ergibt, nicht für die Öffentlichkeit bestimmt, aber dennoch habe ich mich nach reiflicher Erwägung zur Wiedergabe entschlossen. Seltsamerweise stammen beide von dem gleichen Tag, und zwar ist dem Poststempel zufolge der eine am Vormittag, der andere am Abend geschrieben.

                              Radebeul, den 29. September 1905

Lieber Rudi!

Mich beschäftigt nun der Dienstagtermin mit unseren beiden Klagen. Ich werde morgen Herrn Rechtsanwalt Klotz hierüber schreiben. Für Dich schon heute hier diese Zeilen...

Man wird Dienstag auf den Vorstrafen reiten wollen. Soll das wirklich geschehen und ich nur immer wieder öffentlich bloßgestellt werden, so ziehe ich meine Klage einfach zurück. Ich verfolge diese Klage nur dann weiter, wenn ich diese Strafen nicht zuzugeben brauche.

Bis jetzt kann Lebius von diesen Strafen nichts Bestimmtes wissen. Es kann weder mich noch meinen Vertreter ein Richter zwingen, etwas einzugestehen, was der Angeklagte zu beweisen hat. Auf keinen Fall darf ich den fürchterlichen Fehler begehen, vor dem versammelten Berichterstattervolk die Vorstrafen zuzugeben. Es würde das mein ganzes Lebenswerk vernichten, und ehe ich das zugebe, will ich lieber sterben! Solange es nur auf Hörensagen beruht und in den Akten steckenbleibt, ist es nicht tödlich. Zwingt man mich aber, mein

---

[1] Rudolf Bernstein

eigenes Ja dazu zu sagen, vor sämtlichen Landsknechten der Tinte und der Buchdruckerschwärze, so gibt es einen Schlag und dann kein Auferstehen!

Du siehst, mein lieber Rudi, es wird nun Ernst! Ich bitte Dich, opfere weder Dich noch mich! Wir sind beide Idealisten, aber das kann mich doch nicht bestimmen, mich in dummer Hochherzigkeit zum Abschlachten hinzustellen ...

Ich bitte Dich, Herrn Rechtsanwalt Klotz diesen Brief vorzulegen. Die Zeit ist knapp, denn Montag bin ich nicht daheim. Doch werde ich ihm morgen noch einige Unterlagen senden.

Also, mein lieber, guter Rudi, kein Eingeständnis aus vergangener Zeit! Diese Menschen sind uns doch wohl nicht derart an Klugheit über, daß ich mich durchaus abschlachten lassen muß!

Mit herzlichem Gruß

Dein Karl.

Radebeul, 29. September 1905

Mein lieber Freund!

Du weißt, wie unendlich glücklich meine Ehe ist. Aber soeben hat mir meine Frau den ersten Schmerz, seit wir uns kennen, bereitet. Ich bin nicht plauderhaft, erzähle Dir aber trotzdem hiervon, weil ich Dich, den Freund, nicht aber den Juristen, um Deine Hilfe bitten möchte.

Ich ging zu meiner Frau, um mir Postkarten zu holen, die sie in ihrem Schreibtisch hat. Sie war nicht da. Da wir nicht das allergeringste Geheimnis voreinander haben, so zog ich selber das Fach heraus, um mir Karten zu nehmen. Da lag obenauf ein engbeschriebenes Blatt, genau nach der Größe ihrer Briefumschläge zusammengefaltet; sie wollte es also verschicken. Ohne die eigentliche Absicht, zu lesen, faßte ich doch eine Zeile ins Auge, weil sie unterstrichen war. Da stand: ‚Für arme Studenten und Künstler 4800 Mk.‘

Das ist genau der Betrag, mit dem ich Studierende und Künstler im laufenden Jahr unterstützt habe. Diese Summe ist grad heuer etwas bedeutender als sonst. Da ich, wie Du weißt, der Ansicht bin, daß diese Sachen heilig sind, so fiel mir dieser besondere Zettel auf. Ich öffnete ihn also und las. Er enthielt eine Aufstellung der Barbeträge, die ich in den neun Monaten 1905 an Unterstützungen usw. ausgegeben habe. Wozu dieses Verzeichnis? Ich wartete, bis Klärchen kam, und fragte sie. Niemals kann oder wird es zwischen ihr und mir eine Unwahrheit, eine Bemäntelung geben. Sie war zwar verlegen, sagte mir aber ohne Zaudern, daß der Zettel für Dich bestimmt sei. Diese Auskunft schloß mir natürlich den Mund. Ich fragte also nicht, ob sie selbst auf den Gedanken gekommen oder auf ihn geleitet worden sei, sondern ich zerriß nur einfach das Blatt in kleine Stücke und ging hinaus, ohne ein Wort zu sagen.

Es tut mir weh, sehr weh! Ich bin keineswegs so reich, wie die Leute denken. Ich bin das Kind blutarmer Eltern und habe hungern und entsagen gelernt. Es ist mir ein Herzensbedürfnis, anderen den Weg, der mir so schwer geworden ist, zu erleichtern. Ich darbe da lieber noch selbst, als daß ich die, mit denen ich einmal begonnen habe, warten lasse. Du weißt, ich habe der Zigarre, dem Wein, dem Bier, dem Spiel und auch noch anderem entsagt, obwohl mir das nicht leicht geworden ist. Das alles gibt es für mich nicht mehr, und was ich früher dafür ausgegeben habe, das lege ich nun auf den Tisch, von dem meine Schutzbefohlenen zehren. Mögen andere mit ihrem ,Geld' prahlen; ich aber gebe doch kein Geld, sondern das, was mir früher lieb gewesen ist, was ich mir jetzt versage. Was ich da tue, ist innerlich und kann nicht in Zahlen gefaßt werden. Wozu also dieses Verzeichnis meiner Frau? Es ist meine Wonne, daß sie alles so hoch anzuschauen pflegt; wozu dieser plötzliche Schritt in die Niedrigkeit hinunter?

Außerdem noch eins. Ich pflege das Seelenleben zu personifizieren. Das ist der Grund, weshalb man meine Bücher von gewisser Seite nicht begreifen will. Auch das Wohltun ist für mich eine Persönlichkeit. Bei jeder Wohltat, die ich einem Menschen erweise, wird mir die Hand von einer lieben, lichten Gestalt geführt, die in meinem Innern wohnt. Ich sehe sie mit meinem geistigen Auge und höre ihre Stimme mit meinem inneren Ohr. Sie ist die reine, keusche, prunklose Nächstenliebe, die nie sich rühmen kann und nie von sich reden lassen mag. Christus sprach von ihr, als er sagte, daß die linke Hand nicht wissen dürfe, was die rechte tut. Und, lieber Freund, ich bin ein Christ, besonders auch hier! Diese liebe, lautere, lichte Gestalt aus mir heraus und in die Öffentlichkeit zu zerren, betrachte ich nicht nur als Preisgabe meiner innersten Gefühle, sondern als Entweihung der schlichten, keuschen Mildtätigkeit, die wie ein Falter durch jede Berührung einer fremden Hand beschädigt wird. Es ist mein Wunsch, daß sie rein und unbefleckt bleibe, wie bisher.

Darum hat es mir weh getan, daß grad diese meine Frau, die mich so ganz und gar begreift und zur höchsten, edelsten Tat befähigt ist, auf den Gedanken kommen konnte, mein stilles, mich beglückendes Wirken für andre Menschen als Mittel benutzen zu wollen, die gegen mich herrschende feindliche Stimmung in eine freundliche umzuwandeln. Ich bin vollständig überzeugt, daß hierdurch grad das Gegenteil erreicht würde. Niemand würde glauben, daß ich nichts davon weiß, und statt dessen würde jedermann über mich als einen Protzen und Prahlhans schreien. Und davor bewahre mich Gott; ich habe schon mehr als genug zu tragen.

Aber auch wenn das nicht wäre, sondern wenn auf diesem Weg wirkliche Hilfe zu erwarten wäre, ich würde doch auf diese Hilfe verzichten. Ja, es ist wahr, ich bin von rundum angefeindet, weil man mich und meine Bücher jetzt noch nicht begreift bzw. nicht begreifen will. Grad jene, die sie gar nicht lesen, sind die Gehässigsten. Aber ich trage beides in mir, den Mut und auch die Kraft, all dieser Gehässigkeit zu widerstehen, bis die Zeit kommt, in der man mich und was ich schreibe, begreifen muß. Was ich erstrebe, ist gut, und was ich verfechte, ist mein unveräußerliches Recht. Meine Ehre soll darin bestehen, daß ich mich von keiner Schande niederwerfen lasse, und meinen Prozeß will ich nur dadurch gewinnen, daß die Richter mir das rein sachliche Recht zusprechen, ohne sich durch irgendein Lob oder irgendeine Herabsetzung meiner Person hierbei bestimmen zu lassen. Grad ich habe alle Veranlassung, die größte Unparteilichkeit zu fordern, damit zwischen mir und den mir feindlichen Verhältnissen die richtige Grenze gezogen werde. Und da ist doch wohl nur zu fragen, auf welcher Seite das Recht und auf welcher das Unrecht liegt, nicht aber, ob ich ein wohltätiger Mensch bin oder nicht.

Leider muß ich Dich mit diesem langen Brief belästigen, weil meines guten Klärchens Zettel für Dich bestimmt gewesen ist. Sie liest diesen Brief, bevor er an Dich abgeht; das bin ich ihr schuldig, und ich füge zum Schluß noch folgendes hinzu:

Wir beide, Du und ich, wir haben uns während der bisherigen Prozeßführung von jeder Art von Niedrigkeit freigehalten. Zwingt uns trotz alledem am Ende der Gegner noch hinab, nun wohl, so steigen wir hinunter zu ihm, um ihm da unten zu sagen, was wir hier oben nicht sagen konnten. Dann werden wir aufs schnellste mit ihm fertig. Also, ich bin sogar, um mein Recht zu erkämpfen, zu einer gewissen Art von Mangel an Umgangsform bereit, doch meine innere Welt, in der ich mich unendlich glücklich fühle, und was ich da denke und tue, opfere und gebe, die hoffe ich mir auch ferner freizuhalten. Am allerwenigsten soll der Prozeß mir diese Welt beflecken!

Mit herzlichem Gruß

Dein alter May.

5

Weltreisen

Für seine Lebenserinnerungen hatte May einen zweiten Band vorgesehen, und zwar wollte er darin ausführliche Mitteilungen über seine Reisen bringen. Da sich um den vorliegenden Teil dieser Lebensbeschreibung gleich nach Erscheinen ebenfalls Prozesse entspannen, verzögerte sich die geplante Fortsetzung, und der Dichter wurde vom Tod überrascht, bevor er damit begonnen hatte. Deshalb waren wir leider betreffs seiner Reisen auf eigene Nachforschungen angewiesen, die sich naturgemäß sehr erschweren, soweit es sich um die frühere Zeit handelt.

Die Weltkriege haben manchen mühsam aufgefundenen Faden zerrissen und viele Wege versperrt, ja vielleicht sogar dauernd vernichtet. Da May um sein Vorleben begreiflicherweise jahrelang Dunkel gelegt hatte, sind wir vielfach auf Mutmaßungen beschränkt. Daß ein Mann, der zwar nicht Millionär war, aber doch immerhin große Summen verdiente, eine ganze Reihe Europareisen unternahm (nach bisherigen Feststellungen nach England, Frankreich, Italien, der Schweiz, Ungarn, Mazedonien, Griechenland und der Türkei), bedarf keiner Erwähnung, obwohl tatsächlich auch schon die Behauptung aufgetaucht ist, May sei niemals aus Deutschland hinausgekommen! Bei dieser Gelegenheit sei bemerkt, daß der Dichter auch mehrere seiner Werke im Ausland niederschrieb, so Teile von ‚Und Friede auf Erden‘ im Sommer 1901 auf Rigi-Kulm am Vierwaldstätter See und von ‚Im Reiche des silbernen Löwen‘, Bd. IV[1], im Winter 1902—03 in Riva am Gardasee. Erwähnt sei ferner, daß Mays Einkommen allerdings erst seit Erscheinen der „Gesammelten Reiseerzählungen", eine Höhe erreichte, die ihm größere Auslandsreisen erlaubte.

1 Heute Ges. Werke Bd. 29 ‚Das versteinerte Gebet‘

Wichtig sind im Rahmen vorliegender Ausführungen lediglich die außereuropäischen Reisen Mays, wovon aufgrund erhalten gebliebener Reisepässe zwei mit urkundlicher Gewißheit feststehen. Weitere drei frühe außereuropäische Reisen wurden lange Zeit als einigermaßen wahrscheinlich angenommen; wirkliche urkundliche Beweise gibt es weder für noch gegen sie. Welche Bewandtnis es mit den übrigen in der Selbstbiographie da und dort erwähnten Reisen hat, ließ sich leider gleichfalls nicht endgültig ermitteln. Selbstverständlich scheiden bei diesen Erwägungen von vornherein alle jene Zeitabschnitte aus, in denen May seine Strafen verbüßte oder für die Mays Aufenthalt in Deutschland durch andere amtliche Unterlagen belegt ist; die Zeit vor der ersten Haft (bis September 1862) kommt gleichfalls nicht in Betracht. In den darauffolgenden Jahren liegen lediglich die in den nachstehenden Abschnitten angemerkten Zeiträume im Dunkel. Einzig diese könnten also für Auslandsreisen in Frage kommen. —

Amerika-Reisen in den sechziger Jahren. May hat bis zuletzt betont, er habe sich mehrfach in Amerika aufgehalten, und zwar sei er zuerst im Alter von 20 Jahren hinübergekommen. Das müßte um die Zeit 1862—63 gewesen sein. Nach seiner wiederholten und ausdrücklichen Erklärung handelt es sich hierbei um eine fast einjährige Reise durch Nordamerika, die ihn auch ins Indianer-Schutzgebiet, ins Felsengebirge und in den Nationalpark führte[1]. Er will damals als ganz armer Teufel über See gegangen sein, sich sogar zeitweise als Kohlentrimmer auf einem Dampfer verdingt haben; in Amerika sei er anfangs Hauslehrer, später bei Eisenbahnvermessungsarbeiten beschäftigt gewesen. Daß er zu jener Zeit keine brieflichen Mitteilungen nach Deutschland hinübersandte, bedarf für niemanden einer Begründung, der die in den Lebenserinnerungen geschilderte Leidenszeit kennt.

---

1 Der erste ‚dunkle' Zeitraum liegt zwischen Oktober 1862 und Mitte 1864.

Und in gleicher Weise will May nach der zweiterwähnten Strafzeit, also etwa um das Jahr 1869, wieder eine Zeitlang in Amerika geweilt haben[1]; damit wäre wohl die auf Seite 175 erwähnte Auslandsreise gemeint. —

Afrika-Reise 1869. Es handelt sich wahrscheinlich um die in den Lebenserinnerungen auf Seite 184 erwähnte Auslandsreise, die May, wie auch die in seinen Prozeßakten niedergelegten polizeilichen Feststellungen mitteilen, zunächst nach Italien führte. Ging er von dort aus nach Nordafrika hinüber? Wie lange und wie weit, ließe sich nur daraus annähernd schließen, daß die gesamte Reise höchstens fünf Monate in Anspruch nahm[2]. Für diese frühzeitige Afrikareise spricht vor allem der Umstand, daß der Dichter, genauso wie über Nordamerika, ganz im Anfang seiner schriftstellerischen Laufbahn bereits mit Vorliebe auch über Nordafrika geschrieben hat, vgl. die von ihm mehrfach umgeänderte ,Gum'[3]. —

Gegen diese drei frühen Reisen gibt es allerdings gleichfalls Erwägungen und Gründe, die erst im Lauf der jahrzehntelangen Forschungen auftauchten. So schreibt Karl May in einem erst sehr spät aufgefundenen Brief an seine Eltern am 20. April 1869, daß er nach Nordamerika zu reisen gedenke, und fährt dann fort: *„... Ihr werdet wohl mit meinem Schritte einverstanden sein, der mir vielleicht Aussicht auf etwas mehr Glück bietet, als ich bisher gehabt habe. Überdies kann es gar nicht schaden, wenn ich auf einige Zeit Sachsen verlasse, in welchem mir meine Vergangenheit immerhin einigermaßen bedrohlich werden kann. ... Ich reise ab, man wird meine Vergangenheit vergessen und verzeihen, und als ein anderer Mensch mit einer besseren Zukunft komme ich wieder ..."* Dieser Wortlaut deutet sehr stark an,

---

1 Das könnte nur zwischen November 1868 und März 1869 gewesen sein, denn ab Ende März 1869 ist wieder sein Aufenthalt in Deutschland festgestellt.
2 Aktenmäßig steht fest, daß sich May am 26. 7. 1869 den heimatlichen Behörden durch Flucht entzogen hatte und daß er bei seiner Rückkehr am 4. 1. 1870 in Böhmen verhaftet worden war.
3 Ges. Werke Bd. 10, Erzählung 1

daß May *vorher*, also bis April 1869, noch nie im Ausland geweilt hat; trotzdem ist der Brief andererseits natürlich kein stichhaltiger *Beweis* gegen frühere Reisen des Schriftstellers. Übrigens hat May diese hier im Brief erwähnte Reise nachweislich *nicht* durchgeführt. — Noch am stärksten sind die Gründe für die dritte der vermuteten Frühreisen, also die Nordafrikareise. Allerdings darf man dabei die Jahreszeit nicht außer acht lassen, die für Alpenüberquerungen nicht gerade günstig erscheint. —

Seit sich May nach seiner Entlassung 1874 als Schriftsteller betätigte, haben (bis 1899) außereuropäische Reisen nachweislich nicht stattgefunden. —

Große Orient-Reise 1899—1900. Am 4. April 1899 bestieg Karl May in Genua den Reichspostdampfer ‚Preußen‘ des Norddeutschen Lloyd. Wie aus der mir vorliegenden Passagierliste ersichtlich, verließ er das Schiff am 9. April in Port Said; von dort fuhr er nach Kairo, wo er sechs Wochen verbrachte, und dann den Nil aufwärts nach Oberägypten, wo er ebenfalls längeren Aufenthalt nahm.

Von Ägypten begab sich May nach Beirut in Syrien, wo er laut Quarantäne-Schein 14 Tage lang wegen Choleraverdachts in Quarantäne lag (Juni 1899), in Wirklichkeit wurde diese Frist durch ein ‚Bakschisch‘ umgangen, was sich auch in den Zeitangaben der Urkunden widerspiegelt. Schon eine Woche später fuhr der Dichter nach Haifa weiter.

Hierauf besuchte er mehrere Wochen lang Jerusalem und alle wichtigen Punkte Palästinas. Hier sei eine mir vom Kriegsberichterstatter Oberleutnant E. Serman, dem Verfasser des Buches ‚Mit den Türken an der Front‘, zugegangene Mitteilung eingeschaltet. Der aus Süddeutschland stammende Besitzer des Jerusalemer ‚Lloyd Hotel‘, A. Fast, hat diesem Herrn persönlich mitgeteilt, May habe bei ihm zweimal gewohnt und sei ihm sofort durch seine arabischen Sprachkenntnisse aufgefallen; er sei stets nur kurze Zeit im Gasthof geblieben, um seine Ausrüstung zu vervollständigen und dann in Begleitung eines arabischen Dieners[1] mehrere weite Streifzüge in die Berge von Judäa und in die Wüste zu unternehmen.

May kehrte darauf nach Port Said zurück, durchfuhr das Rote Meer und besuchte Massaua. Ende September zog sich die Reise zu Schiff nach Indien hinüber, und zwar zunächst nach Karatschi und Bombay, wo er aber wegen der dort herrschenden Pest nicht an Land durfte. Er fuhr weiter nach Ceylon, setzte mit der ‚Vindobona‘ nach Penang und mit der ‚Coen‘ nach Sumatra über und trat von Padang aus am 24. November 1899 die Rückreise nach Port Said an[2]. Dort mußte er zum zweitenmal in Quarantäne, und zwar diesmal wegen Pestverdachts.

Bald nach Ablauf dieser abermaligen Wartefrist traf May an der Riviera mit seiner Frau und dem Ehepaar Plöhn zusammen. Mit ihnen besuchte er wiederum Ägypten. Auch Palästina durchkreuzte er, am 17. April 1900 in Jaffa angekommen, aufs neue und berührte nochmals alle geschichtlichen Stätten, Damaskus, Haifa, den Berg Karmel, den Libanon und die Ruinen von Baalbek. Die Rückreise führte über Beirut, wo May von seinem getreuen Diener Said Hassan (‚Sejjid Omar‘) Abschied nahm, nach Konstantinopel, von wo aus er zahlreiche Ausflüge zu Wasser und zu Land unternahm. Dann ging es im Juli mit der ‚Aurora‘ nach Griechenland (Athen, Korinth, Patras), über Korfu nach Brindisi, und nach einem Aufenthalt in Italien traf er im August 1900 wie-

---

[1] Sejjid Omar, den May in seinem 1901 geschriebenen Werk ‚Und Friede auf Erden‘ beschreibt und der ihn auf der ganzen Reise begleitete.

[2] Dieser Abschnitt der Reise liegt im Dunkel. Es wurde eine Zeitlang angenommen, daß May die Rückfahrt unterbrach und von Karatschi aus nach Bagdad ging, von wo aus er einen Abstecher über die persische Grenze zu den Ruinen von Persepolis und Pasargadä hätte machen können. Über diese Gegend schrieb er ja auch bald darauf (‚Im Reiche des silbernen Löwen‘ III/IV, 1902/03). Jedenfalls war seine Heimatanschrift in Bagdad bekannt, da dort angekommene Briefe später richtig nach Radebeul weitergeleitet wurden.

der in Radebeul ein. Auf dieser Reise entstanden übrigens die meisten Gedichte seiner ,Himmelsgedanken'. —

Amerika-Reise 1908. Seine letzte außereuropäische Reise unternahm May in Begleitung seiner Gattin Klara. Am 5. September fuhren beide mit dem Norddeutschen Lloyddampfer ,Großer Kurfürst' von Bremen nach New York. Nach kurzem Aufenthalt ging die Reise von dort den Hudson aufwärts bis Albany. Da in der Nähe des Mount Lebanon Bekannte wohnten, machte May dorthin einen Abstecher, wobei er die Brüdergemeinde der Shakers kennenlernte. Dann reiste er nach Buffalo und zu den Niagara-Fällen, wo er im Clifton-House auf der kanadischen Seite wohnte. Von hier aus machte er mehrere Ausflüge: ans Grab Sa-go-ye-wat-has auf dem Friedhof zu Buffalo, zur Reservation der Tuskarora-Indianer (vom Stamm der Irokesen), nach Toronto und an den Ontario- und Eriesee. Nach den Niagara-Fällen zurückgekehrt, führte ihn der Schluß der Reise nach Lawrence, Massachusetts, wo er am 18. Oktober 1908 einen Vortrag mit dem Thema ,Drei Menschheitsfragen: Wer sind wir? Woher kommen wir? Wohin gehen wir?' hielt. Grundgedanke dieses Vortrags war das ,Droschkengleichnis', das ich weiter unten im Abschnitt ,Gestalt und Idee', Kapitel ,Das Ich', wiedergebe. Von Lawrence reiste May weiter nach Andover, wo er Haus und Grab von Harriet Beecher-Stowe, der Sklavenbefreierin und Verfasserin von ,Onkel Toms Hütte', besuchte. Auch am Den Rock, dem alten Nuggetberg der Indianer, war er. Frau May berichtete, ihr Mann sei in New York sowie in verschiedenen Gegenden im Westen des Landes bekannt gewesen, und sie habe bei dieser Reise die feste Überzeugung gewonnen, er habe schon in früheren Jahren dort geweilt.

Beide kehrten über New York nach England zurück, wo sie London und mehrere andere große Städte besuchten.

Anfang Dezember waren sie wieder daheim.

6

Einkommen und Vermögen

Eins der treffendsten Beispiele, mit welchen Waffen Mays Widersacher gegen den Dichter arbeiteten, bilden die Märchen über sein Einkommen und sein Vermögen: trotz seines steten Widerspruchs, z. B. in seiner Selbstbiographie, suchten seine Neider ihn immer wieder zum Millionär und dadurch zum gewiegten Geschäftsmann und Geldmacher zu stempeln. Noch nach Mays Tode hat Ferdinand Avenarius in seinem ‚Kunstwart‘ das frei erfundene Märchen verbreitet, der Dichter habe ein Jahreseinkommen von 200 000 Mark gehabt, habe 6 Millionen Mark hinterlassen usw.[1].

Auf Grund genauester Forschungen stelle ich hiermit fest: Der Dichter hat während seines ganzen Lebens insgesamt im Höchstfall die Summe von 800 000 Mark vereinnahmt, und sein Nachlaß bezifferte sich einschließlich des Wertes seiner Villa und der dazugehörigen Gartengrundstücke auf 140 000 Mark!

Die Einkünfte seines siebzigjährigen Lebens verteilen sich wie folgt:

Verlag Fehsenfeld-Freiburg (Buchausgabe der ‚Reiseerzählungen‘ 1892/1912 sowie eine Reihe anderer Buchwerke) . . . . 620 000 Mk.

Verlag Pustet-Regensburg (Erstabdruck der ‚Reiseerzählungen‘ im ‚Deutschen Hausschatz‘) . . *30 000 „

Verlag Union-Stuttgart (Herausgabe der sieben Jugendschriften Mays[2] einschließlich aller Erstabdrucke in der Zeischrift ‚Der gute Kamerad‘) 42 000 „

Verlag Münchmeyer-Dresden (Abdruck der fünf Lieferungsromane einschließlich einer Reihe von Zeitschriftenbeiträgen und der Vergütung für zeitweise Redaktionstätigkeit) . . . . . 27 000 „

1 Vgl. mein Buch ‚Eine Lanze für Karl May‘
2 Bd. 35—41 der Gesammelten Werke

Verlag Göltz & Rühling-Stuttgart, Trewendt &
  Granier-Breslau, Radelli-Leipzig, Schönlein-
  Stuttgart, Leykam-Graz, Wolf-Dresden, Spe-
  mann-Stuttgart, Theißing-Köln, Thienemann-
  Stuttgart, Bachem-Köln, Deutsche Verlags-
  anstalt-Stuttgart, Velhagen & Klasing-Leipzig,
  Benziger-Einsiedeln u. a. m. (zahlreiche Novel-
  len und Zeitschriften-Beiträge) . . . . * 25 000 „
Übersetzungen der May-Bände in fremde
  Sprachen . . . . * 30 000 „
Vermögenszinsen und sonstige Nebeneinkünfte . * 26 000 „

                                zusammen 800 000 Mk.

Die mit * bezeichneten Ziffern konnten, weil die Belege
dürftig oder verloren sind, nur schätzungsweise eingesetzt werden; sie sind eher zu hoch als zu niedrig ge-
griffen. Die Einnahmen aus den Übersetzungen erscheinen auffallend gering, wenn man bedenkt, daß Mays
Werke in zahlreichen Ländern Verbreitung fanden. Es
ist aber zu berücksichtigen, daß der Urheberschutz zu
Lebzeiten des Dichters in vielen Staaten noch im argen
lag und daß mehrere Übersetzungen seiner Schriften
ohne seine Erlaubnis veranstaltet wurden[1].
  Das immerhin stattliche Einkommen verteilt sich auf
einen langen Zeitraum. Daraus erklärt sich, daß die Hinterlassenschaft (ohne Bewertung der bis zum Jahre 1963
geschützten Urheberrechte) nur 140 000 Mark betrug.
May war übrigens sehr mildtätig, hat gar manchen mittellosen Künstler unterstützt und mehrere junge Talente
auf seine Kosten studieren lassen; auch haben seine Auslandsreisen große Aufwendungen beansprucht.

  [1] Zur Zeit liegen folgende Übersetzungen vor: Bulgarisch, Dänisch, Englisch, Finnisch, Flämisch, Französisch, Hebräisch, Holländisch, Isländisch,
Italienisch, Kroatisch, Litauisch, Malaiisch, Norwegisch, Polnisch, Portugie-
sisch, Rumänisch, Russisch, Schwedisch, Serbisch, Slowakisch, Slowenisch, Spa-
nisch, Tschechisch, Ungarisch und Volapük. Ferner gibt es Ausgaben in Blin-
denschrift. Ausgaben in chinesischer und georgischer Sprache sollen ebenfalls
erschienen sein, doch konnte darüber bis heute nichts Verbindliches in Erfahrung gebracht werden.

Karl Mays Testament

Der Dichter starb kinderlos. Den Gedanken, sein gesamtes Vermögen einer mildtätigen Stiftung zu hinterlassen, hatte er schon um das Jahr 1895 gefaßt und seitdem in mehreren Testamenten zum Ausdruck gebracht. Diese seine Stiftung sollte einerseits mittellosen, aber begabten Leuten, insbesondere Lehrern, die Möglichkeit zu einem Emporkommen bieten, wie es ihm selber in jungen Jahren wegen seiner Armut verwehrt blieb. Zum andern sollte sie eine Unterstützungskasse für notleidende Schriftsteller schaffen. In der letzten, also allein gültigen Fassung des Testaments heißt es:

Ich, Karl Friedrich May, Schriftsteller, geboren am 25. Februar 1842 in Ernstthal, geistig und seelisch mich vollständig gesund und zurechnungsfähig fühlend, erkläre für meinen Todesfall meine Frau, Klara May, verwitwete Plöhn, geborene Beibler aus Dessau, als meine Universalerbin.

Ihr soll alles zufallen, was ich besitze und was meine Werke noch einbringen werden, doch stelle ich hierzu folgende Bedingungen:

1. hat sie meinen beiden Schwestern Wilhelmine, verwitwete Schöne, geborene May, und Karoline, verwitwete Selbmann, geborene May, beide in Hohenstein-Ernstthal wohnend, bis zu deren Tode vierteljährlich je 150 Mark, sage hundertfünfzig Mark Unterstützung bar und pränumerando auszuzahlen.

2. soll alles, was sie von mir erbt, der mildtätigen Stiftung die ich mit ihr besprochen habe, zufallen, und zwar erst nach ihrem Tode. Sollte sie sich aber wieder verheiraten, so fällt es schon am Trauungstage dieser Stiftung zu.

Radebeul,

Sonntag, den 8. März 1908.

Karl M a y , Schriftsteller

Die Karl-May-Stiftung

Auf Grund von Karl Mays Testament wurde bald nach seinem Ableben die Karl-May-Stiftung errichtet, deren Unterlagen auf zwei Rechtsvorgängen ruhen: der Stiftungsurkunde und dem Erbvertrag zwischen der Witwe des Dichters und dem Stiftungsvorstand.

I. Die Stiftungsurkunde

Mein am 30. März 1912 in Radebeul verstorbener Gatte, der Schriftsteller Karl May, hat in seinen letztwilligen Verfügungen vom 3. September 1902 und vom 8. März 1908 mich als Universalerbin seines gesamten Nachlasses mit der Maßgabe eingesetzt, daß alles, was ich von ihm erbe, an meinem Todestag einer mildtätigen Stiftung zufallen soll. Um den letzten Willen meines Gatten zu verwirklichen, errichte ich die in seinen letztwilligen Verfügungen erwähnte Stiftung schon jetzt mit gegenwärtiger Urkunde, indem ich mir vorbehalte, der Stiftung nach ihrer Genehmigung durch das Königliche Ministerium des Kultus und öffentlichen Unterrichts im Wege des Abschlusses eines Erbvertrages mit ihr alles dasjenige zu vermachen, was ich von meinem Gatten geerbt habe.

Für die Verfassung der Stiftung hat folgendes zu gelten:

§ 1. Die Stiftung führt den Namen ‚Karl-May-Stiftung‘ und ist rechtsfähig.

§ 2. Stiftungsvorstand ist das Königliche Ministerium des Kultus und öffentlichen Unterrichts.

§ 3. Das Stiftungsvermögen beträgt 1000 Mk.[1] (Eintausend Mark). Diesen Betrag werde ich sofort nach Genehmigung der Stiftung an die Kultusministerialkasse einzahlen.

Die Zinsen des Stiftungsvermögens sind bis auf weiteres zum Kapital zu schlagen. Ist das Kapital durch dieses Verfahren oder durch weitere Zuwendungen seitens der Stifterin oder Dritter so weit angewachsen, daß die jährlichen Zinsen mindestens 1000 Mark betragen, so ist die Hälfte der Jahreszinsen zur Verwendung zu dem in § 4, Abs. 1 unter b angegebenen Stiftungszweck bereitzustellen, währen die andere Hälfte der

1 Gemeint ist das Anfangsvermögen 1913

Stiftungszinsen auch fernerhin zum Kapital zu schlagen ist. Erst wenn das Stiftungsvermögen eine Höhe von 1 Million Mark erlangt hat, ist zur Erfüllung jedes der beiden in § 4, Abs. 1 unter a und b angegebenen Stiftungszwecke die Hälfte der Jahreszinsen bereitzustellen.

§ 4. Der Zweck der Stiftung ist ein doppelter:

a) Sie soll einzelne würdige Personen beiderlei Geschlechts, die zufolge ihrer besonderen Begabung — sei es im allgemeinen, sei es auf einem bestimmten Gebiet — sich einem höheren Beruf (insbesondere einem akademischen) zuwenden möchten, die Mittel aber nicht besitzen, dergestalt nachhaltig unterstützen, daß es ihnen möglich wird, sich zu einer anderen Lebensstellung, die ihrer besonderen Begabung entspricht, emporzuarbeiten.

b) Überdies soll sie in Deutschland wohnenden Schriftstellern, Journalisten und Redakteuren, die durch Alter, Unfall, Krankheit oder andere Ursachen in drückende Notlage gekommen sind, Unterstützung gewähren.

Bezüglich des Stiftungszwecks unter a) gehen Gesuchsteller aus dem Königreich Sachsen solchen aus den übrigen Teilen des Deutschen Reichs, Gesuchsteller aus Hohenstein-Ernstthal und Radebeul allen übrigen vor. Im übrigen entscheidet der Stiftungsvorstand über die Gesuche nach freiem Ermessen.

§ 5. Der Stiftungsvorstand ist befugt, die vorstehenden Bestimmungen abzuändern und zu ergänzen. Solange ich am Leben bin, bedarf es hierzu meiner Zustimmung.

Radebeul, den 15. Februar 1913.   K l a r a M a y.

Das Ministerium des Kultus und öffentlichen Unterrichts hat die nach der vorstehenden Stiftungsurkunde errichtete

,K a r l - M a y - S t i f t u n g,

in Radebeul als rechtsfähige Stiftung im Sinne von § 80 flg. des Bürgerlichen Gesetzbuchs genehmigt und hierüber dieses

D e k r e t

ausgestellt.

Dresden, den 5. März 1913.

Ministerium des Kultus
und öffentlichen Unterrichts
Für den Minister:
gez. Kretzschmar.

L. S.
D e k r e t.

II. Die Erbverträge

1.

Zwischen den Unterzeichneten ist folgender Erbvertrag geschlossen worden:

Frau Klara Wilhelmine Auguste verw. May, verw. gew. Plöhn, geb. Beibler in Radebeul setzt zu Erben von demjenigen Vermögen, das sie von ihrem Gatten, dem verstorbenen Schriftsteller Karl May, geerbt hat, die Karl-May-Stiftung in Radebeul ein.

Das Ministerium des Kultus und öffentlichen Unterrichts nimmt als Vorstand der Karl-May-Stiftung in Radebeul diese Erklärung ausdrücklich an.

Radebeul, den 11. Dezember 1913.

> Klara Wilhelmine Auguste verw. May
> verw. gew. Plöhn, geb. Beibler.

Dresden, am 23. Dezember 1913.

> Ministerium des Kultus
> und öffentlichen Unterrichts
> in Vertretung
> Geh. Regierungsrat Dr. Boehme.

L. S.

Beurkundet am 23. Dezember 1913 bei dem Königlichen Amtsgericht Dresden Abteilung VIII.

> (Aktenzeichen 3 U R 183/13).

2.

Im Anschluß an den Erbvertrag vom 11. bzw. 23. Dezember 1913 wird zwischen den Unterzeichneten folgender ergänzender Erbvertrag abgeschlossen:

§ 1

Frau Klara Wilhelmine Auguste verw. May, verw. gew. Plöhn, geb. Beibler, in Radebeul hat unterm 11. bzw. 23 Dezember 1913 die Karl-May-Stiftung zu Erben von demjenigen Vermögen eingesetzt, das sie von ihrem Gatten, dem verstorbenen Schriftsteller Karl May, geerbt hat — das ist ihr gesamtes Vermögen, abzüglich des Betrages von 35 000 Mark, der ihr schon bei der Eingehung ihrer Ehe eigentümlich gehörte und über den sie sich die freie Verfügung unter Lebenden und von Todes wegen vorbehielt.

Frau Klara May setzt jetzt die Karl-May-Stiftung in Radebeul auch noch zu Erben dieser 35 000 Mark ein, sowie zu Erben von allem, was sie sich in der Zwischenzeit zu den von Karl May ererbten und dem ihr selbst gehörigen Vermögen hinzu erwarb und noch hinzu erwerben wird, so daß nunmehr die Karl-May-Stiftung hiermit die Alleinerbin des gesamten Nachlasses von Frau Klara May wird.

§ 2

Frau Klara May behält sich lediglich vor, über ihre Schmucksachen, sowie über Kunst- und Gebrauchsgegenstände letztwillige Verfügungen im handschriftlichen Testamentsweg zu treffen.

Soweit Frau May nicht über ihre Schmucksachen, sowie über Kunst- und Gebrauchsgegenstände testamentarisch verfügt, fällt auch dieser Teil der Hinterlassenschaft uneingeschränkt an die Karl-May-Stiftung.

§ 3

Frau Klara May bittet die Karl-May-Stiftung, die Gruft Karl Mays auf dem Friedhof in Radebeul dauernd in gutem Zustand zu erhalten, sowie die Villa Shatterhand und die dazugehörigen Liegenschaften und Sammlungen im Sinne von Karl Mays literarischen Schöpfungen zu einem Karl-May-Museum und zu einem Gedächtnishain auszubauen und für gemeinnützige Zwecke aus Stiftungsmitteln zu erhalten, sofern und soweit die jährlichen Einkünfte dies der Stiftung unbeschadet des eigentlichen Stiftungszwecks gestatten.

Die beiden Erbverträge sollen überhaupt sinngemäß und nach Treu und Glauben ausgelegt werden. Das Wesentlichste ist die Erfüllung des Stiftungszwecks. Doch wird die so reichlich bedachte Stiftung dabei das Andenken des Mannes nicht vergessen, dessen Lebenswerk die Errichtung der seinen Namen führenden mildtätigen Stiftung ermöglicht hat.

Bei Anlage der Stiftungskapitalien soll die Stadtgemeinde Radebeul und insbesondere Radebeuler Grundbesitz bevorzugt werden.

§ 4

Sollten über die Auslegung der Bestimmung der §§ 2 und 3 Zweifel entstehen, so ist es der Wunsch von Frau May, daß zur Beratung der langjährige Freund des Hauses May, Herr Syndikus Dr. Johannes März, Dresden, beigezogen wird.

§ 5

Das Ministerium für Volksbildung nimmt als Vorstand der Karl-May-Stiftung in Radebeul diese Erklärung ausdrücklich an.

Radebeul und Dresden, am 26. Jan. 26.

Klara Auguste Wilhelmine verw. May
verw. gew. Plöhn, geb. Beibler.
Dr. Egon Albert G r o ß , Regierungsrat

Die wesentlichen Gesichtspunkte sind also folgende: Die Karl-May-Stiftung erbte nach dem Ableben von Karl Mays Witwe das ganze hinterlassene Vermögen, sowie die Ansprüche aus den in den Karl-May-Verlag am 1. Juli 1913 eingebrachten Urheber- und Verlagsrechten. Aber auch zu Lebzeiten von Frau Klara May wurden alle entbehrlichen Beträge an die Stiftung überwiesen, so daß deren Vermögen im Laufe der Jahre mehr und mehr anstieg.

Im Jahr 1917 wurde die erste Stufe der Spendenfähigkeit überschritten, und es begannen die Spenden im Sinn des § 4 Absatz b der Stiftungsurkunde, indem seither jährlich die Hälfte der Stiftungszinsen an unterstützungsbedürftige Schriftsteller, Journalisten und Redakteure verteilt wurde, während die andere Hälfte dem Stiftungskapital zufloß.

Durch die Zuwendungen der Witwe und des Verlags war das Stiftungsvermögen schon bald nach dem ersten Weltkrieg auf einen Betrag angewachsen, der unter Berücksichtigung der Einzahlungstage einem Goldwert von weit über 100 000 Mark entsprach; infolge der Geldentwertung ging jedoch der größte Teil verloren. Seither gelang es aber, den Bestand wiederum aufzufüllen, und nach dem Tode von Frau Klara May (31. Dezember 1944) war das Stiftungsvermögen durch die Erbschaft auf weit über eine Million Mark angewachsen.

Die Spendenverteilung oblag ausschließlich dem Sächsischen Ministerium für Volksbildung in Dresden als Stiftungsvorstand. Karl Mays Witwe und der Verlag übten auf die Entscheidung von Gesuchen keinerlei Einfluß aus, auch nicht in Form einer Empfehlung oder Befürwortung. Nach 1945 wurde die Situation unübersichtlich. Es gab weder Rechenschaftsberichte, noch konnte der Karl-May-Verlag nähere Auskünfte erhalten, ob und inwieweit der Stiftungszweck seither erfüllt wurde. Rechtsnachfolger des Sächsischen Ministeriums für Volksbildung als Stiftungsvorstand ist inzwischen der „Rat des Bezirks Dresden". Als Teilhaber des Karl-May-Verlags ist die Karl-May-Stiftung ausgeschieden; die gesellschaftsrechtliche Trennung erfolgte durch Vertrag vom 2. 4. 1960.

9

Gedenkstätten

Vielfache Wünsche und Anregungen aus Leserkreisen ließen den Gedanken heranreifen, das Wohnhaus des Dichters, seine Sammlungen sowie seine wertvolle Bücherei als eine Art Museum zu erhalten und der Öffentlichkeit zugängig zu machen. Bereits im Jahr 1921 war von mir dieser Plan im Geleitwort zum 4. Karl-May-Jahrbuch geäußert worden[1], und Frau Klara May verpflichtete die Karl-May-Stiftung im 2. Erbvertrag von 1926, nach ihrem Ableben ein solches Museum zu schaffen. Schon kurze Zeit nach dem Abschluß des 2. Erbvertrages konnte dieser Gedanke zum Teil in die Tat umgesetzt werden: In den Jahren 1926—1928 entstand das Karl-May-Museum im Garten der Villa Karl Mays zu Radebeul. Vorerst wurde also noch nicht die Villa „Shatterhand" dazu eingerichtet, sondern wir erbauten im gleichen Grundstück ein Wildwest-Blockhaus, worin wir das

[1] Wieder abgedruckt in der Festschrift ‚50 Jahre Karl-May-Verlag‛ (Bamberg 1963)

Museum unterbrachten. Verwalter wurde Patty Frank (1876—1959), ein weitgereister Artist und von Jugend auf begeisterter Anhänger Karl Mays, der seine eigene umfangreiche indianische Sammlung an Klara May verkaufte. In vielen Einzelheiten gestalteten wir das eigenartige Holzhaus nach der genauen Schilderung, die Karl May selber in seiner Erzählung ‚Unter Geiern‘ von der Hütte des Bärenjägers Baumann gibt. Das Radebeuler Blockhaus ist eine getreue Nachbildung jener Westmannsbehausung, während es seinen seltsamen Namen ‚Villa Bärenfett‘ einem der drolligen Einfälle des Hobble-Frank verdankt (vgl. ‚Der Ölprinz‘).

Über persönliche Beziehungen zum Lebenswerk Karl Mays berichtet Patty Frank in seinem Erinnerungsbuch ‚Ein Leben im Banne Karl Mays‘.

1936 wurde durch wertvolle Neuerwerbungen Frau Mays und des Verlags ein Erweiterungsbau notwendig, so daß sich das Museum, nun äußerlich noch reizvoller und im Innern durch zahllose Schaustücke bereichert, den Besuchern von nah und fern um so verlockender darbot. Auch nach dem 2. Weltkrieg bildeten die Ausstellungsräume — seit Klara Mays Tod ist die Karl-May-Stiftung Eigentümer — wieder einen Anziehungspunkt für viele Tausende von Besuchern, doch mußte leider der alte Name ‚Karl-May-Museum‘ bald der Bezeichnung ‚Indianermuseum‘ weichen. Patty Frank, der bis zu seinem Tode die ‚Villa Bärenfett‘ verwaltete, hatte sich nach besten Kräften gegen einschneidende Veränderungen gewehrt. Seit Anfang Mai 1962 aber hat das Museum eine weitgehende Umgestaltung erfahren, wobei viel von der alten romantischen Atmosphäre geschwunden ist.

Ein Teil der sonstigen Sammelstücke Karl Mays, die sich in der Villa „Shatterhand" befanden, wurde 1960 mit der Bibliothek und dem Arbeitszimmer des Dichters vom Karl-May-Verlag erworben und nach Bamberg verbracht; Klara Mays testamentarischer Wunsch, insbesondere auch diese unmittelbaren Erinnerungsstücke der Öffentlichkeit zugängig zu machen, hat in Bamberg in einer neuen Gedenkstätte Erfüllung gefunden.

1929 gab Karl Mays Geburtsstadt Hohenstein-Ernstthal der Straße, in der sein Geburtshaus liegt, den Namen Karl-May-Straße und ließ dort eine Ehrentafel zur Erinnerung an den Dichter anbringen. Aus Anlaß der 90. Wiederkehr von Karl Mays Geburtstag (25. Februar 1932) hat die Stadt Radebeul die Kirchstraße, worin sich die Villa ,Shatterhand' und das Blockhaus mit dem Museum befinden, ebenfalls in Karl-May-Straße[1] umbenannt. Dort wurde im gleichen Jahr vom Verlag unter Mitwirkung der Stadt der Karl-May-Hain geschaffen.

Er erwuchs aus einer 4200 qm großen Feldfläche gegenüber der Villa ,Shatterhand', die der Schriftsteller 1896 aus Liebhaberei erworben und als Obstgarten gehegt und gepflegt hatte. Die mit reichem Baum-, Busch- und Blumenschmuck ausgestattete Anlage mit ihrem nach Süden leicht abfallenden Gelände ist umrahmt von siebzig Douglas-Tannen, die an des Dichters siebzig Lebensjahre erinnern sollen.

Auch sonst noch spricht der Hain als Sinnbild zum Beschauer. Auf dem obersten Abschnitt steht ein wuchtiger Findling, der Mays Namen trägt. Er wurde wegen seiner außergewöhnlichen Form gewählt: einer erhobenen Schwurhand gleichend, weist er, wie Karl Mays Lebenswerk, himmelwärts. An seinem Fuß entspringt eine Quelle, die in mehreren Armen durch frisches Rasenland einem tiefer gelegenen Weiher zufließt. Das soll an Karl Mays Erzählkunst gemahnen, die den Leser durch die weite Welt einem einzigen Ziel zuführt, einem Ziel, das über allen irdischen Dingen liegt. Im tiefstgelegenen Teil wird das Wasser in einem kleinen See auf-

1 Am 24. 7. 1945 unter der neuen Stadtverwaltung Radebeul umbenannt in Hölderlin-Straße.

gefangen, der die Form eines Herzens hat, angepaßt den Worten Winnetous, der kurz vor seinem Tod aus ernstem Sinnen zu Old Shatterhand spricht: „Dieser See ist wie mein Herz."

In schlichter Feier geweiht, der Öffentlichkeit und der Stadt Radebeul in Eigentum, Obhut und Pflege übergeben wurde dieser Ehrenhain am 2. Juli 1932. Er wird fortan wie des Dichters Werk und wie alle mit Karl Mays Namen verbundenen Schöpfungen und Einrichtungen das Gedächtnis an den Volksschriftsteller wachhalten bis in ferne Zeiten. Mit der Übergabe des Hains verband die Witwe des Dichters eine ‚Klara-May-Stiftung': Sie spendete der Stadt Radebeul die Summe von 30 000 Mark, aus deren Zinserlös die Instandhaltung der Parkanlage bestritten werden soll.

Die Pflege und Erhaltung von Karl Mays Gruft auf dem Radebeuler Friedhof obliegt, Klara Mays testamentarischem Wunsch folgend, der Karl-May-Stiftung. Von nah und fern pilgern alljährlich Freunde Karl Mays zu dieser Stätte, um in Dankbarkeit des verewigten Dichters zu gedenken.

10

Klara Mays Testament

Am 31. Dezember 1944 schloß Frau Klara May achtzigjährig für immer die Augen. Neunzehn Tage vor ihrem Tode, am 12. Dezember 1944, übertrug sie notariell die Villa Shatterhand an die Karl-May-Stiftung. Gleichzeitig sorgte sie auch für die Betreuung dieses Hauses in späteren Zeiten, indem sie verfügte, daß ihre Wirtschafterin dafür eine jährliche Leibrente auf Lebensdauer eingeräumt erhielt. Am 8. Januar 1945 fand durch den Karl-May-Verlag in Radebeul die Übergabe der letzten Bestimmungen Frau Klara Mays an die Karl-May-Stiftung statt. Nachstehend ein Auszug aus Klara Mays Testament.

I.

Über den Hauptteil meines Vermögens habe ich bereits durch die zwischen mir und der mildtätigen Karl-May-Stiftung in Radebeul abgeschlossenen zwei Erbverträge vom 11. bzw. 23. Dezember 1913 und vom 26. Januar 1926 letztwillig zugunsten der Karl-May-Stiftung verfügt.

In § 2 des zweiten Erbvertrages vom 26. Januar 1926 habe ich mir lediglich vorbehalten, über meine Schmucksachen sowie Kunst- und Gebrauchsgegenstände letztwillig durch Testament zu verfügen.

Dies tue ich hiermit, indem ich gleichzeitig alle meine vor dem heutigen Tag schriftlich niedergelegten früheren Testamente für ungültig und dieses gegenwärtige Testament für allein gültig erkläre.

II.

Ich sah und sehe meine höchste Lebensaufgabe in der Pflege des Gedächtnisses meines Mannes Karl May und in der Erfüllung seines letzten Wunsches, durch die Karl-May-Stiftung auch nach seinem Tode noch Segen zu verbreiten und Notleidenden und nach oben Ringenden den Lebensweg leichter zu machen, als es dem Verstorbenen einst geworden ist.

Darum setze ich zum Alleinerben auch meiner Schmucksachen und der bei meinem Ableben vorhandenen Gebrauchsgegenstände, als da sind Silber, Wäsche, Pelze, Kleider etc., hiermit gleichfalls die Karl-May-Stiftung ein. Ich ersuche den Vorstand der Stiftung, diese Gegenstände zu veräußern und den Barertrag der Karl-May-Stiftung zuzuführen.

Dafür erneuere ich die bereits im zweiten Erbvertrag vom 26. Januar 1926 zugesagte Bitte, die Karl-May-Stiftung möge die Gruft auf dem Friedhof in Radebeul sowie die Villa, das Sterbehaus Karl Mays (Shatterhand), die dazugehörigen Liegenschaften und Sammlungen und das Karl-May-Museum dauernd in gutem Zustand erhalten und das letztgenannte Museum, soweit dies nötig und möglich ist, auch geeignet zu pflegen, zu vergrößern und zu verschönern und immer zuerst für diese Sachen Sorge zu tragen, bevor die Unterstützungen verteilt werden ...

> Frau K l a r a Wilhelmine Auguste verw. M a y
> Radebeul, Villa Shatterhand.

Da der im zweiten Erbvertrag mit dem Ministerium vorgesehene Berater Dr. Joh. März inzwischen verstorben ist, bitte ich an seiner Stelle bei allen nach meinem Tod nötig werdenden Beratungen und Bestimmungen über meine Hinterlassenschaft hinzuzuziehen meine treuesten Freunde:

Herrn und Frau Dr. Richard Lieberknecht, Oberlungwitz.

Nachtrag zum Testament

Laut nicht mehr zu änderndem Testament Karl Mays und den beiden Erbverträgen von 1913 und 1926 steht die Verwaltung dem Volksbildungs-Ministerium ausschließlich zu.

Das Anhören zweier so völlig für sich uninteressierter Stellen, wie Herrn Dr. Lieberknechts samt Substituten, sowie des jeweiligen Verlagsleiters als Beiräte wird das Ministerium wohl dankbar begrüßen ...

Bei allen erheblichen Verfügungen über die Villa Shatterhand samt deren Garten und samt deren Inhalt und des Karl-May-Museums bitte ich den jeweiligen Leiter des Karl-May-Verlages mit zu hören, damit die Eigenschaften der Villa und des Museums als würdige Erinnerungsstätten an Karl May voll gewahrt bleiben.

Klara May

Radebeul, 5. Mai 1942

So starb Klara May, erfüllt von dem Glauben, daß alle Karl und Klara May gehörigen Liegenschaften im Sinn der Erbverträge und der Testamente beste Verwaltung durch das Ministerium für Kultus und öffentlichen Unterricht finden würden.

Seit 1945 hat sich vielerlei geändert. Jahrelang lag der Karl-May-Verlag in Radebeul völlig still. Da er die dort erforderliche Produktionsgenehmigung trotz anhaltender Bemühungen, an denen die Öffentlichkeit in erregten Diskussionen teilnahm, nicht erhalten konnte, wurde 1950 der Verlag Joachim Schmid in Bamberg gegründet, auf den alle Urheber- und Verlagsrechte an Karl Mays Werken übergingen. Ein Teil der Gesammelten Werke erschien in den Jahren 1948 bis 1955 in Form von Lizenzausgaben bei befreundeten Verlagen in Wien, Heidelberg und Bamberg. Darüber hinaus erfolgten Herstellung und Vertrieb der deutschen Karl-May-Ausgaben durch den 1952 eigens hierfür gegründeten Ustad-Verlag in Bamberg. Erst 1960 gelang es nach schwierigen Verhandlungen, den Sitz des Stammhauses von Radebeul nach Bamberg zu verlegen. Hier erfolgte die Vereinigung mit dem Verlag Joachim Schmid und die Übernahme der gesamten Karl-May-Produktion. Seither nimmt der Karl-May-Verlag in Bamberg unter Leitung seiner heutigen Inhaber, der drei Söhne des Gründers, in der alten traditionellen Weise seine Aufgaben wahr.

Dr. Euchar Albrecht Schmid, der sein Leben und sein ganzes Können in den Dienst der Sache Karl Mays stellte, hat diesen Wiederaufbau nicht mehr erleben dürfen. Er starb am 15. Juli 1951 in Bad Liebenstein/Thüringen.

Wie bereits auf S. 348 erwähnt, konnte in Bamberg ein neues Karl-May-Museum aufgebaut werden. Karl Mays persönliche Hinterlassenschaft wurde zusammen mit in den 60er Jahren erworbenen indianistischen Stücken zunächst in gemieteten Räumen, seit 1970 aber im Bamberger „Karl-May-Haus" aufgestellt und der Öffentlichkeit zugängig gemacht. Der Verwaltung und Betreuung dieses Museums nahm sich besonders Katharina Schmid an, die Witwe des Karl-May-Verlegers Dr. E. A. Schmid. Bis zu ihrem Tod am 29. Dezember 1974 in Bamberg galt ihre beständige Sorge der Pflege von Karl Mays Andenken.

Aufnahme aus dem Jahr 1907

Geburtshaus in der Niedergasse (später Bahnstraße, sei[t]
1929 Karl-May-Straße) zu Ernstthal. Aufnahme um 191[0]

Rückseite des Geburtshauses. Im Vordergrund Frau Beyer, eine Nichte Karl Mays, mit einer ihrer Nichten

Alte Weberhäuser in Ernstthal (Südstraße)

Am Ernstthaler Friedhof an der Bergstraße/Hohe Straße
(besteht nicht mehr)

Forsthaus im Hainholz bei Hohenstein

Königliches Seminar zu Waldenburg um 1850

Königliches Seminar zu Plauen um 1870

Prüfungs-Zeugniss.

Karl Friedrich May

Confession, Zögling

... hat sich bei der vor unterzeichneter Prüfungscommission am 9 u. 12 Sept. 1861 mit ihm angestellten *Candidaten* Prüfung in Betreff

1. der einem Schullehrer nöthigen (theoretischen) Kenntnisse und Einsichten, und zwar in Bezug auf

    a) Religion (christliche Glaubens- und Sittenlehre, Bibelkenntniß &c.) *gut mit Auszeichnung*

    b) deutsche Sprachbildung *gut*

    c) Rechnen *gut b*

    d) Formenlehre (element. Raumlehre) *gut*

    e) gemeinnützige Realkenntnisse (namentlich in Geschichte, Erdbeschreibung und Naturkunde) *gut*

    f) Grundsätze der Erziehungs- und Unterrichtslehre *gut*

    g) specielle Methodik *gut*

    h) Katechetik *gut b*

    i) Volksschulkunde *vorzüglich b*

2. der nöthigen technischen Fertigkeiten, und zwar in Bezug

    a) auf Schönschreiben *gut b*

    b) auf Zeichnen *gut*

    c) auf Singen und Violinspiel *gut mit Auszeichnung*

3. der Lehrgabe und Lehrfertigkeit überhaupt *gut*

4. der katechetischen Geschicklichkeit insbesondere *gut*

... iesen, worauf demselben, als Hauptergebniß der Prüfung, die Censur

gut

... kannt worden ist

Abgangszeugnis vom 13. 9. 1861

7

Es ist daher *demselben* , welcher, was das sittliche Verhalten betrifft, nach dem Zeu-

2c Commandirekter Held sich

zur Zufriedenheit

erwiesen hat, die *Candidatur 2c Oficilaus* en

und hierüber gegenwärtiges

Zeugniß

zu seiner Legitimation unter gewöhnlicher Vollziehung ausgestellt worden.

Außer der oben unter 2.e gedachten Prüfung im Singen und Violinspiel hat *derselbe*

musikalische Prüfung bestanden und darüber ein besonderes Zeugniß ausgestellt erhalten.

Plauen am *13 Sept. 1861*

Verordnete Prüfungscommission

daselbst.

K. Schaar Director d. Seminar

Ig.dsild Seminarirektor

Schloß Osterstein in Zwickau um 1860

Stadt und Schloß Waldheim um 1840

Karl May als Redakteur

Emma May, geborene Pollmer

Altmarkt in Hohenstein, dahinter Kirche St. Christophori.
Links das Pollmer-Haus, Mansarde rechts Karl Mays
Wohnung 1880–1883

Neumarkt in Ernstthal; von links: „Stadt Glauchau",
Wohnhaus May nach 1845, Häuser Kantor Strauch und
Pfarrer Schmidt, Kirche St. Trinitatis (Zeichnung 1843)

Altmarkt in Hohenstein, dahinter Kirche St. Christophori.
2. Mansarde rechts Karl Mays Wohnung 1880–1883

Die „Lügenschmiede" an der Braugasse in Ernstthal mit
Blick in die Hermannstraße. Das Restaurant wurde 1900
abgerissen

Restaurant Schmiede.

Villa „Shatterhand" vor dem späteren Umbau. Karl May
auf dem Balkon vor seinem Arbeitszimmer

Karl May in seiner Bibliothek, 1896

Am Schreibtisch im Arbeitszimmer, 1896

Karl May (im weißen Tropenanzug) auf dem Bahnhof in Port Said, 1900. Neben ihm Richard Plöhn

Bei den Pyramiden von Giseh, 1900

Richard Plöhn	Klara Plöhn	Karl May
	Emma May	Omar-Hassan

Karl May in Heluan am Nil, 1900

Karl May beim Kloster Tiberias am See Genezareth, 1900

Aufnahme aus dem Jahre 1907

Aufnahme um 1900

Villa „Shatterhand" nach dem Umbau: Veranda vor dem
Arbeitszimmer anstelle des Balkons

Empfangszimmer mit den Gemälden von Sascha Schneider
„Das Gewissen", „Abu Kital" und „Marah Durimeh"

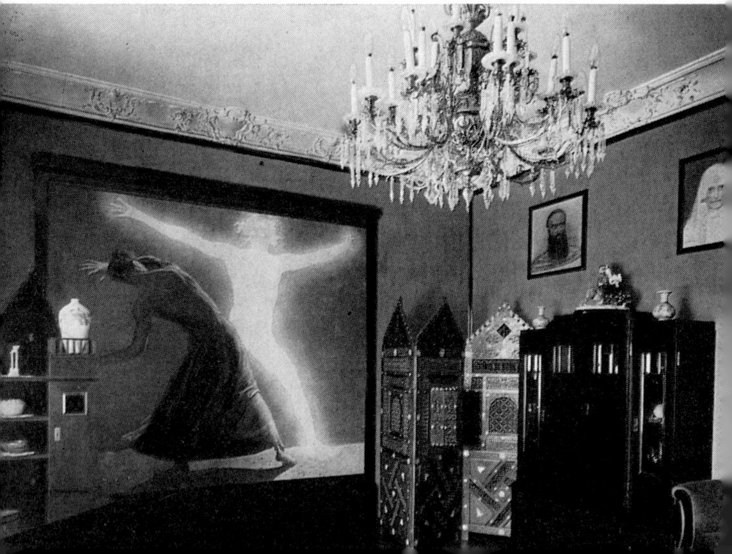

Karl Mays Arbeitszimmer nach 1900. Am Schrank hinter dem Schreibtisch lehnt die „Silberbüchse".

Karl Mays Bibliothek nach 1900. In der Regalecke hinten links Karl-May-Porträt-Büste von Paul Peterich

1908 bei der Überfahrt nach Nordamerika an Bord des Dampfers „Großer Kurfürst"

1908 mit Klara May, Rückfahrt nach Europa an Bord des Dampfers „Kronprinzessin Cecilie"

Am Grabdenkmal des Häuptlings Sa-go-ye-wat-ha (He
keeps them awake) auf dem Friedhof von Buffalo, 1908

Aufnahme aus dem Jahr 1907

Letzte Aufnahme, Wien 1912

Ruhestätte Karl Mays auf dem Radebeuler Friedhof

Karl Mays Verse auf dem Sockel des Reliefs:

> *Sei uns gegrüßt! Wir, deine Erdentaten*
> *erwarten dich hier am Himmelstor;*
> *du bist die Ernte deiner eignen Saaten*
> *und steigst mit uns nun zu dir selbst empor.*

Selmar Werners Bildwerk im Hintergrund der Gruft

Klara May um 1922

Dr. Euchar Albrecht Schmid um 1938

„Villa Bärenfett", das Karl-May-Museum in Radebeul. Rechts im Bild Patty Frank, Aufnahme um 1938

Großes Diorama im Radebeuler Museum

Wildwest-Raum des Blockhauses mit Patty Frank am Kaminfeuer, Aufnahme aus dem Jahr 1938

Teilansicht der Museumsräume, Aufnahme um 1938

Blick vom Radebeuler Karl-May-Hain auf den Findling,
im Hintergrund die Villa „Shatterhand"

Dr. Euchar Albrecht Schmid

Gestalt und Idee

(1916 — 1942 / 1958 — 1968 — 1975)

Die folgenden Ausführungen wurden nach dem Tode des May-Verlegers
Dr. E. A. Schmid vom Herausgeber und seinen Mitarbeitern nach dem neuesten
Stand der Forschung ergänzt.

1

Die Erscheinungsjahre von Mays Werken

Es läuft vielfach die Anfrage beim Verlag ein, in welchen Jahren die einzelnen Werke Mays niedergeschrieben sind, eine Frage, die sich nicht leicht beantworten läßt. Der Dichter hat ursprünglich viele kleinere Erzählungen und Novellen da und dort veröffentlicht, aus denen er dann später, teilweise durch nochmalige Bearbeitung, Schaffung von Übergängen und von ergänzenden Kapiteln, Romanbände zusammenstellte. Bei den folgenden Listen ist zu berücksichtigen, daß die betreffenden Werke durchaus auch schon früher niedergeschrieben sein können; die Zusammenstellung zeigt lediglich — soweit feststellbar — die Jahre der ersten Veröffentlichung an.

May hat seine Erzählungen meist sofort unter seinem Namen veröffentlicht, in früherer Zeit aber auch Pseudonyme verwendet, z. B.: Karl Hohenthal, Latréaumont, Ramon Diaz de la Escosura, D. Jam (vgl. S. 7 ff.), Ernst v. Linden, M. Gisela, P. van der Löwen, E. Pollmer.

Folgende Zeichen fanden Verwendung:

* = die Veröffentlichung erstreckte sich in das folgende Jahr hinein (bei zwei Jahren: **)
+ = erste Buchausgabe im Rahmen der ‚Gesammelten Reiseerzählungen‘ (heute ‚Gesammelte Werke‘)
++ = unmittelbar für die Buchform geschrieben.

Die in Klammern beigegebenen Zahlen beziehen sich auf die heutige Ausgabe der Gesammelten Werke. Die ersten Zahlen bezeichnen dabei die Bandnummern; bei Sammelbänden wurde ferner die jeweilige Einzelerzählung durch eine weitere Zahl kenntlich gemacht. Ein Teil der frühen Werke wurde von Karl May nach dem ersten Abdruck völlig umgearbeitet; in solchen Fällen wurde der Erstabdruck-Angabe zusätzlich ein Hinweis auf die spätere Neugestaltung in *Kursivziffern* beigefügt.

1. Schaffensabschnitt (bis 1880)

Die Werke dieser Zeitspanne — zum Teil schon während der Haft geschrieben oder entworfen — bewegen sich anfangs überwiegend im heiter-besinnlichen Milieu der engeren Heimat des Dichters. Ihr Inhalt ist meist unbeschwert-humoristisch, oft dem Zeitstil gemäß von liebenswürdiger, etwas oberflächlicher Plauderei getragen, im ganzen aber durch gelungene Kleinmalerei nicht ohne Besonderheit. Sämtliche Arbeiten waren in erster Linie zur Unterhaltung bestimmt und erschienen darum fast ausnahmslos in Zeitschriften. Die Behandlung exotischer Stoffe, an denen sich der Dichter jetzt schon hier und da versuchte, ist bereits eine vorbereitende Hinführung zu seinen späteren großen Reiseerzählungen.

vor 1875   Rache oder Das erwachte Gewissen, Erzählung (72, 1)
              Die Liebe nach ihrer Geschichte, Aufsatz (in 72, 4)

1875   Wanda, Novelle (72, 2)
              Der Gitano, Abenteuer (38,3)
              Inn-nu-woh, der Indianerhäuptling, Reiseerz. (71, 1)
              Ein Stücklein vom Alten Dessauer, Humoreske (42, 3)
              Die Fastnachtsnarren, Humoreske (72, 3)
              Schätze und Schatzgräber u. a. Aufsätze (72, 4)
              Old Firehand, Reiseerz. (71, 2 — 8, Mitte)
              Geographische Predigten* (72, 5)

1876   Ein Fang, Groteske (72, 7)
              Auf den Nußbäumen, Humoreske (47, 12)
              Leilet (Die Rose von Kahira), Reiseerz. (71, 3 —
              1, Nil-Abenteuer)
              Der Wollteufel, Humoreske (47, 6)
              Der beiden Quitzows letzte Fahrten, historischer
              Roman* (69)

1877   Die Both Shatters, Reiseerz. (71, 5 — in 38, 2)
              Die Gum, Abenteuer (71, 6 — 10, 1)
              Der Dukatenhof, Erzgeb. Dorfgesch. (44, 1)
              Der Ölprinz, Abenteuer (19, 2 — ‚Der Brandstifter‘)
              Die Rose von Sokna, Reiseerz. (71, 4 — 38, 5)

1878   Ein Abenteuer auf Ceylon, Reiseerz. (in 11, 2)
              Die Kriegskasse, Erzählung (47, 4)

Aqua benedetta, Erzählung (71. 7 — *48, 1*)
Auf der See gefangen, Roman (19, 1)
Ein Selfman, Erzählung (71, 8 — *19, 2 Anfang*)
Das Dukatennest, Humoreske (47, 13)
Der Afrikaander, Abenteuer (71, 9 — *23, 2*)
Husarenstreiche, Schwank (47, 3)
Der Kaiserbauer, Erzgeb. Dorfgesch. (43, 5)
Der Teufelsbauer, Erzgeb. Dorfgesch. (43, 4)
Der Samiel, Erzgeb. Dorfgesch. (43, 9)
Die drei Feldmarschalls, Erzählung (42, 5)
Vom Tode erstanden, Abenteuer (19, 2 Schluß)
Die Rache des Ehri, Abenteuer (71, 10 — *in 11, 1*)
Die verwünschte Ziege, Schwank (47, 10)
Nach Sibirien, Erzählung (38, 4)
Der Herrgottsengel, Erzgeb. Dorfgesch.* (44, 2)
Die Laubtaler, Humoreske* (47, 5)
Fürst und Reitknecht, Erzählung* (42, 7)
Die falschen Exzellenzen, Humoreske (47, 8)
Die verhängnisvolle Neujahrsnacht, Humoreske *(47, 9)*

1879   Die Universalerben, Erzählung (47, 11)
Des Kindes Ruf, Erzgeb. Dorfgesch. (43, 2)
Der Waldkönig, Erzgeb. Dorfgesch. (44, 3)
Three carde monte, Erzählung (19, 2)
Ein Dichter, Erzählung (19, 4)
Die beiden Nachtwächter, Humoreske (47, 9)
Der Gichtmüller, Erzgeb. Dorfgesch. (43, 7)
Unter Würgern, Reiseerz. (10, 1)
Der Giftheiner, Erzgeb. Dorfgesch. (43, 6)
Im Seegerkasten, Humoreske (ähnlich 47, 13)
Im fernen Westen, Reiseerz. *(8, Mitte)*
Der Waldläufer, Bearbeitung des Ferry-Romans (70)
Fürst und Leiermann, Erzählung (42, 4)
Der Girl-Robber, Reiseerz. (in 11, 2)
Szepter und Hammer, Roman* (45)
Der Boer van het Roer, Reiseerz. (23, 2)
Der Ehri, Reiseerz.* (in 11, 1)

1880   Die Rose von Ernstthal, Erzgeb. Dorfgesch. (43, 8)
Im Sonnentau, Erzgeb. Dorfgesch. (43, 3)
Ein Fürst des Schwindels, Erzählung (48, 1)
Deadly Dust, Reiseerz. (9, Anfang)
Der Brodnik, Reiseerz. (in 11, 1)
Die Juweleninsel, Roman* (46)
Der Scheerenschleifer, Humoreske (42, 1)
Der Kiang-lu, Reiseerz. (in 11, 1)

2. Schaffensabschnitt (bis 1886)

In diesem Abschnitt schrieb May für den Verleger H. G. Münchmeyer in Dresden-Niedersedlitz jene fünf umfangreichen Lieferungsromane, die später Gegenstand der unseligen Prozesse wurden. Sie zeigen ein hohes Maß an Fabulierkunst und handwerklichem Können, wenn sich auch die Merkmale des Kolportage-Stils — Weitschweifigkeit, Flüchtigkeit, Überladenheit — nicht übersehen lassen. Die ungeheure Arbeitsleistung der Niederschrift von über 16 000 Druckseiten in nur 4½ Jahren brachte naturgemäß Schwächen mit sich; so sind diese Arbeiten zwar an Reichtum der Phantasie, in keiner Weise jedoch formal mit den zur selben Zeit entstandenen Reiseerzählungen zu vergleichen. Diese führte der Dichter indessen zu immer größerer Vollendung, und es ist sehr fesselnd, die Stationen dieser Entwicklung zu verfolgen.

1881	Ein Wüstenraub, Abenteuer (38, 5)
	Giölgeda Padishanün, Reiseerz.* (1 u. 2, erste Hälfte)
	Abu el Nassr
	Die Tschikarma
	Abu Seïf
	Eine Wüstenschlacht
	Der Merd-es-Scheïtan
	Der Ruh' i Kulyan
	Reiseabenteuer in Kurdistan, Reiseerz.* (2, Schluß)
	Ein Fürstmarschall als Bäcker, Humoreske (42, 2)
1882	Der Krumir, Reiseerz. (10, 3)
	Die Todes-Karavane, Reiseerz. (3, erste Hälfte)
	Robert Surcouf, Novelle (38, 6)
	Das Waldröschen, Roman* (51—55)
	Christi Blut und Gerechtigkeit, Reiseerz.* (48, 8)
	In Damaskus und Baalbek, Reiseerz.* (3, Mitte)
1883	Die Liebe des Ulanen, Roman* (56—59)
	Im ‚Wilden Westen' Nordamerikas, Reiseerz. (in 9)
	Stambul, Reiseerz. (3, Mitte)
	Ein Ölbrand, Erzählung (in 38, 2 und 8, Mitte)
	Saiwa tjalem, Reiseerz. (23,1)
	Pandur und Grenadier, Humoreske (42, 6)

1884   Der verlorene Sohn, Roman (64, 65 und 74)
        Der letzte Ritt, Reiseerz.** (3, Schlußkapitel und
        4, Hauptteil)

1885   Deutsche Herzen, deutsche Helden, Roman* (60 und
        61—63)

1886   Der Weg zum Glück, Roman* (66/67, 68 und 73)
        Unter der Windhose, Reiseerz. (19, 3)

3. Schaffensabschnitt (bis 1899)

Das faszinierende Erzählertalent Mays kam in dieser
Schaffensepoche voll zur Entfaltung: in ihr entstanden
alle jene Reiseerzählungen, die seinen Weltruhm begrün-
deten und ihm in wenigen Jahren eine nach Millionen
zählende Lesergemeinde zuführten. Die schon in der
Antike bewährte Form der Ich-Erzählung, ein hohes
Maß an sachlichem und fachlichem Wissen und eine überzeugend vertretene, überkonfessionell-christliche Weltanschauung gingen hier eine glückliche Verbindung ein,
die bis heute ihre unverminderte Ausstrahlungskraft bewahrt hat. Hier, vor allen anderen Werken, zeigt sich
Karl May als der Volksschriftsteller, der er sein wollte.
Und der Erfolg bewies ihm bald, daß der von ihm be-
schrittene Weg richtig war: Vom Jahr 1892 an erschienen
seine Werke als Buchausgaben in Gestalt der ‚Grünen
Bände‘.

1887   Durch das Land der Skipetaren, Reiseerz.* (4, Schluß,
        5 und 6)
        Der Sohn des Bärenjägers, Jugenderz. (35, 1. Teil)
        Ibn el 'amm, Erzählung (71, 11)
        Das Hamaïl, Novelle (48, 5)
        Ein Phi-Phob, Erzählung (48, 2)

1888   Maghreb-el-aksa, Betrachtung (71, 13)
        Der Geist des Llano estacado, Jugenderz. (35, 2. Teil)
        Kong-Kheou, das Ehrenwort, Jugenderz.* (40)
        Der Scout, Reiseerz.* (8, erste Hälfte)

1889   El Sendador I: Lopez Jordan, Reiseerz.* (12)
        Die Sklavenkarawane, Jugenderz.* (41)
        Sklavenrache, Erzählung (71, 12)

1895   Die Jagd auf den Millionendieb, Reiseerz.* (22)
          Old Surehand II, Reiseerz. (19)+
          Im Lande des Mahdi I, Reiseerz. (16)+
          Blutrache, Reiseerz. (23, 3)
          Der Kutb, Reiseerz. (23, 4)

1896   Der schwarze Mustang, Jugenderz.* (38, 1)
          Freuden und Leiden eines Vielgelesenen, autobiogra-
             phische Humoreske (48, 10)
          Im Lande des Mahdi II, Reiseerz. (17)+
          Im Lande des Mahdi III, Reiseerz. (18)+
             Mittelteil: Tut wohl denen, die euch hassen!++
             Schlußteil: Die letzte Sklavenjagd++
          Old Surehand III, Reiseerz. (15)++
          Satan und Ischariot I—III, Reiseerz. (20—22)+
          Er Raml el Helahk, Reiseerz. (10, 4)
          Der Kys-Kaptschiji, Reiseerz.* (23, 5)

1897   To-kei-chun, Reiseerz. (26, 1)
          Old Cursing-dry, Reiseerz. (23, 7)
          Ein amerikanisches Doppelduell, Reiseerz. (23, 8)
          Im Reiche des silbernen Löwen, Reiseerz.* (27)
          Auf fremden Pfaden, Reiseerzählungen (23)+
          Weihnacht, Reiseerz. (24)++

1898   Scheba et Thar, Reiseerz. (26, 5)
          Im Reiche des silbernen Löwen I/II, Reiseerz. (26/27)+
             Ein Rätsel, Reiseerz. (26, 6)++
          Ernste Klänge, 2 Chorlieder (Sonderausgabe)
          Mutterliebe, Reiseerz. (48, 6)

1899   Am Jenseits, Reiseerz. (25)++
          Die „Umm ed Dschamahl", Reiseerz. (in 26, 6)

4. Schaffensabschnitt (bis 1912)

Die Werke dieser Epoche begeben sich fernab von allen
bisherigen Wegen, die May zur Durchführung seiner
Ideen beschritt. Zwar ist die äußere Form der Reiseerzählung weiterhin gewahrt, doch eben nur noch als
Form. Über die Entstehungsgeschichte, die Technik und
den Inhalt dieser späten und reifsten Arbeiten des
Dichters finden sich nähere Angaben im Abschnitt ‚Symbolik', der überliefert, was May selber in Gesprächen über
den Sinn seiner späten Gleichnisse mitteilte.

1901	Et in terra pax, Reiseerz. (Erstfassung 30)
	Der Zauberteppich, Märchen (48, 11)
	Himmelsgedanken, Gedichte und Sprüche (in 49)
1902	Am Tode, Reiseerz. (28, Mitte)
	Im Reiche des silbernen Löwen III, Reiseerz. (28)++
	Scheitana, Weib, Wüste, Dramenfragmente (in 49)
1903	Im Reiche des silbernen Löwen IV, Reiseerz. (29)++
	Sonnenscheinchen, Erzgeb. Dorfgesch. (43, 1)
	Das Geldmännle, Erzgeb. Dorfgesch. (44, 4)
	Kyros, Dramenfragment (49)
1904	Und Friede auf Erden, Reiseerz. (Letztfassung 30)+
1906	Babel und Bibel, Drama (in 49)
	Briefe über Kunst* (in 49)
1907	Schamah, Reiseerz. (48, 14)
	Der Mir von Dschinnistan, Reiseerz.** (31/32)
	Bei den Aussätzigen, Reiseerz. (48, 9)
1908	Meine Beichte (in 34)
1909	Winnetou IV, Reiseerz. (33)
	Abdahn Effendi, Novelle (48, 12)
	Ardistan und Dschinnistan I/II, Reiseerz. (31/32)+
1910	Winnetou IV, Reiseerz. (33)+
	Merhameh, Reiseerz. (48, 13)
	Mein Leben und Streben, Selbstbiographie (in 34)

2

Nachlaßschriften

Mays Nachlaß enthielt eine Reihe von Bruchstücken geplanter Werke, die aber durchweg über die allerersten dürftigen Umrisse nicht hinausgekommen sind; von den vielbegehrten Büchern ‚Mein Leben und Streben II‘, ‚Am Jenseits II‘ (‚Im Jenseits‘), ‚Winnetous Testament‘ und ‚Marah Durimeh‘ ist nicht das geringste vorhanden[1].

1 Franz Kandolf (1886—1949) hat bereits 1924 eine Ergänzung zum Band ‚Am Jenseits‘ geschrieben (‚In Mekka‘) und gedachte auch die beiden anderen Werke in gleicher Weise zu vollenden, gab dieses Vorhaben jedoch angesichts der übergroßen Schwierigkeiten wenige Jahre später wieder auf.

An vollständigen Werken waren nur unveröffentlichte Gedichte, ferner kleine Reisenovellen, Dorfgeschichten, Humoresken und geschichtliche Erzählungen aufzufinden, die schon vor Jahren da und dort in Zeitschriften gedruckt, bei Mays Ableben aber noch nicht in die Gesammelten Werke aufgenommen waren und nun daran angegliedert wurden. Außerdem entdeckten wir noch zwei frühe Romane, ‚Zepter und Hammer‘ und ‚Die Juweleninsel‘, die May 1879 und 1880 in einer längst nicht mehr bestehenden Familienzeitschrift herausgegeben hatte und die 1926 ebenfalls in unserer Sammlung erschienen. Anfang der dreißiger Jahre wurde ein weiteres Frühwerk Mays aufgefunden: ‚Der beiden Quitzows letzte Fahrten‘. Diese ‚Bilder aus der Geschichte Brandenburgs‘ wurden als Band 69 den Gesammelten Werken angegliedert.

1967 fanden schließlich auch jene Frühformen der berühmten Reiseerzählungen Aufnahme, die zu Karl Mays ersten Veröffentlichungen gehörten und einen aufschlußreichen Blick in die Werkstatt des jungen Dichters gestatten: Band 71. Ein weiterer Nachlaßband sammelte die allerersten Arbeiten aus der Redakteurzeit Karl Mays: Bd. 72, ‚Schacht und Hütte‘ (1968).

Neben den oben aufgeführten späten Plänen mußte auch noch ein anderer der Alterszeit scheitern. Im Zusammenhang mit den Arbeiten an ‚Babel und Bibel‘ beabsichtigte Karl May im Jahre 1906 einen zweibändigen Roman ‚Abu Kital‘ zu schreiben; Briefe an den Verleger Fehsenfeld berichten über Beginn und Fortschreiten der Arbeit; die Buchausgabe war bereits angekündigt. Dann muß May aus irgendeinem heute nicht mehr feststellbaren Grund plötzlich abgebrochen haben: Das Werk erschien nie, und im Nachlaß fand sich lediglich das Titelblatt sowie ein Textansatz von etwa einer Seite zum ersten Kapitel ‚Bent'ullah‘[1].

---

[1] Vgl. hierzu die Darstellung bei Hansotto Hatzig, ‚Karl May und Sascha Schneider‘, Bamberg 1967 (‚Beiträge zur Karl-May-Forschung‘ Band 2)

Und nun sei noch einiges über die vom Dichter vielfach angedeuteten, mit ihm zu Grabe gegangenen Entwürfe mitgeteilt. Was nämlich an Mays gelegentlichen Äußerungen über seine Pläne und auch an seiner Selbstbiographie vielleicht am eigenartigsten anmutet, ist die immer wiederkehrende Behauptung: „ — — Alle, alle Bücher, die ich, der fast Siebzigjährige, in meinem langen Leben geschrieben habe, alle meine Reiseerzählungen, alle meine Schöpfungen von Winnetou bis zu Marah Durimeh — sind nur Vorstudien zu meinen eigentlichen Werken, die ich erst jetzt, im hohen Alter, schreiben werde! Erst jetzt beginne ich! Erst jetzt will ich — dichten!"

Welcher Art waren die Aufgaben, die der Greis zu einer Zeit lösen wollte, als schon der Tod hinter ihm lauerte, um ihm die Feder aus der Hand zu nehmen? Die Lebensbeschreibung ergeht sich nur in dunklen Andeutungen. May wollte zum Drama übergehen, wollte die Menschheitsfrage dramatisch beantworten. Er gedachte zunächst den zweiten Band seiner Selbstbiographie zu schreiben und seine ‚Reiseerzählungen' noch um die eingangs erwähnten Bände zu vermehren, um dann — ziemlich bald — zu seinen ‚eigentlichen Werken', den Dramen, zu gelangen. Er arbeitete an einer Reihe von Sujets, aus der insbesondere der Bildstoff des ‚Ewigen Juden' hervorragt. Ahasver war für May das Sinnbild der Irrenden und Ruhelosen, und ‚wer ihn erlösen kann, der beantwortet die Menschheitsfrage'. Diese Anhaltspunkte sind zu dürftig, um über den Wert des Stoffgebiets ein abschließendes Urteil zu ermöglichen. Jedenfalls bewegt sich der Gedanke fernab von allen uns bekannten Schöpfungen des Verstorbenen. Erhalten blieben lediglich drei Mappen mit wenigen Versen und Gedichtfragmenten.

Ein Teil der dramatischen Bruchstücke wurde in den Karl-May-Jahrbüchern veröffentlicht und später in Band 49 ‚Lichte Höhen' zusammengestellt.

Im weiteren Sinne zum Nachlaß gehört auch die große Korrespondenz des Dichters: der Briefwechsel mit Freunden seines Hauses und mit den ungezählten Lesern und Leserinnen, die an ihn schrieben. Vielfach nämlich beantwortete Karl May solche Briefe selbst, und er tat es nicht nur mit einer kurzen Grußformel, sondern ging voller Verständnis und Liebe auf die Fragen der kleinen Schreiber und Schreiberinnen ein — denn zumeist war es die Jugend, die sich an ihren verehrten Lieblingsschriftsteller wandte. Welche Probleme da manchmal aufgeworfen wurden, mag hier — stellvertretend für ungezählte andere — ein Antwortbrief Karl Mays zeigen:

Radebeul, 13. April 1906

Mein lieber guter Junge!

Du bist durch meine Bücher bewogen worden, zum Christentum überzutreten? Es freut mich sehr, daß diese Bücher Dein Herz bewegt haben, aber Du kennst noch nicht einmal den Glauben Deiner Väter und den Christenglauben noch viel weniger. Wie kannst Du da reif genug sein, zwischen ihnen wählen zu dürfen? Ich sage Dir als aufrichtiger und gewissenhafter Christ: der Glaube Deiner Väter ist heilig, ist groß, edel und erhaben. Man muß ihn nur kennen und verstehen. Einen solchen Glauben wechselt man nicht einiger Bücher wegen oder noch viel weniger des Geldes oder des Geschäftes wegen. Du bist noch viel zu jung und zu unerfahren. Nur im reiferen Alter und nach langen Kämpfen und Erfahrungen gewinnt der Mensch die Einsicht, die dazu gehört, einen solchen Wechsel vorzunehmen.

Aber lies meine Bücher in Gottes Namen weiter! Sie sind nicht etwa nur für Christen, sondern überhaupt für alle geschrieben, die das Ziel der edlen Menschlichkeit vor Augen haben. Denn glaube mir, mein lieber Junge: es kann keiner ein guter Christ oder ein guter Israelit sein, der nicht vorher ein guter Mensch geworden ist. Werde brav und gut und glaube an Gott! Du bist zu aller Zeit sein Eigentum, sein Kind.

Sei stets aufrichtig gegen Deinen Vater und grüße ihn von mir! Schreib auch mal wieder!

Dein Karl May

3

Die Gesammelten Werke

Anfänglich erschienen fast alle Werke Karl Mays in Zeitschriften, nur Vereinzeltes da und dort auch als Buch. Besonders förderten folgende Blätter seine Beliebtheit:

All-Deutschland (ab 1880 auch ‚Für alle Welt‘)
  Göltz & Rühling, Stuttgart

Benzigers Marienkalender
  Benziger & Co, Einsiedeln

Der Beobachter an der Elbe
  Münchmeyer, Dresden-Niedersedlitz

Der Bote
  Fleming, Glogau

Das Buch für Alle
  Schönlein, Stuttgart

Deutsche Gartenlaube
  Bartels, Neu-Weißensee

Deutsche Boten (auch ‚Weltspiegel‘)
  Wolf, Dresden

Deutscher Hausschatz
  Pustet, Regensburg

Deutscher Wanderer
  Münchmeyer, Dresden-Niedersedlitz

Deutsches Familienblatt
  Münchmeyer, Dresden-Niedersedlitz

Eichsfelder Marienkalender
  Cordier, Heiligenstadt

Efeuranken
  Manz, Regensburg

Feierstunden am häuslichen Heerde
  Münchmeyer, Dresden-Niedersedlitz

Feierstunden im häuslichen Kreise
  Theissing, Köln

Frohe Stunden
  Bruno Radelli, Dresden und Leipzig

Der Gute Kamerad
Spemann, Stuttgart (Union Deutsche Verlagsgesellschaft)

Heimgarten
Leykam, Graz

Illustrirte Chronik der Zeit
Union Deutsche Verlagsgesellschaft, Stuttgart

Regensburger Marienkalender
Pustet, Regensburg

Schacht und Hütte
Münchmeyer, Dresden-Niedersedlitz

Sonntagsruhe
Loewenthal, Berlin

Trewendt's Volkskalender
Trewendt, Breslau

Vom Fels zum Meer
Spemann, Stuttgart

Im Jahre 1891 lernte Karl May seinen Verleger Friedrich Ernst Fehsenfeld, Freiburg, kennen, durch den zum
erstenmal der Gedanke an eine Sammlung der in Zeitschriften verstreuten Erzählungen aufkam. 1892/1893 begann dann die Buchausgabe unter dem Titel ‚Karl Mays
Gesammelte Reiseromane' (später: ‚Reiseerzählungen'),
jene heute weltbekannt gewordene Ausgabe in grünem
Ganzleinen mit farbigem Deckelbild, die mit dem Namen Karl May unlösbar zu einem Begriff verschmolzen
ist. Parallel dazu brachte Fehsenfeld noch zwei weitere
Editionen heraus, zum einen die kulturhistorisch bedeutsame Jugendstilausgabe mit den Deckelbildern von
Sascha Schneider[1], zum anderen, in etwas größerem
Format und blauem Leinen, eine illustrierte Reihe mit
ganzseitigen Bildern mehrerer bekannter Maler, unter
denen besonders der geniale Claus Bergen später berühmt wurde. Beide Ausgaben wurden jedoch schon bald
nicht mehr weitergeführt; sie hatten die Beliebtheit der
‚Grünen Bände' nicht erreichen können.

1 Vgl. weiter unten S. 389 f.

Als Karl May starb, 1912, war die grüne Reihe auf 33 Bände gediehen; mit ‚Winnetous Erben‘ fanden die Reiseerzählungen ihren Abschluß. 1913 wurde der ‚Karl-May-Verlag‘ in Radebeul gegründet, dessen Aufgabe es vor allem sein sollte, die ‚Gesammelten Reiseerzählungen‘ weiter auszubauen und zu ‚Gesammelten Werken‘ zu erweitern. Dies geschah im Laufe langer Jahre. Unter Beibehaltung des alten beliebten Gewandes zeichnete sich die neue Reihe vor allem durch die farbenprächtigen Deckelbilder des Malers Carl Lindeberg aus, die auch heute noch von ihrer Anziehungskraft nichts eingebüßt haben. Der Sammlung angegliedert wurden in der Folge die ursprünglich bei der Stuttgarter ‚Union‘ erschienenen Jugendschriften Mays, sodann seine frühen Novellen und Erzählungen und schließlich die vielumstrittenen Münchmeyer-Romane, die — wie auch die meisten anderen Werke — sorgfältig überarbeitet, d. h. tunlichst von Fremdkörpern, Weitschweifigkeiten und Unstimmigkeiten befreit wurden. Bei dieser langjährigen und mühevollen Tätigkeit standen dem Verlag insbesondere folgende Mitarbeiter zur Seite:

Prof. Dr. Franz Babinger
Fritz Barthel
Lisa Barthel-Winkler
Dr. Rudolf Beissel
Prof. Dr. Dr. Hans Demel
Otto Eicke
Dr. Max Finke
Prof. Dr. Konrad Guenther
Prof. Dr. Ludwig Gurlitt
Hansotto Hatzig
Dr. Richard Jahnke
Franz Kandolf
Wilhelm Koch
Geheimrat Dr. Lorenz Krapp
Prof. Dr. H. Leschanowsky
Dr. Heinrich Lhotzky
Fritz Maschke
Johannes Nixdorf

Felix Ozlberger
Amand von Ozoróczy
Dipl.-Ing. Ludwig Patsch
Fritz Prüfer
Hans Pulkowski
Dr. Paul Rentschka
Achmed Schmiede
Adalbert Stütz
Adolf Volck
Max Weiß
Hans Zesewitz

Bis 1939 war die Reihe bis zum Band 65 der ‚Gesammelten Werke' ausgebaut worden; dann brachten Krieg und Nachkriegswirren immer schwierigere Verhältnisse (1943 den Verlust fast der gesamten Produktionsmittel und Bestände), so daß die Arbeit erst 1948 weitergeführt werden konnte. Nach verschiedenen Übergangslösungen (Lizenzausgaben in Österreich und Westdeutschland) begann nun zum drittenmal der Aufbau der Gesamtausgabe, wieder im alten Gewand und wieder mit den beliebten Bildern von Carl Lindeberg, in neuerer Zeit ergänzt durch Deckelillustrationen des begabten jungen Malers Roy Paul Drake. Mitarbeiter beschäftigten sich erneut mit der Aufgabe, noch einmal eine genaue Prüfung von Text und Anlage vorzunehmen. Dies führte bei einigen Buchtiteln und Kapitelüberschriften zu Änderungen, die oftmals auf die Erstdrucke zurückgriffen, sowie bei den Sammelbänden zu Umstellungen, die dem Gesamtinhalt sinngemäßer waren. So entstand das folgende Bild der Gesammelten Werke.

Bd. 1—6   Durch die Wüste
Durchs wilde Kurdistan
Von Bagdad nach Stambul
In den Schluchten des Balkan
Durch das Land der Skipetaren
Der Schut

7—9   Winnetou I—III

Die Textdurchsicht wurde für die Bände 1 — 41 in
erster Linie vom Herausgeber Dr. E. A. Schmid und der
Herren Kandolf und Eicke vorgenommen. Die Alterswerke (Bd. 28 — 34) sind zudem nochmals sorgfältig auf
Grund des Urtextes überprüft worden. Die letzten vier
Beiträge des Bandes 48 gehören zum Alterswerk, des-
gleichen ein großer Teil vom Nachlaßband 49, um dessen
Gestaltung neben seinem Herausgeber Roland Schmid besonders die Herren Nixdorf, Barthel und Krapp bemüht
waren.

[1] Als Autor dieser erzgebirgischen Erzählung wurde Karl May vermu
tet; nach der Veröffentlichung von Bd. 72 konnte aber ermittelt werden
daß der Text der ‚Fundgrube' von Elfried von Taura (August Peters
stammt und 1876 von Karl May in der von ihm redigierten Zeitschrif
‚Schacht und Hütte' nachgedruckt wurde.
[2] in Vorbereitung: vereint alle verwendbaren Teile dieses dritte
Münchmeyer-Romans, soweit sie nicht in Bd. 64 und 65 Aufnahme fanden

Bei den weiteren Titeln ab Band 42 handelt es sich fast durchweg um Werke der beiden ersten Schaffensabschnitte. Hier mußte eine durchgreifende Neuordnung und Bearbeitung erfolgen; daran waren die Herren Barthel, Beissel, Eicke, Kandolf, Nixdorf, Stütz, Volck und Weiß wesentlich beteiligt. Außerdem beschäftigten sich mit der Überprüfung aller Bände in bezug auf geographische und fremdsprachliche Angaben namentlich folgende Mitarbeiter:

> Geographisches: Kandolf, Patsch, Pulkowski, Stütz
> Indianische Dialekte: Kandolf, Stütz
> Arabisch und Persisch: Babinger, Demel, Kandolf, Patsch
> Türkisch und Balkansprachen: Leschanowsky, Patsch, Schmiede

Die zahlreichen ausländischen Ausgaben der Gesammelten Werke Karl Mays gebührend zu würdigen, ist hier nicht möglich. Viele von ihnen sind hervorragend gelungen, so etwa die polnische, die sich durch eine besonders sorgfältige Übersetzung auszeichnet. Als Musterbeispiel aber sei die tschechische Reihe erwähnt, deren Beliebtheit nicht zuletzt den großartigen Textillustrationen des Malers Zdenek Burian zu verdanken war. Seine einzigartigen Bilder hat der Karl-May-Verlag später einer reich ausgestatteten Sonderausgabe der schönsten ‚Winnetou'-Erzählungen in zwei Bänden beigegeben, die dem kongenialen Illustrator Karl Mays auch in Deutschland viele Freunde gewann. Außerdem wurden nach dem 2. Weltkrieg 11 Bände mit Deckelbildern nach Entwürfen von Zdenek Burian ausgestattet.

Zum 50. Todestag des Dichters schuf der Karl-May-Verlag schließlich noch eine Jubiläums-Ausgabe in modernem Gewand mit einprägsamen Umschlagbildern von Klaus Lehmann. Zusammen mit der großen Reihe der im Verlag Carl Ueberreuter, Wien, in Lizenz erschienenen Taschenbücher hat sie die Zeitlosigkeit der Werke Karl Mays erneut unter Beweis gestellt.

4

Verfälschte Handschriften

Aus dem in der Selbstbiographie zitierten, zwischen Karl May und dem Verlag Münchmeyer im Jahr 1907 abgeschlossenen Vergleich war eine schädliche Nebenwirkung übriggeblieben. Wohl hatten sich damals die fünf Lieferungsromane von Mays Namen gelöst; der Prozeßgegner hatte zugegeben, daß einschneidende Änderungen an den Büchern vorgenommen worden waren und daß man sie nicht mehr als von Karl May verfaßt bezeichnen könne. Somit war es zwar verboten, diese Schriften fernerhin unter Karl Mays Namen zu drukken, allein anonym verbreitete sie der Verlag nach wie vor, und es konnte nicht verhindert werden, daß der Buchhandel beim Verkauf immer wieder mit heimlichen Winken darauf hinwies, dies seien „jene May-Bände".

Am 16. Februar 1914 gelang es mir, diese Nachwirkung aus dem alten Vergleich zu beseitigen. Zwischen dem Verlag Münchmeyer und dem Karl-May-Verlag wurde ein Vertrag abgeschlossen, demzufolge die sämtlichen Rechte an den fünf Romanen durch Ablösung an uns zurückfielen. Die von vielen Seiten angegriffenen früheren Ausgaben der Werke verschwanden damit aus dem Buchhandel. Bei uns aber unterlagen die Bücher einer sorgfältigen Bearbeitung; sie wurden von Fremdkörpern, Weitschweifigkeiten und Unstimmigkeiten befreit und den Gesammelten Werken in einwandfreier Fassung angegliedert.

Und dennoch ...

Seit dem Jahr 1907 durfte die frühere Fassung den Namen Karl Mays nicht mehr führen. Und seit dem Jahr 1914 ist diese Fassung überhaupt aus dem Handel verschwunden. Man sollte doch meinen, daß jemand, der sich berufen fühlt, über Karl May zu urteilen oder meinetwegen auch zu richten, die Werke, die er bespricht, vorher liest oder wenigstens durchblättert. Es gibt aber auch heute noch Zeilenschreiber, die das nicht nötig haben, sondern ihr Urteil am liebsten und am breitspurigsten dann abgeben, wenn es durch Sachkenntnis und Nachprüfung nicht getrübt ist. In einigen Winkelblättern erschien bald nach unserer Neuveröffentlichung des ‚Waldröschen‘ wieder die ‚Mordstatistik‘, die man in meinem eidlichen Gutachten (vgl. S. 327) angegeben und gebrandmarkt findet: man las dort wieder, daß in diesem Roman 2293 (man höre!) Menschen erschossen, 240 skalpiert, 219 durch Gift und Gas vergiftet, 130 erstochen würden usw. Diese geistreiche Zusammenstellung bedeutet selbst für die verfälschte Urausgabe eine boshafte und bösartige Übertreibung; für die Neuausgabe aber trifft sie wahrhaftig schon gar nicht zu. Albernheit, Unfähigkeit und Verantwortungslosigkeit vermögen nach meiner Ansicht eine solche Verunglimpfung nicht genügend zu entschuldigen.[1]

Im Kapitel ‚Die Prozesse‘ habe ich geschildert, daß es sich bei den langjährigen und langwierigen Auseinandersetzungen um die Münchmeyerromane auch darum handelte, ob die von gewisser Seite so maßlos aufgebauschten „Verfänglichkeiten“ von Karl May stammten oder von zweiter Hand, nämlich vom Verleger H. G. Münchmeyer und seinen Angestellten. Bereits in meiner Zeugenaussage vom 12. Dezember 1912 betonte ich, daß weitgehende Veränderungen bei der Art solcher Lieferungsromane durchaus glaubhaft sind. Im Münchmeyer-Prozeß wurde ferner nachgewiesen, daß einmal, während Karl May aus irgendeinem Grund, vielleicht wegen Krankheit, keine Fortsetzung der Erzählung ‚Die Liebe des Ulanen‘ lieferte, drei Hefte von einem anderen Mitarbeiter des Verlags geschrieben und dem Roman

1 Auch in jüngster Zeit ist die ‚Mordstatistik‘ wieder durch verschiedene Zeitungen gewandert — ein Zeichen, daß die Gegner Karl Mays sich auch in ihren Mitteln treu bleiben. (Anmerkung des Herausgebers)

einverleibt wurden. Im gleichen Rechtsstreit gaben die Gegner außerdem eine Änderung von ungefähr fünf Prozent des Inhalts der Münchmeyer-Romane zu.

Alle diese seit Jahren bekannten Tatsachen vermochten seinerzeit nicht, bei den Widersachern Karl Mays Gehör und Glauben zu finden. Cardauns besonders betonte immer wieder, daß ihm eine solche Verfälschung als unmöglich erscheine, daß dergleichen im Buchhandel nicht vorkomme, ja, daß man so weitgehende und wesentliche Änderungen auch gar nicht durchführen könne. Darauf habe ich als früherer Redakteur und nunmehr als Mitherausgeber der Karl-May-Jahrbücher zu erwidern, daß es allgemein Brauch bei Schriftleitungen und Verlagsleitungen ist, teils vertragsmäßig, teils gewohnheitsmäßig und teils vernunftsmäßig an den vorliegenden Handschriften Verbesserungen anzubringen, die das betreffende Werk der Druckfähigkeit und der Druckmöglichkeit näherbringen. Wenige Schriften erblicken das Licht der Öffentlichkeit in genau der Form, in der sie dem Verleger zugegangen sind.

Naturgemäß pflegen gerade die Kolportageverleger allesamt mit den Romanen ihrer Mitarbeiter ziemlich frei nach Gutdünken zu schalten und zu walten. Da der Schriftsteller ununterbrochen — durch keine Krankheit oder sonstige Verhinderung entschuldigt — Woche für Woche ganze Bündel von Druckseiten zu liefern hat, kommt es sehr häufig vor, daß eine Zeitlang ein mit fließender Sprache begabter Angestellter oder ein Ersatzschriftsteller an dem Lieferungsroman weiterschreibt, bis der Verfasser selbst seine Arbeit wieder aufnehmen kann. Oft hat auch der Verleger irgendein Bild vorliegen, das er für den Umschlag einer Fortsetzung verwenden will und auf das sich nun eine bestimmte Stelle in dem betreffenden Heft beziehen muß. Ferner sorgt der Verleger möglichst dafür, daß die Spannung auf der letzten Seite jeder Lieferung erhöht wird, um durch die Halbierung eines packenden Auftritts den Abnehmer zum Weiterlesen im nächsten Heft zu zwingen. Es kommen dabei Verschiebungen, Einschaltungen und Umstellungen vor, von denen man den Verfasser meist gar nicht verständigt, damit er sich nicht ‚verzettelt‘, nämlich den Faden der von ihm zu schreibenden Fortsetzung nicht verliert.

Die Handschriften der Münchmeyer-Romane, mit denen allein sich der Nachweis von Veränderungen hätte führen lassen, sind verschwunden, das heißt, wahrscheinlich gleich nach der ersten Drucklegung zum Altpapier gewandert, wie dies bei solch umfangreichen Werken fast durchweg vorkommt. Wir selbst besitzen auch die meisten anderen Werke Karl Mays nicht mehr in der Urschrift. Von den Manuskripten der Bücher ‚Durch die Wüste‘ bis ‚Der Schut‘ ist beispielsweise nicht mehr das geringste vorhanden. Ebensowenig von ‚Winnetou‘, obwohl gerade dieses Werk verschiedene Entstehungszeiten hat.

Zu den wenigen Handschriften aber, die von Karl Mays Werken noch erhalten sind, zählt die des Romans ‚Krüger Bei‘. Er wurde seinerzeit für den ‚Deutschen Hausschatz‘ geschrieben und dort erstmals — im Jahrgang 1894/95 — abgedruckt. Um diese Zeit begannen sich in die vorher sehr guten Beziehungen zwischen Karl May und der Leitung der Zeitschrift Zwistigkeiten einzuschleichen, die einige Jahre später zur völligen Entfremdung führten. Der Dichter schrieb ab 1898 nichts mehr für das Blatt, und erst 1907 kam es zu neuen Vereinbarungen und zu einer neuen, letzten Verbindung.

Im Jahre 1911, bei einer Zusammenkunft mit Karl May in Stuttgart, kam ich zufällig auf diese Sache zu sprechen. Er erzählte mir, seine damalige Loslösung vom ‚Deutschen Hausschatz‘ sei allen möglichen Deutungen ausgesetzt gewesen. Der eigentliche Grund aber wäre der: „Als ich meinen Roman ‚Satan und Ischariot‘ bei

Fehsenfeld zum Druck in Buchform geben wollte und dazu, wie immer, die vorherige Drucklegung im ,Deutschen Hausschatz' benutzte, nahm ich wahr, daß mir vom Redakteur Heinrich Keiter zahlreiche Seiten, im Umfang von ungefähr einem Band, aus meinem Manuskript gestrichen worden waren! Das Werk sollte vier Bände umfassen; es ergab aber nur drei!"

Diese kurze Bemerkung des Dichters wurde bald wieder von anderen Gesprächen beiseite gedrängt. Ich dachte nicht mehr daran, und erst um das Jahr 1917 verfiel ich darauf, die Handschrift des ,Krüger Bei', die ich in Karl Mays Nachlaß vorgefunden hatte, genau durchzuforschen. Und da machte ich eine aufschlußreiche Entdeckung.

Das Manuskript des Romans, der den zweiten Band der Trilogie ,Satan und Ischariot' bildet, beginnt mit Seite 1679 der Gesamtzählung und endet auf Seite 2888. Von diesen 1210 Seiten hat der Hausschatz-Redakteur Heinrich Keiter 440 Seiten, also 36%, gestrichen und den Rest durch entsprechende Übergänge und Abschnitte verkleistert, damit die Leser die Lücken nicht bemerken sollten!

Nun muß ich meinerseits zwar bemerken, daß ich diese wider Vorwissen und Wunsch Karl Mays angebrachten einschneidenden Änderungen großenteils nicht als Verschlechterungen betrachte, doch es bleibt die Tatsache der Änderung bestehen. Der durch die nachteiligen Folgen der Münchmeyer-Änderungen erbitterte Karl May (der die Streichungen und Umbiegungen Keiters erst zwei Jahre später entdeckte) war jedoch auch hierüber sehr ungehalten. Keiter war übrigens gerade an der Stelle, wo er die hauptsächlichsten Streichungen vornahm, ungeschickt verfahren, und May hatte Mühe, bei der Übernahme des Hausschatz-Textes in die Buchform den Zusammenhang herzustellen. Wer die Erzählung in der Fassung auf S. 10 f. des erwähnten Hausschatz-Jahrgangs mit dem entsprechenden Kapitel der Buchausgabe vergleicht, vermag dies deutlich zu erkennen.

Welcher Art waren nun die Streichungen Keiters, und inwiefern haben sie den Gang der Handlung beeinträchtigt?

Die Hauptsache bestand darin, daß Karl May eine zartsinnige Liebesgeschichte zu Martha Vogel in seinen Roman verwoben hatte, die Keiter völlig beseitigte. Nur bei sorgsamer Durchsicht bemerkt man im Roman ‚Satan und Ischariot‘ noch da und dort kleine Hinweise. Der Erzähler schildert ursprünglich genau, wie er Martha und ihren Bruder kennenlernte, und dabei spielt die merkwürdige, spaßhafte und träumerische Gestalt des Professors Vitzliputzli herein. Franz Kandolf hat auf meine Bitte jene von Keiter gestrichenen 440 Handschrift-Seiten derart neu verwendet, daß er daraus zwei in sich abgeschlossene Novellen formte, die sich nunmehr in Band 47 der Gesammelten Werke finden, nämlich die Titelerzählung ‚Professor Vitzliputzli‘ und die Geschichte ‚Wenn sich zwei Herzen scheiden …‘

5

Wahrheit und Dichtung

Karl May hatte ein vielbewegtes Leben hinter sich, und so ist es wohl selbstverständlich, daß er manches Erlebnis und manche Persönlichkeit, die ihm begegnete, dichterisch verwertete. Sehr schwer aber fällt es begreiflicherweise, die Unterlagen im Einzelfall zu erkunden.

In Winnetou, seiner vollkommensten Schöpfung, hat er, wie er mir selbst einige Jahre vor seinem Tode bestätigte, den indianischen Volkscharakter idealisiert; May bemerkte damals ausdrücklich, er habe manchen Indianer kennengelernt, darunter einzelne edelgesinnte und hochgesittete Menschen, und deren Charaktereigenschaften habe er zum Idealbild des Winnetou verschmolzen. Ähnlich verhält es sich mit Hadschi Halef Omar, in dem er einen hervorragenden Vertreter des Morgenlandes mit all seinen Vorzügen, aber auch mit all seinen Schwächen zu zeichnen suchte.

Es ist nicht ausgeschlossen, daß Karl May bei der Gestaltung seines ‚Winnetou‘ besonders von dem großen historischen Apatschenhäuptling Cochise angeregt wurde. Vergleiche zwischen Cochise und Winnetou förderten erstaunlich viele Übereinstimmungen zutage; selbst das Todesjahr Cochises — 1874 — ist das gleiche, das auch May mehrmals (in Briefen an Leser) als Todesjahr Winnetous angab[1].

Hingegen steht mit ziemlicher Gewißheit fest, daß andere von ihm geschilderte Persönlichkeiten lebten; als er das Schicksal seines Schulfreundes Carpio im Buch ‚Weihnacht‘ erzählte, trafen, wie mir Frau May berichtete, Beschwerden von dessen Verwandten ein, die sich durch die Darstellung gekränkt fühlten. Ein anderer Schulfreund Mays, Pfefferkorn, der ihm als Vorbild zum ‚Dicken Jemmy‘ diente, ist erst 1916 zu Lawrence, Mass., in Nordamerika gestorben. Frau Rosalie Ebersbach aus dem ‚Ölprinz‘ ist die gleiche, die er als Wirtin des Gasthofs ‚Zur Stadt Glauchau‘ in seinem Heimatort Hohenstein-Ernstthal kannte. Als kleiner Knabe hatte er sie oft um Kartoffelschalen für die vielköpfige Familie gebeten. In der Gestalt des Kantors emeritus spiegelt sich ferner ein alter Stammtischbekannter Karl Mays, der seinerzeit tatsächlich als Kantor i. R. in Klotzsche bei Dresden lebte. Er war, wie er in der genannten Jugenderzählung gezeichnet ist, ein wunderlicher Kauz, der sich stets mit dem Gedanken einer großen, aber nie zu Ende geführten Heldenoper trug. Mays Diener Sej-

---

[1] Über Cochises Leben berichtet Elliot Arnold in seinen Romanen ‚Cochise‘ und ‚Blutsbruder‘ (erschienen im Karl-May-Verlag, Bamberg).

jid Omar, den er in seinem Werk ‚Und Friede auf Erden' schildert und der ihn auf der großen Orientreise 1899 — 1900 begleitete, hat noch wenige Jahre vor des Dichters Tode einen Brief von arabisch überschwenglichem Gepräge an Karl May gerichtet. Von diesem Diener, einem jungen Mann, sind auch mehrere Bilder in Mays Sammlungen erhalten; eins davon ist im Bildteil (S. 16 unten, mit Fes ganz rechts) wiedergegeben. Bemerkt sei, daß er in Wirklichkeit nicht Omar, sondern Hassan hieß, daß aber May gleich zu Beginn seiner Reise an Stelle dieses arabischen Alltagsnamens das wohlklingende Omar setzte. Schon hieraus sieht man, in welcher Weise Mays Phantasie seine Erlebnisse zu unterstützen pflegte. Den in der gleichen Erzählung genannten Kapitän Wilkens lernte May ebenfalls auf seiner Orientreise kennen.

Der urwüchsige Krüger-Bei, eine Lieblingsgestalt des Schriftstellers, ist geschichtlich nachgewiesen. Ferner hat Abu hamsah miah, der ‚Vater der Fünfhundert', wirklich gelebt, genauso wie Lopez Jordan, Alsina, Latorre, Alvarez, der Mahdi und der Kaffernhäuptling Sikukuni, über die man in jedem größeren Konversationslexikon nachschlagen kann. Darüber hinaus sind der Kurdenscheik Jamir, dessen Gattin und der kleine Kudir, von denen May in der Erzählung ‚Ein Rätsel' (Ges. Werke Bd. 26) berichtet, geschichtliche Personen. Auch einen nicht unbedeutenden und sogar ziemlich berühmten Reisenden namens David Lindsay hat es gegeben, der in drei Forschungsfahrten Australien nach allen Richtungen durchquerte. Er war zwar kein Lord, aber aus einer Äußerung Karl Mays in der Kurzgeschichte ‚Old Shatterhand a. D.' (in Bd. 48 der Ges. Werke) geht hervor, daß dieser Australienreisende und sein ‚Master Fowlingbull' eine und dieselbe Person seien. Andere Gestalten, wie Mohammed Emin, Ali Bei, der Komantschenhäuptling To-kei-chun, der Dakota Wohkadeh, der Westmann Old Firehand u. a., sind

Personen nachgebildet, die in verschiedenen vom Dichter
benützten Reisewerken eine Rolle spielen, während wieder viele andere seiner Romangestalten wohl keine
geschichtlichen Vorbilder besaßen. Im Lauf der langen
Jahre, in denen ich nun schon den Karl-May-Verlag leite,
sind mir für die Aufhellung solcher Verknüpfungen von
Wahrheit und Dichtung bei Karl May von May-Freunden
— auch aus dem Ausland — oft wertvolle Auskünfte
zugegangen, für die ich den Einsendern auch an dieser
Stelle den Dank des Verlags aussprechen möchte. Diese
Mitteilungen sind von mir entsprechend verwertet und
zum Teil als Aufsätze in den Karl-May-Jahrbüchern abgedruckt worden.

Und nicht nur lebende Personen, sondern auch geographisch nachweisbare Ortschaften hat Karl May in seinen Werken unter Decknamen verwendet. In den ‚Erzgebirgischen Dorfgeschichten‘ (jetzt Bd. 43/44 der Ges.
Werke) spielen zahlreiche der halb heiteren, halb besinn-
lichen Begebenheiten in zwei benachbarten Städtchen. Jeder May-Freund kann unschwer erraten, daß damit die
Vaterstadt des Dichters gemeint ist: die damals noch nicht
vereinigten Orte Hohenstein und Ernstthal (‚Hohenthal‘).
Wie oft erwähnt Karl May die ‚Eisenhöhlen‘, den Steinbruch, den alten Friedhof (vgl. z. B. Bd. 43, 44, 51, 57,
65, 72)! Unübersehbar ist ferner die Beziehung von Bd. 64
‚Das Buschgespenst‘ zur Heimatstadt; wichtigste Schau-
plätze sind Forsthaus, Zeche, Weberhäuser, ‚Rote Mühle‘.

Es ist dem Dichter vielfach vorgeworfen worden,
daß er den Glauben allzu stark nähre, er habe die meisten in seinen Büchern erzählten Abenteuer selbst bestanden. Diese Schwäche kann nicht bestritten werden, findet aber eine gewisse Erklärung zweifellos in dem begreiflichen Bestreben, auf diese Weise über traurige Erinnerungen hinwegzukommen, eine Beobachtung, mit der
sich zahlreiche Jahrbuch-Aufsätze sowie Strobls Abhand-
lung am Ende dieses Buches befassen.

6

Das ‚Ich‘

In ‚Mein Leben und Streben‘ äußert sich May über seine ‚Geographischen Predigten‘ wie folgt:

Der Titel besagt, was ich damals wollte und auch heute noch will: Geographie und Predigten! Kenntnis der Erde und ihrer Bewohner und Aufschau nach einer lichteren Welt!

Die tiefe Frömmigkeit, die aus diesen Worten Mays wie auch schon aus seinen allerersten Schöpfungen spricht, zieht sich wie ein roter Faden durch seine sämtlichen Werke. Zu den Leitgedanken, die er in den ‚Geographischen Predigten‘ zum Ausdruck brachte, könnte man noch einige Sätze aus seiner Lebensbeschreibung hervorheben: „Ich will den Leser nicht von außen festhalten, sondern will Eintritt nehmen in seine Seele, in sein Gemüt. Sonnenschein will ich in die Häuser und Herzen meiner Leser bringen..." Immer hat May betont, daß er Volksschriftsteller sein wolle, daß er seine Leser nicht nur unterhalten, sondern auch belehren und vor allem auch ihren Blick emporrichten wolle. Daß er nun allerdings schon von Anfang an die später von ihm aufgeworfenen Fragen in allen Einzelheiten verfolgt habe und ohne ferneres Tasten auf sie zugeschritten sei, ist vielleicht eine Selbsttäuschung, wie man sie auch bei anderen Dichtern findet. Karl May war sein Leben lang in der Entwicklung begriffen, und stets ging er von einem seiner Werke zum andern in der Hoffnung, das bisher Geleistete übertreffen zu können.

Um so mehr litt er darunter, daß gehässige Angriffe seinen früheren Büchern jede Verinnerlichung absprechen wollten, und das mag dazu beigetragen haben, daß er überraschend schnell und mit unerwarteter Betonung an die Stelle seiner vorherigen, mehr auf Romantik gerichteten Schöpfungen symbolisch-allegorische Dichtungen treten ließ. Die Bände 28 — 33 der Gesammelten Werke tragen dieses Merkmal an sich, und über das, was May in ihnen sagen wollte, sind vielleicht gewisse Erläuterungen notwendig, obwohl er sich ja auch in seinen Lebenserinnerungen dazu äußert.

Zunächst sei gesagt, in welcher Weise May den Menschen und die Menschheit zur Selbsterkenntnis und Selbsterziehung anregen wollte: indem er sein eignes ‚Ich‘ als den Träger menschlichen Irrens und Strebens hinstellte. Um seine Gedanken zu veranschaulichen, hat er sich einmal[1] des folgenden Gleichnisses bedient.

Der Mensch gleicht einer Droschke. Der *Wagen* an sich kann alt oder neu, schön oder häßlich, zweckdienlich oder unzweckmäßig, dauerhaft oder wacklig sein; das ist der *Leib*. — Das *Pferd* kann gut oder schlecht, stark oder schwach, gefügig oder störrisch, gesund oder krank, von edler oder von gemeiner Abstammung sein: es stellt das *Triebleben* (die ‚Anima‘) dar, das sich von der Seele unterscheidet. Das Triebleben ist das Tier im Menschen, das uns, wenn es unedel ist, so viel zu schaffen macht. Der Leib an sich, der Wagen, ist tot und bewegungslos, bis das Pferd vorgespannt wird. — Nun könnte er sich zwar bewegen, aber er darf nicht, sondern er bleibt angebunden, weil das Pferd, der Urtrieb, ziel- und planlos fahren würde. Da kommt der *Kutscher;* dieser kann geschickt oder ungeschickt, treu oder untreu, fleißig oder faul, kräftig oder schwächlich, ehrlich oder unehrlich sein: das ist die *Seele*. Steigt er auf den Bock, so kann er die Fahrt zwar beginnen, aber sie ist nutzlos, sie bringt nichts ein, sie hätte höchstens den Zweck, Wagen, Pferd und Kutscher also Leib, Triebleben und Seele in Übung zu erhalten. — Da aber kommt ein *Fahrgast*, der einsteigt und dem Kutscher ein Ziel gibt. Da nimmt die Seele die Zügel in die Hand, und fort eilt der Leib nach dem angegebenen Ziel. Der Fahrgast kann schwer oder leicht, anspruchsvoll oder bescheiden, friedlich oder zänkisch, freigebig oder knickerig sein: das ist der *Geist!* Nur wenn der Geist sich mit der Seele eint, wird der Zweck des Ganzen erreicht, bald mehr, bald weniger. Wie der Kutscher an seinen Fahrgästen verdient, so daß er allmählich zur Selbständigkeit gelangt und dann selber Fahrgast wird, so adelt und bereichert der Geist die Seele, bis sie selber Geist wird.

[1] In seinem Vortrag zu Lawrence, Massachusetts, am 18. Oktober 1908

Sein ‚Ich‘ (= Kara Ben Nemsi bzw. Old Shatterhand) betrachtete May als die ‚Menschheitsfrage‘, die
Verkörperung der Menschheit, das heißt der Gesamtheit
der mit Vernunft ausgestatteten Wesen, die notwendig
den rastlosen Trieb zur Erfassung des Weltganzen, seines Zwecks und des eigenen Daseins in sich tragen.

Wie im ‚Ewigen Juden‘ das heimat- und ruhelose Israel
verkörpert ist, so schuf Karl May seine die ganze Erde
umfassende Menschheitsfrage, um der Sehnsucht nach der
Lösung unserer Daseinsrätsel eine sichtbare Form zu geben. Wie kam er nun dazu, sein Ich der Menschheitsfrage
gleichzustellen? Er brauchte eine Gestalt, die geeignet
war, die Trägerin des von ihm geschaffenen Begriffs zu
sein. Kein Sterblicher kann nach Karl Mays Ansicht die
Menschheitsfrage lösen — außer in sich selbst und durch
sich selbst. Sie muß im Inneren geboren und muß im Inneren entwickelt und erzogen werden, ehe sie nach außen
treten kann, um ihre Stimme erschallen zu lassen. Nur ein
Mensch (ein ‚Ich‘), der die Menschheitsfrage gestellt und
die Menschheitsseele (von Karl May in Marah Durimeh
verkörpert) erkannt hat, ist imstande, die Leiden und
Nöte seiner Mitmenschen zu verstehen und diese aufzu-
richten und zu trösten.

Mays ‚Ich‘ hat aber nicht nur persönliche Bedeutung:
er wählte es vielmehr auch als ein Mittel der inneren
Beteiligung, der Erweckung des Willens seiner Leser, da
ein ‚Ich‘ stets der Denk- und Anschauungsform der
Seele entspricht. Aus diesem Grund mußte das ‚Ich‘ ein
bevorzugter Träger menschlichen Wollens und Könnens
sein, ein ‚Held‘, nicht aber etwa ein ‚Engel‘, wie z. B.
die ‚Güte‘ in den Romanen ‚Und Friede auf Erden‘
und ‚Ardistan und Dschinnistan‘. Menschliche Schwächen und Fehler konnte, durfte und sollte das ‚Ich‘
haben, dennoch aber mußte es ein Ideal bilden, das dem
eigenen Wunschziel des Lesers möglichst gleichkam.
Darin liegt ja auch das Geheimnis, weshalb der Leser

sich immer mit dem Helden identifiziert und die Welt und die Geschehnisse mit dessen Augen betrachtet.

So geht Mays ‚Ich‘ und mit ihm seine große Leserschar der Lösung der Menschheitsfrage nach, der Erforschung dessen, was gut ist, und dessen, was besser sein könnte. Naturgemäß leitet der Dichter vom Leichten zum Schweren über. Die ersten Werke bringen mehr Grundlagen, Tatsachen, Bausteine; die späteren Folgerungen, Schlüsse, Gedankengebäude, Zukunftsträume. Zu Anfang also wenig Symbolik und was dem beginnenden Leser am meisten verständlich und anschaulich ist: Gewaltmenschen. So siegt auf den Höhen des kurdischen Gebirges[1] zum erstenmal die Menschheitsseele. Aber der noch in den Anfängen der Entwicklung stehende Edelmensch versagt, muß selber Hilfe erbitten, sich unter ihren Schutz stellen und deshalb wieder von vorn, wieder in der Ebene anfangen.

Denn die Ebene, das flache Land, die Wüste, bedeutet für May, wie schon aus den ‚Geographischen Predigten‘ ersichtlich, zugleich ein Sinnbild für die Niederungen der Seele, von denen sie sich, der Menschheitsfrage folgend, aufwärts wenden muß in die Berge, um Höhenluft zu atmen. Der Aufstieg ist zweifach: Morgenland und Amerika, Osten und Westen. Hier führt er zum ‚Mount Winnetou‘, da zum ‚Dschebel Marah Durimeh‘. Die Menschheitsfrage würde keine Menschheitsfrage sein, wenn sie nicht in aller Welt aufträte. Nur wer den Blick über die ganze Erde schweifen läßt, kann die Beziehungen der Völker untereinander erkennen, regeln, verbessern. Und dementsprechend zeichnet May der Reihe nach Familien-, Stammes-, Volks- und Menschheitsschicksale.

Im letzten Ende sollte Mays ‚Menschheitsfrage‘ folgende Aufgabe lösen: Ihr Blick war auf die Zukunft des großen Ganzen gerichtet. Sie faßte die vier Giganten ins Auge, die sich in gewaltigem Ringen um die Zukunft

---

[1] Gesammelte Werke Bd. 2 ‚Durchs wilde Kurdistan‘

miteinander zu messen haben würden: den wohlge-
übten, aber nervös gewordenen und in sich selber zer-
splitterten Europäer, den schlafenden Riesen Islam, den
mongolischen Athleten, der nur seine japanische Hand
zu ballen brauchte, um das mächtige Rußland nieder-
zuhalten, und schließlich die neu erstehenden germanisch-
indianischen Amerikaner, die vielleicht über die Schicksale der Alten Welt zu entscheiden haben würden. Aus
diesen Ahnungen und Gesichten ergaben sich folgende
Aufgaben:

1. Aussöhnung des Morgenlandes mit dem Abendland,
damit beide, die Träger der einstigen und jetzigen Kultur, gerüstet zueinanderstehen, wenn der Mongole sich
erhebt;

2. Aufklärung über das Entstehen einer neuen ameri-
kanisch-indianischen Rasse, damit der Europäer seinen
Blick auch über den Atlantischen Ozean richten möge;

3. die Entwicklung des Gewaltmenschen zum Edelmenschen, damit der unausbleibliche Kampf der vier Giganten von dem kriegerischen auf den friedlichen Weg
geleitet und auf diesem entschieden werde.

Das sind die Grundgedanken, die May vor allem in
den erwähnten letzten, rein symbolischen Werken zum
Ausdruck bringt. Diese nehmen im Gesamtwerk eine Son-
derstellung ein und seien darum für sich besprochen.

Im Jahre 1904 begann eine Sonderausgabe der ‚Gesammelten Reiseerzählungen‘ zu erscheinen, mit der Karl
May auch äußerlich auf den inneren Gedankengang seiner
Bücher hinzuweisen versuchte. Sie zeichnete sich vor allem
durch die Deckelbilder von Sascha Schneider aus, dem
großen Maler des Jugendstils, mit dem der Dichter eng
befreundet war. Diese Kunstblätter, die anschließend
auch als Mappe unter dem Titel ‚Empor zum Licht!‘
erschienen, entstanden in gemeinsamer Arbeit der beiden
Freunde, und ein dritter Freund, Johannes Werner, legte
das, was die beiden dachten und mit den Bildern sagen

wollten, in einem erklärenden Text nieder. Heute sind Bilder und Text in Hansotto Hatzigs Werk ‚Karl May und Sascha Schneider‘[1], das eine ausführliche dokumentarische Darstellung dieser einzigartigen Künstlerfreundschaft bietet, vollständig wiedergegeben.

7

‚Symbolik‘

Unter allen Bemerkungen und Hinweisen, die Karl May zum Verständnis seiner Bücher hinterließ, hat ganz besonders eine die Leser immer wieder vor ein Rätsel gestellt und ratlos gemacht: die nämlich, daß alle seine Erzählungen, von der Frühzeit bis ins Alter, ‚symbolisch‘ zu verstehen seien, sinnbildlich, als Gleichnisse tieferen Geschehens. Bei den Alterswerken war zwar deutlich zu sehen, daß die Personen, Landschaften und Vorgänge nur noch scheinbar der Welt der Wirklichkeit angehörten, in Wahrheit aber etwas ganz anderes bedeuteten. Doch konnte dies auch bei den früheren und frühsten Erzählungen der Fall sein?

Daß er im Grunde „rein deutsche Begebenheiten in exotischem Gewand" schildere, hat Karl May mehrfach ausgesagt. Was er genau damit meinte, blieb aber immer unklar und schien überdies für das Verständnis der exotischen Erzählungen entbehrlich. Allenfalls dachte man auch hier an die Alterswerke und schrieb die umfassende Ausschließlichkeit des Ausspruchs einer Selbsttäuschung des alternden Karl May zu. Erst in allerjüngster Zeit hat die Forschung sich sorgfältiger mit der Frage der ‚Symbolik‘ bei May beschäftigt und ist dabei zu interessanten Ergebnissen gelangt.

[1] Erschienen im Karl-May-Verlag, Bamberg 1967 (‚Beiträge zur Karl-May-Forschung‘ Band 2).

Für jeden Dichter bilden die Gestalten und Begebenheiten seiner unmittelbaren Heimat eine Hauptstoffquelle.
Auch Karl May schöpfte aus den Eindrücken namentlich
seiner Jugendzeit seine frühen Heimaterzählungen, und
es ist gerade dieser Erlebnisnähe zu verdanken, daß wir
in ihnen heute ein wahres und lebensechtes Bild vom
Erzgebirge und seinen Menschen vor hundert Jahren besitzen. Zahlreiche Gestalten aus dem Jugendleben des
Dichters sind in diese Erzählungen eingegangen, manchmal als scharf gestochene Porträts, manchmal aber auch
— wenn das Porträt vielleicht unliebenswürdig hätte
ausfallen müssen — in launiger Ausschmückung.[1]

Diese Übernahme von Gestalten seines Lebenskreises
hat Karl May auch dann nicht aufgegeben, als die Schau-
plätze seines Werkes sich immer weiter von der Heimat
entfernten. Doch nun, wo er sein ureigenstes Gebiet erreicht hatte, das der exotischen Reiseerzählung, tat er
einen entscheidenden Schritt über die bisherige Verfah-
rensweise hinaus. Nicht nur führte er die ernsten und
heiteren Gestalten seines Lebens in exotischer Umgebung
vor, sondern er begann, dieses sein Leben selber als ein
exotisches Schauspiel zu gestalten, nachzugestalten. Be-
merkenswerte Episoden und Ereignisse, die dem Schriftsteller Karl May in Deutschland widerfuhren, kehrten
in den Erlebnissen des Weltreisenden Kara Ben Nemsi/
Old Shatterhand wieder — stilisiert zwar, doch für den
Kenner von Mays Leben deutlich erkennbar. So steht
denn neben dem ernsten Helden der orientalischen Reiseerzählungen zugleich der lustige, oft unfreiwillig komische, in seiner ungekünstelten Menschlichkeit so rührende Hadschi Halef Omar; und ist der eine, der Held,
der unfehlbare, ein Wunschbild Karl Mays, so spiegelt
der andere, der fehlbare Mensch, sein wahres Bild: er ist
die Verkörperung seiner ‚Anima‘, wie Karl May später

---

1 Vgl. hierzu auch die Einleitungen zu den Texten von Band 72 der Ges.
Werke ‚Schacht und Hütte‘

sagte, die Verkörperung des Menschlichen, Allzumenschlichen an ihm.

Schon gleich im ersten Band der Gesammelten Werke ,Durch die Wüste' begegnet diese Anima ihrer ,Seele': Hadschi Halef lernt seine spätere Frau Hanneh kennen, ein junges Mädchen, das bei ihrem Großvater Malek aufgewachsen ist. Wer dächte dabei nicht an Emma Pollmer, das Mädchen aus Hohenstein-Ernstthal, das Karl May kurz vor der Niederschrift seiner Erzählung von den Ateïbeh geheiratet hatte, und an ihren Großvater, den ,alten Pollmer', der sich freilich in der Spiegelung weit liebenswürdiger ausnimmt als in der Wirklichkeit! Wer das wechselvolle Leben Karl Mays kennt, findet im weiteren Verlauf der Geschehnisse immer wieder solche frappanten Anklänge, die verstehen lassen, was der Dichter meinte, wenn er vom „exotischen Gewand" seiner Erzählungen sprach, — und was er auch meinte, wenn er gelegentlich sibyllinisch behauptete, er habe all die scheinbar so phantastischen Abenteuer seiner Bücher selber ,erlebt'.

Aber nicht nur verrät uns das Leben Karl Mays auf solche Art vieles über den inneren Zusammenhang, den inneren ,roten Faden' seiner Werke, auch umgekehrt lassen sich aus der Wechselbeziehung von Wirklichkeit und Spiegelung wichtige Aufschlüsse gewinnen: wo etwa Personen und Begebenheiten von Karl Mays Leben für die Forschung im Dunkel liegen, gibt das Werk der betreffenden Zeit mancherlei wertvolle Hinweise. Auch hierfür ein Beispiel. Kara Ben Nemsi befindet sich im ,Lande des Mahdi'; der türkische Sklavenhändler Murad Nassyr sucht ihn für seine Geschäfte zu gewinnen und bietet ihm, um ihn fester an sich zu binden, die Hand seiner Schwester an; Kara Ben Nemsi aber schlägt sie aus und verbindet sich mit dem Reis Effendina, der sich die Aufgabe gestellt hat, die Sklavenjäger zu vernichten. Wenn man nun, von der auffälligen Parallele ausgehend, in Murad Nassyr den Verleger Münchmeyer erblickt (der ja den tüchtigen Redakteur Karl May mit seiner Schwägerin Minna verheiraten wollte, um sich der wertvollen Arbeitskraft durch persönliche Bande zu versichern, und ebenfalls eine Abfuhr erhielt), so bietet sich für den Reis Effendina als Modell Joseph Kürschner an, der Gründer und Herausgeber des ‚Guten Kameraden‘, der Karl May half, die Kolportage zu überwinden und ein neues literarisches Arbeitsfeld zu gewinnen; der Handel mit Sklaven wäre demnach der mit der Schundliteratur. Über das Verhältnis Karl Mays zu Kürschner ist der Forschung lediglich bekannt, daß es einige Zeit nicht ungetrübt war (vgl. die Entstehungsgeschichte von ‚Und Friede auf Erden‘[1]); daß es zu einem scharfen Bruch kam, läßt sich aus der Tatsache vermuten, daß die ursprünglich ebenfalls auf Jahrgangslänge angelegte ‚Kamerad‘-Erzählung ‚Der Schwarze Mustang‘[2] von Karl May nach dem ersten Drittel abgebrochen und mit einem deutlichen Behelfsschluß versehen wurde: seine Mitarbeit nahm ein sehr jähes Ende. Auch in der Spiegelung des Mahdi-Romans ist dieses Ende abgebildet, und es kommt dem Leser dort ebenso überraschend und scheinbar widersinnig, wie es Karl May wohl auch im Leben vorkam: der Reis Effendina wird zum Feind Kara Ben Nemsis. Über die Motive Kürschners, den Bruch herbeizuführen oder zumindest doch geschehen zu lassen, wissen wir nichts; die Motive des Reis Effendina aber hat Karl May geschildert, und wer den Schlußteil des Bandes 18 ‚Im Sudan‘ unter diesem Blickwinkel liest, wird immer wieder hochinteressante Entdeckungen machen, die einen bedeutsamen Abschnitt von Karl Mays Werdegang erhellen.

[1] Geschildert in der Nachbemerkung zum Märchen ‚Der Zauberteppich‘ in Band 48 der Ges. Werke
[2] Titelerzählung von Band 38 der Ges. Werke ‚Halbblut‘, erstmals erschienen 1896 im XI. Jahrgang des ‚Guten Kameraden‘

In der letzten Reiseerzählung vor der großen Wandlung Karl Mays, ‚Am Jenseits‘, taucht ein neues bedeutendes Element von ‚Symbolik‘ auf: die Allegorie. Das eigenartige Buch ist wie ein einziges großes Gleichnis angelegt, ein Gleichnis, das man ‚Der Mensch und die Ewigkeit‘ überschreiben könnte.

Sein Ich zerlegt der Dichter hier in mehrere Bestandteile, in jene verschiedenartigen Strömungen also, die durch sein Inneres und sein Denken ziehen, sich oft widerstreben und dennoch nebeneinander und miteinander laufen: Kara Ben Nemsi (hier: Hadschi Akil Schatir) ist die Menschheitsfrage in ihm[1], Halef die Anima und Hanneh die Seele, das Gemüt. Er begibt sich mit Kara Ben Halef (dem Bild seiner bisherigen Werke, Ergebnis des Zusammentreffens und der Erziehung von Kara Ben Nemsi, Halef und Hanneh) in die Wüste, d. h. in die unfruchtbare Geistesöde, wo sie den verschiedenartigsten Persönlichkeiten begegnen. Alle haben ein gemeinsames Ziel: Mekka. Darunter versteht May jene Gedankenwelt, die sich mit den Fragen über das Fortleben nach dem Tode beschäftigt, in gewisser Hinsicht also das Jenseits selbst.

Als Hauptgestalten der Handlung sind der Münedschi und der Perser zu betrachten. Der erste ist ein geistig hochgebildeter, mit der Gabe großer Erkenntnis ausgestatteter Mensch, der aber vollständig in die Hände des Ghani (des Vertreters des unbelehrbaren Hochmuts) und seines Sohnes (des Vertreters des starren Eigennutzes) geriet; er ist erblindet, denn seine Befähigung, höhere Werte zu erkennen, wurde durch den Verkehr mit jenen beiden getrübt; ja, der Ghani hält ihn sogar für tot, d. h. für völlig und endgültig in seinem Bann. Aber in dem Blinden blieb dennoch ein göttlicher Funke zurück: Ben Nur, das Gewissen (von Sascha Schneider als leitender Schutzengel dargestellt). Der Ghani und sein Sohn

1 Vgl. oben das Kapitel ‚Das „Ich“‘

verkörpern also jene Menschen, die nur nach Erdengütern jagen; das Verhalten beider gegenüber Andersdenkenden zeigt den Hochmut dieser Menschen gegenüber einem Geistes- und Seelenleben, dem sie sich nur stolz fordernd nahen, wenn sie sich wirtschaftliche Vorteile davon versprechen. Obwohl sie den Kanz el A'da, den ‚Schatz der Glieder' (die Wohlfahrt des Leibes und seine irdische Glückseligkeit) raubten, sind sie doch fast verschmachtet; es fehlt ihnen die innere Befriedigung.

Geraubt worden ist der ‚Schatz der Glieder' dem Perser Khutab Agha, der allerdings nicht so vollständig wie der Münedschi in die Hand des Ghani geriet. Er stellt den Begriff des gebildeten und gesitteten Durchschnittsmenschen dar, der zwar nicht ohne tiefere Regungen und nicht ohne die Fähigkeit der Selbstbeobachtung bleibt, aber zugleich doch auch dem Stoffglauben, dem Materialismus, huldigt, denn er mißt dem ‚Schatz der Glieder' eine allzu große und falsch verstandene Bedeutung bei. Wohl ist der Körper ein wertvoller Besitz, doch der Mensch darf sich nicht von ihm beherrschen lassen. In der Wüste trifft Khutab mit der Menschheitsfrage zusammen; sie weist ihm den richtigen Pfad. Noch fehlt ihm aber die nötige Seelenstärke, und trotz aller Warnungen begibt er sich auf demselben Weg zurück, auf dem er gekommen war. Dadurch wird er wiederholt von Tawil, dem Vertreter des Gewaltmenschentums, gefangengenommen; dieser weiß zwar seine rohe Weltanschauung nicht so geschickt zu verwerten wie der verfeinerte Ghani, doch auch er leugnet jedes edlere Gefühl.

Durch die Zusammenkunft mit Akil Schatir und seinen Begleitern kommt es sowohl beim Münedschi als auch bei Khutab Agha zur Erleuchtung. Solange sich der Münedschi ganz vom Materialismus umgarnen ließ, mußte er blind im Leben umherirren; das Religionsbekenntnis, ob Christentum, ob Islam, war ihm gleich. Blind ließ er sich leiten und schimpfte mit, wenn andere es taten. Nur sel-

ten schlug ihm das Gewissen (Ben Nur). Dann allerdings
kam ihm sein ganzes Elend, das äußere wie das innere,
zum Bewußtsein. Dieses Licht, das noch in ihm war,
flammt heller auf, als die Menschheitsfrage an ihn her-
antritt: Ben Nur führt ihm in einer großen Vision die
Todesstunde vor Augen und zeigt ihm, wie furchtbar
genau auf El Mizan, der Waage der Gerechtigkeit, der-
einst gewogen wird. Aber vorläufig noch wirkt diese Erkenntnis nicht dauernd in ihm nach; bald ist er wieder
blind, bald wieder in den Banden des Materialismus.

Auch der Perser wird durch eine ähnliche, aber doch
wieder ganz anders geschilderte Begebenheit an die Todesstunde, an den Ausgang und die jenseitige Vollendung
der Erdenwanderung gemahnt. Jetzt nahen die Beni Lam,
deren Scheik Abd el Idrak die Einsicht, das Verständnis
für die Geschehnisse des Seelenlebens bedeutet. Diese
Einsicht kommt, wenn auch durch die Kundschafter vorbereitet, ganz plötzlich, ungeahnt. Von dem Verständnis,
daß der Mensch nur durch Liebe endgültig siegen kann,
werden Gewaltmenschentum und Materialismus unschädlich gemacht, wird der blind irrende Münedschi für
immer aus den Händen des Ghani befreit. Die Menschheitsfrage hat sich seiner bemächtigt und nimmt ihn mit
auf ihren Weg, Mekka, dem Jenseits, entgegen.

Von diesen Gesichtspunkten aus wäre auch der zweite,
von Karl May nicht mehr geschriebene Teil des Werkes
zu betrachten, der den Titel ‚Im Jenseits' führen sollte.
Der Münedschi wäre wohl in Mekka selbst wieder
sehend geworden, d. h. er hätte den Großscherif, den
wahren Gott, erkannt. Wahrscheinlich hätten auch Himmel, Fegefeuer und Hölle, alles natürlich in sinnbildlicher
Verkleidung, eine große Rolle in diesem zweiten Band
gespielt. Franz Kandolf hat das unvollendete Werk 1924
durch den Ergänzungsband ‚In Mekka'[1] zum Abschluß
gebracht.

1 Ges. Werke Band 50

Neben dem hier gegebenen Leitfaden der Handlung bringt Karl May noch vielerlei andere Gleichnisse und erörtert manche Kulturfragen seiner Zeit. Das Einleitungsgespräch zwischen Halef und dem Effendi über die Eisenbahnen soll z. B. die Schwierigkeiten darstellen, die sich der im Orient vordringenden europäischen Kultur entgegensetzten und die nur durch ein liebevolles Verständnis des seit Jahrhunderten schlafenden Islam überwunden werden können.

Einen tiefgreifenden Einschnitt in Karl Mays Leben und Entwicklung brachte die große Orientreise 1899/1900. Was der Dichter auf ihr mit dem äußeren und inneren Auge erschaute, führte ihn zu einer gänzlich neuen Auffassung seiner Arbeit: erst jetzt, nach einem Leben der „Skizzen und Vorübungen", gedachte er an sein „eigentliches Werk" zu gehen. Diese innere Wandlung bedeutete die endgültige Hinwendung zur ,Symbolik', zur gleichnishaften Form der Reiseerzählung.

Unmittelbares Ergebnis der Orientreise wurde das Buch ,Und Friede auf Erden', das Karl May dem Gedanken der Völkerversöhnung widmete. Wie in ,Am Jenseits' sind auch hier sinnbildliche Gestalten und Vorgänge zu einem großen Gleichnis komponiert, doch wußte Karl May die Gefahr des allzu Utopischen dadurch zu umgehen, daß er dieses Gleichnis besonders eng mit der Welt der Wirklichkeit verknüpfte, mit jener Reise und ihren Eindrücken, die er selbst gerade erlebt hatte.

Die Handlung beginnt in Kairo, dem ,Tor des Ostens'. Schon hier, wo Abendland und Morgenland sich bildlich berühren, treffen wir auf den Mann, der die eine Seite des eroberungssüchtigen Ausbeutungsgeistes der weißen Rassen gegenüber den Andersfarbigen verkörpert: auf Waller, der die Völker zu seiner Religion bekehren will,

ohne selber deren Gottesglauben zu kennen und ohne
Liebe für sie zu empfinden. Die andere Seite dieses
Geistes ist durch Dilke vertreten, den ‚Zivilisator‘, der
die fremden Völker rücksichtslos niedertritt, ohne ihnen
mehr als den Schein einer Kultur zu bieten. Diesen beiden gegenüber steht Mary, das Sinnbild des reinen,
weichen, hellblickenden Christentums, das sich liebevoll
zum Guten neigt. Ihr zur Seite sehen wir Raffley, Gar-
den und den General als Vertreter einer gesunden und
vernünftigen Auffassung des Völkerlebens. In John
Raffley ist der Gedanke dargestellt, daß die weiße Rasse
wirkliche Kulturarbeit im Osten nur leisten kann, wenn
sie sich mit Yin, der Güte, vermählt. Der Governor verkörpert die Gedankenwelt, die sich anfangs gegen diese
Auffassung sträubt und in der Güte gegen die andersfarbigen Rassen ein Gespenst erblickt, nach seiner Beke-
rung aber ein um so eifrigerer Verehrer der Yin wird.
Die Shen ist das Symbol der immer weiter um sich grei-
fenden Menschlichkeit, ein geistiger Bund aller Menschen,
die sich zu ihr bekennen. Yin, die Güte, ist ihre oberste
Herrin und ihr Wohnsitz in Raffley Castle, das die
Gestalt eines Kreuzes hat: denn das Christentum ist die
Heimstätte der wahren Menschlichkeit. Dort findet auch
der Eiferer Waller völlige Genesung von seinem Wahn,
nach einer Krise, die Dilke hingegen zum Verderben
wird. Der Untergang dieser verderbten Zivilisation ver-
dunkelt für einen Augenblick das Land. Aber schließlich
wird dennoch die Shen Alleinherrscherin und damit
endlich Friede auf Erden sein.

In ähnlicher Weise erschließen sich dem Leser auch die
Symbole des bedeutendsten Alterswerkes Karl Mays, das
ebenfalls von dem gewaltigen Erlebnis der Orientreise
inspiriert wurde: ‚Im Reiche des silbernen Löwen‘
Bd. III und IV[1]. Auch hier finden wir wieder die

1 Ges. Werke Bde. 28/29 ‚Im Reiche des silbernen Löwen‘ und ‚Das versteinerte Gebet‘

charakteristische Zerlegung der Persönlichkeit von Karl Mays Ich in mehrere Personen: zu Kara Ben Nemsi, der Menschheitsfrage, treten wiederum Halef (die ‚Anima‘) und Hanneh (die Seele); hinzu kommen noch der Ustad (der Geist, die Selbsterkenntnis) und Tifl (das ‚Kind im Manne‘). Diese Personen sind die Hauptdarsteller eines großangelegten Mysterienspiels vom Kampf des Lichtes gegen die ‚Schatten‘, die Sillan. Doch damit ist die ‚Symbolik‘ des Werkes nicht erschöpft. Jenseits von Reiseerzählung und Gleichnis erscheinen alle handelnden Gestalten plötzlich auf einer zweiten Bühne: der einer umfassenden Selbstbiographie des Schriftstellers Karl May. Alle Weg-bestimmenden Stationen seines Lebens kehren hier in verschlüsselten Geschehnissen wieder, um einer strengen Prüfung unterzogen zu werden, und namentlich die große Krise nach der Reise (die ersten Presse-Angriffe, die Wiederveröffentlichung der Münchmeyer-Romane, die zermürbende Zeit der Ehescheidung) wird in zahlreichen Bildern gespiegelt. Die verschiedenen ‚Lese-Ebenen‘ des Werkes sind jedoch dauernd miteinander verbunden und ineinander verschränkt, und nirgends wird die Einheitlichkeit des ‚Gesamtkunstwerks‘ von der Kompliziertheit des inneren Aufbaus gestört. So ist der ‚Silberlöwe‘ Karl Mays zu einem der eigenartigsten Schlüsselromane der deutschen Literatur geworden, dessen Rätsel und Hintergründe selbst heute noch nicht vollständig erhellt und erklärt sind.

Aus der Fülle der Gleichnisse, die das Werk tragen, mag auch hier ein Beispiel folgen. Zum Turm von Babel als der Ruine vermoderter Wissenschaften ersann Karl May ein Gegenstück in dem gewaltigen Ruinentempel früherer Religionen. Das unterste Stockwerk zeigt die heidnischen Glaubensformen; es ist mächtig, wuchtig und breit, ungegliedert und läßt nur durch wenige Öffnungen Licht ins Innere. Das nächstfolgende Teilstück ist das Sinnbild des weiter fortgeschrittenen religiösen Denkens, das sich Götter mit Menschengestalt schuf. Auf der nächsten Stufe entdecken wir einen neuen Schritt nach vorwärts und nach oben, zum Glauben an e i n e n Gott, vertreten durch die alte biblische Geschichte; das überwuchernde Unkraut deutet auf das übermäßige Formenwesen, der gefallene Standleuchter auf den inneren und äußeren Verfall Israels hin. Im letzten Stockwerk endlich zeichnet Karl May ein Bild des Wortchristentums, das zwar die Nächstenliebe predigt, in seinen Werken aber versagt. Hoch über allem jedoch thront das Alabasterzelt, Symbol des reinen, edlen Christentums, errichtet auf der granitnen Felsenfaust wahrer Gottes- und Nächstenliebe.

Mit dieser Ruine beschäftigt sich ein eigenartiger Traum Kara Ben Nemsis. Er begibt sich in das Gemäuer, unter dem die Wasser der Vergangenheit dahinrauschen, um das Wesen und den Sinn unseres Glaubens an Gott zu ergründen. Dort trifft er wieder auf die Sillan, die Schatten, die hier die Religion mißbrauchen und mißdeuten wie zuvor schon im Turm von Babel die Wissenschaft. Er begegnet ferner dem ‚Zauberer', d. h. dem Irrtum und dem Zweifel, und taucht mit ihm kämpfend hinab in die düstere Flut, aus der er sich, gefolgt vom Zauberer, auf den Sockel des versteinerten Gebetes rettet, von dem aus sich der Anfang neuen Lichtes zu verbreiten beginnt. Noch ist es erst nur ein Phosphoreszieren, eine bloße Vorahnung des Lichts. Doch bald beginnt das versteinerte Gebet zu glühen und zu leben und ein Licht ohne Schatten auszustrahlen, das in dieser Nähe für den Menschen tödlich wirken würde. Denn die Menschen wären ja nicht mehr Menschen, wenn die Gebete in schattenlosem Licht leuchteten, sie müßten zu Engeln werden. Unser Bestehen liegt in menschlichem Wirken und menschlichem Sein, und die letzte Erkenntnis muß uns verschlossen bleiben, solange wir auf dieser Erde wandeln. Allein unzweifelhaft bleibt es, daß einzig das Gebet zwischen Mensch und Gott die Verbindung herstellt — eine unwandelbare, zu Stein gewordene Wahrheit aus der Zeit, da der Mensch zum erstenmal einen Schimmer des Lichts erblickte... Der Zusammenbruch der Ruine, die das versteinerte Gebet endlich freigeben muß, bedeutet den Sieg des Herzenschristentums, der wahren Gottes- und Nächstenliebe.

✳

Mit dem einzigen Drama, das er uns vollständig hinterließ, hatte Karl May große Absichten: ‚Babel und Bibel‘ sollte nicht nur das erste seiner „eigentlichen Werke" sein; mit ihm gedachte er auch, wie die Reiseerzählungen einst den Schund in der Jugendliteratur hatten überwinden sollen, nachdrücklich gegen den Schund der Durchschnittsbühnen den Kampf aufzunehmen. Er nannte das Stück eine ‚Arabische Fantasia‘. Das soll wohl die symbolische Wesensart kennzeichnen, soll vielleicht aber auch darauf vorbereiten, daß der Dichter, bei aller Wahrung der klassischen Gesetze fürs Drama, doch nicht eigentlich ein Werk schuf, das Exposition, Steigerung, dramatischen Höhepunkt, Umschwung und tragische Lösung enthält, auch nicht ein Werk, das „Furcht und Mitleid erregt". Karl May ging seinen eigenen Weg, wie er auch seinen eigenen Zweck verfolgte.

Über die Grundsymbole von ‚Babel und Bibel‘ ist kaum ein Wort vonnöten. War doch alles, was Karl May im Alter schrieb, ein Bemühen um die große Aufgabe, „nach dem Menschengeist und nach der Menschenseele zu forschen, deren Kenntnis uns im Lauf der Jahrtausende verlorengegangen ist". Und leuchtet uns doch auch aus diesem Werk klar erkennbar des Dichters großer Hochgedanke entgegen, „daß sich der Gewaltmensch in den Edelmenschen verwandeln muß und daß dies nur auf dem Wege der Gottes- und Nächstenliebe geschehen kann". Zur Deutung der vielschichtigen inneren Handlung hat Karl May selbst eingehende Erläuterungen gegeben[1]; eine ausführliche Behandlung erfährt das Werk ferner in Hansotto Hatzigs Monographie ‚Karl May und Sascha Schneider‘, in der auch die Entstehungsgeschichte beleuchtet wird.

*

Zahlreiche Anklänge an ‚Babel und Bibel‘ finden sich auch in dem großen zweibändigen Roman von ‚Ardistan und Dschinnistan‘[2], dem neben dem ‚Silberlöwen‘ bedeutendsten Werk aus der Alterszeit Karl Mays. In ihm vollzieht der Dichter in der Entwicklung seiner ‚Symbolik‘ einen kühnen Schritt: er verläßt die Wirklichkeit unserer äußeren Welt (den Planeten Erde), um die höhere Wirklichkeit der inneren Welt zu finden (den Planeten Sitara[3]). Was sich in ihr abspielt, ist so sehr ‚zeitlos‘ geworden, daß Strömungen und Ereignisse der Gegenwart darin ebenso Platz haben wie längere geschichtliche Entwicklungsabläufe, verwoben miteinander und in schillernden Doppelbildern dargestellt. All diese Zeit-Darstellungen aber erfahren eine räumliche Verwirklichung, d. h. sie werden als Stationen am Wege einer langen Reise gezeichnet. Wieder ist es in einer der Ebenen, in denen das Werk gelesen werden muß, die Lebensreise Karl Mays selbst, deren verschlüsselten Bildern wir folgen, doch sind alle Züge noch stärker als früher überhöht, ins Bedeutend-Allgemeine erhoben.

Das Werk gibt ein Kulturbild der Menschheit und schildert die Entwicklung des Gewalt- zum Edelmenschen. Kara Ben Nemsi, die Menschheitsfrage, wieder begleitet von Hadschi Halef, seiner Anima, wird von der Menschheitsseele Marah Durimeh durch Ardistan, das Land der Gewaltmenschen, nach Dschinnistan, dem Hochland der

---

[1] Zusammen mit dem Dramentext abgedruckt in Bd. 49 der Ges. Werke ‚Lichte Höhen‘
[2] Ges. Werke Bde. 31/32, ‚Ardistan‘ und ‚Der Mir von Dschinnistan‘
[3] Vgl. (S. 27) das Kapitel ‚Das Märchen von Sitara‘

Edelmenschen, gesandt. Kara Ben Nemsi lernt den Menschen kennen und nach seinem Wert prüfen. Zunächst kommt er zu den Ussul, den ‚Urmenschen‘. Bei ihnen entdeckt er die ersten Spuren des werdenden Edelmenschen, den der ‚Dschirbani‘ darstellt. Ihn befreit er aus der Macht des Zauberers, der den dumpfen Aberglauben und all das wunderliche Beiwerk der Religionsbekenntnisse der Naturvölker (Fetischismus usw.) versinnbildlicht. Auf der weiteren Reise stößt Kara Ben Nemsi auf die Tschoban, das Urbild der Nomadenvölker. Hier tritt ihm zum erstenmal der ‚Panther‘ entgegen, das ‚Tier im Menschen‘, die wilde, ungezügelte Leidenschaft. Bei den Tschoban auch findet er im Brunnenengel die erste Botschaft des Mir von Dschinnistan. Weiterhin gelangt Kara Ben Nemsi nach Ard, zu einem hochentwickelten Kulturvolk, das zwar aus Gewaltmenschen besteht, doch zur Veredlung fähig ist: unsere zivilisierte Welt mit all ihren Schwächen und Unzulänglichkeiten an Gesinnung und Gesittung.

Gegen die beginnende Veredlung lehnen sich die Leidenschaften augenblicklich auf. Genauso wie Ardistan an Dschinnistan den Krieg erklärt, entbrennen auch die einzelnen Staaten von Ardistan gegeneinander. Der ‚Panther‘ setzt den Mir von Ardistan gefangen und sucht ihn ganz in seine Gewalt zu bekommen, indem er ihn in der ‚Stadt der Toten‘ sich selber überläßt; diese bedeutet die im Innern des Menschen brachliegenden Kräfte. Erst als der Mir in sich Einkehr hält und sich an seinen Ahnen prüft (s. die Szenen im Brunnen des Maha-Lama-Sees sowie die Dschemma der Lebendigen und der Toten), beginnt der Aufstieg und naht die Hilfe des Mir von Dschinnistan, des Schirmherrn der Menschlichkeit. Der versiegte Fluß (‚Ssul‘, d. h. ‚Friede‘) beginnt wieder durch Ardistan zu fließen: die Schätze, die bisher im Innern des Menschen ungenützt lagen, werden gehoben.

Die Verfolgung des ‚Panthers‘, der sich inzwischen der

Hauptstadt Ard (des Körpers) bemächtigt hat, wird begonnen. Immer weiter treiben ihn die Gegenkräfte, bis er schließlich untergeht in den Fluten des Wassersegens, der nun aus Dschinnistan herabströmt und Ardistan in ein blühendes Land verwandeln wird. Kara Ben Nemsi aber wird am Ziel bereits von Marah Durimeh erwartet: die Menschheitsfrage hat ihre Aufgabe gelöst und ist zurückgekehrt zur Menschheitsseele, von der sie ausgesandt wurde.

✳

Mit der letzten Reiseerzählung seines Lebens, ‚Winnetou‘ Band IV[1], kehrte Karl May zur Symbol-Technik von ‚Friede auf Erden‘ zurück: er versuchte, das gleichnishafte Geschehen dadurch ein weiteres Mal vor der Gefahr der Utopie zu retten, daß er es eng mit der Wirklichkeit einer Reise verknüpfte, eben jener Amerikareise, zu der er sich 1908 noch, als Sechsundsechzigjähriger, entschlossen hatte. So ist auch dieses Buch besonders persönlich gehalten: der würdige Abschluß eines unendlich reichen Lebenswerkes. Es zeigt die Entwicklung eines neuen amerikanischen Volkes, an der auch die Indianer teilhaben, und die Lösung des Roten Problems durch die Menschheitsfrage. Zugleich aber will der Dichter beweisen, daß die allgemeine Auffassung von seinen Büchern irrig ist: das Denkmal, das die große Menge seinem Winnetou errichten will, bricht zusammen, denn es handelt sich bei dieser Gestalt nicht um Äußerlichkeiten, sondern um den inneren, seelischen Wert, der ein ganz anderes Denkmal verlangt.

Die Kunde von einer neuen inneren Bewegung erreicht die Menschheitsfrage — Old Shatterhand — in Europa. Es ist zugleich ein Hilferuf der indianischen Volksseele (verkörpert in Tatellah-Satah) wie auch die Ankündigung alten Hasses und alter Feindschaft. Old Shatterhand,

---

1 Ges. Werke Band 33 ‚Winnetous Erben‘

selber schon ein Greis geworden, macht sich noch einmal auf den Weg nach Amerika. Hier lernt er gleich zu Anfang die geistigen Führer des roten Volkes kennen und gibt ihnen den Beweis ihrer hohen Berufung, am Schicksal ihrer Rasse mitzuwirken, indem er ihnen das gewaltige Sinnbild des Niagarafalls deutet. Bei der Ankunft der Menschheitsfrage auf dem eigentlichen Schauplatz der Handlung macht sich alsbald die alte Feindschaft der Häuptlinge geltend, jener Elemente, die sich lieber im Kampf der Selbstvernichtung preisgeben, als daß sie der Zeit Rechnung tragen und mit ihr weiterschreiten. Doch ihr Zweikampf mit Old Shatterhand fällt zu ihren Ungunsten aus, da sie einsehen müssen, daß sie ihre Medizinen, ihre größten Werte, zerstören, wenn sie auf ihrem Haß beharren. Das falsche Denkmal Winnetous sinkt zertrümmert in den Schoß der Erde, weil es auf hohlen Grund gebaut war. Auf dem Schleierfall aber, der die geheimnisvolle Zukunft verbirgt, erscheint das leuchtende Bild des echten Winnetou. Und am darauffolgenden Tag fliegt der ‚Junge Adler‘, in dem sich das neue Amerika ausprägt, zum Berg der Medizinen und holt den Schlüssel zu den Schätzen der Vergangenheit, die für das Künftige fruchtbar werden sollen.

8

Nachschöpfungen

Beim Lesen der meisten Erzählungen Karl Mays hat man Landschaft, Personen und Handlung so plastisch vor Augen, daß sich oft unwillkürlich der Wunsch aufdrängt, das soeben Gelesene dramatisch dargestellt zu erleben. Im Lauf der Jahre wurde diesem Wunsch durch zahlreiche Bearbeitungen und Nachschöpfungen Rechnung getragen.

Da war zunächst das *Bühnenspiel*. Nach mancherlei Versuchen, die bis in das Jahr 1919 zurückreichen, erschien 1928 mit unserer Genehmigung das Drama ‚Winnetou‘ von Dr. Hermann Dimmler. Die Uraufführung erfolgte im gleichen Jahr auf der Renaissance-Bühne in Wien. Die Begeisterung war groß. Ludwig Körner, der spätere Präsident der Deutschen Bühnengenossenschaft, führte damals Regie. Er unternahm es auch, dem Drama eine aus bühnentechnischen Erfahrungen heraus geschaffene vorzügliche Neufassung zu geben, die in über 60 Theatern Deutschlands, Österreichs, der Tschechoslowakei und Ungarns zahlreiche Aufführungen erlebte.

Der Versuch, Karl May in dramatischer Form auf die *Freilichtbühne* zu bringen, glückte von Anfang an. Im Kurort Rathen im Elbsandsteingebirge veranstaltete der Sächsische Gemeindekulturverband in den Sommern 1938 und 1939 Karl-May-Spiele. Den ersten Stoff bot auch hier des Dichters berühmtestes Werk, der ‚Winnetou‘. 350 000 Menschen besuchten diese Aufführungen. Im Sommer 1940 folgte dann ein Freilichtspiel, dem die Handlung der Jugenderzählung ‚Der Schatz im Silbersee‘ zugrunde lag, während 1941 wiederum das ‚Winnetou‘-Drama über die Felsenbühne ging. Auch andere Freilichtbühnen veranstalteten Karl-May-Aufführungen, doch bald fielen alle weiteren Vorhaben den Kriegsereignissen zum Opfer.

Nach dem Kriege galt es auch hier ganz neu anzufangen. Verschiedene Neubearbeitungen des Winnetou-Stoffes wurden in diesen Jahren erstellt und in München, Ratingen, Nordheim, Bentheim und anderen Städten gespielt. 1952 begann dann das größte und bei weitem erfolgreichste Unternehmen dieser Art: Die Stadt Bad Segeberg in Holstein veranstaltete großzügig angelegte Sommerspiele, die zu einem so gewaltigen Erfolg wurden, daß die ‚Karl-May-Spiele Bad Segeberg‘ seither zu einer festen Institution geworden sind und zu einem Begriff weit über die Grenzen Deutschlands hinaus.

Seit 1958 gesellte sich eine weitere deutsche Freilichtbühne hinzu: Elspe im Sauerland. Diese Bühne beschäftigt ausschließlich Laien und kann inzwischen ebenfalls auf hervorragende Erfolge verweisen.

Bei der ständig steigenden Beliebtheit von Karl Mays Werken ist es nicht verwunderlich, daß sich neben der Bühne auch die moderneren technischen Errungenschaften *Rundfunk* und *Film* dieses spannenden Stoffes bemächtigten und das epische Werk des Dichters auf ihre Weise in dramatische Form umprägten. Dabei war es allerdings oft unumgänglich, daß das Werk in Handlung, Szenenfolge, Begründung des Geschehens usw. sich manche Abwandlung gefallen lassen mußte, sollte der künstlerische Erfolg des Beginnens gesichert sein. Das führte, neben manchem schönen Erfolg, leider mitunter auch zu Pannen, die viele Freunde Karl Mays enttäuschten.

Neben zahlreichen Hörspielen, geformt aus den bekanntesten Reiseerzählungen des Volksschriftstellers, sendete der Rundfunk schon bald auch Hörberichte über Karl May und sein Werk. Nach dem Kriege wurde diese Tradition in verstärktem Maße fortgesetzt; zu den Hörspielsendungen traten (leider mitunter auch aus unberufenem Mund) zunehmend literarische Würdigungen, und will man die Bedeutung Karl Mays an diesem ‚Echo‘ messen, so darf man sagen, daß sie auch in unserer Zeit noch immer im Steigen begriffen ist. Zu den vielen hervorragenden Namen, die sich im Lauf der Jahrzehnte vor den Dichter und sein Werk stellten, von Bertha von Suttner und Thomas Mann über Hermann Hesse und Carl Zuckmayer bis zu Albert Einstein und Albert Schweitzer, treten von Jahr zu Jahr neue hinzu.

Schon frühzeitig (1920/21) hatte auch der Film Ausschnitte aus dem Werk Karl Mays der Öffentlichkeit vorgestellt. Drei stumme Filme, ‚Auf den Trümmern des Paradieses', 'Bei den Teufelsanbetern' und 'Die Todeskarawane', ernteten zwar das Lob der Presse, nicht aber die dauerhafte Zuneigung der Leserwelt des Dichters. Im Frühjahr 1936 prangte dann an den Kinopforten auf großen bunten Plakaten wieder der Name Karl Mays. Es handelte sich um den Tonfilm 'Durch die Wüste'. Doch trotz bestgelungener Aufnahmen, die zum großen Teil im Wüstensand bei den Pyramiden von Giseh entstanden, und trotz guter schauspielerischer Leistung verkörperte auch dieser Film nicht den 'echten' Karl May, den sich die Zuschauer wünschten. Er war zu eigenmächtig. Und so ist es leider geblieben. Auch die Filme der neueren Zeit ließen über der reichen Ausstattung und dem Spiel so beliebter Schauspieler wie Pierre Brice und Lex Barker nicht vergessen, daß ohne ersichtlichen Grund vom Originalwerk Karl Mays in allzu vielen Fällen abgewichen wurde.

1974/75 brachte das ZDF zwei Serien zu je 13 Teilen „Kara Ben Nemsi Effendi", worin der Inhalt der ersten sechs Bände dargestellt wurde. Die Besetzung, allen voran Karl Michael Vogler als Kara Ben Nemsi, war hervorragend, auch die Ausstattung und die Drehbücher, die sich wohltuend eng an Karl Mays Originalwerke anlehnten.

Doch sind noch zahlreiche Möglichkeiten gerade im Fernsehen ungenutzt geblieben, und so ist es eine durchaus offene Frage, was die Zukunft für den Dichter auf der Bühne, im Film, im Hörfunk und im Fernsehen an Nachschöpfungen noch bringen wird. Es wäre müßig, hierüber etwas voraussagen zu wollen. Fest steht nur, daß die starke innere Kraft, die in den ewig jungen grünen Bänden lebt, auch weiterhin zu mancher Umformung und Neugestaltung des Epos zum Drama verlocken wird.

Ludwig Gurlitt

Gerechtigkeit für Karl May!

(1918/1919)

Leben heißt: dunkler Gewalten
Spuk bekämpfen in sich,
Dichten: Gerichtstag halten
über sein eigenes Ich.

Ibsen

1

Nekrolog auf Karl May[1]

Zu spät! Schade, schade! Ich hatte den Wunsch, einem ganz ungeheuerlich verfolgten Manne durch meinen Beistand eine Freude zu machen, und nun ist er gestorben, und ich kann ihm nicht mehr nützen.

Am 1. Januar des Jahres 1912 schrieb Karl May an mich aus Villa Shatterhand, Radebeul-Dresden, einen Brief, den ich jetzt, da der Schreiber tot ist, als sein nachgelassenes Dokument getrost veröffentlichen darf. Ich bemerke dazu, daß ich Karl May vorher und nachher nie gesehen und nie mit ihm in sonst irgendeiner Beziehung gestanden habe. Zufällig brachte Herr Justizrat Sello[2] die Rede auf ihn, und als ich mich zu Mays Gunsten äußerte, bat er mich, das eben Gehörte dem Druck zu übergeben. Das versprach ich zu tun, aber es verschob sich von Tag zu Tag im Drange der Geschäfte. Jetzt drückt mich meine uneingelöste Zusage, und so will ich wenigstens dem Toten halten, was ich dem Lebenden versprochen hatte.

Vorerst seinen Brief:

Villa Shatterhand, den 1. Januar 1912
Radebeul-Dresden

Sehr geehrter Herr Professor!

Herr Justizrat Sello schrieb mir: „Der bekannte feurige und geistreiche Schulreformer, Professor Dr. Ludwig Gurlitt, der mich soeben verläßt, hat mir in Aussicht gestellt, einen anerkennenden Aufsatz über den Einfluß Ihrer schriftstellerischen Tätigkeit auf jugendliche Gemüter zu veröffentlichen."

1 Der Beginn dieses Kapitels (bis einschließlich S. 413) entstammt einem Nachruf, den der Verfasser am 15. 4. 1912 in Nr. 24 des ‚Allgemeinen Beobachters', Hamburg, zum Tode Karl Mays veröffentlichte.
2 Freund und Rechtsbeistand Karl Mays.

Wie mich alten totgehetzten Mann das freut!

Ich sage Ihnen nämlich aufrichtig, daß ich unbedingt einer Ihrer aufrichtigsten und überzeugtesten Anhänger bin, ohne daß Sie etwas davon wissen. Und ebenso offen mache ich Sie darauf aufmerksam, daß sich die ganze psychologische und erzieherische Impotenz und die ganze jugendliterarische Neidhammelherde Deutschlands über Sie herstürzen wird, falls Sie es wagen — und wie ich Sie kenne, werden grad S i e es wagen — sich meiner, wenn auch nur mit zwei Zeilen, anzunehmen. Wehe Ihnen!!!

Da es aber mein Herzenswunsch ist, daß Sie sich trotz alledem in dieses Wehe stürzen, gestatte ich mir, Ihnen beizulegen, was unter gleichen Verhältnissen schon einmal ein anderer über meine Werke geschrieben hat. Nicht etwa, daß ich behaupten möchte, er habe in allem recht Und auch nicht etwa, daß ich Sie für einen Verfasser halte, der solcher Unterlagen zur Anlehnung bedarf. O nein! Grad im Gegenteil! Ist einer original und unabhängig, so sind Sie es! Aber ich halte es für meine Pflicht, Ihnen, der Sie im Hauptgebäude wohnen, zu zeigen, wie die Bewohner des Nebengebäudes über genau dieselbe Mietfrage denken.

Sie würden mich, Herr Professor, zu herzlichem Dank verbinden, wenn Sie mich erfahren ließen, wann und wo die Fäuste, die Sie für mich ballen wollen, zu lesen sein werden.

Während der Zwischenzeit und, falls Sie es erlauben, auch möglichst weit noch darüber hinaus, bin und verbleibe ich

in aufrichtiger Hochachtung

Ihr ergebener

Karl May

Ich gab meine Zusage, bat aber vorerst um Zusendung einiger Schriften, damit ich mich besser mit ihrem Inhalt und Geist vertraut machen könnte, denn was ich gelesen hatte, lag um viele Jahre zurück. May schickte mir ein großes Buchpaket und dazu einen zweiten Brief, der sich wie ein Abschiedswort ausnimmt von dieser bösen Erde, die dem todmüden Kämpfer so hart mitgespielt hatte.

Villa Shatterhand, den 8. Januar 1912
Radebeul-Dresden

Sehr geehrter Herr Professor!

Ihrem Wunsche entsprechend sende ich Ihnen recht gern einige meiner Bände. Sie werden aus ihnen vor allen Dingen ersehen, ob man mich mit Recht als „sogenannten" Jugendschriftsteller bezeichnet. Man tut das nur, um mich überhaupt befeinden zu können. Die Jugend liest mich doch wahrlich nicht deshalb, weil man mich (im herabsetzenden Sinne) einen Jugendschriftsteller nennt, sondern weil in meinen Büchern das Wasser lebendig perlt, während es in den stehenden Tümpeln der hochverehrten „Jugendwarten" usw. so nüchtern und geschmacklos, oft sogar schädlich ist, daß niemand es genießen mag.

Um meine Bücher zu verstehen, darf man kein Knabe sein, dessen Seele man mit ungewürzten „Jugend"-Breien füttert, sondern man muß gelernt haben, hinabzusteigen und nachzuforschen. Übrigens ist alles, was ich bisher geschrieben habe, nichts als Vorübung, als Skizze. Ich habe mich bisher vorbereitet, habe meine Stoffe und meine Leser studiert und kann erst nun mit meinen eigentlichen Werken beginnen, in denen ich das bringe, was ich bis heute nicht bringen konnte, weil mir das Wissen und das Können dazu fehlte.

Man pflegt freilich zu lachen, wenn ich sage, daß meine bisherigen Bücher nur Skizzen enthalten und daß ich, der Siebzigjährige, nun erst beginnen werde, an meine eigentliche Arbeit zu treten. Ich aber entgegne: Ich habe mit dem, was ich bringen will, bis jetzt zurückgehalten, weil ich noch nicht reif dazu und mit meinen Übungen und Studien noch nicht fertig war. Nun aber schlug man mich an das Kreuz. Ich habe über zehn Jahre lang öffentlich an ihm gehangen und die mich umbrüllende Rasselbande studiert. Nun bin ich fertig; nun bin ich reif. Ich stieg vom Kreuz hernieder und beginne zu schreiben. Daß ich inzwischen 70 Jahre alt geworden bin, tut nichts. Ich hoffe noch lange zu leben. Und wenn nicht, so genügt es vollständig, wenn mir auch nur ein allereinziges Werk so gelingt, wie ich es hoffe und wünsche. Dann habe ich gezeigt, was ich zeigen will, und kann mich mit meiner Feder ruhig dahin legen lassen, wo das Lied zu Ende ist und man hinter dem letzten Punkt den bekannten, drei Ellen langen Gedankenstrich zu graben pflegt.

In aufrichtiger Hochachtung
Ihr ergebener Karl May

413

Seit dieser Zeit — sechs Jahre sind nun seit Mays Tode vergangen — habe ich mich immer wieder mit der eigenartigen Persönlichkeit des Dichters beschäftigt und mir ihr Wesen und Wirken zu erklären versucht. Was dazu die ihm feindliche Presse lieferte, erregte meinen lebhaftesten Widerspruch. Der Haß ist ein Karikaturist, seinen Bildern darf man nicht trauen. Die Liebe sieht gewiß heller, aber ihr Bild steht in dem Verdacht der Schönfärberei.

Ich war mit der Aufgabe beschäftigt, Mays literarische Bedeutung und seinen Einfluß auf unsere breiten Volksmassen, zumal auf die Jugend, zu untersuchen, mich dabei mit der Persönlichkeit Mays und seinen Lebensschicksalen möglichst wenig zu befassen, als mir dieser Plan durch neue Angriffe auf seinen Charakter zerstört wurde.

In der Meinung, daß das Werk des Menschen untrennbar von seiner Persönlichkeit sei, haben alte und neue Gegner Mays, die seinen Schriften mit ihrem moralischen und sittlichen Gewissen nicht gut beikommen konnten, den Angriff auf seinen Charakter aufgenommen, um dabei auch neuerdings all den Schlamm wieder aufzurühren, mit dem sie schon den Lebensabend des armen, müden Kämpfers getrübt und vergiftet hatten. Sie sagen: wie der Baum, so seine Früchte. May war eine Verbrecher- und Schwindlernatur, daher sind auch seine Schriften Schwindelfabrikate. Sie erachten es als ihre Pflicht, das deutsche Volk vor ihm als einem Geschmacksverderber und Seelenvergifter zu warnen.

So darf ich mich denn auch um diese Frage nicht scheu herumdrücken, sehe mich vielmehr gezwungen, die feindlichen Urteile voranzustellen, um mich zuerst mit ihnen auseinanderzusetzen. Das ergibt zwar einen ungeschickten Plan, aber es führt doch wohl zu einem guten Ende, nämlich zu dem, daß wir Karl May und sein Wirken gerecht und richtig einschätzen lernen.

Nur noch ein Wort über die *Methode*, die ich zu befol

gen habe. Es sind alt-anerkannte methodische Grundsätze, daß jeder Schriftsteller so viel wie möglich aus sich selbst erklärt werde, daß man ihm zutraue, er habe sich wahr, richtig, einfach und natürlich ausgedrückt, daß man Zeugnisse von anderer Seite her mit großer Vorsicht benutze, und daß man eigene Ansichten in religiöser, ethischer, wissenschaftlicher und ästhetischer Beziehung nach Möglichkeit zurückstelle. Das erfordert einen objektiven, eben rein wissenschaftlichen Sinn, dem es nur um Erkenntnis zu tun ist. Wer den nicht aufbringen kann, der sollte die Finger davon lassen. Ich verwahre mich dagegen, daß man aus meiner Wertung von Karl May Rückschlüsse auf meine Person mache. Ihn richtig zu erkennen, darauf kommt es mir hier an, nicht aber, Selbstbekenntnisse abzugeben und für irgendwelche geistige Bewegung Propaganda zu machen.

Was die Tagespresse und was die zahllosen kunstkritischen, theologischen und pädagogischen Zeitschriften, Blätter und Blättchen über Karl Mays Person und Lebenswerk in den letzten 30 und 40 Jahren geschrieben haben, das wird bald vergessen und verschollen sein. Nicht so der Nekrolog, der über ihn im XVIII. Band des *„Biographischen Jahrbuches und deutschen Nekrologs"* 1917 (für 1. Januar bis 31. Dezember 1913) veröffentlicht worden ist. Aus diesem gelehrten Sammelwerk, das sich nach allgemeinem Urteil durch verläßliche, wohlerwogene und unparteiische Berichterstattung auszeichnet, würde sich in Zukunft jeder wissenschaftliche Forscher über May zunächst Rat holen, um so mehr, wenn dieser Nekrolog von unseren Zeitgenossen unbeanstandet bleiben würde. Verfasser dieses inzwischen aus dem Biographischen Jahrbuch beseitigten „Nekrologs" war Professor Dr. Alfred *Kleinberg*, Teschen[1]. Was lesen wir da?

[1] Anstelle des hier mit allen Fehlern wiedergegebenen Kleinberg-Nekrologs erschien eine sachliche Würdigung von Dr. Arthur Buchenau

May, Karl Friedrich (Ps. K. Hohenthal, E. v. Linden, Latreaumont, Kapitän Ramon Diaz de la Escosura usw.), Schriftsteller, * 25. Februar 1842 zu Ernsttal-Hohenstein (Sachsen, Erzgebirge), † 30. März 1912 zu Radebeul bei Dresden. — Mays Vater war ein mittel- und oft beschäftigungsloser, auch wenig arbeitslustiger Weber, der sich später auf Taubenhandel, Vogelfang und dgl. warf; für den Unterhalt der neunköpfigen Familie sorgte eigentlich die als Hebamme tätige Frau M. Die Phantasie des Knaben, der bis in sein 6. Lebensjahr blind war, wurde durch Märchenerzählungen seiner Großmutter M. angeregt, durch wahllose Lektüre veralteter geographischer und naturhistorischer Werke aber irregeleitet, durch den „Rinaldo Rinaldini“ und andere Räuberromane dauernd verdorben. Allerlei Auswüchse des Ernsttaler Lebens, wie Alkoholismus, Falschspielerei, Lügenhaftigkeit, taten noch ein übriges, so daß M. als ein in seiner moralischen Widerstandskraft Gebrochener 1856 das Lehrerseminar in Waldenburg bezog. Obwohl er aus diesem wegen Diebstahls ausgeschlossen wurde, konnte er seine Studien in Plauen vollenden und 1862 eine Lehrstelle an der Fabrikschule in Altchemnitz übernehmen. Hier stahl er seinem Wohnungsgenossen die Uhr, erhielt dafür 6 Wochen Gefängnis (16. September bis 20. Oktober 1862) und sank nun immer tiefer: denn am 14. Juni 1865 mußte er eine auf 4 Jahre 1 Monat Arbeitshaus lautende Strafe antreten, die das Bezirksgericht Leipzig wegen Betruges über ihn verhängt hatte; am 13. April 1870 verurteilte das Bezirksgericht Mittweida den inzwischen (November 1868) Begnadigten, doch sofort wieder Rückfälligen wegen ähnlicher Verbrechen zu 4 Jahren Zuchthaus und 2 Jahren Polizeiaufsicht. (Auch Einbrüche und Raubüberfälle dürfte sich M. haben zuschulden kommen lassen. Die Akten wurden 1904 eingestampft.) Aus dem Gefängnis entlassen, wandte er sich, nachdem er auch schon vorher mit Humoresken, Dorfgeschichten und dgl. literarisch tätig gewesen war, ganz dem Schriftstellerberuf zu und lebte seit 1883 in Dresden bzw. Dresdens Vorstädten, zuletzt in seiner Villa „Old Shatterhand“ in Radebeul. Hier empfing er Briefe und Verehrer aus aller Welt und allen Kreisen, selbst Fürstlichkeiten zählten zu seinen Besuchern. 1898—1900 weilte er zum ersten Mal außerhalb Europas. Am 14. Januar 1903 wurde er von seiner Gattin Emma, geb. Pollmer, die er am 17. August 1880 geheiratet, und mit der er noch 1896 durchaus glücklich zu sein („Deutscher Hausschatz“) bekannt hatte — nach Mitteilungen von Freundesseite auf *ihren* Wunsch hin — geschieden und ehelichte unmittelbar darauf die Witwe Klara

Plöhn, die im Scheidungsprozeß als Kronzeugin aufgetreten war und ihrer Vorgängerin die abscheulichsten Dinge nachgesagt hatte. Außer in diesen war M. während seines letzten Jahrzehnts noch in mehrere andere Prozesse verwickelt, die seine Ehre als Mensch und Schriftsteller zerstörten. Man wies ihm nach, er lasse sich als „katholischer Dichter" feiern, sei aber Protestant, er habe trotz abenteuerlicher Photographien niemals wilde Gegenden betreten, führte den Doktortitel fälschlich und vor allem: daß er zugleich mit seinen frommen Werken die unsäglich schmutzigen Kolportageromane „Waldröschen" (1882), „Der verlorene Sohn" (1884), „Die Liebe des Ulanen" (1884), „Deutsche Herzen, deutsche Helden" (1885) und „Der Weg zum Glück" (1887) verfertigt habe. In all' diesen Prozessen war M.s Kampfesweise die gleiche: milde Worte für die Öffentlichkeit, keckes Leugnen, ein Abwälzen der Schuld auf unglaubliche Unterlassungen — um den Verleger nicht Lügen zu strafen, will sich M. gegen den Doktortitel nicht gewehrt haben, zumal er (aber erst 1902!) aus Chicago ein Diplom erhalten (= gekauft) habe; das „k" (katholisch) im „Kürschner" sei ihm entgangen; die „Wahrheit" der Reiseromane sucht er nun mittels einer verschwommenen Zweiseelentheorie in der Wahrheit des inneren Erlebnisses; von den Kolportageromanen habe er weder die Korrektur noch die fertigen Hefte gelesen (!) und so die unsittlichen Einschübe des Verlegers Münchmeyer nicht bemerken können; bezeichnenderweise unterließ er es aber, die Einsichtnahme in die Manuskripte, deren Herausgabe er erzwang, irgend jemand zu gestatten —, dann ein Abbiegen auf Nebengleise, um Scheinerfolge zu erzielen und diese mit meisterlicher Zeitungsreklame ausnutzen zu können, und endlich Geständnisse. Aber diese Geständnisse „Meine Beichte" (1907) und die nachgelassene „Selbstbiographie" verhüllen alles Tatsächliche so scheinheilig mit Phrasen und Selbstbeweihräucherung, daß in dieser verlogenen Aufmachung auch alles vielleicht Wahre ungeglaubt verhallt. Doch muß gesagt werden, daß sich M. auch ab und zu als großzügiger Wohltäter bewährt und sein ganzes Vermögen einer Stiftung für werdende Schriftsteller hinterlassen hat. Ob es sich dabei um eine grandiose Reklame handelt oder hier doch ein guter, durch traurige Umstände an der Entwicklung gehinderter Kern hervorbricht, wage ich nicht zu unterscheiden. Jedenfalls spannte er seine Schützlinge gründlich vor seinen Ruhmeswagen. Sascha Schneider z. B. lieferte einen Bilderzyklus zu M.s Werken, von Selmar Werner stammt das Grabmonument mit der von M. selbst verfaßten, bezeichnenden Inschrift:

Sei uns gegrüßt! Wir, deine Erdentaten,
Erwarteten dich hier am Himmelstor,
Du bist die Ernte deiner eignen Saaten
Und steigst mit uns nun zu dir selbst empor.

M.s Ruhm beruht auf seinen „Reiseromanen" (41 Bände;
u. a. „Durch die Wüste", „Durchs wilde Kurdistan", „Winnetou" (4 Bände), „Weihnacht", „Im Reiche des silbernen
Löwen", die er ab 1878 im katholischen „Deutschen Hausschatz" (Pustet, Regensburg) zu veröffentlichen und seit 1892
mit zunehmendem Erfolg in Buchform zu sammeln begann.
Sie reihen ohne notwendige innere Verbindung, doch geschickt
mit dem Stoffhunger anspruchsloser Leser rechnend, eine Un-
zahl von Abenteuern aneinander, die M. in Asien als „Kara
ben Nemsi Effendi", in Amerika als „Old Shatterhand" bestanden haben will. Aus dieser Täuschung an sich kann man
ihm gewiß keinen Vorwurf machen, wohl aber aus der künstlerisch völlig überflüssigen, eitlen Betonung der Identität
des Verfassers mit seinem von Edelmut, Kraft und Weisheit
triefenden Helden. Die Charakteristik der Gestalten wirkt
einfach kindisch, so sehr entbehren sie einer Entwicklung oder
der gewöhnlichsten psychologischen Wahrscheinlichkeit: Old
Shatterhand sieht, hört, weiß und kann alles, seine Freunde
besitzen unter oft rauher oder komischer Hülle das edelste
und frommste Herz, seine Gegner, mögen sie sich nun glatt
oder gemein betragen, sind innen schwarz wie die Hölle.
Ebenso schematisch ist die Handlung gebaut, sie läßt immer
wieder nervenaufreizend auf eine Spannung die mit einer
unglaublichen Heldentat „motivierte" Entspannung folgen.
Daß in diesem mit kitschiger Poesie und salbungsvoller Frömmigkeit aufgeputzten Wust von Abenteuern der Aufschwung
der Seele von Erdenstaub zu Wahrheit und Reinheit dargestellt sei, ist eine jedenfalls kühne Behauptung M.s. Ebensowenig schöpferische Phantasie wie in den Vorgängen ver-
spüre ich in den von M.s Anhängern gerühmten Landschafts-
schilderungen. Sie häufen wohl verschwenderisch die Farben,
aber zur zwingend-einheitlichen Anschauung schließen sich
diese höchst selten zusammen. Handelt es sich darum, Naturbilder den Lesern und besonders der Jugend zu geben, so
hat man viele reinere und unmittelbarere Quellen als M.s
abgeleitete Afterkunst. Auch seine glatte, aber breite, charak-
terlose und oft flüchtige Sprache empfiehlt ihn nicht.

✳

Es folgt noch die Angabe der Literatur, wobei aber fast nur die gegnerischen Stimmen genannt waren.

Dieser Nekrolog wird bei unzähligen Verehrern Karl Mays Entrüstung erregen, weil er offensichtlich aus feindlicher Gesinnung geboren ist und mit Eifer alles zusammensucht, was gegen May spricht. In der Regel nimmt man an, daß in Nekrologen, die der Nachwelt ein abgeschlossenes Lebensbild festhalten sollen, die Leidenschaftlichkeit nicht mehr zu Wort kommen darf. Dieser Nekrolog aber stellt sich dar wie ein Auszug aus dem Verbrecheralbum, und man fragt erstaunt, weshalb er überhaupt erscheinen mußte, wenn über den Toten, dem er gilt, nur Verächtliches zu sagen war[1].

Ich sehe Mays Leben und Wirken wesentlich anders und fühle mich deshalb zum Retter seiner Ehre berufen. Dabei schwebt mir nicht etwa eine Aufgabe vor, die man als Mohrenwäsche auffassen könnte. Ich suche nichts anderes als wahre Erkenntnis und stelle an diese Arbeit dieselben wissenschaftlichen Ansprüche wie an jede andere literarhistorische.

Ich habe Karl May persönlich nicht gekannt und mit ihm in keiner geschäftlichen oder sonstigen Beziehung gestanden.

Wie ich also mit ihm weder verwandt, verschwägert noch befreundet bin, so auch nicht feindlich gestimmt gegen den Verfasser des Nekrologes, von dem ich bei diesem Anlaß zum erstenmal hörte: Herr Professor Dr. *Kleinberg* ist Lehrer in Teschen. Das ist alles, was ich von ihm weiß.

Rein Persönliches scheidet also aus: es handelt sich nur um Sachliches.

---

1 Ein heftiger literarischer Streit ist über diesen Artikel ausgebrochen, von dem hier abgesehen werden soll, da Dr. E. A. Schmid ihn in einer eigenen Broschüre ‚Eine Lanze für Karl May‘ ausführlich behandelte.

2

Kritik des Nekrologs

Ich zweifelte anfangs nicht daran, daß es Kleinberg ehrlich darum zu tun wäre, ein verläßliches Bild seines „Objektes" zu zeichnen. Er stützt sich scheinbar auf alle ihm zugängigen Zeugnisse von Menschen, die ihm als glaubwürdig gelten, und auf eine selbständige Prüfung der Schriften Mays. Sein Urteil trifft zusammen mit dem anerkannter Literarhistoriker und Kunstrichter, zumal mit dem von *Ferdinand Avenarius,* dem verdienstvollen Begründer und Leiter des „Kunstwartes" und des „Dürerbundes", also eines Mannes, dessen Urteil mit Recht großes Gewicht hat. Während sich sonst gegen K.s Nekrolog allerlei Stimmen des Unwillens erhoben haben, findet er dieses Kunstrichters uneingeschränkte Zustimmung[1], ja, mehr als das: Avenarius verschärft sogar den Ton noch, indem er schreibt:

Nun erstaunt man zunächst: was brachte Professor *Bettelheim* (den Herausgeber des Biographischen Jahrbuches) dazu, einen Aufsatz über Karl May zu wünschen? Gehörte denn dieser bedauerliche Herr zu den Männern, welchen ein „deutscher Nekrolog" zu widmen war? Wenn Bettelheim seine Aufgabe ernst nahm, so meine ich: ja. Mays Schriften hatten so großen Einfluß, daß eine Aussprache über ihren Verfasser von der Aufgabe des Unternehmens geboten war, wenn es nicht mit dem billigen Satze „wer Schmutz angreift, besudelt sich" bei der Mitwirkung am Reinigen schein-vornehm beiseite bleiben wollte. May war nicht ein durch Leidenschaft zum Verbrecher gewordener und dann geläuterter Mensch, sondern bis in die letzte Zeit ein unheimlich unwahrhaftiger Mensch, der freilich nach seinen glänzenden Buchgeschäften zu eigentlichen Verbrechen auch keinen Anlaß mehr hatte. Was ihm diese Geschäfte ermöglichte, war einfach der Mangel an ästhetischer Kultur im Volke. Wer „Kunst als Sprache des Unaussprechlichen" verstand, hörte auch in seinen stofflich nicht anstößigen Büchern (hört!) von Anfang an zwischen den Zeilen die falsche Stimme, deshalb

1 ,Deutscher Wille des Kunstwarts 1918', Heft 18.

wurde im Kunstwart vor ihm schon gewarnt, ehe wir von seinen Lebensverhältnissen das mindeste wußten. Und deshalb warnen wir weiter und mit allem Ernste davor, seine Bücher zu fördern. Gerade weil er ein geschickter Macher war, stumpfen sie das natürliche Gefühl für Ausdruck des Innenlebens, für aufrichtig und erlogen, echt und falsch und damit das Grundgefühl allen gesunden Verhältnisses zur Kunst ab. Insbesondere für die noch kritiklose Jugend ist May einer der gefährlichsten Verzieher. So dachte ich, so dachten wohl auch Bettelheim und Kleinberg, und darum fühlten sie in sich die natürliche Pflicht des Kulturarbeiters: Verderblichem gegenüber ein- und anzugreifen, wo man's eben kann.

Den Einwand, daß man auf den Toten hätte schonend Rücksicht nehmen sollen, weist A. mit Unwillen ab. Allerdings widerspreche es dem Anstandsgefühl, von den Niedrigkeiten eines Toten zu sprechen, nur: als Jugend- und Volksverderber lebe May noch, wirke und schade noch durch seine Bücher und durch die Reklame seines Verlages. Der angebliche Edelmensch May müsse dem Volke in seiner wahren Gestalt gezeigt werden, das sei Pflicht der Kulturarbeiter, welche die Sachlage kennen. Es scheine im höchsten Maße an der Zeit, der Mayschen Schundliteratur mit den allerrücksichtslosesten Mitteln entgegenzutreten, gerade deshalb, weil ihr Haupterfolg aus der Verschleierung ihres Wesens komme.
Es könnte scheinen, als wäre eine Auseinandersetzung mit einer solchen Kritik überhaupt unmöglich; denn hier spricht eine Erregung, die schwerlich irgendwelchem Einspruche zugängig ist. Es bleibt aber für alle, die ruhige Betrachtung zulassen, doch die bedeutsame Tatsache bestehen, daß Karl May unbestreitbar einer der beliebtesten Schriftsteller des deutschen Volkes ist und daß seine Leser nach vielen Millionen zählen. Seine „Indianerromane" stellen in der gesamten Weltliteratur der exotischen Abenteuer- und Reiseerzählungen eine der stärksten Wirkungen dar; wir finden Übersetzungen von ihnen in der englischen, französischen, dänischen,

schwedischen, italienischen, holländischen, ungarischen, tschechischen, polnischen Sprache und gerade jetzt erscheint eine Gesamtausgabe der Mayschen Werke in spanischer Sprache. Und dabei ist seine Wirkung noch im Steigen. Keine Mißachtung also, keine Mißgunst und kein Neid können die Tatsache wegleugnen, daß Karl May die Herzen des deutschen Volkes gewonnen hat. „Alles Gewinnen aber", sagt Jean Paul, „ist Geheimnis und unbeweisbar." Wir haben trotzdem nach einer Erklärung zu suchen.

Mit der bloßen Annahme, daß das eben die große Masse der Urteilslosen sei, ist eine Erklärung nicht gegeben. Es bleibt die Frage offen: Weshalb greifen diese gerade nach May, da doch neben ihm Unzählige nach gleicher Gunst beim Volke streben und vielfach Mittel wählen, die erfahrungsgemäß größte Zugkraft bei den Massen haben, besonders alle Mittel der Erotik? May hat seinen Erfolg aber bei völligem Ausschluß eben dieses Gebietes: In seinen zahlreichen Bänden findet man keine Liebesszenen, nichts sinnlich Erregendes, nichts Obszönes, Lüsternes und Perverses. Avenarius selbst muß es bekennen: sie sind „stofflich nicht anstößig".

Da nun der Angriff sich vor allem und vorerst gegen Mays Persönlichkeit wendet und erst aus dieser das Wesen seiner Arbeiten erklärt werden soll, so wollen und müssen auch wir seinen strengen Richtern folgen und uns zunächst mit ihm selbst, erst dann mit seinem Werke beschäftigen.

Dabei wird man uns nicht tadeln, wenn wir uns May gegenüber eines leidenschaftslosen Urteils befleißigen. Unsere deutsche Kritik nimmt oft einen so gehässigen Ton an, daß sie sich dadurch selbst um den Glauben bringt: denn wer schimpft, hat in der Regel unrecht. May selbst hatte schon unsäglich unter solchen Anfeindungen zu leiden, und es ist nicht zuviel gesagt, daß er an ihnen zugrunde gegangen ist: ein echt deutsches Künstlerlos! Man sollte ihm anständigerweise wenigstens die Ruhe des Grabes gönnen! Da man aber diese Rücksicht nicht walten läßt, so müssen wir Lebenden seine Sache führen nach der allgemein menschlichen Anstandspflicht, wie sie auch das Bibelwort lehrt (Spr. 31, 8): „Tue deinen Mund auf für die Stummen und die Sache aller, die verlassen sind."

Theodor Storm erzählt uns ein ähnliches Schicksal wie das Karl Mays im „Doppelgänger" (1886). Da ist ein im Grunde gutartiger holsteinischer Arbeiter, John Hansen, der in der Leidenschaft zum Totschläger seiner geliebten Frau, deshalb zum Zuchthäusler wird, dann aber, nachdem er von Rechts wegen seine Strafe abgebüßt hatte, „der lieben Mitwelt, wie gebräuchlich, zur Hetzjagd überlassen." — — „Und sie hat ihn nun", so sagt der einsichtsvolle Bürgermeister voll Mitleid, „auch zu Tode gehetzt; denn sie ist ohn' Erbarmen. Was ist davon zu sagen? Wenn ich was meinen soll, so solltet ihr ihn jetzt in Ruhe lassen, denn er gehört nun einem anderen Richter." So empfindet das feinere Gewissen des Künstlers und — unseres „schlichten" Volkes.

Der wissenschaftliche Wahrheitsdrang kennt offenbar keine wärmeren Regungen und arbeitet mit hartem Verstande, muß auch oft dazu herhalten, Gefühlsroheiten zu beschönigen. So in diesem Falle.

Es bleibt dabei: Wer über Tote spricht, soll sich von den unreinen und verzerrenden Blicken des Hasses frei halten, soll gerecht abwägen und zu verstehen suchen, verstehen, das fast schon soviel ist wie verzeihen. Es frage sich der Tugendstolze, wohin er selbst wohl geraten wäre, wenn das Schicksal ihn auf denselben Platz gestellt hätte, auf dem der Verstorbene schuldig wurde. Wer unter steter Führung und Gängelung sorgsamer Eltern und Erzieher, in geordneten Verhältnissen lebend und allseits gefördert und gestützt, sich sein Leben lang auf dem sogenannten Tugendpfade gehalten hat, der

preise dankbar sein Glück und ertöte den Pharisäer in
seiner Brust. Wenn selbst ein Goethe bekannte, daß er
von keinem Verbrechen höre, dessen er nicht selbst hätte
fähig werden können, so wollen wir kleineren Menschen uns aller herzlosen Sittenrichterei enthalten: May
hat menschlich gefehlt und hat es schwer büßen müssen.
Er hat seine Schuld nicht bestritten, hat die Strafe geduldig auf sich genommen und als eine Züchtigung
Gottes empfunden, die ihm zum Guten dienen sollte.
Wie er dazu kam, schuldig zu werden, das war ihm
selbst dunkel:

> „Es denkt der Mensch, die freie Tat zu tun,
> Umsonst! Er ist das Spielwerk nur der blinden
> Gewalt, die aus der eignen Wahl ihm schnell
> Die furchtbare Notwendigkeit erschafft."   (Schiller)

Jedenfalls glaubte er, daß durch den Tod wenigstens
seine Rechnung mit den Lebenden beglichen werde, und
setzte deshalb seiner Rechtfertigungsschrift „Mein Leben
und Streben" das schöne Wort voraus:

> „Wenn dich die Welt aus ihren Toren stößt,
> So gehe ruhig fort und laß das Klagen.
> Sie hat durch die Verstoßung dich erlöst
> Und ihre Schuld an dir nun selbst zu tragen."

Mays Gegner behaupten, durch eine höhere Pflicht
des Gebotes der Pietät gegen den Toten enthoben
zu sein. Ihr Kampf richtet sich angeblich mehr gegen
die schädliche Wirkung Mays als gegen seine Person.
Diese müßten sie nur deshalb befeinden, weil die Leere,
Nichtigkeit, Haltlosigkeit, Verlogenheit und Gefühls-
fälschung seiner Schriften anders nicht zur Erkenntnis
gebracht werden könnte. Man mag diese Methode noch
gelten lassen, wird aber doch den Geist der Versöhnlichkeit vermissen und den Eindruck nicht los werden
daß hier mit einer schadenfrohen Lust alles, aber auch
alles zusammengeschleppt wird, was nur immer zu May
Ungunsten spricht, dagegen alles zurückgedämmt, wa

zu seiner Rechtfertigung dienen könnte. Ich vermisse in dem Nekrolog den Blick der Liebe, den jeder Gelehrte seinem Studienobjekte entgegenbringen muß, wenn er die Wahrheit finden will, sei es nun, daß er sich um Erkenntnis einer grammatischen Erscheinung müht, um die Lebensbedingungen der Laus, des Cholerabazillus oder um das Leben eines Menschen. Über diese „begierdelose Liebe" hat *Hermann Hesse* jüngst Herrliches gesagt[1]:

> „Im Augenblick, wo das Wollen ruht und die Betrachtung aufkommt, das reine Sehen und Hingegebensein, hört der Mensch auf, nützlich oder gefährlich zu sein, interessant oder langweilig, gütig oder roh, stark oder schwach. Er wird Natur, er wird schön und merkwürdig wie jedes Ding, auf das reine Betrachtung sich richtet. Denn Betrachtung ist ja nicht Forschung oder Kritik, sie ist nichts als Liebe. Sie ist der höchste und wünschenswerteste Zustand unserer Seele: *begierdelose Liebe.*
>
> Haben wir diesen Zustand erreicht, es sei nun für Minuten, Stunden oder Tage (ihn immer innezuhalten wäre die vollkommene Seligkeit), dann sehen die Menschen anders aus als sonst. Sie sind nicht mehr Spiegel oder Zerrbilder unseres Wollens, sie sind wieder Natur geworden. Schön und häßlich, alt und jung, gütig und böse, offen und verschlossen, hart und weich sind keine Gegensätze mehr. Alle sind schön, alle sind merkwürdig, keiner mehr kann verachtet, kann gehaßt, kann mißverstanden werden."

Soll nun aber doch die strenge Kritik zu Wort kommen, so muß sie wenigstens auch verläßlich sein. Das ist sie aber, wie ich zeigen werde, in diesem Falle keineswegs. Hier hat der Haß, wie so oft, den Blick getrübt. Mays Lebensbild, wie es K. und Avenarius zeichnen, ist — verzeichnet.

K. hat sich mit dem für die Erkenntnis von Mays Leben wichtigsten Dokumente dadurch zu leicht abgefunden, daß er es für unzuverlässig erklärt: Alles

1 Propyläen 1918, Nr. 22.

Tatsächliche sei so scheinheilig mit Phrasen und Selbstberäucherung verhüllt, daß in dieser verlogenen Aufmachung auch alles vielleicht Wahre unglaublich verhalle. Obgleich der Nekrolog mit 1917 datiert, Schmids Buch[1] aber im gleichen Jahr erschienen ist, muß ich annehmen, daß K. die Arbeit von Schmid nicht gekannt haben kann, denn sonst würde er anders über den Wahrheitsgehalt der Mayschen Selbstbiographie geurteilt und einige Behauptungen unterlassen haben, deren Unhaltbarkeit jetzt geradezu urkundlich vorliegt, so die, daß May all die wilden Gegenden gar nicht betreten habe, in denen seine Reiseerzählungen sich abspielen. Andere sachliche Fehler wurden ihm von dem Verlage nachgewiesen und deren Richtigstellung empfohlen, aber nicht angenommen.

Selbstbiographien und Verteidigungsschriften sind wohl immer mit einiger Vorsicht zu benützen. Goethe nennt die seinige „Dichtung und Wahrheit". Alle sind Dichtung und Wahrheit! Sie zeigen den Menschen so, wie er sich selbst sieht, oder wie er sich gesehen wissen will. Wo sich die Möglichkeit zur Nachprüfung bietet, haben sich noch stets Fehler nachweisen lassen. Trotzdem haben wir kein Recht, von Lügen zu sprechen. Jeder Mensch trägt sein Maß in sich, und jeder ist nur zu subjektiver Wahrheit fähig und verpflichtet. Die Tat sieht anders aus, nachdem man sie begangen hat, als ehe man sie begangen hat, und ebenso das gesamte Leben. Wir fühlen ein unwiderstehliches Bedürfnis, nachträglich Ordnung in unsere Handlungen und Erlebnisse zu bringen, betrachten sie daher von bestimmten Gesichtspunkten aus, mit dem Wunsche, eine klare Entwicklung zu erkennen. Was dieser Entwicklung gedient hat, haftet im Gedächtnis, während ihm ein abseitsstehendes Einzelerlebnis leicht entschwindet. Eigenverfehlungen werden gern entschuldigt, eigene Verdienste

1 Erstausgabe von Band 34 „Ich" 1916, herausgegeben von Dr. E. A. Schmid.

leicht übertrieben. Seine Erfolge schreibt der Mensch am liebsten nur sich selbst zu; seine Mißerfolge fremden Einwirkungen. Gegen alles selbstbegangene Unrecht sind wir von rührender Nachsicht, gegen fremdes von peinlicher Strenge. Die Biographie, die selbst ein Lebensgenosse von uns schreibt, wird ganz anders ausfallen als unsere eigene. Deshalb braucht nicht der eine als unbedingter Wahrheitskünder, der andere als Lügner bezeichnet zu werden. Die Selbstbekenntnisse eines jeden Menschen werden stets die wertvollsten Bekundungen über sein Leben sein und nie so viele Irrtümer enthalten, wie die von anderer Hand geschriebenen Biographien. Denn niemand nimmt uns so ernst, wie wir uns selbst nehmen, und niemand kennt unser Herz so gut wie wir selbst.

Goethe, von dem wir auch das lernen können, wie wir Selbstbiographien zu lesen haben, schreibt darüber in den „Materialien zur Geschichte der Farbenlehre" da, wo er auf Hieronymus Cardanus (1501—1570) zu sprechen kommt. Er zählt ihn zu den Menschen, mit denen die Nachwelt nie fertig wird, über die sie sich nicht leicht im Urteil vereinige. Er vergleicht ihn mit Benvenuto Cellini und sagt, beider Biographien oder Konfessionen, wie man sie wohl nennen kann, treffen darin zusammen, daß die Verfasser, obwohl mit Mißbilligung, doch auch zugleich mit einigem Behagen von ihren Fehlern sprechen und daß sich in ihre Reue immer eine Art von Selbstgefälligkeit über das Vollbrachte mit einmischt. „Erinnern wir uns hierbei noch eines jüngeren Zeitgenossen (der beiden), des Michael Montaigne, der mit einer unschätzbar heiteren Wendung seine persönlichen Eigenheiten, sowie die Wunderlichkeiten der Menschen überhaupt zum besten gibt, so findet man die Bemerkung vielleicht nicht unbedeutend, daß dasjenige, was bisher nur im Beichtstuhl als Geheimnis dem Priester ängstlich vertraut wurde, nun mit einer Art von kühnem Zutrauen der ganzen Welt vorgelegt wird. Eine Vergleichung der sog. Konfessionen aller Zeiten würde in diesem Sinne gewiß schöne Ergebnisse zeitigen. So scheinen uns die Bekenntnisse, deren wir erwähnten, gewissermaßen auf den Protestantismus hinzuweisen." Welch ernste Betrachtungen würde Goethes hoher, abgeklärter Geist über Mays „Konfessionen" angestellt haben! Wie himmelweit würde er abrücken von der niedrigen Gehässigkeit, die nach Anklagepunkten sucht, anstatt nach liebevollem Verständnis der armen, sich bekennenden, teils sich anklagenden, teils — und mit Recht aus dem Zwang ihrer Natur heraus — sich rechtfertigenden Seele. Dort, bei Cardanus, Cellini, Montaigne, haben wir neben dem protestantischen Zug auch das Kraftbewußtsein der Renaissance-Menschen, die sich trotzig bekennen, bei May meldet sich die moderne, durch die letzten Jahrhunderte, ich kann nur sagen — vermurkste deutsche Seele in ihrer Zerknirschtheit, so etwas wie Pietisten- und Herrnhuter-Demut, im Kampfe mit sich immer wieder aufbäumendem Selbstbewußtsein. Mays Gegner, die da keinen Seelenkampf und keine psychologischen Probleme erkennen, beweisen nur ihre eigene Unzulänglichkeit und richten sich damit selbst.

Es ist eine unerhörte Dreistigkeit, einem Manne zu widersprechen, wenn er in ernstem Tone über den Zweck seines Lebens und Wirkens Aufschluß gibt. May erklärt immer wieder: „Ich wollte durch meine Schriftstellerei die Menschen veredeln, indem ich sie zu Gott führte." K. widerspricht: „Nein! Das wolltest du nicht! Du wolltest nur Geld verdienen und die Menschen belügen!" Wer darf es mir verübeln, wenn ich mich über Mays Aufgaben, Ziele und Schöpfungen lieber von ihm selbst, als von einem Manne belehren lasse, der seine Belehrungen über ihn nur aus dritter und vierter Hand genommen hat?

Zur Widerlegung der Selbstbekenntnisse Mays hat K. außer seinem Mißtrauen nichts als vereinzelte gerichtliche Entscheidungen, aus denen Mays Unzuverläßlichkeit ersichtlich sein soll.

Ich muß gestehen, daß ich diese wissenschaftliche Grundlage für sehr unsicher halte. Ich weiß, daß es eine ganze Literatur über Justizmorde gibt, weiß, daß die Richter als Menschen nicht selten menschlichen Irrungen und Leidenschaften erliegen, weiß, daß sehr viele Urteile erster Instanz in der zweiten Instanz über den Haufen geworfen werden, habe erst in den letzten Tagen von einer Schrift eines sächsischen Justizrates gelesen, deren Titel „Der Prozeß ein Spiel" schon genug besagt.

Auch auf die einstimmigen Zeugnisse von Zeitgenossen ist nicht eben viel zu geben. Wir haben in Deutschland sog. Pressebureaus, durch die jede beliebige Mitteilung an beliebig viele Zeitungen versandt wird. Auf diese Weise bekommen gleichzeitig Millionen von Lesern dieselben Aufschlüsse, dieselbe Belehrung. Da dem Leser nur im seltensten Ausnahmefall eine Prüfung dieser Nachrichten auf ihren Wahrheitsgehalt möglich ist, so nimmt er sie zumeist auf Treu und Glauben hin. Wiederholen sich gleichartige Zeugnisse und bleiben sie unwidersprochen, so werden sie bald zum Wissen der Menge. Vor einigen Jahren brachten die Zeitungen in periodischer Folge die sensationellsten „Enthüllungen" über Karl May. Wenn er dann den Versuch machte, sich mit Hilfe der Presse zu rechtfertigen, so ließ man ihn nicht zu Wort kommen oder schrie ihn nieder. Wer will einen Verbrecher hören? Wer seine verlogenen Ausreden? Entschuldigungen gibt es immer. Wir aber halten uns und unsere Kinder von Leuten fern, die Dreck am Stecken haben. Wenn wir auch selbst einen nicht als böse erkannt haben, so sind wir doch dankbar für jede Warnung.

Wenn wir vorher mit eigenen Augen auch ganz anders geurteilt haben, so glauben wir dann lieber an unseren eigenen Irrtum.

Es gehört ein gewisser Mut und große Selbständigkeit des Urteils dazu, der Massensuggestion zu widerstehen und entgegenzutreten. Mays Nekrologisten ist das nicht gelungen. Er denkt nicht mit individuellem, sondern nur mit sozialem Gehirn. Das ist, in ein Wort gefaßt, sein methodischer Fehler, und deshalb ist seine Arbeit verfehlt. Das im einzelnen zu erweisen, wird die Aufgabe der folgenden Kapitel sein.

May offenbart sein Denken und Fühlen außer in seiner Selbstbiographie innerhalb seiner übrigen Werke auf vielen Tausenden von Druckseiten. Die ihm feindliche Kritik will diese Bekenntnisse nicht gelten lassen. Das ist ein ganz unerhörtes, geradezu beispielloses Unrecht. Jeder Schriftsteller m u ß aus seinen Werken erklärt werden, jeder! Noch nie hat die Wissenschaft davon eine Ausnahme gemacht. Sie kann wohl hier und da eine versteckte Absicht vermuten und beweisen, etwa in Caesars Memorabilien gelegentliche parteipolitische Hintergedanken und tendenziöse Färbung oder in Rousseaus Bekenntnissen gewisse eitle Ausschmückungen u. dgl., daß man aber das gesamte Lebenswerk eines Schriftstellers als einen großen Schwindel auffaßt und für seine Charakteristik als belanglos ablehnt, dafür wüßte ich kein zweites Beispiel.

Selbst wenn May all die Tugenden nicht aufbringen konnte, für die er mit Wärme eintritt, so bleibt seine ehrliche Gesinnung doch bestehen. Selbst wenn er in seinem Privatleben der Versuchung der Lüge manchmal unterlag, so bleibt er doch ein Kämpfer für das hohe Ideal der Wahrhaftigkeit. Wir haben also nicht nur das

Recht, sondern die Pflicht, uns sein inneres Leben aus seinen Schriften zu erklären und anschaulich zu machen. Wir gewinnen dadurch ein ansprechendes Bild, das uns die Verehrung all der Tausende erklärt, die ihn nur auf diesem Wege kennengelernt haben. Er war eben eine sehr liebenswerte, tieffromme, gütige und hochgestimmte Natur, und nur deshalb konnten seine Werke eine so lebendige Kraft und Wärme ausströmen. Man lasse sich doch in seinem gesunden Gefühl nicht beirren! Von nichts kommt nichts. Liebe läßt sich nicht erschwindeln, erheuchelte Begeisterung nicht übertragen, Lüge sich nicht dauernd als Wahrheit behaupten, mit Blendwerk kann man nicht erwärmen. Nur Worte, die aus der Tiefe der Empfindung strömen, dringen wieder in die Herzen. Unser Volk, mögen es auch die siebenmal weisen Kunstkritiker tief unter sich sehen, geht in seinen Empfindungen sehr sicher. Es hat sich nicht einfangen lassen von all den modernen Rattenfängern, die ihm ihre immer neuen duftenden Literaturblüten unter die Nase hielten und über den grünen Klee lobten. Es hat den ganzen faulen Kunstzauber der letzten Jahrzehnte nicht mitgemacht und hatte für deren Vertreter kein Wort des Dankes. „Man dankt" schrieb *Rudolf Borchardt*[1], „aus der Tiefe des Herzens nur für Inkommensurables, für den Gott und die Seele. Und langsam verbreitete sich überallhin, auch von Ohr zu Ohr gesagt, wo man uns Deutsche liebt, die Geschichte von unserer innerlichen Erschöpfung bei so viel äußerlichem Prunk und Wohlstand, bei so viel sichtbarer, laut um Bewunderung werbender, ja sie ertrotzenden Massenleistung: die Geschichte von der deutschen Dekadenz." Man sucht Liebe, Wärme, Verschwendung der Seele. Das fand unser Volk bei May, nicht aber bei den klügeren und überkultivierten anderen, die ihn nicht verstanden, deshalb verleumdeten.

[1] Der Krieg und die deutsche Verantwortung. Berlin, S. Fischer 1916, S. 39.

Man wirft Karl May vor, daß er die Gunst der Menge gesucht hätte. Das ist nicht wahr, obgleich es kein Unrecht wäre. Goethe sagt im Mahomet (nach Voltaire):

> „Wer sie und ihr Bedürfnis kennt
> Und dies befriedigt, der betrügt sie nicht."

Aber May wendet sich an die Darbenden, an Leser, die gerne auch in die Tiefen eindringen. Davon wird noch später zu reden sein.

Über den künstlerischen Wert eines Schriftstellers kann freilich eine Methode der Kritik nichts Zwingendes aussagen. Wenn also in dieser Hinsicht die Urteile über May schwanken, so müssen wir das gelten lassen, können nur unser eigenes Urteil gegen anders geartete Urteile stellen und zu rechtfertigen suchen. Die wissenschaftliche Kritik sucht nach der Wahrheit, nach Erkenntnis des Tatsächlichen. Auf diesem ihr eigensten Gebiet geht sie sicher. Wir können also auch in unserem Fall feststellen, was von den Angaben über Mays Persönlichkeit wahr oder unwahr ist und auf welche Weise das entstellte Bild von ihm zustande kam.

In der Wertung der Menschen treffen die Urteile vieler nur selten zusammen. Was dem einen liebenswert erscheint, ist dem andern gleichgültig und umgekehrt. Auch hier müssen wir den Maßstab suchen, der allgemeine Geltung hat. Da meine ich, daß es auf den Willen des Menschen ankommt: „Sein Wille macht den Menschen groß und klein." Wir haben also auch zu untersuchen: Besteht bei dem Biographen der Wille, gerecht zu sein? Sodann: Erkennt und würdigt er den Willen des Dargestellten richtig? Die Mißerfolge einer falschen Methode werden wir sogleich erkennen lernen.

3

Streiflichter

Über Mays Vater wissen wir nur das, was uns sein Sohn selbst von ihm berichtet hat. Es ist nun höchst lehrreich, zu sehen, wie K. mit diesem Bericht umgeht, um ihn für seine gehässigen Zwecke brauchbar zu machen. Man sollte meinen, an dem Alten sei nichts gelegen, mag er gewesen sein, wie er will, für seines Sohnes Schriftstellerei wird man ihn doch nicht verantwortlich machen wollen. Das Bild, das uns der Sohn von seinem Vater zeichnet, ist überzeugend und lebenswahr, frei von Schönfärberei, aber auch frei von pietätloser Härte. Es ist nun für die Einschätzung des Nekrologisten wertvoll, zu sehen, wie er mit diesem Berichte umgeht. Er schreibt — und darauf wollen wir ihn festlegen —:

„M.s Vater war ein mitteloser und oft beschäftigungsloser, auch wenig arbeitslustiger Weber, der sich später auf Taubenhandel, Vogelfang u. dgl. warf; für den Unterhalt der neunköpfigen Familie sorgte eigentlich die als Hebamme tätige Frau M."

Dieses Lebensbild ist ebenso wahr, wie wenn ich über *Friedrich den Großen* schreiben würde: „Friedrich II., König von Preußen, war schon in seiner Jugend sehr unsauber und eigensinnig, lebte als Mann am liebsten im Verkehr mit Voltaire und anderen Kirchenfeinden, brachte sein Volk in Not und Elend und starb als ein mit der Welt zerfallener Menschenfeind."

Mays Vater war nicht nur mittellos, sondern er war arm, war nicht oft, sondern nur in Ausnahmefällen beschäftigungslos, war arbeitsam und für den Unterhalt seiner Familie gewissenhaft besorgt. Er war Weber im Erzgebirge zu jener Zeit, die uns *Gerhart Hauptmann* in seinen „Webern" lebhaft vorführt. Weiß K., was das heißt: bettelarm sein, darbend, hungernd, frierend, zum Tode abgerackert, eingepfercht in eine enge, dumpfe Stube bei Lärm und Staub und trüber Ölfunzel (dem „Reifröckchen"), zur Wut gereizt durch das Schwatzen der Weiber, das Plärren und Zanken der Kinder, voll Schmerzen in den übermüdeten Gliedern, nervös zum Vergehen, voll Sorgen um das tägliche Brot, bedrückt durch die Angst vor dem kommenden Tage, künstlich wachgehalten und neu gereizt durch Schnaps, ohne Hoffnung auf Besserung und daß des Elends ein Ende werde? Bei aller Not mit dem einzigen Trost im Herzen, daß es einen erlösenden Tod gibt. Aber Mays Vater war nicht arbeitsfreudig! War es irgendeiner seiner Zunftgenossen mehr? Konnte er es sein?

Hauptmann zeigte sie uns am Löhnungstage vor dem tyrannischen Herrn Kassierer, „wie Menschen, die vor die Schranken des Gerichtes gestellt sind, wo sie in peinigender Gespanntheit eine Entscheidung über Tod und Leben zu erwarten haben. Hinwiederum haftet allen etwas Gedrücktes, dem Almosenempfänger Eigentümliches an, der, von Demütigung zu Demütigung schreitend, im Bewußtsein, nur geduldet zu sein, sich so klein als möglich zu machen gewohnt ist. Dazu kommt ein starrer Zug ergebnislosen, bohrenden Grübelns in allen Mienen. Die Männer, einander ähnelnd, halb zwerghaft, halb schulmeisterlich, sind in der Mehrzahl schwachbrüstige, hüstelnde, ärmliche Menschen mit schmutzigblasser Gesichtsfarbe: Geschöpfe des Webstuhls, deren Knie infolge vielen Sitzens gekrümmt sind. Ihre Weiber — — sind aufgelöst, gehetzt, abgerieben, während die Männer eine gewisse klägliche Gravität zur Schau tragen — und zerlumpt, wo die Männer geflickt sind. Die jungen Mädchen mitunter nicht ohne Reiz: wächserne Blässe, zarte Formen, große hervorstehende, melancholische Augen."

So sahen die Weber in den vierziger Jahren des vorigen Jahrhunderts im Eulengebirge aus; so fühlten sie. Und ebenso natürlich auch die Weber des Erzgebirges, in dem Städtchen Hohenstein-Ernstthal, in dem May im Jahre 1842 zur Welt kam. Man kann den Wahrheitsgehalt der Dichtung von Gerhart Hauptmann aus Mays Selbstbiographie prüfen und umgekehrt. Mit leichtfertigem Hochmut blickt der in geordneten Verhältnissen lebende Professor auf die Not dieser Menschen herab, spricht von Phrasen und schwindelhafter Aufmachung, wo er ergriffen zuhören und lernen sollte. Ich kenne in unserer neueren Literatur wenig, was so ergreifend wäre wie Mays Darstellung seines Elternhauses. Ich möchte zu ihrer fleißigen Lektüre einladen, zumal die Freunde Karl Mays, damit sich ihre Verehrung für den Mann noch steigere, der aus solch entsetzlicher Not und Armut des Leibes und der Seele zu solcher Höhe emporgestiegen ist. Hier nur eine kleine Probe, allen gerecht Denkenden zum Beweise auch dafür, daß dem „Schundschriftsteller" doch manches gelungen ist, was ihn als Künstler und Stilisten achtbaren Gepräges erweist und uns zu der Frage berechtigt, ob seine strengen Kritiker wohl gleich Wuchtiges und Ergreifendes aus ihrem Eigenen aufzuweisen haben.

„Wir waren neun Personen: mein Vater, meine Mutter, die beiden Großmütter, vier Schwestern und ich, der einzige Knabe... Mein Vater war ein Mensch mit zwei Seelen. Die eine Seele war unendlich weich, die andere unfähig, sich zu beherrschen. Er besaß hervorragende Talente, die aber als unentwickelt geblieben waren. Er hatte nie eine Schule besucht, doch aus eigenem Fleiß fließend lesen und sehr gut schreiben gelernt. Er besaß zu allem, was nötig war, ein angeborenes Geschick. Was seine Augen sahen, das machten seine Hände nach. Obgleich nur Weber, war er doch imstande, sich Rock und Hose selbst zu schneidern und seine Stiefel selbst zu besohlen. Er schnitzte und bildhauerte gern, und was er da fertigbrachte, das hatte Schick und war gar nicht so übel. Als ich eine Geige haben mußte und er kein

Geld auch zu dem Bogen hatte, fertigte er selbst schnell einen. Dem fehlte es zwar ein wenig an schöner Schweifung und Eleganz, aber er genügte vollständig, seine Bestimmung zu erfüllen. Vater war gern fleißig, doch befand sich sein Fleiß stets in Eile. Wozu ein anderer Weber vierzehn Stunden brauchte, dazu brauchte er nur zehn; die übrigen vier verwendete er dann zu höheren Dingen" (vgl. S. 33).

Tag für Tag zehn Stunden Weberarbeit, in Hast vollbracht, um noch eine Stunde für das Freie oder für die Bücher zu gewinnen: denn Mays Vater war nun einmal nicht arbeitsfreudig und begnügte sich nicht mit den Genüssen des Webstuhls.

Wir hörten dann von K. wie im Ton des Vorwurfs, daß sich Mays Vater auf Vogelfang, Taubenhandel u. dgl. verlegt habe. Er wird wohl frische Luft für seine hüstelnde Lunge gesucht haben oder für sich und seine hungernde Familie „a Ferschtenfressen" für den Sonntag (wie jenes „kleene Hindel" in den „Webern") zur Abwechslung von erbettelten Kartoffelschalen und Mehlstaubsuppen.

Auch der Vorwurf, daß er die Sorge um seine neunköpfige Familie „eigentlich" seiner Frau überlassen habe, ist neben Mays Zeugnis unberechtigt. Dieser erzählt nur, daß er sich in den Zeiten politisch-sozialer Unruhen, wobei es zu Revolten, Stürmen von Bäckerläden, zu Verhaftung und Gefängnis der Lautesten kam, an der allgemeinen Bewegung beteiligte.

Auch hier hätte sich K., wenn er mehr Psychologe und Lebenskenner als Büchergelehrter wäre, eine fast unmittelbare Anschauung aus Hauptmanns „Webern" holen können. Da kann man doch mit Händen greifen, daß in solchen Zeiten dem Arbeiter geradezu unmöglich gemacht wird, zu Hause bei der Arbeit zu bleiben, deshalb unmöglich, weil ihn die Genossen und das eigene Herz zur allgemeinen Sache rufen und weil ihm der Kampf für die Besserung seiner wirtschaftlichen Lage als wichtigste Arbeit gilt. Wenn alle damals streikenden und revolutionierenden Weber als faule und pflichtvergessene Väter bewertet würden, dann gab es damals keine fleißigen und keine pflichttreuen. K., der sich auf seine eigenen Wertungen verließ, schuf damit ein grob entstelltes Bild. Ich lasse unentschieden, ob aus Unvermögen oder aus einer unfreundlichen Gesinnung gegen den Sohn Mays, weil ihm dessen Zeugnis von vornherein als lügenhaft galt, also aus vorgefaßter übler Meinung.

Ich habe absichtlich bei dem Bilde des Vaters länger verweilt, um an ihm die Wirkung der falschen Methode K.s anschaulich zu machen. Man sieht: er gibt das Tatsächliche anscheinend richtig, gibt ihm aber immer eine einseitig unfreundliche Deutung und läßt es durchaus an einer geistigen Belebung fehlen. Er arbeitet mit polizeilicher Nüchternheit und mit Mißtrauen, um „hinter die Spur" zu kommen. Ihm ist es ausgemachte Tatsache, daß der Sohn ein Mißratener war, folglich sucht er beim Vater schon Ursachen dieses Verbrechertums. Mit einem Worte: er geht an seine Arbeit mit vorgefaßter Meinung und mit dem Vorhaben, diese seine Meinung überzeugend zu erweisen. Er schreibt nicht allgemein über Karl May, sondern über das Thema: „Karl May, ein Schwindler". Deshalb mußte auch schon der arme Vater mit herhalten, auch er schon als unzuverlässig und charakterlos gezeichnet werden. Da glaubt man es dann um so lieber, daß aus dem Sohne nichts Tüchtiges werden konnte.

Solche Arbeiten nennt man tendenziös. Ihr Ergebnis sind Pamphlete, Schmähschriften. Was von ihrem wissenschaftlichen Wert zu halten ist, das liegt auf der Hand. Wenn also der Verfasser angibt, durch seine wissenschaftliche Ehre zu einer so strengen Verurteilung Karl Mays verpflichtet zu sein, so irrt er sich entweder selbst oder er will uns irreführen. Ich muß jetzt dieses zweite annehmen, weil er, nachdem man ihm handgreifliche Fehler und Ungerechtigkeiten gegen Karl May und selbst gegen noch Lebende nachgewiesen und ihm nahegelegt hatte, sie zu berichtigen, es vorzog, bei seinem Unrecht zu verharren und öffentlich über „Vergewaltigung der freien Forschung" zu klagen. Damit freilich hat sich dieser sonderbare Wahrheitsforscher in allen Instanzen eine schmachvolle Abfuhr geholt. Wieder sollten einmal die hohen Gebote der Wissenschaft persönliche Unzulänglichkeit bemänteln; aber das öffentliche Gewissen ließ sich kein Theater vormachen[1] . . .

Die bisherigen Erfahrungen berechtigen unser Mißtrauen gegen K.s Wissenschaftlichkeit und zwingen uns, ihm weiter auf die Finger zu sehen. Er geht jetzt, nachdem der Vater erledigt ist, zur Charakteristik des Sohnes über. Wir hören da:

„Seine Phantasie wurde dauernd verdorben durch wahllose Lektüre veralteter geographischer und naturwissenschaftlicher Werke."

Was er las, erfahren wir von May selbst:

Von alten Werken nennt er den *Hakawati* von *Chr. Kretzschmann* (1605), „Märchenerzähler in Asia, Africa, Turkia, Arabia, Persia und India" und ein Kräuterbuch des Sohnes des grundgelehrten Humanisten *Joachim Camerarius* (1600), der zugleich Förderer der Reformation war. Dazu kam eine Sammlung biblischer

---

1 Prof. *Bettelheim* und er sind darüber zu Fall gekommen; jener hat die Leitung des Biographischen Jahrbuches niedergelegt, und K. ist auch — erledigt. Dieses Buch war im wesentlichen schon fertig, als ich von der großen Erregung erfuhr, die auch bei anderen diese Art von Nekrolog erzeugte. Ich freue mich, daß mir das öffentliche Rechtsgefühl beipflichtet.

Ich gehe hier auf den ganzen Streit, an dem sich fast die gesamte bedeutende Presse Deutschlands und zum Teil Österreichs beteiligt hat, nicht ein. Man findet ihn urkundlich dargestellt und belegt in Schmids „*Lanze*", zu deren Studium jeder verpflichtet ist, der Partei ergreifen will. Dazu kommen ergänzend die *Karl-May-Jahrbücher*, die immer neues Material zur Würdigung Mays beibringen und vom öffentlichen Urteil sehr günstig aufgenommen werden: neben vielen warm zustimmenden Urteilen ist mir noch kein absprechendes zu Gesicht gekommen. Daß Bettelheim darüber spöttelt, versteht sich von selbst: der wackere Kämpe tat dies bereits, bevor der erste Jahrgang überhaupt erschienen war, also ohne den Inhalt zu kennen.

Holzschnitte, die die Großmutter ihren frommen Erzählungen zugrunde legte, die dem Knaben zum „Hochgenuß" wurden, wie ihm das Werk des *Camerarius* „von großem Nutzen war". Daß er diesen Werken viele Anregungen seiner Phantasie dankte, glauben wir ihm gerne, daß sie ihm aber die Phantasie „dauernd" verdorben haben sollen, ist eine unliebenswürdige Annahme K. s. Ich bestreite, daß sie eine solche Wirkung überhaupt haben können. Märchen, Fabeln und biblische Geschichten geben wir. (freilich im Auszug) auch heute unseren Kindern als wertvollste Bildungsstoffe.

Wer Mays geistige Entwicklung zeichnen will, darf nicht verschweigen, daß er nach eigenem Bekenntnisse auch *Redenbachers* „Erweckungs-, Erbauungs- und Jugendschriften" las und Missionsberichte mit begeisterten Schilderungen islamischer Wohltätigkeit. Ferner naturwissenschaftlich aufklärende Werke des *Alexander von Humboldt, Bonpland* und erst schließlich jene Schundlektüre, die er selbst als Gift, Hölle und Teufel verdammt und die ihm durch die Gewissenlosigkeit eines Kneipwirtes zugewiesen, durch die Einsichtslosigkeit seines Vaters gestattet wurde, der keinen Unterschied zwischen Buch und Buch machte, nur wünschte, daß der Sohn recht fleißig lese, um „gebildet" zu werden. In Übereinstimmung mit May gibt K. an, daß durch diese, freilich nur die letztgenannte Lektüre, sein Gewissen und sein Rechtsgefühl vorübergehend, nicht dauernd, verwirrt worden seien. Mays Selbstbekenntnis trägt auch hier das Gepräge innerer Wahrhaftigkeit[1].

1 Dies um so mehr, als ja auch Kleinberg seine Behauptung nur auf das gründen konnte, was Karl May selbst in ‚Mein Leben und Streben' mitteilt; wie fahrlässig und voreingenommen K. mit dem somit ja dokumentarischen Material von Mays Angaben umging, zeigt gerade dieses Beispiel deutlich. Gurlitt, dem bei der Niederschrift dieser Stelle seines Buches der volle Wortlaut des bereits zurückgezogenen K-Nekrologs offenbar nicht vorlag, zitierte vermutlich nach dem Gedächtnis oder nach flüchtigen Notizen; daraus erklärt sich, daß er Kleinbergs Aussage nicht wörtlich wiedergibt und ihren Sinn eher verschärft. Seine grundsätzlichen Ausführungen verlieren dadurch jedoch nichts von ihrer Gültigkeit. Zum ‚Hakawati' vgl. die Fußnote auf Seite 46. (Anmerkung des Herausgebers.)

K. schreibt weiter:

„Allerlei Auswüchse des Ernsttaler Lebens, wie Alkoholismus, Falschspielerei und Lügenhaftigkeit, taten noch ein Übriges, so daß M. als ein in seiner moralischen Widerstandskraft Gebrochener 1856 das Lehrerseminar in Waldenburg bezog."

May, dem wir selbst eine ganz musterhafte Schilderung dieser Zustände verdanken, sagt nicht, daß er an ihnen teilgenommen hätte und von ihnen schädlich beeinflußt worden wäre, und wir können dieses aus dem Zusammenhang, in dem er es erzählt, nicht als eine wahrscheinliche und von ihm selbst beabsichtigte Folgerung bezeichnen. Wir kommen jetzt in das Gebiet des Kriminalistischen, auf das wir genügend vorbereitet worden sind:

„M. wurde aus dem Lehrerseminar in Waldenburg wegen Diebstahls ausgeschlossen."

Wir kennen diesen Vorgang meines Wissens wieder nur aus Mays eigenem Geständnis. Solange also eine Widerlegung aussteht und die Wahrscheinlichkeit oder Möglichkeit nicht entgegenstehen, haben wir Mays Angaben in allen Punkten gelten zu lassen. Er berichtet, er wäre mit Schulentlassung bestraft worden, weil er die Talgreste, die er von den Leuchtern abgekratzt hatte — ein Wertobjekt ohne Wert; wenn man es schätzen soll, vielleicht nach May mit drei Pfennigen richtig bewertet —, statt sie an den Schuldiener abzugeben, seiner Schwester mitgab, um ihren Wunsch nach Weihnachtslichtern zu befriedigen. Das wurde dem Direktor angezeigt und der Knabe durch Konferenzbeschluß als „infernalischer Charakter" von der Schule gewiesen[1].

---

[1] Vgl. hierzu Fußnote zu S. 122. — Die Seminar-Akten wurden erst lange nach Gurlitts Darstellung aufgefunden. Auch gemäß dem damals (1859) geltenden sächsischen StGB kam jedoch keinesfalls „Diebstahl" (so K.) infrage, daher wurde die angebliche „Tat" natürlich nicht strafrechtlich verfolgt, sondern aufgrund der ‚Seminar-Ordnung' geahndet, wobei nur die subjektive Wertung des Lehrer-Kollegiums galt, die Mitte 1860 durch die Aufhebung seitens des Kgl. Ministeriums rückgängig gemacht wurde, vgl. S. 123 (Anmerkung des Herausgebers.)

Das war nach der vielfachen Schuld, die schon der brutale, ahnungslose Vater und die gewissenlose Bürgerschaft des Geburtsortes an dem Kinde begangen hatten, das erste Verbrechen, das der Staat an ihm beging. Ein 16jähriger Knabe, der aus so rührendem Anlaß von seinen blindwütigen Erziehern auf die Straße gewiesen wird, ist eine schwere Anklage gegen die Schule. Darüber ist wohl heute kein billig denkender Mensch mehr im Zweifel. Glücklicherweise zeigt das sächsische Ministerium des Kultus und öffentlichen Unterrichts, das man mit diesem Quark behelligte, mehr Einsicht und ließ ihn seine Studien auf einem anderen Seminar fortsetzen. Der gewissenhafte Historiograph setzt ihm auf den Grabstein die Worte, auf daß es die Nachwelt nie vergesse: „Er wurde wegen Diebstahls aus der Schule ausgeschlossen."

Mit Bewunderung für die Güte der Schulbehörden berichtet sein Biograph, daß May trotz dieses Diebstahls sein Studium vollenden und (sogar) eine Lehrstelle an der Fabrikschule in Alt-Chemnitz übernehmen durfte, fügt aber gleich hinzu, wohl damit wir wahrnehmen sollen, wie übel angebracht diese Nachsicht war:

„Hier stahl er seinem Wohnungsgenossen die Uhr, erhielt dafür 6 Wochen Gefängnis."

Wir lernen damit das zweite Verbrechen, nicht Mays, sondern des Staates kennen. May erzählt, daß sein Stubengenosse ihm, weil er selbst das Geld für eine Uhr nicht aufbringen konnte, seine alte silberne Uhr geliehen habe und daß seine eigene ganze Verfehlung in der bloßen Vergeßlichkeit beruhte: er nahm die Uhr gedankenlos mit in die Ferien. Der Besitzer bittet nicht etwa um Rückgabe, sondern macht gleich Anzeige bei der Polizei, und da May in seiner Verwirrung die Uhr schnell an seinem Körper versteckt — psychologisch durchaus erklärlich — deshalb gilt er als Dieb. Die Absicht der Entwendung ist schon deshalb nicht glaublich, weil er ja nach den Ferien in dieselbe Wohnung und zu demselben Stubengenossen zurückkehren und dann dort wieder die Uhr gebrauchen mußte[1]. „Aber es liegt die gerichtliche Entscheidung vor!"

Jawohl! Weiß K. nicht, daß ein Rechtsirrtum vorliegen kann? Weiß er nicht, daß unsere heutigen Gerichte bei ersten Verfehlungen gern begnadigen, weil sie erziehen, nicht verdammen wollen? Weiß er nicht, daß es eine Krankheit gibt, Kleptomanie genannt, eine häufige Begleiterscheinung der Hysterie, die selbst offenkundige Entwendungen der gerichtlichen Strafe entzieht? Hat er ein Recht, Mays späte Verteidigung als wertloses Geschwätz abzuweisen? Nein, diese beiden genannten Fälle genügen ihm zu der tief sittlichen Erkenntnis: „May sank nun immer tiefer." Er hatte für 3 Pfg. Talg „gestohlen", hatte eine alte silberne Uhr „gestohlen", man sollte meinen, ein tieferer Grad der Verworfenheit wäre nicht mehr möglich gewesen. Aber May brachte auch das zustande, er sank noch tiefer.

Wir lasen oben, daß er im ganzen später wegen Betruges und ähnlicher Verbrechen 7 Jahre und 1 Monat

1 Es hat sich ein Brief von Mays Vater aus dem Jahre 1861 gefunden, den er in gleicher Angelegenheit an den Superintendent *Kohl* in Chemnitz geschrieben und der folgenden Wortlaut hat:

„Wohl werden Sie von dem traurigen Vorfall meines Sohnes, des Lehrers Carl May, Kunde erlangt haben. Das Vorgekommene versetzt mich sowie meine ganze Familie in den tiefsten Kummer, da wir durchaus gar nicht wissen, wie sich eigentlich die Sache verhält.

Ich kann kaum glauben, daß mein Sohn die Uhr in der Absicht an sich genommen hat, einen Diebstahl begehen zu wollen. Ich glaube vielmehr, daß er es getan hat, besagte Uhr während der Feiertagsferien zu benutzen und sie dann stillschweigend wieder an den Ort ihrer Bestimmung zu bringen.

Sollte es sich so verhalten, wende ich mich im Vertrauen auf Ihre Güte mit der untertänigsten Bitte an Sie, falls Sie etwas zum Schutze meines Sohnes beitragen können, dasselbe geneigt tun zu wollen, da ich nicht weiß, wohin oder an wen ich mich wenden soll.

Sollte die kaum begonnene Laufbahn meines Sohnes schon eine andere werden, und vielleicht eine solche, welche mit der größten Ungewißheit umgeben ist, welch ein unüberwindlicher Schmerz würde das für uns alle werden. Einen günstigen Ausgang hoffend, verbleibt mit ganz besonderer Hochachtung

(gez.) Heinrich May."

in Haft genommen wurde. May leugnet das nicht und hatte sein Leben lang unter den Eindrücken und Nachwirkungen dieser Jahre schwer genug zu leiden. Ein Teil der Strafe wurde ihm freilich wegen guter Führung erlassen, und er erzählt selbst, wie schonend, ja liebevoll er von Mitgefangenen und von dem gesamten Aufsichtspersonal behandelt wurde.

Sein Biograph hat offenbar *Maxim Gorkis* „Nachtasyl" nicht gelesen, sonst würde er nicht der Meinung sein, daß jeder Zuchthäusler ein unrettbarer Sünder wäre, sonst würde er wissen, daß auch in den Gefallenen noch der göttliche Funke glimmt, den eine vorsichtige Hand zur hellen läuternden Flamme entfachen kann. Er geht zu Werke wie ein mittelalterlicher Henkersknecht, trägt selbst Holzstöße herbei, die Macht der Qualen dem Verurteilten noch zu steigern. Ihm genügt nicht die gewissenhafte Aufzählung der aktenmäßig festgestellten Gerichtsstrafen: sein einmal wild gewordener Forschertrieb und Wahrheitsdrang bereichert sie noch durch freundliche Vermutungen: „Auch Einbrüche und Raubüberfälle dürfte sich M. haben zuschulden kommen lassen. Die Akten wurden 1904 eingestampft." Wie schade! Wie könnte man auch so leichtfertig mit kostbarem historischen Material verfahren! Wie beglückt wäre die Nachwelt, wenn sie auch dafür den urkundlichen Beweis hätte, daß May mit Dietrich und Brecheisen gearbeitet habe! So müssen wir uns mit dem Gedanken trösten, daß das zwar nicht erwiesen, aber immerhin möglich und deshalb lieber anzunehmen ist.

Aus dem Zuchthaus entlassen, wandte May sich, wie ein anderer Nekrologschreiber, Avenarius (Kunstwart XXIII, 9, 15), berichtet, von Brecheisen und Dietrich ab und der Schriftstellerei zu. Auch das klingt wie ein Vorwurf. Er hätte wohl konsequenterweise bei seiner alten Lebensweise bleiben sollen.

Dann schweigt die Verbrecherliste. „Nachteiliges scheint

den Behörden nicht mehr zur Kenntnis gelangt zu sein." Aber die Katze läßt das Mausen nicht, und der Teufelsfuß kommt immer wieder zum Vorschein. Man höre: Nach 23jähriger Ehe, die er als durchaus glücklich bezeichnet hatte, läßt er sich scheiden. So etwas gibt es, aber man stelle sich nun Mays Verlogenheit vor: Im Jahre 1896 nennt er seine Ehe glücklich, im Jahre 1903 trennt er sie und heiratet sogar das Weib, das gegen seine erste Frau im Scheidungsprozeß als Kronzeugin aufgetreten war. Heute glücklich, nach 6 Jahren unglücklich. Bedarf es da noch weiterer Beweise, daß die erste Angabe erlogen war? Solche Unwahrhaftigkeit verdient natürlich auch auf dem Grabstein verewigt zu werden.

K. kennt wieder das Leben nicht, kennt das menschliche Herz nicht, kennt nicht die Literatur aller Zeiten und Völker. Ich empfehle ihm die Lektüre wieder eines *Gerhart Hauptmann*schen Stückes: „Einsame Menschen". Da ist auch so ein verlogener Kerl, heiratet angeblich aus Neigung, tut so, als ob er sein Weib auch weiterhin wahrhaft liebe, und geht dann wenige Tage nach der Geburt des ersten Kindes mit einer zugelaufenen Studentin ins Wasser. Eine Maysche Verbrechernatur! Aber auch ihm hatten seine lieben Lehrer ein böses Ende vorausgesagt. Auch er wies Belehrungen ab: „Laß mich mit meinen Lehrern in Ruh', wenn ich nicht lachen soll. Erinnere mich nicht an diese Gesellschaft von Schafsköpfen, die mir das Mark aus den Knochen erzogen haben." Wer einmal Verbrecherblut im Leibe hat, der ist halt nicht zu retten.

May war aber auch später noch in andere Prozesse verwickelt. Ein neuer Zug in seiner Verbrecherfratze. Wir sollen glauben, daß mit ihm einfach nicht zu leben war, daß er bar aller Ehrlichkeit, Verläßlichkeit, Wahrhaftigkeit und alles Anstandes nur aus dem Hang zum Bösen und — die Hauptsache! — aus Reklamebedürfnis

Händel mit seinen arg- und harmlosen Mitmenschen suchte. Kennt K. die Prozeßakten? Auf meine Anfrage beim May-Verlag erhalte ich die Antwort: nein. Woher hat er also seine Wissenschaft? Jedenfalls aus dem von ihm zitierten „Material der Gegner", des *Ferd. Avenarius, Dr. Paul Schumann* u. a. m. Hat er deren Zeugnisse geprüft? Ich glaube: nein.

Ich erlaube mir, sie für Partei und für befangen zu halten. Sie gehören alle zu dem Kreis der Mayschen Prozeßgegner. Sie sind es, von denen der ganze Feldzug gegen May ausging, von denen er heute noch seine Waffen bezieht. Wer sich von ihnen oder nur von ihnen sein Wissen über Mays Wesen und Prozesse holt, verfährt so, als wollte er sich über den Kaiser von den Entente-Schriftstellern unterrichten lassen. Ich kenne jene Männer persönlich nicht oder so wenig, daß ich mich eines Urteils enthalte. Mir genügt zu wissen, daß May in dem Prozeß, den *Sello* für ihn führte, gesiegt hat und daß jetzt ein früherer Prozeßgegner Mays, der Anwalt *Dr. Oskar Gerlach*, zu seinen wärmsten Verehrern zählt und es beklagt, beruflich gegen ihn haben kämpfen zu müssen. Was ich an Prozeßkundgebungen Prof. *Paul Schumanns* gegen May zu lesen bekam, ist für diesen nicht erschütternd: die übliche Streiterei über wahr oder unwahr und die Aufbauschung kleiner Irrtümer zu Charakterfehlern.

Ist es nun erlaubt, daß May selbst ein Wörtchen dazu sage, wo es doch um seine Ehre geht? Er beruft sich auf das Urteil eines Richters, der an den Münchmeyer-Prozessen gegen ihn beteiligt war — es war, wie wir wissen, der Oberlandesgerichtsrat Geheimrat *Dr. Mayer* in Dresden — der sich fast wörtlich so geäußert hat, wie Dr. Sello mir gegenüber:

„Niemals in meiner ganzen langen Praxis ist mir eine Sache seelisch so nahe getreten wie die von Karl May. Was muß dieser arme alte Mann gelitten haben!"

445

May schließt dann in seiner Selbstbiographie jene Betrachtungen an, die man als die Summe eines unendlich gequälten Lebens nicht ohne Erschütterung lesen kann (vgl. S. 270—273).

Ich frage: ist das die Sprache eines Verbrechers und Heuchlers?

In den 38 Jahren nach seiner Freilassung aus dem Zuchthaus (1874) bis zu seinem Tode kam May mit der Polizei nicht wieder in Konflikt. Ich werte das als Besserung. Er schrieb in dieser Zeit eine ganze Bibliothek von christlich-sittlichen Romanen. Ich rechne ihm das als Verdienst an. Jedenfalls war der Mann unsagbar fleißig und setzte dadurch Hunderte von Setzern, Buchbindern und Buchhändlern in Tätigkeit, aber — er wurde doch wieder rückfällig, denn in dem letzten Jahrzehnt, also zwischen 1903 und 1912, war er „in mehrere" (Zivil!-) „Prozesse verwickelt, die seine Ehre als Mensch und Schriftsteller zerstörten."

Ehe ich auf die Einzelverteidigung der gegen Karl May erhobenen Lügenbeschuldigungen eingehe, muß ich wieder ein Zugeständnis machen. May hat gelegentlich gelogen, öfter als du, geneigter Leser, und vielleicht sogar öfter als ich. Er hatte aber dazu auch mehr Recht und mehr Nötigung. Mehr Recht, denn er war ein Phantasiemensch, ein geborener Dichter. Mit Phantasie reich begabte Menschen erleben mehr als andere und verwechseln leicht ihre inneren Gesichte mit der realen Wirklichkeit.

Karl May hatte entehrende Strafen erlitten und war jedenfalls berechtigt, das zu verbergen, um wieder Aufnahme in die Gesellschaft zu finden. Deshalb log er aus Notwehr. Ich suche mir das lebendig anschaulich zu machen:

Er bekam viel Besuch von Verehrern aus aller Welt und aus allen Kreisen, selbst Fürstlichkeiten. Ich stelle mir vor, ein Fürst, der in stattlicher Equipage vorgefahren ist, richtet an May die Frage: „Die schönen Waffen hier sind gewiß Kriegstrophäen aus dem 70er Kriege?" May ausweichend: „Ich habe den Krieg nicht mitgemacht, Durchlaucht." „Aber wieso? So ein junger, stattlicher, gesunder Mann!" Nun hätte May antworten sollen: „Verzeihen Durchlaucht, ich saß damals im Zuchthaus!" Und das Gespräch hätte dann folgenden Verlauf nehmen müssen: „Im Zuchthaus? Aber weshalb?" — „Wegen Betrugs und Diebstahls." — „Aber jedenfalls falsche Beschuldigung?" — „Nein, Durchlaucht, durchaus berechtigte. Ich bin nämlich, was Sie nicht zu wissen scheinen, eine Verbrechernatur." May zog vor zu sagen: „Ich war damals in Amerika." Und wieder muß ich ihn in Schutz nehmen, weil ich es selbst einmal nicht besser getrieben habe. Die Göttinger Polizei, die kein Verständnis für meinen nächtlichen musikalischen Betätigungsdrang hatte, zeigte mich wiederholt dem akademischen Gericht an. Dessen Engelsgeduld mußte sich schließlich erschöpfen: Ich bekam drei Tage Karzer. Aus der Haft entlassen, log ich den ehrbaren Bürgern frech ins Gesicht, ohne Not, aus reiner sündhafter Lust, ich wäre drei Tage „in Celle" gewesen. Zum Glück ist es nicht herausgekommen, sonst hätten es meine Prozeßgegner in Dresden gewiß gegen mich verwendet. Und meine „Ehre als Mensch und Schriftsteller"!?

Nachbarin, Euer Fläschchen!

✳

Es gibt Lagen, in denen uns das Lügen sogar zur Pflicht werden kann, so jetzt im Kriege, wenn uns ein Spion aushorchen will. Da ich auch einmal für staatsgefährlich galt – ich diene immer gerne mit eigenen Erfahrungen – und mich ein Spitzel auskundschaften wollte, habe ich ihm die Hucke ordentlich vollgelogen und freue mich noch heute darüber.

Ich habe ganze Lehrerkollegien, Direktoren, Schulräte und noch Höhere bewußt lügen hören, wo es sich nur um die Erreichung kleiner Vorteile handelte. Seitdem bin ich nachsichtiger auch gegen mich und andere Leute geworden. Ich las jüngst in einem Romane von v. Ostini:

> „Alle sündigen, alle wissen, daß sie sündigen, und können und wollen im Grunde gar nicht anders; aber immer von Zeit zu Zeit muß mal einer für die vielen büßen. Es ist das bewährte System des Sündenbocks. In den Wogen der sittlichen Entrüstung, die über dem zufällig Herausgerissenen zusammenschlagen, wäscht sich das Allgemeinwissen mal wieder für ein Weilchen rein. Wenn sie nur nicht ihre Opfer im Namen der Humanität schlachten wollten! Diese sogenannte Humanität, diese Blüte europäischer Kultur, erweist sich meist als ein widerliches Mißgewächs, vor dem jedem ehrlichen Menschen grauen muß. Die Bestialität der menschlichen Natur ist einmal da und bedarf einer steten Zurückdrängung, um nicht alles zu überwuchern. Man packt sie nicht da, wo sie am raffiniertesten ist, sondern da, wo sie sich packen läßt. Ist's auch das unrechte Ende, im ganzen kommt darauf nicht viel an. Den zufällig erwischten Übeltäter haut man, das Übel meint man."

Dr. *Schmid* behauptet (,Lanze' S. 75), daß *Avenarius* bewußt die Unwahrheit sage: er habe May kurz zurückliegende Verbrechen vorgeworfen, ihn zur Klage aufgefordert u. dgl. m. Das sei Wort für Wort frei erfunden, ebenso wie (S. 7) das Märchen von dem ,Millionen-Geschäfte' Mays. Zu diesen Unwahrheiten hätte zudem keine Nötigung irgendwelcher Art vorgelegen.

May aber *mußte* lügen, um leben zu können. Und je mehr man ihn stellte und ihm zusetzte, um so tiefer mußte er sich in Lügen verstricken. Das ist der berühmte Fluch der bösen Tat. Aber er wollte von der Lüge loskommen. Er gehörte zu den Reuigen, zu denen, über die im Himmel mehr Freude ist als über hundert Gerechte. Freuen wir uns mit dem Himmel! Und geben wir es auf, mit Wollust in dem alten, abgetanen Sack Mayscher „Lügen" zu wühlen! Kümmern wir uns lieber um die eigenen, die uns noch täglich zusetzen!

4

Mays Leben in der feindlichen Kritik

Nach diesem Präludium wollen wir jetzt das weitere Lügenregister, durch das der Nekrolog entstellt ist, im einzelnen prüfen.

1. „Er ließ sich als „katholischer Dichter" feiern, obgleich er Protestant war, und duldete, daß ihm im „Kürschner" das k(atholisch)" — wohl als Ehrenprädikat? — „erteilt wurde."

Wenn das ein Verbrechen war, so bin auch ich wieder, wie ich nur schnell und vor Abfassung meines Nekrologes durch K. bekennen will, ein Verbrecher: Ich habe mich jahrelang in amtlichen Listen als Christ, als Protestant, führen lassen, obgleich ich mich nicht mehr als Christ und Protestant fühle. Ich schrieb für freigeistige Blätter, obgleich ich noch in der Kirche war, ich hielt christliche Morgenandachten in der Schule ab, obgleich ich Monist war; erst nach Austritt aus der Schule bekannte ich mein Herz. Was aber geht, so denke ich, den Staat, die Gesellschaft und Kürschner mein Glaube an? Ich verbitte mir jede Glaubensschnüffelei, in der Meinung, die Polizei könne mit gleich gutem Rechte amtlich feststellen wollen, was ich im Magen, wie was ich im Herzen habe. May war Christ und tief gläubig. *Dr. Heinrich Lhotzky,* der einen vortrefflichen Aufsatz über „Die Welt der Seele und Karl May"[1] veröffentlicht hat, rühmt ihm nach, daß er, „obgleich Christ, auch im Mohammedanischen, im Indianischen, in jeder Religion das Gute zu schätzen und aufzuspüren wußte und eigentlich zu jedem sagte: Du bist Gottes, und alle Eigenschaften Gottes, die Feindesliebe, die Gerechtigkeit, Aufopferung, alles Gute wird nicht gehindert in dir durch deine zufällige Religion." — Die Unterscheidung zwischen Katholik und Protestant machte er nicht mit. Er

1 Karl-May-Jahrbuch 1918.

war als Protestant ohne sein Zutun getauft und konfirmiert worden, stand seiner ganzen, zum Mystizismus
neigenden Natur nach dem Katholizismus viel näher,
ging mit dem Gedanken um, zu ihm überzutreten, und
begeisterte sich für seine Lehren. Das fürchterliche „k"
im Kürschner behauptet er übersehen zu haben. Das
flunkert er vielleicht, wie man sich solch lästige Mücken
mit jeder schnellsten Bewegung vom Halse schafft. Was
hätte wohl *Goethe*, was *Nietzsche* angegeben, wenn sie
sich für den Kürschner zu ihrem Glauben hätten bekennen sollen? Man denke sich hinter ihrem Namen ein
„p", um die ganze Sinnlosigkeit solcher Abstempelungen
zu ermessen! Überall stoßen wir bei den Gegnern Mays
auf die unerträglichste Spießerei und Simpelei. Die
Herrschaften machen sich in ihrer noch dazu unehrlichen
Entrüstung unglaublich lächerlich. Anders als mit flüchtigen Ausreden konnte May solchen Leuten gar nicht
ausweichen.

2. „Er hat trotz abenteuerlicher Photographien niemals
wilde Gegenden betreten, ... will in Asien als Kara Ben
Nemsi Effendi, in Amerika als Old Shatterhand eine Anzahl
von Abenteuern bestanden haben."

Aus dieser Täuschung will ihm sein Nekrologist „an
sich gewiß keinen Vorwurf machen, wohl aber aus der
künstlerisch völlig überflüssigen, eitlen Betonung der
Identität des Verfassers mit seinem von Edelmut, Kraft
und Weisheit triefenden Helden". Ich sage, das mag
geschmacklos sein, hat aber mit der „Ehre des Mannes
und Schriftstellers" nichts zu tun. Die Frage, ob er die
genannten Reisen gemacht hat oder nicht, ob sein
Henry-Stutzen und sein Bärentöter in Amerika erworben oder in Dresden bei einem Trödler des Alt-
marktes erstanden wurden, ob er sich auf die Photographien neben Indianer und Beduinen geschwindelt hat
oder nicht, läßt seine Ehre unberührt. Ich nehme gern
an, daß er eine dichterische Fiktion konsequent durch-

geführt und mit dem Humor des Dichters den allzu Neugierigen fleißig Bären aufgebunden hat. Je weniger er die geschilderten Landschaften und Volksstämme gesehen hat, um so höher steigt meine Bewunderung für seine geographischen und ethnologischen Studien und für seine schaffende Phantasie.

Seine Naturbilder, Charakteristiken von ganzen Landschaften, Völkerschaften, Städten und Einzelmenschen sind zum Teil ganz meisterhaft und erregten das Staunen vor allem derer, die Sachkenntnis haben. So bekundet z. B. Hauptmann *Hans Erich v. Tzschirner-Bey*, der auf Mays Spuren im Orient reiste. Auch *E. Serman* („Auf den Spuren Kara Ben Nemsis"[1]) vergleicht seine Reiseerfahrungen mit Mays Schilderungen und bekennt:

„Immer wieder drängte sich mir der Gedanke auf, wie scharf May schaute, wie fein er schilderte, mit welcher Liebe er die Eigenheiten der Landschaften und Völker erfaßt, sie erklärt, so die ‚Schluchten des Balkan'. Nicht die beste Photographie hätte wahrheitsgetreuer malen können, seine Figuren sind so richtig gezeichnet, daß ich darüber manchmal fast verblüfft war. Ähnlich in Albanien, in Ägypten, bei den Beduinen Ein Kenner dieses Volkes, der seit 40 Jahren in Arabien lebte, sagte: „Ich lerne es erst kennen, wenn ich in Mays Büchern blättere. Wie er es gemacht hat, weiß ich nicht, aber wo er war, da hat er ein dankbares Erinnern und viel Liebe hinterlassen" (auch bei vielen Beduinen)... K. M. hat dem Leben etwas vom Sonntag gegeben, er hat uns Ideale geschaffen, für die wir ihm immer danken werden. —"

May muß die besten Studien gemacht haben. Davon gibt auch seine sehr ansehnliche Bibliothek Kunde, die gegen 3000 Werke umfaßt, fast lauter Werke erd-, völkerkundlichen und sprachlichen Inhaltes. Aber dazu mußte dann immer noch eine Kraft des leiblichen und geistigen Auges kommen, wie sie eben nur dem echten Künstler eigen ist.

K. betont sodann die Unmöglichkeiten und Unwahr-

---

1 Karl-May-Jahrbuch 1918.

scheinlichkeiten der Darstellungen. Ich wundere mich im Gegenteil, wie glaubhaft mir May alle seine Erzählungen macht. Ich habe das Gefühl, als ob er mich an die Hand nähme und sicher durch alle noch so dunklen Gegenden der Erde führte und dabei auch alle verworrenen Knäuel der Ereignisse sicher entwirrte. Ein Zweifel an seinen Bildern kommt mir nicht auf.

Man wird einmal genauer untersuchen müssen, welche Gegenden und Völker er aus lebendiger Anschauung gekannt und dargestellt hat, welche nur nach literarischen Vorlagen und aus künstlerischer Phantasie. Das wird aber nicht in der Absicht geschehen, seine Glaubwürdigkeit zu ermitteln, sondern seine künstlerische Kraft und Arbeit richtig zu bewerten. Wir müssen uns eben auch hier völlig von den Methoden des Untersuchungsrichters frei machen. Wir haben es nicht mit einem Schuldigen, einem Feinde, sondern mit unserem Freunde und Wohltäter zu tun, der uns sein inneres Fühlen und Schauen offenbart. Das ist ein Geschenk, für das wir ihm zu danken haben. Wer's nicht mag, der lasse es beiseite liegen, aber verderbe den anderen ihre Freude nicht durch ungerechte Ansprüche und gehässiges Aburteilen!

K. vermißt „schöpferische Phantasie in den Vorgängen und den Landschaftsbildern Mays"; ich und mit mir Unzählige sind entgegengesetzter Überzeugung. Wiegt K.s Urteil schwerer als meines? Er behauptet gewiß: ja; ich kann ihm aber nicht zustimmen, beim besten Willen nicht. Ich kenne ebensoviele und ebensogute Literatur aller möglichen Völker und Zeiten, glaube auch Talmi von Gold scheiden zu können und Gefühl für jedes Echte in den Künsten zu haben, mich auch selbst genügend auf diesen Gebieten bemüht zu haben, um zu wissen, wie schwer es ist, sich aus den Fingern Bilder und Vorgänge zu saugen, die andere Menschen überzeugen und warm machen.

Wer so seine eigene Unzulänglichkeit erkannt hat, der wird das Schulmeistern da bleiben lassen, wo er selbst zu lernen hätte.

Ich verlange von May nicht, daß er seine Reiseromane mit den Worten einleite: „Während der Zeit, zu der diese Geschichten sich abspielen, saß ich gerade im Zuchthaus; und die Menschen, von denen ich erzähle, zumal der Held, haben nichts mit mir gemein: es ist alles eitel Erfindung." Den nachweisbaren Kern an realem Wahrheitsgehalt hat Dr. Schmid mitgeteilt, auch in höchst überflüssigen Untersuchungen die „Echtheit" des Henry-Stutzens und der fremdländischen Sprachproben erwiesen. Ich gebe das alles schmerzlos preis und sage: es mag alles erfunden sein, alles! Auch die „abenteuerlichen Photographien", von denen mir May selbst mehrere geschickt hat, die freilich den Eindruck der Echtheit machen, ebenso wie die zweifellos echten Reisepässe, die Schmid abdruckt. Ich weiß auch, daß er „wilde Gegenden" betreten hat und könnte, nachdem das urkundlich belegt ist, K. den Vorwurf der Verlogenheit machen.

3. „M. führte den Doktortitel fälschlich."

Zugegeben. Er war eitel, litt unter der Titellosigkeit und verschaffte sich deshalb in Amerika das kostbare „Dr.". Darüber lächelt der Weise. Mein Gott, wie viele solcher „Fälscher" laufen in Deutschland herum! Kommerzienräte, Barone, Konsuln, Orden- und Würdenträger! Welch blühender Handel wird mit solchen Ehrungen getrieben! Sollen diese Scheinheiligen alle ehrlos sein? Man mache die eitle Welt für sie verantwortlich, die törichte Gesellschaft, die keinen Mann will gelten lassen, wenn er nicht irgend so ein Anhängsel an seinem Namen trägt. Als mein Vater nach Gotha kam, sagte Herzog Ernst zu ihm: „Aber ohne Titel können Sie hier nicht leben. Was wollen Sie sein: Hofrat oder Professor?" Mein Vater entschied sich für Professor. Ich hatte einen Freund holländischer Herkunft, der schrieb sein „van" so, daß es die Leute für „von" lesen mußten, schließlich „wurde er es müde, immer wieder richtigzustellen" und ließ sich als „Herr von" „feiern". Ein anderer hatte das Glück, auf David getauft zu sein. Er schrieb sein D. so, daß es in Dr. verlesen wurde. Was wollte er machen? Er ließ großmütig die Leute gewähren. Sind Orden und Titel allgemein gültige Wertmesser? Bismarck belustigte sich über den alten Offizier, der seine Orden auf dem Tisch ordnete und Platz für neue ließ, obgleich sie ihm schon wie Kaskaden über die Brust herabfielen. Ich kannte den Redakteur eines kleinen unbedeutenden Lokalblättchens, der sammelte sich Orden wie ein anderer Schmetterlinge. Er huldigte exotischen Fürsten und strich dafür Orden ein. Die Sammlung aus den Balkanstaaten war fast komplett. Er strahlte bei Festessen, und jedermann nahm ihn sehr feierlich. Einmal war ich bei einem Fest der fast einzige mit keuschem Knopfloch, ringsum glitzernde Heldenbrüste. Ich stellte mich ihnen vor — lauter Pressejünglinge, Hymnensänger auf auswärtige Fürsten, den Schah von Persien, den König Kemehameha von Honolulu usw. Vanitas vanitatum! Wenn Geheimräte stundenlang in der Gesellschaft nichts Wichtigeres zu sprechen wissen, als ob Herr Legationsrat X. jetzt dran ist zum Kronenorden, oder Herr Geheimrat Y. zum „Wirklichen", dann mag sich auch Herr May einen Doktortitel zulegen! Ein jedes Tierchen hat sein Pläsierchen. Faßt ihn die Polizei damit ab, dann lache man ihn aus, aber entrüste sich nicht!

May hätte sich gewiß von der Kultur unserer Titel nicht sollen einfangen lassen, die durch unseren alltäglichen Verkehr unaufhörlich hindurch tönt — eine beinahe bloß deutsche Eigentümlichkeit — und die dem Ausländer viel Anlaß zu spöttischen Bemerkungen gibt. May war nur „Herr May" Jeder kleine Beamte, jeder fest angestellte Lehrer der Volksschule, nun gar ein Gymnasiallehrer ließ ihn, wie jeden Titellosen, seine Überlegenheit fühlen. Er hatte im Ausland gelebt, wo man alle diese lächerlichen Stilisierungen des Auftretens und der äußeren Erscheinung, das „Maskenartige selbst in den Gesichtern unserer modernen Männer" nicht kennt, das innerlich entfremdend wirkt, menschliches Wohlgefallen, menschliche Annäherung erschwert, fast unmöglich macht; da er es nicht ändern konnte, so versuchte er, sich ihm einzufügen. Daher das fatale „Dr."!

Ein Nietzsche hätte ihn wegen seiner Eitelkeit und Ruhmsucht verachten dürfen, aber das heutige Deutschland? Die „Tugendhaften" unter uns?

> „Vor allen Tugendhaften
> will ich schuldig sein,
> schuldig heißen mit jeder großen Schuld!
> Vor allen Ruhms-Schalltrichtern
> wird mein Ehrgeiz zum Wurm —,
> unter solchen gelüstet's mich,
> der Niedrigste zu sein...
> Diese Münze, mit der
> alle Welt bezahlt,
> Ruhm —
> mit Handschuhen fasse ich diese Münze an,
> mit Ekel trete ich sie unter mich."
>   (aus Dionysos-Dithyrambe ‚Ruhm und Ewigkeit')

May erlag der Ehrenseuche, die im Lande epidemisch umgeht: Opfer einer Pest! Habt Erbarmen! Ich drehe den Spieß um und frage die sittlich Entrüsteten, weshalb sie nicht Front machen gegen die gesellschaftliche Unsitte, nach der ein Mann bei uns nichts gilt, wenn er nicht durch eine Titulatur abgestempelt ist? Ich frage ferner, weshalb sich keine Schulbehörde gefunden hat, die für den fleißigen, frommen und segensreich wirkenden Schriftsteller und Jugenderzieher eine bescheidene Auszeichnung vorschlug und durchsetzte? Er hat doch offenbar auf die Jugend stärker gewirkt als viele Tausende der Berufserzieher, und wenn es nach denen ginge, die durch seine Schule gegangen sind und jetzt als Ritter des Eisernen Kreuzes 1. Klasse, selbst des Pour le mérite gefeiert werden, so gäben sie gewiß auch ihm gerne die Ehre.

4. „Er verfertigte zugleich mit seinen frommen Werken unsäglich schmutzige Kolportageromane."

Verleumdung! Karl May widerspricht und fügt die gerichtliche Entscheidung vom Oktober 1907 im Wortlaut bei:

„Die beanstandeten Werke haben im Laufe der Zeit durch Einschiebungen und Abänderungen von fremder Hand eine derartige Veränderung erlitten, daß sie in ihrer jetzigen Form nicht mehr als von Karl May verfaßt gelten dürfen."

Weshalb verschweigt das der sonst so aktenwütige Nekrologist? Weshalb kommt er auf diese durch Vergleich aus der Welt geschaffte Sache zurück? Hier fasse ich ihn ab bei einer ganz handgreiflichen Gehässigkeit und Fälschung[1]. Schmid führt hierzu aus:

„Ich bin davon überzeugt, daß Herr Dr. K. diese anonymen Romane, die wegen der darin enthaltenen Verfälschungen von dritter Seite, laut Gerichtsvergleich vom Oktober 1907, nicht mehr unter Mays Namen gedruckt und verbreitet werden dürfen, überhaupt nicht besitzt oder gelesen hat, denn er wird z. B. in dem fünfbändigen und über 2500 Seiten starken Roman „Die Liebe des Ulanen" nicht einmal eine einzige Stelle nachzuweisen vermögen, die selbst nur die Bezeichnung „lüstern" verdienen könnte. Ich fordere Herrn Dr. K. auf, die Szenen, Seiten und Wortbildungen in diesem Roman zu nennen, auf die eine Bezeichnung wie „unsäglich schmutzig" zutrifft!" —

Den unumstößlichen Beweis für diese Versicherungen erbringen *Dr. Schmid* und *Dr. Beissel* im *Karl-May-Jahrbuch 1919*. Es werden da die Stellen wörtlich aufgeführt, die von einem Gegner als unsittlich bezeichnet worden waren: es sind, verglichen mit dem, was uns die erotische Literatur der letzten Jahrzehnte geboten

[1] Näheres in der ‚Lanze'.

hat, die reinsten Harmlosigkeiten. Soweit ich selbst diese sog. „Münchmeyer-Romane" kenne, sind sie von schlichter Treuherzigkeit und grundanständig, künstlerisch freilich ziemlich belanglos, eben schnell hingeworfene Kolportageware, aber eines sehr Talentvollen. Auch dafür wird dort der Beweis erbracht, daß K. tatsächlich 15 000 Seiten Text im Tone der Entrüstung abfertigt auf das Gutachten eines Dritten hin (Hermann Cardauns) und ohne Eigenkenntnis (vgl. dazu in Schmids Schrift „Eine Lanze" das Kapitel „Kleinbergs Geständnis"!). Das ist beschämend für K. Leider hat gerade dieser Verdacht der Doppelzüngigkeit, der „doppelten Moral", den Tropfen Gift gebildet, mit dem man den vordem in der Öffentlichkeit unbescholtenen Namen Karl Mays verdorben hat. Noch heute schwatzt jeder seiner Gegner diese erlogenen Anschuldigungen gedankenlos nach. Wenn wir uns aber des armen Toten annehmen, so werden wir als „Hintermänner" des Karl-May-Verlages verdächtigt, wie in dem „Offenen Brief", mit dem *Prof. Dr. A. Bettelheim* gegen die Mitarbeiter des Karl-May-Jahrbuchs freundlich Stellung nahm. Er erhielt dafür die berechtigte Abfertigung durch die beiden Herausgeber[1].

Wie schwer es doch ist, der Verleumdung zu entgehen! Wie schwer, eine einmal verbreitete Verleumdung wiedergutzumachen!

Übrigens hat jeder Schriftsteller das Recht, fromme und zugleich derbsinnliche Werke zu schaffen. *Äschylus, Sophokles* und *Euripides* dichteten als Anhang zu tief sittlichen Dramen ihre Satyrspiele von einer so ausgelassenen Erotik, daß sie heute dafür mit Haft bestraft würden. *Goethe* schrieb Frommes, daneben die römischen Elegien. Über diese sagte mir freilich ein sittenstrenger Gymnasialdirektor, er habe stets bedauert, daß „Chöte" — er stammte aus dem Lande der besten Schinken — sich „so weit vergessen habe". Ich habe

---

1 In einem Brief vom 31. Mai 1918, abgedruckt in der ‚Lanze'.

weder Frommes noch Unsittliches geschrieben, will aber doch wieder ein Geständnis ablegen: Ich lese mit Eifer vormittags die Bibel und nachmittags des Plautus Komödien, bin vormittags mit meinem Sohn in die Kirche gegangen und habe mich abends am Martial ergötzt.

Ich wußte nicht, daß ich mich in Gefahr begab, meine Ehre „als Mensch" zu verscherzen.

In einer Zeit höchstentwickelten Schamgefühls der Polizei sollten anständige Menschen sich überhaupt hüten, durch noch weitergehenden Schnüffeleifer nach Unsittlichkeiten sich selbst zu kompromittieren. Ihr kennt natürlich alle *Ludwig Thomas* „Sünde"? Thoma ist der anständigste deutsche Schriftsteller der Gegenwart, weil am ehrlichsten unanständig. Die andern sind fast alle heimlich lüstern oder heuchlerisch anständig.

Wären die Sittlichkeitshüter ehrlich und konsequent, so müßten sie das Beste der Weltliteratur zerschlagen, von der Bibel angefangen über die antiken Tragiker, Komödiendichter und sämtliche Lyriker, über Shakespeare bis zu Strindberg. Aber sie dulden Voltaire und Rousseau, den Horaz mit seinen in Wahrheit „unsäglich schmutzigen" Satiren selbst in den Händen der Jugend, preisen ihr diese mit allen Mitteln der Verführung an und wollen gleichzeitig dem „Volk" die Lektüre jener Romane verbieten, die (fälschlich) unter Mavs Namen gingen und die, verglichen mit den genannten, nur — Traktätchen sind. Philister und Heuchler!

Jeder Dichter hat das Recht, Sinnliches darzustellen, wofern dies nur einem künstlerischen Gesetz untergeordnet ist und nicht Selbstzweck. Jeder Dichter darf die Sinnlichkeit heute bekämpfen, morgen bejahen. Sie ist eine Macht in uns, mit der wir nie fertig werden, mit der wir deshalb wie mit einem fremden Staat unsere Politik treiben müssen, bald Krieg, bald Verhandlungen, bald erzwungene Unterwerfung, bald Wiederbefreiung. Wir nennen sie bald Freund, bald Feind, bald

wichtig, bald gleichgültig, bald beglückend, bald empörend, gemein und teuflisch. *Heinrich Heine*, der mit dieser Macht spielend umging, eben weil er ihrer nie Herr
werden konnte und die Heiligkeit des Eros nicht empfand, sang spottend:

> „Himmlisch wars, wenn ich bezwang
> Meine sinnliche Begier,
> Doch wenn es mir nicht gelang,
> Hatt ich auch mein schön Pläsier."

Der nicht erotische Mensch ist halb oder krank. Ob
aber der Gesunde seine Erotik bekennen will, ist ausschließlich seine Sache, auch, wo er sie bekennen will,
wo verschweigen. May hat es als Pflicht empfunden, seinen Eros zu verleugnen. Vermutlich deshalb, weil er ihn
als Teufel empfand und sich über ihn nicht erheben, ihn
sich nicht untertan machen konnte.

Sei es Naturgebot oder literarische Überlegung, die ihn
zum asexuellen Schriftsteller machten, beides geht uns
nichts an.

Wir werden sodann mit der Verschlagenheit und Gau-
nerei bekanntgemacht, die May als Kampfmittel in seinen Prozessen anwandte. (Man lese das oben in dem
Nekrolog nach!) May hätte sich wohl schweigend das
Fell sollen über die Ohren ziehen lassen? Damit hätte
er seinen Gegnern das Prozeßgewinnen menschen-
freundlich erleichtert: er „heuchelte" ja doch christliche
Nächstenliebe. Nein, er wehrte sich seiner Haut und
tat recht daran. Er verteidigte seinen Besitz und seine
Ehre mit dem Recht der Notwehr und brauchte dabei
alle Mittel, über die sein reicher und schneller Geist verfügte. Seit wann besteht die Ehrenpflicht, seinen Gegnern
den Sieg zu erleichtern und öffentliche Beschimpfungen
ohne Widerspruch über sich ergehen zu lassen?

May hat testamentarisch bestimmt, daß seine Hinterlassenschaft zu einer Karl-May-Stiftung verwendet
werde, und das Sächsische Ministerium des Kultus und

öffentlichen Unterrichts hat diese als rechtsfähig genehmigt. Seine Witwe schloß mit demselben Ministerium am 23. Dezember 1913 einen Erbvertrag, in dem sie nach dem Wunsch ihres Gattens das Gesamtvermögen jener Stiftung letztwillig zuwies.

5. „Vermutlich eine grandiose Reklame, durch die sich M. als großzügiger Wohltäter bewährt" frei nach K., „vielleicht auch", fügt er wohlwollend hinzu, „am Grabesrande das Aufbrechen eines guten Kernes aus dem tiefsten Grunde des Verbrecherherzens."

Er wagt nicht, es zu entscheiden. Da wir den Menschen nicht ins Herz sehen können, empfiehlt es sich für Menschen von Takt nicht, fremden Wohltaten schmutzige Motive unterzuschieben, selbst nicht vermutungsweise. Die Furcht, so arg mißverstanden zu werden, könnte andere Wohltäter von ihrem menschenfreundlichen Vorhaben abschrecken. Ob vielleicht auch Nobel —? Es gibt so viele fromme Stiftungen mit den von ihnen selbst geforderten Namen der Stifter. Ob sie vielleicht alle —? Ich finde diese Gesinnung empörend niedrig. Wir hören weiter in gleichem Geiste:

„Jedenfalls spannte M. seine Schützlinge gründlich vor seinen Ruhmeswagen. *Sascha Schneider* z. B. lieferte einen Bilderzyklus zu M.s Werken."

May ist nicht der einzige und nicht der erste Schriftsteller, der seine Werke illustriert herausgegeben hat. Konsequenterweise gehört in alle diese Männer-Nekrologe der Verdacht ihres Reklamebedürfnisses.

„Von *Selmar Werner* stammt das Grabmonument mit der von M. selbst verfaßten bezeichnenden Inschrift:

Sei uns gegrüßt! Wir, deine Erdentaten,
Erwarteten dich hier am Himmelstor.
Du bist die Ernte deiner eignen Saaten
Und steigst mit uns nun zu dir selbst empor."

Auf dem Relief steigt ein schöner Jüngling tatsächlich die Himmelsstufen empor, wo ihn ein Engel mit dem Kuß, andere, in freudiger Erwartung stehend, begrüßen.

Wie sich Prof. Selmar Werner von dem Vorwurf reinigen will, daß er für das Grabmal eines „Verbrechers" gearbeitet habe, das ist seine Sache[1]. May hat allein die Verantwortung für die Dreistigkeit, daß er sich ein Grabmal bestellt[2] und sich seine Taten in Engelsgestalt vorgestellt hat. Er hätte einen Chor von Teufeln wählen sollen. Ich empfehle durchgreifende Änderung: Eine Gefängniszelle mit Eisengittern vor dem Fenster, May darin in Sträflingstracht, und darunter die Inschrift:

> Hoff' nicht, du Narr, daß wir's vergessen,
> Daß du so lang im Zuchthaus hast gesessen
> Für Lug, Betrug und schlimmste Gaunerei'n.
> Gott gebe dir himmlische Strafen drein! Amen.
> R. I. P.
> „Die Liebe höret nimmer auf."

Ihr Künstler, wenn bei euch jemand sein Porträt bestellt, nehmt den Auftrag nicht an, nehmt jedenfalls da-

---

[1] Zu einer Rechtfertigung schrieb er am 17. 11. 1917 an Dr. Bettelheim: „Wie mir der Karl-May Verlag mitteilt, ist in einem Artikel des „Deutschen Nekrolog" mein Name in engem Zusammenhang gebracht mit Karl Mays Wohltätigkeit, ich bin da als sein „Schützling" bezeichnet worden, den er „vor seinen Ruhmeswagen spannte". Diese Angaben sind unwahr.

Sachlich habe ich dazu folgendes zu bemerken:
Ich bin allerdings mit Karl May befreundet gewesen, und ich bewahre der Freundschaft dieses Mannes, den ich hoch verehre, schönste Erinnerungen; es ist mir daher doppelt peinlich und ich fühle mich aufs äußerste gekränkt, meine Beziehungen zu Karl May in dieser üblen, häßlichen Form an die Öffentlichkeit gezerrt zu sehen

Karl May hat wohl junge, strebsame Talente in freigebigster Weise unterstützt. Ich selbst habe solche Unterstützungen nie erhalten, ich hatte solche nicht nötig, und die künstlerischen Arbeiten, die mit dem Namen Karl May in Verbindung gekommen sind (Grabmal), sind mir von Frau Plöhn honoriert worden, lange vor der Zeit, ehe sie die Gattin Karl Mays wurde.

Die Angaben jenes Artikels beruhen also auf vollkommen irrigen Voraussetzungen, und ich muß Sie daher auffordern, die sofortige Zurücknahme des Artikels zu veranlassen."

[2] Nachträglich höre ich, daß urkundlich festgestellt sei, er habe das Grab gar nicht selbst gewählt, sondern es wäre ohne sein Zutun erst nach seinem Tode von seiner Witwe gewählt worden. Mays Frau hatte nämlich das Grabmal zunächst für sich und ihren ersten Mann herstellen lassen, lange bevor sie die Gattin Karl Mays wurde. Durch die Ehe erst kam die Gruft in Mays Besitz, doch wollte er darin nicht begraben sein, sondern in seinem Garten: er wollte keinen „Leichenstein" über sich haben (vgl. hierzu K.-M.-Jahrbuch 1919). Nach seinem Tode wollte die Witwe diesem Wunsch willfahren und ihn in seinem Garten begraben lassen, erfuhr aber beim Gemeindeamt, daß die Genehmigung des Gesuchs mindestens einige Wochen währen würde, weshalb er also erst anderswo begraben und dann wieder exhumiert werden musse. So kam die Leiche „einstweilen" in die Gruft, und schließlich wurde von der Erfüllung seines Wunsches ganz abgesehen.

für kein Geld, ihr bringt euch sonst als „Schützlinge"
in Verruf! Alexander der Große bestellte bei Lysıpp und
Apelles seine Bildnısse. Und dıese feilen Sklavenseelen
ließen sich erkaufen, seinem nichtigen Ruhme zu dienen!
Und Rubens, van Dyk, Holbeın, Dürer, Velasquez —
in welche Gesellschaft geraten wir? Lauter „Schützlinge",
vor den Ruhmeswagen prahlsüchtiger Großer gespannt!

Dieser Angriff auf May als einen Verführer der Künstler ist wohl das Groteskeste in diesem an Groteskem
so reichen Nekrolog.

Die wissenschaftliche Ehre eines Gelehrten wird bestimmt durch die Höhe seines Wahrheitsstrebens, der
Wert jeder seiner Arbeiten durch die gewissenhafte
Methode und die Wahrheit der Ergebnisse. So bemessen,
ist K.s Nachruf auf Karl May Stümperei ohne jeden
wissenschaftlichen Wert. Jeder historischen Forschung
muß eıne Prüfung und Wägung der Quellen voraus-
gehen. Es ist nicht einzusehen, weshalb bei geschichtlichen Untersuchungen über die Gegenwart die für die
Altertumswissenschaften gültigen Methoden außer Kraft
treten dürfen. K. führt die wesentlichen Quellen an,
andere übersah er, so meinen Nekrolog auf May im „All-
gemeınen Beobachter" 1913, Nr. 24, der auch im Leip-
ziger Buchhändler-Börsenblatt abgedruckt wurde und
dadurch starke Verbreitung bekam. Aber das ist un-
wichtig, denn Vollständigkeit der Quellen und Bekenntnisse ist kaum noch zu erreichen und zu fordern, wohl
aber eine strenge Methode der Quellenkritik. Diese fehlt
bei K. Er hat sich kurzerhand entschlossen, nur die
Quellen gelten zu lassen, die gegen M. aussagen, die
anderen als wertlos zu verwerfen. Wo er Vermutungen
zuläßt, fallen diese stets zu Ungunsten des besprochenen
Toten aus. Vor allem läßt er den „Angeklagten" selbst
niemals zu Wort kommen. Dessen Verteidigungen und
Aufklärungen werden als Bekundungen eines von Grund
auf Verlogenen keiner Verwertung gewürdigt.

462

5

Die Selbstbekenntnisse

Mays Leben und Wirken muß erst noch beschrieben werden. Zugrundezulegen sind natürlich besonders seine Selbstbekenntnisse. Diese müssen mit seinen Werken und mit den Zeugnissen, die von außen her zu gewinnen sind, zu einem Gesamtbild verarbeitet werden. Die Aufgabe ist deshalb erschwert, weil May geflissentlich einen Schleier über die Jahre seiner Erniedrigung gelegt und weil er in seinen Reiseromanen Erlebtes und Erdichtetes zu Bildern verwoben hat, die keinen Anspruch auf wissenschaftliche Verläßlichkeit erheben: hat er doch sogar ganze Landschaften und Völker rein aus der Phantasie geschaffen (Ardistan und Dschinnistan)! Wo er aber ausdrücklich betont, daß er Aufschlüsse über sich selbst gebe, da haben wir ihm zunächst zu glauben. Von da muß jede May-Forschung ausgehen. Das versteht sich doch wohl ganz von selbst. Ohne Treu und Glauben ist menschlicher Verkehr unmöglich. Vor Gericht läßt man selbst den verstocktesten Verbrecher zu Worte kommen und prüft von Fall zu Fall den Wahrheitsgehalt seiner Angaben. Nur durch Gegenbeweise, nicht durch bloßes Mißtrauen, kann er widerlegt werden. Wollen und dürfen wir diese fundamentale Gerechtigkeit einem Schriftsteller versagen, der von Hunderttausenden verehrt und geliebt wird? Ich verweise also alle die Leser, die Karl May kennenlernen wollen, auf seine Selbstbiographie. Nach meinem Urteil ist sie eine höchst beachtenswerte moralische und schriftstellerische Leistung, ergreifend und erhebend zugleich: die Beichte einer armen Menschenseele, die es sich hat sauer genug werden lassen, aber in allen Mühen, Irrungen und Wirrsalen des Lebens den Blick nach oben nie vergaß und schließlich in Frieden einging in die Ewigkeit.

Mays Wahrhaftigkeit legt in dem 5. Kapitel, dem er die Überschrift „Im Abgrund" gibt, das öffentliche Geständnis ab, daß er wegen schwerer Vergehen mehrere Jahre Haft abbüßen müßte[1]. Wie er dazu kam, wie er so tief sinken konnte, das ist ihm selbst ein Problem, und das zu ergründen, ist der Zweck seiner Bekenntnisse. Er beschuldigt die Behörden nicht, daß sie ihn zu Unrecht oder zu hart bestraft hätten, antwortet auch denen nicht, die ihn vors Gericht gebracht haben, mit Vorwürfen und mit dem Versuch nachträglicher Selbstrechtfertigung. Er berichtet nur, wie er es erlebt hat. Aber er hofft, daß der Psychologe ihn verstehen und seine Verfehlungen gerecht beurteilen werde, der Psychologe, der, mit den Erkrankungen der Seele bekannt, die Fragen über schuldig oder nicht schuldig heute ganz anders beurteilt als vor 50 Jahren. Unsere jetzige, von Nervenärzten beratene Justiz weiß, daß viele Verbrechen im Zustande der Unbewußtheit, rein triebhaft begangen werden, und erläßt nicht selten Freisprechungen in denselben Fällen, wo man im Mittelalter köpfte und vor 50 Jahren zu Zuchthaus verurteilte. Mays glänzende Seelenschilderung sei dem Studium der Nervenärzte dringend empfohlen. Ich bin fest überzeugt, daß sie auf schwere Hysterie diagnostizieren und erbliche Belastung durch Alkoholismus feststellen werden. Sein Vater war, wie alle Weber seiner Heimat, Schnapstrinker, er selbst bekam als Kegeljunge Schnaps und die Bierreste der Gäste zu trinken, aber nichts zu essen. Zuweilen hat er ohne Unterbrechung bis tief in die Nacht hinein zwölf

1 Er sagt nicht deutlich, was er sich hat zuschulden kommen lassen, und ich habe es auch nie erfahren, weil ich an maßgeblicher Stelle danach nicht fragen wollte. Es scheinen Verfehlungen gegen die geschäftliche Ehrlichkeit gewesen zu sein und der Anlaß dazu — der Hunger. Er lebte in tiefster Not und fand keine Hilfe, keinen ehrlichen Ausweg. Andere Verfehlungen, wie eine ganz sinn- und zwecklose Brandstiftung, die ihm völlig zu Unrecht vorgeworfen wurden, wären auch nur als Krankheitserscheinungen eines schweren Hysterikers zu deuten. Weitere Verbrechen sind ihm offenbar angedichtet worden Er hätte im Alter diesem Wuchern von Gerüchten durch ein offenes Bekenntnis aller Jugendverfehlungen entgegenwirken sollen, aber er unterließ es aus der leicht verständlichen Scheu, an die alten Wunden zu rühren.

Stunden lang bei dieser Kost Kegel aufgestellt, so daß er halb tot vor Erschöpfung nach Hause wankte.

Er stand nach abgesessener Zuchthausstrafe unter Polizeiaufsicht. Bei Gelegenheit des unvergeßlichen Hauptmanns von Köpenick ging durch Deutschlands Blätter einer jener flüchtigen Entrüstungsstürme, wie die Tagespresse es nennt. Aus Voigts Bekenntnissen ging nämlich deutlich hervor, daß in früheren Zeiten einem einmal mit Gefängnis Bestraften, wenn er ganz auf sich angewiesen war, eine Rückkehr in die bürgerliche Gesellschaft fast unmöglich gemacht wurde. Voigt hatte sich wieder als Schuhmacher Arbeit gesucht, durch sein bescheidenes und fleißiges Wesen die Zufriedenheit seiner neuen Herrn erworben, wurde aber durch die Nachforschung der Polizei, unter deren Aufsicht er gestellt war, immer wieder als Verbrecher aufgestöbert und damit aus dem Dienst entlassen. Der Rückfällige wurde natürlich immer härter bestraft, bis er schließlich so sehr an seiner Rettung verzweifelte, sich so sehr an das Zuchthausleben gewöhnte, daß er den Willen zur Besserung aufgab. Man lese in Peter Roseggers „Sonnenschein" die ergreifende Geschichte vom „Keuchen-Ferdl". Da sieht man auch so ein zu Schanden prozessiertes Leben „eines großen Verbrechers", der in Wahrheit ein Unschuldiger ist. Rosegger, der ein menschliches Herz im Leibe hatte, meinte, er solle lieber, nachdem er 20 Jahre unschuldig gesessen habe, auch für den Rest des Lebens ins Gefängnis zurückkehren, „denn zu der heutigen Menschheit, die außerhalb der Kerkermauern gefräßig und gewissenlos herumtrampelt, passe er wirklich nicht". Ich fühle in mir nicht den Beruf, Mays Schuld zu leugnen und mich, wie man sagen würde, zum advocatus diaboli zu machen. Er war schuldig, hat es zugegeben und hat es abgebüßt, hat die Erklärung für seinen moralischen Fall selbst niedergeschrieben, und damit könnten die für ihn so entsetzlichen Erlebnisse endgültig abgetan sein. Unser Strafgesetzbuch verbietet, einen Zuchthäusler nach seiner Entlassung Zuchthäusler zu benennen. Es nimmt auch die Ehre der Verstorbenen in Schutz. Ich bekenne, auf die Gefahr hin, selbst als Verbrechernatur zu erscheinen, daß ich keinen Abscheu dem Zuchthäusler May gegenüber empfinde. Ich sehe so viele außerhalb frei und geachtet einhergehen, die ich lieber hinter Schloß und Riegel sähe und die es bei einer höheren Gerechtigkeit auch mehr verdienten, daß ich nur Mitleid mit ihm und anderen armen Schelmen empfinde, die Opfer unserer kranken Moral, unserer brüchigen Gesellschaft und einer fast mittelalterlichen Justiz geworden sind. Früher verbrannte man Hexen auch in Deutschland zu Tausenden, und jeder Bürger, der auf sich hielt, brachte auch die nötige Entrüstung gegen sie auf. Vor 50 Jahren noch verurteilte man schwere Neuropathen, unbekümmert um ihre ererbte Schwäche, für leichte Verfehlungen zu Strafen, die dem ganzen Leben einen untilgbaren Makel aufprägten. Bis vor wenigen Jahren noch wurde jedem Angeklagten vor Gericht die Liste seiner Vorstrafen öffentlich unter die Nase gerieben. Die Welt durfte doch nicht vergessen, daß der Siebzigjährige vor einem halben Jahrhundert einem Polizisten einen Stoß vor die Brust gegeben, vor 40 Jahren eine Fensterscheibe eingeworfen, vor 30 Jahren einen notorischen Schuft ‚Schuft‘, vor 20 Jahren den unfähigen damaligen Minister in einer öffentlichen Versammlung ‚Hanswurst‘ genannt und vor zehn Jahren einen Polizisten, der einen Betrunkenen mit Faustschlägen traktierte, als Bluthund beschimpft hatte. Die Welt durfte auch nicht vergessen, mit wieviel Monaten Gefängnis der Delinquent bestaft worden war. Auch mußten Richter und Schöffen durch die Addition dieser gerichtlich festgestellten Merkmale die nötige Handhabe erhalten für eine verläßliche Beurteilung seines Charakters: gewalttätige, zu rohen Ausschreitungen neigende

Natur. Vielleicht, so denke ich im stillen bei mir, ein Fanatiker des Rechts, ein Vorkämpfer künftiger menschlicher Gesittung. Heute, so höre ich, ist es nicht mehr zulässig, das Verzeichnis der Vorstrafen öffentlich zu verlesen. Unsere Gesetzgebung will also Schritt halten mit unserem Rechtsempfinden oder — denn dies Bild ist falsch — sie will unserem Rechtsempfinden einen Schritt entgegenkommen. Strafen sollen sein und bleiben, wohin sie gehören, härteste Strafen, wenn es nach mir geht, selbst Todesstrafe den Fälschern von Lebensmitteln, den Brotwucherern, den Ausbeutern der Not und Armut, den Betrügern, die aus dem Vertrauen junger Mädchen einen Erwerb machen, den Verleumdern, die den guten Namen eines Gegners durch geschickt lancierte Pressenotizen in unheilbaren Verruf bringen und so fort.

Dazu gleich ein praktisches Beispiel: vor etwa 15 Jahren las ich und lasen mit mir Millionen von Deutschen in der Zeitung, ich hätte einen Redakteur vor Gericht zur Preisgabe seines Redaktionsgeheimnisses gezwungen. Das war eine offenkundige Unwahrheit. Der Tatbestand war folgender: Vor Gericht wurde ich als Zeuge gefragt, ob ich dem angeklagten Redakteur einer Zeitschrift, der mich als Verfasser eines inkriminierten Artikels angab, von der Schweigepflicht mir gegenüber entbinden wollte. Ich antwortete auf diese Frage, daß er auf mich keine Rücksicht zu nehmen habe. Damit konnte ich nur *einem* Menschen, nämlich mir selbst, schaden, zumal dem Angeklagten der Eid zugeschoben wurde. Er verweigert den Eid und wird deshalb vom Gericht bestraft. Was tut er nun? Er übergibt einem Pressebüro die erlogene Notiz: „Professor Gurlitt zwingt einen Redakteur vor Gericht zur Preisgabe des Redaktionsgeheimnisses." Er kannte seine deutsche Presse. Wenige Tage darauf ergoß sich über mich eine schmutzige Flut von Angriffen. Ich war entlarvt. Das also ist das wahre Bild des Kulturschwätzers, des Kämpfers für Recht und Freiheit! Man konnte sich nicht genug über diesen Gurlitt entrüsten, über seine Heuchelei, seine Charakterlosigkeit, aber man drehte die Worte so, daß es zu einer Beleidigungsklage nicht langte. Der Widerruf, den sofort aus eigenem Antrieb mein Rechtsanwalt in die Presse schickte, wurde nur in einer Zeitung abgedruckt, von den anderen ignoriert. Was also tun? Man ist völlig wehrlos. Soll man 60 oder 100 Zeitungen – wer weiß, wie viele es waren? – den Prozeß machen? Aber sie haben ja bona fide gehandelt. Wer also ist haftbar? Nun weise man erst einmal den Schuldigen nach und prozessiere aufs neue, auf daß man wieder sein Geld, seine Zeit, seine Gesundheit und erst recht seinen guten Namen los werde. Denn wo der Wille zum Verleumden lebendig ist, da gibt es keine Abwehr. Der Feind kann immer Unkraut in meinen Acker säen, mir Wanzen ins Bett, Läuse in den Pelz setzen. Deshalb einziges Mittel: sich um das Gerede nicht kümmern und friedlich seines Weges gehen. — Ein anderer Fall:

Einige Oberlehrer, die sich selbständig zu Hütern der Oberlehrerehre ernannt hatten oder von ihren Freunden dazu hatten ernennen lassen, verbreiteten einen sehr vorsichtigen, vermutlich mit juristischem Beirat aufgesetzten Artikel und gaben ihm weite Verbreitung, aus dem hervorging, daß der lästige Schulreformschwätzer Gurlitt es mit seinen Angaben über die Schulverhältnisse zuweilen in bedauerlichem Grade an der nötigen Gewissenhaftigkeit fehlen lasse. Da es mir nicht gleichgültig war, zumal meiner Kinder wegen nicht gleichgültig, ob ich als „notorischer" Lügner oder als wahrhaftiger Mensch den Rest meines Lebensweges wandeln würde, lehnte ich diesen Angriff mit einer Beleidigung ab, durch die ich die beleidigten Beamten zu einer gerichtlichen Entscheidung zwingen wollte. Das gelang. Sie klagten und mußten nun Zeugen für meine Verlogenheit beibringen. Sie ließen es an Eifer nicht fehlen, wandten sich an

Schulen, Schulbehörden und an Leute, mit denen ich früher einmal Streit und Feindschaft gehabt hatte und brachten so ein hübsches Bündel Gurlittscher Lügen zusammen. Ein Schuldirektor, als Zeuge vorgeladen, verliest und gibt zu Protokoll die Vorwürfe, die in einer älteren Broschüre meine ehemaligen Berufsgenossen gegen meine Angaben erhoben hatten. Man höre und staune: der Richter nimmt diese alten, vor Gericht gar nicht verhandelten Angaben meiner Gegner als wertvolle Zeugenaussage des vereidigten Zeugen mit dem ganzen Ernst und der Würde seiner richterlichen Autorität zur Kenntnis. Seine Rechtsprechung war überhaupt der reine Hohn auf das Recht selbst, auf Anstand und Billigkeit, wurde auch in zweiter Instanz als völlig wertlos vernichtet. Aber so etwas ist möglich in Deutschland! Hätte ich nicht die Kraft und die Mittel zur Fortsetzung des Prozesses gefunden, hätte nicht in zweiter Instanz der Vorsitzende des Landgerichts erklärt, daß der versuchte Nachweis meiner Unwahrhaftigkeit durchaus mißlungen sei, so wäre das Gegenteil wieder durch Deutschlands Presse geflogen, und unsere lieben Mitbürger wären wieder um eine interessante Verbrechernatur reicher. Wer würde dann den Mut finden, in Widerspruch gegen die gerichtliche Entscheidung für meine Wahrhaftigkeit einzutreten? Hätte ich nicht die zweite Instanz angerufen, nicht den unversöhnlichen Haß des „Fanatikers" aufgebracht, dann könnte mir heute jeder Probekandidat grinsend ins Gesicht sagen: „Sie werden schon wissen, warum Sie sich bei dem Urteil beruhigt haben!"

Absichtlich verweile ich so lange bei diesen Betrachtungen. Es gilt, eine allgemeine Unsitte unserer Zeit und unseres Volkes zu treffen. Die Menschen tun immer so, als ob sie es gar nicht fassen und begreifen könnten, daß ein anderer die Unwahrheit sage. Dabei ist kaum einer, der selbst dem Verdacht und den Angriffen wegen

Unwahrhaftigkeit entginge. Sowie irgendeine Gegnerschaft ausbricht, sofort wird auch der Ruf laut: „Der lügt." Und zwar von beiden Seiten her. —

Herr Justizrat *Dr. Sello*, der mir Autorität ist und sein darf, weil er mit den Selbstbekenntnissen Mays und mit meinen eigenen Beobachtungen in Einklang steht, war einer der angesehensten und gesuchtesten Anwälte Berlins und, als ich ihn kennenlernte, nach meiner Schätzung gegen 60 Jahre alt. Ich gewann sogleich den Eindruck einer starken, geistig hochstehenden Persönlichkeit. Daß er auch Herz hatte, das lehrten mich seine Äußerungen über May. Er sagte etwa folgendes: „In meiner ganzen, langen Anwaltstätigkeit ist mir kein Fall so nahegegangen. May hat sich als junger Mensch schwerer Verfehlungen schuldig gemacht und sie abgebüßt, seitdem sich während etwa 40 Jahren unsäglich gequält, um sich wieder emporzuarbeiten und einen geachteten Namen zu machen. Ich war beruflich genötigt, mich mit seinen Prozessen zu beschäftigen und einen für ihn zu führen. Ich habe von dem Manne den besten Eindruck gewonnen. Ist es nicht unerhört, daß man einem Greis die Verfehlungen seiner Jugend immer wieder öffentlich vorhält? Gibt es keine menschliche Gnade und kein endliches Verzeihen? Der arme Mann leidet ganz unsäglich, und darum bitte ich Sie, wenn Sie es mit ihrem pädagogischen Gewissen verantworten können, irgendein anerkennendes Wort über May als Jugendschriftsteller zu veröffentlichen. Es wäre mir so lieb, wenn Sie ihm eine kleine Freude machen könnten." Und selbigen Tages hat er May die Freudenpost gebracht, daß ich ein Wort zu seinen Gunsten niederschreiben würde. So spricht und handelt Sello nicht, wenn er es mit einem Verbrecher oder mit einem minderwertigen Menschen zu tun hat, der kein Anrecht auf seine Achtung und sein Mitgefühl besitzt. Nachträglich erfuhr ich von Dr. Schmid, daß Sello den für May geführten Prozeß gewonnen, daß die übrigen

Prozesse durch Vergleiche aus der Welt geschafft seien und daß der bis dahin berufsmäßig anwaltliche Gegner, *Dr. Oskar Gerlach*, ihm bald nach Mays Tode zu freier Verfügung eine Totenklage zugesandt habe, die eine warme Sympathie für Karl Mays Persönlichkeit zeigt (vgl. S. 284). Diese beiden Männer geben also Zeugnis für die Verläßlichkeit der Mayschen Selbstverteidigung.

Ein *gutes Herz* spricht aus Tausenden Mayscher Bekenntnisse. So, wenn er von seiner Großmutter väterlicher Seite spricht: „Sie ist der irdische Engel meiner Kindheit gewesen ... Sie war, gerade wie auch meine Mutter, so reich an Liebe, daß ich noch heute (1898) von und in diesem Reichtum lebe: es ist der größte Reichtum, den es gibt." (Bd. 25 „Am Jenseits"). „Sie lebte bis zu ihrem Tode ein doppeltes Leben, indem sie in aufopfernder Treue und Selbstentsagung für die Ihren arbeitete und jeden von dieser Arbeit freien Augenblick dem Trachten nach der himmlischen Wahrheit widmete."

Seine *allgemeine Menschenliebe* brauche ich nicht zu belegen, da seine sämtlichen Schriften dieses eine große Thema predigen. Man müßte einen ganzen Band füllen, um allein das zu zitieren, was er zu ihrem Preise schreibt. Sie ist ihm die erste Pflicht des Menschen, der nach Gottes Willen leben will. Eine *tiefinnerliche Frömmigkeit* ist das A und O seines Lebens. Sie anerkennt keinen Zufall, sieht in allem und jedem göttliche Fügung. „Du weißt", schreibt er, „daß es für mich keinen Zufall gibt. Wenn die allmächtige Weisheit Gottes Ursachen und Wirkungen miteinander verknüpft, deren Verbindung das schwache Auge des Menschen nicht zu erkennen vermag, so wird zur Erklärung das mir so unsympathische Wort Zufall hervorgesucht. Es ist eine Eselsbrücke, über welche sogar sonst ganz kluge Leute reiten." („Am Jenseits" und öfters ähnlich.)

Deshalb erkannte er auch in seinen eigenen Verfehlungen und Schicksalsfügungen Gottes Willen, der ihn zu Fall bringt, um ihn seiner Sündhaftigkeit bewußt zu machen und durch Schuld, Reue und Buße zur Erkenntnis und zum Gehorsam zu erziehen. Damit hängt auch unmittelbar seine Lebenszuversicht zusammen. Er weiß sich in Gottes Hand und damit geborgen. Da ihm die Unsterblichkeit der Seele ein Glaube ist, an den ihm kein Zweifel rühren darf, so sieht er auch dem Tod ohne Furcht entgegen. Es treibt ihn hinaus in die Natur und zu schlichten Menschen, weil er da Gottes Nähe stärker spürt.

Sein Glaube lehrt ihn, daß Ursachen und Zwecke alles Geschehens auf Gottes Willen zurückgehen, der von unserer Erkenntnis nicht erreicht werde Wohl aber fühlten wir das Gesetz ewiger Fortentwicklung des Einen göttlichen Lebens. Sein Glaube trifft also zusammen mit Fichtes Lehre, die er wahrscheinlich gar nicht genauer kannte: „Wie jeder einzelne Moment dieses Lebens in jener ewigen Entwicklung des Einen göttlichen Grundlebens enthalten ist, begreift der Fromme nicht, weil das Unendliche nie zu Ende ist und darum nie von ihm erfaßt werden kann; aber daß alle diese Momente schlechthin nur in jener Entwicklung des Einen Lebens liegen, weiß er unmittelbar und durchschaut er klar."

Deshalb trug May auch seine persönlichen Schicksale mit Gelassenheit und als „Prüfungen", deren Gott ihn würdig finde. Er erwies sich auch darin als Mann von wahrer Frömmigkeit. Denn das Geheimnis der Frömmigkeit besteht nach dem Zeugnis der Theologen („Christliche Welt") eben darin, daß man sich mit der Kraft eint, die in dem Schicksal waltet. Wer vorgedrungen sei bis zu diesem Geheimnis, der stehe am Rande der Unendlichkeit, mitten im tiefsten Weh unsagbar ergriffen von der Wirklichkeit des Einen göttlichen Lebens. In diesem Sinne sind auch Mays fromme Bekenntnisse gemeint. Er wird nicht müde, sie zu predigen. Das ist echte Frömmigkeit. Ist das heute nicht mehr zu verstehen?

Daß den Gerechten und Frommen alles zum Guten ausschlagen muß, das ist das Grundthema aller seiner Erzählungen. Jede Tat trägt nach seiner Überzeugung ihren Lohn in sich. Menschlicher Lohn und menschliche Strafe sind entbehrlich — eine Lehre, die auch die griechische Stoa verfocht. Anständige Gesinnung muß allen Verkehr der Menschen untereinander beherrschen: Lug und Betrug sind die Feinde, denen sein Kampf gilt. Ein Ehrenmann bricht nie sein Wort, ist pünktlich, verläßlich, opferwillig, hilfreich, selbstlos, bescheiden im Glück, geduldig im Leid, streng gegen sich, milde gegen die Kleinen und Hilfsbedürftigen, nachsichtig gegen die Schwachen, unerbittlich gegen die Verbrecherischen, stets Herr seiner selbst, nie Sklave seiner Leidenschaften und fremder Einflüsse, all sein Handeln richtet sich nach festen Grundsätzen und Erfahrungen. Er ist ein Mann der Tat, fruchtlosem Grübeln abhold, dabei tiefsinnig und nie auf der Oberfläche der Erscheinungen haftend. Eine gründliche Kenntnis der menschlichen Natur befähigt ihn zum Herrenamt. Seine Vormacht ist nicht etwa äußerlich erzwungen, sondern innerlich begründet, verdient, und wird deshalb von den anderen anerkannt und willig ertragen. Er nutzt sie auch nie zu seinem Vorteil, sondern zu dem der Menschen, die seine Hilfe brauchen.

So sieht der Mensch aus, der als Vorbild in Mays Seele lebt, dem er nachstrebt, den er seinen Lesern liebenswert erscheinen läßt, mit dem er erzieherisch auf diese einwirkt. Kleine Knaben, die Indianer spielen, schwören bei Winnetou, daß sie nie lügen, nie ihr Wort brechen wollen. Ihr ganzer jugendlicher Stolz sehnt sich danach, es den Mayschen Helden in allen Männertugenden gleichzutun. Man predigt solche Tugenden ja auch nicht, um damit zu sagen: „Seht, so bin ich!" sondern um einzuladen zur Mitarbeit: „Kommt, helft mir und uns allen, so zu werden!" Sollen wir das alles gering einschätzen? Dürfen wir es mit billigem Spott abtun? In unseren

Tagen zumal abtun, wo so laut über die Verwilderung und Zügellosigkeit der Jugend geklagt wird?

Ich nenne Karl May einen der größten Erzieher der deutschen Jugend unserer Tage, weil es ihm gelang, ihre Gesinnung zu bilden Er entfachte Begeisterung für ein hochgestimmtes Leben, belebte männlichere Triebe, wies hin auf die letzten Fragen des Lebens und entfremdete diese Jugend dem Kleinlichen und Häßlichen des Alltagslebens.

Er weilt nicht gern in der Stadt und unter den europäischen Kulturmenschen. Es ist ihm da zu eng, geht ihm zu konventionell zu. Es ist ihm gleichgültig, welche Seelenschmerzen die kulturkranken Großstädter erleben. Er weiß nichts von den unzähligen Problemen, mit denen die moderne „schöne", oft so häßliche Literatur angefüllt ist, zumal nichts von ihren Eheproblemen und ihren sexuellen Nöten usw. Er ist so altmodisch, die Ehe für ein Sakrament zu halten und für den Garten, aus dem das höchste irdische Glück ersprießen soll und kann. Er hat Sinn auch für die mohammedanische Ehe, die dem Weibe ein engbegrenztes Glück im Innersten ihres Hauses zuweist, es ängstlich vor den Blicken der Männerwelt bewahrt, andererseits ist er doch auch im besten Sinne Frauenrechtler, da er für die Seele des Weibes, als gleich göttliche Natur, wie die des Mannes, freieste Betätigung fordert: nicht Gleichberechtigung, sondern verschiedenes Recht, verschiedene Pflichten, aber gleichen Wert für Mann und Frau. Überhaupt wird man bei May schwerlich irgend etwas Ungesundes finden. Er ist ein Mann von offenen Sinnen, der von sich sagen könnte wie Walther von der Vogelweide, daß er der Lande viel gesehen und gerne der Besten wahrnahm, wie auch Odysseus vieler Menschen Städte sah und ihre Sitten erkannte. Er liebt sein Vaterland, liebt es aber nicht kritiklos und ist stets gewillt, auch die Eigenart und das göttliche Recht fremder Völker und Volksstämme anzuerkennen.

Sein *strenger Rechtssinn* weist ihm stets den Platz neben den unschuldig Verfolgten an, den Vergewaltigten. So zieht er aus wie der Ritter, den Böcklin gemalt hat. Wer Mays Bücher ohne Voreingenommenheit liest, wird ihn daraus liebgewinnen, selbst wenn er von ganz anderer Art ist als er, — etwa wie ich es bin. Er wird den Eindruck eines Menschen gewinnen, der an sich arbeitet, sich freudig bekennt und stets dem Mitmenschen sein Bestes geben will. So war er auch im täglichen Leben. Leute, die ihn genauer kannten, rühmen seine liebenswürdige, behagliche Art. Er war ein vortrefflicher Gesellschafter, verstand lebhaft und geistvoll zu plaudern, gab sich frei und offen, trug sein Herz auf der Zunge und gewann die Menschen schnell für sich. Dafür liegen ganz untrügliche Zeugnisse vor, und das steht eben wieder im Einklang mit seinem Lebenswerk. Leider kommen wir so schwer von der Verunglimpfung ab: „Es bleibt immer etwas hängen." Immer noch sehe ich mich in Abwehrstellung, als Anwalt, der einen Angeklagten zu verteidigen hat. Wie viel erfreulicher wäre es, wenn ich ganz von vorn an das Bild eines Mannes zu zeichnen hätte, dem jeder ein natürliches Vertrauen entgegenbringt! Damit ein solches Bild einem späteren Biographen möglich werde, deshalb muß ich hier einmal gründlich mit der Entstellung aufräumen und reinen Tisch machen. Es wird kein Heiliger übrigbleiben, aber ein Mensch, der unsere Liebe und Achtung verdient.

Wo sich im rein Sachlichen Mays Selbstbiographie nachprüfen läßt, erweist sie sich als verläßlich. Über die Selbsteinschätzung aber seiner Natur und seiner Schuld werden wir später noch zu sprechen haben. Diese Ausführungen sollen die Selbstbiographie nicht ersetzen, sondern zu ihrem vorurteilslosen Studium einladen, für ihre Glaubwürdigkeit werben und den Widerspruch der Mißgünstigen zum Schweigen bringen, die uns überall den Weg zur Erkenntnis versperrt hatten.

6

Der Schriftsteller Karl May

Wir sahen, die maßgebende Kritik in Deutschland
lehnte bisher Karl May ab. Wer lange genug lebt und
die Augen offenhält, der verliert den Glauben an die
„Autoritäten". Es gibt keine noch so handgreifliche
Verirrung der Geister, die nicht ihre Begründung und
Förderung von Autoritäten erfahren hätte. Man denke
nur an den Hexenglauben und an die Hexenprozesse.
Es gibt kaum eine noch so ragende Größe auf irgend-
einem Gebiet des geistigen Lebens, die nicht auch von
Autoritäten und Sachverständigen ihrer Zeit als eitel
Blendwerk angefeindet worden wäre. Man lese die Stim-
men der geistigen Führer über Goethes Neuerscheinun-
gen! Sie finden sich ergötzlich beisammen in *Victor
Hehns* vortrefflichem Buch „Gedanken über Goethe"
im zweiten Kapitel „Goethe und das Publikum", eine
Literaturgeschichte im Kleinen". Seitdem haben wir dasselbe Schauspiel an *Richard Wagner* und an *Friedrich
Nietzsche* erlebt: Gegen jenen wandten sich alle zünftigen Hüter der „wahren" deutschen Musik. Die erste
Autorität für die österreichische Musikwelt, Professor
Hanslick, hat bis an sein Ende gegen Wagner geeifert,
und Nietzsche blieb unverstanden, verlassen und angefeindet von allen Deutschen, deren Stimme Gewicht
hatte.

Meine eigene Kindheit ist erfüllt von Erinnerungen
an Gespräche meines Vaters, in denen er ersten Autoritäten, wie seinem Schwager *Adolf Stahr*, glaublich zu
machen suchte, daß sein Freund *Friedrich Hebbel* ein
Dichter sei. Stahr widerlegte ihn mit der stolzen Sicherheit des akademisch Gebildeten aus *Aristoteles* und aus
Lessing, die er beide vortrefflich kannte, da sie das Gebiet seiner Spezialforschungen waren.

Wenn keine deutsche Literaturgeschichte von Karl May Notiz nimmt, kaum eine literarische Fachschrift oder Fachzeitschrift von seinem Tode anders als mit einem Gefühl des Aufatmens gesprochen hat, so entbindet uns das doch nicht der Verpflichtung, mit eigenen Augen zu prüfen.

Karl May hatte selbst schon Schwankungen des Urteils über seine Schriftstellerei erlebt: Tausende von Zuschriften, die man in seinem Nachlaß fand, bestätigten die starke Wirkung seiner Reiseerzählungen. „Man pries sie", schreibt er, „schwärmte für sie, bis es eines Tages jemandem einfiel, das Gegenteil zu behaupten. Nachdem vorher hohe und höchste Kirchen- und Schulautoritäten für sie Zeugnis abgelegt hatten, wurden sie auf einmal von Kirchen und Amts wegen mit dem Bann belegt, aus denselben Bibliotheken ausgestoßen, in denen sie vorher willkommen geheißen waren. Warum?" so fragt Karl May seine Leser, „waren sie anders geworden? Nein! Hatten sich die bibliographischen Gepflogenheiten, die ethischen Gesetze geändert? Nein! Waren die Bedürfnisse der Leser andere geworden? Auch nicht! Aber aus welchem Grunde denn sonst?"

Die richtige Antwort lese man dort selbst nach! Die gestern ihr Hosianna riefen, rufen heute Crucifige. Und wie die Führenden oder doch die Lautesten den Ton angeben, so fällt die Masse ein, zumal wenn's zu schelten gilt.

Jetzt ‚weiß' es jeder Zeitungsleser, daß Karl May ein Schundschriftsteller ist und daß man als gewissenhafter Erzieher die Jugend vor ihm zu bewahren hat. Ich könnte dagegen ein dickes Buch mit freundlichen Urteilen über May füllen, aber das besorgt hoffentlich einmal der Karl-May-Verlag selbst in einer besonderen Veröffentlichung zu Mays Ruhm und zum Nachteil seiner Gegner. Ich will hier nur ehrenhalber ein Schriftchen nennen, nämlich eine Sammlung von 178 Stimmen aus dem Volke,

die 1902 in einer jetzt nicht mehr erhältlichen Broschüre
„Karl May als Erzieher" gesammelt worden sind. Ich
führe nur zwei wörtlich an:

S. 71. ... Ich bin Bibliothekar der hiesigen städtischen
Volksbibliothek, welche augenblicklich 3390 Leser zählt, im
vergangenen Jahre über 60 000 Bände ausgegeben hat und
— außer den Hofkreisen — von Leuten aller Stände fre-
quentiert wird.

Wenn meine Bücherreihen mit einer Gewehrsammlung verglichen werden, so ist „May" die Waffe, mit der ich jeden
Leser unfehlbar ins Herz treffe. Ja, unter allen Autoren steht
„May" weitaus obenan! Ich füge noch an, daß hiesige Gymnasiallehrer Ihre Werke als Studium zur Belebung des Stils
empfehlen.

Möchte Ihnen noch recht lange die Kraft, zu reisen und
die Freude, zu schreiben gegeben sein! Der Sie umgebende,
freudig dankbare große Leserkreis muß das von Herzen wünschen... Der Sie hochverehrende — —.

S. 78.... Ich fange an, Sie zu bewundern. Ich meine, Sie
hätten einen größeren Einfluß auf das deutsche Volk als
Shakespeare auf das englische. Dramatische Stücke werden
von dem gewöhnlichen Volke nicht gelesen, die Ihrigen aber
vom Milchmädchen auf dem Lande bis zur Fürstin auf dem
Throne, vom Schustergesellen bis zum Professor auf der Universität. Ferner muß zugegeben werden, daß der innere
Shakespeare kein Christ ist. In Ihren Werken jedoch leuchtet
zuweilen das Christentum in überirdischem Glanz empor. Sie
sind ein großer Wohltäter des deutschen Volkes!

L. N. Schl., Pfarrer (S. J.), Amerika

Den Wendepunkt in seiner öffentlichen Wertung brachten, wenn ich recht sehe, jene sensationellen „Enthüllungen" von seiten seiner privaten Prozeßgegner, vor allem
die erfundene, daß er ein literarisches Doppelgesicht
habe, gleichzeitig — was schon falsch ist, denn es liegen Jahre dazwischen — schmutzige und ehrlose Romane
geschrieben habe. Also mit der persönlichen Herabsetzung, mit dem moralischen „Kaputtmachen" setzte die
Polemik gegen ihn ein. Man schloß aus der vermeintlichen Unehrlichkeit des Schriftstellers auf eine innere
Unwahrhaftigkeit und leere Mache seiner Werke, denn

wie sollten von einem faulen Baum gute Früchte kommen? Schulleiter, die vorher für ihn warm eingetreten waren, entfernten seine Werke aus den Schulbibliotheken, und durch die ganze Presse ging, wie oben schon berichtet, eine ganz ungeheuerliche, wüste Karl-May-Hetze. Man stürzte sich mit einer geradezu wilden Lust auf den ertappten Verbrecher. Das war ein gefundenes Fressen für all die „Sittlichen". Da konnten sie ihre Tugendhaftigkeit einmal wieder leuchten lassen.

Etwa gleichzeitig griffen, wenn auch aus achtbaren, sachlich-pädagogischen und ästhetischen Bedenken in die Hetze auch die Jugendschrift-Warten ein mit ihrem Kampf gegen die schädliche Jugendlektüre, indem sie auch Mays Schriften auf die Liste der schädlichen stellten. Wortführer waren dabei die Reformpädagogen aus Hamburg, die sich mit Künstlern und Kunstförderern aller Art zusammentaten, um auf den drei großen, höchst eindrucksvollen Kunsterziehungstagen den Kampf gegen alles Mindergut in Schule und Haus mit viel Geist und Kraft aufzunehmen. Ich habe selbst an jenen Tagungen mit Überzeugung teilgenommen und halte sie nach wie vor für höchst wertvoll und segensreich. Ihr Hauptverdienst bestand darin, daß sie den Lehrern einmal die Augen für den Ozean von Häßlichkeiten öffneten, in dem sie selbst so ahnungslos und fröhlich umherplätscherten, und daß sie ihnen endlich eine Ahnung gaben von dem, was künstlerische Kultur bedeutet. Die Folgen bekam man besonders im Zeichenunterricht zu spüren, der auf neuem, gesundem Boden aufgebaut wurde und endlich wenigstens eine Beziehung zur Kunst bekam, nachdem er so lange in Handwerksbanden geschmachtet hatte. Auf anderen Gebieten blieben starke Wirkungen aus. Sehr erklärlich! Über Nacht waren aus Lehrern, die sich ihr Lebtag um Kunst nicht gekümmert hatten, Herolde der Musen geworden. Man hängte zwei oder drei große Photographien nach antiken Werken in den Zimmern der Gymnasien auf, ließ im Jahr einmal einen Vortrag über die Laokoongruppe oder „unfrei" nach Winckelmann über den Apoll von Belvedere halten, zeigte bestenfalls einige Male Antiken in Lichtbildern, ließ aber daneben in der Aula, im Rektorats- und im Klassenzimmer allen alten Kitsch und Schund an Anschauungsmaterial oder patriotischen Bekenntnissen bestehen und verwies die Beibringung positiver Kunstkenntnisse — diese sind doch stets die Hauptsache — dem Geschichtslehrer, der nun auf einmal in der Klasse von der Kunst des Quatrocento und Cinquecento zu erzählen wußte („Ja, gibt's denn dös a?" fragt der Bayer) und die Jahreszahlen von Donatello und Giotto abfragte. Wer Lehrbefähigung für Geschichte hat, der kann das. Gleichzeitig zerrupften in den Volksschulen nach *Lichtwarks* unverstandenem Muster Erziehungshandwerker Bildwerke von *Böcklin, Thoma* und anderen neuen Schulheiligen und entfalteten dabei ein ganz unsagbar flaches und albernes Kunstgeschwätz. Was ich davon zu hören bekam, das war zum Davonlaufen. Jetzt wird diese Eintagsfliege wohl längst verstorben und verdorben und die Einsicht dagegen erwacht sein, daß zur Kunst nur der erziehen kann, der selbst Kunst im Leibe hat.

Aber auf dem Gebiet der Literatur, da fühlten sich die Lehrer zu Hause und sicher, denn sie hatten viel gelesen, kritisch gelesen, hatten selbst von klein auf ihre Feder an Aufsätzen geübt, manche es zu achtbaren literarischen Erfolgen gebracht, kannten die gelehrten Abhandlungen über Ästhetik, die Kunstgesetze, wie sie seit Lessing von den großen Kritikern und Literaturhistorikern geübt wurden, nahmen teil an den kunstkritischen Kämpfen ihrer Tage und meinten nun, wenn sich viele zusammentäten und ihre Urteile addierten, so müßte doch eine unantastbare Wahrheit zutage kommen. Aber in Kunstfragen entscheidet nicht die Majorität. „Vernunft ist stets bei wenigen gewesen", bei noch wenigeren unverfälschtes Kunsturteil. Vor 30 Jahren wiesen die Kunstverständigsten Karlsruhes sämtliche Bilder ihres Mitbürgers *Thoma* als geschmacklos und als einen Hohn auf echte Kunst von ihren öffentlichen Kunstausstellungen zurück, vor 50 Jahren hätte man den Gymnasiallehrer gemaßregelt, der *Hebbels* Dichtungen in die Schule gebracht hätte. Erst als *Gervinus,* der Literaturhistoriker, ihn „eine Eiche im Gestrüpp der neuen Dramatiker" genannt hatte, fingen vereinzelte „Gebildete" an, ihn ernst zu nehmen. Die Volksschullehrer stehen der modernen Literatur nicht etwa fremder und verständnisloser gegenüber als die Oberlehrer und Hochschullehrer. Man frage einmal bei *Gerhart Hauptmann* oder bei den Hütern des *Ibsen*schen und *Strindberg*schen Erbes an, was diese führenden Geister für Förderung von seiten dieser „Volkserzieher" genossen haben! Hebbel lag mit ihnen in ewigem Kampf und meinte, sie hätten eine geballte Faust im Schädel.

Ich glaube nicht, daß über Mays Wert auch als Künstler schon das letzte Wort gesprochen ist. Man fängt jetzt erst an, seine Absichten zu verstehen, und die Kritik, die vordem einmütig gegen ihn war, wird schon vorsichtiger und ernsthafter.

Hätte ich seinen Nekrolog zu schreiben gehabt, so würde er wie folgt lauten:

„K. M. hatte von seinem Vater große geistige Regsamkeit und einen idealen Zug geerbt, zugleich Energie und Tatkraft. Obgleich er nur Seminarschulbildung hatte, lernte er französisch, englisch, arabisch fließend sprechen, erwarb sich bedeutende Kenntnisse des Persischen und Türkischen und hinterließ eine Bibliothek seltener und teurer Werke über Völker und Sprachen, denen er sein reiches Wissen dankte. Von seiner Mutter hatte er ein sehr weiches, zu Rührung, Mildtätigkeit und Demut geneigtes Herz. Sein überwiegender geistiger Exponent war Kraft der Phantasie, die früh Nahrung erhielt durch seine bis zum 5. Jahre reichende Blindheit und seine Märchen erzählende Großmutter. Er lebte stets in einer erträumten Welt und schied nur schwer zwischen realer und dichterisch geschauter Wirklichkeit. Mit einem Wort: er war eine Dichternatur und glaubte schließlich selbst an die in seinem Geist geborenen Schöpfungen. In dem Überwiegen der weiblichen Züge liegt das Problem seines Charakters und die Quelle seiner Qualen. Sein ganzes Leben war ein Bemühen, ein oft vergebliches, seine mehr weiblichen Gefühle und Triebe unter die Zucht einer männlich starken, ordnenden und regelnden Vernunft zu zwingen; die Kräfte aber, die ihn zum Dichter machten, überwucherten in dem Grade, daß er immer wieder mit der Nüchternheit des realen Lebens in Widerspruch geriet[1]. Das erzeugte eine gewisse Zwiespältigkeit und Unausgeglichenheit seiner Natur, die ihm leicht als Unehrlichkeit gedeutet wurde, obgleich es sein ehrliches Selbstbekenntnis war, das ihm diesen Tadel eintrug. Eine fehlerhafte Erziehung, schädliche Einflüsse aller Art, geistige Überanstrengung und ererbte Nervenschwäche brachten in seiner Pubertätszeit seine Seele aus dem Gleichgewicht und ihn in Konflikt mit dem Strafgesetzbuch. Die lange Haft führte ihn aber zur Selbstbesinnung und festigte ihn im christlichen Glauben, zu dem die Großmutter ihm in frühester Kindheit den Grund gelegt hatte. Er fühlte sich von Gottes Hand geführt und hoffte auf dessen Hilfe bei seinem moralischen Aufstieg. Mit bewunderungswerter Willenskraft richtet er

1 Mahrholz macht sehr treffend auf die Verwandtschaft aufmerksam, die zwischen Mavs und Strindbergs Charakter besteht:
„Beide haben eine ähnliche Gemütsneigung zu manischen Zuständen, religiösem Aufschwingen und hysterischen Übertreibungen und neigen bei allem Realismus der Anschauung zu einem ins Unwahre und Verstiegene führenden Idealismus. Worin sie sich unterscheiden, liegt klar zutage: Mavs Optimismus und Strindbergs Pessimismus, Mavs Freisein von Erotik und Strindbergs Übererotik, Mavs stämmige (mehr erkünstelte, forcierte) Gesundheit und nüchterner, klarer (auch mehr erzwungener) Blick und Strindbergs Verschrobenheit." Man lese dort die weitergeführte Vergleichung nach, die in dem Gedanken endigt: . . . „Die Kritik, die Strindberg in den Himmel hebt, hat kein Recht, aus moralischen Gründen Mav abzulehnen."

482

sich wieder empor und faßte den Plan zu einem großen
Erziehungswerk an sich und der gesamten Menschheit.
Sein Ziel wurde der „Edelmensch" Diesem Grundgedanken ordnen sich alle seine Werke unter Sein Fleiß war
staunenswert, sein Bildungsdrang unersättlich Seine tiefe,
aber konfessionell nicht festgelegte Frömmigkeit steiger-
te sich mehr und mehr bis zum Mystischen und Visio-
nären. Er glaubte an eine Seele, die neben Körper und
Geist im Menschen wirke. Darin ist er Vorgänger des
Dr. Steiner und der anderen Theosophen. Im Vertrauen
auf seine eigene Erkenntniskraft und das Daimonion,
das ihn führte, lehnte er mehr unbewußt jede Beein-
flussung von anderen Geistern ab. Zu klaren wissenschaftlichen Systemen ist sein Denken nie durchgedrungen.
Er hatte Mißtrauen gegen rein geistige Forschungen. Aber
seinem Glauben vertrauend, blieb er zuversichtlich, stark
und froh trotz aller Anfeindungen und Verleumdungen.
Dabei unterstützte ihn ein angeborener Zug zum Heiteren, Humoristischen. Er hatte ein lebhaftes Ich-Gefühl
und litt schwer unter der Nichtbeachtung oder Mißachtung von seiten seiner Umwelt. Die Haft hatte ihn gesellschaftlich unmöglich gemacht. Deshalb war er zur
Lüge geradezu gezwungen, deshalb schrieb er auch anfangs unter Pseudonymen, ersann Auslandsreisen auch
für die Zeit, während der er hinter Schloß und Riegel saß,
und hielt an seinen falschen Angaben so lange fest, bis
ihm ihre Unhaltbarkeit bewiesen wurde. So wurde er
zu einem gelegentlichen Lügner, nicht aus Lust an der
Sünde, sondern aus Notwehr. Seine sich aufbäumende
Selbstbehauptung verleitete ihn auch, sich den Doktortitel zu beschaffen und, zur Rede gestellt, Ausflüchte
zu ersinnen. Er war eitel mit dem Recht des geistig
Bevorzugten. Da ihm eine gerechte, ihm ausreichende
Anerkennung versagt blieb, so schmückte er sich mit
der erborgten Ehre Trotz seines heldenhaften, bewunde-
rungswürdigen Kampfes gegen die Fehler und Schwä-

chen seiner Natur mußte er bis an sein Ende die schmählichsten Beschimpfungen und Verdächtigungen ertragen. Er wehrte sich mit allen ihm zu Gebote stehenden Mitteln, solange seine Kraft reichte, und schied, trotz all der fürchterlichen Erfahrungen, die er an seinen Mitmenschen gemacht hatte, zwar gern, aber versöhnt aus diesem Leben. Wie er stets mildtätig gegen Bedürftige war — er war ein Mensch, edel, hilfreich und gut —, so hinterließ er auch sein Gesamtvermögen für wohltätige Zwecke. Er hat den schweren Lebenskampf mannhaft durchgeführt und sich die Krone des Lebens verdient. Er hat nach tiefem Fall unbeirrt geschaffen:

> Damit das Gute wirke, wachse, fromme,
> damit der Tag dem Edlen endlich komme.

Mays Wesen ist urdeutsch. Das äußert sich nicht nur in seinem starken Heimatgefühl, das ihn nie lange Zeit im Ausland duldete, auch nicht nur in manchen kräftigen Bekundungen und manch gerecht tadelndem und aufrüttelndem Wort an seine schwerhörigen Landsleute, sondern es äußert sich in dem ganzen Kern und Wesen seiner Natur.

Nach *Max Scheler* ist der aufgeschlossene Sinn für die Idee des Unendlichen, die Lust und das Glück des Sichverlierens in diese Idee, also das, was Mays fast ausschließlichen Lebensinhalt darstellt, eine Ur-Mitgift des deutschen Geistes, zugleich das Element, das seit den Tagen des Tacitus bis zum heutigen Tage weitaus am beharrlichsten geblieben ist, ja vielleicht das einzig Beharrende in der vielgewandten Ereignis- und Geistesgeschichte unseres Volkes. Überall trete uns dieser wunderbare Zug deutschen Geistes entgegen, alles Endliche, Gestaltete, Geformte ebensowohl im Sein wie im Wollen, Handeln, Bilden (deutsche Gotik) als eine bloße Einschränkung einer zuvor gegebenen oder doch beabsichtigten unendlichen Bewegung zu erleben, als Not und fast unfreiwillig übernommenen Tribut an die menschliche Enge. Scheler führt auch aus, daß dieser Sinn im äußersten Gegensatz zu dem altklassischen Sinn für Maß. Form, Gestalt, Grenze, Geschlossenheit der Erscheinung stehe, und beruft sich auf den Ausspruch Diltheys, daß das Handeln der Germanen durch ein Übermaß von Energie über den Zweck hinausgehe. In diesem Sinne bemüht sich auch Karl May als ein „ewig Strebender", der aus Sehnsucht nach einem Unendlichen der Form nicht Herr werden und nie zu einem ihn selbst befriedigenden Abschluß kommen kann."

Das von mir gezeichnete Lebensbild steht schwerlich im Widerspruch zu irgendeiner mir authentisch bekannten Äußerung Mays, zu seiner gesamten Darstellung seines Lebens und zu den allgemeinen Erfahrungen über Menschenart. Es steht im Einklang mit den Zeugnissen der Menschen, die ihm nahestanden, seiner zweiten Frau, Dr. Schmid, Dr. Sello und vielen anderen, es steht vor allem im Einklang mit der Wesensart seiner gesamten Schriftstellerei[1].

*

Unsere Literaturgeschichten wissen bisher nichts über May zu sagen. Der gelesenste deutsche Schriftsteller ihrer Tage ist ihnen unbekannt oder doch des Erwähnens un-

---

1 Ich sehe zu meiner Freude, daß Mahrholz unabhängig von mir zu einer gleichen Wertung des Mayschen Charakters gelangt ist und vor allem die sog. Schuldfrage von seiner hohen Warte zu einem gerechten Austrag bringt: „Ein sittlich unzweifelhaft ernsthaft ringender und strebender Mensch, hat er doch zugleich in sich die schwersten Hemmungen; eine fabelhaft feine realistische Beobachtungsgabe vereinigt sich mit der Anlage zu großartig pathetischen Szenen. Kurzum: ein Mensch mit seinem Widerspruch, der nur deshalb nicht zu seiner (vollen) Wirkung und Leistung kommt, weil sein besseres Ich zu schroff von seinen schlimmen Instinkten geschieden ist und weil diese Scheidung May selbst offenbar einmal (nein, wohl sein Lebtag) zum Bewußtsein gekommen ist. Jeder Dichter trägt ja Himmel und Hölle in sich, und es ist nicht bloß eine Redewendung, wenn Goethe im hohen Alter einmal sagt, daß er zu gewissen Zeiten jedes Verbrechens fähig gewesen sei. Von anderen Dichtern sind ähnlich lautende Aussprüche bekannt, was ja eigentlich nicht wundernehmen darf, denn das Dichter-Material zu seinem Werk ist feuriges, leidenschaftliches Erleben. Der Dichter kann nur die extremsten Empfindungen brauchen, die sich bei wenig disziplinierten Menschen unter gewissen Umständen als Verbrechen äußern."

wert. Ich finde das ungeheuerlich. Es kommt mir vor, als wollte jemand die leiblichen Nährmittel des Volkes behandeln und dabei über Hummern, Austern und Kaviar das Brot oder die Kartoffeln vergessen. Erklärt müßte doch Mays Einfluß werden! Zumal sein gewaltiger Einfluß auf die Jugend, die beste Jugend Deutschlands.

Manche Schwächen Mays, die wir oben getadelt sehen, bestehen, wenn schon nicht in dem Grade, daß sie ihn ganz aus der Reihe der achtbaren Schriftsteller tilgen könnten.

Kitschig soll May sein Ich empfinde oft ebenso, behaupte aber, nicht, daß ich ihn damit vernichten könnte. Als kitschig gelten den meisten Beschauern von modern geschultem Kunsturteil die Herrschergestalten der Siegesallee. Unserem Kaiser gefielen sie ebensogut wie die besten Werke der italienischen Renaissance. Der Geschmack der Zeiten wechselt. Wie oft haben Enkel die von ihren Großeltern angestaunten Schöpfungen vernichtet! Wie schwärmte der junge Goethe mit seinen Zeitgenossen für Klopstock und wie wenig sagt dieser uns heute! Das Rokoko und Barock fand man zur Zeit ihrer Blüte unübertrefflich schön, dann unausstehlich häßlich, heute wieder schön. Über Gedichte, für die unsere Großmutter schwärmte, lächeln heute die Mädchen. Und nicht etwa die blöde „Masse" schwankt so im Urteil, nein, die führenden Kunstrichter mit ihnen und ihnen voraus. Erst in unseren Tagen entdeckte man wieder die ernste Schönheit der alten ägyptischen Kunst. War man vorher tausend Jahre lang blind? Die Häuser, die unsere Väter bauten, sind uns unausstehlich, dafür lernten wir für den Jugendstil schwärmen, den wir heute schon nicht mehr ertragen. So mag eine Zeit kommen, die das „Kitschige" höher als unsere mehr realistische oder neuromantische Kunst bewertet, so unfaßlich es uns selbst noch ist.

486

May hat „Briefe über Kunst"[1] (1906/1907) veröffentlicht, aus denen wir uns über das Wesen seines Schaffens belehren können. Kunst war ihm nicht Verstandes-,
sondern Herzenssache. Er nennt Kunst „diejenige Betätigung des menschlichen Geistes und der menschlichen
Seele, die in das Innere des Gegenstandes eindringt, um
sein Wesen zu erfassen, und damit wieder nach außen
zurückkehrt, um das Äußere im Einklang mit dem Inneren darzustellen."

„Wie Gott sich in sich selbst versenkte, als er beschloß, das
All mit seiner Schöpfung zu erfüllen, so läßt sich der schaffende Künstler in sein eigenes Ich hinunter, während er im
Geist und in der Vollkraft seiner Werke auf die Höhe des
sichtbaren Lebens steigt. — — Die geistige Einsamkeit und
das seelische Leid vertiefen ihn und erheben ihn, bis er nur
noch rein äußerlich mit der Erde zusammenhangt, innerlich
aber sich frei von allen ihren Fesseln und Banden fühlt.
Dann kommt ihm plötzlich und wie ein verklärendes Licht
die beglückende Erkenntnis, daß jene göttliche Lehre von der
Erlösung durch den Schmerz und durch das Absterben des
äußerlichen Menschen, welche die Grundlage unseres christlichen Glaubens bildet, sich an ihm und durch ihn selbst
bestätigt hat. So führt jede wirkliche, jede wahre, jede edle
Kunst ganz unbedingt empor zum Welterlöser, und man
braucht keineswegs Theologe oder gar Priester zu sein, um
jede Kunst, die andere Wege geht, als irrend zu bezeichnen."

May trifft hier mit den tiefsten Geistern aller Zeiten in dem Gedanken zusammen, daß alle wahre Kunst
religiöse Offenbarung sei. Er begegnet sich besonders,
wenn schon gewiß unbewußt, mit den stärksten und
überzeugtesten Vorkämpfern der romantischen Literatur
und Bildkunst, die in Reaktion gegen eine flaue, ge-
haltlose Manier der Akademien mit ihrer mißverstande-
nen, rein äußerlichen Klassizität die mittelalterliche Welt
in ihrer idealen Herrlichkeit, tiefreligiösen Innerlichkeit
und christlichen Ergebenheit poesievoll belebten, mit

[1] Enthalten in Band 49 ‚Lichte Höhen'.

Novalis, Tieck, Schlegel, unter den Malern mit *Veit,*
Schnorr von Carolsfeld, Steinle, Overbeck und vor allem
von Führich. Er tritt auch zusammen — wieder unbewußt, denn seine Bildung war nicht literarisch — mit
Tolstois Wertung der Kunst, der sie auch nur als
religiöse Bekundung gelten lassen will.

Wir haben hier nicht zu prüfen, ob diese Deutung
richtig ist oder nicht, es genügt, sie festzustellen und als
Grundlage seines gesamten Schaffens anzuerkennen.

Die Form, in der er sein inneres Schauen gestaltet, ist
nach seinem oft wiederholten Bekenntnis das *Märchen.*
So sind seine „Reiseerzählungen", die man als geographische Berichte nach dem Maße realer Glaubwürdigkeit
bemessen wollte, symbolische Dichtungen, Märchen, in
denen er seinen Glauben anschaulich macht. Man hat
ihm auch das nicht gelten lassen wollen und als eine
nachträglich erfundene, schlecht geführte Rechtfertigung
der sachlichen Unglaublichkeit seiner Erzählungen gedeutet. Aber man lese nur ohne Vorurteil seine Selbst-
deutung in dem Kapitel 7 von „Mein Leben und Streben" („Meine Werke") und verfolge sodann seine Gedanken durch seine Werke hindurch, um sich von der
inneren Wahrheit seiner Zeugnisse zu überzeugen. Auch
hierin äußert sich seine romantische Anlage. Nach Novalis ist das Märchen „gleichsam der Kanon der Poesie,
muß alles Poetische märchenhaft sein". Der Zug zum
Naiven, Volkstümlichen und Kindlich-Herzlichen lag in
der gesamten Kunst des romantischen Zeitalters tief begründet. Das alte Volksmärchen gab dazu nur das Muster. Die Romantiker umfaßten aber mit dem Begriff des
Märchens die gesamte Kunst des Wunderbaren, Phantastischen, Mythen- und Sagenhaften, des Symbolischen
und Allegorischen, so daß eine ganz neue Märchenform
entstand: das subjektive, modernisierende Kunstmärchen.
Das Hauptmotiv dieser Kunstgattung war der große
Kontrast zwischen der Poesie jener Traumwelt und

der Prosa der modernen Alltäglichkeit, wodurch sie meist einen didaktischen oder satirischen Beigeschmack bekommt: man erinnere sich an *Tiecks* und *E.T.A. Hoffmanns* Märchen, besonders an dessen „Poetisches Meisterwerk", wie er es selbst nannte, den „Goldenen Topf". In diesen Kreis, besser gesagt, in diese Linie, und zwar an ihr Ende, gehört auch Karl May. Damit erklärt sich auch wieder seine Wirkung auf die Jugend.

Die Jugend steht der Natur noch nahe, hat sie noch nicht verloren, sucht sie erst zu umfassen und kennenzulernen. Deshalb treibt sie eine unstillbare Sehnsucht in ihre Arme. Das ist der romantische Zug, der nicht nur als historisch abgelebte Geistesströmung das 18. Jahrhundert und die erste Hälfte des 19. beherrscht hat, sondern der immer neu geboren wird mit jedem neuen Geschlecht, der als geistige Unterströmung von den Zeiten der Edda bis in die Gegenwart lebendig ist. Unsere Haus- und Schulerziehung nimmt auf dieses romantische Bedürfnis der Jugend keine, jedenfalls viel zu wenig Rücksicht, sie steht im Dienst der Richtung, die den Gegensatz der romantischen bildet, der klassischen. Sie lebt in der Klarheit und Deutlichkeit der Erfüllung; entartet in ihrer Verkümmerung zumeist in Flachheit, Nüchternheit, Greisenhaftigkeit. Ihr fehlt Schwung und Begeisterung, fehlt die Sehnsucht der Seele.

Suchen wir nach einem anderen leuchtenden Vertreter jener romantisch-literarischen Strömung, so werden wir auf den Mann verwiesen, mit dem sie zuerst wieder gewaltsam durchbrach, auf *Friedrich Hölderlin*, dessen Wesen eine nie gestillte Sehnsucht, eine suchende, klagende, wehmütige, elegische Stimmung ist: Hyperion will die ganze Welt umfassen, ist ein Trieb ohne Maß und Grenzen.

Romantisch ist auch Mays ganze Stellung zu den Welträtseln. Er verzichtet auf den Versuch, ihnen mit dem bloßen Verstande, mit den Wissenschaften beizukommen, für die er nur eine bei Autodidakten nicht seltene hochmütige Ablehnung hat. Er glaubt ihnen mit seinem untrüglichen Gefühl näherzukommen und kennt nur solche Wahrheiten, die ihm sein Glaube offenbart. Da ihm die ganze Welt ein großes Wunder Gottes ist, so stößt sich seine Vernunft nicht an der Vorstellung von Engeln, Teufeln, von Hellseherei, Prophetie, Vorausbestimmungen und Wundern. Das ist vielmehr recht eigentlich die Vorstellungswelt, in der er sich wohlfühlt. Er hat stets richtige Ahnungen, fühlt sich ermutigt oder gewarnt von einer geistigen Macht wie etwa Sokrates, er sieht in allem und jedem die Fügung Gottes, die jeden Zufall ausschließt. Auch ihm ist Zufall gleich Gotteslästerung. All dieses Wundergläubige, Visionäre, Mystische wird ihm von der seine Zeit beherrschenden Aufklärung als rückständig, unwahr, unecht, deshalb krankhaft, ja wohl gar schwindelhaft angerechnet, während es Ausdruck seiner innersten Natur und Frucht seiner frühesten geistigen Kost war: Er blieb eben sein Leben lang im Bannkreis der orientalischen Märchenwelt, unter der Führung des Märchenerzählers, des Hakawati. Übrigens ist seine Weltanschauung, so wenig ich selbst ihr zuneige, keineswegs rückständig. Die tiefsten Geister, Kant, Goethe, Schopenhauer und heute noch Wilhelm Ostwald stehen zum Beispiel der Frage des Geistersehens zum mindesten zweifelnd, keineswegs streng ablehnend gegenüber, und in seinem Gottesglauben steht zu ihm die Mehrheit der gesamten denkenden Menschheit. Deshalb braucht er noch nicht die untrügliche Wahrheit zu haben, aber er sollte doch vor leichtfertigem Spott gesichert sein.

May macht wie Chateaubriand die Religion zu einem Gegenstand ästhetischen Genusses und setzt poetisch gleich mit gläubig. Seine Phantasie schwelgt in fernen Ländern, die er mit Menschen bevölkert, deren kulturloses, unsicheres Dasein er als der Natur näher und somit Gott näher empfand, als wilder zwar, verwegener, ursprünglicher, leidenschaftlicher, zugleich aber wieder als religiös tiefer, natürlicher, lenkbarer, empfänglicher. Seine Phantasie überspringt die Grenzen, die sich zwischen dem realen Leben und dem „Himmel", zwischen Menschen und Göttern auftun, verkehrt mit den überirdischen Gestalten, mit Gott, Engeln, Teufeln, Riesen und allem Fernen, Fremden, Exotischen wie mit Alltagserscheinungen und hat seine Freude an frommen Visionen, grotesken Zufällen und Wundern aller Art. Das alles hat er mit den Romantikern gemein, obgleich er nicht von diesen, sondern von den persischen alten Märchenerzählern ausgegangen ist. Daß er aber mit seiner ganzen Schriftstellerei zu der „geheiligten Backfisch-Literatur" gerechnet werde, deren „breite Bettelsuppen für den Familientisch", für die „höheren Töchter" und die „alten Weiber beiderlei Geschlechts" hergerichtet wurden, dagegen spricht sein Erfolg bei der mannhaften Jugend, obgleich es auch bei ihm nicht fehlt an „entnervender Phantasterei" und anderen Fehlern der ganzen Zeit, aus der er herausgewachsen ist, wie „pedantischer Bildungsschwätzerei und polizeifrommer Gesinnungstüchtigkeit".

Aber alle diese Schwächen verziehen ihm die Leser, die sich von der Gemeinheit der Großstadtliteratur abgestoßen fühlten und sich aus den Spelunken, Bordellen, Kaffeehäusern und Salons hinaussehnten in eine Welt reinerer Luft und Gesinnung.

Das Neue an Mays Romantik ist, daß er aus der kosmischen Stimmung den Mut zur Tat schöpft. Er überwindet Sentimentalität, Weltschmerz, Sünde und Reue, und findet Erlösung im Kampf. Auch das ist gut- und altgermanischer und zugleich neuer Geist, ist das Heldentum, wie es die altheidnische Sage, zumal in der Edda, verherrlicht, neu erwacht im Kampf für einen weltumspannenden Erlösungsgedanken.

7

Bedeutung und Zukunft

Das entscheidende Wort ist noch immer nicht gesprochen. Ich will es selbst sprechen: In einem Zeitalter, in dem es alle Völker nur darauf absehen, sich zu
bereichern, auszudehnen, Macht und Übermacht über
andere zu gewinnen, in einem solchen Zeitalter predigte
May allgemeinen Frieden der Menschen, warnte vor der
gemeinen Habgier, vor den Mitteln der Gewalt und List,
mit denen der Stärkere und Klügere, Durchtriebenere,
Raffiniertere den Schwächeren, Arglosen, Kindlichen Vorteile abjagt, sie schädigt, dienstbar macht, obendrein noch
verachtet und mißhandelt. Deshalb hielt er es mit den
verträumten Orientalen, mit ihrer kosmischen Weltbe-
trachtung, die alle diese irdischen Kämpfe, Ränke und
Gewinne gering achtet, und hielt es mit den dem Untergang geweihten, zumeist schon zerfallenen Rothäuten
Amerikas, den Opfern europäischer, barbarischer Kultur.
May fordert von dem Europäer, daß er der Betreier,
Erlöser, Erzieher der schwächeren Nationen und Volksstämme werde. Er hat diesen Weltkrieg geahnt. Er wußte, wo das Leben ohne Ideen und ohne Ideale landen
mußte. Er fühlte die Schuld unserer irregeleiteten Kultur. Sie brannte ihm heiß auf der Seele. Er wollte sich
nicht zum Mitschuldigen machen. Deshalb wurde er zum
Prediger, zum Volkserzieher. Uns andere mußte erst
das fürchterliche Schicksal sehend machen. Er war hell-
sehend, prophetisch wie Kassandra, teilte aber auch ihr
Schicksal: Man hörte nicht auf seine Warnungen, ver-
lachte ihn.

Jetzt erst kommt Mays Tag.

Als König Kreon, durch Eitelkeit und Herrscher-
Selbstbewußtsein betört, seinen Sohn Haimon, dessen
Braut Antigone und sein eigenes Weib in den Tod ge-

trieben hatte und klagend an den Bahren zusammenbrach, da schied der Chor der thebanischen Greise von diesem Anblick des Jammers mit den Worten, mit denen des Sophokles herrliche „Antigone" in gewaltig erschütternden Akkorden schließt:

> Prahlerische, durch härteste Schicksalsschläge
> Hochtönende Reden büßend, so lernen
> Im Alter sie wohl noch weise zu denken.

Heute, am Grabe des Zeitalters, das uns alle so unglücklich gemacht hat, predigt *Walther Rathenau* in der Schrift „An Deutschlands Jugend":

„Selbstverständlich schien: mein Nutzen ist dein Schaden, mein Leben ist dein Tod. Warum sollte das, so meinte man, nicht in alle Zeit so weitergehen, da es doch immer gewesen war? Es konnte nicht so weitergehen, denn alle Nationen waren zum Bewußtsein erwacht und kannten die armseligen Spielregeln, einer so gut wie der andere.

Daraus aber war gerade die höhere Pflicht zu entnehmen: endet dies unergiebige und würdelose Spiel! Wetteifert; schafft sittliche Ideen, die allen dienen und niemand vernichten; schafft den universalen Gedanken der Solidarität, nicht durch lahme Schiedsgerichte und kraftlose Paragraphen, sondern durch lebendiges Zusammenwirken; tut das soziale Unrecht ab im Innern und das barbarische im Völkerverkehr; wandelt die Anarchie in Ordnung; schafft dem Gedanken der Menschheit sein Recht, doch nicht in verblasenem Pazifismus und utopischer Duselei; beginnt da, wo die Gefahr am dringendsten, die Schwierigkeit am größten, die Arbeit am härtesten ist, beginnt mit der Wirtschaft! Und dann, wenn das Gröbste geleistet ist, steigt auf zum Kulturellen, zum Geistigen, Menschlichen!

Noch heute wird es viele geben, die im Glauben an die Heiligkeit der Interessen und in selbstbewußter Erkenntnis des sogenannten Durchführbaren — nämlich des Trivialen — und des sogenannten Uferlosen — nämlich der sittlichen Pflicht — diese Gedanken verlachen. Ich sage Euch aber: der kommende Friede wird ein kurzer Waffenstillstand sein und die Zahl der kommenden Kriege unabsehbar. Die besten Nationen werden hinsinken, und die Welt wird verelenden, sofern nicht schon dieser Friedensschluß den Willen besiegelt zur Verwirklichung dieser Gedanken."

So denken heute Millionen von Menschen, aber, so frage ich alle Ehrlichen: sind das nicht alles Gedanken von Karl May? Sind es nicht die Gedanken, denen er sein ganzes Leben gewidmet hat, die unters Volk zu tragen er nicht müde wurde, zu sinnen und zu wirken? Und weil das wahr und mit tausend Stellen aus seinen Schriften zu belegen ist, deshalb ist er einer von den Großen der abgeschlossenen Zeit, in der es wenige Große gab, und deshalb wird er im Andenken fortleben als Künder des kommenden Tages in dunkler Nacht. Er trieb den veredelten Sozialismus, der nicht auf den Neid und die Habgier, sondern auf den besten Kern im Herzen der Menschheit spekuliert und — deshalb, deshalb zumeist liebt ihn unser Volk.

Wenn schon Gericht gehalten werden soll, so entscheide dieses unser Volk! Hier ein armer Schriftsteller, der mit seiner Feder Tag und Nacht schafft, eine Arbeit von ungezählten Tausenden von Schriftseiten, schon rein mechanisch eine erstaunliche Leistung, ein Mann, der sich zum Ziel setzt, gutzumachen an sich und an seinem Volk, was er durch Verfehlungen in jungen Jahren auf seine Seele geladen hatte, ein Mann, der es fertigbringt, in mehr als 40 starken Bänden, in denen nichts Schlüpfriges, nichts Frivoles, nichts Lüsternes, nichts Gemeines steht, dem Volk willkommene Geisteskost zu bringen und Hunderttausenden zum Freund und Berater zu werden, ein Mann, der sich allen Anfeindungen und Verfolgungen zum Trotz ein frommes, ergebenes, liebevolles, hilfsbereites Herz bewahrt und ohne ein hartes Wort auf den Lippen aus dieser Welt des Hasses scheidet: sein letztes Werk eine Liebesgabe für hilfsbedürftige Schriftsteller.

Daneben eine Gruppe dunkler Ehrenmänner, die sich zum Ziel gesetzt hat, diesen „Schundschriftsteller" kaputt zu machen, sich hinter seine alten Gerichtsakten hermacht, darin wühlt und schnüffelt und mit Wollust

494

und Gier daraus alles aufliest, was gegen ihn sprechen könnte, dann sofort aus sicherem Versteck diese Entdeckungen durch gefügige Pressebüros in die Welt hinausposaunt: Durch tausend Kanäle brachten sie das Gift, Wahres, Halbwahres, Erfundenes, Mißdeutetes, Lug und Trug, Dreck und Stank mit hämischer Lust und Schadenfreude unters Volk und sorgten dafür, daß dem alten Manne täglich diese Frucht ihres Verleumdungsfeldzuges auf den Tisch geworfen wurde. Nicht zufrieden, ihn zu Tode gehetzt zu haben, ohne Reue und Scham, setzen sie jetzt ihr schmutziges Treiben auch über sein Grab hinaus noch fort und geben sich dabei den Anschein, als geschehe das alles nur im Dienst der Wahrheit, zum Schutz der freien wissenschaftlichen Forschung, zum seelischen Wohl unseres Volkes.

Ich habe das Zutrauen zu diesem unserem Volk, daß es Wohltaten aus solchen Händen ablehnen und mit sicherem Takt zwischen Klägern und Angeklagten entscheiden wird.

Wir machen uns alle mitschuldig, wenn wir diesem Treiben teilnahmslos zuschauen. Leider können wir den Vorwurf nicht abweisen, daß bei uns fast noch jedes Talent verfolgt und zu Tode gequält wurde. Die Geschichten vieler unserer großen Männer lesen sich wie Kriminalakten. Erst wenn sie tot sind, kommt die späte Erkenntnis und Reue. Dann sollen Denkmäler von Stein oder Erz gutmachen an dem Toten, was man dem Lebenden schuldig geblieben war. May fand zu seinen Lebzeiten bei uns kaum eine einzige Stimme von Gewicht, die sich für ihn erhob. Das ist eine beschämende Tatsache. Man sollte sie wohl verschweigen, um dem Ausland nicht eine neue Waffe gegen uns in die Hand zu geben. „Seht", wird man draußen sagen, „so sind sie!" Wir können es zwar nicht mit ansehen, wenn Kinder auf der Straße eine Katze mißhandeln, wenn aber einer unserer Schriftsteller langsam durch öffentliche Beschimpfungen zu Tode gequält wird, so empfindet man das als einen recht wohligen Nervenkitzel, und keine Hand regt sich für ihn. Wenn es nun gar heißt, daß er „Unsittliches" geschrieben habe, dann greift der ehrbare Bürger selbst zum Stein, dann denkt er: „Gott sei Dank, ich bin nicht so!"

Der ganze Entrüstungssturm gegen Karl May ist das Machwerk von zwei bis drei Männern, die in Dresden sitzen und die „Sache deichseln". Dort haben sie ihr Zentralbüro. Dort holt sich jeder, der an der Karl-May-Hetze teilnehmen will, sein „Material". Von dort läßt er sich seine Wohlgesinntheit öffentlich bestätigen. Das sieht von außen alles wie ehrliche Arbeit aus. Nur der Eingeweihte erkennt die Mache. Es ist nötig, einmal in dieses dunkle Treiben hineinzuleuchten, damit man in Deutschland mißtrauischer gegen die Presse werde. Im Weltkrieg erlebten wir es schauernd, was ihr Verleumdungsfeldzug anrichten kann und wie es gemacht wird. Auch bei uns im Lande ist es nicht überall sauber in der Presse und konnte man das Gleiche schon im kleinen erleben, wie jetzt auf der großen Weltbühne. Der Fall Karl May ist nur *ein* Beispiel dafür.

✻

Ich weiß, daß es viele Leute gibt, die Karl May überhaupt nicht als Künstler gelten lassen wollen. Da fragt es sich, was denn das Kriterium, der Maßstab, die psychologische Vorbedingung dazu sei, daß irgendein künstlerisches Schauen und Tun zustande komme. *Friedrich Nietzsche* gibt uns darauf die Antwort[1]:

„*Der Rausch*. Das Wesentliche am Rausch ist das Gefühl der Kraftsteigerung und Fülle. Dieser Zustand führt zum Lokalisieren, das ein ungeheures Heraustreiben der Hauptzüge ist, vor dem das andere verschwindet. In diesem Zu-

[1] ‚Götzen-Dämmerung'.

stande bereichert der Künstler alles aus seiner eigenen Fülle,
wendet die Dinge, bis sie seine Macht widerspiegeln, — bis
sie Reflexe seiner Vollkommenheit sind. Dies Verwandeln-
müssen ins Vollkommene ist — Kunst."

Ist diese Deutung richtig, und es scheint mir so, dann
bleiben für die Erzählkunst der deutschen neueren Zeit
wenig Künstler übrig, denn die meisten schreiben, weil
sie *wollen,* weil der Verleger will, weil sie Geld und
Ruhm brauchen, oder aus sonstigen äußeren Antrieben.
Vom *Rausch* bekommt man dabei selten etwas zu spüren. Aber Karl May schrieb aus innerstem Drang, war
ergriffen dabei, schrieb im Rausch und wirkte deshalb
auch begeisternd auf die Jugend. Also ist er ein Künstler, ein Idealist, der das Vollkommene erstrebt. Er ge-
nießt sich selbst in seiner Kunst als Vollkommenheit.
Philister rechnen ihm das als Eitelkeit an.

Wir haben zunächst den Stoff zu betrachten, den May
gestalten will, den Geist, mit dem er ihn erfüllt, sodann
seine technischen Mittel, mit denen er ihn gestaltet. Dabei werden wir auch schon Gesagtes wiederholen müssen.

Über den Sinn seiner „Reiseerzählungen" gibt er uns
selbst Aufschluß. „Sie alle", sagt er, „sind als Gleichnisse, bildlich, symbolisch zu nehmen." Ihr Thema ist die
Erlösung der Menschheit aus dem Tierischen zum Edelmenschen. Ihr Leitmotiv liegt in dem Märchen von Sitara. May, „im tiefsten, niedrigsten Ardistan geboren,
ein Lieblingskind der Not, der Sorge, des Kummers",
will den Zwiespalt und Kampf schildern, den er, wie er
eine Faustnatur, in seinem Innern durchzukämpfen
hatte, den Dualismus zwischen Finsternis und Licht,
Sünde und Gnade, Tod und Leben, Materie und Geist,
Himmel und Hölle. Seine Reiseerzählungen sind Predigten an die sündhafte und verlorene Menschheit. Er
beklagt sich bitter, daß man das nicht verstehe und ihm
nicht glauben wolle, daß man ihn nur als Jugendschrift-

steller, und das auch nur zur Not, wolle gelten lassen, während er doch für ernste, nachdenkliche Menschen schreibe, die den Willen haben, an der Lösung der tiefsten Menschheitsrätsel mitzuarbeiten. Der Plan zu diesem Werke, dem er mit großartiger Ausdauer und genialer Einseitigkeit durch sein ganzes Leben gedient hat, kam blitzartig, wie eine Erleuchtung über ihn, als er im Gefängnis bei sich Einkehr hielt: da fand er den Weg zur Erlösung seiner eigenen Seele und der gesamten Menschheit:

„Ich will Licht schöpfen aus dem Dunkel meines Gefängnislebens. Ich will die Strafe, die mich getroffen hat, in Freiheit für andere verwandeln. Ich will die Strenge des Gesetzes, unter der ich leide, in ein großes Mitleid mit allen denen, die gefallen sind, verkehren, in eine Liebe und Barmherzigkeit, vor der es schließlich kein ‚Verbrechen‘ mehr und keine ‚Verbrecher‘ gibt, sondern nur noch Kranke, Kranke, Kranke!“

Durch den Glauben an die Menschheit, auch an den geringsten der Menschen, durch Liebe zu ihm, will er ihn emporziehen, das imaginäre „Ich“ soll nicht imaginär bleiben, sondern sich verwirklichen im Leser, der alles miterlebt und darum gleich den dichterischen Gestalten emporsteigt und sich veredelt. Indem der Leser gezwungen wird, mit dem Ich — heiße es nun Old Shatterhand oder Kara Ben Nemsi — zu handeln, empfinden, sorgen, leiden und jubeln, wird er zur Lebens- und Gesinnungsgemeinschaft mit ihm erzogen und so in freudigem Aufstieg zur Vollendung geführt. So Mays Plan.

Man erkenne wenigstens die edle Absicht und das hohe Ziel an!

May schrieb in das Exemplar von „Ardistan und Dschinnistan“, das er mir schickte, die Verse:

Lies nicht die Worte nur; erforsch den Sinn;
als Taucher sollst du tief hinuntersteigen.
Und wenn dann ‚ich‘ dir klar geworden bin,
dann wird sich auch dein eignes ‚Ich‘ dir zeigen.

Ich habe keinen rechten Sinn für solche „sibyllinischen"
Bücher, wie *Gottfried Keller* den „Prometheus" von
Karl Spitteler nannte. Wenn er weiter sagt: „Was der
Dichter eigentlich will, weiß ich nach zweimaliger Lektüre noch nicht", so sehe ich bei Karl May zwar klarer,
aber habe nicht viel Freude daran. Ich weiß jedoch, daß
andere anders empfinden. Wenn Nietzsche sagt: „Man
habe nur die Fähigkeit, fortwährend ein lebendiges
Spiel zu sehen und immerfort von Geisterscharen um-
ringt zu leben, so ist man Dichter", so erweist sich Karl
May gerade in diesem symbolischen Werk am meisten
dichterisch.

Seine ganze Schriftstellerei erklärt sich mir aus seinem
angeborenen Phantasiereichtum, aus seinem ursprünglichen Lehrerberuf und aus einem Zug zum Pastoralen.
Er hat mit *Goethe* und vielen anderen Schriftstellern
die Lust zu fabulieren schon als kleines Kind betätigt.
Es war ihm Naturbedürfnis. Er lebte in seiner Traumwelt, ein „ewiges Kind". Dazu kam der den Deutschen
überhaupt so tief im Blut steckende lehrhafte Zug, zumal stark entwickelt in Sachsen, dem Musterlande der
Schulmeister, und ferner der Zug zum Philosophieren,
Spintisieren und Moralisieren. Da seine Schulbildung
sehr unzulänglich war, baute er sich seine eigene Ideen-
welt auf. Sein wichtigstes Lehrbuch war und blieb ihm
die Bibel. Mit seiner Frömmigkeit fand er den Weg zum
Herzen des Volkes. Dazu kam die ebenfalls echt deutsche
Lust am Wandern und an Abenteuern. Auch hierin stehen
die Sachsen obenan: Man trifft sie überall auf Erden.

Von Mays frühester literarischer und dichterischer Tätigkeit sehe ich ab. (Es waren Humoresken, erzgebirgische Dorfgeschichten und lehrhafte Beiträge zu mehreren selbstgeleiteten Zeitschriften.) Ich sehe auch ab
von seiner Gedichtsammlung „Himmelsgedanken", seinem einzigen Drama „Babel und Bibel" und von den
zwischen 1882 und 1887 im Münchmeyerschen Kolpor-

tage-Verlag erschienenen, auf Bestellung geschriebenen und flüchtig hingeworfen fünf Lieferungsromanen, über deren Inhalt und (bescheidenen) Wert schon von Dr. Schmid[1] und Dr. Beissel[2] das Nötige gesagt ist.

Nur das muß ich nochmals ausdrücklich betonen, daß sie durchaus ehrbar und harmlos sind, daß auch in ihnen, soweit ich sie selbst gelesen habe, das schlichte völkische Rechtsbewußtsein zum Ausdruck kommt: Redlichkeit, ausharrende Liebe, Gottvertrauen werden belohnt (das brave Dirndl bekommt endlich seinen Schatz), Hochmut, Selbstsucht, Falschheit kommen zu Fall, Verbrechen bleiben nicht dauernd verborgen usw. Von Unsittlichkeit kann selbst in den durch dritte Hand entstellten Arbeiten nicht die Rede sein. Kleinberg, der dies behauptete, hat nachweislich und zugestandenermaßen, von den etwa 15 000 Seiten nicht eine gelesen, was aber ihn und seine Anhänger nicht abhält, sie sittlich zu verdammen.

Hier auch tritt schon Mays künstlerische Kraft deutlich zutage. Er mußte täglich gegen sieben Druckseiten liefern und also darauf losschreiben, so schnell es nur die Feder hergab. Schwerlich hatte er beim Beginn eine Ahnung, wie die Sache ausgehen sollte. Und doch kämpfte er sich immer wacker bis zur bestellten hundertsten Lieferung durch, und die Sache hat doch ihre Façon. Man wird von dem so Gehetzten keine abgeklärten, künstlerisch abgerundeten, fein abgewogenen Werke erwarten. Trotzdem haben sie Werte, die ihnen die Volksgunst bis heute gesichert haben, wohl mehr ethische als ästhetische Werte.

Seine „Geographischen Predigten" gehören ebenfalls hierher; auch sie können nicht viel Anspruch auf künstlerischen Wert machen. In ihnen zeigt sich aber schon klar der religiöse Unterton, der zu allen späteren Schrif-

1 s. oben die Kapitel ‚Die Prozesse' und ‚Verfälschte Handschriften'.
2 Karl-May-Jahrbuch 1919, S. 147 ff.

ten das Leitmotiv bildet und ebenso stark in seiner Gedichtsammlung „Himmelsgedanken" durchklingt. Der Schwerpunkt liegt auch hier auf dem Religiös-Erbaulichen, nicht auf dem Künstlerischen, wenn schon sich seine Gottesverehrung oft zu einer poetisch gesteigerten Sprache erhebt.

Es hätte May freigestanden, anderen Schriften eine andere Tendenz zu geben. Er tat es aber nicht, offenbar deshalb nicht, weil sein Leben unter dem unentrinnbaren Zwange seines christlichen Glaubens stand. Schon dieses frühe Werk, das er 1876 als Vierunddreißigjähriger herausgab, steht unter dem Motto:

„Wer sind die tausendmal Tausend, wer die Myriaden alle,
Die den Erdball bewohnen und bewohnten, und wer bin ich?
Halleluja dem Schaffenden! Mehr wie die Erde . . .!"

(Klopstock).

Die Schrift ist in acht Kapitel gegliedert: Himmel und Erde, Land und Wasser, Berg und Tal, Wald und Feld, Mensch und Tier, Strom und Straße, Stadt und Land, Haus und Hof. Allen diesen Kapiteln sind verwandte Motti vorgeschrieben und alle halten das gleiche fromme Ziel, den gleichen Gott anbetenden Ton ein. Auch hier also ist des Verfassers ganzes Sinnen auf die Verherrlichung Gottes gerichtet und auf den Zweck, den Menschen zur Gottesfurcht zu erziehen und zum Gehorsam gegen seine Gebote, deren höchstes die Liebe sei, die Liebe zu aller Kreatur, zumal zu allen Mitmenschen. Sein Glaube deckt sich darin am meisten mit dem Tolstois: Gott ist das All, als dessen Teil ich mich bekenne. Darum begrenzt sich nur alles durch Gott und ich empfinde ihn in allem, im Baum, Kraut, Strauch, im Tier, das auch eine Seele hat, wie auch die Blumen Seelen haben, am meisten aber im Mitmenschen. Deshalb will auch er alle Schranken aufheben, die ihn hindern, im Mitmenschen das Gottesgeschöpf zu erkennen, Schranken des Blutes, des Glaubens, des Besitzes, der Bildung. Wie Tolstoi ermahnt auch er zur Bedürfnislosigkeit, zur Überwindung der Leidenschaften, der Machtgier, der Trunksucht, der Sinnlichkeit, der Verweichlichung. Über so hohen Zielen vergißt er allen kleinen Alltagskram, alle nichtigen Alltagssorgen und empfindet sein Leben als eine Mission im Dienste der göttlichen Liebe.

Volle Klarheit wird sich ihm erst allmählich herausgebildet haben. Daher der leicht erbrachte Nachweis, daß nicht alle Reiseerzählungen als symbolisch gedeutet werden können, daß zunächst der rein erzählende Charakter vorherrscht. Später mag er selbst seine Schriftstellerei nur von dem höheren erzieherischen Standpunkt aus gesehen haben. Wir alle wissen ja selten, wie sich unsere Gedanken entwickelt haben, und vergessen leicht die Anfänge beim Anblick des letzten Erfolges. Auch da sollte man also nicht von bewußten Fälschungen sprechen, sondern mit nachempfindender, nachschaffender Seele die allmähliche Entwicklung begleiten. Erstaunlich früh sah May seine Lebensaufgabe vor sich, aber natürlich nahm sie in ihrer Durchführung veränderte Formen an. So ist offenbar anfangs das Ich auch ganz deutlich der damals noch ganz unbekannte Karl May, der beliebig erzählen und phantasieren mochte. Bald wuchs sich das Ich mehr und mehr zu einem Idealbegriff aus und verlor schließlich fast den Zusammenhang mit dem leiblichen Karl May. Die dadurch entstandenen Widersprüche sind Entwicklungsstadien, nicht Fehler oder gar Täuschungen. Raupe, Puppe, Schmetterling heben sich nicht gegenseitig auf, sondern ergänzen sich zu einem Leben, dessen Ziel der Schmetterling ist. Von einer „eitlen Betonung der Identität des Verfassers mit seinem Helden" kann also nicht die Rede sein. Das hat schon Dr. Droop so überzeugend nachgewiesen[1], daß Kleinberg auf den alten Vorwurf nicht wieder hätte zurückverfallen dürfen:

1 Adolf Droop, ‚Karl May. Eine Analyse seiner Reiserzählungen'. Köln-Weiden 1909.

„Selbstverständlich kann Mays Ich nur die Züge und Anschauungen seines Schöpfers tragen; er wirkt innerhalb der
Richtlinien seines Wesens und diesem gemäß, aber er erhebt
es mit bewußtem Wollen über seine eigene begrenzte Persönlichkeit zu einem allgemeinen Menschheitsideal."

Der reale Wahrheitsgehalt der „Reiseerlebnisse" wird
nie zu ermitteln sein. Törichterweise betont May mehrfach, daß er nur „Erlebnisse" erzähle. Auch hierfür gibt
schon Droop die richtige Deutung:

„Mays Schriften haben erzieherische Tendenz, und dieser
hatte sich alles unterzuordnen."

Aber ein Mißgriff war diese Betonung des Selbsterleb-
ten doch, wie der Erfolg lehrt. Man nahm sie nicht als
dichterische Lizenz, sondern als ein außerhalb der Dichtung stehendes Bekenntnis und verwertete sie als Zeugnis gegen seine Verläßlichkeit. Wenn ihm darin Unrecht
geschieht, so ist er daran nicht schuldlos. Er rechnete auf
„geneigte" Leser, fand aber auch viel Mißgunst — besonders bei seinen Nichtlesern! Das hätte er erwarten
und sich vor üblen Deutungen bewahren sollen.
Wenn wir Karl May recht verstehen, so will er sagen,
daß er bei all seinen Reiseerzählungen mehr als natur-
wissenschaftliche, völkerkundliche Belehrung und mehr
als bloße Unterhaltung angestrebt habe, daß es ihm um
die künstlerische Gestaltung von sittlichen Ideen zu tun
sei, um den Kampf zwischen dem guten Prinzip und dem
bösen, zwischen Tugend und Sünde, zwischen Licht und
Finsternis, zwischen Gott und Teufel. Daß er den Plan
zu einem solchen Werk tatsächlich schon in jungen Jahren entworfen hat, das steht jetzt außer Zweifel, nachdem zur Ergänzung und Bestätigung dieser seiner ausdrücklichen Angabe der handschriftliche Entwurf dazu
gefunden und durch Faksimile im K.-M.-Jahrbuch 1919
mitgeteilt worden ist: „Mensch und Teufel"[1].

1 Die Bruchstückentwürfe zu diesem geplanten Roman fanden später Aufnahme in Band 49 ‚Lichte Höhen'.

Stand ihm aber einmal dieser Grundgedanke klar vor der Seele, so ergab sich die weitere Aufgabe fast von selbst: Alle Schriften sollten das eine große Thema behandeln, wie das Licht die Finsternis überwindet. Es ist ja im Grunde das allgemeine große Thema aller Religionen, deshalb unerschöpflich. Wir sehen es als Grundgedanken ganzer Kulturen klar erfaßt: in der Lehre der alten Perser von dem Widerstreit der Götter Ormuzd und Ahriman, bei den Japanern als Kampf des Lichtes mit dem Drachen der Finsternis, bei den Deutschen als Siegfrieds Kampf gegen Hagen, in der christlichen Lehre als den Kampf Gottes mit dem Teufel.

Nun wird auch klar, weshalb das Ich bei May so ohne Fehl ist und stets siegen muß. Das Licht in seiner Reinheit siegt auch stets und überall über die Finsternis. Wo es auf anderes Licht stößt, da verbündet es sich ihm. So finden wir also das Ich bei May stets im Bunde mit den Menschen, die dem Guten zustreben. Sein arabischer Diener, der die wahre Gotteserkenntnis sucht, ein mohammedanisches Weib, das nach dem Besitz einer Seele schmachtet, der deutsche Prediger im Gebiet des Rio de la Plata und seine Familie, unschuldige, nach Liebe verlangende Kinder und so fort, selbst die Tiere, durch Mißhandlung bissig gewordene Hunde, scheinbar unbändige Pferde, die aber nur des freundlichen Tones und der streichelnden Hand bedürfen und auch als Gotteskreaturen nach Erlösung schmachten, sie alle fliegen ihm zu, dienen ihm freudig, folgen ihm in jede Not und Gefahr, verbinden sich mit ihm auf Leben und Sterben, verbreiten seinen Ruhm in alle Welt. Wohin das Ich nur kommt, überall geht ihm sein guter Ruf voraus. Man kennt seine Heldentaten ebenso im fernsten Westen wie im fernsten Osten, in dem Trubel der Städte wie in der entlegensten Hütte nomadisierender Wüstenstämme. Das Licht kennt eben keine Beschränkungen.

Die Gegner aber, als Vertreter der Sünde, müssen

natürlich auch das böse Prinzip in herbster Form veranschaulichen. Es sind alle die, die den Glauben an eine göttliche Weltordnung nie gesucht, nie gefunden oder wieder verloren haben und bewußt im Dienst der Sünde verharren. Sie sind Diener des Teufels und deshalb zu jeder Schandtat bereit und mit allem Bösen verbündet. So haben wir die organisierten Verbrecherbanden der Schmuggler am Euphrat, ein ganzes Netz von Spionen, Hehlern, Stehlern, Räubern und Mördern über den Orient gesponnen und hausend in den wunderlichsten dunklen Verstecken. Ähnlich ist am La Plata eine auf staatlichen Umsturz bedachte Verbrechergesellschaft vollständig organisiert, durch Schwüre und die Macht des Terrors zum Zusammenhalten gezwungen.

Mit reichster Phantasie zeichnet May den unausgesetzten Kampf der beiden großen Mächte, die um die menschliche Seele ringen. Bald rückt der Feind offen vor, bald schleicht er unter freundlicher Maske an, bald allein, bald im Bunde mit seinen Helfern, bald ergibt er sich zum Schein, bald bricht er wieder alle Zusagen und Eide, bald scheint er endlich überwunden, dann aber befreit er sich wieder durch List oder Gewalt. Es ist ein unausgesetztes Ringen mit allen Kräften des Leibes und Geistes. Schließlich aber siegt das Ich, siegt Gottes Wille, und der Böse liegt am Boden in ohnmächtiger Wut oder mit freiwilligem Zugeständnis seiner Niederlage.

Man sieht: ein phantastischer Gedanke, ein Thema, dessen Bearbeitung ein Menschenleben ausfüllen kann, ja, man darf sagen: das Thema, dem alles menschliche Leben zu dienen hat, das Thema, vor das jeder denkende Geist gestellt wird und das nicht erledigt ist, solange es noch Menschen im Dienst der Sünde gibt.

May hat sich deutlich genug darüber ausgesprochen, aber er ist nicht verstanden worden. Jetzt aber kommt Licht in die Lebensarbeit dieses Mannes. Er hat ein Recht, alle seine Reiseerzählungen symbolisch zu nennen. Er will damit sagen, daß seine Helden, die er *Old Shatterhand* und *Kara Ben Nemsi* nennt, nicht Karl May sind, sondern das gute Prinzip, und dessen Gegner nicht die Menschen, die er so oder so benennt, sondern Vertreter des bösen Prinzips. Das ist Symbolik. Somit behält er also recht, wofern man nur den guten Willen aufbringt, ihn richtig zu verstehen. Damit brechen aber auch eine Menge Anklagen in sich zusammen, die sich als Folgen von Mißverstand erweisen. Sind die Dichtungen symbolisch zu deuten, so dürfen sie nicht als unmittelbare Selbstbekenntnisse, nicht wie gewissermaßen historische Urkunden mißbraucht werden. Sie berichten nichts über Karl Mays tatsächliche Reiseerlebnisse. Diese geben ihm nur die äußere Form ab zu freigestalteten Erfindungen. Mit dieser Erkenntnis erledigen sich also auch einige der schwersten und nachhaltigsten Anklagen gegen Mays Charakter, die der literarischen Unehrlichkeit, persönlicher maßloser Eitelkeit und einer nachträglich lügnerischen Rechtfertigung und „Selbstbeweihräucherung".

Ich kann hier nur dazu einladen, seinen Gedankengängen nachzugehen. Wir werden uns auch die Frage vorzulegen haben, ob May mit seinen spezifisch symbolischen Reiseerzählungen, die seine eigene Erfindung sind, einen glücklichen Griff getan habe. Ich selbst empfinde ablehnend, anderseits spricht die starke Wirkung doch wieder zu seinen Gunsten. Dabei meine ich nicht die rein erregende, unterhaltende Wirkung, sondern die erziehlich sittliche. Es ist vielleicht doch ein kluger Schulmeistertrick, daß er seine ernsten Lehren unter so anlockender Form versteckt. Rein theoretisch behandelt, sind sie ans Volk nicht heranzubringen. Wer liest solche Abhandlungen außer den – sagen wir – „Pharisäern und Schriftgelehrten"? Und wer läßt sich von solchen theoretischen Abhandlungen längere Zeit fesseln und dauernd beeinflussen? *Was* er predigt, das ist inhaltlich höchst beachtenswert. Leider kann ich auch nach dieser Richtung hin nur Andeutungen machen. Mit seinen Gedanken für den Völkerfrieden, Völkerbund, Ausgleich der Konfessionen, Versöhnung des Orients mit dem Okzident und anderen mehr gehört er zu den aufgeklärtesten und fortschrittlich wirksamsten Schriftstellern seiner Zeit. Sein Denken ist nicht akademisch geschult und mutet uns vielfach kindlich an: Er ist fast auf allen Gebieten Autodidakt, spottet über die Wissenschaften, ohne sie genauer zu kennen, aber er hat eine gesunde, angeborene Witterung für das Wahre und Rechte und vertraut deshalb auf seine eigene Kraft. Das ist die Art von Menschen, von denen zumeist neue Anregungen kommen – Prophetennaturen. Zuerst verlacht, kommen sie mehr und mehr zu Ansehen, und schließlich beherrschen sie die Geister. Was May betrifft, so wollen wir uns immer gegenwärtig halten, daß er allem Mißverstehen und aller Anfeindung zum Trotz schon jetzt[1] *der* neuere deutsche Schriftsteller ist, der das größte Auditorium und die stärkste Wirkung hat. Man nenne mir einen anderen. Ich kenne keinen, der ihm darin gleichkäme. Keiner wirkt so in die Breite und in die Tiefe wie unser — „Schundschriftsteller".

Wenn wir mit seinen Gegnern weiter verhandeln sollen, so müssen sie sich endlich zu dem Zugeständnis bequemen, daß es May mit seiner Lehre jedenfalls ernst war. Sie stellen ihrer eigenen Urteilskraft das schlechteste Zeugnis aus, wenn sie hartnäckig dabei verharren, all das „fromme Reden und Dichten" von May sei nur leere Mache, nur Spekulation auf die Dummheit und den Geldbeutel gutgläubiger Toren. Darüber ist kein Wort mehr zu verlieren.

Wenn er am See Genezareth auf dem Dache des französischen Klosters in Tiberias in sternenklaren, stillen Nächten seine „Himmelsgedanken" niederschrieb – so beschwindelte er Gott, sich selbst und seine Leser? Wenn

1 1918

er zu Klara May sagte: „Keinen Menschen sollen wir hassen. Wenn er mich quälen darf, so will es Gott, um mich zu prüfen ..., wohl dem, den Gott für wert hält, geschliffen zu werden! Käme heute mein Peiniger in Not und streckte seine Hand nach mir aus, ich würde sie ergreifen und ihm helfen, so weit es nur in meinen Kräften stände,"[1] so flunkert er nur seine Frau an und sie merkt es nicht einmal? Ein ganzes Leben lang kämpft er für seinen Glauben, füllt eine ganze Bibliothek mit dem Streben, seine Brüder zur Gottes- und Menschenliebe zu bekehren — „Alles Schwindel!" rufen die großen Psychologen aus, die sich über ihn zu Gericht setzen. Damit richten sie sich selbst und sind für uns erledigt. Es gibt einen Grad von Kurzsichtigkeit und Starrsinn, bei dem jede Verständigung unmöglich wird.

Anmerkung. In den mir auch übersandten Band 26 seiner Gesammelten Werke schrieb Karl May (unter dem 8. Januar 1912) nachstehende Verse:

> Fliegt auf, ihr Leser, auf zur Sonne!
> Sie ruft und lockt mit goldnem Strahl.
> Der Ätherflug ist Gotteswonne;
> Das Finstre bleibt im Erdental.
> Ihr werdet wie von Engelshänden
> Getragen und geführt zum Licht;
> Drum gürtet mutig Eure Lenden:
> Hinauf, hinauf; o zögert nicht!

Und in Band 25 folgendes:

> Des Leibes Knecht bist Du im niedern Leben;
> Im höhern bist Du dann des Geistes Kind.
> Willst Du nach dieser Geisteskindschaft streben,
> So meide alle, die nur Knechte sind!

[1] Karl-May-Jahrbuch 1918, S. 66.

8

Der „Verbrecher als Erzieher"

Dieses Wort stammt von *Ferdinand Avenarius,* und es
soll sein Eigentum bleiben. Er kündigt damit den Kampf
an, den er gegen May erneut aufnehmen will, um endgültig den ganzen „Karl-May-Rummel" zur Ruhe zu
bringen.

Was es mit dem Karl-May-Rummel auf sich hat, das
habe ich schon einmal klar dargelegt[1]. Es soll also hier
nicht wiederholt werden. Es ließ sich nämlich nachweisen, daß die ganze erhitzte Pressefehde nicht von den
May-Freunden angeregt worden ist, sondern gerade von
den Gegnern, die sich dann mit bewußter Verdrehung
der Tatsachen so stellten, als wären sie die überfallenen
Ruhebedürftigen.

Also „Der Verbrecher als Erzieher"? Das besagt, daß
May, weil er in jungen Jahren zu Zuchthaus bestraft
wurde — ob mit oder ohne ausreichenden Grund, bleibt
ungeprüft — deshalb das Recht verwirkt hätte, zu seinem Volk im Ton des Erziehers zu sprechen. Ich finde
das ungeheuerlich. Das wagt ein Mann zu behaupten, der
in Deutschland in Kultur macht? Für ihn hat *Goethe*
umsonst gelebt, umsonst seinen „Faust" gedichtet. Denn
Faust verführt, nachdem er seine Seele dem Teufel ver-
schrieben hat, das unschuldige Gretchen, mit allen Mitteln der Überredung und Bestechung, gibt ihr den Schlaf-
trunk, durch den ihre Mutter in die Ewigkeit hinüber-
schläft, ersticht im Zweikampf ihren Bruder Valentin,
flüchtet, überläßt das arme Mädchen ohne Trost und
Hilfe in ihrer Scham, Not und Pein der gerichtlichen
Verurteilung und Strafe, begeht also Verbrechen über
Verbrechen und wird trotzdem zum Erzieher unseres

---

[1] ,Das freie Wort', XVIII. Jahrgang, Nr. 13/14, 1. und 2. Oktoberheft
1918. Einen Auszug daraus: Dr. E. A. Schmid, ,Lanze'.

Volkes; trotzdem? Nein: — dadurch! Er mußte erst hinabsteigen in alle Tiefen der Schuld und Qual und mußte erst an sich selbst erleben, daß der Übel größtes die Schuld ist und daß jede Schuld sich auf Erden rächt. Erst so, im heißesten Höllenfeuer geläutert, gelangt er zur Erkenntnis des Lebens, die ihn selbst zur Erlösung führt, des Himmels würdig macht.

Muß ich das gebildeten Deutschen erst erzählen? Muß ich auch das ergreifend tiefe und wahre Gedicht Goethes aufführen, das doch jedem denkenden Deutschen zum Erlebnis geworden ist und tief in der Seele eingegraben ruht?

> Wer nie sein Brot mit Tränen aß,
> wer nie die kummervollen Nächte
> auf seinem Bette weinend saß,
> der kennt euch nicht, ihr himmlischen Mächte!

Aber diese Erkenntnis wird nicht nur durch unverschuldetes Leid, etwa durch den Tod lieber Verwandter, Freunde, Geliebter, sondern nach des Dichters Meinung gerade durch die eigene Schuld erworben:

> Ihr führt ins Leben uns hinein,
> ihr laßt den Armen schuldig werden;
> dann überlaßt ihr ihn der Pein!
> Denn alle Schuld rächt sich auf Erden.

„Jawohl", antwortete *Avenarius* höhnisch und hämisch, „... aber May war kein durch Schuld und Strafe Geläuterter, sondern er verharrte keck und reuelos in seinem Verbrechertum, wahrte sich nur besser, hatte es auch nicht mehr so nötig, heimlich zu sündigen, da er auch offen zu dem Wohlstand kommen konnte, nach dem sein Herz gierte."

Was Avenarius aus Unverstand, Neid, Bosheit und sonstigen üblen Eigenschaften über May fabelt, ist unserem Volk ebenso gleichgültig wie mir. Es glaubt an Mays Bekehrung, wie es an die des heiligen Augustin glaubt, weil es von der inneren Wahrheit des seelischen

Vorganges zwischen Schuld, Strafe und Selbsterlösung durch Reue und Umkehr selbst durchdrungen ist. Es hat sogar sein Mißtrauen gegen zu glatte und heitere Pastoren, in deren Zügen nichts zu lesen ist von eigenen schweren Seelenkämpfen. Es glaubt, von ihnen nur Worte zu hören, nicht Seelenbekenntnisse. Der aus der Haft Entlassene bringt ihm Glaubwürdigeres.

Aus Mays Schriften klingt den Lesern der Schmerzschrei einer armen, sündigen Kreatur, aber auch der Jubel der durch harte Arbeit und durch himmlische Gnade erlösten Seele entgegen. Sie werden nicht mit der fertigen Lehre gespeist, sondern immer wieder eingeladen, an den Kämpfen selbst teilzunehmen, sich die Erkenntnis selbst zu erarbeiten: immer wieder vor die Probleme selbst gestellt und Zeugen mühsamer Bekehrungsarbeit. Dieser allein dient z. B. die Erzählung „Auferstehung"[1].

„Traktätchen-Praxis" wird man sagen. Gewiß, und warum nicht? Weiß man nichts von den Wirkungen solcher auf Bekehrung gerichteter Traktate? Wagt jemand, über die Wirkungen geringschätzig zu urteilen?

Ich bin überzeugt: gerade darauf beruht zum größten Teil Mays Wirkung auf schlichte Gemüter, daß sich seine Schriften als Bekenntnisse lesen, daß man aus ihnen den Naturlaut der Seele heraushört, der sich immer wieder hervordrängt und Gehör erbittet. Was er in tiefster Erschütterung durchlebt, was er in schweren Nächten mit Tränen, Beten, Händeringen erlitten hat, das soll der Menschheit erspart bleiben. Deshalb sein Laien-Predigertum! Man versteht ihn also falsch, wenn man seine Arbeiten vorwiegend als Kunstwerke einschätzt: Es sind Bekehrungsschriften. Die Kritik, selbst die wohlwollende, greift da oft noch daneben. So Mahrholz: Auf dem flachen Dache eines Hauses unter besterntem Himmel spricht Kara Ben Nemsi mit einem türkischen

1 In Gesammelte Werke, Band 26 ‚Der Löwe der Blutrache'.

Offizier über die Letzten Dinge. Die feierliche Ruhe, nur durch das Rauschen von Palmwedeln belebt, unterbricht der Offizier mit der Frage:

„Effendi, glaubst du an Gott?"

May fährt fort:

Ich erschrak fast, als diese seine Frage so plötzlich und unerwartet durch die tiefe Stille klang.
„Ja", antwortete ich nur mit diesem einen Wort.
„Ich nicht!"

Nun beklagt Mahrholz, daß diese große und einfache Szene durch anschließende weitschweifige Gespräche und endlose Erörterungen um ihre starke Wirkung gebracht werde. Da zeige sich Mays Kritiklosigkeit, sein Mangel an künstlerischem Takt. So urteilt der Kunstkritiker, der Ästhet, nicht aber der Gottessucher, der Trostbedürftige, der nach Erkenntnis, nach Lösung der Lebensrätsel Dürstende.

May hat sich an dem eitlen, fast verbrecherischen Treiben derer nicht beteiligt, die durch ästhetische Kunst und Künsteleien das Volk um seine ethischen Werte betrogen. Er trägt gern den Vorwurf, ein schlechter Künstler zu sein, wenn man ihn nur nicht einen unmoralischen Menschen schilt, einen Schädiger der Volksseele.

Erst jetzt glaube ich der Frage nach Mays Wirkung ganz auf den Grund zu kommen und sie damit abschließen zu können: Man verstand bisher nicht, wie es möglich war, daß die „von Frömmigkeit triefenden", nicht selten aber in den Traktätchenton verfallenden Schriften in einer Zeit Leser und Verehrer fanden, die nach allgemeinem Urteil unreligiös war und ist.

Oberflächliche May-Gegner machten sich die Antwort leicht: May habe eben mit Erfolg auf die gläubige Menge und auf die Fürsprache geistlicher Würdenträger spekuliert, zumal der katholischen. Ich weiß nicht, ob May in katholischen Gebieten mehr Anhänger findet als in prote-

stantischen und ob jetzt, obgleich die Kirchen die Hand
von ihm zurückgezogen haben, die Nachfrage nach seinen Schriften sich nicht noch gesteigert hat. Aber ich
weiß, daß diese boshafte Erklärung nichts erklärt.

Die Sache liegt vielmehr so. Die sozialen Unterschich-
ten unseres Volkes haben ein sehr starkes metaphysisches
Bedürfnis. Die Fragen nach dem Woher, Wozu, Wohin
des Lebens, schon von Kindern gestellt, kommen bei ihm
nie zur Ruhe. Unser Volk ist auch nicht unreligiös, es ist
nur vielfach kirchenfeindlich geworden und sucht die
Antwort auf seine Zweifel jetzt lieber bei Gelehrten und
Weltweisen.

Es gibt eine unkirchliche, unchristliche, ich möchte
sagen, „weltliche Frömmigkeit", zu der sich ein *Goethe*
und nach ihm viele der besten Geister bekannt haben.
Ihre Weltanschauung weiß ich in aller Kürze nicht besser
begreiflich zu machen, als durch Abdruck des *Hebbel*schen
Gedichtes „Erleuchtung". Ich bitte, es mit all dem heiligen Ernst zu lesen und zu durchdenken, mit dem es
geschaffen worden ist und der allein zu seiner Größe
heranreichen kann:

> In unermeßlich tiefen Stunden
> hast du in ahnungsvollem Schmerz
> den Geist des Weltalls nie empfunden,
> der niederflammte in dein Herz?
>
> Jedwedes Dasein zu ergänzen
> durch ein Gefühl, das ihn umfaßt,
> schließt er sich in die engen Grenzen
> der Sterblichkeit als reichster Gast.
>
> Da tust du in die dunklen Risse
> des Unerforschten einen Blick
> und nimmst in deine Finsternisse
> ein leuchtend Bild der Welt zurück.
>
> Du trinkst das allgemeinste Leben,
> nicht mehr den Tropfen, der dir floß,
> und ins Unendliche verschweben
> kann leicht, wer es im Ich genoß.

Man spricht so viel von Weltanschauung: hier äußert sich ein Welt*gefühl*, das dem Letzten, was die Unkirchlichen empfinden und denken, erschütternd Ausdruck gibt. Aber dieses Weltgefühl nimmt nicht plastische Gestalt an, verwandelt sich nicht zum Mythos, und deshalb bleibt die Menge, die lebendige Anschauung braucht, eben doch bei den Bildern der christlichen Weltdeutung, selbst wenn sie sich von der dogmatisch zu eng gebundenen Lehre freigemacht hat.

May hat das starke Weltgefühl und lehrt seine Deutung durch den Glauben an Gott. Darauf beruht letzten Endes seine Wirkung, dadurch wird „der Verbrecher zum Erzieher".

Avenarius gesteht nur so nebenbei, daß Mays Schriften moralisch nicht anfechtbar sind. Ja, ist denn das ein Geringes? In einer Zeit, in der sich die „schöne" Literatur geradezu einen Sport daraus macht, alle ethischen Werte in Zweifel zu ziehen und auf den Kopf zu stellen? Und wenn der „Verbrecher" May seine 40 Bände auch nur mit Verstellung und aus Geschäftsschlauheit zu moralischen Erzählungen ausgebaut hätte, so stünde er dadurch doch höher als zahllose ästhetisierende Literaten, die mit Aufgebot ihrer ganzen künstlerischen Meisterschaft ihren Geist auf Kosten der öffentlichen Sittlichkeit glänzen ließen und in aller Ehrlichkeit ihre lüsterne und frivole Seele bekannten. Es kommt schließlich auf die Frage hinaus, ob die Ästhetik höher stehen darf als die Ethik. —

So schrieb ich zu einer Zeit, als wir noch auf einen günstigen Ausgang des Krieges zu hoffen wagten. Ich kann ergänzend gerade noch Gedanken einfügen, die aus den Tagen des Zusammenbruchs stammen.

Das furchtbare Gericht, das über uns hereingebrochen

ist und alle Werte umgeschaffen hat, wird auch die Stellung der Deutschen zu der deutschen Literatur umwandeln, und nicht zum Nachteil für May.

Er hat all den verderblichen Mächten, denen die Schuld an dem Weltgericht zufällt, immer und immer aus tiefster Überzeugung und mit stärksten Worten widerstrebt. Er macht den Tanz um das goldene Kalb, die Mechanisierung, Entseelung der Welt nicht mit; ihm sind Technik, Ware, Bequemlichkeit des Lebens und Genuß nicht Dinge, auf die es ankommt, denn sein Leben ist auf Geistiges gerichtet. Er macht auch den Klassenhaß und die Machtpolitik der Staaten nicht mit, sondern predigt Nächstenliebe, brüderlichen Sinn aller zu allen, freundlichen Machtausgleich der Völker, auf daß Friede auf Erden sei und den Menschen ein Wohlgefallen. Er tritt nicht ein für die Ziele der freien Wirtschaft und des Imperialismus, für Reichtum und Macht des einzelnen mit ihren verderblichen Wirkungen: Wettkampf der Völker um den Erwerb von Rohstoffen, Absatzgebieten, Einfluß, Diplomatenschliche und Völkerhaß. Er hat kein Wort zugunsten der unsere obersten Bildungsschichten beherrschenden Lehre, daß der Staatsgewalt und der diese schützenden Macht der Vorrang vor allen anderen Interessen und Rücksichten zukomme und daß das weltpolitische Faustrecht ein Naturgebot sei, an dem menschlicher Wille nichts ändern könne, sondern er lehrt uns, alle Güter des Himmels und der Erde im Geiste gegenseitiger Hilfeleistung und Fürsorge auszutauschen.

An Stelle der religiösen und nationalen Verhetzung setzt er sein Streben, die Gegensätze auszugleichen, Brücken zu bauen für gegenseitiges Verständnis, für Duldung und Anerkennung. Das Weltbild, wie er es sieht und dem sich all sein Fühlen und Denken, Glauben und Handeln im einzelnen ein- und unterordnet, hat bessere Grundlagen als das seiner Gegner, das jetzt unter furchtbaren Todesqualen der Menschheit zusammenbricht.

„Nur aus dem Innern, aus dem tiefsten Gewissen der Welt kann Erlösung kommen", so schreibt ein Moderner, eben *Walther Rathenau,* „im Namen der Gerechtigkeit und Freiheit, zur Sühne der Menschheit und zur Ehre Gottes. — Das Gewissen der Völker wird sich im Dunkel der Herzen regen: Schwere Kämpfe, heiße Schmerzen, Schrecken des Erkennens, Opfer des Glaubens stehen bevor."

Ist es nicht, als ob wir May sprechen hörten? All das hat er kommen sehen und vorausgesagt, gegen all diese Veräußerlichungen des Lebens hat er warnend und belehrend seine Stimme erhoben, ein Prediger in der Wüste der „Gebildeten", aber doch schon verstanden von denen, die unsere Kunstkritik als die Urteilslosen ablehnt, von unserem „Volk" und unserer Jugend, von denen, die das deutsche Gewissen darstellen, die aber in ihrer Bescheidenheit mit ihren Empfindungen noch scheu zurückhielten.

Sie werden sich jetzt laut bekennen, jetzt, wo das deutsche Gewissen seine Weltmission erfüllen muß, „das Schwerste zu dulden und, um daraus neues Leben zu gewinnen, das Unfaßbare zu deuten, in die Geheimnisse des Weltgeschehens gläubig einzudringen, ihren Sinn zu enträtseln und die daraus gewonnenen Erkenntnisse dem Leben dienstbar zu machen."

Klare Erkenntnis des Vergangenen und unserer eigenen Schuld ist die unerläßliche Voraussetzung für diesen geistigen und sittlichen Aufbau der neuen Welt.

Schädliche Wirkungen der May-Lektüre sind mehr behauptet als nachgewiesen worden. Er soll viele Ausreißer auf dem Gewissen haben. Schon vor ihm sind Jungen ihren Eltern durchgegangen „nach Amerika", dem Lande der Jugendschwärmerei, und nach ihm werden es auch viele tun. Gleiche Wirkung werden wohl auch der Robinson und Coopers Romane getan haben. Wollen wir auch *Goethes* Werther missen, weil sich angeblich durch ihn schwächliche Jünglinge in den Tod verlocken ließen? Ob sie nicht auch ohne ihn am Leben verzweifelt wären? Es gibt doch jugendliche Selbstmörder in Menge, die nichts vom Werther wissen.

Er soll die Phantasie überhitzen. Besser eine überhitzte Phantasie als gar keine. In unserer verstandesnüchternen Welt, die nichts wollte gelten lassen, was man nicht messen und wiegen konnte, ist ein starkes Plus von Gemütserregungen nicht unerwünscht, zumal nicht für die Menschen, die in Not und Armut leben und dem Dienst der Maschinen geopfert werden. Als Gegengewicht zu der Nüchternheit des Alltags sind solche Wirkungen in die Ferne und ins Reich der Träume wahrer Seelenbalsam.

Er soll die Jugend den Schulpflichten entzogen haben. Bringt mehr Geist und Gemüt in die Schule selbst, so braucht ihr das draußen wirkende Leben nicht aus Eifersucht zu erschlagen!

Er soll den Geschmack verderben. Sie haben Moses und die Propheten: Homer, Plato, Shakespeare, Corneille, Goethe, Schiller, Uhland, Hebbel . . . ; sollten diese alle den einen Karl May nicht unterkriegen?

Damit ist aber nur ein enges Gebiet seiner Wirksamkeit berührt. Es bleibt die Hauptfrage, ob irgendeine Berechtigung für den Vorwurf besteht, daß er durch Unechtheit der Empfindung, durch Unklarheit des Urteils und des Geschmacks, sogar durch Unehrlichkeit der Gesinnung verirrend und schädigend wirke.

Die Antwort darauf ist mit einem Wort nicht zu geben, sie erfordert ein zusammenfassendes Urteil, das näher begründet werden muß.

Mein Urteil lautet:

Wir müssen zugeben, daß in Mays Natur ein Zwiespalt herrscht, gegen den er sein Leben lang anzukämpfen hatte. Dieser Zwiespalt kommt auch in seinen Werken zum Ausdruck, aber May ist bestrebt, ihn durch

Unterordnung unter ein hohes sittliches Gebot zu überwinden. Im Grunde hat jeder Mensch, jedenfalls jeder Dichter, zwei Seelen in seiner Brust: Gott und den Teufel. May wollte die inneren Kämpfe durch künstlerische Gestaltung zum Austrag bringen, deshalb stellte er sich die Aufgabe, sein ganzes Leben, Sinnen und Trachten in moralisierenden Reiseromanen symbolisierend zu deuten. Er trat damit in Wettbewerb mit den größten Dichtern aller Zeiten, mit *Dante* (Göttliche Komödie), *Milton* (Das verlorene Paradies), *Goethe* (Faust), *Nietzsche* (Zarathustra), *Spitteler* (Prometheus), aber dazu reichte seine künstlerische Kraft nicht aus. So kam auch in seine Schriften eine gewisse Unsicherheit, eine Unausgeglichenheit, das Echo seiner inneren Unruhe, ein Suchen und Tasten nach Gestaltung und Formung. Er wollte sein Leben symbolisch deuten, weil er erkannte, daß alles Leben nur ein Gleichnis ist und daß wir das Leben nur am Abglanz haben. Daß er dazu aber die Form des Reiseberichtes wählte, das war m. E. ein Mißgriff und mußte mißlingen. Wir wissen dabei nie, wo spricht Karl May als gewissenhafter Berichterstatter, wo spricht er als allgemeines Menschheits-Ich.

Wir teilen den Vorwurf der Unehrlichkeit nicht. May bekennt sich durchaus wahr und treu. Seine Schriften sind das Abbild seines Inneren, aber er vermag seine Symbolisierung des Lebens nicht zu klarer und abgeschlossener Anschaulichkeit zu erheben. Das hat er selbst gefühlt. Daher das im Alter oft wiederholte Bekenntnis, daß alles, was er geschaffen habe, nur Vorstudien seien, sein Letztes hätte er noch zu sagen. Er wollte dazu die dramatische Form wählen. Das einzige vorliegende Drama dieses Sinnes zeigt an, in welchem Geiste das geschehen sollte. Aber auch das kommt über den Versuch nicht hinaus, ist leider durchaus keine Erfüllung. Es ist auch wohl ausgeschlossen, daß May als Greis von mehr als 70 Jahren hätte leisten können, was ihm in der Vollkraft des Lebens nicht gelungen war. Seine Schriften wurden mit den Jahren unklarer, symbolischer, mystischer und stilistisch immer schwächer.

Wir verstehen jetzt sein Wollen durchaus und ehren es. Seine Gesinnung steht erhaben über jedem Tadel. Fassen wir seine Aufgabe enger, unter der Form von unterhaltenden, phantasiereichen Reiseromanen hohe sittliche, auf die Veredlung der Menschen gerichtete Gedanken ins Volk zu tragen, so können wir ihm unseren vollen Beifall geben; auch spricht dann der Erfolg für ihn. Denn das zumal, ja, das fast allein ist es, was das Volk verstanden und dankbar aufgenommen hat, dadurch ist er doch zu dem geworden, wonach sein Streben ging, zum *Volkserzieher*. Andererseits ist von Mays Freunden der Mangel, den ich oben nannte, überhaupt kaum empfunden worden, ebensowenig wie die vielfach auch von mir gerügte Häufung und Wiederholung erregender Motive und die Ungleichartigkeit des Stils und der Sprache, die zuweilen nicht den rechten Ausdruck der Stimmung und des Gedankens findet: Ernstes kommt ihm zu leicht, zu äußerlich, zu rhetorisch heraus, wirkt deshalb nicht überzeugend; umgekehrt klingt manches, das kein starkes Gewicht haben soll, zu schwer und wuchtig: es fehlt eben zweifellos oft an dem, was man Stil nennt, an dem völligen Ausgleich, dem Zusammenklang von Inhalt und Ausdruck, von Gedanken und Form. Das fühlen wir alles deutlich, wenn wir ihn z. B. mit *Gottfried Keller* vergleichen. Da haben wir die ruhige Abgeklärtheit einer geschlossenen Persönlichkeit und haben einen Stil, der nie versagt. Oder, wenn man diesen vielleicht als zu leidenschaftslos zum Vergleich nicht zulassen will, so haben wir *Friedrich Nietzsche* im Zarathustra. An ihm lernen wir den Propheten des Geistes, der nicht nur die Berufung in sich fühlt, sondern auch die volle Kraft zu einer künstlerischen Gestaltung seiner reformatorischen geistigen Welt beibringt. Auch bei *Spitteler* finden wir den für solche Aufgaben unerläßlichen großen Stil.

Also zugestandene Schwächen bei May: deshalb aber ein Schundschriftsteller? Ich denke, der Fehler seiner Gegner liegt in der Übertreibung und einseitigen Betonung dieser Schwächen, denen doch viele bedeutende Werte und Vorzüge die Waage halten.

Man wird vielleicht auch dieses mein Urteil nicht gelten lassen. Ich meine, von seiten der May-Freunde. Diese können mir auch entgegenhalten, daß doch der Zarathustra und der Prometheus keine Volkskunst sind, sondern nur für die wenigen bestimmt und geeignet, deren geistige Organe sich alle, selbst die schwersten literarischen Stoffe aneignen können. Selbst Keller wäre nicht das, was man einen Volksschriftsteller nenne, auch er mehr für ästhetische Feinschmecker, für Freunde einer liebenswürdigen stillen Miniatur-Malerei im Geiste des behaglichen *Spitzweg* und des freundlichen Spötters im Schlafrock: *Wilhelm Raabe*. Man wird mich wegen meiner zu weit gehenden Zugeständnisse an May vielleicht mit zu den Ästheten rechnen, denen das Verständnis fehle für eine große, erziehlichen Aufgaben gewidmete Leidenschaft. Man wird das für ein Bekenntnis meiner Bourgeoisie-Gesinnung werten, die in der „alten Welt" zurückgeblieben und zu mattherzigen Kompromissen geneigt sei. Das kann mich nicht abhalten von dem Bekenntnis, daß mir Mays Schriften als zum mindesten unschädlich gelten. Indes die Behauptung, daß sie nicht schädigen — und mehr als eine Behauptung kann ich selbst nicht geben, da ein zwingender Beweis in solchen Fällen nicht zu erbringen ist — diese Behauptung genügt noch nicht zur Empfehlung: Es ist recht wenig, wenn Werke nur als unschädlich erachtet werden. Wir wünschen für unser Volk das Nützliche und unbestreitbar Gute und haben also eine Entscheidung zu fällen, ob wir Mays Schriften dazu rechnen dürfen und wollen.

9

Bilanz

Es kommt auf die Frage hinaus, wer soll Richter sein? Wir haben drei Parteien:

1. Die unbedingten Verehrer und Jünger Karl Mays: unser ‚Volk‘ und die Jugend.

2. Die Neutralen, die ihn noch eben wollen gelten lassen, wenn auch in Auswahl und mit Vorsicht: die Lehrer und Gelehrten.

3. Die Feinde, die gegen seinen Namen und seine Nachwirkung den Vernichtungskampf führten: die Ästheten, soweit sie sich dem literarischen Imperialismus eines Avenarius unterordnen.

Bei welcher Macht liegt nun die Entscheidung? Beim Volk oder bei den Kunstwart-Ästheten? Die Antwort werden sich die Mächtigsten erzwingen: Volk und Jugend. Sie wissen es aus innerem Erlebnis, daß ihr Urteil nicht irren kann. Die letzte Entscheidung zwischen nährender Seelenkraft einerseits und giftigem Blendwerk, Trödel, Plunder, Tand und Luxus anderseits treffen doch stets die Einfältigen und Armen im Geiste. Sie suchen mit ihrer Seele und werden nur von der Seele erreicht. Wer auf das Volk wirken will, muß sich selbst als Volk fühlen und als Dolmetsch der Volksseele. Die deutsche Literatur der letzten Jahrzehnte hat ihre Aufgabe darin nicht gesucht. Sie schuf für eine geistig und ästhetisch höher gebildete Oberschicht und trägt selbst die Schuld daran, daß sie vom Volk abgelehnt wurde. Unsere Klassiker waren auf dem Wege zur wahren Volksliteratur, aber diese Wege wurden verlassen, obgleich die äußere Form für das Volk, der Staat, entstand. Aber dieser Staat war kein freier Volksstaat. Das ist wohl die richtige Erklärung dafür, daß wir auch keine Volksliteratur bekamen. Mehrere Schriftsteller, die das Volk darstellten, wie etwa *Berthold Auerbach*, *Peter Rosegger*, selbst *Fritz Reuter*, taten es doch immer mehr als höherstehende Beobachter, mehr schildernd als miterlebend, mit herzlichstem Anteil zwar, aber doch etwas gönnerhaft und sentimental und mit der Absicht, dem vornehmen Städter das Leben derer zu zeigen, die da unten leben, ähnlich wie *Defregger* (wie Moritz von Schwind von Berthold Auerbach sagt) den „Bauernlackel für den Salon zurechtstutzte". Das lebendige Empfinden des Volkes kommt dabei nicht zu unmittelbarem, unverfälschtem Durchbruch. Es wird über das Volk gesprochen, das Volk spricht nicht selbst.

Bezeichnend genug, wie wenig die schöngeistige, teils sentimentale, teils frivole, mit den Lebensfragen mehr tändelnde als ringende schöne Literatur der letzten Jahrzehnte in unserem Volksboden Wurzel geschlagen hat. Das wurde alles kühl abgelehnt, das ging die große Masse gar nichts an. Der ganze verfeinerte Seelenkultus mit all den quälenden Problemen, zumal den sexuellen, wurde als Spielerei empfunden, denn diese Probleme gibt es für den Arbeiter und Bauern überhaupt nicht. Das ist ihnen völlig klar und einfach: Wer einen Schatz und ein Kind haben will, der tut das dazu Nötige. Aber auch die ethischen, moralischen und ästhetischen Sorgen, Mühen und Kämpfe der Oberschicht wirkten nicht in die Tiefe des Volkes. Es fehlte da offenbar an der überzeugenden, aufbauenden, bejahenden Kraft. Mit Problemen läßt sich keine Propaganda machen. Nur die reife Überzeugung hat suggestive Wirkung. Hätte es nicht so sehr an einem starken, lebendigen, gesunden, zuversichtlichen und kampfesfrohen Idealismus gefehlt, so würden bei uns auch die ausländischen Schriftsteller und Künstler jeder Kunstgattung nicht so leichten Eingang und so starken Einfluß gewonnen haben. In Wahrheit kamen die wirksamsten Anregungen fast immer von außen her: Jede neue Größe des Auslandes hob unsere Entwicklung aus den Angeln. Beweise sind nicht nötig: es hat sie jeder zur Hand, der den Gang unseres Geisteslebens verfolgt hat.

Nur so konnte es kommen, daß Karl May trotz der mannigfachen zugegebenen Schwächen so starken Einfluß gewann. Es bleibt dabei: er ist unter den wenigen echten Volksschriftstellern, die wir haben, einer der *besten*. Die ganze moderne Volksschriftstellerei taugt allerdings recht wenig. Man darf ihr daraus keinen Vorwurf machen. Sie ist seit Jahrhunderten ohne jede ernste Förderung von seiten der Gebildeten geblieben. Ja, was noch viel schlimmer ist, sie ist sogar mit allen Mitteln des Staates und der „Intelligenz" als unfein bekämpft worden. Schriftsteller, die das Volk darstellten und zum Volke sprachen, lebten nicht mit diesem, fühlten nicht mit ihm, konnten ihm deshalb nicht voll gerecht werden. Sie hatten ja fast alle die höheren Schulen besucht, und wenn nicht, so quälten sie sich, die versäumte Bildung nachzuholen, mit anderen Worten, sich vom Volke wegzubilden. Sie arbeiteten alle auf Beifall bei den „Großkopfeten".

Tausende also, die für das Volk geschrieben haben und schreiben, hatten und haben deshalb so bescheidenen Erfolg bei ihm, weil sie sich für vornehmer halten als das Volk und Ergriffenheit fordern, ohne selbst ergriffen zu sein. Mays Glück war — ich spreche aus ernster Überzeugung — daß er ein paar Jahre im Zuchthaus gesessen hatte. Mich jammert, daß ich ihm das nicht selbst noch sagen konnte. Ich habe selbst es jetzt erst entdeckt. Weil er im Zuchthaus gesessen hatte, weil ihn alle Anständigen und Feinen ablehnten und noch heute ablehnen, weil er nicht aufgenommen wurde in ihre Welt des Scheins, der Heuchelei, Falschheit, gemimter Ehrbarkeit, „geliehener Zucht", wie *Walther von der Vogelweide* sagt, weil er den ganzen faulen Bildungs- und Kulturschwindel der „Gesellschaft" nicht mitmachen durfte, weil er hinuntergestoßen wurde ins „Volk", dahin, wohin sich der letzte Rest von Natur geflüchtet hatte, deshalb konnte er Volksschriftsteller werden. Er hat nun sein Lebtag gekämpft, um sich noch gesellschaftlich emporzuarbeiten. Das war sein Fehler. Er hätte sich unten gemütlich heimisch machen sollen. Etwa wie Maxim Gorki.

Zu spät, erst im hohen Alter kam er zu der Einsicht, daß all sein Mühen um die Achtung der Gesellschaft vergebens war, daß die starren Herzen der Korrekten durch kein Wohlverhalten zu erweichen sind. Da endlich gab er das Werben auf und entschloß sich, niederzusteigen zu denen, die ihn verstehen würden, zu denen seine Stimme auch schon gedrungen war, zu den „Proleten", zum „Volk".

Hat denn noch kein Mensch eingesehen, weshalb wir den alten Griechen, Römern, den Russen nichts Ebenbürtiges an Volksschriftstellerei an die Seite stellen können? Weshalb denn jeder neue Russe, Däne, Norweger, Schwede, Schweizer unsere ganze neuere Literatur aus den Angeln hebt? Wir sind eben noch kein Volk, sollen es jetzt erst *werden*. Wir haben noch keine Volksschriftstellerei, sollen sie erst bekommen.

Mays Feinde, die ihn wieder niederzwangen, kamen zu spät. Sie hätten nie aussetzen sollen von seiner Wiege bis zur Bahre. Aber genützt haben sie ihm doch noch etwas. So kommen sie unverdientermaßen doch noch zu einem kleinen Ruhm. Sie meinten es böse mit ihm, aber es schlug ihm zum Guten aus: sie waren ein Teil von jener Kraft, die stets das Böse will und stets das Gute schafft. Aber May steht größer da als die Klugschnacker, die ihn einen Schundschriftsteller nennen. Er wird jetzt auch in Literaturgeschichten aufgenommen werden.

Diese sind an sich zwar eine ziemlich überflüssige Erscheinung. Die alten Griechen, die man bei uns sich einbildet zu lieben und zu verstehen, haben in ihrer Blütezeit nichts Derartiges gehabt. Als es mit ihnen zu Grabe ging, schrieben sie, wie das Greise zu tun lieben, ihre Lebensgeschichte, die geistige Lebensgeschichte ihres Volkes: Ermüdungserscheinung. Ein junger, kräftiger Mensch hat zu leben und zu schaffen. Es kommt ihm nie in den Sinn, Memoiren zu schreiben. Ebenso kommt es gesunden Völkern nicht in den Sinn. Erst wenn sie anfangen, sich als Epigonen zu fühlen, wenn der Tod anklopft, hören sie auf, eine Gegenwart zu haben, und beginnen mit der Aufzeichnung der Vergangenheit.

In einer Epigonenzeit war May einer von den wenigen, der sich jung fühlte und sein Lebtag in Frühlingsstimmung lebte. Das war seine Mission und das war sein Glück; dem verdankt er den Beifall des Volkes und der Jugend.

May hat dem Volk und der Jugend das Erwünschte gegeben. „Schund" sagen seine Feinde. Nein, mit Schund gewinnt man die Herzen des deutschen Volkes und der besten deutschen Jugend nicht. Es kennt beide nicht und beleidigt sie, wer so urteilt. Nicht seiner Schwächen wegen lieben sie Karl May, sondern wegen seiner Tugenden, nicht etwa, weil er ihren niederen Trieben dient — selbst seine Gegner wagen nicht, das zu behaupten — sondern, weil er sie mit hohen Ideen erfüllt und ihnen den Weg aus der Tiefe zur Vervollkommnung des Lebens zeigt.

Beide werden im neuen Volksstaat das Recht der Selbstbestimmung in erhöhtem Maße für sich geltend machen, sich den Vorschriften über die Wahl ihrer Lektüre nicht fügen, ihre eigenen Wünsche durchsetzen. Schon vor den neuen politischen Umwälzungen haben einsichtige Volkserzieher den Kampf gegen eine Zwangserziehung des Volkes und der Jugend geführt, haben gefordert, daß beide wenigstens gehört werden sollen, da sie ihre Bedürfnisse selbst doch wohl am besten kennen. Sie werden sich als freie Bürger, die Knaben und Mädchen schon als selbständig urteilende Menschen in Schüler-, später in freien Studenten-Vereinigungen, zu Selbstverwaltern ihrer Büchereien machen. Sie werden sich ganz gewiß auch einer wohlgemeinten Belehrung nicht entziehen, wofern es den Älteren und Erfahrenen gelingt, sie von ihrer besseren Einsicht zu überzeugen.

Wir sahen, daß, selbst mit dem Blick der Liebe betrachtet, Mays Person und Werke nicht ohne Einschränkung gelobt werden konnten. Daraus sind die nötigen Folgerungen zu ziehen.

Mit der zweiten Partei, den Neutralen, mehr Gleichgültigen, oder nur halb Gewonnenen, ist eine Verständigung gewiß leicht zu finden. Wir dürfen zu ihnen viele der Lehrer zählen, die in ihrem Urteil über May bisher geschwankt haben, ihn anfangs in die Schüler- und Volksbücherei aufnahmen, dann ihn entfernten und jetzt wieder unschlüssig werden, ob sie recht daran getan haben. Sie haben sich z. T. gewissenhaft, leidenschaftslos und ernsthaft mit dieser Frage beschäftigt. Ich zähle zu ihnen die Vertreter der Jugendschriftwarten und ihren bedeutendsten Wortführer *Wolgast* in Hamburg. Ihr Urteil hat jedenfalls Gewicht. Es darf erwartet werden, daß sie einer Einladung zu erneuter Prüfung Gehör und Folge geben werden. Sie werden vielleicht selbst erkennen, daß sie der suggestiven Kraft des gegen May geführten Vernichtungskampfes nicht den nötigen Widerstand geleistet haben. Sie waren über ihn auch teilweise falsch unterrichtet. Dadurch wurde in ihrem guten Eifer für das Wohl der Jugend ihr Blick zu scharf für die Fehler der Mayschen Schriften. Auch nahmen sie ihren eigenen Geschmack wohl zu stark zur Norm. Das ist verständlich. In Sachen des Geschmackes ist sich jeder selbst die letzte Instanz. Sie werden aber jetzt gewiß bereit sein, mit stärkerem Verzicht auf ihr eigenes Urteil, sich in das Wesen und die Tätigkeit Mays und in den Geist seiner Schriften einzufühlen, und ebenso in die geistigen und seelischen

Bedürfnisse derer, für die sie arbeiten und geistig sorgen. Das kündigt sich schon an. Bis vor fünf Jahren etwa war die pädagogische Literatur angefüllt mit Angriffen auf May, die dazu führten, daß sein Name gleichsam auf den Index kam. Seitdem sind diese Angriffe verstummt. Offenbar deshalb, weil die Lehrer nachdenklich und in ihrem Urteil unsicher wurden. Ein beachtenswertes Symptom ist auch, daß J. *Tews*, der Schriftleiter der Zeitschrift „Volksbildung", in jüngster Zeit zu einer öffentlichen Aussprache über May eingeladen hat.

Mit der dritten Partei, gegen die sich diese Schrift wendet, ist eine Verständigung wohl ausgeschlossen. Sie kündigt einen Kampf an, der es auf Vernichtung Mays absieht: sein Name, sein Andenken, seine Nachwirkung sollen ausgetilgt werden. Sie wollen diesen Kampf mit den „allerrücksichtslosesten Mitteln" führen. Sie wollen, wie Ferdinand Avenarius ebenso unzweideutig wie unvorsichtig ankündigt, seine „stofflich nicht anstößigen" *Schriften* dadurch schädigen, daß sie die *Person* des Toten in den Staub ziehen.

„Ferdinand, Ferdinand, dir auch singt man dort einmal!"

*

Gegen den im ‚Kunstwart' geübten Imperialismus auf dem Gebiet der Kunst und Literatur, der mehr und mehr in die Gottschedsche Unmanier zu verfallen droht, wehrt sich schon hier und da ein starker Unwille.

Wir nehmen jedenfalls den Kampf auf und fürchten ihn nicht. Wir konnten ihn schon vielfach wirkungslos machen: eine Reihe schwerster Angriffe ließ sich leicht als unhaltbar erweisen. Andere, die sich weniger gegen den Verfasser selbst, mehr gegen sein Werk richten, mußten wir in einigen Fällen als berechtigt, wenn schon als übertrieben anerkennen. Es wäre töricht, sich dagegen zu verschließen.

Deshalb meine Bitte an den Verlag: dafür zu sorgen, daß in neuen Auflagen die anerkannten Fehler möglichst ausgemerzt werden.

Welche sind diese? Hier kann ich nur mit meiner eigenen schon vorgetragenen Überzeugung antworten: May hat es im Übereifer seines Erziehungswerkes, bei dem Feuer seines Temperamentes und der überwuchernden Kraft seiner Phantasie an der zügelnden und ordnenden Vernunft fehlen lassen. Daher die Häufung und Wiederholung von erregenden Motiven, daher der oft lockere Bau seiner Erzählungen, daher die oft hastige und ungepflegte Sprache. Seine Schriften gleichen Pflanzen, die in üppigem, feuchtem Erdreich unter starkem Sonnenlicht zu jäh ins Kraut geschossen sind. Sie brauchen den Gärtner, der fleißig mit der Gartenschere und mit Bast arbeitet, die Zweige stützt, Geiltriebe und dürres Holz ausschneidet, die Stämme und Äste geradezieht und den Pflanzen dadurch ihre natürliche, gesunde Form gibt und ihren Ertrag an Früchten steigert.

Wir sind zu solchen Eingriffen ermächtigt, weil wir uns damit in des Verfassers Dienst stellen. Ihm war es um die erzieherische Wirkung zu tun. Je mehr wir diese steigern, um so besser werden wir ihm gerecht. Er wehrte sich mit Entrüstung gegen alle, die ihn und sein Werk vernichten wollten, würde aber Freundesdienste, die sich ihm zur Mitarbeit anbieten, mit freudiger Dankbarkeit angenommen haben. Er fühlte selbst die Unzulänglichkeit seiner Arbeiten und gab zu, daß er sich die Zeit nicht nahm, an der Form zu feilen. Die Sache selbst war ihm so wichtig, daß er über ihre künstlerische Durchbildung glaubte hinwegsehen zu können. Es fehlte ihm der Freund und Mitarbeiter, der ihm das gab, was er nicht besaß, das zurückdrängte, womit er die rechten Grenzen überschritt.

Ich glaube, daß es ohne starke Eingriffe und ohne Schädigung der erziehlich sittlichen Gesamtwirkung, ja, zu deren Steigerung möglich sein wird, auch den ästhetischen Wert der Arbeiten Mays bedeutend zu heben und einen Teil der mir berechtigt scheinenden Einwände abzustellen. Auch höre ich, daß der Verlag selbst schon eine solche Säuberung der Texte vorgesehen hat. Vor allem für die „Münchmeyer-Romane", die sie auch am nötigsten haben und für die Dr. Schmid schon im Jahrbuch 1919 seine Änderungspläne mitteilt. Aber auch für die Reiseerzählungen. Ich bitte den Verlag dringend, diese Umarbeitungen mit größter Umsicht und Gewissenhaftigkeit durchzuführen und sich dafür die bestgeeigneten Mitarbeiter zu sichern.

Gelingt es so, allen berechtigten Tadel zum Schweigen zu bringen, so dürfen wir auf eine Steigerung des Mayschen Einflusses vertrauen und uns dann auch ohne jede Einschränkung für ihn einsetzen. Der Kampf für Karl May bedeutet keinen Kampf gegen irgendwelche anerkannte Schriftsteller anderer Richtung. Wenn wir ihn mit den besten der deutschen Literatur vergleichen, so fällt ihm eine nur bescheidene Rolle zu, aber die Erfahrung spricht dafür, daß er trotzdem seinen Platz behauptet und die Gründe, weshalb das geschieht, glauben wir jetzt erkannt und aufgedeckt zu haben.

Solange wir noch keine wahrhaft völkische Literatur besitzen und solange die Werke unserer führenden Geister den Zugang zu den großen Massen unseres Volkes nicht finden, werden wir die wenigen Schriftsteller dankbar anerkennen, die den rechten Ton treffen, um sich dem Volke verständlich zu machen und auf dessen Stimmung und Willen fördernd einzuwirken. May ist in Wahrheit, wie Mahrholz sagt, eine Lehre für unsere Schriftsteller. Er ist vielleicht der einzige, der den Kolportage-Roman zu einer achtbaren Höhe gebracht, mit sittlichen Ideen erfüllt und gerade dadurch die Massen des Volkes für sich gewonnen hat. Eine Lehre für alle Schriftsteller, die ihren Beruf darin finden, wahre Volkserzieher zu sein. Sie werden von May, wenn sie ihn recht studieren, Wertvolles lernen können. Auch sie möchte ich deshalb zur Mitarbeit auffordern. Sie würden sogar nach Mays Wunsch handeln, wenn sie, im höheren Sinne noch als er selbst, Volks- und Menschheits-Erzieher würden, Mitstreiter in den Aufgaben, die ihm leuchtend vorschwebten. Ihm standen seine Ziele über seiner Person. Er wollte Anreger sein, nicht Vollender eines Werkes, das in die Ewigkeit reicht, das immer neu und jung bleibt, deshalb von einem einzelnen Menschen in seiner beschränkten Zeit und Wirkung nicht zum Abschluß gebracht werden kann.

Versteht man ihn so, dann wird man, statt ihn zu bekämpfen, zu seinem Genossen und trägt ihm dadurch den besten Dank ab, den Jünger für ihren Lehrer aufbringen können.

Anmerkung des Karl-May-Verlags: Die kritische Durchsicht der Werke Karl Mays hatte zum Zeitpunkt der Veröffentlichung des Gurlitt-Buches bereits begonnen, und zwar zunächst bei der ehemals dreibändigen Reiseerzählung Old Surehand, die seither nur noch in zwei Bänden erschien (Bd. 14, 15), während die vorher eingeschalteten Nebenerzählungen, die den Gang der Handlung beeinträchtigten und hinauszögerten, hinfort einen eigenen, in sich geschlossenen Band bilden (Bd. 19). Im Lauf der Jahre wurde die notwendige Durchfeilung des Gesamtwerks durchgeführt, wobei naturgemäß die Neuausgaben der Münchmeyer-Romane eine besonders tiefgreifende sorgfältige Überarbeitung erlebten.

Ludwig Aub / Ludwig Klages / Richard Engel

Spiegelbilder

eingeleitet von Ludwig Gurlitt
(1919)

Zwischen uns sei Wahrheit!
Goethe

1

Vom Standpunkt der Physiognomik

Man sehe sich Mays Bildnisse an und frage sich, was sie aussagen. Soviel Menschenkenner ist doch jeder reife Mensch, daß er aus den Gesichtszügen eines greisen Mannes zu lesen vermag, wes Geistes Kind er ist, ob ein dem Guten oder dem Verbrecherischen Zugewandter. Ich muß gestehen, daß mich der erste Blick auf Mays Bild zu seinem Freunde machte. Ich sehe da männliche Schönheit und einen glücklichen Ausgleich zwischen Geist und Gemüt, sehe um Augen und Mund einen Zug von Güte, mit Schalkheit gepaart, freilich auch einen etwas weichlichen, schmerzlichen, wehmütigen Zug, der viel stilles Seelenleid verrät.

Wir haben in unserer Walhalla nicht viele Köpfe von solcher Vornehmheit. Ich meine, er braucht seine hellleuchtende Stirne nur zu zeigen, um das Mottengezücht der Verleumdungen und Beschimpfungen zu verscheuchen. Wenn uns seine Gegner immer wieder auf den Menschen verweisen, um so „andersherum" aus dem schlechten Charakter sein schlechtes Werk zu erklären, so sage ich umgekehrt: der gute Mensch rechtfertigt und erklärt sein gutes Werk. May brauchte sich wahrhaftig nicht zu verstecken: Adel der Gesinnung stand ihm im Gesicht geschrieben. Wir finden aber darin nicht einen Zug, den wir nicht durch seine Schriften erklären und belegen könnten: hier herrscht in Wahrheit ein Einklang, der jeden Zweifel und jede Mißdeutung ausschließt.

Und doch wollte ich mich auf meine eigene Menschenkenntnis nicht beschränken. Ich wandte mich deshalb an einen bedeutenden Charakterologen, *Ludwig Aub* in München, dessen Deutungen mich durch ihre Treffsicherheit überraschten, und bat ihn, mir die Gesichtszüge des ihm unbekannten Greises zu bestimmen. Hier sein Urteil:

„Die Stirne zeigt das Denkerische, doch noch stärker das Gefühlshafte, der ganze Gesichtsausdruck mehr Unterbewußtes. Es ist etwas sehr Kindliches darin. Zweifellos hat man es da mit psychischen Einschlägen zu tun, die kompliziert sind durch Minderwertigkeiten und Mehrwertigkeiten in eigenschaftlichem System. Mehrwertigkeitserscheinung ist das phantastische Element und weitumfassende geistige Vorstellungskraft; minderwertig vielleicht eine durch die vorhandene inversio feminina geminderte Widerstandskraft gegenüber plötzlich auftretenden Ideen und Einfällen, wie überhaupt das ganze Schicksal dieses Mannes darauf beruht, daß sozusagen eine Unausgeglichenheit und Unebenheit in den Hauptelementen besteht, und zwar darin, daß das männlich Geistige unmittelbar mit weiblichen Elementen des Phantasie- und Gefühlsmäßigen verbunden ist. Dadurch wird leicht erklärlich, daß das, was wir Tatendrang nennen können, sozusagen in das Phantasiegebiet fällt — also bloß mehr in der Vorstellung existiert; während der Wille an sich wenig vollständig, klar und sicher auftritt und wir an dessen Stelle mehr das Automatische sehen, dem dieser Charakter so lange folgen muß, als sozusagen die Automatismen und Triebkräfte dieses Naturells noch allein spielen, bewegt und angeregt und verbunden mit lebhaften phantasievollen Elementen; während also die Phantasie beginnt, in künstlerische Tätigkeitsform einzutreten, nimmt die Beherrschung der Willens- und Tateinfälle durch die Phantasie konsequent ab. Es ist zweifellos, daß es sich hier um eine sehr verschieden bedingte Erbanlage handelt, wobei das mütterliche Element stark überwiegt (siehe die mädchenhafte Art des Gesichtsausdrucks). In Übereinstimmung mit diesem Gesichtsausdruck ist leicht ersichtlich, wie schwer es einer solchen Natur werden mußte, gegen Einfälle und phantasievolle Vorstellungen aufzukommen, um so mehr, wenn wir bedenken, daß gera-

534

de im Falle der Inversion weibliche Beweglichkeit und Unstetigkeit, Unruhe und Unrast geradezu drängende Elemente werden können, gegen die sich zu wehren hier keine männliche Gegenkraft im Willenssystem vorlag. So sind gewisse pathologische Züge im Willensleben erklärlich. Was hier minderwertig erscheint, ist nach meiner Ansicht pathologisch, aber das Pathologische ist hier zweifellos mit Genialem vermischt, und wie eben nun die pathologischen Elemente mit den anderen zusammenspielen, darauf kommt es an; so bietet sich jeweils das Charakterologische in jedem Moment dar. Es handelt sich also zweifellos um einen abnormen Charakter, der seelisch in seiner Phantasiekraft hervorragend begabt ist, dessen Widerstände aber gegen innere Impulse und impulsive Vorstellungen, die zu Tathandlungen übergehen können, gemindert sind.

Das Abstraktionsvermögen dieser Natur ist gering, das Ideenleben um so größer, Idee hier nicht im philosophischen Sinne, sondern als phantasievolle Vorstellung gemeint, Idee verbunden mit koloristischer Darstellungskraft, die allerdings gerade hier ungehemmt sich offenbart, was in diesem speziellen Falle mit der weiblichen Inversion zusammenhängt, mit den stark entwikkelten Triebkräften zum Schaffen und mit der Tatsache, daß der Wille ziemlich ungebunden erscheint, so daß er ebensowenig einmal der Tat wie ein anderes Mal der Phantasie Schranken auferlegt.

Die Bildung des Kinnes zeigt Sensibilität, das Gesicht an sich nicht eigentlich Charakterlage, sondern mehr nur Stimmung und Schwingung. Der Ausdruck der Augen auf den beiden mir vorliegenden Bildern zeigt einerseits große Herzensgüte und Weichheit, Hilfsbereitschaft und Stimmungen gütiger Liebesfähigkeit, während das andere graugetönte Bild freilich auch, wenn man tief hineinsieht und sozusagen durch die Augen hindurch, auch manches charakterologisch Minderwertige ersehen läßt, aber doch mehr nur vorübergehend, im Wandel, eben auch automatisch, triebartig bedingt wie das Gütigere und Edlere in dieser Seele.

Sinnliche Züge sind sicher vorhanden; wir können uns aber vorstellen, daß sie zum Teil in das Phantasiegebiet unbewußt hinüberkommandiert und sublimiert sind.

Die Furchung der Stirn ist nicht schlecht: Mathematisches und scharf nüchtern Denkendes fehlt, dagegen ist auch hier ein Reichtum an Einfällen und überaus lebhaften, fast unbegrenzten Phantasievorstellungen ersichtlich. Eine gewisse Degeneration als Ganzes fehlt im Bilde nicht, wir sehen aber zweifellos das, was die französische Psychologie dégénération supérieure nennt, freilich damit verbunden einen steten Mangel an innerem Gleichgewicht und den Intellekt durchaus nur sensibel formiert, nicht gedanklich abstrakt. Dadurch wird natürlich, wenn wir auch an den keineswegs klar formierten und aktiv wenig beherrschten Willen denken, leicht ersichtlich, daß diese Individualität sozusagen in Einfällen und Ideen genial gesteigert, in Gleichmäßigkeit des Willens jedoch (und in seiner Sicherheit) psychopathisch gemindert ist."

2

Das Erscheinungsbild der Handschrift

Eine Analyse der Handschrift Mays erbat ich von Herrn *Dr. Ludwig Klages* vom Münchner psychodiagnostischen Seminar. Dem Gutachter, der nicht wissen sollte, wessen Handschrift er deutete, war ein Blatt aus dem Manuskript des VI. Kunstbriefes[1] vorgelegt worden. Er analysierte das Satzfragment: „... soll doch Frühling werden" folgendermaßen:

„Feinempfindender, kluger, in seiner Weise origineller Kopf. Klar und zum Teil scharfsinnig im Denken, sehr vielseitig interessiert, geistig ungemein rege und lebendig und bei jeder geistigen Frage zu rascher, temperamentvoller Teilnahme bereit. Wir verstehen darunter eine Teilnahme nicht allein des Kopfes, sondern beinahe ebenso stark des Herzens und erblicken darin die Äußerung eines Charakters, der neben männlichen Zügen einen stark *weiblichen* Einschlag aufweist. Darin liegt die Erklärung für folgende Tatsache: Schreiber ist halb Gelehrter, Forscher und halb Künstler; er ist halb Kritiker und halb Lyriker; halb ein kühler Beobachter und halb ein Mensch, der in weiblicher Parteilichkeit sich ganz vorwiegend vom Gefühl leiten läßt. Dieses unmittelbare Eingreifen des Gefühls in jede Urteilstat gibt seiner Denkungsart etwas lebendig Vibrierendes und Interessantes; gibt seiner Anschauungsweise eine Eigenart und Ursprünglichkeit, die überzeugend wirkt und gerade bei einem älteren Manne in Erstaunen setzen muß.

Wir haben es also fraglos mit einer *Persönlichkeit* zu tun und wollen ausdrücklich betonen, daß in der ganz *persönlichen* Note sowohl Stärke und Bedeutung, als aber auch die Schwäche und Beschränkung seines Wesens

1 Enthalten in Band 49 ‚Lichte Höhen'.

beschlossen liegt. Schreiber steckt zu fest in seiner Haut,
als daß es ihm je gelänge, sich über die Sache oder gar
über sich selbst zu stellen: er bleibt im Subjektiven und
Reinpersönlichen befangen. Daraus folgt nun eine gewisse Verengung seines Horizontes. Seine Ansichten
haben eine vorwegnehmende Stabilität und tragen nicht
genügend den Tatsachen Rechnung; seine Urteile sind
gelegentlich Vorurteile und können trotz aller fast ju-
gendlich frischen Begeisterung einen gewissen altfränki-
schen Zug nicht ganz verleugnen.

Der angedeuteten Begrenztheit entsprechend macht sich
im Umgang einige schwer zu befriedigende Unduldsamkeit, Nörgelei und Krittelei geltend; scharfes Aburteilen
findet sich häufiger als ruhige Einsicht. Schreiber kann
reizbar und ziemlich rechthaberisch sein, und sein natürliches Wohlwollen wird beeinträchtigt durch ein naives
Bedeutungsgefühl und eine damit verknüpfte überaus
verletzliche Empfindlichkeit. Da er aber immer beherrscht, immer vornehm bleibt, da die Lauterkeit seiner Gesinnung nicht von Augenblicksstimmungen zu beeinflussen ist, da ein Zug von Gemüt und liebenswürdi-
gem Humor manche Schärfen mildert und da er eher
schweigend duldet, als eine Taktlosigkeit zu begehen, so
bleibt trotz der obengenannten Züge das Bild eines
ungemein klugen, feinsinnigen, höherstrebenden und
temperamentvollen Menschen ungetrübt bestehen."

3

Aus psychoanalytischer Schau

Ich habe auch dem bekannten Heilpädagogen, Herrn *Richard Engel* in Bonn, dessen tiefe Einblicke in die menschliche Seele ich wie viele Hunderte zu bewundern Gelegenheit hatte, als auch ich Zeuge seiner ans Wunderbare grenzenden Heilerfolge an seelisch Erkrankten war, ich habe, sage ich, diesem Sachverständigen Karl Mays Selbstbiographie mit der Bitte übergeben, sich darüber zu äußern. Er sagte mir, daß er die Jugendverfehlungen Mays auf schwere Hysterie zurückführen müsse. Mays Darstellung seines eigenen Dämmerzustandes und des Unbewußtseins von seiner Schuld wäre ihm durchaus glaublich. Ein heutiges Gericht würde ihn nicht bestrafen. Auf meine Frage, ob er die gesamte Selbstbiographie für ehrlich halte und zumal die darin bekundete Frömmigkeit, antwortete Herr Engel stark bejahend. Alle Selbstbiographien hätten freilich eine Zugabe von Selbsttäuschung. Das sei unvermeidlich und treffe natürlich auch für May zu, aber an seiner Absicht, wahr zu sein, zweifle er nicht. Im Gegenteil, diese Bekenntnisse machten ihm den Eindruck einer Beichte, durch die eine schwer bedrückte Seele sich vor Gott und der Menschheit rechtfertigen wollte: Sie habe auf ihn ergreifend gewirkt. Auf meine Bitte hat mir Engel sein Gutachten schriftlich zugestellt:

„Anfangs wehrte ich mich gegen die Zumutung, einen Schriftsteller zu beurteilen, von dem ich bisher noch keine Zeile gelesen hatte. Und bis heute kenne ich nichts aus seiner Feder als seine Selbstbiographie, die ich mit steigender Anteilnahme las.

Da es Ihnen gerade auf diese — und hiervon auf den 4. und 5. Abschnitt — ankommt, so will ich in

Form von Eindrücken, die mir bei und nach der Lektüre geworden sind, in aller Zurückhaltung eine Art Besprechung vornehmen, die Ihnen gern zur Verfügung gestellt sein soll:

Im ganzen hatte und habe ich den Eindruck, daß der Verfasser das glaubte, was er in seiner Schrift über sich geschrieben hat.

Dafür spricht vieles, was ich hier im einzelnen nicht aufzählen will, vor allem ein Bemühen, sich selbst nicht zu schonen und möglichst das aus dem Gedächtnis heraufzuholen, was dieses hergeben will. Daß es sich oft genug weigert, treue Dienste zu tun, ist nicht verwunderlich. Welcher Mensch brächte es wohl fertig, in hohem Alter sich des Vergangenen so zu erinnern, wie es sich wirklich zugetragen hat! Goethe hat nicht umsonst seine Erinnerungen „Dichtung und Wahrheit" benannt.

Wie schwer ist es schon, sich dessen zu erinnern, was eine Woche hinter uns liegt! Wie sehr ist die Phantasie geschäftig, alles Vergangene umzuschaffen!

Bei uns allen, auch bei denen, die keine „Dichter" oder „Künstler" sind. Bei diesen natürlich erst recht. Noch mehr bei den Neurotikern. Das ist für den Psychologen selbstverständlich. Und das ist wohl für Sie die Frage, ob ich Karl May für einen Psycho-Neurotiker halte.

Hier muß ich ein wenig haltmachen. Ich gestehe, daß diese Frage für mich nicht ganz leicht zu beantworten ist. Nicht nur, weil ich von seinen Werken nur diese eine Schrift kenne, von seinem Leben nur das, was er selber in seiner Autobiographie geschrieben hat, also nur die eine Seite, was gar zu leicht zu einer einseitigen Beurteilung führen kann.

Nun kommt viel, vielleicht alles auf eine Art Einstellung ihm gegenüber an. Stelle ich mich für ihn günstig ein, so wird demgemäß die Beurteilung ausfallen, wie ich es bereits an einem doppelten Experiment erlebt habe. Sagt man sich, der arme Mann hat so entsetzlich gelitten, er ist ein Opfer der armseligen Verhältnisse, seiner Zeit und seines „Milieus" usw., dann ist man geneigt, mit ihm zu gehen und ihm so ziemlich alles zu glauben, was er über sich berichtet und mit seinen Erklärungen fürlieb zu nehmen, die zum guten Teil sicher Schöpfungen seiner lebhaften Einbildungskraft gewesen sind. Sagt man sich aber: es ist doch undenkbar, daß all das Berichtete sich in Wirklichkeit zugetragen hat, wie er es geschildert hat, dann kommt man zu einem weitaus ungünstigeren Urteil und lehnt viele seiner Ausführungen ab, so interessant sie für die Psychologen auch sein mögen.

Ich möchte nicht einseitig sein und beiden Richtungen bis zu einem weitgehenden Grade ihre Berechtigung zugestehen.

Ich kann es mir gut denken, daß er sich dagegen wehrte, für krank zu gelten, obwohl er es, mit den Augen des Psychoanalytikers gesehen, zweifellos gewesen ist. Noch gestern war ein Herr bei mir, der darüber klagte, daß sein Gedächtnis ein merkwürdiges Ding sei: was er behalten wolle, was wichtig für ihn sei, das vergesse er völlig. Was er aber vergessen wolle, weil es ihm lästig, unangenehm, fatal sei, das dränge sich ihm mit ungestümer Gewalt auf und peinige ihn.

Derlei und ähnliche Beobachtungen wird jeder psychologisch geübte Nervenarzt oft genug machen müssen.

Während ich diese Zeilen niederschreibe, fällt mir ein Universitätsprofessor ein, der vor vielen Jahren bei mir Hilfe suchte gegen unsagbare Quälereien, denen er ausgesetzt war von seiten seiner vielen Feinde, die aber fast alle längst nicht mehr lebten. Es gelang mir, ihn von den Quälereien zu befreien durch Beseitigung der Feinde — das Wie würde zu weit führen und gehört auch nicht hierher — bis auf einzelne, mit denen wir, der Professor und ich einerseits — die imaginären Feinde andererseits, eine Art Vertrag schlossen, daß die eine Partei verpflichtet sei, die andere in Frieden zu lassen, wenn von keiner Partei ein Angriff erfolge.

So oft ich diesen Herrn sehe — es kommt alle paar Jahre einmal vor —, versichert er mir: „Welch ein großes Glück! Meine Feinde lassen mich in Ruh und Frieden — ich kann arbeiten. Ich danke Ihnen ..."

Ein deutliches Beispiel, wie weit eine Spaltung in der Persönlichkeit sich vollziehen˙kann. Im übrigen ist der Professor tüchtig in seinem Beruf und wirklich glücklich, seinen Peinigern auf so billige Weise entronnen zu sein.

Hierher möchte ich auch die Zwangsneurotiker rechnen, deren Zahl ja Legion ist, ein dankbares Gebiet für den Forscher auf dem Gebiet der Psycho-Neurosen.

Also angenommen, daß Karl May das glaubt, was er schreibt, ist man genötigt, ihn dem Heer der Psycho-Neurotiker einzureihen. Mir sind nun Zweifel darüber aufgestiegen, ob Karl May, der Vielleser, nicht einige Kenntnis der psychoanalytischen Literatur gehabt hat und danach seine ‚Bekenntnisse' eingerichtet hat. Aber das ist kaum wahrscheinlich, wenn auch immerhin möglich. Sicher ist, daß er über eine ziemlich weitgehende Kenntnis, auch der wissenschaftlichen Psychologie, verfügt hat und über eine Sprache gebot, die es ihm ermöglichte, in eindringlicher Weise sein eigener Anwalt zu sein ..."

Also auch hier die Überzeugung, daß May ein seelisch Kranker war. Damit ist die Schuldfrage wohl erledigt: Auch er erfuhr an sich das harte Wort von der Notwendigkeit und Unentrinnbarkeit des Lebens:

„Wie an dem Tag, der dich der Welt verliehen,
Die Sonne stand zum Gruße der Planeten,
Bist alsobald und fort und fort gediehen
Nach dem Gesetz, wonach du angetreten.
So mußt du sein, dir kannst du nicht entfliehen,
So sagten schon Sibyllen, so Propheten.

542

Und keine Zeit und keine Macht zerstückelt
Geprägte Form, die lebend sich entwickelt."

Eine zweite Frage drängt sich auf: ob ein seelisch
Kranker Berufung habe, Volkserzieher zu sein. Auch
diese Frage erledigt sich schnell. Fast alle großen Geister sind unnormal gewesen: Cäsar, Napoleon, Hölderlin, E. T. A. Hoffmann, Lenau, Nietzsche, Strindberg.
Ob die Völker ihre Lehren aufnehmen wollen, das ist
ihre Sache. Darüber kann kein Gericht von Kritikern
entscheiden. Ob May zur Jugend sprechen darf? Sie
wünscht ihn zu hören, und er sagt ihr nichts Verführe-
risches, nichts Hinabziehendes. Weshalb also nicht?

So oder doch ähnlich werden alle urteilen lernen,
die sich etwas mit dem Wesen der seelischen Erkrankungen vertraut gemacht haben. Wer über einen geistig
unnormalen Menschen, dessen Wesen zwischen Genie
und Irrsinn schwankt, brauchbare Urteile abgeben will,
muß mit den Ergebnissen moderner psychologischer und
psychopathologischer Forschungen einigermaßen vertraut
sein. Mit dem alten Schema „gesund und krank", „gut
und böse" kommt man nicht mehr aus. Kein Genie ist
normal, deshalb auch kein Genie vom Normalen zu verstehen: „Du gleichst dem Geist, den du begreifst" und
„Du begreifst den Geist nur, dem du gleichst." May
steht nicht unter dem Gericht von Kriminalbeamten,
sondern unter dem künstlerisch empfindender Leser,
denn *alle* Dichtkunst wendet sich an solche.

Um zu einem abschließenden Urteil zu kommen, sei
hier im Auszug ein Artikel wiedergegeben, den der bekannte Anthropologe *Dr. F. Krauss* im XIII. Band der
‚Anthropophyteia' über Mays Selbstbiographie veröffentlichte:

„Seit 15 Jahren zählt May zu den gelesensten, weil
beliebtesten und darum verfolgtesten deutschen Schriftstellern. Der ungeheure Erfolg seiner eine Bibliothek

bildenden Schriften zeitigte eine Schar von Erpressern, die ihn auf verbrecherische Weise verleumdete und vor die Gerichte zerrte, nachdem es ihnen auf die Dauer mißglückte, ihn bis auf die Knochen auszurauben ... Und doch haben sie mittelbar das Verdienst, daß sie May zur Abfassung seiner Selbstbiographie veranlaßten. Hätte May nichts anderes als diese Selbstbeichte geschrieben, so verdiente er schon daraufhin den Namen eines unserer größten, unserer ehrlichsten Schriftsteller. Für den Psychoanalytiker ... ist die Arbeit ein kostbares Geschenk. Ohne es selber zu merken, entwirft May von sich ein ganz vortreffliches, anschauliches Bild eines Neurotikers, der da seine durch eine verpfuschte Jugend krankhaft gesteigerte Sexualität endlich zu einem religiös mystischen Edelmenschentum sublimiert hat. Der ‚Diebstahl' und der ‚Betrug', derenthalben er jahrelang in Gefängnissen büßte, erscheinen für den Psychoanalytiker lediglich als Zwangshandlungen eines Neurotikers, die als Strafausschließungsgründe gelten müssen. Davon hatten seine einstigen Richter offenbar keine Ahnung, als sie ihn zu schweren Strafen verdonnerten, und May selber tut sich ein gewaltiges Unrecht mit seinen Selbstbeschuldigungen an. Wäre er mit den Schriften Freuds und seiner Schüler irgendwie vertraut gewesen, so hätte er gleich gemerkt, daß er nur einen typischen Fall von schwerer Neurose darstellt, die wieder bloß infolge des Umstandes, daß er trotz seiner Belastung zu höchster literarischer Anerkennung gelangen konnte, von großer Bedeutung ist ... —"

Karl-Hans Strobl

Mensch und Menschliches

(1919/1921)

Alles verstehen heißt alles verzeihen.
                                    Staël

Karl May und kein Ende! Ist das „Karl-May-Problem" nicht erledigt, noch immer nicht? Ist das Karl-May-Jahrbuch nicht bereits eine Überflüssigkeit geworden, da alles gesagt ist, was über den Mann und sein Werk gesagt werden kann? Ist er wichtig genug, seinetwegen Federn in Tätigkeit zu setzen, unter diesen verlegerisch schwierigen Zeitläuften Papier zu bedrucken, den deutschen Leser mit Aufsätzen zu behelligen, die den Mann von rechts, links, oben und unten beleuchten wollen? Ist es nicht, da wir nun einmal so schön im Unrechttun aus politischen Gründen mitten drinnen sind, zuviel verlangt, daß wir gerade darauf so versessen sind, ein literarisches Unrecht richtigzustellen und zu tilgen?

Zunächst: der Mann ist wichtig genug, denn er lebt noch immer und wirkt, nicht seinem Leibe nach, aber durch sein Werk. Und je weiter uns sein Persönliches durch die Zeit entrückt wird, desto dringender wird es, alles, was an diesem Bild noch unklar, zwiespältig, geheimnisvoll ist, zu klären, zu vereinheitlichen, zu deuten, ehe es zu spät ist. Zeugnisse Lebender müssen zusammengetragen, Freund und Feind noch einmal gründlich verhört, auf alle Vorwürfe muß noch einmal gründlich eingegangen werden. Warum? Um eines Unterhaltungs-, eines Jugendschriftstellers willen, dessen Erzeugnisse nur unreife Jungen oder reife Leute dann befriedigen, wenn sie ein Entspannungsbedürfnis ihres Gehirns verspüren, also nach „leichter Lektüre" verlangen?

Zugegeben: Deutschland hat größere Dichter, erlebnistiefere Poeten, mächtigere Künstler des Wortes, feinere Artisten als Karl May. Aber Bücher sind Energieströme. Manche sickern langsam unterirdisch, dringen in feiner Verteilung unter der Oberfläche des literarischen Bewußtseins der Nation dahin, tränken weithin Wiesen und Wälder zu kaum erklärbar üppigem Wuchs, bis sie, nachdem sie in feinster Verteilung Gutes gewirkt, oft weit von ihrem Ursprung — nach einem Lauf von Jahrzehnten — als helle Quellen ans Licht treten. Andere sammeln sich bald zu klaren Wassern, Seen von wunderbarer Tiefe mit lebendigen Rätselgeschöpfen, sie spiegeln den Himmel mit seinen Wolkenzügen wie die Ufer mit Buschwerk und Bäumen, den Häusern der Menschen und dem einzelnen Menschenantlitz, das sich über sie beugt. Wieder andere brechen als breite Wasserläufe aus der Erde, brausen laut und prächtig dahin, in Wirbeln und abenteuerlichen Stromschnellen, an seltsamen Felsgebilden hin und durch romantische Schluchten. Es sind die Ströme, deren Lauf die Mächte des Wassers am unmittelbarsten darstellt, seine bewegenden Kräfte, die das Gesicht der Erde bilden.

Es sind die Ströme, die man mit deutscher Wanderlust im Blut am unmittelbarsten versteht: es sind die Ströme der Jugend.

Zu ihnen gehören die Bücher des Karl May nach Wirkung und Erfolg. Es ist nicht gleichgültig, ob sie bloß reines Bergwasser führen, das grün über kiesigen Grund springt, oder fruchtbaren Schlamm oder gar giftige Gase, Schmutz, Fäulnis, Abwässer von Fabriken, die die Ufer verpesten und den Fischen das Sterben bringen. Bücher wie die Mays, die in vielen Millionen Stücken durch das deutsche Volk wandern, können je nach ihrer Natur zum Segen oder zum Fluch werden.

Mays Feinde behaupten, daß sie giftige Abwässer führen, aber sie gründen dieses harte Urteil weniger auf eine leidenschaftslose Untersuchung ihres Gehalts und ihrer Zusammensetzung als auf die Behauptung, daß sie aus einer verpesteten Quelle ihren Ursprung nähmen, aus einer moralisch minderwertigen Persönlichkeit. Demnach müßten wir allen Wirkungen feind sein, auch den guten und besten, wenn sie nicht von einer menschlich ein-

548

wandfreien Persönlichkeit stammen. Aber wird Richard Wagners Werk darum geringer, weil in seinem Wesen so manches zweideutig und nicht so ganz sympathisch war? Oder wird man sich von Carlyle deshalb abwenden, weil der Ethik seiner Schriften die Ethik des Lebens nicht so ganz entsprach? Müßte dann streng genommen nicht der Philosoph bekämpft werden, der sich seinem eigenen System nicht bis ins letzte mit seinem Ich und dessen Äußerungen anzupassen vermöchte? Wie stünde es dann mit Schopenhauer?

Die Einheit von Mensch und Werk ist eine ideale Forderung, der in der Realität wenig Erfüllung wird. Das Werk ist göttlichen, der Mensch sehr beschränkt irdischen Ursprungs; seine Unzulänglichkeit überwindend, aus Sterblichem sich lösend, strebt er im Werk Unsterblichem zu. Die Übereinstimmung zwischen Mensch und Werk darf nicht zur letzten Entscheidung über den Wert des Werkes werden. Widersprüche werden bleiben, Klüfte werden sich nicht überbrücken lassen. Es kommt auf die Wirkung an. Nietzsche formuliert dies erschöpfend in sechs Worten: „Der Wirkende ein Phantom, keine Wirklichkeit."

Karl Mays Wirkung ist da. Sie kann nicht geleugnet werden, aber sie wird bekämpft. Von den literarischen Zünftlern zunächst. Dem Philologen freilich bietet Mays Werk wenig Aufgaben, es gibt bei ihm keine Lesarten, keine Ausgabenschnüffeleien, keine Gelegenheiten zu gelehrten Untersuchungen. Mays Arbeitsgebiet sind jene stillen, unterirdischen Adern von Energie, die lang verkannten und spät wirkenden, oder die gesammelten Wasser mit den Spiegelungen des Ufers und des Himmels.

Schließlich aber bleibt die Philologie doch nur eine Fachangelegenheit und ist, im ganzen genommen, die „Wissenschaft des Nichtwissenswerten".

Wichtiger sind die Ein- und Anwürfe der sozial-

ethisch Besorgten oder jener, die sich so gebärden (wobei
für diesmal unerörtert bleibe, wieviel hierbei an rein
menschlichem Neid auf die Auflagenziffer jene Besorgnis
birgt). Vor kurzem hieß es, die Bücherbestände der
deutschen Schülerbüchereien müßten einer Durchsicht
unterzogen und alles daraus entfernt werden, was dem
Geist der neuen Zeit nicht mehr entspräche. Es bleibt
abzuwarten, ob der Geist der neuen Zeit sich auch gegen
Karl May wenden wird. Tut er es, ebenso wie es teilweise der „Geist" der alten getan hat, so sei er wenigstens aufrichtig und sage, May sei auszuscheiden, weil
seine Bücher zu sehr von nationalen und christlichen Gedanken durchsetzt seien, aber er hänge sich kein sozial-
ethisches Mäntelchen um. (NB.: wo man jetzt auf allen
anderen Gebieten sonst immer für den „Verbrecher"
tausendundeine Entschuldigung bereithält und die reine
Menschlichkeit in allen Tonarten programmposaunt!)

Ist es aber auch eine sozial-ethische Forderung, niemandem Unrecht zu tun? Wird nicht gerade jetzt eine
großartige Entsündigungs- und Entsühnungsarbeit als
erste Pflicht der nationalen Wiedergeburt betrachtet?
Als Kriegsberichterstatter kam ich auch genug in den
„Schluchten des Balkans" und im „Land der Skipetaren"
herum. Uralte Sehnsuchtsgebiete für mich seit meiner Be-
kanntschaft mit Karl May. Es war, als würden die Seiten seiner Bücher vor mir aufgeblättert, Land und Leute durchwoben sich mit tausend Erinnerungen an die
wildromantischen Erlebnisse, die damals mein Jungen-
herz hatten laut schlagen lassen; ja, es war, als würde
die Wirklichkeit aus diesen Büchern in all ihrer bunten
Farbigkeit geboren. Als ich von diesem Wiederfinden
mit Karl May einiges in meine Schilderungen einfließen
ließ, wurde mir alles, was von jenem sprach, von der
Schriftleitung einer der ersten deutschen Zeitungen, in
der ich meine Berichte veröffentlichte, glatt gestrichen.
Soll Karl Mays Name in allen „besseren" literarischen

Kreisen dauernd verpönt bleiben, sollen die sozial-ethischen Bedenken gegen seine Persönlichkeit auch weiter unüberprüft bleiben? Da man die Wirkung seiner Bücher nicht zu beseitigen vermag, soll sie dadurch beeinträchtigt werden, daß man daran festhält, sie stammen aus einer vergifteten Quelle, von einem sittlich bedenklichen, unlauteren, unwahrhaftigen Charakter?

Wie ein Karstfluß bricht der Strom von Karl Mays schriftstellerischem Wirken in die Zeit, aus breitem Tor fließt auf einmal die lebendige Kraft seiner Bücher. Sein Ursprung ist geheimnisvoll, aber nicht vergiftet, er ist rätselhaft, aber nicht bedenklich.

Für den Philologen ist bei Karl May wenig zu holen, um so mehr aber für den Seelenforscher; und dessen Pflicht ist es, sich um die Persönlichkeit des Mannes zu kümmern, seine Schwächen und Fehler, seine Mängel und Unvollkommenheiten zu erforschen und so in jene Tiefen zu dringen, in denen — nach feindlicher Ansicht — nichts als Unsauberkeit sein soll.

Es sind dieser Fehler und Mängel nicht wenige. Als der schwerwiegendste Einwand gegen ihn erscheint mir aber jener, der sich gegen seine schriftstellerisch-menschliche Unwahrhaftigkeit richtet.

Karl May trägt Masken, wenn er in seinen Büchern vor uns erscheint. Zu den menschlichen Urtrieben gehört das Spiel mit der Maske. Kinder und Wilde bedienen sich ihrer mit naiver Freude, und nicht minder ergötzen sich an bunter Vermummung und geistvoller Ungebundenheit des Maskenfestes reife, überreife Kulturen. Die Maske ist ebenso heimisch am Hof eines Negerhäuptlings wie des Sonnenkönigs. Der Buschmann zieht den Balg eines Straußes über und beschleicht in seiner Maske die Herde, um zu töten. Die Zauberer irgendwelcher Südseeinsulaner tragen die holzgeschnitzte, lächerlich grauenhafte Maske ihres Gottes und glauben, dieser Gott selbst zu sein. Verbrecher und Attentäter verbergen sich hinter Masken, um unkenntlich zu bleiben; auf einem Maskenball fiel der König Gustav III. unter den Schüssen Anckarströms. Zu den abenteuerlichsten Gestalten der historischen Romantik gehört der geheimnisvolle Gefangene der Bastille, der Mann mit der eisernen Maske, und in der älteren Romanliteratur spukt immer wieder die Dame mit dem Totenkopf, die ihr schauerliches Angesicht hinter einer Maske barg. In allen Bereichen menschlicher Kultur taucht immer wieder die Maske auf, bald da, bald dort, drohend, schreckend, lächelnd. Die Maske ist Versteck, Wertsteigerung, Bedeutungswandlung, sie soll täuschen, locken, Furcht einjagen, sie dient der Vorsicht, der List, der Eitelkeit, der Scham, es gibt tausend Beweggründe zur Maske. In Scherz und Ernst, in Spiel und Verzweiflung. Zwei Hauptgruppen von Motiven sind zu unterscheiden, die eine kommt aus Negativem: sich zu verbergen, sich selbst zu verleugnen, zu verneinen; die andere aus Positivem: etwas anders zu scheinen, als man ist. Oft verschmelzen Motive aus beiden Gruppen im ohnehin fast aus dem Unbewußten entspringenden Trieb zur Maske unkenntlich ineinander.

Die Maske wandelt das äußere Wesen, befriedigt die Eitelkeit, indem sie etwas Größeres, Gewaltigeres, Ehrfurchtgebietendes vortäuscht. Der Maskierte setzt seine Umgebung in Schrecken und hat dabei noch die besondere Lust der Überlegenheit über die Gläubigen seiner Maske. Er hat die anderen dumm gemacht und erhöht sich dabei vor sich selbst, denn er ist der einzige Wissende. Er hat den anderen ein Rätsel aufgegeben und hält allein den Schlüssel in der Hand. Die Maske ist aber auch Erlösung und Befreiung. Der Mensch in seiner realen Erscheinung, hundertfach verstrickt in Herkommen, Beziehungen, Vorurteilen, Gewohnheiten, in Familie, Staat und Gesellschaft, macht sich durch die Maske plötzlich von all den unzählbaren Hemmungen seiner

Persönlichkeit frei, er wirft alles ab, was ihn sonst bindet und beengt, wird auf einmal beziehungslos, ganz er selbst, scheidet sich von seiner belastenden Vergangenheit, ist ganz voraussetzungslose Gegenwart. So geschieht das Widerspruchsvolle, daß die Lüge der Maske zur Wahrheit der Persönlichkeit führen kann. Gravitätisch wandelnde Bürger werden durch diese seltsame Macht zu einer längst vergessenen und in ihnen verschüttet gewesenen Lustigkeit entzaubert, würdige Stützen des Staates entsinnen sich plötzlich jugendlichen Übermuts und eines unverbrauchten Witzes.

Der tiefe Sinn aller Masken geht auf den allem Lebenden eingeborenen Gegensatz von Sein und Scheinen zurück, mit dem jede Erkenntnis beginnt, auf den Gegensatz zwischen Substanz und Attribut, von Ding an sich und Phänomen. Die rätselhafte Anziehung dieses Spieles liegt darin, daß es einen Schöpfungsakt wiederholt, eben diese Zweiteilung in innere Wahrheit und äußere Erscheinung. Wer die Maske vornimmt, tut wie Gott, wenn er sich verhüllt, um in die Welt zu treten, es ist eine neue Weltgeburt, und die hohe Lockung und wunderbare Genugtuung des Maskierten ist, daß er nicht wie innerhalb des Lebens sonst hilf- und ratlos in den Wirbel der Erscheinungen des Unerkennbaren hineingezogen ist, sondern daß er das Gottgefühl haben darf, wenigstens an und in sich selbst um Sein und Scheinen genau zu wissen und es deutlich scheiden zu können.

Was hier von körperlichen Masken gesagt ist, gilt genauso von geistigen. Dieselben Beweggründe, dieselben Nötigungen, dieselben Erlösungen und Befreiungen. Es gehört vielleicht zur feinsten Tragik des wahrhaftigen Menschen, der die Maske aus sittlichen Gründen verabscheut. daß er dennoch manchmal zu ihr gezwungen ist. Das ist jene von Nietzsche angedeutete Tragik, die den Mann, der sein Ich restlos entschleiern und dahingeben möchte, der alle Welt sein Innerstes schauen lassen will, dennoch dazu zwingt, um seines Zieles willen jene Gestalt beizubehalten, in der er nun einmal seine Wirkung übt: die Tragik aller großen Männer, Führer und Lehrer, sich so halten und so leben zu müssen, ja oft so reden zu müssen, wie das „Phantom" von ihnen verlangt, das in den Köpfen der Menge feststeht. Sie werden verschweigen oder hinzutun oder verleugnen müssen, je nach der Aufgabe, die sie sich gestellt haben und die durch rücksichtslose Enthüllungen ihres Ichs nicht gefährdet werden darf. Um der Wirkung willen, um ihre eigene Schöpfung nicht zu stürzen, müssen sie Masken tragen. Sie werden gläubiger, mutiger, edler, hingebungsvoller scheinen müssen, als sie sind, weil sie ihre Zweifel, ihre Feigheit, Verzagtheit, Selbstsucht und unedlen Anwandlungen um ihres Werkes willen nicht eingestehen dürfen. Die Masken, die Karl May trägt, sind Masken der Eitelkeit, vor allem aber der Scham.

Hier setzt der Hauptangriff seiner Feinde ein.

Man wirft ihm vor, daß er, obwohl Protestant, es habe angehen lassen, für einen katholischen Schriftsteller gehalten zu werden und daß er sogar das Kennzeichen des vorwiegend tendenziös-katholischen Schriftstellers, das „k" in Kürschners Literaturkalender, unwidersprochen gelassen habe. Es gehört auf sein Sündenregister, daß er sich den Doktortitel widerrechtlich angemaßt habe, obwohl er, ein abgestrafter und entlassener Schullehrer, keinen Anspruch darauf gehabt und erst viel später von einer amerikanischen Universität diesen Titel käuflich erworben habe. Es wird ihm vorgehalten, daß er fremde Länder und Völker geschildert habe, als Selbstgesehenes, ohne jemals oder doch nur erst viel später und zu kurzem Aufenthalt dort gewesen zu sein. Kleinliche Einwände und Bedenken! Über die religiöse Stellung Mays zwischen den beiden großen christlichen Bekenntnissen wäre vielleicht einmal noch eine Untersuchung anzustellen. Ich für meine Person kann mir durchaus vorstellen, daß ein wahrhaft geistig freier Christ, dem es auf den inneren Sinn des Christentums und nicht auf starre Dogmen ankommt, aus beiden Bekenntnissen schöpft und neben einzelnen Zügen der einen auch solche der anderen Religion gelten läßt; also etwa auch als Protestant auf die Schönheit der Symbolik, die in der ergreifenden Gestalt der Gottesmutter in ihrer katholischen Auffassung liegt, nicht verzichten will. Die Sache mit dem Doktortitel gehört zum Maskenproblem im engeren Sinn und mag weiter unten mitbehandelt werden. Daß ein Schriftsteller aber fremde Länder und Völker als selbstbesuchte schildert, gehört doch wohl zum guten — und auch in anderen Fällen durchaus unwidersprochenen — Recht eines Autors exotischer Reiseromane.

Bleibt als schwerster der Vorwürfe sittlicher Minderwertigkeit: der gegen jenes Karl Maysche „Ich", gegen das Gleichheitszeichen zwischen Old Shatterhand, Kara Ben Nemsi und Karl May, dem abgestraften Verbrecher und Skribenten, der Deutschland selten zu längeren Reisen verlassen hat, gegen die Gleichstellung von phantasieentsprungenen Abenteuern und wirklichem Erleben.

Man könnte nun obenhin entgegnen, die Ich-Form des Romans sei eine gute, alte literarische Gepflogenheit und durchaus zulässig. Aber dann müßte das Ich des Romans von dem des Autors überall deutlich geschieden und jede Gleichstellung vermieden sein. Würde aber das „Ich" und der Verfasser identifiziert, dann dürfe man auch wenigstens keine völlig bewußten und allzu groben Verstöße gegen die Wahrheit begehen, sonst sei die Lügenhaftigkeit und ethische Minderwertigkeit des Autors erwiesen.

Es ist wahr, Karl May tut nichts, um diese Unterscheidung aufrecht zu halten, sondern im Gegenteil alles, um glauben zu machen, Old Shatterhand und Kara Ben Nemsi einerseits und Karl May anderseits seien eine Person. Er bezieht sich immer und überall auf seine heimischen Ursprünge, wenn er diese auch im Dunkeln läßt, schaltet fingierte Briefe seiner Freunde in Amerika und Afrika an sich ein, nennt sein Heim bei Dresden Villa „Shatterhand", zeigt seinen Besuchern den Henrystutzen, er gibt bereitwillig Auskunft über seine Reisen. Es ist also eine bewußte, zähe, festgehaltene Gleichsetzung, und die spät ersonnene Ausrede, dieses Karl Maysche „Ich" sei gar nicht Karl May, sondern das Menschheits-Ich, der beginnende Edelmensch, „der sich erst nach und nach von allen Schlacken des Animamenschentums reinigt", es vertrete die Frage, die von Gott selbst geschaffen wurde, als er durch das Paradies ging, um zu fragen: „Adam (d. h. Mensch), wo bist du?", diese Ausrede eines in Verlegenheiten geratenen Autors ist weder glücklich noch sonderlich tiefsinnig oder glaubhaft. Nein, der Held der Mayschen Geschichten weist von jeder Seite des Buches laut und vernehmlich auf die Titelseite zurück, wo der Name des Mannes steht, der das Buch geschrieben hat. Wäre jenes „Ich" wirklich in einem großartig ersonnenen und von vornherein planvoll angelegten Roman-Lebenswerk das emporstrebende Menschheits-Ich, so müßte es der Träger einer inneren Entwicklung sein, müßte an sich selbst, im Abstand wenigstens ein zweiter Faust, alle Schuld und Schauer des Gerichts erleben und sich aus allen Unvollkommenheiten zur Höhe sittlicher Freiheit und Adligkeit läutern. Nichts davon im „Ich" des Karl May. Es ist entwicklungslos, von Anfang an gut, treu, bieder, klug, stark, allen überlegen und dabei von Hingabe, Langmut, Opferbereitschaft, Uneigennützigkeit und christlicher Nächstenliebe. Es vereinigt alle hervorragenden Eigenschaften, alle Vorzüge germanischer und christlicher Wesenheit in sich, tritt, mit diesen ausgerüstet, von Anfang an fertig in Erscheinung, hat keine Rückfälle und wandelt sich niemals.

Und dieser mit allem Guten und Großen gesegnete, in Gottes und der Welt Licht stehende Held ist — darüber läßt sein Autor keinen Zweifel — wesensgleich mit ihm selbst, mit Karl May.

Unbarmherzig und leichtfertig geurteilt: eine Mystifikation des Lesers, eine bewußte, Lügen spinnende Irreführung zur eigenen Verherrlichung.

Und dennoch, eben hier zeigt sich des Mannes tiefste und erschütterndste Tragik, hier, wo er zu täuschen scheint, hier, wo er seine Masken vornimmt.

Es sind Masken der Eitelkeit, aber mehr noch der Scham.

Im Leben dieses Menschen birgt sich ein Geheimnis, er hat etwas zu verhüllen, etwas Schauerliches, ein Brandmal, das ihn von der Gesellschaft scheidet, wenn sie darum wüßte. Seine Vergangenheit ist bemakelt, sein Weg ging — hart gesprochen — durch Verbrechen, wenn auch mit mildernden Umständen. Karl May weiß um sich, wie es kam, wie er, in Elend geboren, ohne stützende Hand und erhebendes Beispiel, sich an eine Umwelt verlor, die voll Räude und Verkommenheit war. Seine Jugend ist von moralischem Schlamm und Unrat vergiftet, Gutes, das in ihm gewesen sein mag, früh gebrochen, und Dämonen der Tiefe sind mächtig geworden, denen er später erliegen mußte. Dieser Dämon des Bösen ist sein Herr! Wenn je ein Verbrecher durch inneren Zwang entschuldbar war, dann Karl May, es scheint wirklich, als habe um seine Seele ein Kampf zwischen Ormuzd und Ahriman stattgefunden, zu dessen Beginn die Finsternis Oberhand gewann. Er fühlt die beiden Mächte fast als persönliche Gewalten, und, so undeutlich und verworren und wieder absichtlich verschleiert eben die Stellen der Selbstbiographie abgefaßt sind, die von jenen kriminellen Vorgängen handeln, so will mir doch so viel psychologisch glaubhaft vorkommen, daß zu gewissen Zeiten eine Spaltung in ein Doppel-Ich stattfand und die entscheidenden Geschehnisse unter getrübten Bewußtseinszuständen und bei aufgehobener oder wesentlich eingeschränkter moralischer Verantwortung stattfanden. Psychologische Deutungen haben sich an dem rätselhaften Seelenleben dieses Mannes versucht und haben Interessantes gefördert[1].

Während der Strafzeit, die er zu verbüßen hatte, war nun etwas Seltenes und Seltsames geschehen. Er wurde ein anderer Mensch, schlug wenigstens den Weg dazu ein, ein anderer zu werden. Gab das so überaus merkwürdige Beispiel eines Sünders, dem die Strafanstalt wirklich zur Läuterung und Besserung dient. Während sonst eine verhältnismäßig lange Strafzeit den Gefangenen verhärtet, abstumpft und verstockt macht, brachte sie Karl May zur Einkehr, nicht bloß augendienerisch und heuchlerisch vor dem Angesicht der Vorgesetzten, sondern wirklich im Kern seines Wesens, vor und für sich selbst. Seine Wandlung nahm hier jene leicht frömmelnde Färbung an, die manchem vielleicht verdächtig erscheinen mag, die aber dennoch nichts daran ändert, daß es sich hier um eine ernsthafte und gründliche sittliche Umkehr handelt. Das Christentum, wie er es sich aus den religiösen Erbauungsbüchern der Strafanstalt, aber mehr noch aus inneren Vorgängen lebendig gemacht hat, bleibt die für uns belanglos äußere Einkleidung einer entscheidenden Wendung zum Wollen des Guten.

Und nun kommt Karl May aus dem „dunklen Hause" (wie er es in der Selbstbiographie nennt), tritt neuerlich in die Welt und hat sich mit ihr auseinanderzusetzen. Er weiß sich gewandelt, dem Licht zugewandt, die Finsternis liegt wie ein brodelnder Höllenpfuhl hinter ihm, an den er nur mit Entsetzen denken mag. Ja, er mag nicht einmal an ihn denken, er wendet seine Gedanken von der Vergangenheit ab, als könne er sie dadurch ungeschehen machen. Er verhüllt sie vor sich

---

1 Vgl. den vorhergehenden Abschnitt dieses Buches.

selbst, fühlt sie aber dennoch unablässig als Alp auf seinem Leben lastend, ja als Drohung für seine Zukunft. Denn er weiß auch, daß die Welt, in der er nun wieder steht, die Worte Christi vom Sünder, der Buße tut, wohl dem Buchstaben nach, aber nicht dem Geiste nach kennt und daß sie nicht nach dem gereinigten Willen, sondern nach Fakten und Akten richtet.

Karl May nimmt den Kampf ums Dasein als Schriftsteller auf. Sein Lehrerberuf ist ihm zertrümmert, es bleibt ihm zum Lebensunterhalt sein Talent und die Feder. Ein armseliges und zuerst wenig einträgliches Bemühen. Unbedeutendes Novellenwerk entsteht, Humoristika. Den geschändeten Namen Karl May birgt der entlassene Sträfling hinter allerlei Decknamen. Die ersten Masken. Die Not ist bitter. Es folgen die „Münchmeyer-Romane", die endlosen Reihen von Groschenheften aus der verpönten Gattung der „Schundromane". Eine Sklavenarbeit, an der der Verleger verdient, nicht aber der Autor. Ungeheuer viel Erfindungskraft verströmt in solchen Heften, Phantasie wuchert üppig, und die rein mechanische Tätigkeit des Schreibens tausendseitiger Bücher ist bewunderungswürdig.

Immerhin, ich gebe die Münchmeyer-Romane ruhig preis, ob nun die „verfänglichen Szenen" von May stammen oder Einschübe des Verlegers sind. Mit ihnen hat Karl May keine dauernden Wirkungen ausgeübt, sie gehören auch nicht in den Vorhof deutschen Schrifttums. Sie sind aber auch kein Rückfall. Karl May will sich in seiner Not auf ehrliche Weise durchbringen, hat sich zur Selbstzucht ermannt, erstrebt eine menschliche „Anständigkeit", wenn er sich auch noch nicht über die literarische im klaren ist. Seines Weges ist er noch nicht völlig gewiß.

Nun aber geschieht Entscheidendes. Aus dem Wust planloser Schreibtätigkeit erhebt sich der Gedanke an eine Reihe von Reise- und Abenteuerromanen, die durch einen gemeinsamen Helden verbunden sein sollen. Aus seiner früheren Lektüre von Reisebüchern und Schilderungen kennt Karl May die belebend suggestive Wirkung der Ich-Erzählung. Es muß ein Prachtexemplar von Mensch sein, der allen Gefahren gewachsen ist, geistesgegenwärtig, kühn, stark, ein guter Deutscher, aber auch edel, hilfreich und menschlich gut, einer, der sich im Getümmel dieser von Niedertracht und Bosheit wimmelnden Welt nicht unterkriegen läßt, aber als Sieger jederzeit bereit ist, seinen Feinden zu verzeihen. Einer, der vor Gewalt nicht zurückweicht, der sie aber niemals mißbraucht, bei dem, mit einem Wort, sowohl die Faust als auch das Herz auf dem rechten Fleck sind. Wie weit dabei der Umstand mitgewirkt haben mag, daß diese Romane zuerst zur Veröffentlichung in einem katholischen Familienblatt bestimmt waren, will ich unerörtert lassen. So viel scheint mir gewiß, daß dieser Umstand nicht hätte Mays Helden ins Leben rufen können, wenn nicht seine Idee doch schon in seinem Schöpfer geheim vorhanden gewesen wäre.

So werden nun Kara Ben Nemsi und Old Shatterhand geschaffen. Und nun vollzieht sich sowohl das literarisch wie das psychologisch Entscheidende. Karl May zeichnet seine neuen Werke mit seinem richtigen Namen. Es ist der Name eines einstigen Sträflings, in dem noch immer eine zitternde Angst davor ist, daß seine Vergangenheit entdeckt werden könnte. Jahrelang hat er diese Angst in sich getragen, hat sich bei sich selbst geächtet und immer noch verfolgt und unsicher gefühlt; nun schafft er einen Mords- und Prachtkerl und erliegt der Versuchung anzudeuten, er sei vielleicht mit ihm wesenseins. Ist nicht wirklich alle Sehnsucht und alles geheime Wünschen nach erhöhter Menschlichkeit in ihm? So denkt sich Karl May den Idealtypus des handelnden und dabei gottwohlgefälligen Menschen, den er in sich trägt. Wie alle Menschen, die aus kleinen, armseligen,

elenden Verhältnissen kommen, die aus dem Dunkel innerer oder äußerer Armut tauchen, hat er das Bedürfnis,
seine Bedeutung vor sich selbst und der Welt zu steigern.
Es ist die Eitelkeit des Emporkömmlings, eine begreifliche
und entschuldbare Eitelkeit. Und Karl May vollzieht den
ersten Schritt, indem er sagt: Seht her, dieser Pracht- und
Mordskerl, wenn ihr es wissen wollt, bin eigentlich ich!
Es ist seine Genugtuung für Jahre der Unsicherheit, es
ist seine Rechtfertigung vor sich selbst.

Die Maske der Eitelkeit ist aber zugleich eine Maske
der Scham.

Wenn die Abenteuer des Old Shatterhand und Kara
Ben Nemsi echtes Erlebnis sind, dann muß Karl May,
der mit ihnen gleich ist, Jahre daran gewendet haben.
Eben jene Jahre, deren Spur zu verwischen der neu-
gewordene Mensch so voll Angst und Scham bemüht
ist. Er kann dann dem Besucher, der etwa nach seinem
Leben zu forschen begierig ist, antworten: damals, ja
damals war ich in Amerika bei Winnetou, oder reiste
ich mit Hadschi Halef durch die Wüste.

Und nun vollzieht sich ein Vorgang, der der Psychologie der Maske eigentümlich ist und den ich als In-
filtration oder Durchdringung bezeichnen möchte. Es gehört zum Wesen der Maske, daß sie, lange getragen und
mit Eifer festgehalten, zu einem Bestandteil unseres Wesens wird. Der Neger, der im Balg eines Tieres das
Tier beschleicht, feiert seinen Jagdsieg dann durch Tänze,
in denen er, wieder in der Maske des Tieres, dieses Tier
nicht bloß spielt, sondern auch bei sich selbst vorstellt.
Der Zauberer in der Maske des Gottes spielt den Gott
nicht nur, sondern *glaubt,* der Gott zu sein.

Die Maske wächst in den Menschen hinein.

Je länger Karl May die Maske Old Shatterhands
und Kara Ben Nemsis trägt, desto mehr verinnerlicht sich
ihm das Verhältnis zu ihr. Die Gestalten, die er erst
aus sich heraus geschöpft hat, nehmen nun den umge-

kehrten Weg, sie gehen wieder in ihn ein. Es wird erzählt, daß er mit seinen Helden lachen und sich entrüsten konnte, daß er lange Gespräche hielt, bei denen er sie vor sich selbst vertrat. Und dies in der Einsamkeit seines Arbeitszimmers, wo jeder Verdacht von Schauspielerei fernliegt. Ich denke mir aus, daß er all das geübt haben mag, was er seinen Helden zuschreibt, Anschleichen auf Zehen- und Fingerspitzen, Lassowerfen, und daß er vielleicht manchmal einem Baumstamm die Faust hingeschmettert hat, als sei der ein feindlicher Indianerhäuptling.

Noch etwas kommt hinzu. May wird berühmt. Seine Reiseromane werden im Zeitschriftenabdruck und als Bücher vielbegehrtes Lesegut. Das Leben eines so vielgenannten Mannes rückt in immer helleres Licht, die Neugierde nach seinen „Antezedentien" meldet sich zu Wort. Ängstlicher als je zuvor hält Karl May die Maske fest, macht sie immer undurchdringlicher, denn nun, da er einen Ruf als Bürger und als Schriftsteller zu verteidigen hat, kämpft er um so zäher. Er ist im Stande der Notwehr. Er läßt sich alles gefallen, was seine Stellung stärken kann, die Bewunderung, die dem Vielgereisten und Abenteuerreichen gilt, den Doktortitel, der ihm einmal irgendwie irrtümlich beigelegt wird und nun dauernd anhaftet. Er hat ein „Phantom" von sich geschaffen, das für ihn selbst allmählich Wirklichkeit wird.

Dennoch bleibt der tragische Zusammenbruch dieses mühsam in Sicherheit gebrachten Lebens nicht aus. Erfolg macht Feinde, insbesondere in der Literatur, wo es geradezu Gesetz ist, daß einer überschwenglichen Verherrlichung eine wüste Hetze folgt. Der Autor, der (oft über Gebühr) emporgelobt worden ist, wird kurz darauf hämisch niedergerissen. Der Erfolg Karl Mays belebte eine ganze Schar von Gegnern, die seine Bücher von ästhetischer und ihn selbst von menschlicher Warte aus zu zausen anfingen. Man begann sein Vorleben zu durchschnüffeln, und ein Triumphgeschrei erhob sich, als man es bemakelt fand. Dieselben Leute, die gewiß die Tendenz von Brieux' „Roter Robe" höchst lobenswert fanden und mit Entrüstung gegen den Unfug der Gerichte eiferten, bei jedem Anlaß auf die Vergangenheit ihrer Opfer einzugehen, gerade diese Intellektuellen stürzten sich nun auf Karl May, um ihn literarisch durch seine menschliche Unzulänglichkeit zu vernichten.

Der Angegriffene wehrt sich um den geretteten Rest seines Lebens aus allen Kräften, aber so ungeschickt wie nur möglich. Ein rührendes Bild, wie der Alternde die Aufregungen unzähliger Prozesse auf sich nimmt, erschütternd seine Angst und die Scham, mit der er seine Maske verteidigt, aber es rührt und erschüttert seine Feinde nicht im geringsten. Er gibt seine Stellung nur schrittweise auf, läßt sich aus jedem Bollwerk erst „hinausbeweisen". Er hätte den Mut aufbringen müssen, alle seine „Geheimnisse" auf einmal zu enthüllen, zu sagen: „Ja, es ist wahr, das war ich und das bin ich nun geworden. Und was weiter?" und hätte damit seine Feinde zum Teil entwaffnet. Aber er weicht immer erst, wenn eine Behauptung unhaltbar wird, er vertritt auch Unwichtiges, verteidigt zuerst die Münchmeyer-Romane und gibt sie dann preis, läßt sich nur nach hartem Ringen seine Bekenntnisse entwinden. Man vergißt, wenn man diese Taktik verurteilt, daß die aus seiner Scham geborene Maske ein Stück seines Wesens selbst geworden war. Daß sein Bewußtsein, dem Guten und Edlen zugewandt gewesen zu sein, ihn vor sich selbst rechtfertigt, daß ihm die Maske Erlösung von den Hemmungen seiner Persönlichkeit geworden war, ihn beziehungslos gemacht und von seiner belastenden Vergangenheit geschieden hatte. Daß, wie oben gesagt ist, die Lüge der Maske zur inneren Wahrheit seiner Persönlichkeit geführt hatte.

Erginge ein strenges Strafgericht über alle Maskenträger der Literatur, so müßte sich ein Teil ihrer Geschichte in Kriminalakten verwandeln. Selbst dort, wo strengste Wahrheit ernstlich angestrebt wurde, ist die Maske nicht völlig vermieden. Was ist in Rousseaus Selbstbekenntnis lautere, unmittelbare, echteste Wahrheit und was Pose und selbstgefällige Bespiegelung einer schönen Haltung? Wie schillert nicht schon im Titel von Goethes „Dichtung und Wahrheit" mit seiner deutungsreichen Zwiespältigkeit das Eingeständnis, sich selbst nicht immer Rechenschaft über die Beziehung zwischen Sein und Scheinen geben zu wollen — oder zu können? Was soll man zu Wilhelm Hauff sagen, der seinen „Mann im Mond" unter dem Namen H. Claurens erscheinen ließ, um durch diesen gewiß sehr bösen Mißbrauch den Kitschier tödlich zu treffen? Und ist nicht schließlich die bedeutsamste Maskenfrage der Weltliteratur noch heute unentschieden? Kämpfen nicht noch heute ernsthafte Männer und gute Kenner mit allem Nachdruck dafür, daß Bacon Shakespeares Maske vornahm (und sie nur in mysteriösen Andeutungen lüftete), um als Dichter Dinge schreiben zu können, die ihm als Staatsmann und Gelehrten zu sagen unmöglich gewesen wären? Hier wäre ein Wirkender hinter dem Phantom, das er von sich schuf, völlig verschwunden und hätte um seines Werkes willen einem armseligen, ungebildeten Schauspieler den Platz eingeräumt, der ihm selbst zugekommen wäre. Sind aber die Königsdramen oder das Wintermärchen und der Sommernachtstraum — mit vollem Bewußtsein des Abstandes gesagt — darum geringer? Ändert das etwas an ihrer Hoheit und ihrem Glanz, weil sie mit einer „sittlich verwerflichen" Fälschung behaftet sind?

Welche Mannigfaltigkeit in den Motiven zur Maske! Rousseau trägt sie, ohne sich ihrer völlig bewußt zu werden. Ähnliches bei Strindberg, den *Werner Mahrholz* in einem sehr lesenswerten Aufsatz des *„Literarischen Echos"* (21. Jahrg., Heft 3) im Vergleich zu Karl May setzt[1]. Er findet eine gleiche Einstellung *Strindbergs* zu seinem „Inferno" wie Mays zu seinem Selbstbekenntnis „Mein Leben und Streben":

> „...beiden geht es um Verteidigung ihres Lebens, beide wollen den Leser rühren, zu einem milden Richterspruch verführen, ihn sentimental machen. Bei beiden herrscht deshalb ein Streben vor, minderwertigen oder doch indifferenten Motiven nachträglich einen idealen Sinn unterzulegen und so eine eigentümliche Verschiebung der Beurteilung vorzunehmen. In beiden Autobiographien herrscht deshalb auch, bei aller subjektiven Aufrichtigkeit des Schreibers, doch eine objektive Verlogenheit, die mißtrauisch macht und auf die Dauer verstimmt."

Bei *Goethe* ist es schon ein Wissen um seine Masken, ein heiteres Lächeln im hohen Genuß des Spiels, eines Gottgefühls, das über Sein und Scheinen souverän gesetzt ist. Bei *Hauff* dient die Maske dem Femgericht über einen literarischen Feind. Bei *Bacon* wäre sie aus einer ganzen Mischung von künstlerischen und praktischen Gründen entsprungen, so umfassend und undurchdringlich wie keine andere, sie setzt einen ganzen lebenden Menschen an eigene Statt.

Bei *May* aber ist sie vor allem eine Maske der Scham. Warum wäre dieses Motiv moralisch verwerflicher als ein anderes? Weil es aus einer tiefen Seelennot, aus einer schrecklichen Verzweiflung kommt, weil es helfen soll, den „Edelmenschen" ans Licht zu stellen, der nach schwerem Ringen mit der Finsternis als Ideal eines ehrlichen Willens zum Guten sich erhob?

Wer richten will, der richte nach gleichem Gesetz, wer messen will, der messe nach gleichem Maß!

---

[1] Unter dem Titel ‚Ohne Zorn und Eifer' auch im Karl-May-Jahrbuch 1927

Auf Erden ist mehr Freude über einen Gerechten als über neunundneunzig Sünder, die Buße tun. Wobei dieser Gerechte nicht einmal einer zu sein braucht, der dem anderen gerecht wird. Das neue Evangelium lautet: Behaupte dich selbst, sei du! Und das gilt beinahe in derselben Uneingeschränktheit für die anständigen Leute wie für die Lumpen. Wir sind noch gar nicht so lange an der Bewunderung der sogenannten Renaissance-Naturen vorbei; das waren nach den maßgebendsten Ansichten alle jene, die im Guten wie im Bösen den Mut zu sich selber hatten, ein Ganzer zu sein! Man hörte es in allen Tonarten bis zu der Folgerung, daß die Größe eines Verbrechens die Gemeinheit der Taten entschuldige, und Cesare Borgia wurde einer der Schutzpatrone der unentwegten Individualisten. Selbst auf Jack, den Bauchaufschlitzer, oder andere ähnlich begabte Zeitgenossen fiel noch ein Schimmer des großen bengalischen Feuerwerks, das dem ungebrochenen Ich angezündet wurde.

Die verlorenen Söhne, die ins Vaterhaus heimkehrten, die bereuenden und bußfertigen Sünder aber waren von vornherein verdächtig. Reue und Buße sind Phantome der Angst, sind die Bankerte der Sklavenmoral mit dem Zweifel an sich selbst, und der letztere war nur erlaubt als sozusagen heuristisches Prinzip, nicht aber als transzendentale Influenz — um in Gottes Namen den Jargon jener Modephilosophie zu sprechen. Der analytische Zweifel schien eine brauchbare Methode, um auf einem Umweg wieder zu sich selbst und zur Bejahung seiner selbst zu gelangen; er durfte nur nicht etwa aus irgendeinem „An sich", einem sittlichen Grundsatz von jenseitiger Herkunft, aus einer „Offenbarung" stammen. Die Zerrissenheit war außerordentlich beliebt, aber eine sozusagen „ganze" Zerrissenheit, die Zerrissenheit aus

Überzeugung, bei der kein Rest übrigblieb, der geläutert und in eine reinere Form übergeführt werden konnte. Auch der Zerrissene war ein Charakter, sofern er nur in seiner Zerrissenheit verharrte. Sowie er aber auf Heilung aus war und irgendwie wieder aus der Retorte heraus der Gnade und Demut zustrebte, fiel er aus der Gunst der Intellektuellen.

In dieser Zeit beging Karl May die Unvorsichtigkeit, seine Bekehrung zu vollziehen und aus dem Stand der Selbstgerechten in den der bußfertigen Sünder überzusiedeln. Die Folge war, daß er aufhörte, ein Ganzer zu sein, und während die einen, die überhaupt an keine Umkehr solcher Art glauben können und wollen, sagten: „er lügt", glaubten es ihm die andern, aber sagten: „er ist langweilig geworden."

Die Belohnung für Zeugnisse, die über jeweils drohende Durchfälle meiner Gymnasiastenzeit schließlich doch hinweghalfen, waren Bücher, und ich weiß nicht, welchem meiner Zeugnisse als väterlicher Zufriedenheitsbeweis das erste Heft einer neuen Knabenzeitschrift angehängt war: „Der gute Kamerad". Hauptbestandteil und wichtigstes Leseereignis dieses Heftes und aller folgenden war eine Erzählung aus dem fernen Westen: „Der Sohn des Bärenjägers" (im Band 35, „Unter Geiern"). Buben lesen Geschichten ihrem Inhalt und nicht dem Namen ihres Verfassers nach, und Old Shatterhand war mir näher als Karl May. Ein Prärieheld von ganz neuer Art verdrängte den alten Lederstrumpf, der sich neben ihm sehr verräuchert und unbedeutend ausnahm; er setzte sich an dessen Stelle und wuchs sich über den Feriensommer zum Ideal aus. Es ist selbstverständlich, daß ich es lernte, durch den ganzen Garten zu schleichen, auf den Zehen- und Fingerspitzen, damit keine Spuren entstünden, daß ich feindliche Indianerstämme auf dem benachbarten Zimmerplatz des Herrn Neubauer nach allen Regeln der Kunst belauerte, daß ich unsere Magd

Bozena Kratschwil mit dem Lasso einfing wie einen Mustang und daß ich nicht nur alle Tierstimmen nachahmen konnte, um mich mit meinen Genossen zu verständigen, sondern daß ich auch das Indianergeheul beim Angriff erschallen ließ, indem ich Iiiiiih brüllte und dazu mit der Hand auf dem Mund trillerte. Die plötzliche Anwendung des letzteren in allzu großer Nähe der Ohren meines Vaters, sowie meine Wurfübungen mit dem Tomahawk gegen Baumstämme, die mir in Ermangelung von Sioux im Kampf gegenübertraten, ließen im Schoß der Familie die Erwägung aufsteigen, ob man nicht den Bezug des ‚Guten Kameraden‘ einstellen sollte. Schließlich blieb er mir doch erhalten; ich folgte dem blauroten Methusalem auf seiner Fahrt nach dem fernen Osten, verfertigte Stinktöpfe und Papierlaternen, versuchte bei Tisch anstatt Messer und Gabel die Eßstäbchen einzuführen und sprach mit den Zeitgenossen nur mehr im Turnerstickschen Chinesisch: „Ich habong einen Sechserung auf der Lateining Schularbeiteng.“

Aus Old Shatterhand wurde Karl May; auf einer höheren Ebene verschmolzen mir Verfasser und Held in eine einzige bewunderungswürdige Persönlichkeit, ein Vorbild männlicher Tüchtigkeit, Kühnheit, Kraft und Geistesgegenwart. Aus der Welt seiner Jugenderzählungen ging ich in die größere seiner Reiseromane ein, in diese Steppen, Urwälder, Wüsten und Bergschluchten, in denen sich Abenteuer zutrugen, die Zeit und Raum vergessen ließen und ungeheuerste Spannungen der Seele hervorriefen, wie keine anderen Bücher je zuvor. Nicht nur Cooper, sondern auch Gerstäcker verblaßte und versank daneben; und wenn deren Helden ein Vorzug vor Old Shatterhand und Kara Ben Nemsi blieb, so war es der, daß sie bedeutend weniger bedenklich waren, irgendeinen Feind über den Haufen zu schießen, als dieser Westmann und Wüstenwanderer mit der stärksten aller

568

Fäuste, dem schärfsten aller Köpfe und dem schwächsten aller Herzen. Denn es muß leider gesagt werden, daß er uns gerade in diesem Punkte keineswegs vorbildlich erschien, mir und keinem derer, die sich damals mit mir auf dem Kriegspfad befanden, und daß wir seine christliche Langmut und Geduld, seine Milde und Versöhnlichkeit, seine Barmherzigkeit und alle sonstigen schwachmütigen Tugenden als einen, den einzigen, Flecken an seinem glänzenden Schild empfanden. Nicht daß wir für grausame Blutbäder und Schindereien gewesen wären, aber wir lehnten aus dem Instinkt der Ungebrochenen und Selbstgerechten jene unaufhörlichen Demütigungen und Erniedrigungen ab, die wir den Mann, den wir verehrten, sich selbst bereiten sahen. Wir verstanden nicht, daß es nach dem Herzen Gottes sein könne, einen überwiesenen und gemeingefährlichen Gauner zum siebzehntenmal laufen zu lassen, nur damit er zum achtzehntenmal wieder gefangen werden müßte. Ohne Argwohn, daß es etwa nötig sein könne, um weitere dreihundert Seiten mit Flucht und Verfolgung zu füllen, überließen wir uns dem einfachen Gerechtigkeitsgefühl, das verlangte, daß er endlich unschädlich gemacht werde. Wir hatten nur eine dunkle Empfindung davon, daß ein solches Vertrauen in die Macht des Guten eine recht geringe Menschenkenntnis, eine solche Demütigung eine etwas bedenkliche Schwäche beweise, und daß eine solche übermenschliche Langmut recht nahe an Lächerlichkeit heranrücke.

Schließlich empfanden wir einen noch nicht ins Bewußtsein gedrungenen Unwillen gegen alle solche gesalbten Stellen, gegen die Verwandlungen des Löwen in das Lämmlein oder Eselein; und wir sträubten uns dagegen, das Abenteuer als einen Vorwand zur Predigt genommen zu sehen. Die Exhorte gehörte vor den Sonntagskirchgang und war Sache unseres Katecheten. Ein Westmann war kein Prediger, sondern ein Krieger und hatte beim Leisten seines harten Handwerks zu bleiben; wir wußten es nicht, aber wir spürten es, daß hier der innere Stil der Bücher, die wir liebten, seine Brüche und Sprünge hatte. Immer deutlicher wuchsen an solchen Ölflecken der Moralität unser Widerspruch und unsere Langeweile. Und da sich diese salbungsvolle Nächstenknechtschaft und Selbsterniedrigung und verworrene Herzenseinfalt mit jedem folgenden Buch immer dichter schichtete und tendenziöser entwickelte, wucherte die Langeweile über das Abenteuer und erstickte es, und es begann unsere Abkehr von Karl May, genannt Old Shatterhand und Kara Ben Nemsi. Die Weltkinder schieden sich von ihm, der sich immer deutlicher bemühte, uns von seiner Gotteskindschaft zu überzeugen, auf daß auch wir die Pfade des Lichtes zu wandeln begönnen. Old Shatterhand trug statt des Lederwamses und der Reitgamaschen einen schwarzen Bratenrock, und in solchem Aufzug wollten das Beschleichen und die wilden Ritte um Tod und Leben sich etwas verwunderlich ausnehmen.

Dann kam das Karl-May-Problem und die Jagd der Zeitungen auf ihn selbst. Wir erfuhren allerlei aus seinem Vorleben, aber das enttäuschte uns weniger als die Enthüllung, daß Karl May niemals Old Shatterhand und Kara Ben Nemsi gewesen war, sondern ein ehemaliger Lehrer und späterer Schriftsteller, der Europa außer zu kurzen Reisen, über die man wenig Gewisses oder aber allzu Nachweisliches wußte, niemals auf abenteuerlichen Fahrten verlassen hatte.

Es ist eine immer wieder andringende Erscheinung, daß Bekehrte in ihrem Eifer zu weit gehen. Nur der niemals oder nie ernstlich aus dem Gleichgewicht Gekommene hat die Gabe des Taktes, die sichere Balance zwischen Zuviel und Zuwenig. Jeder Gestürzte, der emporkommt, jeder in Unordnung Geratene, der wieder zur Ordnung strebt, hat in seinem seelischen Muskelsystem die Stoffe der Ermüdung; es fehlt ihm der freie und leichte Schritt des Unerschütterten, er beherrscht seine Glieder nicht so ganz, und die Bewegungen seines Geistes verraten den Kampf und die Unsicherheit.

Karl May hat sich aus diesen emporgerungen — mit Rückfällen — und endlich seinen erlösenden Weg gefunden, den Weg des Bürgers und Arbeitsmenschen. Als ein früh aus dem Gleis Geratener nahm er den Weg des freien Schriftstellers, auf dem kein weiterer Paßzwang herrscht. Mannigfache Talente dienten ihm; Sprachkenntnisse, Belesenheit, Phantasie halfen. Ein für jene Zeiten unerhörter Erfolg wurde Verhängnis. Neid begann zu schnüffeln, stöberte in Vergangenheiten und entdeckte mißliche Scherben, die mit Lust ans Licht gegraben wurden. Ein rückhaltloses Bekenntnis hätte damals vielleicht manches gerettet. Aber der Bedrohte gab nur stückweise zu, er hielt immer noch diesen oder jenen Zipfel des Mantels fest, bis er ihm entrissen wurde. Er besaß nicht den Mut (oder die Schamlosigkeit) der bedeutenden Selbstzerfleischer, die Hülle mit einem Ruck abzuwerfen und zu sagen: seht her, das bin ich! Seine Taktik war die der Zwiebel: es blieb immer noch eine Haut übrig. Wie ‚interessant‘ wäre er geworden, wenn er sich psychologisch vollkommen entkleidet hätte: Ja, so sind meine ungeheuren Dämonen gewesen, meine unbegreiflichen Ziele, meine mir selbst unverständlichen Laster, meine schmachvollen Erniedrigungen; alles das aber ist aus mir hervorgebrochen, nichts Menschliches war mir fremd. Der Bürger war zu mächtig in ihm geworden, er hatte im bürgerlichsten Lande Deutschlands, in Sachsen, eine Stellung und die mühsam errungene Achtung der Nachbarn zu verteidigen. Er wehrte sich gegen seine Vergangenheit und errichtete seine Bekehrung als Mauer zwischen ihr und der Gegenwart. Das ist die einzige Wurzel des Tragischen in seinem Wesen: er wollte sich von dem Gewesenen durch den Hinweis auf das Jetzt lösen. Mit allem, was an Kräften in ihm war, sträubte er sich gegen den Karl May, über den Akten und Bücher sonderbarer Art vorlagen. Ein ergreifendes Schauspiel: laßt diesen Unglücklichen begraben sein, bat er mit der Angst des Gehetzten, kettet mich nicht an diesen Leichnam, was schert es mich, was ich war, nehmt mein Ich von heute zu barer Geltung an. War ich in Ardistan, so bin ich jetzt auf dem Wege nach Dschinnistan. Mag ich in der Hölle gewesen sein, so verlangt nicht die Qualen zu kennen, hier steht ein Bekehrter, ein Christ. Mit einer Flut von Prozessen stritt er verzweifelt gegen sein Gestern und Vorgestern.

Ein Irrtum der ganze Kampf: Die Welt will sich um die Zusammenhänge nicht bringen lassen, sie hat keine Lust, auf die Kausalität zu verzichten; selbst ein Franziskus von Assisi empfängt in seinen bettelseligsten Verklärungen noch einen Glanz davon, daß er einst ein reicher Jüngling war, der entsagen lernte, und ein Karl V., der im Kloster endet, weiß in aller Weltflucht genau darum, daß seine kraftvollen Tage von Macht strotzend und rot von Blut waren. Es sind Ganze geblieben, ihre Urkunden über sich selbst blieben unvernichtet; Karl May aber, der seine Spuren hinter sich auslöschen wollte wie Old Shatterhand die seinen im Wald, schien einer, der den Versuch machte, die Welt um eine prickelnde Tatsache zu betrügen. Und die Welt, die sonst recht gern betrogen sein will, hat eine wahre Angst davor, sich in solchen Fällen dumm machen zu lassen, und besteht nun erst recht auf dem ‚Wer‘ und ‚Woher‘?

Anstatt des Geständnisses, das sie erwartete, bekam sie in einer Flut von Büchern die Versicherung, daß er ganz und gar gewandelt sei und sich nach dem Lichte sehne. Dieser Mensch war zu schamhaft dazu, um öffentlich unumwunden Beichte abzulegen, immer noch blieb er mit einem Teil seines Selbst in Deckung, und da zur vollkommenen Sühne von allen Pharisäern und Schriftgelehrten das Geständnis verlangt wird, weigerte man sich, ihm die Bekehrung zu glauben.

Man glaubte sie ihm einfach nicht und sagte, sie sei ein (einträgliches!) Geschäft, ebenso wie es früher seine Kolportage-Romane gewesen seien.

Man muß zugeben, daß Karl May den Zeitgenossen Vorwände gereicht hat, die Aufrichtigkeit seiner Bekehrung zu bezweifeln.

Woher die Empörung über die Verwechslung Old Shatterhands mit Karl May? Literarisch unbeschwerte Knabeneinfalt ist leicht geneigt, das Ich des Buches mit dem Ich des Schreibers gleichzusetzen; die Enttäuschungen unserer fünfzehn Jahre, dieser Fall aus unserem Heldenhimmel und der nachfolgende Ingrimm über die Irreführung bedürfen keiner Erklärung. Backfische und junges Gemüse aller Art liebt solche halsbrecherische Identitätssetzungen und schwärmt im Heldendarsteller Fritz Wuntzlitschek den Carlos, im Opernsänger Josef Smekal den Walther Stolzing an. An die Schmetterfaust und den Rappen Rih des Schriftstellers Karl May haben aber auch noch reifere Jahrgänge geglaubt, mit allen Literatursalben Geschmierte, mit den Laugen der kritischen Betrachtung Gewaschene. Sie haben an Winnetou und Hadschi Halef Omar geglaubt, mit einem leisen Schmunzeln des Zweifels und einem innerlichen „Na, Na", aber sie haben (mit diesen Einschränkungen) das Abenteuerliche als mögliches Erlebnis gelten lassen.

Es geht nicht an, die Entrüstungen dieser Leser und Leute durch den oberflächlichen Einwand widerlegen zu wollen, dem Schriftsteller müsse für seine Erzählung auch die sogenannte Ichform erlaubt sein. Diese Selbstverständlichkeit bestreitet kein erwachsener Mensch (die Enttäuschung der primitiven Leser ist Unterstufe und zählt nicht anders als die Empörung jenes Publikums, das den Darsteller des bösen Kanzlers durchdrosch, weil er die arme Agnes Bernauer so gezwiebelt hatte), aber dann muß sich das Ich des Helden vom Ich seines Schöpfers deutlich abheben, man muß ihre Doppelnatur erkennen, und Verwechslungen müssen ausgeschlossen sein. Die Ichform gibt der Erzählung eine persönliche Frische und gestattet die Entfaltung von tausend eigenartigen Zügen bis in die Eigenheit eines Stils hinein. Karl May hat — das kann nicht geleugnet werden — nichts getan, um diesen Abstand zu betonen, er hat Old Shatterhand und Kara Ben Nemsi nicht als Geschöpfe, sondern als andere Aspekte seiner selbst eingeführt und an vielen Stellen geradezu Gleichsetzungen vorgenommen. Als er die irrige Annahme seiner unzähligen Leser erkannte, hat er nichts getan, sie zu zerstören, sondern zum Ruhme Karl Mays auch noch den Old Shatterhands und Kara Ben Nemsis eingestrichen. Gewiß, auch das ist selbstverständlich, daß der Schriftsteller die Orte, die er beschreibt, niemals mit eigenen Augen gesehen zu haben braucht (Schiller und die Schweiz, zum dreitausendsiebenhundertfünfzehntenmal berufen, nicht wahr?), und daß solche intuitiven Schilderungen in der Regel (ich sage, in der Regel) großzügiger und eindrucksvoller sind, als die in Einzelheiten verlorenen wirklicher Reisender. Aber warum dann auch hier dieses Versteckspiel, dieses zähe Festhalten und diese lange Verteidigung, der doch ein Werk nach dem anderen gebrochen wurde, bis alles auf einen nicht weiter geklärten amerikanischen Aufenthalt von kurzer Dauer zusammengeschrumpft war und eine Reise im Orient, lange nach Kara Ben Nemsis sechsbändigen Abenteuern von der afrikanischen Wüste bis in die Schluchten des Balkan. Diese Unverständlichkeit und literarische Unbegreiflichkeit einer solchen Verteidigung wird — von innen und ohne Voreingenommenheit betrachtet — zu einer menschlich tief ergreifenden Erscheinung; sie zeigt die Züge jener entsetzlichen Angst vor der Vergangenheit, vor der Aufhellung des Gewesenen, vor der gehässigen Hervorzerrung jener niederschmetternden Begebenheiten. Was robustere Naturen vielleicht mit einer Art Prahlerei auf sich genommen hätten, das ist diesem empfindsamen, vielleicht überempfindsamen Menschen ein am Haar aufgehängtes Schwert, dessen Herabsausen seine mühselig errungene bürgerliche Achtbarkeit zerfetzen kann. Old Shatterhand und Kara Ben Nemsi sind ihm also Hüllen, sie sind Gewänder, in die er schlüpft, nicht so wie jeder Autor in die Haut seiner Personen fährt, um wieder daraus hervorzukommen, sondern so, als wäre sie seine eigene.

Schließlich erfahren wir, was wir alle nicht wußten, daß mit dem Ich der Romane nicht etwa Karl May gemeint sei, sondern das Menschheits-Ich, dessen Weg aus Nacht zum Licht in den Erlebnissen seiner Helden geschildert sei; wodurch die ganze Geschichte bloß noch verworrener wird, weil hier erst recht wieder ein Gleichheitszeichen zwischen den beiden Ichs steht. Bis in sein Bekenntnisbuch hinein, bis in diese leider unvollständig gebliebene Lebensbeschreibung Mays hinein, hält diese quälende Angst an, die zum Verstecken zwingt. Anstatt klarer Erzählung des Geschehenen haben wir auch hier an den entscheidenden Stellen wieder ein wirres Gewoge von Wirklichkeit und Phantasie, Wahrheit, in einen künstlichen Nebel gehüllt, so daß kaum ihre Umrisse sichtbar sind, wo unerbittlichste Deutlichkeit ohne alle Verschleierungen und ohne die Romantik der Besessenheit und böser Geister nötig wäre. Die Vorgänge, auf die es ankommt, die schlimmen Verfehlungen und Abstürze in Tiefen verschwimmen und verschwinden, und den Hassern bleibt der Triumph: er habe sich selbst nicht ins Gesicht sehen können. Wie soll man einer Bekehrung glauben, sagen sie, die diese erste Bedingung nicht erfüllt?

Das ist die zweite Wurzel der tief wühlenden menschlichen Tragik Karl Mays: Es gelingt ihm nicht, seine Bekehrung glaubhaft zu machen, weil ihm die Kraft des Ausdrucks für seine inneren Vorgänge fehlt. Das Wort ist ein Verführer, es verleitet und betört. Es gibt Bekehrte, deren Sturz und Ringen gewiß weit weniger zermalmend und ernsthaft ist als bei Karl May, deren inneres Erleben aber durch ihre Herrschaft über das Wort eine Bedeutung und einen Reichtum bekommt, das es zu allerwichtigsten und geglaubtesten Menschheitsereignissen macht. Eben jetzt ist eine solche Bekehrung im Mund aller Intellektuellen. Ein Geistreicher verleugnet den Geist — mit so viel Geist, daß es höchst angenehm die feinschmeckerischen Intelligenzgaumen kitzelt. Karl May hatte kein solches pikantes Gericht zu bieten. Seine schriftstellerische Begabung reicht nicht aus, um sein Bekenntnis auch zu einer dichterischen Tat zu machen. Diese Begabung ist, so einzigartig sie dasteht, doch auch durchaus einseitig; so glanzvoll spannend sie das Abenteuer gibt, die besondere Note jedes exotischen Stoffes, so gewandt sie ihr Hauptthema variiert und instrumentiert, vor allem so sehr sie über alle äußerlichen romantischen Tugenden verfügt, so vollkommen geht ihr die seelische Vertiefung ab. Karl May hat die Breite und Länge der exotischen Romantik, aber es mangelt ihm ihre Tiefendimension, er vermag nicht, in die Seelen hinabzusteigen. Er fühlt es, daß ihm alles Psychologische fernliegt, und begnügt sich damit, Typen zu geben, Formeln, Menschen, die Abkürzungen sind und als feststehende Werte eingefügt werden.

Nun zwingt ihn aber seine eigenste Not, wenigstens bezüglich dieses Old-Shatterhand-Ichs, das das Menschheits-Ich bedeutet, Psychologie zu treiben und an diesem die Entwicklung einer Seele von der Verlorenheit an die äußeren Dinge bis an Gottes innigste Schöpfungs- und Liebesgedanken zu zeigen. Dieses Ich ist aber in eine abenteuerliche Welt gesetzt, voller Handlung und Spannung, und selbst, wenn Karl May könnte und wollte, für seelische Klein- und Feinmalerei ist darin kein Ort. So verfällt der Schöpfer dieses Helden auf den Gedanken, die Begebenheiten, Personen und Dinge allzumal symbolisch zu deuten und hinter jede blanke und feste Realität ein Gleichheitszeichen zu irgend etwas Transzendentem zu setzen. Ich will hier ununtersucht lassen, wie weit diese Gedankenoperation gleich anfangs vorhanden war oder inwieweit sie sich erst beim wachsenden Andringen der Gegner in der Gefahr der Verteidigung einstellte, um dem gesamten Werk ein ethisches Rückgrat zu geben. Jedenfalls erfahren wir mit dem größten Erstaunen, daß der putzige Hadschi Halef Omar die ‚menschliche Anima‘ bedeutet, „die sich für die Seele oder gar den Geist ausgibt", oder daß der Rappe Rih eigentlich die ‚Phantasie des Reiseschriftstellers‘ ist. Ich muß sagen, daß ich noch hundertzwanzig Bände hätte lesen können, ohne jemals hinter diese Geheimsprache zu kommen, und manche dieser Erläuterungen beschwören höchst kräftig den Schatten des seligen Deutobold Allegoriewitsch Mystifizinsky. Daß das Menschheits-Ich mit so viel christlicher Tugend ausgestattet ist und in einer fast übermenschlichen Weise Verzeihung übt, auch jederzeit nur nach dem Geiste des Christentums spricht, läßt die Symbolik um nichts deutlicher werden. Karl May führt in seine prächtigen Reisebücher eine Art theosophischer — oder wie sie jetzt heißt: anthroposophischer — Terminologie ein, Hieroglyphen, in denen sich ihr innerster Sinn aussprechen soll. Aber alle diese hineingeheimnißten Seelenbedeutungen bleiben ein Gerüst aus Spinnweben, und der unbefangene Leser, der von alledem nichts weiß, wird niemals etwas anderes sehen als eben nur Hadschi Halef und Rih und Old Shatterhand. (Und wenn er es weiß, fragt er sich nicht, ob dann nicht das unmittelbare, das sinnliche, das, sagen wir, ‚ästhetische‘ Vergnügen an der Romantik und dem Abenteuer getrübt ist? Ist es nicht etwa ähnlich wie das Anhören einer Bruckner-Symphonie mit dem Schlüssel der Partitur in der Hand?) Zur Belebung einer symbolischen Dichtung, zu ihrer inneren Glaubhaftmachung und Keimfähigkeit im Leser gehört eine vollkommen andere Stimmung, sie kann nicht mitten in den Realitäten wachsen, sie bedarf der Andeutungen, der Halbtöne, des Seltsamen, des seelisch (nicht handlungsmäßig) Spannenden, des märchenhaft Verschwimmenden, des Traumhaften und halb Entrückten. Von alldem hatte Karl May neben den kräftigen, ungebrochenen Tönen, die wir an ihm so schätzen, nichts auf seiner Palette.

Der sittliche Kern in seinen Werken stand vom Band ,Durch die Wüste' an fest und war nicht zu verkennen; er war das Ethos des Christentums, nicht aber sah man den Weg zu ihm, und eben auf diesen, auf das Bekenntnis kam es dem Mann an, gegen den man seine Vergangenheit bewaffnet hatte. Aber auch in dem Fragment seiner Lebensbeschreibung, wo die Hemmnisse wegfielen, die aus dem Wesen seiner Bücher stammen, herrscht dieses seltsame Zwielicht. Auch hier mangelt die Kraft der seelischen Durchdringung, die darstellerische Klarheit und Einfachheit. Je tiefer Karl May in die Unglücksperiode seines Lebens kommt, desto mehr entfernt er sich von dem schlichten Stil, der etwa noch die Abschnitte ,Meine Kindheit' und ,Keine Jugend' auszeichnet. Ein einfaches Beim-Namen-Nennen der Dinge hätte die Erlösung gebracht. Aber Karl May sagt: „Ich schreibe hier nicht für den seelenkundigen Spezialisten, sondern für die Welt, in der meine Bücher gelesen werden, und habe mich also aller Versuche, Psychologie zu treiben, zu enthalten. Ich werde infolgedessen alle Fachausdrücke vermeiden und lieber einen bildlichen Ausdruck in Anwendung bringen als einen, der nicht allgemein verständlich ist". Ein verhängnisvoller Irrtum; gerade der bildliche Ausdruck verwirrt, und was wir an dieser kritischen

Stelle erwartet hätten, war keine neuerliche Symbolisierung, sondern die schlichte Schilderung der Vorgänge, die rücksichtslose Erhellung der Seele, die freilich dann am eindrucksvollsten und glaubwürdigsten ist, wenn sie auf ‚Spezialistentum' und ‚Fachausdrücke' verzichtet. Sind die Bekenntnisse des heiligen Augustinus oder des J. J. Rousseau oder andere große Konfessionen etwa nur dem Fachpsychologen verständlich? Es ist mir, als scheute Karl May nicht nur vor der Enthüllung selbst, sondern auch vor ihrer schriftstellerischen Lösung zurück, die seiner klar umrissenen Begabung widerstrebt; er verfällt wieder in sein Ardistan und Dschinnistan und Märdistan, und ein Buch, das ein wesentliches Menschheitsdokument von höchstem Wert hätte werden können, vernebelt an diesen Stellen im Gestaltlosen.

Die Tragik im Karl-May-Problem ist eine Bekennertragik. Einer, der aus Tiefen kommt und sich zum Licht durchgerungen hat, schauert beim Rückblick in den Abgrund; Schwindelgefühl deckt ihm die Vergangenheit, seine tiefe, seltene, empfindliche Schamhaftigkeit lähmt ihm das Wort. Er weiß, daß es auf das Wort ankommt, aber umsonst sucht er es in der rechten Stunde und an dem rechten Ort wieder stumm im Glotzen des Alps. Ein sehr innerlicher Mensch vermag nicht, sich verständlich zu machen; und anstatt dieses ergreifende Schauspiel in seiner menschlichen Seltsamkeit und Eigenart zu erfassen und die Tragik dieses Nichtredenkönnens nachzuempfinden, triumphieren die Gegner: „Seht ... er stammelt!"

Anstatt selbst in diese arme Seele hinabzusteigen und sie zu erhellen, da er es nicht vermochte, und anstatt angesichts dieses erbitterten und verzweifelten Kampfes um das Göttliche in ihm zu sagen: „Sehet ... welch ein Mensch!"

579

Verzeichnis der Abbildungen

Kunstdrucktafeln zwischen S. 352 und 353

Die Zeichnungen auf S. 4, 5, 6 und 9 des Bildteils schuf Klaus Lehmann.
Alle Aufnahmen: Archiv des Karl-May-Verlages, Bamberg.

Quellenhinweise

Karl May, ‚Meine Beichte‘ — zwei Texte aus dem Jahr 1908.

Karl May, ‚Mein Leben und Streben‘ — Text der Erstausgabe von 1910; alle Fußnoten vom Herausgeber.

Karl May, ‚Empor ins Reich der Edelmenschen!‘ — Text gemäß Erstabdruck in der 2. Auflage von ‚Mein Leben und Streben‘, herausgegeben von Klara May 1912.

Dr. E. A. Schmid, ‚Karl Mays Tod und Nachlaß' — Text aus Band 34 „ICH" 1916, laufend ergänzt bis 1942. Erweitert in Kapitel 4 ‚Die Prozesse' um Beiträge von Dr. E. A. Schmid aus den Karl-May-Jahrbüchern 1919 und 1926, die 1926 auch als Sonderdruck veröffentlicht wurden: ‚Die Lieferungsromane Karl Mays'. Vom Herausgeber ergänzt und berichtigt wurden ferner die Kapitel 5 ‚Weltreisen', 8 ‚Die Karl-May-Stiftung' und 9 ‚Gedenkstätten'. Völlig neu wurde vom Herausgeber Kapitel 10 ‚Klara Mays Testament' zusammengestellt.

Dr. E. A. Schmid, ‚Gestalt und Idee' — auf Grund der entsprechenden Darstellungen der 20. Auflage von Band 34 „ICH", insgesamt erweitert und ergänzt vom Herausgeber. Kapitel 3 ‚Die Gesammelten Werke' neu hinzugefügt. Kapitel 4 ‚Verfälschte Handschriften' stammt aus ‚Die Lieferungsromane Karl Mays' von Dr. E. A. Schmid, vergleiche oben unter ‚Karl Mays Tod und Nachlaß'.

Ludwig Gurlitt, ‚Gerechtigkeit für Karl May!' — folgt dem Text der einzigen Buchausgabe von 1919, gekürzt um kleinere Abschnitte der Tagespolemik und um einige Betrachtungen, die heute ohne Bedeutung sind. Die Fußnoten stammen teilweise vom Herausgeber.

Ludwig Aub / Ludwig Klages / Richard Engel, ‚Spiegelbilder' — aus dem Gurlitt-Buch ‚Gerechtigkeit für Karl May!' (1919) stammende Einzeldarstellungen, ergänzt um Auszüge aus dem Artikel von Prof. Dr. Friedrich Krauss, nach dem Wiederabdruck in der 2. Auflage von ‚Mein Leben und Streben', herausgegeben von Klara May (1912).

Karl-Hans Strobl, ‚Mensch und Menschliches' — zwei Aufsätze aus den Karl-May-Jahrbüchern 1919 (‚Das Tragische im Karl-May-Problem') und 1921 (‚Scham und Maske').

Beiträge zur Karl-May-Forschung

Herausgegeben von Univ.-Prof. Dr. Heinz Stolte

„Zu den erstaunlichsten Erscheinungen des literarischen Lebens unserer Gegenwart gehört die seit drei Generationen anhaltende Beliebtheit, die die Werke des deutschen Volksschriftstellers Karl May genießen. Den Ursachen dieser Wirkung, den teilweise noch immer unbekannten Einzelheiten der Biographie des Schriftstellers, den soziologischen und psychologischen Aspekten seiner Gestalt, ihrer geistesgeschichtlichen Deutung, der Interpretation der mystisch-surrealistischen Alterswerke und der Radikalität ihrer antikolonialistischen und pazifistischen Tendenzen — all diesen Seiten des Phänomens Karl May wendet sich heute das Interesse der Literatur- und Geisteswissenschaften zu." — Mit der Monographienreihe ‚Beiträge zur Karl-May-Forschung' legen wir die Ergebnisse jahrzehntelanger Untersuchungen von Leben und Werk vor.

Bisher sind erschienen:

Otto Forst-Battaglia
Karl May, Traum eines Lebens — Leben eines Träumers

Hansotto Hatzig
Karl May und Sascha Schneider / Dokumente einer Freundschaft
mit 48 Kunsttafeln, darunter Abbildungen sämtlicher Gemälde von Sascha Schneider zum Werk Karl Mays

Fritz Maschke
Karl May und Emma Pollmer / Die Geschichte einer Ehe
mit zahlreichen Bildern und Faksimiles auf 24 Kunstdrucktafeln

Weitere Titel in Vorbereitung

Heinz Stolte
Das Phänomen Karl May

Rainer Gagelmann
Soll die Jugend Karl May lesen?

Maximilian Jacta
Zu Tode gehetzt — Der Fall Karl May

Fordern Sie bitte unseren Sonderprospekt an

KARL-MAY-VERLAG BAMBERG

KARL MAY
GESAMMELTE WERKE

KARL-MAY-VERLAG BAMBERG

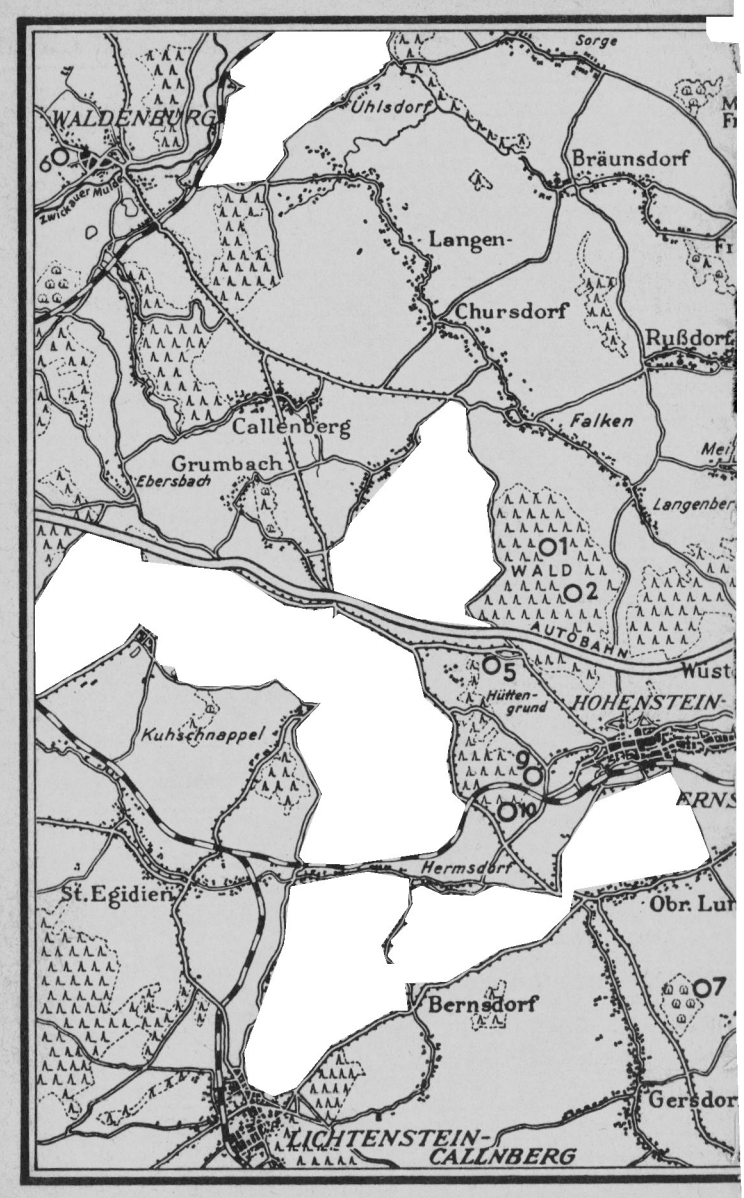